BÖHLAU-STUDIEN-BÜCHER
GRUNDLAGEN DES STUDIUMS

SOZIOLOGIE

Manfred Prisching

Soziologie

Themen–Theorien–Perspektiven

BÖHLAU VERLAG WIEN · KÖLN

CIP-Titelaufnahme der Deutschen Bibliothek

Prisching, Manfred: Soziologie: Themen - Theorien - Perspektiven / Manfred Prisching. - Wien; Köln: Böhlau, 1990
ISBN 3-205-05328-1

Druck: Plöchl, Freistadt

Inhalt

VORWORT

Es gibt zahllose Möglichkeiten, ein Buch über die Gesellschaft zu schreiben, in der wir leben. Man kann sich auf klassische Texte anerkannter Theoretiker stützen und deren Überlegungen auf aktuelle Probleme beziehen. Man kann sich auf einige zentrale Begriffe der Soziologie konzentrieren und diese aus den unterschiedlichsten Perspektiven beleuchten. Man kann sich der allgemeinen Soziologie oder einigen speziellen Soziologien widmen, stärker die Theorie oder die Geschichte betonen. Man kann empirische Materialien vorlegen oder darauf verzichten. Man kann eher die theoretischen Linien nachzeichnen oder mehr Beispiele, Fallstudien und Anwendungsfälle bringen.

Deshalb ist es angebracht, vorneweg anzukündigen, welchen Weg der Darstellung das vorliegende Buch einschlägt. Es wird darin versucht, eine Synthese der soziologischen "Branchen" vorzunehmen. Es werden die Kategorien der *allgemeinen Soziologie* erörtert, denn ohne Konzepte wie Gruppe, Rolle, soziale Kontrolle, Ungleichheit und dergleichen kann eine sinnvolle Einführung in die soziale Umwelt nicht erfolgen. Es werden aber auch konkrete Bereiche des gesellschaftlichen Lebens angesprochen, bei deren Erörterung man sich aus dem Fundus der *speziellen Soziologien* bedienen muß, wie etwa Wirtschaft, Politik, Kultur, Familie oder Religion. Um alle diese Themenbereiche zu erschließen, sind *soziologische Theorien* vonnöten; es gibt eben - um nur ein Beispiel zu erwähnen - eine funktionalistische Theorie der Familie, der Bildung, der Schichtung, der Devianz und so weiter, und dies gilt etwa auch für die marxistische Theorie oder den symbolischen Interaktionismus. Man kann keine allgemeine Soziologie und keine speziellen Soziologien erörtern, ohne auf die Stränge der soziologischen Theorienentwicklung Bezug zu nehmen. Gleichfalls vertreten ist in allen Abschnitten die *Geschichte der Sozialwissenschaften*; die Fragestellungen der Klassiker sind uns gegenwärtig, ihre Untersuchungen oft lehrreicher als Studien aus jüngeren Jahren, ihre Ergebnisse oft nach wie vor gültig - und selbst ihre Irrtümer und Irrwege sind aufschlußreich. Eine ideengeschichtliche Orientierung ist deshalb beabsichtigt. Da und dort gehen die Erörterungen auch über den Bereich der Soziologie hinaus; unmittelbar relevante Ergebnisse aus sozialpsychologischen, ökonomischen, politikwissenschaftlichen oder sozialphilosophischen Studien werden einbezogen.

Gleichwohl geht es nicht ohne Auswahl. Abschnitte über Wissenschaft und Technik, über Gemeinde und Stadt und andere Themen mußten aus Platzgründen eliminiert werden. Längere Erörterungen über die Wissenssoziologie, über einige methodologische Fragen, über die Dritte Welt, über einige Theoretiker und vieles andere wurden - mit großem Mißvergnügen - gestrichen. Für die verbleibenden Darlegungen kann es angesichts der Breite der Themen nur darum gehen, jedem Spezialisten, der sich die Darstellung seines Interessengebietes besieht, einen gleich hohen Grad an Unzufriedenheit zu vermitteln. Weiters sollten zumindest einige jener *sozialen Probleme*, die uns in der modernen Gesellschaft bewegen, thematisiert werden, und so finden sich Abschnitte über die sich wandelnde Rolle der Frauen, die Arbeitslosigkeit, die aktuelle Bevölkerungsentwicklung, die Diskussion über den Wertwandel und eine Diagnose des Zeitgeistes der (postmodernen) Gesellschaft. Was dem Rotstift entgangen ist, sollte von Bedeutung sein für das Anliegen, einen Überblick über ausgewählte Bereiche der Soziologie zu vermitteln; es ist jedoch fraglos auch geprägt von persönlichen Neigungen, Interessen und Erfahrungen des Autors. Das soll aber wohl auch so sein.

Im Aufbau folgt das Buch - nach dem Vorschlag von Berger und Berger (1976) - dem Lebenslauf des Individuums, von Geburt und Sozialisation bis zu Alter und Tod, wenn auch in sehr loser Verbindung, und dazwischen werden die großen gesellschaftlichen Subsysteme, mit denen der einzelne im Lauf seines Lebens konfrontiert ist - wie Wirtschaft und Politik -, behandelt. Die Darstellung ist also nach *Themen* und nicht nach theoretischen Strömungen geordnet. Das hat zur Folge, daß in vielen Kapiteln ähnliche theoretische Perspektiven - in ihrer jeweiligen Anwendung auf das betreffende Kapitelthema - erörtert werden. Wiederholungen lassen sich bei dieser Vorgangsweise nicht immer vermeiden. Andererseits gilt auch, daß sich ein hinreichendes Bild der theoretischen Ansätze erst gewinnen läßt, wenn man die entsprechenden Abschnitte in den einzelnen Kapiteln geistig miteinander verbindet. Es wurde darauf verzichtet, eine lange theoretische Übersicht an den Beginn zu stellen, die in der erforderlichen Kürze dem soziologisch noch nicht versierten Leser doch unverständlich bleiben müßte; die theoretischen Stränge sollen anhand der konkreten soziologischen Problemstellungen erarbeitet werden, und erst am Schluß folgt eine *Übersicht über die Theorien* und ihren Werdegang. Diese bündelt jene theoretischen Elemente, die bereits in den einzelnen Kapiteln Verwendung gefunden haben; dort kann aber auch, wenn Unklarheiten auftreten, nachgeschlagen werden, um ein etwas umfangreicheres Bild eines theoretischen Paradigmas zu gewinnen. Es mag auch zweckmäßig sein, daß man, um sich diese Zusammenhänge angemessen zu vergegenwärtigen, nach der ersten Lektüre "Querschnitte" durch das Buch legt: also - um bei dem bereits erwähnten Beispiel zu bleiben - die funktionalistischen Ansätze aus den einzelnen problemorientierten Kapiteln "zusammenholt" und im Kontext liest. Das Register kann dabei hilfreich sein, denn unter dem Stichwort "Funktionalismus" finden sich die wichtigsten Partien verzeichnet, an denen überall funktionalistische Argumente vorgestellt werden.

Es sind bewußt knapp gehaltene Darlegungen, auf die das Buch abzielt. Es wird weitgehend darauf verzichtet, didaktisch oft zweckmäßige Redundanzen einzubauen oder bestimmte Begriffe und Aussagen an verschiedenen Beispielen zu illustrieren. Insofern steht das Buch nicht in Konkurrenz zu jenen Einführungswerken, die sich der Aufgabe widmen, einige zentrale Ideen in ausführlicher Weise oder an reichlich angebotenen Beispielen darzulegen, wie etwa Elias (1978), Ritsert (1988) oder Arbeitsgruppe Soziologie (1986). In dem vorliegenden Buch wird in präziser Form - fast handbuchartig - relativ viel "Material" transportiert. Dabei wird versucht, nicht dem in Handbüchern oft zu begegnenden Übelstand zu verfallen, nur noch eine Ansammlung von Literaturhinweisen mit dem Seufzer zu verbinden, daß sich die Probleme als überaus komplex erwiesen haben; was meist zur Folge hat, daß nur noch *über* Untersuchungen - ihre Variablen und "Richtungen" - gesprochen wird, ohne daß noch *Ergebnisse* der Forschung angeboten werden. Die Dichte der Darstellung stellt an den Leser freilich einige Anforderungen. Es ist kein Buch zum flüssigen Durchlesen, eher zum Durcharbeiten. Das Verständnis einiger Abschnitte ergibt sich erst aus dem Gesamtzusammenhang. Sofern dieses Buch als Unterlage für eine Lehrveranstaltung dient, ist es dem Geschick des Vortragenden anheimgestellt, die Materialien zu illustrieren und anzureichern; er ist von der bloßen Informationsvermittlung entlastet und kann sich seiner eigentlichen Aufgabe - "rote Fäden" zu finden, Zusammenhänge herzustellen, Verständnis zu wecken - widmen. Ebenso wurde auf die Einbeziehung empirischen Materials verzichtet; dieses veraltet rasch, und es ist Aufgabe einer flexiblen Lehrveranstaltung, jeweils neu verfügbare Daten und Statistiken vorzulegen. Das Studium des Buches wird sicher auch durch die Verwendung eines einschlägigen Lexikons - wie Hartfiel und Hillmann (1982) oder Endruweit und Trommsdorf (1989) - erleichtert.

Die Literatur, die den Darlegungen zugrunde liegt, wurde ausführlicher dokumentiert, als dies in den meisten Lehrbüchern üblich ist. Dennoch tut man als Sozialwissenschaftler gut daran, sich vor Augen zu halten, daß man immer von mehr Einflüssen - Menschen und Büchern - geprägt wird, als sich im einzelnen belegen oder rekonstruieren läßt, und daß sich die intellektuellen Schulden nicht abtragen lassen. Wir stehen bekanntlich auf den Schultern ganzer Legionen von Riesen und Zwergen, und es sei dahin gestellt, ob wir immer weiter sehen als diese.

Einzelne Kapitel dieses Buches wurden von Freunden und Mitarbeitern gelesen, denen ich dafür danke: Brigitte Pieber, Edith Glanzer, Gerald Mozetic. Peter Koller hat beinahe das ganze Manuskript gelesen und durch seine stets brauchbaren Hinweise bereichert. Meine Frau Roswitha hat dazu beigetragen, schwer verständliche Textpartien zu verbessern.

Graz, im Juli 1990

M.P.

I. EINFÜHRUNG IN DAS SOZIOLOGISCHE DENKEN

Die Menschen sind nur in geringem Maße mit *Instinkten* ausgestattet, die ihr Verhalten steuern; was sie an genetischem Erbe mitbekommen, das reicht nicht aus, um zu überleben. Sie lernen soziales Verhalten. Jene Instinkte, die das Verhalten von Tieren prägen, bestimmen nicht nur, was getan wird, sondern auch, wie etwas getan wird. Bienen können ihre Waben nur auf eine bestimmte Art und Weise bauen; die Technik des Nestbaus der Vögel ist genetisch "programmiert". Menschen müssen auf diese "eingebauten Handlungsanweisungen" zu einem großen Teil verzichten. Dafür verfügen sie über ein größeres Maß an *Gestaltungsfreiheit* in allen ihren Aktivitäten. Sie müssen nicht nur, sie können auch lernen. Sie können "Kultur" entwickeln. Jede Kultur ist ein Werk von Menschen. Ihre Behausungen - um bei dem genannten Beispiel zu bleiben - beruhen auf völlig unterschiedlichen Techniken, bestehen aus verschiedenen Materialien und zeigen nach Zeit und Ort ein jeweils anderes Erscheinungsbild. Zwar ist auch das Verhalten der Menschen von biologisch festgelegten Trieben und Bedürfnissen geprägt, aber die Art und Weise ihrer Befriedigung ist nicht vorentschieden. In diesem Sinne hat die Natur für das Überleben des Menschen nicht hinreichend vorgesorgt; zur Aufrechterhaltung seiner Existenz bedarf es seiner eigenen "Erfindungen", welche die naturgegebenen Mängel seines Körpers und seiner Anlagen kompensieren.

Ein neugeborenes Baby ist hilflos; es bedarf einer langwierigen Einführung in Sprache, Kenntnisse und Sitten einer Gesellschaft. Es muß "das Leben lernen". Der Mensch ist auf andere angewiesen. Er wird Mensch nur unter Menschen, er ist ein soziales Wesen, ein Gruppenwesen. Das Kind muß in die Kultur einer Gesellschaft und in ihre Institutionen, in denen sich die geltenden Auffassungen seiner Mitmenschen verfestigen, eingeführt werden. Diese den Mitgliedern einer Gesellschaft gemeinsamen Auffassungen beeinflussen und prägen das Verhalten dessen, der in diese Gesellschaft hineinwächst. Das soziale Umfeld wird dabei als *Begrenzung des Handelns* des einzelnen empfunden, zugleich aber auch als *Möglichkeitsraum*: als Bereich, der Handeln möglich macht und Selbstverwirklichung erlaubt.

Es ist die Aufgabe der Soziologie zu klären, wie diese Verhaltensvorschriften und Verhaltenschancen wirken, wie sie sich bilden und entwickeln, wie sie miteinander in Beziehung stehen, wie sie schwächer werden oder vergehen. Im Alltagsleben ist zwar jeder mit diesen Sachverhalten konfrontiert und muß damit fertig werden, doch immer nur in partieller und ausschnitthafter Weise. Die Soziologie dagegen verkörpert ein *systematisches, umfassendes, wissenschaftlich angeleitetes Nachdenken über die Gesellschaft*: über das uns meist selbstverständlich scheinende Rahmenwerk, in dem wir leben. Denn diese Selbstverständlichkeit, mit der bestimmte Verhaltensweisen als "normal" oder "abnormal" angesehen werden, ist im Grunde eine erstaunliche Tatsache: Jeder rasche historische Rundblick kann uns lehren, welche Vielfalt an Lösungen es für vergleichbare gesellschaftliche Probleme geben kann, und denselben Eindruck vermittelt uns auch ein Blick über verschiedene Kulturen. Diese Erfahrung der *kulturellen Relativität* - die Erfahrung, daß auch ganz andere Verhaltensvorschriften und Gepflogenheiten gelten könnten als jene, die in einer bestimmten Gesellschaft in Geltung sind - geht einher mit der Erfahrung der *kulturellen Normalität* - mit der Feststellung, daß das einzelne Individuum recht gut über das Bescheid weiß, was in der Gesellschaft, in der es lebt, "gilt". Des Selbstverständlichen ist man sich meist nicht bewußt; gerade deshalb ist das Alltagsverständnis - der "gesunde Menschenverstand" - ein schlechter Ratgeber. Man muß einen Schritt zurücktreten, sich bewußt distanzieren von diesen Selbstverständlichkeiten, um sie überhaupt in den Blick zu bekommen. Für einen Menschen des 19. Jahrhunderts war es selbstverständlich, daß Frauen unfähig sind, eine Universität zu besuchen, und es schien ihm klar auf der Hand zu liegen, daß die Strafe ein grundlegendes Erziehungsmittel sei. Manche würden heute nicht zögern, eine Erhöhung der Arbeitslosigkeit dem Zuzug von Gastarbeitern zuzuschreiben, den Ausbruch einer Epidemie als Strafe Gottes zu deuten oder alle Franzosen für gute Liebhaber zu halten. Was wir zu "wissen" glauben, ist zuweilen falsch, verzerrt oder unvollständig. Auch Wissenschaftler bedürfen des gesunden Menschenverstandes, daran besteht kein Zweifel. Aber Wissenschaft ist noch mehr: Sie unterscheidet sich vom gesunden Menschenverstand darin, daß der Wissenschaftler seine theoretischen Entwürfe systematisch entwickelt, ihre interne Konsistenz (Vereinbarkeit) überprüft und sie zum Gegenstand empirischer Prüfungen macht; er kontrolliert seine Ergebnisse und überdenkt mögliche andere Einflüsse, die bislang nicht in Betracht gezogen wurden; und er schließt metaphysische Erklärungen (wie das Wirken Gottes) aus (vgl. Kerlinger 1978, 30ff.).

Wie wir leben und lieben, essen und schlafen, uns bilden und arbeiten, uns amüsieren und reisen, - alles das ist eingebettet in kulturelle Muster, die wir - zumindest unbewußt - kennen müssen, um uns zurecht zu finden, und aus denen wir - um den Preis unserer Identität - nicht vollständig aussteigen können. In unserer eigenen Gesellschaft waren oft vor wenigen Jahrzehnten noch ganz andere Verhaltensweisen üblich, und andere Gesellschaften weisen noch heute Umgangsformen auf, die ganz anders sind als die uns gewohnten. Deshalb stellen wir Fragen über die Gesellschaft. Weil wir uns über Dinge wundern, die wir sehen; weil wir ihre Ursachen ergründen wollen; weil wir wissen wollen, ob wir den Lauf der Dinge ändern können, d.h. ob manche Geschehnisse vermeidbar sind oder bewußt herbeigeführt werden können. Schlichte Neugier und menschliche Wißbegierde sind Gründe, sich mit jenen Phänomenen, deren Selbstverständlichkeit in Frage gestellt wird, auseinanderzusetzen.

1. Die "Gesellschaft", in der wir leben - zur Definition der Soziologie

Die Grundfrage "Was ist Soziologie?" ist, wie dies für alle vermeintlich einfachen Fragen typisch ist, schwer zu beantworten, und sie ist auch in unterschiedlicher Weise beantwortet worden, je nach Standort, Lage und Weltsicht des Betrachters. August Comte, der das Wort "Soziologie" erstmals 1838 verwendete, wollte seine Arbeiten zunächst mit dem Begriff einer *physique sociale* bezeichnen; da jedoch ein Statistiker zur selben Zeit begonnen hatte, seine Arbeiten über gesellschaftliche Phänomene "soziale Physik" zu nennen, verfiel Comte auf die Kombination aus dem Lateinischen und Griechischen. "Socius" (lat. Gefährte, Mitmensch) verweist auf die Gesellschaft, "logos" (griech. Wort, Wahrheit, Wissenschaft) auf eine abstrakt-theoretische Beschäftigung mit diesem Phänomen. Soziologie ist, folgen wir dieser Wortbedeutung, das Studium der Gesellschaft auf abstraktem oder verallgemeinertem Niveau.

Eine Arbeitsdefinition auf der Grundlage unseres Vorverständnisses

Mit einer solchen Bestimmung des Begriffs - *Studium der Gesellschaft auf abstraktem Niveau* - ist das Problem zunächst nur verlagert, denn wir sind darauf verwiesen, "Gesellschaft" zu definieren und klarzumachen, was mit einem "abstrakten" oder "theoretischen" Ansatz gemeint ist. Das aber heißt: Wir brauchen eine soziologische Theorie, die uns das Phänomen "Gesellschaft" definiert. Um nicht in einen ausweglosen Zirkel zu geraten - um "Soziologie" zu definieren, brauchen wir jene Wörter, die uns erst durch Soziologie verständlich werden -, behelfen wir uns mit einer vorläufigen "Arbeitsdefinition", deren Dimensionen erst im Laufe der näheren Erörterung von Einzelproblemen greifbar werden sollen. Gesellschaft soll heißen: *Menschen in ihren wechselseitigen Beziehungen.*

Damit läßt sich ein vorläufiges Verständnis für die Abgrenzungen der Soziologie zu anderen Humanwissenschaften finden. Denn auch die Medizin befaßt sich mit dem Menschen: mit seinen physiologischen Befindlichkeiten, seinem Körperbau und seinen genetischen Eigenschaften. Der Psychologe, der gleichfalls am Menschen interessiert ist, wird nach den geistigen Prozessen forschen, die in den Individuen vor sich gehen, er wird danach fragen, wie sie äußere Einflüsse wahrnehmen oder auf welche Weise sie in ihrer frühen Kindheit geprägt worden sind. Der Historiker wird vergangene Figurationen des menschlichen Zusammenlebens aufzuhellen trachten, in ihrer Einzigartigkeit und allenfalls als Typus.

Der Soziologe betrachtet Phänomene, die zugleich auch Gegenstand der Erforschung durch andere wissenschaftliche Disziplinen sind; aber er betrachtet sie auf andere Weise. Die Soziologie interessiert sich dafür, was geschieht, wenn Menschen einander begegnen; wie sie kooperieren oder sich bekämpfen; wie sie miteinander in Kontakt treten oder ihn vermeiden; wie sie einander beherrschen oder respektieren; wie sie einander grüßen und sich kleiden; wie sie gemeinsam arbeiten und ihre Toten zu Grabe geleiten. Freilich sind klare Grenzlinien zu anderen humanwissenschaftlichen Aufgabenstellungen schwierig zu ziehen. Aufgabenzuweisungen an verschiedene wissenschaftliche Disziplinen beruhen häufig auf Konvention, und es gibt vielfältige Überschneidungen zwischen den "Branchen" des Wissenschaftsbetriebs. Aber definitorische Übungen, die darauf zielen, die Grenzen des eigenen wissenschaftlichen Reviers abzustekken, ob mittels methodischer oder objektbezogener Kriterien, sollen uns als relativ fruchtlose Etikettierungsversuche nicht weiter interessieren. Es sind soziale Phänomene, die unser Interesse wachrufen, und ihre Entstehung, ihr Wandel und ihre Ausformungen sollen aufgeklärt werden. Je mehr Menschen sich aus unterschiedlichen Perspektiven dieser Aufgabe unterziehen, desto besser - egal, ob sie sich Sozialpsychologen, Ökonomen, Sozialphilosophen, Kulturanthropologen oder Soziologen nennen.

Zur Entwicklung soziologischen Denkens

Soziologie als *das wissenschaftliche Studium der Gesellschaft*, als die Untersuchung des menschlichen Sozialverhaltens in allen Bereichen der sozialen Wirklichkeit - dafür setzte sich der Begriff seit den siebziger Jahren des vorigen Jahrhunderts durch. Zwar lassen sich Anfänge soziologischen Denkens schon weit früher finden. Die Soziologie kann als Teil der westlichen Tradition rationalen Denkens betrachtet werden, deren Anfang bei den alten Griechen zu finden ist, und auf soziologische Einsichten stößt man bereits in den Werken von Platon, Aristoteles, Augustinus oder Thomas von Aquin. Eine erfahrungsorientierte und nüchterne Einstellung findet sich aber erst an der Wende vom 15. zum 16. Jahrhundert, in den politischen Schriften Niccolò Machiavellis; vor allem aber in der französischen Aufklärung des 17. und 18. Jahrhunderts, bei Descartes und Pascal, bei Montesquieu und Voltaire; ebenso bei den schottischen Moralphilosophen wie Adam Ferguson und Adam Smith; schließlich bei den Frühsozialisten, etwa bei Saint-Simon; und im deutschen Idealismus, bei Immanuel Kant, Georg Wilhelm Friedrich Hegel und Johann Gottlieb Fichte. Interesse an gesellschaftlichen - zunächst völkerkundlichen - Phänomenen weckten auch die im 16. Jahrhundert beginnenden Entdeckungsreisen. Dennoch kann man mit Fug und Recht davon sprechen, daß die Soziologie als systematisch-wissenschaftliches Gebäude erst im 18. und 19. Jahrhundert entstanden ist. Hiezu hat vor allem die "Gründergeneration" beigetragen: Emile Durkheim, Georg Simmel, Herbert Spencer, Karl Marx, Max Weber, Ferdinand Tönnies und andere.

Der rasche Wandel der Gesellschaft, die im 18. und 19. Jahrhundert sich vollziehende *Doppelrevolution* im wirtschaftlichen und politischen Bereich, hat einen Orientierungsbedarf geschaffen, der den Menschen besonders dringlich erschien. Sozialwissenschaftliche Theorien sollten Sicherheit schaffen in einer chaotisch erscheinenden Welt, sie sollten die verborgenen Regelmäßigkeiten des sozialen Geschehens aufdekken. "Die zunehmende Undurchschaubarkeit, die offensichtlich verringerte Möglichkeit irgendeines einzelnen, selbst des nominell mächtigsten Menschen, für sich allein und unabhängig von anderen Entscheidungen zu treffen, das ständige Hervorgehen von Entscheidungen im Zuge von mehr oder weniger regulierten Machtproben und Machtkämpfen vieler Menschen und Gruppen, alle diese Erfahrungen bringen es Menschen stärker zum Bewußtsein, daß es anderer, unpersönlicherer Denkmittel bedarf, um diese wenig transparenten gesellschaftlichen Zusammenhänge zu begreifen oder gar zu kontrollieren." (Elias 1978, 74). Dieses Verlangen nach orientierenden Gesetzmäßigkeiten der gesellschaftlichen Entwicklung wurde für die Soziologie deswegen wichtig, weil sie sich - gerade in der Phase ihrer institutionellen Durchsetzung - abgrenzen konnte: etwa von der Geschichte, die meist auf die chronologische Darstellung von Einzelgeschehnissen orientiert war, oder von der Sozialphilosophie, die sich oft allzu rasch in unbewiesenen Ideen und Spekulationen verlor. Die Soziologie machte sich auf den Weg, jene Regelmäßigkeiten aufzudecken, denen diese chaotisch scheinende Welt unterworfen war: zuverlässige Informationen zu sammeln, statt sich auf Mutmaßungen und Behauptungen zu stützen; rationale Theorien zu entwickeln, statt sich auf Metaphysik oder Offenbarung zu verlassen.

Aus den alten Staats- und Kameralwissenschaften, die zur Ausbildung tüchtiger Beamter für den sich formierenden modernen Staat gedacht waren und sozialstatistische sowie verwaltungswissenschaftliche Leistungen erbrachten, konnte sich die Jurisprudenz am leichtesten abspalten. Im Zuge des 19. Jahrhunderts verselbständigte sich auch die Ökonomie. Noch um die Wende zum 20. Jahrhundert besetzten jene Theoretiker, die wir heute als "Klassiker" der Soziologie bezeichnen, im allgemeinen Lehrstühle für Ökonomie, Philosophie und Rechtswissenschaften. Erst in der Zwischenkriegszeit kann man im deutschen Sprachraum von einem Fortgang der Institutionalisierung der Soziologie sprechen, und diese Entwicklung wurde wiederum durch die politischen Turbulenzen der 30er und 40er Jahre unterbrochen. Nach dem Zweiten Weltkrieg erst kam es zur Institutionalisierung auf breiter Basis - in diesem Sinne ist die Soziologie eine "junge" Wissenschaft, auch wenn ihre Themen "alt" sind und sie schon immer in gewisser Weise das Denken der Menschen beschäftigt haben. Es gehört ja schließlich zu einer Grundgegebenheit des menschlichen Daseins, über eben dieses Dasein nachzudenken.

2. Die Analyse von Regelmäßigkeiten - vom Alltagsverständnis zur wissenschaftlichen Systematik

Verhaltensweisen unserer Mitmenschen, von denen uns manche offensichtlich, manche rätselhaft erscheinen, sollen gedeutet werden: Wir wollen wissen, wie etwas typischerweise abläuft, welche Zusammenhänge zwischen verschiedenen Phänomenen bestehen, und wir wollen "verstehen", warum das so ist. Dies ist nicht nur eine sozialwissenschaftliche Aufgabe; es gehört zu unseren alltäglichen Versuchen, uns in der Gesellschaft zurechtzufinden.

Alltagsinterpretationen

Die alltäglichen Interpretationsversuche, die man benötigt, um sich im sozialen Leben zurechtzufinden, beruhen auf unartikulierten Vermutungen über soziale Regelmäßigkeiten. Nehmen wir ein Beispiel: Der Nachbar grüßt nicht, ganz im Gegensatz zu seinem gewöhnlichen Verhalten. Ich frage mich: Ist er böse auf mich? Habe ich etwas getan, worauf er mit Ärger reagieren könnte? Ich versuche also zu interpretieren: Kann ich das Nicht-Grüßen als Reaktion auf einen unangenehmen Vorfall verstehen? Welche Arten von Situationen kommen in Betracht, die typischerweise Ärger auslösen können? Habe ich ihm versprochen, etwas zu erledigen, und es dann vergessen? Habe ich jemandem Unerfreuliches über ihn erzählt, und könnte ihm das berichtet worden sein?- Ein anderes Beispiel: Ein Jugendlicher aus der Nachbarschaft ist - wie wir der Zeitung entnehmen - straffällig geworden. Warum? Wir glauben es zu wissen: weil sich seine Eltern scheiden ließen und sich dann niemand um ihn gekümmert hat; weil seine Mutter Alkoholikerin war; weil er als Jugendlicher in eine Straßenbande geraten ist; und so weiter.

Das sind unsere "Alltagsinterpretationen", deren sich auch Journalisten und Schriftsteller bei ihrer Darstellung solcher Geschehnisse meist bedienen. Diese alltägliche Interpretationsleistung findet in den Sozialwissenschaften - in einer verallgemeinerten Form - ihre Fortsetzung: Wie läßt sich der Zusammenhang zwischen desolaten Elternhäusern und kriminellem Verhalten begründen? Geht Kriminalität besonders häufig mit Drogenkonsum einher? Die Fragen sind oft dieselben wie im alltäglichen Leben; nur reicht unser Alltagswissen nicht hin, weil es oft aspekthaft und widersprüchlich ist.

"Gleich und gleich gesellt sich gern", wie wir wissen, aber der Volksmund weiß auch: "Gegensätze ziehen sich an". Mit solchen Weisheiten kann sich die Sozialwissenschaft nicht zufrieden geben; sie würde fragen: Von welcher Gleichheit und von welchen Gegensätzen ist eigentlich die Rede? Unter welchen Umständen ist der eine, wann der andere Satz richtig? Lassen sich vielleicht unterschiedliche Typen von Individuen ausfindig machen, für die die einander widersprechenden Aussagen jeweils gültig sind, und wie lassen sich diese beschreiben? Wie kann man das "Sich-zueinander-Gesellen" oder das "Sich-Anziehen" empirisch messen, um eine Bestätigung oder Widerlegung der Behauptung zu finden? Widersprüche in den Aussagen sollen vermieden, Vollständigkeit soll angestrebt werden. Es sollen Erklärungen für ein bestimmtes Verhalten gefunden, ja, wenn möglich, "Gesetzmäßigkeiten" über dieses Verhalten formuliert werden. Wissenschaft heißt: eine Systematisierung von überprüfbaren Behauptungen.

Regelmäßigkeiten und Gesetze

Es geht der Soziologie, wie aus diesen Hinweisen deutlich wird, nicht um die Beschreibung von Einzelfällen und von Schicksalen einzelner Menschen oder um die sorgfältige Bestandsaufnahme sozialer Phänomene in einzelnen Gesellschaften, sondern um die *Analyse von Regelmäßigkeiten*; nicht um die Beschreibung einzelner Handlungen, sondern um "typische" Handlungsabläufe und Zusammenhänge. Es ist nicht interessant, was Herr X in seinem Urlaub tut, sondern was "Leute wie Herr X" im allgemeinen in ihrem Urlaub tun. Es ist nicht interessant, ob der Sohn von Herrn Y Rechtswissenschaften studiert, sondern ob Söhne von Eltern einer bestimmten gesellschaftlichen Schichte oder einer bestimmten Berufsgruppe zu einem wesentlich höheren Prozentsatz ein bestimmtes Fach studieren oder nicht. Es ist nicht interessant, ob Frau Z der Einladung ihres Nachbarn Folge leistet, ins Theater zu gehen, sondern ob es sich hiebei um eine generelle soziale Gepflogenheit handelt oder nicht. Wenn daher von *sozialen Beziehungen* zwischen den Menschen die Rede ist, so ist deutlich, daß diese Beziehungen eine gewisse Regelmäßigkeit des Verhaltens voraussetzen. Es geht ja nicht um zufällige Akte, um einzelne Begegnungen, um ganz spezifische Verhaltensweisen; sondern um sich wiederholende Eigentümlichkeiten, um regelmäßig auftretendes Verhalten, um feste Verhaltensregeln.

Erwartungen der Mitmenschen

Individuen folgen in ihren Handlungen bestimmten Regeln. Dies erleichtert uns das Leben, weil wir bestimmte *Erwartungen an das Verhalten der anderen* hegen dürfen. Wir können uns in der Gesellschaft "orientieren", weil wir mit den Regelmäßigkeiten des Verhaltens der anderen (im allgemeinen) rechnen können. Man kann sich (üblicherweise) darauf verlassen, daß auf der Straße entgegenkommende Autos ihre rechte Fahrbahnhälfte benutzen; daß man beim Bäcker gegen Zahlung eines bestimmten Geldbetrages - und nicht allein aufgrund verwandtschaftlicher Beziehungen - ein Brot erhält;

daß zu bestimmten Wochenenden während der Sommermonate ein erhöhtes touristisches Verkehrsaufkommen zu verzeichnen ist; daß man sein erspartes Geld nach entsprechender Legitimierung von der Bank zurückbekommen kann; daß der Verkäufer des Warenhauses nicht im Frack zur Arbeit und die Nachbarin nicht im Badeanzug in die Kirche geht.

Es gibt auch weniger offenkundige "Regelmäßigkeiten" in einer Gesellschaft: Die Selbstmordrate ändert sich von Jahr zu Jahr nur wenig, und obwohl es sich beim Entschluß, den Freitod zu wählen, um eine höchst individuelle Entscheidung handelt, treffen sie jedes Jahr ungefähr gleich viele Menschen; zudem liegt diese Rate typischerweise in einem Land höher als im anderen, und auch diese internationalen Relationen sind recht stabil. Auch wenn sich viele Menschen spontan von Jahr zu Jahr aufs neue über ihr Urlaubsziel einigen, so zeichnen sich doch in der Gesamtheit recht zuverlässige Trends - über Wegstrecken, durchschnittliche Ausgaben und spezielle Wünsche - ab, die den Tourismusexperten ihr Geschäft erleichtern. Ähnlich ist es mit den Berufswünschen der Jugendlichen, der Wahl von Studienrichtungen durch die Studenten, den politischen Präferenzen der Wähler, und so fort. Auch jene Verhaltensweisen, die wir in einer alltäglichen Perspektive als Ausfluß individueller Entscheidungen ansehen, folgen also bestimmten sozialen Regelmäßigkeiten.

Der "Systemcharakter" der sozialen Welt

Die Menschen handeln innerhalb einer sozialen Wirklichkeit, von der sie beeinflußt werden und die sie beeinflussen. Die Verflechtungen menschlichen Handelns gilt es in Rechnung zu stellen. Das mag trivial klingen, doch wird diese Wechselbeziehung zwischen den Aktivitäten der Individuen allzu oft außer acht gelassen, wenn man nur das Handeln vereinzelter Menschen oder nur die übermächtige Determinationskraft der Kollektivgebilde ins Auge faßt. Weder handeln die Menschen vollkommen "frei" noch ist "die Gesellschaft" an allem schuld. Einerseits ist die Sozialstruktur natürlich das Ergebnis menschlichen Handelns: *Menschen haben die sozialen Normen hervorgebracht, die Institutionen geschaffen, das gesellschaftliche Leben eingerichtet.* Andererseits gilt gleichermaßen, *daß sie von dieser selbstgeschaffenen Struktur durch und durch geprägt werden:* in ihrer Sprache, ihrer Wirklichkeitsauffassung, ihren moralischen Anschauungen, ihren Zielen. Es ist kein Widerspruch zu sagen, *daß die Menschen die Gesellschaft schaffen, und daß auch die Gesellschaft die Menschen schafft.*

Die sozialwissenschaftliche Analyse darf nicht bei speziellen Eigenschaften des Untersuchungsgegenstandes stehen bleiben, sondern muß die *Totalsituation* analysieren (vgl. Barley 1977, 5f.). Wenn ein Stein zu Boden fällt, so könnten wir meinen, er tue dies, weil er ein inneres Bestreben hat, sich dem Erdmittelpunkt zu nähern; und wenn ein Ballon steigt, so können wir uns mit der Aussage zufrieden geben, es sei eben eine Eigenschaft des Ballons zu steigen. Aber diese Bewegungen sind keine "Eigenschaften" der Gegenstände, sondern Ergebnis der Gesamtsituation, in der sie sich befinden: Der Stein befindet sich im Gravitationsfeld der Erde, und der Ballon ist von der irdischen Atmosphäre umgeben. Die Sozialwissenschaften gehen bei ihrer Erklärung sozialer Sachverhalte in gleicher Weise vor. Wenn ein Industriearbeiter eine "linke" oder "rechte" Partei wählt, so wäre es ebenfalls unbefriedigend, seine Handlungsweise damit zu erklären, es handle sich um eine inhärente Eigenschaft seiner Person; wir wären schwerlich damit zufriedenzustellen, würde uns ein Wahlforscher erklären, der von ihm Befragte wähle auf diese oder jene Weise, weil er eben ein "Linker" oder "Rechter" sei. Seine Entscheidung wird vielmehr als Ausdruck seiner sozialen Gesamtsituation betrachtet, ohne daß dabei geleugnet werden muß, daß immer auch ein Element "echter" Entscheidung gegeben sein kann, wenn er diese oder jene Alternative wählt. Wenn ein Jugendlicher aus den Slums Autos knackt, so ist das nicht unbedingt nur Ausfluß seiner persönlichen Eigenschaften ("er ist eben ein Dieb"), sondern Ergebnis seiner Lebensumstände (seiner Familiengeschichte, seiner Erziehung, seines Milieus), und auch in diesem Fall gilt, daß deswegen, weil wir nach gesellschaftlichen Gründen für seine Handlungen suchen, nicht jede individuelle Verantwortlichkeit eliminiert oder "der Gesellschaft" zugeschoben werden muß.

Der *System-Charakter* der sozialen Welt gestattet es kaum, Phänomene nur im Sinne einer einlinigen Kausalität - A bewirkt B - zu sehen. Üblicherweise haben wir es mit Wechselwirkungen zu tun: A beeinflußt B, und B beeinflußt A; dadurch verändert sich A, und dieses veränderte A wirkt wieder auf B; und meistens spielen auch noch C, D, E... eine Rolle, die sich gleichfalls wandeln und sodann zurück- und aufeinander wirken. Man ist dazu angehalten, alle möglicherweise wirksamen Phänomene zu berücksichtigen, um einen konkreten Sachverhalt zu erklären. Tatsachen sollen nicht einfach gesammelt werden, der Neugierde oder des Fleißes wegen, sondern miteinander in Beziehung gesetzt werden, um besser zu verstehen, was im sozialen Leben vorgeht. Das ist immer eine komplizierte Aufgabe, und oft kann sie nur unbefriedigend gelöst werden. Deshalb - und weil sich die gesellschaftlichen Verhältnisse immer wandeln - ist die soziologische Aufgabe nie abgeschlossen.

Die Wirklichkeit und ihre Deutung

Noch eine weitere Komplikation tritt hinzu. Die Wirklichkeit, in der die Menschen handeln, ist immer schon eine *interpretierte Wirklichkeit*. Das meint zunächst den Zusammenhang von Beobachtung und

Theorie: *Theorien müssen sich auf Beobachtungen gründen, aber unser Verstand braucht auch eine Theorie, um beobachten zu können* - sonst könnten wir aus der Fülle isolierter Einzelphänomene kein "Bild" gewinnen, ja nicht einmal richtige Wahrnehmungen zustande bringen. Die Welt ist zwar aus vorfindlichen Gegebenheiten konstruiert, aber diese Gegebenheiten werden in einen Deutungsrahmen, ohne den sie nicht verständlich wären, eingeordnet. Einzelne Wahrnehmungen erhalten erst dadurch eine bestimmte Ordnung und werden miteinander in Zusammenhang gebracht. Das heißt nicht, daß die Menschen beliebige Wirklichkeiten in ihren Köpfen konstruieren können; besagte Köpfe können sich an der Wirklichkeit auch blutig stoßen, wenn über objektive Sachverhalte allzu souverän hinweggesehen wird. Die Menschen können nicht deswegen fliegen, nur weil sie sich das vorstellen. Aber meistens bleiben sie beim Aushandeln ihrer Wirklichkeitsdefinitionen einigermaßen realistisch. Aufgabe einer soziologischen Analyse ist es auch, herauszufinden, wie die Menschen zu ihrer Sicht der Dinge kommen und wie ihre Wirklichkeitsvorstellungen mit ökonomischen, politischen, ökologischen und anderen Prozessen zusammenspielen.

Die Phänomene der "wirklichen" Welt werden kulturell "verarbeitet". Der Umstand, daß jemand nichts zu tun hat, wird entweder als "Arbeitslosigkeit", als "Pension" oder als "Muße" gedeutet - das sind jeweils ganz verschiedene soziale Muster. Wahrnehmungen werden ganz verschieden eingeordnet und bewertet. Wenn ein Polizist und ein Taschendieb die Straße entlang schlendern, wenn ein Arzt und ein Künstler einen menschlichen Körper betrachten, dann "sehen" diese Personen gewissermaßen etwas anderes. Sie schieben Aufmerksamkeits- und Bewertungsfilter vor ihre Wahrnehmungen. Farbe an der Wand wird entweder als Beschmutzung, als politischer Protest oder als Kunstwerk verstanden. Politischer Protest gilt entweder als Landesverrat oder als Zeichen einer "reifen" Demokratie. Handeln orientiert sich also an einer vorgestellten, d.h. durch Deutung konstruierten Wirklichkeit, für welche die objektiv vorfindliche Welt nur das Rohmaterial liefert.

Die wissenschaftliche Sprache

Soziologische Probleme scheinen, gerade weil sie an alltägliche Erfahrungen anknüpfen, meist weniger exotisch als die Erforschung der Tiefen der Meere oder archäologischer Fundstätten; aber es ist nicht weniger schwierig, jene gesellschaftlichen Phänomene zu analysieren, über die alle Bescheid zu wissen glauben. Oft ist es möglich, die Alltagssprache hiefür zu verwenden, den Begriffen aber genauere Bedeutungen zu geben; oft muß man alltägliche Gegebenheiten mit neuen Begriffen belegen, und das stößt nicht immer auf Verständnis. Freilich gibt es Wissenschaftler, die es darauf anlegen, andere mit ihrem "Soziologendeutsch" zu beeindrucken. Aber gerade dann, wenn man über Alltagsphänomene spricht, ist es oft nötig, bewußt den bekannten Begriffen auszuweichen und eine exaktere Sprache zu verwenden. Auch den Physikern nimmt es niemand übel, daß sie Begriffe verwenden, die dem nicht Eingeweihten unverständlich sind.

3. Daten, Hypothesen und die Konstruktion von Theorien

Jede sozialwissenschaftliche Arbeit hat damit zu tun, daß man - freilich unter bestimmten orientierenden Gesichtspunkten - das menschliche Verhalten beobachtet und zu empirischen Verallgemeinerungen zu kommen trachtet. Zuallererst aber geht es um einen Sachverhalt, dem oft allzu wenig Aufmerksamkeit geschenkt wird: Es muß zunächst das *Problem* formuliert werden. "Wenn diese Regel nicht befolgt wird, dann führt das in der empirischen Sozialforschung dazu, daß man Fakten für sich selbst sprechen läßt, und in der theoretischen Soziologie dazu, daß eine Auseinandersetzung stattfindet, ohne daß gesagt wird, worum es eigentlich geht." (Ultee 1980, 39). Aber Faktenhuberei auf der einen Seite, Spekulation über die großen Gesellschaftsrätsel auf der anderen Seite sind nicht Soziologie.

Stumme Tatsachen

Hat man das Problem, das man ins Auge fassen möchte, formuliert, geht es darum, Anhaltspunkte dafür zu finden, wie sich die Menschen "wirklich" verhalten. Darüber soll die Soziologie durch systematische Beobachtung etwas herausfinden. "Man ist sich vielleicht nicht genügend darüber im klaren, daß die Vorstellung, man könne durch systematische Beobachtung dessen, was geschieht, irgend etwas über diese Geschehenszusammenhänge lernen, nicht so selbstverständlich ist, wie es uns heute erscheint. Solange man glaubt, daß Ereignisse das Ergebnis von mehr oder weniger willkürlichen Absichten und Plänen bestimmter Lebewesen sind, kann es nicht als besonders sinnvoll erscheinen, den Problemen durch Beobachtungen auf den Grund zu gehen. Wenn die Urheber übernatürliche Wesen oder hochgestellte menschliche Personen sind, kann man dem 'Geheimnis' nur dadurch auf den Grund kommen, daß man Zugang zu Autoritäten hat, die die geheimen Absichten und Pläne kennen." (Elias 1978, 59).

Die *Daten*, die den Generalisierungen über menschliches Verhalten zugrunde liegen, können aus verschiedenen Quellen stammen: aus alltäglichen Erfahrungen und Beobachtungen, wie sie jedem zur Verfügung stehen; aus amtlichen Statistiken (aus Handbüchern diverser Ämter u.dgl.); aus den Ergebnissen und Forschungen der Nachbarwissenschaften (etwa im Sinne einer Überprüfung von

Hypothesen am historischen Material oder einer Verwendung ethnologischer, psychologischer, ökonomischer und anderer Forschungsergebnisse); und aus selbst erhobenen Daten (etwa durch Umfragen). Alle Informationen über menschliches Verhalten können wertvoll sein, auch Daten, die zu ganz anderen Zwecken gesammelt worden sind. Prinzipiell werden die gleichen Verfahren der Datensammlung angewendet wie in den Naturwissenschaften, was Hypothesenbildung, Stichprobenkonstruktion, Fehlerabschätzung, Zusammenhangsanalysen und dergleichen betrifft; allerdings gibt es zusätzliche Methoden, wie etwa Umfragen, und zusätzliche Probleme, wie etwa jenes der Reaktivität des Untersuchungsobjektes (d.h. durch die Messung wird der untersuchte Gegenstand verändert); das Problem stellt sich - zumindest als praktisches - anders als in den Naturwissenschaften.

Bei *Befragungen*, die für so viele Zwecke erfolgreich angewendet werden, daß diese Methode bereits als "Königsweg der praktischen Sozialforschung" bezeichnet worden ist, sind beispielsweise die folgenden reaktiven Störungen zu verzeichnen: Die befragte Person wird durch den Interviewer (durch Alter, Geschlecht, Sprachverhalten usw. des Fragers) beeinflußt; sie gibt Gefälligkeitsantworten, d.h. der Befragte bemüht sich, den Erwartungen seines Gegenübers zu entsprechen; es muß allgemein konformistisches Verhalten vorausgesetzt werden, es werden also Antworten gegeben, von denen angenommen wird, daß sie sozial erwünscht sind; es gibt Reaktionen auf die Besonderheiten von Fragestellungen oder auf den Kontext, in dem einzelne Fragen stehen; schließlich kommt es zuweilen auch zur Distanzierung von den Zielen der Befragung durch Vereitelung, d.h. bewußtes Nicht- oder Falschbeantworten von Fragen. Verzerrungen lassen sich aber auch bei anderen Formen der Datenerhebung nicht ausschalten, z.B. bei *Experimenten*, die in einer ungewohnten und künstlichen Umgebung abgehalten werden, so daß die Forscher mit einem gegenüber dem Alltag veränderten Verhalten der Individuen rechnen müssen. Selbst *amtliche Daten* sind nicht so hieb- und stichfest, wie sie sein sollten, wenn im Zuge ihrer Erhebung für die Ämter selbst Anreize bestehen, bestimmte Daten zu überschätzen oder zu unterschätzen - wie dies etwa am Beispiel der Arbeitslosenstatistik gezeigt worden ist. Oft werden auch *Feldexperimente* durchgeführt, d.h. eine Situation wird zu Forschungszwecken benutzt, in welcher der Versuchsperson der Experimentcharakter des Geschehens gar nicht bewußt werden soll - hiebei geht es etwa um simulierte Unglücksfälle oder um fingierte Ladendiebstähle, bei denen das Verhalten der Beteiligten analysiert wird. Dies sind bereits Vorgangsweisen, die zur *Aktionsforschung* überleiten: zu jenem Verfahren, bei dem der Forscher selbst aktiv in den Prozeß verwickelt ist, den er beschreiben und untersuchen soll.

Dann aber, wenn man empirisches Material vor sich hat oder hinreichende Kenntnisse über ein soziales Phänomen besitzt, beginnt erst die eigentliche wissenschaftliche Arbeit. Denn das *Tatsachenmaterial allein ist stumm*, es stellt nur einen Haufen von Daten, Ziffern oder Sätzen dar, die wir beliebig vermehren können, ohne dadurch einen besseren Einblick in soziale Sachverhalte zu bekommen. Nun gilt es das Material zu analysieren, das "Wichtige" vom "Unwichtigen" zu scheiden. Auch die Natur ist unendlich mannigfaltig, und es wäre für einen Naturwissenschaftler sinnlos, jeden einzelnen Stein, jeden Schmetterling, jede einzelne Pflanze in der ganz spezifischen Gestalt zu beschreiben. Es gilt zu generalisieren, die Phänomene zu klassifizieren, Regularitäten ausfindig zu machen, Gesetzmäßigkeiten festzustellen. Manchmal sind statistische Verfahren dabei hilfreich; aber allein mit guten Rechenkenntnissen bringt man keine sinnvollen Ergebnisse zustande.

Wissenschaftliche Aussagensysteme

Damit kommen wir erst in den Bereich der *Wissenschaft* - Wissenschaft als ein Aussagesystem, ein System von Sätzen, das allgemeine Gesetze, Anwendungsfälle dieser Gesetze, Basis- bzw. Beobachtungssätze, mathematische Sätze oder reine Existenzsätze enthält, mit deren Hilfe Erklärung, Bewährung und Kritik ermöglicht werden. *Erklärung* bedeutet hierbei: die Beschreibung des zu erklärenden Phänomens wird abgeleitet aus (1) Gesetzmäßigkeiten (also allgemeinen Sätzen über die Tatsachen der Welt) und (2) aus singulären Feststellungen (also Sätzen, die sich auf spezielle Sachverhalte beziehen). Der Umstand, daß die Partei A in einer Region bei Wahlen die Stimmenmehrheit erzielt hat, wird beispielsweise erklärt durch (1) die empirisch bislang gut bestätigte Gesetzmäßigkeit, daß sich Industriearbeiter aus bestimmten Gründen generell eher der Partei A verbunden fühlen, und durch (2) den singulären Satz, daß es sich bei der betrachteten Region tatsächlich um eine Industriegegend mit einem hohen Anteil von Industriearbeitern handelt. Aus diesen beiden Sätzen läßt sich schließen, daß in dieser Region die Partei A die besseren Chancen hat, und voraussagen, daß sie mehr Stimmen erhalten wird.- *Bewährung* bedeutet: Allgemeine Aussagen werden durch singuläre Aussagen (durch die Beobachtung bestimmter Fälle) entweder falsifiziert, also widerlegt und daher verworfen; oder sie werden verifiziert, allerdings nicht im Sinne einer endgültigen Bestätigung ihrer Gültigkeit, sondern immer nur im Sinne einer vorläufigen, für weitere Überprüfungen offenen Bestätigung. Es gibt keinen endgültigen Beweis für die Richtigkeit von allgemeinen Sätzen, denn sie beziehen sich auf eine unendliche Zahl von Objekten, und diese können durch Beobachtungen niemals ganz ausgelotet werden. Es kann ja nicht ausgeschlossen werden, daß man irgendwann ein Gegenbeispiel findet.- *Kritik* bedeutet: Wissenschaftliche Sätze müssen kritisierbar sein, d.h. es muß Aussagen geben, mit denen sie unvereinbar sind. Der

Prozeß der Kritik, der Überprüfung von Theorien, ist niemals abgeschlossen. Eine Theorie kann kritisiert werden, (1) indem man ihre Inkonsistenz nachweist, also zeigt, daß sie miteinander logisch unvereinbare Aussagen enthält; und (2) indem man nachweist, daß sie mit Tatsachen oder mit anderen Erkenntnissen, etwa mit gut bewährten konkurrierenden Theorien, unvereinbar ist.

Mit Hilfe dieser Verallgemeinerungen können wir versuchen, erste tentative (versuchsweise) *Hypothesen* zu formulieren; solche Hypothesen lauten etwa in der Naturwissenschaft: "Wenn Wasser erhitzt wird, dehnt sich sein Volumen aus"; oder in der Sozialwissenschaft: "Die Bevölkerung in Industriegebieten neigt eher dazu, 'linke' Parteien zu wählen." Wenn für eine solche Annahme einige plausible Gründe sprechen, nennt man sie eine Hypothese. Meist hat man es mit mehreren Annahmen bzw. Hypothesen zu tun, die in unterschiedlichem Maße begründet sind. Solche Hypothesen werden an der Wirklichkeit geprüft, so weit dies möglich ist, und jene Hypothese, welche am besten mit der Realität übereinstimmt, wird ausgewählt. Das ist freilich oft eine strittige Angelegenheit, und aus unterschiedlichem statistischem Material können durchaus verschiedene Ergebnisse gewonnen werden. Daß es vereinzelte "Gegenbeispiele" geben kann, ohne daß die Gültigkeit der Hypothese, die ja im allgemeinen eine Wahrscheinlichkeitsaussage ist, verworfen werden muß, gilt für die Natur- wie für die Sozialwissenschaft.

Hypothesen gelten immer nur *ceteris paribus*, d.h. andere Einflüsse, die gleichfalls auf betrachtete Variablen einwirken, werden konstant gehalten. Dies ist bei der oben genannten Hypothese nicht der Fall, wenn der Luftdruck nicht gleich ist, wenn also das Volumen von Wasser, das nur geringe Temperaturunterschiede aufweist, auf der Seehöhe und auf dem Mount Everest verglichen wird; auch wenn das Wasser im ersten Fall geringfügig wärmer ist, hat es wegen des höheren Luftdrucks ein geringeres Volumen. Im Hinblick auf das zweite Beispiel mögen wir auf Fälle stoßen, wo es bei Wahlen in einem Industrie- und Bergwerksgebiet einen starken "Rechtsruck" gibt, weil etwa gerade die im Amt befindliche "linke" Regierung Schließungen einiger Gruben und Industriebetriebe anordnen mußte.- Der Wissenschaftler hat in solchen Fällen zwei Möglichkeiten. Entweder verwirft er die Hypothese, wenn er anhand weiteren empirischen Materials die Überzeugung gewinnt, daß sie für einen Gutteil wichtiger Sachverhalte nicht zutrifft. Oder er modifiziert seine Hypothese, indem er nähere Bestimmungen beifügt, unter welchen Verhältnissen sie allgemeine Gültigkeit besitzt; er fügt etwa zusätzliche Bestimmungsfaktoren ein; er verändert die behauptete Beziehung zwischen den Größen. Auf diese Weise werden Aussagensysteme angereichert und verbessert.

Das ist eine Aufgabe, die viel Fingerspitzengefühl und Erfahrung benötigt. Die Sozialwissenschaften haben es mit einem viel unsichereren und wankelmütigeren "Material" zu tun als die Naturwissenschaften, für deren Objekte Kontinuität, Quantifizierbarkeit und Vorhersehbarkeit gelten und die mit einigermaßen zuverlässigen "Gesetzen" rechnen können. Sozialwissenschaftler haben Menschen vor sich, die selbst ihre Meinung über soziale Sachverhalte besitzen. Je nach ihrer Meinung handeln sie verschieden oder ändern ihre Handlungsweise, oder sie ändern ihre Meinung und handeln deswegen anders. Man muß mit *self-fulfilling prophecies* rechnen: Ein Wirtschaftsforscher sagt voraus, daß die Kurse einer bestimmten Aktie steigen werden, und dies führt dazu, daß viele Leute diese Aktie erwerben und ihr Kurs tatsächlich steigt (was ohne die Voraussage gar nicht der Fall gewesen wäre). Oder mit *self-destroying prophecies*: Die Feststellung eines Verkehrsexperten, daß auf einer bestimmten Straße enorme Stauungen drohen, veranlaßt viele dazu, diese Straße zu meiden, und daher herrscht - entgegen der Ankündigung - flüssiger Verkehr. Damit können sich bestimmte Regelmäßigkeiten laufend verändern, und dies ist für den Beobachter irritierend. Allerdings können Sozialwissenschaftler mit großer Bestimmtheit sagen, wie sich Menschen an einer Straßenkreuzung beim Aufleuchten roter und grüner Lichter verhalten, während es dem Naturwissenschaftler schwerfällt, den Abgang und Verlauf einer Schneelawine vorherzusagen. Bestimmte soziale Situationen haben die Menschen selbst vorhersagbar gemacht, indem sie Regeln erstellt haben, während wir in der Natur Gesetzmäßigkeiten finden und nicht gestalten. Die Untersuchungen der Soziologie beziehen sich also auch auf die Bildung, Veränderung oder Durchbrechung sozialer Regeln.

Wenn Hypothesen hinreichend begründet und geeignet sind, einen systematischen Überblick über bestimmte Phänomene zu vermitteln, die Beziehungen zwischen den betrachteten Größen zu spezifizieren, Erklärungen zu liefern und allenfalls bestimmte Voraussagen abzuleiten, so spricht man von *Theorien.* Wenn Folgerungen aus der Theorie oder Voraussagen zutreffen, spricht man von einer *Konfirmierung* oder *Bestätigung* der Theorie. Alles das ist das Kernstück wissenschaftlichen Forschens, wie es von kritischen Rationalisten gesehen wird, und es ist angebracht, von diesem Konzept auszugehen. Die Wirklichkeit ist allemal komplizierter, wie uns Argumente aus dem Bereich der Interpretativen Soziologie oder der Kritischen Theorie zeigen. Darauf kommen wir noch zu sprechen.

Halten wir fest: Die wissenschaftliche Arbeit richtet sich darauf, Hypothesen und Theorien zu systematisieren, zu kontrollieren und zu überprüfen, nicht mehr und nicht weniger (vgl. Menne 1984, Topitsch 1980, Popper 1966, 1970). Wissenschaftler sind nicht sonderbare Menschen in weißen Kitteln, die in einem Labor arbeiten; sie sind nicht brillante Denker, die vor sich hinstarren und komplexe Theorien ausspinnen, die kein normaler Mensch nachvollziehen kann; und sie sind keine spezialisierten Ingenieure, die uns moderne Technologien bereitstellen und dadurch das Leben erleichtern (vgl. Kerlinger 1978, 37). Das grundlegende Ziel der Wissenschaft ist es, natürliche

Phänomene zu erklären, d.h. Theorien darüber zu erstellen. Umgekehrt formuliert: Falsche Erklärungen sollen eliminiert werden. Wissenschaftler sind - so Norbert Elias (1978, 53f.) - "Mythenjäger"; "sie bemühen sich, durch Tatsachenbeobachtung nicht zu belegende Bilder von Geschehenszusammenhängen, Mythen, Glaubensvorstellungen und metaphysische Spekulationen durch Theorien zu ersetzen, also durch Modelle von Zusammenhängen, die durch Tatsachenbeobachtungen überprüfbar, belegbar und korrigierbar sind."

4. Die Vielfalt der Paradigmen - soziologische Perspektiven

Es mag vorneweg erklärungsbedürftig sein, daß in den einzelnen Kapiteln dieses Buches jeweils mehrere theoretische Ansätze besprochen werden und daß auch im abschließenden Kapitel von mehreren Paradigmen - verschiedenen Perspektiven - die Rede ist. Man könnte ja fragen: Welche von diesen Theorien ist nun die "richtige"? Oder zumindest: Welche der Theorien ist denn die erklärungskräftigste, die fruchtbarste? Welche gibt uns den besten Aufschluß über die Phänomene der sozialen Welt?

Soziologie als multiparadigmatische Wissenschaft

Anders als manche anderen Disziplinen verfügt die Soziologie nicht über ein einziges Theoriengebäude, das von einem ungefähren Konsens der Fachvertreter getragen wird, sondern es existieren verschiedene theoretische Hauptströmungen. In den Sozialwissenschaften gibt es meist verschiedene *Schulen*; dies gilt auch für die Psychologie oder die Ökonomie, auch wenn zuweilen behauptet wird, daß sich da oder dort ein *mainstream* oder ein allgemein verbindliches *Paradigma* durchgesetzt habe, zu dem sich der Großteil aller Wissenschaftler des Faches bekennt. Der Umstand, daß viele Paradigmen - theoretische Gerüste, mit deren Hilfe man die Wirklichkeit sieht - nebeneinander bestehen, ist als Kennzeichen einer sich formierenden wissenschaftlichen Disziplin angesehen werden, die ihrer Reife erst zustrebt. Es spiegelt sich darin aber auch ganz einfach die Komplexität des Gegenstandes, mit dem sich die Soziologie befaßt. Darüber hinaus soll man die Einheitlichkeit in anderen Disziplinen nicht überschätzen: Selbst für die Naturwissenschaft, die so oft als Beispiel für eine "harte", mit einem konsistenten Satz von Grundaxiomen arbeitende Wissenschaft angeführt wird, trifft es zu, daß bestimmte komplexe Sachverhalte nur mit mehreren, miteinander unvereinbaren Theorien bearbeitet werden können, so etwa im Falle des Lichtes.

Die einzelnen soziologischen Theorien zeigen Unterschiedliches, sie machen Unterschiedliches sichtbar. Sie sind Instrumente, mit denen man soziale Strukturen und Prozesse aus unterschiedlichem Blickwinkel sieht, und *jede Perspektive fördert neue Einsichten zutage*, die mehr über das in Betracht stehende Phänomen verraten. Oft ist es sinnlos, nach der "richtigen" Perspektive zu fragen - so wie es sinnlos ist zu fragen, aus welcher Richtung ein Berg, um den man herumfährt, dem Betrachter sein "richtiges" Bild darbietet. Mit einem Fernrohr sieht man anderes als mit einem Mikroskop, ohne daß man die Frage stellen kann, welches denn nun das "richtige" Bild des betrachteten Objektes sei. Freilich muß man sich auch vor einem unverbindlichen theoretischen Indifferentismus, der alle Behauptungen für gleich gut hält und keinerlei Kriterien wissenschaftlicher Adäquatheit mehr beansprucht, hüten. Es muß möglich sein, sozialwissenschaftliche Aussagen als falsch zu erweisen. Es sind nicht beliebige Aussagen zugelassen. Aber es gibt verschiedene Blickwinkel, Perspektiven, Modelle, Paradigmen oder Rahmenvorstellungen - wie immer man dies bezeichnen will -, unter denen gesellschaftliche Phänomene betrachtet werden können, und sie fördern jeweils gewisse zusätzliche Einsichten zutage. Es sind Ratschläge, welche Fragen man in Anbetracht gesellschaftlicher Phänomene, die man analysieren möchte, stellen soll (vgl. Acham 1974, 1983).

Ausblick auf die soziologischen Theorien

Nur kurz sollen die Fragestellungen der wichtigsten theoretischen Strömungen, die in den folgenden Kapiteln immer wieder auftauchen, angedeutet werden; erst aus den unterschiedlichen Anwendungen auf die erörterten Probleme und aus der Skizze im Kapitel XV ergibt sich ein einigermaßen geschlossenes Bild. Hier geht es nur um eine kurze und sehr rudimentäre Charakterisierung.

Funktionalistische Konzeptionen fassen Systeme, also Ganzheiten von miteinander verbundenen Elementen, ins Auge und fragen nach der Bedeutung eines bestimmten Phänomens für die Existenz und Stabilität des Gesamtsystems. Was ist die Funktion des Herzens in einem Organismus? Das Blut durch den Körper zu pumpen. Was ist die Funktion sozialer Ungleichheit? Die Individuen zu Leistungen zu motivieren. Was ist die Funktion der Familie? Nachwuchs zu produzieren und auf geeignete Weise zu sozialisieren. Welchen Beitrag leisten bestimmte soziale Phänomene zur Aufrechterhaltung der modernen Industriegesellschaft? Wie spielen diese Prozesse mit anderen Systemelementen zusammen? In diesem Paradigma wird also nicht den Handlungen der Individuen Aufmerksamkeit geschenkt, sondern dem "System": Welche Teilsysteme gibt es, und wie tragen einzelne Institutionen zur Stabilität des Ganzen bei?

Die *marxistische Soziologie* ist gleichfalls an "Systemen", vor allem an der gesellschaftlichen Ordnung des Kapitalismus, interessiert. Während funktionalistische Ansätze aber das Zusammenwirken, ja die

Harmonie der Systemkomponenten betonen, weisen Marxisten auf Konflikte, Auseinandersetzungen, gesellschaftliche Widersprüche und soziale Kämpfe hin. Entscheidend scheint es ihnen, die wirtschaftlichen Entwicklungen zu betrachten, denn diese prägen den Lauf der Geschichte. Der Kapitalismus zeichnet sich aus durch Ungleichheit und Ausbeutung, und in einem Prozeß zunehmender Krisen werden sich die Klassenkämpfe verschärfen, bis sie in eine systemüberwindende Revolution münden. Indizien für den Fortgang diesen Prozesses gilt es zu sammeln, und durch entsprechende Aufklärung, zu der sich marxistische Sozialwissenschaftler verpflichtet sehen, kann er auch beschleunigt werden. Um die Gesellschaft zu verstehen, muß man auf Ungleichheit und Unterdrückung, auf Macht und Ausbeutung, auf Armut und Konflikte achten.

Evolutionistische Modelle betonen - so wie die marxistischen - den Konflikt in der Gesellschaft. Sie gehen oft von sozialdarwinistischen Grundannahmen aus, denen zufolge sich das unter bestimmten Gegebenheiten am besten angepaßte Individuum oder die am besten angepaßte Gruppe gegenüber den anderen durchsetzen. Es ist nach Ansicht von Evolutions- und Konflikttheoretikern dieser Überlebenskampf, auf den man sein Augenmerk richten muß, will man gesellschaftliche Entwicklungen erklären. Man muß also in Anbetracht eines bestimmten sozialen Phänomens fragen, wie es in einer gegebenen Situation dazu beiträgt, die Gruppe oder den einzelnen überlebenstüchtiger zu machen.

Die *verhaltenstheoretische oder behavioristische Soziologie* ist das erste jener Paradigmen, die eine Erklärung gesellschaftlicher Entwicklungen durch Rückgriff auf individuelle Handlungen zu leisten bestrebt sind. Verhaltenstheoretiker sind einer "naturwissenschaftlichen" Perspektive verpflichtet; sie wollen nicht über menschliche Beweggründe des Handelns spekulieren, sondern einfach beobachten, wie Menschen auf bestimmte äußere Reize reagieren und wie sie lernen, auf wiederholte Konstellationen solcher Umstände mit einem bestimmten Verhalten zu reagieren. Der Behaviorist würde also sagen: Um soziale Phänomene zu untersuchen, gilt es, das Verhalten der Menschen zu beobachten, insbesondere jene Prozesse, in denen sie lernen, negative Sanktionen zu vermeiden und erwünschte Reaktionen der anderen auszulösen.

Für eine *handlungstheoretische Perspektive* ist die äußere Beobachtung ungenügend: Man muß auch die Absichten der Individuen berücksichtigen, und man darf sich die Handelnden nicht so vorstellen, als würden sie nur "automatisch" auf äußere Reize reagieren; vielmehr sind sie in der Lage, bewußt ihre Entscheidung abzuwägen und in gewissem Maße "frei" zu handeln. Man muß auch "verstehen", was ihre Motivationen und Wünsche sind, um Handlungen richtig einschätzen zu können. Wie also erklärt man Handlungen? Man versucht nachzuvollziehen, was die Individuen wollen und welche Handlungsmöglichkeiten ihnen offen stehen, und unterstellt dabei, daß sie im

Lichte ihres Wissensstandes und ihrer Wünsche "rational" darum bemüht sind, das zu tun, was ihnen vernünftig scheint.

Die *interpretative Soziologie*, welche die Phänomenologie, den symbolischen Interaktionismus und die Ethnomethodologie einschließt, betont noch stärker die Sinnhaftigkeit des Handelns. Bedeutungen von Handlungen oder Situationen sind nicht einfach gegeben, sondern werden von den Menschen, die miteinander zu tun haben, "ausgehandelt". Soziales Handeln ist ein Interpretationsprozeß, und die "Wirklichkeit", in der wir leben, ist aus Bedeutungen aufgebaut. Vertreter dieser Theorie geben dem Forscher den Rat, er solle darauf achten, wie die Menschen sich miteinander über die Deutung der Wirklichkeit verständigen, wie sie Situationen deuten und welche Elemente der Realität sie als selbstverständlich voraussetzen.

Die *Soziobiologen* verweisen auf die lange stammesgeschichtliche Entwicklung, welche die Menschen mit den höheren Tierarten gemeinsam haben, und glauben in dem Prinzip der "Maximierung der eigenen Gene" den Schlüssel zur Erklärung zahlreicher Verhaltensweisen von Tieren und Menschen gefunden zu haben. Ihres Erachtens gilt es, in Anbetracht eines bestimmten Phänomens zu fragen: Wodurch trägt dieses Verhalten zur Sicherung oder Verbreitung des eigenen genetischen Potentials des in Betracht stehenden Individuums bei?

Die Vertreter der *kritischen Theorie*, die an Marx und Freud anknüpfen, behaupten, die Idee einer wertfreien Wissenschaft sei illusionär, und sie bekennen sich zu einem emanzipatorischen Erkenntnisinteresse, zu einer Strategie der Aufklärung, welche dazu beitragen soll, die Unterdrückung des Menschen in der modernen Industriegesellschaft aufzuheben. Ihr Interesse gilt jenem Prozeß, in dem alle Lebensbereiche durch die rationalisierende Kraft der Marktmechanismen durchdrungen werden. Sie untersuchen die Kolonialisierung der kommunikativen Lebenswelt, d.h. die Zerstörung einer demokratisch-kommunikativen Lebensweise durch die Herrschaft der Zweckrationalität und die pathologischen Folgen dieses Prozesses.

II. GEBURT UND ERZIEHUNG

Am Anfang des menschlichen Daseins steht die Geburt. Damit beginnt die physische Existenz des Individuums, aber auch sein Leben in der menschlichen Gesellschaft. Vom ersten Tag an beginnt das Kind, sich im Kontakt mit anderen Menschen zurechtzufinden, ja genau betrachtet, ist es schon vor seiner Geburt von der Gesellschaft abhängig: Wer seine Eltern sind bzw. welche Individuen zueinander kommen können, ist sozialstrukturell vorherbestimmt; ob die Mutter bis kurz vor der Geburt arbeiten muß oder nicht, ob sie den unteren oder den oberen Schichten angehört - solche Umstände bestimmen die körperliche Entwicklung des Kindes, sein Geburtsgewicht und seine Überlebenschancen. Unmittelbar nach der Geburt empfängt es Signale von den anderen und gibt seine Wünsche zu erkennen, kurz: die Sozialisation beginnt.- Immer wieder hat die Frage, von welcher Bedeutung einerseits die biologisch-genetische Ausstattung des Individuums, andererseits die auf es einwirkenden Umwelteinflüsse sind, Kontroversen ausgelöst; deshalb werden wir im Abschnitt 1 einen kurzen Blick auf diese Frage werfen. Im Abschnitt 2 wenden wir uns jenen sozialen Gesetzmäßigkeiten zu, welche das Geburtengeschehen beeinflussen, sowohl auf nationaler wie auf globaler Ebene, im historischen Rückblick und in den modernen Gesellschaften. Im Abschnitt 3 befassen wir uns mit einigen Begriffen der Sozialisationstheorie, im Abschnitt 4 mit unterschiedlichen Versuchen, eine allgemeine Persönlichkeitstheorie zu entwickeln. Im Abschnitt 5 wird ein kurzer Blick auf die ersten Etappen des Lebens geworfen, auf die Abschnitte Kindheit und Jugend.

1. Geburt und Vererbung - der Eintritt in die Gesellschaft

Jeder Mensch muß sein Verhalten den in seiner Gemeinschaft üblichen Gepflogenheiten anpassen. Er muß daher die im Zusammenleben geltenden "Spielregeln" lernen, will er die Voraussetzungen dafür schaffen, nicht unangenehm aufzufallen oder mit seinen Mitmenschen in Konflikte zu geraten. Das ist im Falle des *homo sapiens* eine besonders schwierige Angelegenheit.

Instinkte - der Mensch als "Mängelwesen"

Bienen oder Ameisen müssen - als "sozial" lebende Insekten - oft als "Modell" für menschliche Gemeinschaften herhalten. Aber ihr Verhalten ist, wie eingangs bereits erwähnt wurde, weitgehend durch *Instinkte* gesteuert und in hohem Maße genetisch programmiert, auch wenn gewisse Lernprozesse nicht ausgeschlossen sind. Das Verhaltensrepertoire, das für diese Lebewesen zugänglich ist, erweitert sich, wenn wir uns höheren Tierordnungen - etwa den Säugetieren - zuwenden. Der Mensch schließlich - als das höchstentwickelte Säugetier - ist in seiner genetischen Ausstattung am wenigsten festgelegt. Das hat einerseits zur Folge, daß er fast durchwegs auf gelerntes Verhalten angewiesen ist, also nicht über hinreichende Instinkte verfügt, die seine Verhaltensweisen "inhaltlich" festlegen und die ihn darauf "programmieren", wie etwas zu machen ist. Das neugeborene Kleinkind ist hilflos; es muß die Kultur einer Gesellschaft erst kennenlernen: wie man etwas macht; was man tun kann und was unmöglich ist; was als gut und böse zu betrachten ist. Andererseits ist es ihm möglich zu lernen, ja vor allem: ganz Verschiedenes zu lernen. Es kann also eine *Verhaltensvariabilität* an den Tag legen, die im Tierreich undenkbar ist. Der Mensch ist, um die Begriffe Arnold Gehlens (1904-1976) zu gebrauchen, ein *Mängelwesen*, das dadurch, daß es auf biologisch-genetischer Ebene in so geringem Maße "vorprogrammiert" ist, zugleich die Chance zur *Plastizität*, zur Entwicklung nach vielerlei Richtungen hin, besitzt (1957).

Vererbung - genetisches Potential und Sozialisation

Die Menschen können nicht alles lernen; sie sind durch ihre genetische Ausstattung in einem gewissen Maße determiniert, etwa in ihrem Aussehen oder in bestimmten Dimensionen ihrer Leistungsfähigkeit. Strittig ist, was sie vererbt erhalten und was sie erst im Laufe ihres Lebens lernen. Biologen bestehen auf der Bedeutung der Vererbung, Sozialwissenschaftler legen meist größeres Gewicht auf die Sozialisation. Gewisse Merkmale treten bei den Nachfahren der Merkmalsträger häufiger auf, als dies nach dem Gesetz des Zufalls geschehen würde: Daran kann also kein Zweifel bestehen, daß Eigenschaften in bestimmtem Ausmaß vererbt werden. Das soll aber nicht besagen, daß es eine grundsätzlich "bessere" oder "schlechtere" genetische Ausstattung gibt. Die Bewältigung der Lebensaufgaben erfordert unterschiedliche Fähigkeiten, und bei einem Wandel der Umwelt können andere Anforderungen gestellt werden. Wenn wir daher - unter Anwendung Darwinscher Erkenntnisse - vom *survival of the fittest* sprechen, ist es unzureichend, nur an die Stärksten oder Intelligentesten zu denken; es stehen nicht nur Eigenschaften der Person, sondern Beziehungen zwischen Person und Umwelt zur Debatte. Vererbung wirkt sich innerhalb eines bestimmten Umweltzusammenhangs aus, d.h. vererbte Fähigkeiten (wie etwa "Intelligenz") lassen sich nicht allgemein gültig - unabhängig von den äußeren Anforderungen - "messen": Eine optimale Anpassung an eine bestimmte Umwelt kann zu schlechten Ergebnissen in einer veränderten Umgebung führen, und Durchschnittsindividuen können sich in einer veränderten Umwelt besser zurechtfinden als hochangepaßte Individuen.

Den Untersuchungen über die Vererbung sind beim Menschen (aus forschungsethischen Gründen) besonders enge Grenzen gesetzt. Darüber hinaus macht es der Umstand, daß Vererbung und Umwelt häufig in gleicher Weise auf die individuellen Dispositionen wirken, schwierig, die Einflußfaktoren in ihrer relativen Bedeutung einzuschätzen: Aggressive Eltern haben beispielsweise aufgrund genetischer Gemeinsamkeiten aggressive Kinder; aber letztere wachsen auch in einer aggressiveren Familie auf und lernen dadurch das Verhalten ihrer Eltern. Wenn aber genetische Ausstattung und soziale Umwelt parallel wirken, läßt sich die relative Bedeutung der beiden Faktoren nicht mehr voneinander trennen.- Als hilfreiche Wege, der Klärung dieser Fragen näherzukommen, haben sich Zwillingsuntersuchungen erwiesen, wobei man bei eineiigen Zwillingen, die identische Erbanlagen besitzen und in verschiedenen Familien erzogen wurden, davon ausgeht, daß man alle beobachtbaren Unterschiede den Umweltbedingungen zuschreiben kann, während man bei zweieiigen Zwillingen, die in derselben Familie aufwachsen, sich aber genetisch nicht mehr ähneln als gewöhnliche Geschwister, eine relative Gleichbehandlung von seiten der Eltern und einen gleichen Einfluß anderer Umweltfaktoren annimmt und geneigt ist, Unterschiede auf die genetische Ausstattung zurückzuführen. Freilich sind auch solche Annahmen nicht unproblematisch, doch vermitteln diese Untersuchungen dennoch einige Aufschlüsse. Soweit eine Quantifizierung der beiden in Betracht stehenden Komponenten überhaupt sinnvoll ist, scheinen neuere Untersuchungen zu ergeben, daß die beiden Faktoren Sozialisation und Vererbung sich in ihrer Bedeutung die Waage halten.

2. Die Bevölkerungsentwicklung - Wandlungen in den demographischen Größen

Die Geburt ist ohne Zweifel ein individuelles und biologisches, aber eben auch ein soziales Phänomen. Schwankungen im generativen Verhalten, d.h. im Zeugungsverhalten, in den Sterbeziffern und in Bestand und Struktur der Bevölkerung haben früh Interesse erweckt. Statistiker haben versucht, die generativen Vorgänge in ihrer quantitativen Bedeutung zu durchleuchten (vgl. Mackenroth 1953, Schmid 1984).

Naturalistische und malthusianistische Theorien

Werner Sombart (1987, III, 304ff.) unterscheidet drei Arten bevölkerungstheoretischer Ansätze. Zunächst gibt es die *naturalistischen* Theorien. Die Bevölkerungsmenge wird als Ergebnis eines "Naturprozesses" betrachtet, ohne nähere Überlegungen zu jenen Größen anzustellen, die diesen Prozeß bestimmen. Ursprünglich wurde das Bevölkerungsproblem von vielen, die sich damit befaßten, in einem Mangel an Menschen gesehen; Montesquieu etwa machte sich Sorgen um die Entvölkerung der Welt. Mit dem Beginn des Hochkapitalismus erst tauchte das umgekehrte Problem auf: Übervölkerungserscheinungen wurden konstatiert, besonders auf dem flachen Land. In diese Zeit fällt auch die Veröffentlichung des sogenannten *malthusianischen Bevölkerungsgesetzes*. Thomas Robert Malthus (1766-1834), ein englischer Geistlicher, hat darin - im Bestreben, soziale Utopisten ebenso zu kritisieren wie die englische Armengesetzgebung - zwei Entwicklungen einander gegenübergestellt: die durch den Geschlechtstrieb bedingte Tendenz zur Bevölkerungsvermehrung und die Produktionsentwicklung im Nahrungsmittelsektor. Während die Vermehrung der Nahrungsmittel, so meinte er, angesichts der natürlichen Begrenztheit des fruchtbaren Landes in einer *arithmetischen* Reihe vor sich gehe (1,2,3,4...), zeige die Bevölkerung Tendenzen, sich in *geometrischer* Reihe zu vermehren (1,2,4,8...). Die Bevölkerung werde durch Laster, Elend oder sittliche Beschränkung quantitativ unter der Nahrungsgrenze gehalten. Um Hungersnöte und Massensterben zu vermeiden, empfiehlt Malthus späte Eheschließung und sexuelle Abstinenz (vgl. Malthus 1977).

Spätere Bevölkerungstheoretiker haben eine davon abweichende, weniger biologistische Auffassung vertreten. Sie haben insbesondere darauf hingewiesen, daß es erstens zu einer Abnahme des Bevölkerungszuwachses bereits bei einer Annäherung an die Nahrungsgrenze und nicht erst durch Hungerkatastrophen komme; daß zweitens ein zunehmender Wohlstand nicht zur beliebigen Vermehrung der Kinderzahl, sondern ganz im Gegenteil zu einer Abnahme der Geburtenziffern führe; daß drittens gänzlich andere Bestimmungsgrößen - wie etwa der Lebensstandard oder kulturelle Auffassungen - das generative Verhalten stärker beeinflussen können; und daß viertens auch die Annahme einer arithmetischen Entwicklung des Nahrungsmittelspielraums naiv und allzu pessimistisch sei.- Eine neue Aktualität haben malthusianische Auffassungen allerdings durch die globale Bevölkerungsexplosion der letzten Jahrzehnte erhalten. Neue Grenzen der Nahrungsmittelversorgung und der ökologischen Belastbarkeit der Erde werden befürchtet und etwa durch die Simulationsmodelle des "Club of Rome" belegt. Im Zusammenhang mit solchen Studien spricht man auch von *Neomalthusianismus*. Die Ratschläge, die den Entwicklungsländern gegeben werden, nämlich Maßnahmen zur Empfängnisverhütung vorzusehen, ähneln durchaus jenen von Malthus.

Ökonomistische Theorien

Die zweite Gruppe von Theorien sind die *ökonomistischen* Ansätze. Die Bevölkerungsbewegung wird von Karl Marx (1818-1883), dessen Auffassungen dieser Gruppe von Theorien zuzurechnen sind, als

Folge wirtschaftlicher Vorgänge betrachtet, nicht als Ergebnis biologischer Gesetze. Das Proletariat wächst rascher als das Verwertungsbedürfnis des Kapitals, so daß dem letzteren immer reichliche Arbeitermassen zur Verfügung stehen. Diese Tendenz ist in Zusammenhang mit dem klassischen Reproduktionsmodell, das auch andere Wirtschaftstheoretiker verwendet haben, zu sehen: Der Lohn ist so hoch, daß er die Reproduktionskosten der Arbeitskraft deckt, d.h. die Lebensbedürfnisse der Arbeiter und ihrer Angehörigen sichert und Nachwuchs ermöglicht. Sinkt der Lohn unter die Schwelle der Existenzsicherung, so verhungern die Arbeitskräfte, jedenfalls aber können sie sich keine Kinder mehr leisten; das Angebot an Arbeitskräften sinkt, daher steigen die Löhne wieder. Steigen die Löhne aber über die Existenzschwelle hinaus, so werden die Arbeiter mehr Kinder zeugen; damit stehen Jahre später so viele Arbeitskräfte zur Verfügung, daß ein Überangebot herrscht und die Löhne wieder sinken müssen. Der Lohn kann sich also von einem Niveau, das eben noch den Unterhalt sichert (Subsistenzniveau), nicht weit entfernen. Durch den technischen Fortschritt und die steigende "organische Zusammensetzung des Kapitals" (das Verhältnis des konstanten Kapitals zum variablen Kapital) - so die zusätzliche marxistische Argumentation - wird zudem der Lohnfonds kleiner, es werden weniger Arbeitskräfte beschäftigt. Die Existenz einer *industriellen Reservearmee*, die bereit ist, zu geringen Löhnen zu arbeiten und die daher Druck auf die Beschäftigten ausübt, ist dieser Theorie zufolge gesichert, und die Kapitalisten können damit rechnen, daß ihnen das entsprechende Geburtenverhalten die Löhne am Existenzminimum hält (vgl. Marx 1859, 1867ff.).

In diesem Modell ist ein "starres" generatives Verhalten vorausgesetzt, d.h. es gibt keine Anpassung des Verhaltens an unterschiedliche Lebensstandards etwa in dem Sinne, daß auch bei steigenden Einkommensniveaus weniger Nachkommen produziert werden und damit dem Lohndruck ausgewichen wird - wie sich empirisch gezeigt hat. Zudem kann eingewendet werden, daß Marx wirtschaftliches Wachstum nicht berücksichtigt oder jedenfalls nicht für so wichtig gehalten hat, daß die Nachfrage nach Arbeitskräften auch den technischen Fortschritt überkompensieren könnte. Genau das aber ist in der Folgezeit geschehen.

Soziologische Theorien

Die bisher erörterten Modelle betonen einseitig ganz bestimmte Größen, biologische Faktoren im ersten, ökonomische im zweiten Fall; aber das generative Verhalten ist von einer Reihe weiterer Einflußfaktoren abhängig. Sombart betont etwa *biologisch-technische* Komponenten, wie die natürliche Beschaffenheit der Rasse und der Völker und ihre Zeugungsfähigkeit, aber auch die Bedeutung technischer Hilfsmittel zur Verhütung von Tod oder Leben - das betrifft sowohl hygienisch-medizinische Standards als auch die Verfügbarkeit von Verhütungsmitteln. Zweitens hebt er *psychologische* Faktoren hervor, d.h. die seelische Haltung einer Bevölkerung, ihren Willen zur Fortpflanzung, die Stellung der Frauen und der Kinder und dergleichen. Drittens nennt er im engeren Sinne *soziologische* Faktoren; diese schließen wirtschaftliche Faktoren ein, umfassen aber auch generelle Lebensbedingungen - Stand, Beruf, Partei, Familie, Kirche usw. Diese können hier nicht im einzelnen erörtert werden, die Bedeutung von einigen dieser Faktoren wird bei einem Blick auf den in der Folge skizzierten historischen Verlauf des Geburten- und Sterbeverhaltens deutlich.

Die historische Bevölkerungsentwicklung

Ein Blick auf den geschichtlichen Wandel der Bevölkerung macht die Wichtigkeit "sozialer" Faktoren für die Prägung des Geburtenverhaltens deutlich. In der vorindustriellen Gesellschaft bestanden zumeist strenge Vorschriften für sexuelle Beziehungen und - was damit ja immer in einem gewissen Zusammenhang gestanden ist - für die Heirat: Dienstboten, Knechte und Mägde unterlagen oft einem Heiratsverbot, die Heiratserlaubnis für die Männer war von der vorherigen Ableistung des Militärdienstes abhängig, ein großer Teil der Bevölkerung war zur Ehelosigkeit gezwungen. (Auch in anderen Gesellschaften bestanden verschiedenartige Einschränkungen: etwa die Isolierung von Männern und Frauen im Orient; Zölibate; Gesetze gegen Ehebruch; Verbote zur sexuellen Vereinigung zu bestimmten Jahreszeiten; das Gebot der Nichtwiederverheiratung der Witwe in Indien; dazu verschiedene Formen der Geburtenkontrolle wie Kastration, Abtreibung oder Kindestötung). Dagegen gab es meist relativ hohe Kinderzahlen in der Ehe: Erstens mußte man aufgrund der *hohen Kindersterblichkeit* damit rechnen, daß nur etwa die Hälfte der Kinder das Erwachsenenalter erreichte. Zweitens boten sich Kinder als *billige Arbeitskräfte* an. Drittens waren sie die Garantie für die spätere *Alters- und Krankenversorgung der Eltern*. Die hohe Sterblichkeit war vor allem zurückzuführen auf die schlechten Ernährungsverhältnisse, Mißernten und Hungersnöte, verschärft durch eine kleinräumige Wirtschaft; auf die geringen medizinischen Kenntnisse; und auf die schlechten hygienischen Verhältnisse - oft gab es kein sauberes Trinkwasser, und die Kontrolle der Lebensmittel war unzureichend.

Im Zuge der Industrialisierung setzte die Phase des *demographischen Übergangs* ein. Ausgehend von hohen Sterbe- und Geburtenraten, kam es zunächst zum Absinken der Sterberaten: durch die Verbesserung der Ernährung (im Zuge der Modernisierung der Agrarwirtschaft und der Schaffung größerer Wirtschaftsräume) sowie durch

Fortschritte in Medizin und Hygiene. Die hohe Geburtenrate begann hingegen erst langsam zu sinken, und daher verzeichnen wir in dieser Phase ein rasches *Bevölkerungswachstum*: Die europäische Bevölkerung verdreifachte sich etwa im Zuge eines Jahrhunderts. (Was in Europa im 19. Jahrhundert stattgefunden hat, das ist heute in Grundzügen in den Ländern der Dritten Welt zu beobachten).

Mit der Bauernbefreiung fielen zahlreiche gesetzliche Eheschließungshindernisse, was eine steigende Verheiratungsquote bewirkte und zunächst sogar zu steigenden Geburtenraten führte; dann aber setzte sich die langfristige *Abnahme der Geburtenrate* durch. Folgende Gründe sind wesentlich: Erstens waren durch die Einschränkung und das Verbot der Kinderarbeit die Abkömmlinge keine billigen Arbeitskräfte mehr, ja sie waren angesichts niedriger Löhne sogar eine Belastung. Zweitens wurden staatliche Sozialprogramme ins Leben gerufen, so daß man zur Absicherung vor Alter und Krankheit nicht mehr auf die Kinder angewiesen war. Drittens wurde die sinkende Säuglingssterblichkeit den Menschen bewußt: Damit mußte das städtische Besitzbürgertum die Kinderzahl reduzieren, um die standesgemäße Ausbildung sowie die erforderliche Aussteuer bezahlen zu können. Auch im ländlichen Bereich wurden ähnliche Überlegungen angestellt. Viertens wurden Bildungschancen in aufstiegswilligen Gruppierungen wahrgenommen, denn auch die soziale Mobilität erhöhte sich. Fünftens löste der Säkularisierungsprozeß religiöse Verpflichtungen auf, so daß die Fortpflanzung nicht mehr als das erste Ziel einer Ehe angesehen wurde.

"Nachholbedarf" und "Pillenknick"

Nach dem Zweiten Weltkrieg gab es noch einen kurzen Geburtenanstieg ("Nachholbedarf"), eine kleine Welle verstärkter Geburten folgte auch noch in den 60er Jahren, seitdem aber ist in den meisten Industriestaaten ein deutlicher *Geburtenrückgang* zu verzeichnen, der nunmehr in einigen Ländern, in denen die Geburtenrate unter die Sterberate gesunken ist, zu einer schrumpfenden Bevölkerung geführt hat. Ein Komplex von verschiedenen Gründen für die sinkende "Kinderfreudigkeit" wird häufig genannt: Den Kindern will man eine bessere Ausbildung zuteil werden lassen, und dies ist nur bei einer geringeren Kinderzahl finanzierbar. Es bestehen verbesserte Informationen und Techniken der Empfängnisverhütung ("Pillenknick"), so daß die Zahl der unerwünschten Geburten reduziert wird. Die Berufstätigkeit der Frauen bringt neue Lebensideale, und für deren Verwirklichung ist das Vorhandensein vieler Kinder hinderlich. Es gibt neue Leitbilder der Lebensgestaltung: Mobilität, Urlaub, Reise, "Nicht-Angebunden-Sein". Es gibt deutliche Diskrepanzen im Lebensstandard bei Familien mit und ohne Kindern, und vor allem Familien mit mehreren Kindern sind materiell belastet. Die Wohnverhältnisse sind nicht kinderfreundlich, die meisten Wohnungen sind für eine vielköpfige Familie zu klein. Die triste Zukunftsbeurteilung, die sich vor allem in bestimmten Kreisen der Mittelschicht verbreitet hat, ermuntert nicht dazu, Kinder in die Welt zu setzen. Die Wohlstandsgesellschaft erzeugt nach Ansicht mancher Zeitbeobachter eine "verwöhnte Generation", die Kinder als "Überlastung" erlebt und demgemäß die Geburtenzahl verringert (vgl. Bolte/Kappe/Schmid 1980, Birg/Koch 1987).

Bevölkerungsexplosion in der Dritten Welt

Während die Bevölkerung in vielen Industrieländern stagniert oder abnimmt, dauert die Bevölkerungsexplosion in der Dritten Welt an. In den letzten hundert Jahren hat sich die Weltbevölkerung verdoppelt, seit 1850 haben mehr Menschen gelebt als alle die Jahrmillionen vorher. Fast 200 Menschen werden heute ungefähr in der Minute geboren, 100 sterben. 1960 gab es in den westlichen Ländern rund 1 Mrd. Menschen, im Jahr 2000 werden es 1,2 Mrd. sein; in den (ehemals) kommunistischen Ländern (inklusive China) steigt die Zahl in diesem Zeitraum von 1 Mrd. auf 2,5 Mrd., im Rest der Welt von rund 1 Mrd. auf 2,6 Mrd. Damit verlagert sich das Bevölkerungsschwergewicht.

Viele Länder der Dritten Welt versuchen, Programme zur Geburtenregelung durchzuführen, manchmal sogar mit drastischen Mitteln. Internationale Organisationen stellen fest, daß der Anpassungsprozeß (an niedrigere Geburtenraten) rascher vorangeht, als ursprünglich geschätzt wurde. Aber die Begrenzung der Geburten hat - durch den Einfluß sozialer Bewertungen und Verhaltensweisen - zuweilen neben der erwünschten Senkung der Kinderzahl ungewollte Konsequenzen: So werden in manchen Ländern (etwa in China) hohe Abtreibungsraten nach der Geburt des zweiten oder dritten Kindes festgestellt, denn man möchte den Sanktionen, die sich mit der Geburt weiterer Kinder verbinden, entkommen. Oft werden auch Tests zur Geschlechtsbestimmung des ungeborenen Kindes durchgeführt, weil in traditionsgebundenen Ländern männliche Nachkommenschaft erwünscht ist; bei dem begrenzten "Kontingent", das zur Geburt zugelassen ist, kommt es daher - besonders in den bessergestellten Schichten - dazu, daß männliche Kinder geboren und weibliche Embryos systematisch abgetrieben werden. In den unteren Bevölkerungsschichten werden die weiblichen Kinder nach der Geburt liquidiert.

3. Sozialisation - "Menschwerdung" und gesellschaftliche Anpassung

Bereits die Behandlung des Kleinkindes ist von der Gesellschaft abhängig, in der sich das Kind befindet; von der Schicht innerhalb der Gesellschaft, der seine Eltern zugehörig sind; und von ihrer konkreten Lebenssituation. Kinder sind - je nach der sozialen Lage seiner Eltern - mit verschiedenen Verhaltensmodellen konfrontiert und machen unterschiedliche Erfahrungen. Wann sie gefüttert und wie sie gewickelt werden, auf welche Weise sie angegriffen und getragen werden, ob sie die Flasche bekommen oder gestillt werden, ob dies zu festgelegten Zeiten oder je nach Verlangen geschieht, ob sie in einem Kinderwagen sitzen oder am Rücken der Mutter hängen, - alle diese Erfahrungen sind bereits von Modellen abhängig, welche die Gesellschaft (für unterschiedliche Gruppen) bereitstellt und nach denen sich auch die Eltern zumeist richten.

Der Erwerb des "gebilligten Sozialverhaltens"

Der Mensch - eine "physiologische Frühgeburt", wie man im Hinblick auf seine langdauernde Abhängigkeit von den Eltern in der ersten Lebensphase feststellen kann - wird vom ersten Tag seines Lebens an mit der Gesellschaft, in der er leben soll, vertraut gemacht. Es beginnt seine Eingliederung und auch seine Entfaltung im sozialen Umfeld, ja sogar von seiner "Menschwerdung" kann man sprechen. Als *Sozialisation* bezeichnen wir *jenen Prozeß, in dem ein einzelner sich an eine Gruppe anzupassen lernt, indem er das von ihr gebilligte Sozialverhalten erwirbt*. Er eignet sich gesellschaftliche Werte und Deutungsmuster an und erwirbt dadurch soziale Handlungskompetenz. Dieser Prozeß erfolgt durch Norminternalisierung, d.h. eine soziale Verhaltensvorschrift wird in das gewöhnliche Handlungsrepertoire des Individuums übernommen. Diese Handlung wird dann subjektiv als selbstbestimmt erlebt, das Gewissen übernimmt die Kontrollfunktion. Sie wird "freiwillig" ausgeführt, ohne Druck und Überwachung.

Primäre Sozialisation ist die Lernphase der Kindheit, am deutlichsten ausgedrückt durch die umfassende Abhängigkeit etwa der Mutter-Kind-Beziehung. Die *sekundäre Sozialisation* umfaßt jene Lernleistungen, die ein bereits sozialisiertes Individuum befähigen, sich gesellschaftlichen Gruppen einzufügen. Oft spricht man auch von einer *tertiären Sozialisation*, d.h. von den Lernleistungen des Erwachsenen, der sich in neuen Gruppen, z.B. in neuen Berufssituationen, zurechtfinden muß (vgl. Hurrelmann 1974, 1975, 1986).

Unterschiede in den Sozialisationszielen

Es bestehen in unterschiedlichen Kulturen, in unterschiedlichen Epochen und zwischen unterschiedlichen Schichten und Gruppen verschiedene Ziele, zu denen die Sozialisation der Nachkommen beitragen soll. Untersuchungen in einfachen Gesellschaftsformationen zeigen beispielsweise, daß Jagdgesellschaften, in denen persönliches Geschick für den Erfolg beim Erlegen eines Wildes entscheidend ist, bei der Erziehung ihrer Kinder in höherem Maße Leistung und

Selbstvertrauen fördern; Ackerbaugesellschaften hingegen, in denen es eher um routinemäßige Vollzüge geht, fördern eher Unterordnung und Verantwortungsbewußtsein.

Auch in den modernen Gesellschaften bestehen - je nach Schichtzugehörigkeit - *unterschiedliche Erziehungsziele*. Am Beispiel einer Arbeiterfamilie und einer Familie der oberen Mittelklasse lassen sich die Unterschiede folgendermaßen beschreiben (vgl. Gans 1962; Seeley/ Loosley 1956).- Die Arbeiterfamilie ist erwachsenenorientiert; die Kinder leben ihr eigenes Leben, es wird nicht sehr eingegriffen. Die Tochter muß bald bei der Hausarbeit helfen, der Sohn genießt eher die Freiheiten des Vaters. Die Mutter ist für den Haushalt (und die Kinder) zuständig, der Vater greift nur in besonders gravierenden disziplinären Fällen ein. Die Erziehung ist an handfesten Formen von Belohnung und Bestrafung orientiert. "Kinder brauchen Disziplin", es gibt auch (mindestens) Ohrfeigen. Geschlechtsspezifische Erziehungsmodelle sind stark ausgeprägt. Es existieren kaum Vorstellungen davon, auf welche Ziele hin erzogen werden soll.- Die Familie der oberen Mittelklasse hingegen ist stark von den Kindern geprägt. Die Erwachsenen wenden ihnen viel Aufmerksamkeit zu und regen sie dazu an, ihr Selbst zum Ausdruck zu bringen. Die Kinder dürfen Freunde mitbringen, Kindergesellschaften werden organisiert. Sie dürfen ihr eigenes Zimmer ausgestalten, individuelle Wünsche werden berücksichtigt. Die Kinder bekommen Taschengeld. Es werden weniger autoritäre Methoden angewendet, es herrscht aber auch größere Unsicherheit im Umgang mit den Kindern. Bei körperlichen Strafen haben die Eltern Schuldgefühle, sie setzen meist subtilere psychische Druckmittel ein.- Daneben finden sich in anderen Familientypen noch weitere Erziehungsweisen: Die Familie der Oberklasse unterscheidet sich wesentlich von einer "Kultur der Armut".

4. Person und Identität - Perspektiven der Persönlichkeitsentwicklung

Es ist ein langwieriger Prozeß, in dem ein Individuum in die Gesellschaft hinein- und zu einer handlungsfähigen Person heranwächst. Es entwickelt *Persönlichkeit*: Diese umfaßt die Gesamtheit der psychischen und sozialen Merkmale, die ein Individuum auf der Grundlage seiner biologischen und psychischen Ausstattung besitzt und im Verlaufe seiner Lebensgeschichte erwirbt. Und es entwickelt *Identität*: Das ist die unmittelbare Wahrnehmung der eigenen Gleichheit und Kontinuität in der Zeit und die damit verbundene Wahrnehmung, daß auch andere diese Gleichheit und Kontinuität erkennen (vgl. Erikson 1980, 18). Persönlichkeit umfaßt also die Gesamtheit der objektiven Merkmale ("wie er wirklich ist"), Identität umfaßt die Innenperspektive des einzelnen ("wie er sich selbst sieht") und die wahrgenommene Außenperspektive ("wie er glaubt, daß ihn die anderen sehen").

Es ist eine schwierige Aufgabe für den einzelnen, eine "vernünftige" Identität zu entwickeln. Denn diese Identität soll keine zeitlichen Sprünge oder situationsbedingten Widersprüche aufweisen. In zeitlicher Hinsicht können Identitätsprobleme auftreten, wenn der einzelne Brüche in seiner Biographie erlebt: durch das Erlebnis der Arbeitslosigkeit oder durch raschen sozialen Aufstieg oder Abstieg. Identitätsprobleme können auch entstehen, wenn gegenüber verschiedenen Umwelten die Konsistenz der Persönlichkeit schwer durchzuhalten ist: etwa im Falle jener Frauen, die zwischen Familie und Beruf stehen.

In der Folge können nur einige Persönlichkeitstheorien skizziert werden: die psychoanalytische, die behavioristische und die interaktionistische Theorie sowie die kognitive Entwicklungspsychologie.

Psychoanalytische Theorie - Herrschaft und Bezwingung des Unbewußten

Sigmund Freud (1856-1939) hat in seinem Werk das bürgerliche Selbstverständnis der Jahrhundertwende, das den Menschen als edles und rationales Wesen zu verstehen trachtete, herausgefordert. Er betont die Existenz eines unbewußten Seelenlebens, einer Welt von Trieben und verpönten Gedanken, aus der die uns unbewußten Motivationen für unsere Handlungen kommen. Dieses in den psychischen Vorgängen verarbeitete Material, das vor uns selbst verborgen und von uns verdrängt wird, betrifft vor allem den sexuellen Bereich; emotionelle Probleme - wie Neurosen - sind auf Konflikte in diesem Bereich des (Unter-)Bewußtseins zurückzuführen. Die Psychoanalyse hat eigene Methoden entwickelt, um zu solchen nicht direkt beobachtbaren Prozessen vorzudringen: freie Assoziationen und nicht kontrollierte Äußerungen des Patienten, die sodann vom Psychoanalytiker interpretiert werden; vor allem Erinnerungen und Szenen aus der frühen Kindheit werden als aufschlußreich erachtet. Für das Selbstverständnis der Menschen des "bürgerlichen Zeitalters" war beides ein Affront: die Behauptung, daß nichtbewußte Leidenschaften die Handlungen der Menschen in wesentlichem Maße prägen, und erst recht die Behauptung, daß es sich dabei vor allem um sexuelle Antriebe handle.

Die Persönlichkeit setzt sich nach Freuds Auffassung (1953) aus drei Teilen zusammen: zunächst aus dem *Es*, dem primitiven Teil der Persönlichkeit, dem Reich der Triebe, dem Reservoir psychischer Energie mit aggressivem und sexuellem Charakter (Libido), das sofortige Befriedigung und raschen Lustgewinn will. Weiters entsteht aus dem Es heraus das *Ich*, der "sichtbare" Teil der Persönlichkeit, in dem Wahrnehmung und Willensbildung angesiedelt sind. Hier waltet das Realitätsprinzip anstelle des Lustprinzips, d.h. auch die Folgen des Handelns werden berücksichtigt. Das Ich entscheidet gegenüber dem Es, ob Bedürfnisbefriedigung zugelassen oder verschoben wird.

Schließlich, etwa im sechsten Lebensjahr, entsteht durch Identifizierung mit dem gleichgeschlechtlichen Elternteil das *Über-Ich*; es enthält die Wertbegriffe der Gesellschaft und die moralischen Vorschriften der Eltern, ist also das Endprodukt einer erfolgreichen Sozialisation. Bei Verstößen gegen soziale Normen sorgt es für Angst- und Schuldgefühle. Das Ich bringt die Persönlichkeitskomponenten ins Lot: Das Es muß gebändigt werden, sonst ist soziales Leben nicht möglich; das Über-Ich muß aber gleichfalls auf das richtige Maß gebracht werden, sonst zerbricht die individuelle Existenz an einem Übermaß an Schuldgefühlen. Die Gesellschaft unterdrückt das Triebleben, sie leitet ihre Energie zum Teil um auf sozial verträgliche Ziele (Sublimierung).

Die Persönlichkeitsentwicklung durchläuft nach Freud einige psychosexuelle Entwicklungsstadien (wobei sie in jeder dieser Phasen "steckenbleiben" kann). Es handelt sich (1) um die *orale Phase*, gekennzeichnet durch die Freisetzung sexueller Energie durch die Betätigung des Mundes, durch die Nahrungsaufnahme beim Stillen; bei Störungen dieser lustbetonten Stimulierung wird der Erwachsene später exzessiv Rauchen, Trinken, Reden usw. Es folgt (2) die *anale Phase*, denn ab dem 2. Lebensjahr setzt die Reinlichkeitserziehung beim Kleinkind ein; das Kind gewinnt Lust aus dem Festhalten und Loslassen von Kot und aus der Beherrschung des Schließmuskels. Wenn die Reinlichkeitserziehung übertrieben wird, kann der Erwachsene geizig oder extravagant werden, ein Sauberkeits- und Ordnungsfanatiker usw. Schließlich kommt das Kind (3) in die *phallische Phase* (2. bis 5. Lebensjahr), in der sich sein Interesse an den eigenen Sexualorganen entwickelt; es spielt mit dem Penis bzw. der Klitoris und bezieht daraus Lustgewinn. In dieser Zeit kann die Grundlage für einen Ödipus-Komplex oder einen Elektra-Komplex gelegt werden, wenn der Wunsch des Kindes nach dem Geschlechtsverkehr mit dem andersgeschlechtlichen Elternteil nicht überwunden wird. Nach einer Latenzperiode folgt sodann (4) die *genitale Phase*, jene der entwickelten Erwachsenensexualität.

Freud hat besondere Aufmerksamkeit auf jene Abwehrmechanismen gelegt, durch die bedrohliche Lebenserfahrungen bewältigt werden, "bewältigt" allerdings oft auf neurotisierende Weise. Durch *Verdrängung* werden angstauslösende Erlebnisse ins Unterbewußte abgeschoben. Die *Verschiebung* ermöglicht es, bestimmte Gefühle - z.B. Aggressionen - gegen andere Objekte zu richten: Der Mann, der vom Vorgesetzten beleidigt wird, schlägt seine Ehefrau. Durch *Rationalisierung* werden Gründe für ein Verhalten geltend gemacht, die Angst vermeiden oder das Selbstbild sichern: Wem die Trauben zu hoch hängen, der bezeichnet sie als sauer. Durch *Isolierung* werden bestimmte Vorstellungen, die miteinander unverträglich sind, voneinander abgeschottet und können somit gleichzeitig im Bewußtsein gehalten werden: Man tritt für die Abschaffung der Gefängnisse und gleichzeitig für höhere Strafmaße für Vergewaltigungen ein. Durch *Projektion* wird die eigene Schuld jemand anderem in die

Schuhe geschoben: Man hat für die Prüfung nicht zu wenig gelernt, sondern die Fragen waren unfair. Es kommt auch zur *Reaktionsbildung*: Als Kämpfer gegen bestimmte Zustände profilieren sich jene, für die genau dieser bekämpfte Zustand reizvoll ist, die dabei aber Schuldgefühle empfinden.

Die Kritiker psychoanalytischer Theorien haben sich vor allem an der mangelnden Überprüfbarkeit dieser Modelle gestoßen. Denn eine Theorie, die davon ausgeht, daß jedes gezeigte Verhalten immer auch sein Gegenteil bedeuten kann - weil die Wahrheit eben im Störungsfalle "verdrängt" werden muß -, ist nicht widerlegbar. Tatsächlich ist keine Situation vorstellbar, in der gezeigt werden kann, daß jemand beispielsweise keinen Ödipus-Komplex besitzt. (Sollte ein junger Mann etwa sagen, daß er seine Mutter liebt, ist die Sache verdächtig; sollte er sagen, daß er sie verabscheut, besteht die Vermutung, daß er sein sexuelles Verlangen verdrängt.) Von großem Wert ist Freuds Vorstellung der Ontogenese (der Entwicklung des Individuums) als einer Abfolge von Reifungskrisen. Die spekulative Triebtheorie hingegen zeigt deutlich, daß Freud das Individuum im Rahmen der bürgerlichen Kleinfamilie seiner Zeit vor Augen hatte, geprägt durch das Wien der Jahrhundertwende. Fragwürdig ist auch das Modell des konkreten Entwicklungsablaufs, insbesondere die Schilderung der weiblichen Entwicklung.

Neben der Freudschen Psychoanalyse hat die *analytische Psychologie* von Carl Gustav Jung (1875-1961), dem anfänglichen Mitarbeiter Freuds, Aufmerksamkeit gefunden (1958ff.). Sie ermöglicht den Zugang zum Mythischen und Mystischen, und dies scheint auch heute wieder ein Anliegen des Zeitgeistes zu sein. Jung spricht von der Gesamtpersönlichkeit des Menschen als "Psyche" und unterscheidet einerseits bewußte Prozesse (Ich), andererseits unbewußte; unter diesen wieder gilt es das persönliche Unbewußte und das kollektive Unbewußte zu unterscheiden. Ersteres enthält jene Gedanken und Erfahrungen, die einmal bewußt waren, dann aber nicht mehr zugänglich sind. Letzteres beinhaltet die akkumulierten Erfahrungen der Spezies, jedes Individuum verfügt daher über ein geistiges Reservoir der gesamten Kultur der Menschheit, das diese sich im Laufe ihrer evolutionären Geschichte erworben hat. Darin sind die "Archetypen", emotionsbeladene universelle Ideen oder Vorstellungen (z.B. "Mutter"), von besonderer Bedeutung; sie werden vor allem sichtbar in der Kunst, in Mythen, Träumen, Halluzinationen. Jung hat damit stärker die kollektive Komponente der Persönlichkeit betont, ganz im Gegensatz zu Freud, der eher auf die individuelle Geschichte einer Person abstellte.

Schließlich wäre noch die *Individualpsychologie* Alfred Adlers (1870-1937) zu nennen. Er lehnt die besondere Betonung der Sexualität, wie sie sich bei Freud findet, ab. Die Bewegungslinie des menschlichen Strebens, so meint er, entspringe einer Mischung von (angeborenem und gemeinschaftsfestigendem) Gemeinschaftsgefühl und dem Streben nach persönlicher Überlegenheit, das sich mit der Versuchung verbinde, die Gemeinschaft auszubeuten; Adler betont also vor allem die zwischenmenschlichen, die gesellschaftlichen Tatsachen, und nicht so sehr die innerpsychischen Konflikte. Das grundlegende Erlebnis des einzelnen gegenüber den anderen sei jenes der Unzulänglichkeit, der Schwäche, des Mangels - woraus dann Minderwertigkeitsgefühle entspringen. Das Individuum trachtet seine Defizite zu kompensieren, ja erreicht oft sogar besondere Leistungen auf diesem Gebiet. Die Richtung seines Strebens wird allerdings in frühester Kindheit festgelegt, als Folge der Wahrnehmung spezifischer eigener Mängel, die das Kind ja besonders gravierend erlebt (vgl. 1912, 1927).

Die *Neopsychoanalyse*, der Personen wie Erich Fromm, Viktor Frankl, Heinz Kohut und Erik Erikson zuzuzählen sind, betont die ständige Suche nach emotionaler Sicherheit in der sozialen Interaktion.

Behavioristische Theorie - der Mechanismus von Reizen und Reaktionen

Behavioristische Theoretiker haben die psychoanalytischen Theorien als zu "mentalistisch" betrachtet; sie sehen die Persönlichkeit als Gesamtheit von Reaktionsdispositionen, das sind in der Persönlichkeit verankerte Neigungen, auf bestimmte physische Einflüsse in ganz bestimmter Weise zu reagieren. Das einfachste Persönlichkeitsmodell, das von Iwan Petrowitsch Pawlow (1849-1936) und John B. Watson (1878-1958) entwickelt wurde, ist jenes des *klassischen Konditionierens*. Äußere Reize lösen Reaktionen des Individuums aus. Lernen bedeutet, den ursprünglichen Reiz durch einen anderen zu ersetzen, der dieselben Reaktionen auslöst - so wie der Pawlowsche Hund gelernt hat, den Anblick der Nahrung bereits durch den Reiz der Glocke zu ersetzen, von dem die Nahrungsaufnahme immer begleitet war; die Glocke allein löst dann bereits seine Speichelsekretion aus. Burrhus F. Skinner (1904-) hat dieses Modell zu jenem des *operanten Konditionierens* erweitert. Der Mensch verhält sich nicht nur passiv gegenüber den Reizen, die von der Umwelt auf ihn eindringen. Das aktive Verhalten des Menschen wird durch die jeweiligen Reaktionen der Umwelt verstärkt oder unterbunden; als Verstärker dienen alle angenehmen Erfahrungen. Damit gelangt Skinner zum Konzept des "instrumentellen Lernens", der bewußten Entwicklung von Verstärkungs- bzw. Lernprogrammen, und wird zum "Vater" des "programmierten Unterrichts". Auch die alltägliche Erziehung des Kleinkindes erfolgt durch Reize und Reaktionen, und über die entsprechenden Verstärkungsmechanismen werden Verhaltensgewohnheiten ausgebildet, die das Kind in die Gesellschaft integrieren.- Dieses Lernprinzip hat Skinner auch zur Grundlage eines utopischen Gesellschaftsentwurfs "Walden II" (1948, dt. "Futurum Zwei") gemacht. In dieser fiktiven Gesellschaft führt ein Gesellschaftsplaner ein Programm durch, in dem die Kinder dazu konditioniert werden, das zu wollen, was ihnen die Gesellschaft bietet, und sich für das Wohl der Gemeinschaft einzusetzen. In dieser Gesellschaft herrschen Glück und Zufriedenheit; Neid, Konkurrenzdruck, Anerkennungswünsche sind verschwunden. Freilich sind nicht immer die optimalen Lösungen für zwischenmenschliche Fragen von vornherein bekannt; zu diesem Zwecke werden Versuchsreihen durchgeführt. Beispielsweise testet man über mehrere Jahre, ob Ehepaare mit getrennten Zimmern glücklicher sind oder nicht. Den besseren Ergebnissen schließen sich die meisten Einwohner (ohne Zwang) vernünftigerweise an.

George C. Homans (1950, 1968) hat die wichtigsten Hypothesen der verhaltenstheoretischenLerntheoriefolgendermaßenzusammengefaßt. (1) Die *Erfolgshypothese* besagt: Je häufiger die Aktivität einer Person belohnt wird, mit umso größerer Wahrscheinlichkeit wird diese Person die Aktivität ausführen. (Der Angler, der an einer bestimmten Stelle erfolgreich war, wird die Tendenz haben, wieder diese Stelle aufzusuchen). Umgekehrt gilt, daß, wenn die Belohnung ausbleibt, dieses Verhalten wieder "gelöscht" wird.

(2) Die *Reizhypothese* besagt: Wenn in der Vergangenheit eine Aktivität, die von einem bestimmten Reiz begleitet wurde, belohnt worden ist, dann wird eine Person umso eher diese oder eine ähnliche Tätigkeit ausführen, je ähnlicher die gegenwärtigen Reize den vergangenen sind. (Eine gelernte Verhaltensweise wird generalisiert, sie wird also auch in ähnlichen Situationen angewendet: Wenn der Angler zu früher Morgenstunde öfters erfolgreich war, wird er auch an anderen Gewässern versuchen, zu dieser Stunde zu einem Fang zu kommen). Die Menschen lernen dabei auch, die Begleitumstände ihrer Handlungen zu differenzieren, also zu erkennen, wann jene Begleitumstände vorliegen, die Erfolg verbürgen, und wann dies nicht der Fall ist.

(3) Die dritte Hypothese ist die *Werthypothese*: Je wertvoller die Belohnung einer Aktivität für eine Person ist, desto eher wird sie die Tätigkeit ausführen. Der Erwartungswert (Wahrscheinlichkeit und Wert des Handlungserfolges) zählt bei der Handlungsentscheidung. (Umgekehrt gilt dies auch für die Bestrafung: Wenn die Wahrscheinlichkeit gering ist, ein Strafmandat zu erhalten, und dieses außerdem wenig kostet, wird man sich mit dem Auto ins Halteverbot stellen).

(4) Die *Entbehrungs-Sättigungs-Hypothese* stellt fest: Je öfter eine Person in der Vergangenheit eine bestimmte Belohnung erhalten hat, desto weniger wertvoll wird für sie jede zusätzliche Belohnungseinheit. (Je mehr man bereits gegessen hat, umso weniger reizvoll ist die Nahrung).

(5) Die *Frustrations-Aggressions-Hypothese* schließlich besagt: Wenn die Aktivität einer Person nicht wie erwartet belohnt oder unerwartet bestraft wird, wird die Person ärgerlich, und im Ärger sind die Ergebnisse aggressiven Verhaltens belohnend. (Wenn ein Nachbar die erwünschte Hilfe ungerechtfertigt verweigert, ist man

versucht, ihm diese Kränkung zurückzugeben, selbst wenn es eigene Mühe bereitet).- Diese Mechanismen wirken sich - je nach den Randbedingungen, zu denen auch die Kultur eines Volkes gehört - verschieden aus. Aber Schritt für Schritt formt sich die menschliche Persönlichkeit in diesen Lernprozessen. Die Person ist nur aus ihrer "Lerngeschichte"zu verstehen. Menschliches Handeln wird erklärt, indem es auf die typischen Lernleistungen zurückgeführt wird.

Auch komplexere Lernvorgänge wurden erforscht, so beispielsweise das *Lernen am Modell*, das - im Rahmen des uns hier interessierenden Sachverhalts - durch Nachahmung anderer Menschen erfolgt (vgl. Bandura 1976). Bei diesem Imitationsverhalten kommt es nicht nur zur Nachahmung einzelner Verhaltensweisen, sondern von Vorbildern als ganzen: Kinder ahmen ihre Eltern, Heranwachsende Film- oder Popstars nach. Lernen tritt auch dann ein, wenn nicht der Lernende, sondern das Modell belohnt wird. Dem Pop-Star laufen die Mädchen nach, und der Jüngling, der dies ersehnt, ahmt ihn in Frisur und Kleidung nach. Bandura hat solche komplexeren Lernformen zu einer *sozial-kognitiven Lerntheorie* entwickelt, in welcher die Anerkennung kognitiver Prozesse, die zwischen Reiz und Reaktion eintreten, zugleich als Kritik eines extremen Behaviorismus verstanden werden kann. Eine kognitive Tätigkeit des lernenden Individuums ist erforderlich: Es muß seine Aufmerksamkeit auf das Ereignis richten; es muß den Vorgang, der geschieht, in Vorstellungsbilder und Symbole übersetzen; es muß sich dieses Verhalten durch Vorstellung und Übung aneignen; und es muß schließlich motiviert sein zur Ausübung des gelernten Verhaltens. Nur für die letzte dieser Phasen sind die klassischen Verstärkungsmechanismen wichtig (vgl. Bandura 1979).

Interaktionistische Theorie - der Signifikante und der Generalisierte andere

Eine andere wichtige Gegenreaktion gegen die psychoanalytische Persönlichkeitstheorie stellen phänomenologisch-interaktionistische Theorien dar, die sich aber auch gegen behavioristische Ansätze scharf abgrenzen. Sie legen besonderes Augenmerk auf unmittelbare Erfahrung, die individuelle Definition von Situationen und auf das persönliche Entwicklungspotential des einzelnen.

George Herbert Mead (1863-1931) hat in seinem Buch "Mind, Self and Society" (hrsg. 1934) die Unterscheidung zwischen dem *Signifikanten anderen* und dem *Generalisierten anderen* eingeführt. Grundlegend für diese Theorie ist der Begriff des Handelns, das grundsätzlich als "soziales Handeln", als "Interaktion", als Austausch von Gesten oder Symbolen zwischen zwei oder mehr Akteuren verstanden wird. Schon instinktive Austauschprozesse erfordern wechselseitige Reaktionen der Beteiligten, umso mehr ist dies bei sozialen Interaktionen der Fall. Die Bedeutung von Handlungen existiert nicht vor dem Handlungsvollzug, sondern der Aufbau von Bedeutungen findet in der Interaktion statt. Zufällige, nicht mit Sinngehalt verbundene Gesten des Kindes werden durch Umweltreaktionen bestimmter Art "beantwortet"; das Kind lernt im Laufe der Zeit "voraussagen" und die Rolle des anderen übernehmen. Gesten werden mit Bedeutungen verknüpft, werden zu signifikanten Symbolen, zu Bausteinen der menschlichen Sprache und Kommunikation. Es ist zunehmend möglich, organische Einheiten solcher Symbole zu bilden, d.h. ganze Reaktionssysteme von anderen in sich selbst hervorzurufen und die Rolle eines anderen zu übernehmen oder zu "spielen" (*taking the role of the other*). Spielt man zunächst nur die Rolle *eines* anderen, so wird im "organisierten Spiel", etwa beim Fußball, das Rollengeflecht eines ganzen Teams übernommen. So kann auch die Perspektive der ganzen Gesellschaft eingenommen werden (*taking the role of the generalized other*). Von der Wahrnehmung "Mama will nicht, daß ich mich schmutzig mache" erweitert sich der Horizont des Kindes zu "*Man* macht sich nicht schmutzig".

Wenn die Rollen der anderen übernommen werden können, dann gilt dies aber auch für die Wahrnehmungen und Haltungen der anderen; so entwickelt sich das Selbstbild des einzelnen im Spiegel der anderen: Mead hat das als *Selbst*, Charles Cooley (1864-1929) als *looking-glass self* (1902) bezeichnet. Um mit sich selbst Kommunikation aufnehmen zu können, bedarf es daher der äußeren Kommunikation; es handelt sich um einen dauernden Perspektivenwechsel - einerseits: Was will ich?, andererseits: Was würden die anderen sagen, fragen, antworten?- Mead unterscheidet diese beiden Perspektiven. Er spricht - wie schon James (1890) - von "*I*" ("Ich an sich"), das die Triebe und Wünsche der eigenen Person umfaßt, und "*Me*" ("Mich") als Ergebnis der sozialen Gesetze, Sitten, Werte, Erwartungen des "verallgemeinerten anderen", eine Zensurinstanz, die ungefähr Freuds "Über-Ich" entspricht. Das "*Selbst*" mag am ehesten mit Freuds "Ich" gleichgesetzt werden.

Kognitive Entwicklungspsychologie - Stufen des Denkens und Erziehens

Entwicklungspsychologen wenden gegen den Behaviorismus ein, daß kindliches Lernen nicht als Reiz-Reaktions-Mechanismus aufgefaßt werden kann, da man dem Kind nicht Beliebiges zu irgendeiner Zeit beibringen kann; vielmehr müssen innere Lernfähigkeiten und innere Ordnungsschemata bestehen, um Sachverhalte erfassen zu können. Gegen die Psychoanalyse wird eingewendet, daß Entwicklung nicht durch Triebbewältigung vonstatten gehe, sondern durch Aktivitäten des Kindes, die auf die Bewältigung der Umwelt gerichtet sind; in der Auseinandersetzung mit der Außenwelt werden die inneren Strukturen des Denkens entwickelt. Es gibt verschiedene Phasen dieser kognitiven

Entwicklung, die dadurch vorangetrieben wird, daß die eigenen Fähigkeiten des Kindes in Ungleichgewicht mit den Anforderungen der Außenwelt geraten, und dieses Ungleichgewicht wird bewältigt durch die Neuordnung der kognitiven Strukturen auf höherem Niveau.

Jean Piaget (1896-1980) unterscheidet vier Stufen der kindlichen Entwicklung (1937, 1948 u.a.): (1) Zunächst erleben Kinder eine *sensomotorische Phase* (0-2 Jahre), in der sie empirisch orientiert sind, mit Objekten experimentieren und Erfahrungen sammeln und anreichern. Das Kind erfährt etwa, daß Gegenstände weiter existieren, auch wenn sie aus dem Blickfeld verschwunden sind; es kann sich eine innere Vorstellung des Gegenstandes bilden. (2) Dann tritt es in die *prä-operationale Phase* (2-6 Jahre) ein, wo es seine Erfahrungen auch verbal darstellen kann und mit geistigem Experimentieren beginnt. Das Kind kann sich symbolische Vorstellungen von einem abwesenden Gegenstand oder Ereignis bilden. Die Sprachentwicklung beginnt, aber ein egozentrisches Weltbild bleibt erhalten. Das Kind ist der Vorstellung verhaftet, daß alle Menschen dieselben Vorstellungen und Gefühle haben wie es selbst. Das raumzeitliche Zusammenfallen von Ereignissen wird kausal gedeutet - Kennzeichen des magischen Denkens. (3) Es folgt die *Phase konkreter Operationen* (ab dem 6. Lebensjahr), in der erste logische, vor allem klassifikatorische Operationen durchgeführt und Ähnlichkeiten und Verschiedenheiten herausgearbeitet werden. Das Kind ist fähig zu grundlegenden mathematischen Operationen und im Gespräch in der Lage, die Perspektiven eines anderen zu übernehmen. Dennoch bleibt es noch sehr im Konkreten verhaftet, es besitzt nur einen beschränkten Abstraktionsspielraum. Es schließt sich (4) die *Phase formaler Operationen* (ab dem 11. bis 12. Lebensjahr) an, in der bereits formallogische Operationen durchgeführt werden und ein flexibleres Denk-Experimentieren erfolgt. Das Kind kann nun über Gedanken nachdenken, hinter vielen Einzelfällen die allgemeinen Gesetze erkennen, formale Argumente analysieren. Es entwickelt Distanz zu sich selbst.

Jede Stufe in diesem Ablauf bedeutet eine qualitativ andere Art des Denkens. Die Abfolge der Stufen ist nicht veränderbar, erst nach ihrem Durchlaufen gelangt das Kind auf die nächste Stufe. Jedes Stadium bedeutet eine grundlegende Organisation des Denkens, und die Art dieses Denkens bezieht sich auf alle Bereiche der Umwelt. Die Fähigkeiten der früheren Stufen bleiben erhalten und werden durch zusätzliche Fähigkeiten angereichert (vgl. Kohlberg 1974).

5. Kindheit und Jugend - die Schaffung von Übergangsphasen

Kindheit bedeutet biologisch die Lebensphase zwischen Geburt und Eintritt in die Geschlechtsreife; juristisch endet sie meist mit dem 14.

Lebensjahr; soziologisch handelt es sich um ein komplexeres Phänomen: um eine Mischung von biologischen Reifungs- und sozialen Prägungsprozessen.- Für die *Jugendphase* gilt ähnliches wie für die Kindheit. Auch hier haben wir verschiedene Definitionen: Biologisch handelt es sich um jene Phase, die ab der Geschlechtsreife folgt. Juristisch gibt es unterschiedliche Altersgrenzen, je nachdem, ob es sich um die Wahl-, die Wehr-, die Berufs-, die Ehe- oder die Strafreife handelt. Rechtsrelevant sind auch Unterscheidungen zwischen Kind, Jugendlichem, Heranwachsendem und Volljährigem. Soziologisch ist der Begriff mit besonderen Schwierigkeiten befrachtet; üblicherweise bezeichnet man damit die Phase von der Geschlechtsreife bis zur Übernahme verantwortlicher Elternrollen (vgl. Mitterauer 1986).

Kindheit - eine neue Erfindung

Kinder sind in der Geschichte meist gestorben: Das soll heißen, nur wenige von ihnen hatten die Chance, das Leben eines Erwachsenen zu durchlaufen. Heute bleiben Kinder fast in allen Fällen am Leben. Das ist eine enorme Veränderung, die auch das Verhalten den Kindern gegenüber verändert - und somit auch die Kindheit selbst zu einer ganz anderen Erfahrung werden läßt. Die Kinder der modernen Gesellschaft sind in einer neuen Weise behütet und versorgt, wie dies in der Geschichte vorher noch niemals möglich war. Die Eltern können von Anfang an Erwartungen mit ihren Kindern verbinden: Liebe wird möglich, ohne die Wahrscheinlichkeit des baldigen Todes einkalkulieren zu müssen. Das bringt *eine neue Qualität der Sozialisation* mit sich: Individuen, die gewohnt sind, daß sie als einzigartige und wertvolle Personen behandelt und daß ihre Meinungen respektiert werden, sind nicht gewohnt an Härte, Leiden, Frustration, und sie haben es schwer, wenn sie mit bürokratischen, anonymen und technisierten Strukturen zu tun haben (vgl. Berger/ Berger/ Kellner 1975).

Ein wenig überspitzt läßt sich sagen, daß "Kindheit" - als abgegrenzte Lebensphase, in welcher der Eigenart des sich formenden Individuums Rechnung getragen werden muß - als eine *Erfindung der letzten Jahrhunderte* betrachtet werden kann. Philippe Ariès hat in seiner "Geschichte der Kindheit" (1978) zahlreiche Belege dafür vorgebracht, daß "Kindheit" - in diesem Sinne als spezifische Lebensphase verstanden - im Mittelalter noch nicht existierte. Das Kind wurde, sobald es sich physisch zurechtfinden konnte, zu den Erwachsenen gezählt. Die Sozialisation wurde von der Familie nicht kontrolliert, das Kind entfernte sich rasch von seinen Eltern, seine Eingliederung in die Gesellschaft beruhte auf dem Lehrverhältnis, d.h. es wuchs in die sozialen Verhältnisse dadurch hinein, daß es den Erwachsenen bei ihren Verrichtungen half. "Immerhin konnte das Kind", so schreibt Ariès in seiner Einleitung, "in den allerersten

Jahren, wenn es noch ein kleines drolliges Ding war, auf eine oberflächliche Gefühlszuwendung rechnen, die ich 'Gehätschel' genannt habe. Man vergnügte sich mit ihm wie mit einem Tier, einem ungesitteten Äffchen. Wenn es dann starb, wie es häufig vorkam, mochte dies den einen oder anderen betrüben, doch in der Regel machte man davon nicht allzuviel Aufhebens: ein anderes Kind würde sehr bald seine Stelle einnehmen. Aus einer gewissen Anonymität gelangte es nie heraus." (1978, 46) Ab einem bestimmten Zeitpunkt aber, so versucht Ariès an vielen Beispielen zu zeigen, endgültig seit dem Ende des 19. Jahrhunderts, hat sich ein entscheidender Wandel vollzogen. Erstens tritt die Schule als Mittel der Erziehung an die Stelle des Lehrverhältnisses, und damit wird das Kind von der Welt der Erwachsenen getrennt und in Quarantäne gehalten. Zweitens wird die Familie zu einem Ort unabdingbarer affektiver Verbundenheit zwischen den Ehegatten und zwischen Eltern und Kindern. Die Eltern wenden den Studien ihrer Kinder plötzlich Aufmerksamkeit zu. "Die Familie beginnt also, sich um das Kind herum zu organisieren, ihm soviel Bedeutung beizumessen, daß es aus seiner einstigen Anonymität heraustritt. Man kann es nicht mehr ohne großen Schmerz verlieren oder ersetzen, den Vorgang der Kinderaufzucht nicht mehr allzu oft wiederholen, und es empfiehlt sich, die Anzahl der Kinder zu beschränken, damit man sich ihnen besser widmen kann." (48)

Diese Beobachtungen von Ariès stützen sich unter anderem auf den Wandel der Erziehungstheorien; erst ab dem 17. Jahrhundert zeigt sich ein verbreitetes Interesse an der Erziehung. Das Kind wurde aus der Erwachsenenwelt entfernt, ihm wurde ein eigener Lebensbereich zugewiesen. Am Ende des 18. und am Beginn des 19. Jahrhunderts entwickelte sich eine Reformbewegung, beeinflußt von Theoretikern der Aufklärung. Jean Jacques Rousseau (1712-1778) plädierte in seinem einflußreichen Buch "Emile" dafür, das Kind vor den verderblichen Einflüssen der Zivilisation zu schützen; insbesondere gelte es, seine natürlichen, spontanen Impulse zu fördern, seine Gefühlswelt sich entwickeln zu lassen und nicht durch eine voreilige Intellektualisierung zu gefährden. Zugleich forderte er, das Kind vor schädlichen Einflüssen, vor der Erkenntnis von Lastern und Leidenschaften, zu bewahren; nicht zuletzt deshalb sei eine isolierte Erziehung auf dem Lande vorteilhaft. Dem Kind müsse der konventionelle Charakter der sozialen Regeln verborgen bleiben, sonst bestehe die Gefahr, daß es sich an diese Normen nicht halte.

Über diese Ansichten kann man geteilter Meinung sein; Rousseau war aber für die weitere Entwicklung der Pädagogik einflußreich. Diese wurde etwa von Johann Heinrich Pestalozzi (1746-1827) geprägt, der für eine intellektuelle, moralische und physische Erziehung (Kopf, Herz und Körper), abgestimmt auf die Fähigkeiten des Kindes, plädierte. Friedrich Fröbel (1782-1852) hob die Wichtigkeit eines "richtigen", konstruktiven "Spielens" hervor; es sei nicht Zeitvergeudung, sondern diene der Entfaltung der Fähigkeiten des Kindes.

Solche neuen Auffassungen über die Entwicklung des Kindes, die in die Anerkennung einer eigenen Kindheitsphase im Lebenszyklus mündeten, aber auch die sichtbar werdenden schädlichen Folgen der Industrialisierung sowie die Notwendigkeit, in einer industrialisierten Gesellschaft über qualifizierte Arbeitskräfte zu verfügen, führten auch zu rechtlichen Veränderungen, vor allem hinsichtlich der Arbeits- und Ausbildungsregelungen. Zur Einführung der allgemeinen Schulpflicht kommt es in den meisten Ländern im 19. Jahrhundert, zum Teil auch als Ergebnis humanistisch-aufklärerischer Ideale. Arbeitsschutzregelungen begannen etwa in England erst am Ende des 18. Jahrhunderts. Heute liegt in den Industriestaaten die Altersschwelle, bis zu der die üblichen Arbeitsverbote gelten, bei etwa 15 Jahren - aber sie werden nicht immer eingehalten. In weniger industrialisierten Ländern stehen noch Millionen von Kindern, oft ab dem Alter von sechs oder sieben Jahren, unter schwerer Arbeitsbelastung; sie arbeiten in Fabriken, auf Feldern, auf Heimarbeitsplätzen, in Bergwerken. Im Nahen Osten sollen sie etwa 10% des Arbeitskräftepotentials stellen, in vielen Ländern Lateinamerikas und Asiens 2 bis 10%.

Wandel der Jugend - Akzeleration und Retardation

Auch die "Jugend" gab es als besondere Lebensphase bis ins 19. Jahrhundert nur in der Oberschicht, der Aristokratie und später im gehobenen Bürgertum. Ihre Anerkennung ist mit der Verlängerung der Schul- und Berufsausbildung verbunden. Für den Menschen generell - im Vergleich mit anderen Säugetieren - gilt, was die Anthropologen *Retardation* nennen: eine langwierige Verzögerung der Entwicklung bis zum fortpflanzungsfähigen Individuum. Diese Retardation ist begleitet von einer im Laufe der letzten hundert Jahre einsetzenden Verlängerung der Jugendphase, für die drei Gründe genannt werden können: erstens die Verlängerung der Ausbildungszeiten, die in allen fortgeschrittenen Ländern zu beobachten ist; zweitens die Ausbildung der Familie als eines gefühlsbetonten "Privatraums", in dem den Eigenheiten der Jugend mehr Aufmerksamkeit geschenkt werden kann; drittens die biologische Akzeleration.

Akzeleration bedeutet eine Beschleunigung der körperlichen Reifungsprozesse im letzten Jahrhundert. Indikatoren hiefür sind etwa eine Zunahme der durchschnittlichen Körpergröße, der frühere Durchbruch des Milchgebisses und der Dauerzähne, Stimmbruch in jüngeren Jahren, die Vorverlegung der sexuellen Reife (so ist der Beginn der Menstruation im letzten Jahrhundert in Europa beispielsweise von etwa 17 auf etwa 12 bis 13 Jahre gesunken); allerdings treten auch bestimmte Krankheiten, wie z.B. Rheumatismus und Magen- und Darmgeschwüre, in früherem Alter auf. Dieser Prozeß wird vor allem auf zivilisatorische Umweltveränderungen, insbesondere auf veränderte Ernährungsgewohnheiten (mehr Eiweiß in Form einer Zunahme des Fett- und Fleischgenusses), zurückgeführt.

Die Jugendphase, die es in dieser Weise in anderen Gesellschaften kaum gibt, hat sich daher verlängert; für einen Studenten etwa dauert sie vom Alter von 12 bis 14 bis zum Alter von etwa 25, allenfalls 30 Jahren. In dieser Zeit überschneiden sich die unterschiedlichsten Anforderungen, was die Orientierung erschwert und Rollenkonflikte unvermeidlich macht. Die Abtrennung der Familie vom Wirtschafts- und Berufsleben hat einen Freiraum entstehen lassen, ein "Privatleben", in dem das Phänomen der Jugend gedeihen konnte. Die moderne Gesellschaft stellt immer größere Anforderungen an Fähigkeiten und Kenntnisse; so kommt es zu einem immer längeren Verbleib im Bildungssystem. In diesem Raum entstehen jugendspezifische Lebensformen, und dies ist spätestens seit der Jugendbewegung der Jahrhundertwende der Fall. Die Jugend geht auf Distanz zu den Erwachsenen, sie schließt sich selbst in Gruppen, Bünden, Vereinigungen zusammen.

Jugendkultur - Abgrenzungsversuche und -chancen

Durch die geschilderten Abgrenzungen und Distanzierungen entwikkelt sich eine eigene "Jugendkultur", eine Art von "Subkultur" im Rahmen der Gesamtgesellschaft. Altershomogene Gruppen werden wichtiger; sie vermitteln Geborgenheit und Verständnis und bewerkstelligen den Übergang aus den familiären Strukturen in die Großgesellschaft (vgl. Coleman 1961). Die Jugend weist eigene ästhetische Merkmale auf, entwickelt ihren eigenen Stil in Haartracht, Kleidung, Sprache; sie hängt ihren eigenen Modeströmungen - in der Musik etwa - an. Die Suche nach Gemeinsamkeit, nach Freiheit von allem Zwang, nach reinem und dauerhaftem Glück entbehrt der romantischen Züge nicht. Die Geste der Opposition gegen die Gesellschaft hindert allerdings keineswegs daran, für gesellschaftliche Prozesse vereinnahmt zu werden. Die Subkultur wird ja nicht nur wirtschaftlich von der Gesamtgesellschaft getragen, sondern die junge Generation besitzt eine historisch noch nie dagewesene Kaufkraft: Da sie zudem für alle Modeströmungen besonders leicht ansprechbar ist, hat sich der "Jugendmarkt" zu einem wichtigen Bereich wirtschaftlichen Handelns entwickelt (vgl. Schelsky 1963, Eisenstadt 1966, Schäfers 1984, Allerbeck/Hoag 1985).

Generationen - die Abfolge des gesellschaftlichen Nachwuchses

Von der "jüngeren" oder der "älteren" Generation ist häufig die Rede; allein der Begriff wirft Schwierigkeiten auf, wenn wir uns vergegenwärtigen, daß die Nachkommen ja fortlaufend - von Jahr zu Jahr - geboren werden, so daß sich ein Kontinuum altersunterschiedlicher

Individuen ergibt; jedenfalls lassen sich voneinander abhebbare Gruppierungen, wie dies der Begriff Generation suggeriert, nicht finden. Karl Mannheim (1928) hat die Begriffe schärfer gefaßt. Er unterscheidet von der Kohorte bloß altersgleicher Individuen - analog zur Klassenlage - die *Generationslagerung*; sie ist durch eine verwandte Situierung der Menschen im historisch-sozialen Raum und damit durch eine bestimmte Art des Denkens, Erlebens und Verhaltens gekennzeichnet. Noch enger gefaßt ist der Begriff des *Generationszusammenhangs*; ihn zeichnet die Verbindung zu gemeinsamen geistig-sozialen Gehalten und die Orientierung an derselben Problematik aus. Schließlich werden die gemeinsamen Erlebnisse bei verschiedenen Gruppen in unterschiedlicher Weise verarbeitet, und daraus ergeben sich verschiedene *Generationseinheiten*. Als Beispiel für verschiedene Generationslagerungen nennt Mannheim die preußische und die chinesische Jugend um das Jahr 1800 herum; sie waren zwar gleich alt, hatten sonst aber wohl nicht viel miteinander gemein. Als Beispiel für unterschiedliche Generationszusammenhänge schlägt er die städtische Jugend und die in ganz entlegenen Gebieten lebenden Bauern vor, die von den geistigen und sozialen Umwälzungen der Zeit in keiner Weise erfaßt wurden. Bei jenen Gruppen, die an den geistigen Umwälzungen und Strömungen der Zeit teilnehmen, kann es wiederum romantisch-konservative oder rationalistisch-liberale Gruppierungen geben, und dies sind dann die Generationseinheiten.

Die Trennungslinien zwischen den Generationen - im Sinne des klassischen "Konflikts" zwischen Älteren und Jüngeren - werden heute schärfer gezogen (vgl. Fogt 1982). Die Gesellschaft ist so vielfältig geworden, daß es möglich ist, auf sehr unterschiedliche Weise zu leben: Das Verhalten, das die Eltern an den Tag leben, ist nicht mehr eine bleibende Selbstverständlichkeit für die Angehörigen der nachfolgenden Generation - erstens deswegen, weil in einer Gesellschaft, die von hoher Mobilität gekennzeichnet ist, die Kinder oft in andere Milieus und in Schichten mit anderen Lebensstilen geraten als ihre Eltern; zweitens, weil die gesellschaftliche Dynamik neue Normen erzeugt, so daß die anerkannten Verhaltensweisen und Anschauungen nicht mehr über Generationen gleich bleiben, und weil die Jugend zudem über diesen Wandel besser informiert ist und ihn auch mitformt; drittens schließlich, weil durch die Trennung des Arbeitslebens von der Familie die Eltern selbst für das heranwachsende Kind in einer fremden Welt "verschwinden", von der die Kinder keine Kenntnis haben und deren Normen sie nicht kennenlernen, und oft erst abends wieder auftauchen. Der Sozialisationsprozeß in einer so beschaffenen Welt ist selbst von großen Unsicherheiten gekennzeichnet, von ambivalenten Anforderungen. Die Jugend ist auf sich selbst "zurückgeworfen", sie muß ihren eigenen Weg definieren. Die Jugendphase schafft diese Gelegenheit, "sich selbst zu finden". Sie ist daher auch eine Phase der Experimente: mit Rollen, Lebensstilen, Sexualpartnern, Identitäten.

III. INDIVIDUUM UND GRUPPE

In einer Gesellschaft, in der die Menschen miteinander umgehen müssen, ist es erforderlich, eine gewisse Berechenbarkeit und Voraussagbarkeit des Verhaltens der anderen sicherzustellen. Es muß jedem an einer Interaktion Beteiligten klar sein, wie sich ein Polizist, ein Lehrer oder ein Verkäufer normalerweise verhalten, sonst wäre ein Zusammenleben nicht möglich. Je mehr der einzelne über das Verhalten der anderen weiß, umso eher ist er davon entlastet, permanent darüber nachdenken zu müssen, was zu tun sei. Wenn eine solche Berechenbarkeit des Verhaltens besteht, muß man nicht jederzeit mit allen Möglichkeiten rechnen, sondern kann ungefähr voraussagen, wie sich der andere benehmen wird. Die Menschen werden also dazu erzogen, in bestimmten Positionen, die sie einnehmen, auf eine ganz bestimmte Weise zu handeln. Sie spielen eine Rolle.

Um das Handeln und das Rollenspiel der Menschen und um einfachere Formen der Vergesellschaftung geht es im folgenden. Zunächst werden einige Handlungsbegriffe erörtert, aus denen sich Gesamtmodelle der Soziologie ergeben (Abschnitt 1), danach Definitionen und Probleme des Rollenverhaltens (Abschnitt 2); anschließend werden wir uns mit Gruppen verschiedener Art und Größenordnung beschäftigen (Abschnitt 3); und schließlich werfen wir noch einen Blick auf eine Gruppierung besonderer Art, die "Masse" (Abschnitt 4).

1. Soziales Handeln - sinnhaft und systembezogen

Wenn wir uns mit dem Begriff des sozialen Handelns beschäftigen wollen, so scheint dies auf den ersten Blick trivial. In Wahrheit lassen sich von diesem Begriff aus unterschiedliche Sozialtheorien erschließen - und, wie sich zeigen wird, gehören diese zu den schwierigeren Konzeptionen des soziologischen Traditionsbestandes. Sie machen deutlich, wie sehr das Individuum immer als Mitglied einer Gruppe - beeinflußt von seinesgleichen - handelt. Welche Handlungsmodelle Behavioristen und symbolische Interaktionisten voraussetzen, ist bereits bei der Erörterung der entsprechenden Persönlichkeitsmodelle (in Kapitel II) deutlich geworden; es geht um Lernprozesse bzw. um die Aushandelung von Bedeutungen. Aus dem Repertoire der weiteren verfügbaren Handlungsmodelle sollen hier nur zwei behandelt werden: Max Webers Grundlegung einer "sinnorientierten" Handlungstheorie als Beispiel eines individualistischen Ansatzes und das systemtheoretische Modell auf der Linie von Parsons (vgl. auch Lenk 1977ff.). Damit sind zugleich zwei grundlegende Ausrichtungen des soziologischen Denkens beschrieben: eine Tradition, die beim *Individuum* ansetzt und kollektive Aktivitäten und Institutionen vom Handeln des einzelnen her erklärt, und eine andere Tradition, die mit ihrer

Analyse bei *Ganzheiten* verschiedener Art, bei Systemen, beginnt und das Handeln der Individuen unter Bezug auf diese Aggregate deutet (vgl. Vanberg 1975).

Das Modell sinnhaften Handelns

Für Max Webers Soziologievorstellung ist der Begriff des Handelns konstitutiv. "Soziologie ... soll heißen: eine Wissenschaft, welche soziales Handeln deutend verstehen und dadurch in seinem Ablauf und seinen Wirkungen ursächlich erklären will. 'Handeln' soll dabei ein menschliches Verhalten (einerlei ob äußeres oder innerliches Tun, Unterlassen oder Dulden) heißen, wenn und insofern als der oder die Handelnden mit ihm einen subjektiven Sinn verbinden. 'Soziales' Handeln aber soll ein solches Handeln heißen, welches seinem von dem oder den Handelnden gemeinten Sinn nach auf das Verhalten anderer bezogen wird und daran in seinem Ablauf orientiert ist." (1976, 1). Dies ist jene Definition, die Max Weber seinem Handbuch über "Wirtschaft und Gesellschaft" voranstellt. In diesen Sätzen stecken mehr Komplikationen, als sich auf den flüchtigen Blick erkennen läßt.

Erstens haben wir den Begriff des *Handelns* ins Auge zu fassen. Weber spricht von einem Handeln - also nicht bloß einem instinkthaften Reagieren -, einem bewußten Akt, mit dem der Handelnde einen subjektiven Sinn verbindet. Jenseits der instinkthaften und biologisch-physischen Reaktionen ist das Entscheidende am menschlichen Dasein das *sinnhafte* Handeln; der Akteur deutet seine Tätigkeit. Weil der Beobachter mit dem Handelnden die Deutungsmuster teilt, kann er mit den von ihm beobachteten Handlungen denselben Sinn verbinden wie der Handelnde selbst, d.h. er kann die Handlung *"verstehen"*. Das ist nicht der Fall, wenn wir die uns unverständlichen Zeremonien einer fremden Kultur beobachten; dann können wir den Sinn, der mit diesen Ritualen verbunden wird, nicht erschließen, und wir bedürfen einer Erklärung, die jedoch erst recht wieder auf einer Basis der Gemeinsamkeit stattfinden muß, damit wir den von den Akteuren gemeinten Sinn wenigstens rekonstruieren können. Ebenso wenig genügt es, wenn wir empirische Regelmäßigkeiten beobachten; sonst würden wir uns von dem Umstand, daß die Zahl der nistenden Störche in den Industrieländern einen engen Zusammenhang mit der Geburtenrate aufweist - ein klarer empirischer Sachverhalt -, zu sonderbaren Kausalvermutungen über die Bedingtheit dieser Größen führen lassen. Wenn wir hingegen feststellen, daß in einer primitiven Gesellschaft die Heiratsrate mit den Ernteerträgen schwankt, so "verstehen" wir, wie dieser Zusammenhang zustande kommt.

Weil der Mensch sinnhaft handelt, schafft er "Kultur". Es geht dabei nicht um irgendeinen "wahren" Sinn eines Vorganges, sondern um das, was der Handelnde denkt oder fühlt. Der Beobachter will dieses Verhalten "verstehen", entweder durch rationalen Nachvollzug oder durch emotionelles Nacherleben. Auch wenn wir die Überzeugung dessen, den wir beobachten, nicht unbedingt teilen, verstehen wir doch den Sinn eines Regentanzes bei einem primitiven Stamm als ein Ritual, durch das der Wettergott günstig gestimmt werden soll. Wir verstehen auch, was vor sich geht, wenn ein Fußgänger in einer europäischen Stadt angesichts bedrohlich aufziehender Wolken seinen Regenschirm aufspannt (und wir glauben nicht, daß er durch diese Handlung einen Regenzauber tätigen will). Am überzeugendsten scheinen uns jene Fälle, in denen wir ein *rationales Verhalten* unter Zweck-Mittel-Kategorien interpretieren können. Wir suchen zunächst nach einer rationalen Erklärung, wenn wir erfahren, daß der Nachbar sein Haus verkauft: Hat er einen Arbeitsplatz in einer anderen Stadt angenommen? Hat er ein schöneres Haus geerbt? Erst wenn eine solche Deutung mißlingt, gehen wir auf "irrationale" Momente zurück: Vielleicht ist der Nachbar verrückt geworden? Folgt er einem plötzlichen Einfall? Alle irrationalen Sinnzusammenhänge werden als Abweichungen von einem rein zweckrational gedachten Verlauf der Dinge, verstanden. Eine Börsenpanik verstehen wir als eine solche, wenn wir unterstellen, daß der gewöhnliche Verlauf der Käufe und Verkäufe anders vor sich gegangen *wäre* und daß die "Panik" nicht auf rationalen Erwägungen aller beruht; oder wir suchen in dem Umstand, daß alle Händler ähnliche Computerprogramme zur Kontrolle ihrer Börsengeschäfte benutzen, die Ursache dafür, daß sich rationale Erwartungen wechselseitig hochschaukeln. Wir unterstellen dabei keineswegs, daß das Rationale generell eine Vorherrschaft über das normale Leben der Menschen ausübt; wir benutzen es nur als Interpretationsmuster.

Zweitens unterscheidet Weber zwischen dem aktuellen und dem erklärenden Verstehen einer Handlung. *Aktuelles Verstehen* des gemeinten Sinnes einer Handlung liegt vor, wenn wir einen Zornesausbruch als solchen erkennen, weil er sich in einem entsprechenden Gesichtsausdruck und in bestimmten Bewegungen manifestiert, statt daß wir nur unverständliche Grimassen eines Menschen beobachten; wenn wir "verstehen", daß die Handbewegungen eines Individuums darauf gerichtet sind, die Tür zu schließen; wenn wir "verstehen", daß die Bewegungen eines Menschen, der sich eines sonderbaren Metallgegenstandes bedient, als Holzhacken zu deuten sind. *Erklärendes Verstehen* liegt vor, wenn wir "verstehen", daß jemand wütend ist aus Eifersucht, gekränkter Eitelkeit oder verletzter Ehre; oder daß jemand die Tür schließt, weil kalte Luft hereinströmt und er friert; oder daß jemand Kleinholz macht, weil das Brennmaterial ausgegangen ist. Es wird uns in diesen Fällen der Sinnzusammenhang klar, in den das Handeln hineingehört. Auf diese Weise verstehen wir Einzelsituationen, wiederkehrende Fälle oder (ideal)typische Situationen.

Weber unterscheidet die Rekonstruktion des Sinnes einer Handlung von der empirischen Wahrscheinlichkeit ihres Ablaufens. Ein konkretes Handeln haben wir dann richtig kausal gedeutet, wenn wir den äußeren Ablauf und das Motiv zutreffend und zugleich in ihrem Zusammenhang sinnhaft verständlich erkannt haben. Zwei Aspekte sind dazu erforderlich. Der Vorgang muß *sinnadäquat* sein, d.h. die Beziehung seiner Bestandteile wird von uns nach den durchschnittlichen Denk- und Gefühlsgewohnheiten als typischer Sinnzusammenhang bejaht. Menschen reagieren verärgert, wenn man sie anrempelt; sie freuen sich, wenn sie ein Geschenk erhalten; sie bezahlen im Supermarkt an der Kasse. Der Vorgang muß aber auch *kausaladäquat* sein, d.h. es muß nach den Regeln der Erfahrung die Chance bestehen, daß er stets in gleicher Art abläuft. Damit sind statistische Regelmäßigkeiten gemeint - tatsächlich pflegen die Käufer an der Kasse des Supermarkts im allgemeinen zu zahlen.

Drittens spricht Weber über *Gesetze*: "durch Beobachtung erhärtete typische Chancen eines bei Vorliegen bestimmter Tatbestände zu gewärtigenden Ablaufes von sozialem Handeln, welche aus typischen Motiven und typisch gemeintem Sinn der Handelnden verständlich sind." (1976, 9). Die Soziologie sucht generelle Regeln des Geschehens. Sie muß dabei abstrahieren und verallgemeinern und sich, indem sie ihre Begriffe eindeutiger formuliert, notwendig von der Wirklichkeit entfernen. Sie versucht also *Idealtypen* von Gebilden der Wirklichkeit zu entwerfen, indem sie sie in möglichst vollständiger Sinnadäquanz gestaltet. Den "typischen Fall" sucht sie herauszuarbeiten, der dann möglicherweise in seinen Details gar nicht in der immer komplizierteren Wirklichkeit zu finden ist.

Viertens erweitert Weber seines Begriff des "Handelns" zum *sozialen Handeln*. Soziales Handeln kann am vergangenen, gegenwärtigen oder künftig erwarteten Verhalten anderer orientiert sein. Wenn viele Menschen gleichzeitig den Regenschirm aufspannen, liegt kein soziales Handeln vor, denn sie reagieren nicht auf andere, sondern auf die drohende Nässe. Soziales Handeln kann durch verschiedene Momente bestimmt sein, nämlich: (1) *zweckrational*, d.h. als Ergebnis vernünftiger Zweck-Mittel-Abwägungen - ich spanne den Regenschirm auf, weil ein Gewitter droht; (2) *wertrational*, d.h. durch bewußten Glauben an den ethischen, ästhetischen oder sonstigen Eigenwert eines bestimmten Verhaltens als solchem und unabhängig vom Erfolg - ein Dissident protestiert, obwohl er weiß, daß er dafür verhaftet wird; (3) *affektuell*, d.h. durch aktuelle Affekte und Gefühlslagen - johlende Fußballfans verprügeln die Anhänger des gegnerischen Klubs und zünden Autos an; und (4) *traditional*, d.h. durch eingelebte Gewohnheit - jemand geht sonntags in die Kirche, weil er dies schon seit frühester Jugend getan hat.- Soziales Handeln beruht auf gemeinsamen Vorstellungen über die Wirklichkeit, es ist eine gemeinsame Grundlage des Situationsverständnisses und der anfallenden Bedeutungen vorhanden.

Aus dem sozialen Handeln erwachsen *soziale Beziehungen*. Die Individuen sind auf die wechselseitigen Sinnbeziehungen eingestellt und verhalten sich entsprechend. Diese Beziehung kann sehr verschiedener Art sein: Kampf, Feindschaft, Geschlechtsliebe, Freundschaft, ökonomische oder erotische Konkurrenz, Erfüllung oder Bruch einer Vereinbarung, Klassengemeinschaft und so weiter. Regelmäßigkeiten des Verhaltens werden als *Brauch* bezeichnet, wenn und soweit die Chance ihres Bestehens nur durch tatsächliche Übung gegeben ist; der Brauch gilt als *Sitte*, wenn er auf langer Eingelebtheit beruht (während beim Brauch bloß faktisches Gleichverhalten, wie bei der Mode, vorausgesetzt wird); Handeln ist *interessenbedingt*, wenn es nur durch die zweckrationale Orientierung des Handelns der einzelnen an gleichartigen Erwartungen bedingt ist.

Handeln kann von seiten der Beteiligten an der Vorstellung vom Bestehen einer legitimen Ordnung orientiert werden. Insoweit dies geschieht, steht die betreffende Ordnung *in Geltung*. Anders als bei Brauch, Sitte und Interessenorientierung kommt hier ein Verpflichtungscharakter ins Spiel. Es handelt sich um eine *Konvention*, wenn ihre Geltung äußerlich garantiert ist durch die Chance, bei Abweichung innerhalb eines angebbaren Menschenkreises auf Mißbilligung zu stoßen: Wer sich im Gasthaus ins Tischtuch schneuzt, wird unangenehme Reaktionen seiner Nachbarn zu gewärtigen haben.- Es handelt sich um *Recht*, wenn die Ordnung garantiert ist durch die Chance des Zwanges, der darauf gerichtet ist, die Einhaltung der Ordnung zu erzwingen oder die Verletzung zu ahnden, und wenn hiefür ein eigens darauf spezialisierter Stab von Menschen besteht. Wer sich mittels einer Waffe auf der Bank Geld besorgt, wird von der Polizei durch Zwang davon abgehalten oder bestraft.

Die systemtheoretische Konzeption des Handelns

Systemtheoretiker - wie Talcott Parsons und Niklas Luhmann - setzen nicht beim Individuum an, sondern bei "Systemen" (vgl. Parsons 1976). In einem *System* wird eine Menge von Elementen durch Beziehungen so miteinander verknüpft, daß sie enger miteinander als mit ihrer Umwelt verbunden sind und sich gewissermaßen zu einem Ganzen formen. Der menschliche Körper ist ein solches System, eine selbststeuernde Heizung, das Schulwesen, eine konkrete Familie, ein Industriebetrieb. Das Grundmuster der Elemente eines Systems bildet seine Struktur. Falls sich das System (durch feedback-Mechanismen) selbst stabilisiert, hat man ein kybernetisches System vor sich; beim Organismus spricht man von Homöostasis. Zwei Probleme sind bei solchen Systembetrachtungen zentral: einerseits müssen Systeme gegen ihre Umwelt abgegrenzt werden, andererseits müssen die bestandsrelevanten Funktionen benannt werden.

An einem Beispiel läßt sich dies am deutlichsten zeigen. Wir schaffen es auch in unserem Alltag, "Systeme" von anderen abzugrenzen (vgl. Arbeitsgruppe Soziologie 1987, Kap. 6). Wir sprechen von einer "Familie", bestehend aus den Elementen Vater, Mutter und zwei

Kindern, die wir als Einheit aus ihren sozialen Beziehungen herauslösen. Der Vater geht zur Arbeit, die Mutter zum Einkaufen ins Geschäft, die Kinder in Schule und Kindergarten - obwohl Außenbeziehungen bestehen, ist es nicht schwierig, die Familie als eigenes System - mit bestimmten Beziehungen der Mitglieder zueinander - zu identifizieren. Die Beziehungen zueinander und nach außen hin sind geordnet; aus der Fülle aller möglichen Beziehungen werden bestimmte ausgewählt, nur diese und keine anderen sind möglich. Dadurch erfolgt eine handlungserleichternde Reduktion von Komplexität: Unendlich viele Handlungen wären möglich, aber nur einige sind zugelassen.

Nun stellt sich die Frage, was dies alles mit dem Handeln zu tun hat. Dies ist ein entscheidender Punkt: Die Systeme bestehen nicht, wie man zunächst vermuten könnte, aus den Individuen, sondern aus *Handlungen*. Der Vater handelt in der Familie ganz anders als im Beruf oder in seinem Tennisclub - und er ist doch immer dieselbe Person; nur mit seinen jeweiligen Handlungen ist er Bestandteil des entsprechenden Systems. Seine beruflichen Handlungen sind Teil des Systems "Betrieb", seine familiären Handlungen Teil des Systems "Familie". *Soziale Systeme sind daher Handlungssysteme.* Handeln ist systembildend. Die Personen selbst gehören - so sonderbar dies auch klingt - zur Umwelt des in Betracht stehenden Systems.

Das menschliche Handlungssystem muß unter Bezug auf vier Subsysteme interpretiert werden, wobei Handeln immer von allen diesen Aspekten abhängig ist; nur werden jeweils unterschiedliche Bedingungen und Bestimmungsgründe ins Auge gefaßt. Der *Organismus* steuert Handlungen von den biologischen Bedingungen her, er ermöglicht Wahrnehmungen, steuert das Zeiterleben, reguliert den Schlafrhythmus, bestimmt die Leistungsfähigkeit. Die *Persönlichkeit* steuert die psychisch-motivationalen Bedingungen des Verhaltens. Das *Sozialsystem* steuert Handeln unter interaktiven Aspekten, also durch die Beziehung zu den Mitmenschen. Das *kulturelle System* liefert Werte und Normen, die Schemata, durch die alles Geschehen erst seinen Sinn erhält. Systeme greifen ineinander, um soziales Handeln zuwege zu bringen. Das heißt, man kann unterschiedliche Aspekte des Handelns aus der Gesamtheit der Handlungen "herausziehen"; das Sozialsystem ist etwa die Gesamtheit der *interaktiven Aspekte* aller Handlungen. Dieses Sozialsystem läßt sich wiederum nach verschiedenen Aspekten seiner Systemerhaltung differenzieren, so wie sich das Modell generell noch wesentlich komplizieren läßt (vgl. Kap. XV), aber der Hinweis darauf soll uns an dieser Stelle genügen.

Handlungen laufen nach gewissen *Schemata* ab, sie folgen gewissen "Programmen". Diese organisieren unsere Wahrnehmung, steuern unser Verhalten, prägen unsere Erwartungen. Beständigkeit erhalten diese Systeme durch die sinnhaften Erwartungen und Situationsdeutungen, die sich bilden. Systemprobleme sind letztlich Probleme der Erwartungsstabilisierung. Man hegt an die Handlungen des Familienvaters andere Erwartungen, wenn er im Betrieb und wenn er in der Familie agiert. Diese Sinnstrukturen - welche Art von Handlungen die Individuen erwarten - legen daher auch die Systemgrenzen fest. Die Grenzen der Familie liegen dort, wo nicht der Typus "familiärer Handlungen" erwartet wird. Systeme sind Konstruktionen.

Handlungen werden durch ihre Beiträge zur Systemerhaltung gedeutet. Die Familie steht vor der Aufgabe, mit dem Geld zurechtzukommen, ein Kind gesund zu pflegen, den Urlaub zu planen, den Hausbau zu bewerkstelligen. Dabei kann es "funktionale Äquivalente" geben: Das Ziel der Wohnraumbeschaffung kann durch einen Mietvertrag gelöst werden oder durch einen Hausbau. Ähnlich ist es in der Gesellschaft. Eine unabdingbare Funktion ist es, für Nachwuchs zu sorgen und diesen zu sozialisieren. Dafür müssen Einrichtungen geschaffen werden, z. B. "Familien" verschiedenster Art.

2. Soziale Rollen - Normen, Positionen und Kontrollen

Das Rollenmodell, demzufolge jeder Mensch in der Gesellschaft den ihm vorgegebenen Part spielt, ist oft als Gegenentwurf gegen die individualistischen Handlungstheorien aufgefaßt worden. Entweder entscheidet der Mensch frei nach seinen Präferenzen im Sinne der Abwägung seiner Handlungsoptionen, oder er ist Vollzugsorgan der mit seiner Position verbundenen normativen Erwartungen der Gesellschaft. Eine solche Entgegensetzung der beiden Entwürfe ist aber nicht zwingend.

Das "Rollenspiel" ist ein wesentlicher Bestandteil der Umwelt- und Daseinsbewältigung. Im Zuge der Differenzierung und Spezialisierung in der Gesellschaft bilden sich verschiedene *Positionen* ("Status") heraus, das sind bestimmte (von einer Person auszufüllende) Stellen in einem Netz regelmäßig stattfindender Interaktionen, also in einem sozialen Gefüge. Eine *Rolle* ist ein weitgehend konsistentes Bündel von normativen Verhaltensregeln, die mit einer bestimmten *sozialen Position* in einem Netzwerk von Rollen verbunden sind. Diese Regeln werden als Erwartungen auf den Rollenträger gerichtet (vgl. Dahrendorf 1974).

Die Individuen werden voneinander durch ihre unterschiedlichen Eigenschaften getrennt, aber sie werden wieder in bestimmten Kategorien zusammengefaßt. Menschen, die sich sonst in vielem unterscheiden, haben gemeinsam, daß sie eine bestimmte Rolle spielen: jene des "Lehrers", des "Vaters," des "Bergsteigers", des "Sportlers", des "Dirigenten", des "Schaffners". Der Lehrer nimmt eine bestimmte soziale Position ein, und im allgemeinen gehorcht der Inhaber dieser Position den ihm angesonnenen Regeln. Es mag aber auch sein, daß er wohl die Position einnimmt, nicht aber die mit ihr verbundenen Erwartungen erfüllt; dann ist er vielleicht nicht mehr lange der Inhaber der betreffenden Position. Im übrigen ist es oft nicht leicht zu beurteilen, ob nur eine bestimmte soziale Situation vorliegt, die sich noch gar nicht zu einer Rolle verfestigt hat, oder ob eine "echte" Rolle gegeben ist; denn es gibt nicht nur dauerhafte Rollen - wie jene des "Richters" -, sondern auch temporäre, wie jene des "Diskussionsleiters". Es gibt Primärrollen wie jene von "Mutter" und "Vater"; Rollen, die in Gruppen für bestimmte Mitglieder definiert werden, wie jene des "Witzboldes"; umfassende Rollen, die im Zuge der primären Sozialisation erworben werden und alle Bereiche des Lebens umfassen, wie jene des "Deutschen" oder des "Türken".

Rollenverhalten - eine Illustration

Ralph Linton (1893-1953), von dem die grundlegenden Definitionen von Rolle und Status stammen, illustriert das Rollenverhalten folgendermaßen: "Nehmen wir an, jemand verbringt den Tag als Verkäufer in einem Geschäft. Steht er hinter dem Ladentisch, ist sein aktiver Status der eines Verkäufers; dieser Status kommt durch seine Position in dem System der Berufsdifferenzierung unserer Gesellschaft zustande. Die mit diesem Status verbundene Rolle bietet ihm die Verhaltensmuster für seine Beziehungen mit Kunden. Die Muster sind ihm und den Kunden wohlbekannt und ermöglichen beiden Parteien, ihre Geschäfte mit einem Mindestmaß an Zeitverlust und Mißverständnissen abzuwickeln. Wenn sich der Betreffende in den Aufenthaltsraum zurückzieht, um zu rauchen, und dort andere Angestellte trifft, wird sein Status als Verkäufer latent und er nimmt einen anderen aktiven Status an, der auf seiner Position in der 'Vereinigung' beruht, die sich aus den Geschäftsangestellten insgesamt zusammensetzt. In diesem Status werden seine Beziehungen zu anderen Angestellten durch ein anderes Bündel kultureller Muster bestimmt, die nicht mit denjenigen übereinstimmen, die sein Verhältnis zu den Kunden regelten. Da er darüber hinaus wahrscheinlich die meisten anderen Beschäftigten kennt, wird seine Anwendung dieser kulturellen Muster durch persönliche Zu- und Abneigungen bestimmten anderen Personen gegenüber und durch Überlegungen darüber beeinflußt, wie sich seine Position zur Position anderer Mitglieder der in dem Geschäft entstandenen Gruppen auf der Prestige-Skala dieser besonderen Gruppe verhält. Bei Geschäftsschluß legt er sowohl den Status des Verkäufers wie den eines Mitglieds der geschäftlichen Gruppe ab und handelt auf dem Heimweg einfach dem Status gemäß, den er in dem gesellschaftlichen System von Alter und Geschlecht innehat. So wird er, wenn er jung ist, zumindest das Gefühl haben, daß er aufstehen und seinen Sitzplatz einer Dame anbieten sollte. Ist er hingegen alt, wird er sich nichts daraus machen sitzen zu bleiben. Sobald er zu Hause ankommt, wird ein neues Status-Bündel aktiviert. Jeder Status in diesem Set leitet sich aus den Verwandtschaftsbeziehungen zu Mitgliedern der Familiengruppe ab. Wenn er die mit diesem Bündel verbundenen Rollen ausführen will, wird er versuchen, seiner Schwiegermutter gegenüber herzlich, seiner Frau gegenüber liebevoll, und gegenüber seinem Sohn - dessen Zensuren wieder einmal auf einem Tiefpunkt angelangt sind - als strenger Erzieher aufzutreten." (Linton 1945, in: Hartmann 1973, 312f.).

Das Lernen und Korrigieren von Rollen

Das Rollenlernen geschieht zu einem guten Teil im Zuge des Sozialisationsprozesses, durch *Anpassung* und *Nachahmung*. Das kleine Mädchen behandelt seine Puppe ganz so wie die Mutter das Baby; der Untergebene nimmt die Sprechgewohnheiten seines Vorgesetzten an. Verschiedene Rollen - etwa jene des Vaters (der Mutter) oder jene des Lehrers - werden sozusagen "in Reserve" gelernt, für eine etwaige spätere Ausübung. Manche Rollen hingegen werden erst im Vollzug der Rolle selbst eingeübt, was mit beträchtlichen anfänglichen Unsicherheiten verbunden ist; dies trifft etwa auf *Berufsrollen* zu, in denen man sich zu Beginn unbeholfen oder unsicher benimmt, zum Teil auch auf die Elternrollen.

Die mit Rollen verbundenen normativen Erwartungen oder Regeln können *präzise Verhaltensvorschriften*, auch juristischer Natur, sein, wie dies etwa im Falle von Verkehrsvorschriften deutlich ist. Es kann sich aber auch um allgemeine, *nicht so genau formulierbare Wertvorstellungen* handeln; dies liegt etwa bei der allgemein geteilten Erwartung vor, daß eine Mutter ihrem Kind eine beträchtliche affektive Zuwendung zuteil werden läßt. Schließlich mag es um *bestimmte erwartete Leistungen* der Rollenspieler gehen, die gar nicht als generelle Norm formuliert werden; so soll ein Richter wohl einen entscheidungsfreudigen und sicheren Eindruck erwecken, wenn er seine Rolle als "Arm des Gesetzes" und Repräsentant der Staatsgewalt gut spielen will.

Die Individuen werden im Sinne der gängigen Verhaltensregeln sozialisiert, darüber hinaus werden sie durch ständige soziale Kontrolle "auf Kurs" gehalten. *Soziale Kontrolle* ist die Summe der Einwirkungen der Gesellschaft auf die Individuen zur Erzielung von möglichst rollenkonformem Verhalten. Hiebei kommen *positive Sanktionen* zur Anwendung: Sie reichen vom freundlichen Lächeln, dem zustimmenden Applaus und der Beförderung im Berufsleben bis zu der billigen, aber - wie es scheint - ungemein wirksamen Variante der Ordensverleihung. Eitelkeit und Selbstbestätigung - so hat Joseph Schumpeter einmal gemeint - seien tiefer verwurzelt als jede ökonomische Ordnung, so daß man die Prestigesucht des einzelnen für den Dienst an der Gemeinschaft ausnützen könne - und sei es, daß Erfolgreiche "das Privileg erhalten, eine Briefmarke an ihre Hosen kleben zu dürfen." (1975, 332). Aber auch *negative Sanktionen* werden eingesetzt: Hiebei ist an distanzierendes Stirnrunzeln, peinliches Verstummen oder eisiges Schweigen, an verachtende Blicke oder explizite Beschimpfungen, an Kündigung oder Abwahl, an gerichtliche Verurteilung oder gar an Liquidierung der "devianten" Personen zu denken.

In verschiedenen Rollen gelten unterschiedliche Normen und Verhaltensprinzipien. Was für die Rolle des Steuerberaters angemessen ist, nämlich den Kunden nach seinen Vermögensverhältnissen auszufragen, würde im Falle eines Verkäufers im Schuhladen, der sich nach dem Monatseinkommen seiner Kunden erkundigt, Befremden auslösen. Wer ein Museum besichtigt, der verhält sich anders als der Besucher einer Diskothek; das im einen Fall angemessene Verhalten würde an dem anderen Ort als höchst deplaziert angesehen werden. Als umso peinlicher wird die Situation empfunden, wenn man bei einem Irrtum über Rollen ertappt wird: Man drückt dem Kellner bei einem Empfang das leere Glas in die Hand, und es stellt sich heraus, daß es sich um einen Gast handelt. Die Unsicherheit darüber, welche Rolle im Moment gerade zu spielen ist, ist belastend: Diese Unsicherheiten steigen in einer komplexen Gesellschaft, in der es sich überkreuzende und widersprechende Rollen auszufüllen gilt. Viele Individuen haben Schwierigkeiten, alle diese Rollen zu integrieren und sie in einer autonomen sozialen Persönlichkeit zu vereinen.

Zur theoretischen Entwicklung der Rollentheorie

Der für unterschiedliche Zwecke verwendbare und dem Alltagsverstand durchaus einleuchtende Begriff der "Rolle" ist in verschiedenen theoretischen Modellen verwendet worden. An die bereits erwähnte Darstellung Lintons hat Talcott Parsons mit seiner *funktionalistischen Theorie* angeknüpft. Selbst ein elementares System von zwei Personen kann nur funktionieren, wenn die wechselseitigen Handlungen Sinn ergeben. Diese Sinnzuschreibung beruht seines Erachtens auf der Generalisierung der normativen gemeinsamen Kultur und durch die normative Komponente der Erwartungen, die in diesen Prozeß eingebracht werden. "Solche normativen Muster sind Werte; der normativ gesteuerte Verhaltenskomplex eines Teilnehmers ist eine Rolle; und das durch die Interaktion der beiden Teilnehmer gebildete System ... stellt ein Kollektiv dar." (Parsons 1976, 179). Die Leistungen der unterschiedlichen Rollen können als komplementäre Beiträge zum Funktionieren des Interaktionssystems aufgefaßt werden. Beim Vorliegen differenzierter Rollen kann eine stabilisierende Integration des System nur gewährleistet sein, wenn gemeinsame, im Sozialisationsprozeß erworbene Werte vorliegen. Die Rolle verklammert Persönlichkeit und Sozialsystem.

In den deutschen Sprachraum ist diese Theorie durch Ralf Dahrendorfs "Homo sociologicus" (1953) vermittelt worden. Er hat - gegenüber allzu hohen Harmonievorstellungen - auch den Aspekt der *Konflikthaftigkeit* betont. Rollen zwingen den einzelnen von außen ein schauspielerisches und konformes Verhalten auf, und erst hinter den Rollen steht der eigentliche Mensch. Die Individuen werden als Marionetten der Gesellschaft gesehen, die uns als "ärgerliche Tatsache" entgegentritt, weil sie den individuellen Bestrebungen allenthalben Schranken setzt.

Diese Modelle sind wegen ihrer "übersozialisierten" Konzeption des nur von gesellschaftlichen Erwartungen geprägten Menschen kritisiert worden. Ganz anders als die Funktionalisten sehen die Vertreter der *interaktionistischen Soziologie* das Rollenverhalten. Die Menschen sind den äußeren "Vorschriften" nicht ausgeliefert, der Aufbau von Rollen ist vielmehr in der Interaktion gestaltbar. Rollen werden ausgehandelt. Es gilt, sich in Rollen einzuleben (Empathie), Uneindeutigkeiten des Rollenverhaltens zu ertragen (Ambiguitätstoleranz), ja überhaupt mit Rollen - vielleicht sogar spielerisch - umgehen zu lernen. Rollen sind sozial konstruierte Identitäten.

Auch eine kritische Rollentheorie ist - vor allem im Absetzung von den erwähnten Harmoniepostulaten - entwickelt worden (z.B. Habermas 1973a,b, Claessens 1970, Dreitzel 1972, Gerhardt 1971). In der *marxistischen* Ausprägung dieser Theorien werden Rollen durch die Übertragung des Warencharakters der Gesellschaft auf den Menschen erklärt. Selbst Unterhaltungen zwischen Individuen erhalten in einer kapitalistischen Ordnung den Charakter eines Verkaufsgesprächs, denn die Personen sind darauf bedacht, durch Erscheinung, Redeweise und Ausstattung einen höheren Gebrauchswert ihrer Person und Arbeitskraft zu signalisieren. Die Menschen erfahren sich als Käufer und Verkäufer, sie werden selber zu Tauschobjekten. Die Rollentheorie ist daher jene Theorie, welche das Schicksal des Menschen in einer kapitalistischen Industriegesellschaft beschreibt (vgl. Haug 1972).

Die Begriffswelt der Rollentheorie

Da sich viele Sozialwissenschaftler mit diesen Grundfragen des menschlichen Zusammenlebens beschäftigt haben, haben sich einige Begriffe herauskristallisiert, die wichtige Aspekte von Rollenstrukturen beschreiben.

(1) Da es bei jenen, die Rollen spielen, um Positionsinhaber, nicht aber um Einzelpersönlichkeiten geht, gehört zu den Kennzeichen einer Rolle im allgemeinen die *Ersetzbarkeit* des Rolleninhabers: Wenn Herr X als Lehrer nicht zur Verfügung stünde, würde seine Position von Herrn Y eingenommen.

(2) Jeder einzelne spielt nicht nur eine, sondern zahlreiche Rollen in unterschiedlichen Lebensbereichen; das bezeichnet man als *Rollenvielfalt* ("multiple roles").

(3) In manchen Fällen wird es als zweckmäßig angesehen, die Rollenträger zum Zwecke der *Identifizierung* als solche zu kennzeichnen: durch die Uniform des Polizisten, den Kampfanzug des Soldaten, die

Armbinde des Ordners bei einer Demonstration, den Sportdress des Fußballspielers, den Talar des Richters, den schwarzen Anzug des Promovenden.

(4) *Rollendistanz* bedeutet, daß eine gewisse innerliche Distanzierung vom Rollenspiel im Verhalten zum Ausdruck gebracht wird; bekannte Mittel hiezu sind Ironie, eine partielle Übernahme der Normen einer anderen Rolle, eine übertriebene Betonung der Rollennormen, die Übernahme der Rolle des advocatus diaboli und dergleichen.

(5) Robert K. Merton (1957) hat den Begriff des *Rollen-Sets* geprägt. Er geht von der Vorstellung aus, daß sich mit jedem sozialen Status (jeder Position) nicht eine Rolle verbindet, sondern daß mehrere Rollen erforderlich sind. Unter einem Rollen-Set versteht er daher die Kombination von Rollenbeziehungen, in die eine Person aufgrund des Umstands, daß sie einen bestimmten sozialen Status einnimmt, verwickelt ist. So spielt der Medizinstudent bestimmte Rollen gegenüber seinen Lehrern, gegenüber den Mitstudenten, gegenüber den Ärzten, den Krankenschwestern usw. - aber es sind nicht einfach verschiedene Rollen, sondern sie alle hängen mit seinem zentralen Status als Medizinstudent zusammen.

(6) Die verschiedenen Rollen zu spielen, ist eine schwierige Aufgabe, zumal die mit ihnen verbundenen Anforderungen nicht immer gut miteinander verträglich sind; William J. Goode (1960) hat daher vom *Rollen-Stress* gesprochen: "Im allgemeinen überfordern die Rollen-Pflichten einer gegebenen Person ihre Leistungsfähigkeit." Es ist daher nicht verwunderlich, daß permanent Rollenkonflikte zu bewältigen sind, ja gewisse Konflikte sind unvermeidlich, da doch Menschen, die ganz unterschiedliche Positionen in der Gesellschaft haben, auch verschiedene Erwartungen, Vorlieben und Werte besitzen - und daher unterschiedliche Erwartungen gegenüber Rolleninhabern hegen. Daraus entstehen Konflikte: Man unterscheidet *Intrarollenkonflikte*, die bei der Ausübung einer Rolle aufgrund unterschiedlicher Erwartungen interagierender Personengruppen auftreten, etwa dann, wenn an die "Mutter" von seiten der Kinder, des Ehemannes, des Lehrers der Kinder, der Nachbarn und anderer Personen recht verschiedene Erwartungen gerichtet werden; und *Interrollenkonflikte*, d.h. Probleme mit der Vereinbarkeit verschiedener Rollen: der Offizier, der einen guten Freund befehligt, die Frau, die Mutterpflichten und Berufstätigkeit unter einen Hut zu bringen versucht, oder der Polizist, der die Alkoholfahne seines autofahrenden Freundes bemerkt. Ralph Linton (1945) bringt weitere Beispiele: "In den seltenen Fällen, in denen der einzelne durch Zufall mit einer Status-Ausstattung versehen wird, deren zugehörige Rollen grundsätzlich unvereinbar sind, haben wir den Stoff zu einer Tragödie großen Ausmaßes vor uns. Während man in den meisten Gesellschaften dem, der sich der Durchführung gewisser, ihm auferlegter Rollen zu entziehen sucht, wenig Sympathie entgegenbringt, empfindet jeder Mitleid mit dem Dilemma dessen, der zwischen Status-Alternativen

und zwischen Rollen-Alternativen wählen muß, die den gleichen Anspruch auf Geltung erheben. Solche Zwangslagen sind ein bevorzugtes Thema der Literatur in den höher entwickelten oder introspektiven Gesellschaften. Die Tragödie des Ödipus und die Schlußepisoden des Nibelungenliedes sind dafür klassische Beispiele, während wir in der Folklore auf die schottische Geschichte eines Mannes hinweisen können, der entdeckt, daß er den Mörder seines Bruders zu Gast hat. In jedem dieser Fälle löst der einzelne, dem diese unvereinbaren Rollen auferlegt sind, das Problem mit der bekannten Prozedur, jeden Status zu anderer Zeit gelten zu lassen, obwohl er erkennt, daß die mit dem Status verbundenen Rollen jeweils die Wirkung anderer Rollen aufheben werden. Nach der schottischen Erzählung, beispielsweise, geleitet der Bruder als Gastgeber den Mörder sicher über die Grenze des Stammesgebietes, um ihn dann - als Bruder des Opfers - in einen todbringenden Zweikampf zu verwickeln." (1973, 314).

Die Gesellschaft als Theater

Der Vergleich sozialer Rollen mit dem Theaterspiel hat sich bereits antiken Schriftstellern, wie etwa Platon, aufgedrängt, und ähnliches finden wir auch bei Cicero oder Seneca. Später schreibt Thomas Morus in seiner Utopia: "Was für ein Stück nun gerade über die Bühne geht, das mußt du mitspielen und nicht das Ganze in Unordnung bringen bloß deshalb, weil du dir etwas Hübscheres von einem anderen Autor in den Kopf gesetzt hast." Entsprechende Vergleiche finden sich auch bei zahlreichen Schriftstellern (vgl. Eisermann 1969).

Erving Goffman (1922-1982) hat in seinem Buch "Wir alle spielen Theater" die vielfältigen Praktiken, Listen und Tricks analysiert, mit denen der einzelne sich vor anderen vorteilhaft darzustellen - eine gewichtige und angesehene "Rolle zu spielen" - versucht. Institutionen, so meint, lassen sich unter verschiedenen Perspektiven untersuchen: "Eine Institution kann 'technisch' unter dem Gesichtspunkt ihrer Wirksamkeit und Unwirksamkeit als absichtlich organisiertes System der Betätigung zur Erzielung vorherbestimmter Zwecke betrachtet werden. Oder sie kann 'politisch' unter dem Gesichtspunkt der Handlungen, die jeder Partner (oder jede Klasse von Partnern) von den anderen verlangen kann, der Arten von Bestrafungen und Belohnungen, die ausgeteilt werden, um diese Ansprüche durchzusetzen, und unter dem Gesichtspunkt der sozialen Kontrollen betrachtet werden, die das Erteilen von Befehlen und die Anwendung von Sanktionen begleiten. Eine Institution kann 'strukturell' unter dem Gesichtspunkt der horizontalen und vertikalen Statusunterscheidungen und der sozialen Beziehungen, die diese verschiedenen Gruppierungen miteinander verbinden, untersucht werden. Schließlich kann man eine Institution 'kulturell' unter dem Gesichtspunkt der moralischen Werte sehen, von denen die Tätigkeit innerhalb der Institution beeinflußt wird - also unter dem Gesichtspunkt der Wertsetzungen, die sich auf Mode, Sitten und Fragen des Geschmacks, auf Höflichkeit und Anstand, auf letzte Ziele und normative Abgrenzung der Mittel usw. beziehen. Es muß bemerkt werden, daß alle Tatsachen, die bezüglich einer Institution entdeckt werden können, für alle vier Perspektiven relevant sind, aber daß jede Perspektive diesen Tatsachen ihre eigene Prioritätsskala und Ordnung auferlegt.- Mir scheint es, als sei der dramaturgische Ansatzpunkt eine fünfte Perspektive neben der technischen, der politischen, der strukturellen und der kulturellen Perspektive. Die dramaturgische Perspektive kann ebenso wie jede der anderen vier als Ziel der Analyse, als ein endgültiges Ordnungsprinzip verwendet werden. Sie führt uns dazu, die Techniken der Eindrucksmanipulation, die in einer bestimmten Institution angewandt werden, die wesentlichen Probleme der Eindrucksmanipulation und die Identität und das Beziehungsnetz der verschiedenen Vorstellungsensembles einer Institution zu beschreiben." (Goffman 1983, 218f.).

Goffman vergleicht das Rollenspiel in der sozialen Welt mit jenem in einem Theater. Diese Perspektive führt ihn zu folgendem Modell des gesellschaftlichen Verhaltens, das - wie er meint - für einen großen Teil der sozialen Interaktionen charakteristisch sein soll: "Innerhalb der Grenzen einer gesellschaftlichen Einrichtung finden wir ein Ensemble von Darstellern, die zusammenarbeiten, um vor einem Publikum eine gegebene Situation darzustellen. Zu diesem Modell gehören der Begriff des geschlossenen Ensembles und des Publikums sowie die Voraussetzung eines Ethos, das durch Regeln des Anstands und der Höflichkeit aufrechterhalten werden soll. Wir finden häufig eine Trennung in einen Hintergrund, auf dem die Darstellung einer Rolle vorbereitet wird, und einem Vordergrund, auf dem die Aufführung stattfindet. Der Zugang zu diesen Regionen wird unter Kontrolle gehalten, um das Publikum daran zu hindern, hinter die Bühne zu schauen, und um Außenseiter davon fernzuhalten, eine Aufführung zu besuchen, die nicht für sie bestimmt ist. Innerhalb des Ensembles herrscht meist Vertraulichkeit, entwickelt sich zumeist Solidarität, und Geheimnisse, die das Schauspiel verraten könnten, werden gemeinsam gehütet. Zwischen Darsteller und Publikum herrscht ein stillschweigendes Einverständnis darüber, daß beide Gruppen handeln, als bestünde ein bestimmtes Ausmaß an Übereinstimmung und Gegensatz zwischen ihnen." (217f.)

Freilich beantwortet diese Perspektive die Frage nicht, warum das jeweilige Spiel gespielt wird; die Theorie zeichnet sich aus durch ein deutliches Desinteresse an langfristigen Interessenlagen und Bedürfniskonstellationen, an materiellen Lebensbedingungen, an der festgefügten Verteilung von Ressourcen und Lebenschancen. Aber die Metapher des Theaters, durchdacht im Hinblick auf soziale Interaktionen, macht Eigentümlichkeiten sozialer Beziehungen deutlich, die andere Betrachtungsweisen nicht ersetzen, aber ergänzen können.

Exkurs über die Rolle des Studenten

Studenten befinden sich im *jugendlichen Moratorium*, in der Phase zwischen der Pubertät und der elterlichen Obsorge einerseits, der Berufstätigkeit und Familiengründung andererseits. Einige Unterschiede zur Situation anderer Jugendlicher, die das Rollenverhalten erst verstehbar machen, lassen sich deutlich machen. Erstens handelt es sich um eine privilegierte Zwischenphase im Lebenszyklus, die anderen Jugendlichen nicht ermöglicht wird - kaum ein anderer Abschnitt des Lebens gewährt dieses hohe Maß an Selbstbestimmung, beispielsweise über die eigene Zeitverwendung. Die Studenten sind eine jugendliche Gruppierung, die von den Zwängen des Arbeitslebens (und den damit meist verbundenen Anpassungszwängen) weitgehend freigestellt ist und in einer verlängerten Pubertätsphase besondere Sensibilität entwickeln und ausagieren kann; dies wird durch die alterstypische Offenheit und emotionale Ansprechbarkeit noch verstärkt.- Zweitens bedeutet diese Übergangsphase aber auch Verhaltensunsicherheit - es ist die Zeit der "Sinnfragen", der Rollenexperimente, der Identitätsformung. Gerade die Freisetzung vom Realitätsdruck ermöglicht die "Wahl" gewisser Persönlichkeitsmodelle, und gerade die bessere Information dieser Population und ihre Sensibilisierung lassen das mögliche Spektrum von Verhaltensmodellen noch breiter werden. Man kann experimentieren, wie man werden will, man kann sich bewußt in bestimmte Modelle hineinentwickeln. Studenten stehen unter dem Druck, dort auszuwählen, wo andere Jugendliche gar keine Wahlfreiheit haben.- Drittens ist die Rolle des Studenten eine im Vergleich zu anderen Lebensumständen relativ homogene Rolle: Die Studenten befinden sich weitgehend im gleichen Alter, üben ähnliche Aktivitäten aus, es gibt viele Kontakte, eigene Milieus ("Studentenlokale"). Kollektive Erfahrungen - auch in peer groups - sind deshalb von besonderer Bedeutung. Diese Charakteristiken sind es auch - und nicht unbedingt eine von vornherein gegebene höhere Partizipationsbereitschaft -, die dazu führen, daß Studenten oft eine politisch aktive Gruppierung darstellen: Ihre Organisations- und Artikulationsfähigkeit ist hoch, sie haben Zugang zur erforderlichen Infrastruktur, sie verfügen über freie Zeit. Schließlich gehen sie im Zuge von Protestaktivitäten ein weitaus geringeres Risiko ein als vergleichbare Altersgruppen in der Arbeitswelt. Die Voraussetzungen für politischen Protest sind daher im universitären Milieu besonders günstig. Kritische Haltung wird zudem als Statussymbol gewertet, als Zeichen der Zugehörigkeit zu einer "kritischen Intelligenz", was Reputation verleiht. Wer etwa auf sich hält, "muß" gesellschaftskritisch sein, und wenn er, wie dies bei Studenten mehrheitlich der Fall ist, besseren oder privilegierten Schichten angehört, hat er die Vermutung der Ehrenhaftigkeit und Gerechtigkeit ohnehin auf seiner Seite. Diese kritische Haltung ist keineswegs karriereschädlich, daher auch mit kaum einem Risiko beladen.

Zur Problematik des Rollenbegriffs

Der Konflikt zwischen den Wünschen des einzelnen und den Zwängen, die jedes Rollenspiel mit sich bringt, ist gewissermaßen programmiert. Damit muß jeder fertig werden. Wenn dieser Konflikt jedoch das "normale" Niveau überschreitet, kann die Rolle als "repressiv" erlebt werden, als übermächtige Kraft, welche die eigene Persönlichkeit überwältigt. Das mag verschiedene Folgen haben. So kann das Problem einfach verdrängt werden, und dies kann zu psychischen Deformationen führen. Man kann nach einer Kompensation in einer anderen Rolle suchen, sich beispielsweise für Versagungen im Beruf in der Freizeit entschädigen. Man kann die Rolle zu modifizieren suchen, überhaupt dagegen rebellieren oder gar in abweichendes Verhalten - in Kriminalität oder Drogenkonsum - flüchten.

Die Rollenhaftigkeit des Verhaltens darf aber nicht als totale Passivität des einzelnen verstanden werden. Die Menschen sind nicht nur Marionetten, die an den unsichtbaren Fäden gesellschaftlicher Normierungen hängen. Konzentriert man sich auf diesen "repressiven" Aspekt, wird die Zumutung des Rollenverhaltens als Entäußerung von der eigentlichen Natur des Menschen und als *Entfremdung* angesehen. Aber vorgeformte Rollen, die an der Nahtstelle zwischen Individuum und Gesellschaft liegen, haben immer zwei Aspekte: den des *Zwangs* und den der *Freiheit*. Einerseits gibt es den Zwang zum Rollenspiel und den Druck, Verhaltensvorschriften zu befolgen, gegen den man sich kaum auflehnen kann. Andererseits wird die Möglichkeit zur Selbstdarstellung und Selbstverwirklichung innerhalb eines geordneten sozialen Gefüges geschaffen. Es besteht immer ein Wechselverhältnis zwischen "Innen" und "Außen"; daher kann man auch die Gegenüberstellung von "Individuum vs. Gesellschaft" mit jener von "Freiheit vs. Zwang" nicht gleichsetzen. Denn gerade durch die Ordnung wird Orientierung ermöglicht, und durch die "Berechenbarkeit" des Verhaltens der anderen wird Freiheit erst praktisch verwirklichbar. Ein eher triviales Beispiel: "Freiheit" im Straßenverkehr kann nicht bedeuten, daß alle fahren können, wie es ihnen beliebt; die Freiheit, in angemessener Zeit dorthin zu kommen, wohin man wünscht, kann für jeden einzelnen nur dann gesichert werden, wenn sich alle an die Verkehrsregeln halten - Freiheit durch Regeleinhaltung. Ebenso steht es mit gesellschaftlichen Interaktionen: dadurch, daß sich jeder an gewisse Spielregeln hält, werden erst seine eigenen Entfaltungs- und Handlungsräume und die der anderen gesichert.

3. Die Gruppe - Menschen in wechselseitigen Beziehungen

Die Erörterung von Rollen und Positionen hat deutlich gemacht, daß diese Phänomene immer in weitere soziale Gefüge eingebettet sind. Damit stoßen wir auf *soziale Gruppen* (vgl. Neidhardt 1983, Shaw

1981, Schäfers 1980), in denen sich das menschliche Leben abspielt: von der Familie über Bildungs- und Freundschaftsgruppen, Prüfungskommissionen, Arbeitsgemeinschaften, Parteien, Freizeitclubs, Schöffengerichte und Altersheime bis hin zu jener Gruppe, die den aus ihrer Mitte Gerissenen zu Grabe geleitet. Eine Gruppe besteht - im weitesten Sinne - aus Menschen, die sich in irgendeiner Beziehung zueinander befinden. Etwas konkreter definiert: Eine *Gruppe* besteht aus einer *bestimmten Anzahl von Personen, die regelmäßig miteinander unmittelbar in Beziehung treten und dabei einander wechselseitig beeinflussen*. Es ist offensichtlich, daß diese Beziehungen von ganz unterschiedlicher Intensität sein und ganz verschieden begründet sein können. So mag etwa *räumliche Nähe* zur Gruppenbildung führen, wie etwa bei Bevölkerungsagglomerationen oder Nachbarschaftsgruppen; *zeitlich-biologische Faktoren* mögen wirksam sein, wie etwa bei Gleichaltrigengruppen oder Alterskohorten; oder *sachliche Gründe* mögen im Spiel sein, wie etwa im Falle von Arbeitsgemeinschaften. Man kann es als großartige Entdeckung des Menschen bezeichnen, daß sich flexible, zielorientierte Grupen bilden lassen, denen gegenüber der einzelne zugleich seine Freiheit bewahren, also auch mehreren unterschiedlichen Gruppen angehören kann; dies unterscheidet menschliche von tierischen Gruppen (vgl. Hofstätter 1971, 21).

Klassifizierung und Charakterisierung von Gruppen

Die Vielfalt unterschiedlicher Definitionen läßt keine trennscharfe Abgrenzung von Gruppen zu; die folgende Aufzählung soll daher eher illustrativen Charakter haben. Nicht alle Arten werden von der erwähnten Gruppendefinition erfaßt. (1) *Statistische Gruppen*, *Kategorien* oder *künstliche Aggregate* umfassen Menschen mit irgendeinem gemeinsamen Merkmal, z.B. Linkshänder, Menschen mit der Blutgruppe Null oder Fußballfans. (2) *Unorganisierte Aggregate* weisen zeitweilig gemeinsame Interessen oder Erlebnisse auf, sie sind nicht organisiert, ihre Mitglieder haben nur beschränkte Kontakte zueinander; dazu zählen z.B. eine Zuhörerschaft, eine Menge, die Öffentlichkeit. (3) Es bestehen weiters *gesellschaftliche Gruppen* mit besonderen, vom allgemeinen Verhalten unterschiedenen Beziehungsmustern; hiezu zählen Subkulturen, aber auch größere Verwandtschaftsgruppen. (4) *Strukturierte soziale Einheiten oder Kollektive* sind organisiert, weisen eine feste Gliederung und gemeinsame Ziele auf und haben ein "Wir-Bewußtsein"; dazu zählen kleinere Gemeinschaften, Familien, aber auch die ganze Gesellschaft. (5) Schließlich gibt es *bewußt gestaltete soziale Einheiten*, wie etwa Organisationen und Teilorganisationen, Arbeitsgruppen und Teams, Interessengruppen und Freundesgruppen.

Speziell kleine Gruppen weisen einige spezifische Charakteristika auf, wie etwa: (1) Sie haben eine *Funktion*, befriedigen also spezifische Bedürfnisse oder haben gemeinsame Ziele, deren Erreichung oder Verfehlung für jedes Mitglied relevant ist; d.h. die Ergebnisse des Gruppenhandelns sind interdependent. Gruppen haben gegenüber dem einzelnen einen Leistungsvorteil, sowohl im Hinblick auf die physische Leistungsfähigkeit als auch in bezug auf die Reduzierung von Fehlern bei intellektuellen Aufgaben. (2) Sie zählen meist so *wenige Mitglieder*, daß dichte Interaktion und Kommunikation möglich sind; verschiedene Autoren setzen die quantitative Grenze bei zehn bis dreißig Mitgliedern an. (3) Es herrscht bei den Mitgliedern ein *Bewußtsein von der Interdependenz*, ein Gefühl der Zugehörigkeit zur Gruppe. Dies ist bei Großgruppen anders, bei denen die emotionelle Komponente oft nicht gegeben ist. (4) Es handelt sich um ein relativ *dauerhaftes Kommunikations- und Interaktionsverhältnis.* (5) In der Gruppe selbst bilden sich *spezifische Normstrukturen* heraus; es gibt so etwas wie ein gruppenkonformes Verhalten, das natürlich in einer Straßenbande ein völlig anderes ist als in einem Golfclub. (6) Es formieren sich *Rollenstrukturen*: der "Führer", der "Witzbold", der "Tröster"; es bilden sich spezifische Status-, Autoritäts- und Machtstrukturen. Immer aber handelt es sich um interdependente Verhältnisse und nicht um einseitige Machtausübung oder Beeinflussung. (7) Es werden die *Gruppengrenzen* definiert, etwa durch Aufnahmeregelungen. (8) Es existiert möglicherweise *Gruppenbesitz* (von der Vereinskasse bis zu größeren Besitzungen). (9) Allenfalls gibt es *Gruppensymbole* (wie etwa Fahnen, Embleme, bestimmte Rituale usw.).

Primäre und sekundäre Gruppen

Eine wichtige Unterscheidung, die mehrmals in ähnlicher Weise formuliert wurde, stammt von Charles Cooley (1864-1929). Er hat primäre und sekundäre Gruppen unterschieden: *Primäre Gruppen* sind durch geringe Mitgliederzahl, enge persönliche Kontakte, face-to-face-Beziehungen, ein starkes "Wir-Gefühl" und relativ dauerhafte und intime Verhältnisse gekennzeichnet. Dazu zählen beispielsweise Kindergruppen, Familien, Nachbarschaftsgruppen. *Sekundäre Gruppen* sind eher formeller Art (gesellschaftliche Organisationen) und durch instrumentelle, affektiv-neutrale Beziehungen gekennzeichnet. In den primären Gruppen werden Charakter und Persönlichkeit der Menschen geformt (vgl. Cooley 1902, 1909).

Eine ähnliche Unterscheidung wie jene zwischen primären und sekundären Gruppen hat Ferdinand Tönnies (1855-1936) in seiner berühmten Studie "Gemeinschaft und Gesellschaft" (1887) vorgenommen. Die Unterscheidung der im Titel bereits genannten Vergesellschaftungsweisen hat Tönnies auch als historische Entwicklung verstanden; die einfacheren Gesellschaftsformationen sind seines Erachtens von "Gemeinschaftsbeziehungen" gekennzeichnet, die sich zu "gesellschaftlichen" wandeln.- Eine *Gemeinschaft* beschreibt

Tönnies so: Es ist ein organisch gewachsenes soziales Gebilde, das auf naturgegebenen Verhältnissen beruht, das heißt auf Bluts-, Orts- und Geistesverbundenheit. Es handelt sich um ein vertrautes Zusammenleben der Menschen, um ihre ganzheitliche Verbindung in einem "Wesenswillen" - dies ist ein ursprünglicher Wille, in Einheit und Frieden zu leben. Eine solche Gemeinschaft beruht neben dem Grundeigentum auf einem relativ verbreiteten Gemeineigentum; sie hat eine Herrschaftsordnung, die sich auf den Grundbesitz gründet und durch die Sitte gestützt sowie durch die Religion geheiligt wird. Der Grundwert dieser sozialen Ordnung ist Liebe.- Eine *Gesellschaft* hingegen ist ein mechanisch konstruiertes und beliebig gestaltbares Gebilde, ein Artefakt, ein Aggregat. Es herrscht keine innere Verbundenheit, Beziehungen sind herstellbar. Die ökonomische Grundlage ist das Individual- und Privateigentum, das Verhältnis zu anderen ist bestimmt von Konkurrenz und Vertrag, von Egoismus und äußerer Höflichkeit. Der Prototyp dieser Gesellschaft ist der Kaufmann. Das Regelsystem ist nicht mehr nur Sitte und Religion, sondern auch gesatztes Recht. Statt des Mitgefühls herrschen Etikette und Förmlichkeit. Als Grundwert gilt Leistungsgerechtigkeit. Statt des "Wesenswillens" gibt es den "Kürwillen", ein reines Handlungskalkül nach Interessen.- Der amerikanische Anthropologe Robert Redfield (1955, 1956) hat in ähnlichem Sinne *folk society* und *urban society* unterschieden, der englische Jurist Sir Henry Maine (1960) eine Entwicklung vom *Status* zum *Kontrakt* beschrieben, und einen entsprechenden Wandel stellt auch der französische Soziologe Emile Durkheim mit seinen beiden Begriffen der *mechanischen* und der *organischen Solidarität* (1893) dar.

Talcott Parsons (1951) hat eine Reihe von Kennzeichen zur Unterscheidung primärer und sekundärer Gruppen herausgearbeitet, die sogenannten *pattern variables*, die als Klassifikation von Handlungsorientierungen dienen können. Sie sind nicht nur zur Unterscheidung von Gruppen, sondern auch von primitiven und modernen Gesellschaften verwendbar. Er unterscheidet fünf polare Gegensätze, nach denen sich Handeln orientieren kann: (1) *Diffuses vs. spezifisches Verhalten*: Primäre Gruppen weisen eine relativ diffuse Rollenstruktur auf, d.h. die Rollen sind nicht klar geschieden, im Gegensatz zu einer spezifischen Rollenstruktur sekundärer Gruppen oder moderner Gesellschaften. (2) *Partikularismus vs. Universalismus*: Primäre Gruppen haben eine partikularistische Normenstruktur, d.h. es gelten unterschiedliche Normen für einzelne Gruppen, während für moderne Gesellschaften universalistische Normen gelten, also gleiche Normen für alle Mitglieder. (3) *Zuschreibung vs. Leistung*: Die Einschätzung der Personen erfolgt in Primärgruppen nach askriptiven Kriterien, d.h. man erlangt einen Status durch Geburt, statt nach Leistungskriterien. (4) Kollektivorientierung vs. Selbstorientierung: Die Orientierung der Mitglieder ist in primären Gruppen eher gemeinschaftsorientiert, in sekundären Gruppen eher selbstorientiert. (5) *Af-*

fektivität vs. affektive Neutralität: Die Beziehungen in den Primärgruppen sind eher emotionell, in den Sekundärgruppen eher affektiv neutral.

Primäre Gruppen müssen prinzipiell *kleine Gruppen* sein. In ihnen ist die soziale Kontrolle so stark, daß abstrakte Kontrollmechanismen in hohem Maße entfallen können: Jeder weiß, daß er bei Fehlverhalten Sanktionen zu erwarten hat. Denn es ist bekannt, wer gegen die Normen verstoßen hat, und eine unmittelbare Sanktionierung durch jene, auf deren Leistungen der "Abweichler" angewiesen ist, ist möglich. Erst wenn Gruppen größer werden, besteht für einzelne der Anreiz, sich egoistisch gegen das Gemeinschaftsinteresse zu verhalten: Denn daß eine Mehrzahl von Personen vorhanden ist, erhöht die Chance, daß ihre Handlungen nicht aufgedeckt oder jedenfalls ihnen nicht zugerechnet werden. Das ist ein Anreiz, unkooperativ zu handeln, im äußersten Fall zu täuschen und zu betrügen, also mit der Straßenbahn schwarz zu fahren oder einem Kunden unwahre Mitteilungen über die Qualität einer Ware zu machen. Die Vielfalt der verfügbaren Interaktionspartner ermöglicht es dem Handelnden, zukünftig mit anderen - nicht mehr mit jenen, die durch ihn geschädigt worden sind und daher an Vergeltung denken - zu verkehren, mit Personen also, die von seinen bisherigen Handlungsweisen nichts wissen. *Größere Gruppen* bedürfen also formalisierter Systeme der Verhaltenskontrolle, d.h. etwa rechtlicher Vorkehrungen und staatlicher Eingriffsbefugnisse.

Varianten von Gruppenbeschreibungen

Unterscheidungen von Gruppen, die öfters verwendet werden, sind etwa folgende: Man spricht von der *Innengruppe* und *Außengruppe* bzw. der Wir-Gruppe und Sie-Gruppe bzw. der Eigengruppe und Fremdgruppe; jeweils die erstere ist die eigene Gruppe, der man sich zugehörig fühlt und der man Solidaritätsgefühle entgegenbringt, die letztere ist die "fremde" Gruppe.- *Offene Gruppen* verweigern niemandem den Zugang, *geschlossene Gruppen* knüpfen den Zugang an bestimmte Bedingungen.- Der Unterschied zwischen *formellen* und *informellen Gruppen* stammt aus der Organisationssoziologie; erstere sind bewußt organisierte Einheiten, letztere sind Gruppierungen, die sich selbst zusammengefunden haben und oft offizielle organisatorische Einheiten unterlaufen.

Weiters unterscheidet man die *Mitgliedsgruppe*, der man selbst angehört, von der *Bezugs-* oder *Referenzgruppe*, deren Werte, Normen und Haltungen als Orientierungspunkte für ein Individuum dienen (Hyman/ Singer 1957). Solche Bezugsgruppen haben eine normative, standardsetzende Funktion für den einzelnen sowie eine komparative Funktion, also jene eines Vergleichsmaßstabs, den der einzelne zur Einschätzung seiner selbst und anderer verwendet. Familien oder

Schulklassen, typischerweise also Gruppen, in denen die Beziehungen kontinuierlich und häufig sind, haben oft die Funktion einer Bezugsgruppe; sie definieren, was "normal" ist. Im normativen Sinn dient die Bezugsgruppe zur Festigung und Stabilisierung von Wirklichkeitswahrnehmungen, Überzeugungen, Einschätzungen, Werten. Im komparativen Sinn dient sie zur relativen Einschätzung der eigenen Fähigkeiten, denn sie liefert die "Normalitätsstandards", aufgrund derer Abweichungen nach oben oder nach unten erst festgestellt werden können. Es sind nicht allgemein-gesellschaftliche Maßstäbe, die vorrangig beachtet werden, sondern die Verhältnisse in der Bezugsgruppe.- Ein Sonderfall der Bezugsgruppe ist die *Aspirationsgruppe*, eine Gruppe von Personen, der man selbst einmal anzugehören hofft. In diesem Falle werden Verhaltensweisen und Werte einer höheren sozialen Gruppe übernommen, und zwar im Sinne einer "antizipatorischen Sozialisation" (Merton 1957). Studenten der Medizin werden sich beispielsweise bemühen, Standards der etablierten Ärzteschaft zu übernehmen, der sie später anzugehören erwarten können.

Gleichaltrigengruppen (peer groups) sind Gruppen ungefähr altersgleicher Jugendlicher, die - neben den Eltern - zunehmend für den Sozialisationsprozeß wichtig werden. Schüler, ja schon Kindergartenkinder lassen sich von ihren Schul- oder Spielgefährten stark beeinflussen. Diese Gruppierungen vermitteln zwischen dem einzelnen und größeren sozialen Einheiten.

Eine ganz andere Variante von Gruppen sind *Interessengruppen* und *pressure groups*. Sie vertreten gemeinsame Interessen ihrer Mitglieder gegenüber anderen gesellschaftlichen Gruppen, Institutionen oder Personen. Dazu zählen Verbände (der Unternehmer oder Arbeitnehmer), die sich bemühen, ihre Anliegen auf legalem (oder zuweilen auch auf illegalem) Wege durchzusetzen (vgl. Beyme 1980).

Gruppenformen und Gruppenkonflikt

Georg Simmel (1858-1918) hat die ganze Gesellschaft als Netz vielfältiger Interaktionen und Beziehungen zwischen Individuen gesehen. Institutionen - wie Familie, Religion oder Bürokratie - stellen die Formen dar, die solche Interaktionen beinhalten. Die Gesellschaft sei - ganz entgegen der Meinung Comtes, Spencers oder Durkheims - keine Realität, die unabhängig von den Interaktionen der einzelnen Menschen existiere, so daß aus dem empirischen Material - so, wie es einfach vorgefunden werde - Gesetzmäßigkeiten gewonnen werden könnten. Vielmehr müsse man mit universellen Formen an die Wirklichkeit herangehen. Solche Vergesellschaftungsformen bleiben bestehen, selbst wenn die konkreten Inhalte sich ändern: So kann die Form der Vergesellschaftung zwischen den Mitgliedern einer Räuberbande durchaus ähnlich sein wie in einem Industrieunternehmen; oder ökonomische Interessen können sowohl in der Form des Wettbewerbs als auch in der Form der Kooperation realisiert werden. Zu den bekanntesten "Formen" Simmels gehören die *Dyade*, eine Beziehung von zwei Individuen in unmittelbarer Reziprozität, oder die *Triade*, mit der ein überindividuelles, die unmittelbare zwischenmenschliche Beziehung übersteigendes Element ins Spiel kommt. Diese Formen sollen exemplarisch näher ins Auge gefaßt werden.

Die quantitative Bestimmtheit der Gruppe

Simmel behauptet, daß sich bereits aus der Größe einer Gruppe, aus ihrer quantitativen Bestimmtheit, eine Reihe von Gesetzmäßigkeiten ergebe. Es gibt Gruppenbildungen, die mit einer großen Mitgliederzahl nicht funktionsfähig sind. Dazu zählen etwa sozialistische Ordnungen, deren Gerechtigkeit in der Verteilung des Leistens und Genießens nur in einer kleinen Gruppe überblickt werden kann; Sekten, die eben durch ihre Ausnahme- und Gegensatzstellung zu größeren Gruppierungen zusammengehalten werden; Aristokratien, die für den einzelnen übersehbar und durch persönliche Bekanntschaften und Verwandtschaften miteinander verflochten sein müssen. Der persönliche und unmittelbare Zusammenhalt der kleinen Gruppe geht verloren, wenn die Anzahl der Mitglieder wächst, und es müssen neue soziale Gebilde geschaffen werden - Ämter und Vertreter, Gesetze und Organisationen -, um mit ihnen einen Ersatz für diesen Zusammenhalt zu schaffen. Daraus entstehen natürlich Schwierigkeiten, wenn etwa die Sachlage nur aus der Nähe richtig gesehen und mit Sorgfalt behandelt wird, aber bloß aus der Distanz einer Zentralstelle ein gerechtes und reguläres Verhältnis aller Teile herzustellen ist.

Kleine Gruppen können durch die Sitte, die für einzelne Kreise eigentümlich ist, reguliert werden. Wenn die Gruppe anwächst und ihre Elemente sich unausweichlich verselbständigen, wird die Bindungskraft der Sitte unzureichend. Neue Mechanismen der Regulierung werden notwendig. Es entsteht das Recht, die strenge und objektive Normierung, als Gegenstück zu der größeren Freiheit, Beweglichkeit und Individualisiertheit der Mitglieder, die in einer größeren Gruppe zu finden sind.

Simmel setzt bei seiner Gruppenanalyse zunächst beim *Einzelmenschen* an. Dieser zeichnet sich durch Einsamkeit und Freiheit aus. Auch der Zustand der Einsamkeit ist jedoch von der Vergesellschaftung geprägt, vom vorgestellten und dann verneinten Dasein anderer. Eben weil es dabei nicht um die Abwesenheit von Menschen, sondern um die Abwesenheit sozialer Beziehungen geht, kann man auch unter vielen physisch ganz nahen Menschen - in der Eisenbahn oder im großstädtischen Straßengewühl - einsam sein. Auch die Freiheit erscheint zunächst als Verneinung gesellschaftlicher Bindung. Aber im Normalfall hat Freiheit eine positivere Bedeutung, kennzeichnet eine bestimmte Art der Beziehung zu der Umgebung. Man kann auch mit freiem Willen in der Abhängigkeit beharren, und Freiheit kann darin bestehen, andere Menschen zu beherrschen oder auszunutzen.

Die einfachste soziologische Formation ist dann die Beziehung zwischen *zwei Individuen*. Bestimmte Verhältnisse treten bei der Zweizahl anders in Erscheinung, als wenn es sich um drei Personen handelt. Die beiden stehen nur einander gegenüber, sie sind nicht einer darüber hinausreichenden Kollektivität gewahr, der Austritt jedes einzelnen würde die Beziehung zerstören. Jede vielgliedrige Gruppe kann ihrer Idee nach unsterblich sein, sie kann fortbestehen, wenn einzelne ausscheiden; bei einer Zweiergruppe liegt das Gefühl der Gefährdung und Unersetzlichkeit nahe. Das personale Aufeinander-Angewiesensein ist die Basis der Intimität, und Simmel behandelt auch die Ehe als typische Zweierbeziehung. Intimität liegt vor, wenn die Teilnehmer vor allem das ihrer Beziehung Spezifische, das sie mit anderen nicht teilen, zum Inhalt ihres Verhältnisses machen. Vor allem aber mangelt einer Zweiergruppe die Möglichkeit, Pflichten und Verantwortung auf das unpersönliche Gebilde abzuwälzen, was in einer größeren Gruppe der Fall sein kann: "Jede Gesamtheit, die mehr ist als ein bloßes Nebeneinander gegebener Individuen, hat eine Unbestimmtheit ihrer Grenzen und ihrer Macht, die leicht dazu verlockt, allerhand Leistungen von ihr zu erwarten, die eigentlich dem einzelnen Mitgliede oblägen; man schiebt sie auf die Gesellschaft... Der in den grade fraglichen Beziehungen durchsichtigen, aber eben deshalb auch klar begrenzten Macht des Individuums steht die immer etwas mystische Kraft der Gesamtheit gegenüber, von der man deshalb leicht nicht nur das erwartet, was das Individuum nicht leisten kann, sondern auch das, was es nicht leisten möchte" (1983, 66f.). Erst in der Dreiergruppe eröffnen sich bestimmte Herrschaftschancen: weil der einzelne immer zwei anderen gegenübersteht, die er gegeneinander ausspielen kann.

Bei einer *Dreiergruppe* können sich typische Gruppierungsformen ergeben, von denen Simmel drei Varianten näher untersucht. Der Dritte hat oft die Funktion, eine instabile Zweierbeziehung zusammenzuhalten - das Kind, das eine zerbrechende Ehe "kittet". Die erste Form, die dem nahekommt, ist der *Unparteiische* und der *Vermittler*. Er kann eine Einigung der beiden anderen zustande bringen oder kollidierende Ansprüche entscheiden; denn Argumente und Ansprüche verlieren, wenn sie von einem Dritten vorgebracht werden, ihre emotionelle Färbung, selbst wenn ihr objektiver Inhalt erhalten bleibt, und jede Partei muß bestrebt sein, sich objektiver zu äußern, um den Vermittler für ihren Standpunkt zu gewinnen - die willensmäßige Form des Antagonismus wird auf die intellektuelle reduziert. "Es gibt gar keine Gemeinschaft zu dreien, von der Unterhaltung einer Stunde bis zum Familienleben, in der nicht bald diese, bald jene zwei in einen Dissens gerieten, harmloser oder zugespitzter, momentaner oder dauernder, theoretischer oder praktischer Natur - und in der nicht der

Dritte vermittelnd wirkte." (78). Die Unparteilichkeit des Dritten beruht entweder darauf, daß er von den kontrastierenden Meinungen und Interessen unberührt ist, oder darauf, daß er an beiden gleichermaßen teilhat. Im Falle des Schiedsrichters gar liegt die Entscheidung nicht mehr in den Händen der Streitparteien, sie haben ihren Versöhnungswillen aus sich herausprojiziert und ihn im Schiedsrichter Person werden lassen.- Die zweite besondere Figur der Dreiergruppe ist der *Tertius gaudens* - der Unparteiische wird egoistisch, er nutzt den Konflikt zu eigenen Gunsten. Dies kann geschehen, wenn sich die beiden Konfliktparteien in eine Pattstellung versetzen, so daß der Dritte einen Gewinn einstreichen kann; oder wenn der Dritte mit einer der Parteien eine Koalition eingeht, um sich selbst besser zu stellen. Beispiele sind etwa: die Frau zwischen zwei Bewerbern, der Käufer angesichts von mehreren Anbietern. Der Dritte braucht durchaus keine große eigene Macht einzubringen, das hängt vielmehr vom Machtverhältnis der beiden Kontrahenten ab; er kann zum Zünglein an der Waage werden, wie dies bei kleinen parlamentarischen Parteien der Fall ist.- Eine dritte Konstellation des Dreierschemas ist das Prinzip *Divide et impera.* Der Dritte kann den Zwist zwischen den beiden anderen Individuen oder Parteien bewußt stiften, um in eine beherrschende Stellung zu kommen. Dazu gehören die gesetzlichen Verbote politischer Vereinigungen; die Nichtanerkennung von Gewerkschaften; die durch den Herrscher herbeigeführten Spaltungen von Parlamenten; die Stiftung von Eifersucht durch den Dritten durch die ungleiche Austeilung irgendwelcher Werte; oder die Entfesselung eines Kampfes. "Wenn nur irgendein Bedürfnis zur Feindseligkeit überhaupt, ein Antagonismus, der seinen Gegenstand erst sucht, in der Seele besteht, kann es leicht gelingen, ihr statt desjenigen Gegners, gegen den die Feindschaft Sinn und Zweck hätte, einen ganz andren zu substituieren." (92). So mögen die beiden Parteien zum Kampf getrieben werden, bis sie so geschwächt sind, daß beide dem Dritten zum Opfer fallen; oder der eine von ihnen mag sogar aktiv durch den Dritten unterstützt werden, bis der andere unterdrückt ist, worauf auch er leicht dem Dritten zum Opfer fällt.

Konflikt als Vergesellschaftung

Simmels Gedanke, daß auch der Streit als Vergesellschaftungsform anzusehen sei, daß also nicht jeder gesellschaftliche Konflikt a priori als schädlich eingestuft werden muß, ist nur auf den ersten Blick überraschend. Freilich kann ein Konflikt zur Zerstörung von Gruppen führen; umgekehrt ist aber Konfliktfreiheit nicht immer wünschenswert, denn gruppeninterne Konflikte können sich durchaus innovativ und stabilitätsfördernd auswirken. Lewis Coser hat - an Simmel anknüpfend - eine funktionalistische Theorie des sozialen Konflikts vorgelegt (1956, 1957). Er betont: "Konflikt innerhalb von und zwischen Gruppen in einer Gesellschaft kann verhindern, daß Anpassung und habitualisierte Beziehungen die schöpferische Kraft allmählich erlahmen lassen. Wie belebend der Zusammenstoß von Werten und Interessen, die Spannung zwischen dem Bestehenden und dem nach Ansicht einiger Gruppen Wünschbaren, der Konflikt zwischen etablierten Interessen und neuen Schichten und Gruppen mit ihrem Anspruch auf eigenen Anteil an Macht, Reichtum und sozialer Stellung sein kann, beweist der Gegensatz zwischen der 'erstarrten Welt' des Mittelalters und dem plötzlichen Ausbruch schöpferischer Kraft, der das mit der Renaissance-Kultur einsetzende 'Tauwetter' begleitete." (1973, 415). Coser verweist auf John Dewey (1930), der diesen Gedanken bereits pointiert zum Ausdruck gebracht hat: "Konflikt ist der 'Köder' des Denkens. Er weckt unsere Beobachtungsgabe, unsere Besinnung und macht uns erfinderisch. Er schreckt uns aus schafsköpfiger Gleichgültigkeit und zwingt uns zu Aufmerksamkeit und planvoller Überlegung (...) Konflikt ist eine conditio sine qua non der Reflexion und Phantasie." (Coser 1973, 415).

Weitere Entwicklungen der Gruppenforschung

In der Folge wurden die Gruppenuntersuchungen in drei Richtungen weiter verfolgt. Erstens wurde die Diskussion über formelle und informelle Gruppen sowie die Bestimmungsgründe des Leistungsverhaltens auf der Linie Taylor, Mayo, Roethlisberger und anderen weiter verfolgt. In *Industrie- und Betriebsuntersuchungen* wurde festgestellt, daß sich neben den formalisierten und bewußt installierten Gruppen informelle, d.h. spontane und ungeplante Gruppierungen bilden, die auf persönlichen Beziehungen und Normierungen der Mitglieder beruhen (vgl. dazu im Kapitel IV). Zweitens gab es Anregungen von seiten der *Soziometrie*, von Jacob L. Moreno (1892-1974), der Gruppen als Netzwerke sozialer Beziehungen verstand. Mittels soziometrischer Verfahren werden Sympathiebeziehungen innerhalb der Gruppe ermittelt. Drittens hat die amerikanische *Gruppenpsychologie* Impulse von Kurt Lewin (1890-1947) erhalten, der seine Untersuchungen auf das Verhalten "kleiner Gruppen" - in Familie, Beruf, Militär usw. - konzentrierte und seine Hypothesen mit experimentellen Methoden zu erhärten trachtete (1948). Er begründete mit seinen "mikrofunktionalistischen" Untersuchungen eine einflußreiche Forschungsrichtung, die "Gruppendynamik".- Während des Zweiten Weltkrieges hat sich die Untersuchung von Gruppen auf das militärische Personal konzentriert, auf das Vorhandensein von Primärgruppen in der auf effiziente Organisation und absolute Kommandogewalt aufgebauten Großorganisation Armee, und auf die Voraussetzungen der Motivation, insbesondere in Kampfsituationen. So zeigte sich etwa in der Untersuchung von Samuel Stouffer "The American Soldier" (1949), daß die Bedingungen in den informellen

Gruppen eine viel größere Rolle für die Kampfkraft einer militärischen Einheit spielten als die allgemeinen Motive "Haß gegen den Feind" oder "Loyalitätsgefühle zum eigenen Land".

Nur einige Ergebnisse der Kleingruppenforschung können hier Erwähnung finden (vgl. Hofstätter 1971). Erstens liegen Befunde zu den *Gruppenstrukturen*, zu den Kommunikations-, Macht- und Rollenbeziehungen vor. Die Gruppe legt eine Rangordnung ihrer Mitglieder fest und wacht über deren Einhaltung. Mehrdimensionale Rangordnungen schaffen Probleme. Der Rang eines Individuums in der Gruppe ist umso höher, je vollständiger es sich die gruppenspezifischen Normen zu eigen macht. Reduziert sich der Außenkontakt einer Gruppe, intensivieren sich die Innenbeziehungen. Gruppen schließen sich stärker zusammen und setzen sich gegen andere Gruppen ab, ja sie bilden sogar negative Stereotype gegenüber konkurrierenden Gruppen (d.h. negative Charakterbilder, die für das Gros der Mitglieder der anderen Gruppe als gültig betrachtet werden). Das Selbstbild der Gruppe steht in einer gewissen Beziehung zu den Bildern, die sich andere von ihr machen. Interne Rivalität kann sich in einer nach außen gerichteten Aggressivität entladen.

Zweitens wurden Untersuchungen über *Führung und Führungsverhalten* in der Gruppe durchgeführt. Zunächst konzentrierte man sich auf die Eigenschaften des Gruppenleiters. Führungseigenschaften umfassen Tüchtigkeit, d.h. den Beitrag zur Gruppenarbeit, Selbstvertrauen des Führers und Anpassung an die Gruppennormen. Robert F. Bales (1916-) hat etwa gezeigt, daß in vielen Gruppen die Rangordnung nach Tüchtigkeit und Beliebtheit auseinanderfällt und daß es oft ein Führungsdual gibt, und zwar einen organisatorisch-zielorientierten Führer und einen "sozialen", emotional ausgleichenden Führer - der Präsident und der Kanzler, der Kompaniechef und der "Spieß", der "Liebling der Gruppe" und der Tüchtige. Von einer augenfälligen und positiv bewerteten Eigenschaft eines Mitglieds wird auf andere weniger sichtbare Eigenschaften geschlossen (Halo-Effekt): Die Meinung eines angesehenen Chirurgen über politische Sachverhalte wird ernst genommen.- In späteren Untersuchungen verlagerte sich das Interesse auf den jeweiligen Führungsstil. Bei einem *autoritären Führungsstil* ergibt sich nur bei der Anwesenheit des Führers eine hohe Leistung, während die Gruppenharmonie sonst eher gering ist; beim *laissez-faire-Führungsstil* werden die niedrigsten Leistungen bei allgemeiner Lustlosigkeit und Entmutigung erbracht; beim *demokratischen Führungsstil* gibt es eine mittlere Leistung, aber ein großes Interesse an der Arbeit, und dies sowohl in Anwesenheit als auch bei Abwesenheit des Leiters.

Drittens wurden Untersuchungen über den *Einfluß der Gruppe auf das Verhalten des einzelnen Mitglieds* durchgeführt. Klassische Experimente - etwa von Sherif und Asch - haben die starke Beeinflussung des einzelnen durch die Gruppe herausgearbeitet. Wenn es in einem vollständig dunklen Raum die Bewegung eines Lichtpunktes auf der Wand zu schätzen gab, näherten sich die ursprünglichen Schätzungen der Versuchspersonen an einen mittleren Wert an; in einem wechselseitigen Anpassungsprozeß "einigten" sich die Versuchspersonen über einen Sachverhalt, der objektiv gar nicht bestand - der Lichtpunkt war nämlich bewegungslos. In ähnlicher Weise wurde Andersens Märchen von den neuen Kleidern des Kaisers "nachgespielt": Versuche im Hörsaal testeten die Ausbreitungsgeschwindigkeit des Geruchs aus einem geöffneten Fläschchen, den die Versuchspersonen übereinstimmend wahrnahmen, während die Substanz in Wahrheit geruchslos war.

Gruppenidentität - Zugehörigkeiten und Ausgrenzungen

Unter *Gruppenidentität* versteht man das Bewußtsein von der Zugehörigkeit zu einer bestimmten Gruppe; es kann durch Kleidung, Symbole usw. ausgedrückt werden. "Gruppenidentität" kommt zum Beispiel bei unterschiedlichen Einschätzungen identischer Verhaltensweisen zum Ausdruck. Der "eigenen" Gruppe, mit der sich der einzelne identifiziert, werden etwa Tapferkeit und Furchtlosigkeit zugestanden, während dasselbe Verhalten bei einer anderen Gruppe als Fanatismus oder selbstmörderisches Betragen eingestuft wird. Was bei der eigenen Gruppe strategische Absetzbewegung heißt, wird beim Feind als wilde Flucht bezeichnet. Man selbst nutzt die Mußestunden, während die anderen faul sind. Wir sind fleißig, die anderen sind Streber. Die eigenen Gruppenmitglieder sind entschlossen und haben eine feste Meinung, die anderen sind eigensinnig, dogmatisch und unbelehrbar. Wir sind einer Kooperation aufgeschlossen, die anderen sind zu einer Verschwörung geneigt.

Persönliche Identität und Zugehörigkeit zu einer Gruppe sind miteinander verbunden. Die moderne Gesellschaft wirft Probleme in beiderlei Richtung auf. Die Welt, die wir kennen und erfahren, wird immer größer. Vor 200 Jahren war die räumliche Erfahrungsbasis für den überwiegenden Teil der Menschen durch einen Radius von rund zwanzig Kilometern begrenzt, und ihre Zugehörigkeit zu bestimmten Gruppen war unveränderlich und unproblematisch. Heute nimmt die Überschaubarkeit der Lebensräume ab, der einzelne befindet sich in fluktuierenden Gruppen. Damit geht auch eine Zerstörung der "kleinen Lebensräume" einher: Denn um "vertraute Einheiten" - Gruppen in bestimmten Lebenszusammenhängen - aufrechterzuerhalten, bedarf es der Stabilität und einer bestimmten Kontakthäufigkeit. Mit der steigenden Wahlfreiheit und der größeren Mobilität nimmt aber diese Häufigkeit - und damit auch die Vertrautheit - ab. Gegen diese Tendenzen treten Gegenbewegungen in Erscheinung: "small is beautiful". Es sind Gruppierungen, die neue Regionalismen forcieren, die für sich selbst Gruppenzugehörigkeit suchen und politisch kleinräumige Autonomie einklagen.

Aber Gruppenzugehörigkeiten sind immer in Überlagerungen wirksam; jeder einzelne gehört - in unterschiedlicher Intensität - verschiedenen Gruppierungen an, wie in einem *System konzentrischer Kreise*. Der engere Kreis der Zugehörigkeit umfaßt die Familie, dann die Freunde, die Stadt, das Land, die Nation, Europa. Es sind Gruppenzugehörigkeiten und Gruppenidentitäten, von denen in verschiedenen aktuellen Schlagworten die Rede ist: neuer Regionalismus, Subsidiarität, die Wiederbelebung des Heimatgedankens, das Problem des Staats- oder Nationsbewußtseins, der Europagedanke und so fort.

Eine Besonderheit stellen *ethnische Gruppen* dar, das sind Gruppen, die bestimmte Eigenschaften beanspruchen oder denen solche Eigenschaften zugeschrieben werden, die sie von anderen Individuen unterscheiden, wobei es meistens um religiöse oder sprachliche Charakteristika, um Herkunft, Hautfarbe, oft aber auch um Rasse geht. In der Geschichte haben solche Gruppenabgrenzungen immer eine bedeutsame, oft traurige Rolle gespielt, wenn man etwa an Vernichtungsfeldzüge gegen ethnische Minderheiten denkt, etwa an die Vernichtung der Indianer durch die US-Amerikaner oder an die Pogrome gegen Juden. Aber auch im "friedlichen" Zusammenleben treten Probleme auf, etwa in Einwanderungsstaaten, die das Problem von Assimilation oder Aufrechterhaltung der gewohnten Kultur der Immigranten lösen müssen; als Beispiel kann das Völkergemisch der Vereinigten Staaten genannt werden, dessen Probleme in der berühmten Studie von Thomas und Znaniecki (1918) analysiert wurden. Es wäre an kulturelle Konflikte zu erinnern, wie sie etwa in den europäischen Kolonien aufgetreten sind, aber auch an die "alten" Nationalitätenprobleme eines Staates wie Österreich-Ungarn vor dem Ersten Weltkrieg oder an die aktuellen Nationalitätenprobleme der Sowjetunion heute. Schließlich haben die europäischen Industrieländer alle mit einem kulturell akzentuierten Gastarbeiterproblem zu kämpfen, an dem sich die Möglichkeiten und Grenzen eines kulturellen Pluralismus in einer demokratischen Gesellschaft gut studieren lassen. Dazu kommen politische Flüchtlinge und Bürger weniger entwickelter Länder, die ihre Lebenschancen erhöhen wollen.

Westliche Industriestaaten stehen daher vor dem Problem, wie sie sich zu ihrer eigenen Identität verhalten sollen. Nach dem Zweiten Weltkrieg wurden die Staaten - zumindest der Absicht nach - nach ethnischen Kriterien definiert; so wurden "Deutsche" aus den östlichen Regionen Europas vertrieben. Im Zuge des Wirtschaftsaufschwunges wanderten zunehmend "Gastarbeiter" - vor allem Türken, Jugoslawen, Griechen - in den mitteleuropäischen Raum: als "Gäste", die man als Arbeitskräfte brauchte, die aber versprachen, in absehbarer Zeit wieder zu gehen - und von denen man auch in der Tat etliche heimschickte, als die Beschäftigungssituation sich verschlechterte. Aber die zunehmende Ansiedlung läßt Probleme der sozialen Identität virulent werden: erstens bei der betroffenen ethnischen Gruppierung selbst; denn in der Abfolge der Generationen wird die Verbundenheit mit der hergebrachten kulturellen Überlieferung fragwürdig, insbesondere wenn die Kinder bereits unter den "modernen" Lebensbedingungen aufgewachsen sind und keinerlei Verständnis mehr für die Vorstellungen ihrer Eltern aufbringen. Zweitens aber treten auch Probleme für die Mehrheitskultur auf. Denn wenn man ethnischen oder religiösen Minderheiten zugesteht, sich ihren kulturellen Raum zu bewahren, so gilt dies auch für die Mehrheitsbevölkerung. So sind Konflikte programmiert: Der Bewahrung "ostanatolischer Identität" steht jene "deutscher" oder "britischer" oder "niederländischer Identität" in den dortigen Großstädten mit gleicher Berechtigung gegenüber. Auch über die Lebensweise, die in einer solchen Minoritätensituation angebracht ist, herrscht kaum Klarheit: Einerseits können ethnische Minderheiten ihre kulturelle Identität nur aufrechterhalten, wenn sie zusammen und einigermaßen abgeschlossen leben; andererseits will man Ghettobildungen vermeiden.- Wie sich zeigt, werfen Gruppenzugehörigkeiten und damit verbundene Identitätsbildungsprozesse auch aktuell unlösbare Fragen auf.

4. Die Masse - eine besondere Gruppierungsform

Von der "Masse" der Menschen wird meist in abschätziger Weise gesprochen. Als sich diese Redeweise im 19. Jahrhundert - einerseits unter dem Eindruck der anwachsenden und sich in den Städten zusammendrängenden Bevölkerung, andererseits unter jenem des Zerfallens ständischer Ordnungen - einzubürgern begann, meinte man damit die Vereinigungsformen des Proletariats, in denen, wie man festzustellen meinte, die "primitive Natur" des Volkes zutage trat. Zwar hat sich der Begriff der Demokratie definitionsgemäß mit der "Masse des Volkes", der Mehrheit, verbunden, aber schon nach alter Tradition (Aristoteles) hat man immer das Abgleiten einer demokratischen Ordnung in eine demagogisch-vulgäre Ordnung, in eine Pöbelherrschaft, gefürchtet.

Später, als die Erosion der bürgerlich-individualistischen Gesellschaft spürbar wurde, wurde der Begriff auch kritisch gegen die moderne Lebens- und Denkweise generell, gegen die technische Zivilisation und Konsumgesellschaft gewandt: Man verurteilte die Massengesellschaft, den Massenkonsum, den Massenverkehr, den allgemeinen Niveauverlust in der "Vermassung".

Der Begriff ist daher häufig in einer legitimatorischen Funktion verwendet worden - zur Bewahrung der gegebenen Gesellschaft gegen neue Ansprüche: Wenn in der "Masse" die niederen, verantwortungslosen Instinkte dominieren, so ist es gerechtfertigt, die Masse zu führen und "Massenrevolten" allenfalls gewaltsam niederzuschlagen. Andererseits besteht kein Zweifel, daß das Phänomen "Masse" - mit speziellen Verhaltensweisen - existiert (vgl. Moscovici 1987, Pross 1984, Pross/ Buß 1984, Canetti 1978).

Massentheoretische Modelle

Gustave Le Bon (1841-1931) hat in seiner einflußreichen Schrift über die "Psychologie der Massen" (1895) die Masse als primitive geistige Einheit von Individuen vorgestellt, deren Unterschiede aufgehoben werden; irrationale Impulse herrschen vor, es schwinde das Beurteilungs- und Beobachtungsvermögen der Beteiligten; das Individuum sinke auf eine barbarische Stufe hinab, es folge nur noch primitiven Instinkten. An ihn hat Ortega y Gasset (1883-1955) angeknüpft, der 1930 für seine Propagierung einer aristokratischen Haltung wider den "Aufstand der Massen" im turbulenten Klima der Zwischenkriegszeit großen Anklang fand; zahlreiche Gruppierungen und Bewegungen fühlten sich damals berufen, selbst Elite zu sein. Die Masse ist für ihn die Gesamtheit der nicht besonders Qualifizierten, der Durchschnittsmensch, jeder, der sich selbst keinen besonderen Wert beimißt, jeder, den nicht schaudert, wenn er merkt, daß er ist wie alle anderen.- Wie deutlich wird, steht der Beschreibung der Masse in solchen kulturpessimistischen Betrachtungen immer jene der Elite gegenüber. Barbarei und Kulturverfall drohen in einer Gesellschaft, in der nur diskutiert und nicht mehr gehandelt wird, in der Dekadenz und humanitäre Schwäche dominieren, in der Demagogen und Schwätzer die Massen manipulieren. Demgegenüber kann nur das "große Individuum", der "Übermensch", der sich dessen bewußt ist, daß Leben immer Kampf ist, und der seinen Willen durchzusetzen bereit ist, diesen Verfall aufhalten. Daß solche Theorien auch autoritären politischen Strömungen vorgearbeitet haben, liegt auf der Hand.

Sigmund Freud (1856-1939) hat in seiner Arbeit "Massenpsychologie und Ich-Analyse" (1921) gleichfalls betont, daß in der Masse eine seelische Regression des Individuums auf eine primitive Entwicklungsstufe erfolgt. Die Masse sei impulsiv, wankelmütig, affektiv; aber sie sei auch leichtgläubig und autoritätsabhängig und gefühlsmäßig auf einen Führer hin orientiert. Das Individuum stehe im Banne einer übermächtigen Vaterpersönlichkeit, dem Führer würden geheimnisvolle Kräfte zugeschrieben. In kritischen Situationen werden dadurch Angst und Unsicherheit abgebaut. Zu den Gründen für das Massenverhalten schreibt Freud: "Es wäre gut denkbar, daß ... die Scheidung des Ichideals vom Ich nicht dauernd vertragen wird und sich zeitweilig zurückbilden muß. Bei allen Verzichten und Einschränkungen, die dem Ich auferlegt werden, ist der periodische Durchbruch der Verbote Regel, wie ja die Institution der Feste zeigt, die ursprünglich nichts anderes sind als vom Gesetz gebotene Exzesse und dieser Befreiung auch ihren heiteren Charakter verdanken... Die Saturnalien der Römer und unser heutiger Karneval treffen in diesem wesentlichen Zug mit den Festen der Primitiven zusammen, die in Ausschweifungen jeder Art mit Übertretung der sonst heiligsten Gebote auszugehen pflegen." Und zum Problem des Führers, den sich die Masse erwählt, meint Freud, immerhin im Jahre 1921 (!): "Wir haben dies Wunder (daß der einzelne seine Individualität aufgibt, M. P.) so verstanden, daß der Einzelne sein Ichideal aufgibt und es gegen das im Führer verkörperte Massenideal vertauscht. Das Wunder, dürfen wir berichtigend hinzufügen, ist nicht in allen Fällen gleich groß. Die Sonderung von Ich und Ichideal ist bei vielen Individuen nicht weit fortgeschritten, die beiden fallen noch leicht zusammen, das Ich hat sich oft die frühere narzißtische Selbstgefälligkeit bewahrt. Die Wahl des Führers wird durch dies Verhältnis sehr erleichtert. Er braucht oft nur die typischen Eigenschaften dieser Individuen in besonders scharfer und reiner Ausprägung zu besitzen und den Eindruck größerer Kraft und libidinöser Freiheit zu machen, so kommt ihm das Bedürfnis nach einem starken Oberhaupt entgegen und bekleidet ihn mit der Übermacht, auf die er sonst vielleicht keinen Anspruch hätte. Die anderen, deren Ichideal sich in seiner Person sonst nicht ohne Korrektur verkörpert hätte, werden dann 'suggestiv', das heißt durch Identifizierung mitgerissen."

Wilhelm Reich (1897-1957) wandte einige dieser Gedanken in seiner Studie über die "Massenpsychologie des Faschismus" (1933) an. Die gesellschaftliche Unterdrückung der primären Triebe führe zur Verunselbständigung der Menschen; autoritär geführte Massenstaaten stellen durch Führerfiguren, Symbole und organisierte Rituale Abfuhrmöglichkeiten für unbefriedigte Vereinigungssehnsüchte der Menschen dar. Der Faschismus als Massenbewegung sei die Vergegenwärtigung der verdrängten Triebe; patriarchalische Familienstrukturen werden auf die Nation übertragen. Reich schreibt: "Die Struktur der Masse ist widersprüchlich, vorwärts- und rückwärts-, fortschrittlich und rückschrittlich fühlend zugleich. Diese Struktur wurde in der Familie vorbereitet und setzt ihre Wirkung im Staatswesen fort. Das Problem der Familie, der Geschlechtsverhältnisse also, ist älter und in jeder Hinsicht bedeutungsvoller als das der Technik. Dies, obgleich die Wandlung der Familienform durchaus von der Wandlung der technischen Beherrschung der Welt durch die Menschen abhängt."

Nach dem Zweiten Weltkrieg intensivierten sich die Klagen, daß die Menschen in der "Massengesellschaft" entfremdet und isoliert, einsam und privatisiert würden, und deshalb auch offen seien für autoritäre Führerpersönlichkeiten. Auch die Kultur leistet keinen Widerstand, im Gegenteil. Die "Massenkultur", die auf der manipulierenden Maschinerie der Kulturindustrie im Rahmen einer kapitalistischen Ordnung beruhe, erzeuge ein primitives und verwüstetes "Massenbewußtsein", das die abendländische Kultur bedrohe und den herrschenden Interessen dienlich sei. Diese Kritik war sowohl von konservativer Seite als auch von der marxistisch orientierten Frankfurter Schule zu vernehmen (vgl. Horkheimer/ Adorno 1944, Benjamin 1963).

Massenphänomene - zwischen Apathie und Raserei

Die Massenpsychologie hat immer dazu tendiert, das einzelne Individuum als vernünftig zu unterstellen, aber mit einer Ansammlung von Menschen irrationale Verhaltensweisen zu verknüpfen. In der Tat stehen uns Bilder vor Augen, die keine historische Seltenheit waren: Massensuggestionen, in denen Erscheinungen wahrgenommen und Wunder erlebt werden; eine aufgebrachte Menge, die einen Palast stürmt und ihrer Zerstörungswut freien Lauf läßt; eine wütende Menge, die einen Pogrom gegen Juden durchführt; vermummte Gestalten, die Lynchjustiz üben. Es gibt Phänomene des Massen-Wahns, der zu illusionären kollektiven Vorstellungen oder - in seiner "juristischen" Folge - zu Hexenprozessen führt. Aber die Masse kann sich nicht nur explosiv und ekstatisch verhalten, wie in diesen Beispielen, sondern auch geduldig und leidensfähig: Es gibt Warteschlangen bei Autobussen und Massenselbstmorde. Das eine Verhalten kann allerdings auch in das andere umschlagen: Eine begeisterte Zuschauermenge beim Fußballspiel kann in eine mörderische Raserei verfallen. Eine friedliche Demonstration kann den Organisatoren entgleiten und zu einer blutigen Schlacht entarten.

Deshalb ist es sinnvoll, unterschiedliche Massenphänomene zu beachten. Man kann etwa (mit Geiger 1926) unterscheiden: *aktuelle Massen*, wie sie sich beim Sportereignis oder bei der Protestdemonstration finden, und *latente Massen*, die nur statistisch repräsentiert sind. Letztere versammeln sich nicht konkret, sondern interagieren in einer Industriegesellschaft "anonym", ja einsam miteinander - mit einer solchen Vorstellung verbindet sich David Riesmans Beschreibung der "einsamen Masse" (1958). Unter den aktuellen Massen wiederum läßt sich grundsätzlich unterscheiden zwischen (1) *Episoden kollektiven Verhaltens* im Sinne kurzlebiger Reaktionen wie Panik, Krawall, Aufruhr, Demonstrationen usw., ausgelöst durch unvorhergesehene Ereignisse; und (2) *sozialen Bewegungen* als entwickelter Form des kollektiven Handelns, in denen versucht wird, bewußte Ziele durch Protestaktionen zu realisieren ("neue soziale Bewegungen" wie etwa Friedens-, Ökologie-, Frauenbewegung usw.). Die Abgrenzungen dürfen andererseits nicht allzu streng vorgenommen werden, denn die Übergänge sind fließend und der Charakter der Massenbewegung kann sich im Laufe der Zeit ändern.

Angesichts des Umstands, daß die Vorstellungen von "Massen" oft mit revolutionären Bildern und Geschehnissen verbunden sind, finden sich auch Anknüpfungspunkte zur *Revolutionstheorie* (vgl. u.a. Geiger 1926, Arendt 1974, Johnson 1966, Davies 1979, Gurr 1970, Zimmermann 1981, Eisenstadt 1982, Lenk 1981, Moore 1982).

IV. INSTITUTIONEN UND ORGANISATIONEN

Im Alltag verstehen wir unter sozialen Institutionen bestimmte Einrichtungen, die gesellschaftliche Aufgaben in organisierter Form wahrnehmen; umgangssprachlich handelt es sich hiebei vor allem um sozialpolitische Dienstleistungen. "Soziale Institutionen" werden daher häufig mit Krankenhäusern und Altenheimen identifiziert. In der Soziologie hingegen wird unter "sozialen Institutionen" etwas ganz anderes verstanden: komplexe Verhaltensmuster von relativer Dauer, die in einer Gesellschaft besondere Geltung haben; Normkomplexe, die eine besondere formelle Ausgestaltung erfahren haben. Sie werden in Abschnitt 2 behandelt.

Organisationen sind eine besondere Art sozialer Institutionen, nämlich bewußt errichtete und zweckmäßig konstruierte Gebilde, die bestimmte Ziele erreichen sollen. Dazu gehören Unternehmen, Universitäten, Krankenhäuser, Armeen, Gefängnisse und Kirchen, nicht aber Stämme, Schulklassen, Freundeskreise und Familien. Unsere Gesellschaft wird oft als "Organisationsgesellschaft" bezeichnet, weil dieser Typus kollektiven Handelns sich in allen Lebensbereichen etabliert hat. Mit ihm befaßt sich der Abschnitt 3.

In den moderneren Theorien über kollektives Handeln - etwa in den neoinstitutionalistischen Theorien - wird der Unterschied zwischen Institutionen und Organisationen übrigens oft aufgehoben, und es wird nach einheitlichen theoretischen Begründungen für Einrichtungen wie die Familie, ein Industrieunternehmen und den Staat gesucht. Wir halten an dem Unterschied deswegen fest, weil es unterschiedliche Forschungsstränge sind, die zu den gegenwärtigen Modellen geführt haben, und weil Organisationen üblicherweise dadurch von den Institutionen abgegrenzt werden, daß sie Ergebnisse bewußter Gestaltung sind, während Institutionen sich auch aus zahllosen Interaktionsprozessen ungeplant entwickeln können. Oft wird die Gegenüberstellung so vorgenommen, daß beispielsweise die Religion als Institution betrachtet wird, die Kirche als Organisation; das Rechtssystem als Institution, die Gerichte als Organisationen; das Bildungssystem als Institution, die Schulen als Organisationen. Dennoch sind einige Ansätze - wie die Transaktionskostenanalyse - deswegen interessant, weil sie - weit über das Anliegen einer speziellen Soziologie hinaus - Modelle für allgemeinsoziologische Grundfragen anbieten.

Ehe wir uns den Institutionen und Organisationen im eigentlichen Sinne zuwenden, gilt es, einen Blick darauf zu werfen, welche Mechanismen die Menschen benützen können, um ihr wechselseitig aufeinander bezogenes Handeln zu koordinieren. Denn die Selbstverständlichkeit, mit der wir Märkte, Wahlen, Verhandlungen oder andere Mechanismen zur Schlichtung unserer Konflikte einsetzen, ist trügerisch; dies zeigt der Abschnitt 1.

1. Gesellschaftliche Regelungsmechanismen

Die Menschen können sich im Einzelfall aneinander anpassen; aber es gibt auch institutionalisierte Formen einer solchen Handlungsorientierung. Solche Regelsysteme bewirken eine wesentliche Entlastung des Individuums: weil sie es von vielen Entscheidungsnotwendigkeiten entlasten und das Verhalten der anderen berechenbar machen; und weil potentielle Verhandlungs- und Entscheidungskosten gesenkt werden. Es handelt sich also um spezielle Formen von institutionalisierten Koordinationsmechanismen.

Mechanismen der Verhaltenskoordination

Dahl und Lindblom (1953) haben vier Mechanismen der Verhaltenskoordination dargestellt. Der erste ist das *Preissystem*, ein dezentralisierter Mechanismus, der durch "Preise" steuernd wirkt; zugleich wird durch den Markt ein Konkurrenzdruck installiert, der die Unternehmensentscheidungen den Konsumentenwünschen anpassen soll. Ein zweiter Mechanismus ist jener der *Hierarchie*, also die Verhaltensabstimmung durch Befehl, welche am Beispiel des Staats- und Rechtsapparats illustriert werden kann. Die Führer üben hiebei ein hohes Maß an Kontrolle über die Beherrschten aus. Drittens können *Wahlen* als weiteres Koordinierungsinstrument genannt werden, bei dem (umgekehrt) die Nichtführer ein hohes Maß an Kontrolle über die Führer ausüben. Sie gibt es in allen möglichen Varianten vom Mehrheits- bis zum Einstimmigkeitsprinzip. Schließlich können *Verhandlungen* (bargaining) in den Kreis dieser Mechanismen einbezogen werden: jener Prozeß, in dem durch Überredung, Drohung, Vorschlag und Gegenvorschlag die potentiellen Partner einer Transaktion über die Bedingungen diskutieren und möglicherweise eine Übereinkunft erreichen; Zugeständnisse von einer Partei werden dabei durch solche der anderen Partei kompensiert.- Zuweilen werden diese Mechanismen durch den Grundtypus *sozialer Normen* ergänzt, ein Mechanismus, der von unterschiedlichen Autoren als Gemeinschaft (Tönnies 1912), Solidarität (Durkheim 1988), Reziprozität (Polanyi 1957) oder Liebe (Boulding 1978) hezeichnet wurde.

Es werden unterschiedliche Kombinationen dieser Verfahren benutzt. In einem Privatunternehmen beispielsweise werden die Produkte über den Markt verkauft; die Gewerkschaftsvertreter und der Aufsichtsrat werden durch Wahlverfahren bestellt; bei Lohnverhandlungen bedient man sich des Bargaining-Prozesses; Einstellungen von Arbeitskräften oder Arbeitsaufträge erfolgen nach hierarchischen Prinzipien.- Dort, wo Entscheidungs- oder Koordinationsprobleme vorliegen, besteht oft eine Auswahl zwischen mehreren dieser Mechanismen, die zur Lösung desselben Problems eingesetzt werden können. Ein Bürgermeister kann beispielsweise durch die Gemeindebürger gewählt (Wahl) oder durch eine übergeordnete politische Ebene bestellt werden (Hierarchie); er könnte durch Verhandlungen (etwa der Sozialpartner) nominiert werden, oder das Amt könnte - was historisch durchaus zeitweise gängig war und funktioniert hat - an einen Meistbietenden verkauft werden.

Tendenzen im Einsatz der Koordinationsmechanismen

Es ist oft versucht worden, die Entwicklung der modernen Gesellschaft auf einen simplen Nenner zu bringen: Die einen behaupten, es habe sich eine generelle *Vermarktlichung* der Gesellschaft vollzogen, ein Triumphzug des Geistes rationaler Marktkalküle; die anderen meinen, eine *Fundamentalpolitisierung* beobachten zu können, da der Aktionsradius des Politisch-Staatlichen ungemein gewachsen sei; dritte wieder verlegen das Wachstum von Regelungen in das Innere der Menschen und behaupten, diese seien im Zuge der Modernisierung von einem immer dichteren Netz von *Fremd- und Selbstzwängen* umgeben, und ihr Trieb- und Affektleben werde einer immer genaueren Selbstkontrolle unterworfen.

Einige Aspekte sind erwähnenswert. Erstens bestehen zuweilen Probleme - auch juristischer Art - dabei, welcher Regelungsmechanismus in welcher Situation und bei welchem Gut zur Anwendung kommt: Darf Blut verkauft werden? Ist der Verkauf von "Lebendnieren" zulässig? Inwieweit werden sexuelle Dienstleistungen (Prostitution) geduldet? Sollen "Leihmütter" rechtlich zugelassen werden? Das sind Fälle, in denen über den Einsatz oder die *Zulässigkeit bestimmter Regelungsmechanismen* entschieden werden muß. Oft gibt es feine Unterschiede, so etwa, wenn der Verkauf von Körperteilen zu Transplantationszwecken untersagt ist, wohl aber ein freiwilliger Transfer (Geschenk) zulässig ist. Es besteht nicht immer völlige Sicherheit darin, welche Koordinationsmechanismen zulässig sind.

Zweitens sind bestimmte Güter und Dienstleistungen dem Transfer völlig entzogen: Das Wahlrecht darf nicht verkauft werden, Grundrechte dürfen nicht an andere Personen abgetreten werden, kein Mensch darf sich selbst in die Sklaverei verkaufen. Es existieren also bestimmte *Veräußerungsverbote*, über bestimmte Rechte, Güter und Leistungen darf der Bürger nicht verfügen.

Drittens ändert sich die *Zuteilung der Koordinationsmechanismen* im Laufe der Zeit: Sklaverei war einst zulässig, Ämterkauf da und dort offiziell möglich und üblich; die Religionsausübung unterlag genauer staatlicher Überwachung; Herrschende wurden nicht gewählt, sondern geboren. Alles das hat sich gewandelt. Menschen werden nicht mehr über Markttransaktionen gehandelt, Ämterkauf wurde kriminalisiert, Religion ist "entpolitisiert" worden, Politiker werden meist gewählt. Die Spielregeln wurden in diesen Fällen geändert.

Die zivilisationstheoretische Perspektive

Ein Modell, an dem die Interdependenz von Regelungsmechanismen deutlich wird, hat Norbert Elias in seiner "Zivilisationstheorie" (1978/79) entworfen. Zugleich macht er Gründe dafür namhaft, daß sich die Intensität der Regelungsmechanismen in der Moderne verstärkt hat. Im Prozeß der Modernisierung hat sich - so stellt er im Verein mit vielen Sozialwissenschaftlern fest - das Geflecht der sozialen Beziehungen differenziert und kompliziert. Die Handlungsketten haben sich verlängert, jeder ist von jedem abhängig geworden. Zugleich hat sich das staatliche Gewaltmonopol durchgesetzt, ein politischer Zentralisierungsprozeß ist zu verzeichnen. Mit der Sicherung des Gewaltmonopols durch eine Zentralinstanz entstehen befriedete Räume, und die Zwänge, die in ihnen auf den einzelnen ausgeübt werden, sind nicht mehr Zwänge physischer Gewalt. Leidenschaftsausbrüche, Wallungen, Aggressionen müssen nun unterdrückt werden, sie sind existenzbedrohend. Der Alltag wird berechenbarer, aber auch geregelter. Der Affekthaushalt wird den Notwendigkeiten langer Handlungsketten untergeordnet. Wer seine Affekte zu dämpfen vermag, ist im Vorteil.

Die sozialstrukturellen Veränderungen haben also Folgen für das "Innenleben": "Das Verhalten von immer mehr Menschen muß aufeinander abgestimmt, das Gewebe der Aktionen immer genauer und straffer durchorganisiert sein, damit die einzelne Handlung darin ihre gesellschaftliche Funktion erfüllt. Der Einzelne wird gezwungen, sein Verhalten immer differenzierter, immer gleichmäßiger und stabiler zu regulieren." Er wird bereits entsprechend sozialisiert, so daß "die differenziertere und stabilere Regelung des Verhaltens dem einzelnen Menschen von klein auf mehr und mehr als ein Automatismus angezüchtet wird, als Selbstzwang, dessen er sich nicht erwehren kann, selbst wenn er es in seinem Bewußtsein will." (Elias 1979, II, 317). Eine innere Kontrollapparatur baut sich auf. Das Leben wird gefahrloser, aber auch emotionsloser und lustloser; die Spannungen und Leidenschaften, die nicht mehr zwischen den Menschen ausgetragen werden, muß der einzelne in sich selbst bewältigen. Diese Prozesse lassen sich belegen am Verhalten bei Tisch, an der Zumutung leiblicher Äußerungen (Schmatzen, Rülpsen etc.) den anderen gegenüber, an den hygienischen Gepflogenheiten (Eßbesteck, gemeinsame Benutzung der Speiseschüsseln), an den sexuellen Beziehungen und an vielem anderen. Ein Entwicklungsprozeß läßt sich nachzeichnen, in dem die Persönlichkeitsstrukturen sich verändern: von Umgangsweisen mit dem eigenen Körper und den eigenen Affekten, die sozial wenig normiert sind, zu einer sehr komplexen Struktur von Regeln, die verinnerlicht werden und auf Triebbeherrschung, auf die Unterdrückung von Lust- und Schmerzimpulsen und auf eine beständige Selbstkontrolle abzielen (vgl. Kuzmics 1989). Anders formuliert: Die zunehmende Durchorganisierung der Gesellschaft bedarf eines disziplinierten Menschen.

2. Soziale Institutionen - stabile Komplexe sozialer Normen

Die Gesellschaft schlechthin kann als *institutionelles System* betrachtet werden, und ein solches System besteht aus einem Ensemble von Institutionen. Institutionen sind aufeinander bezogene Rollen- und Normensysteme. Sie wachsen in einem geschichtlichen Prozeß, erstarren und wandeln sich. In ihnen finden sich typische soziale Rollen, und sie haben bestimmte gesellschaftliche Ziele, d.h. erfüllen soziale Grundfunktionen. Zu den grundlegenden Institutionen einer Gesellschaft zählen etwa: Familie, Wirtschaft, Religion, politisches System; aber auch das Bildungssystem, Freizeit, Sport und dergleichen sind Institutionen. In der Institution "Familie" beispielsweise existieren die sozialen Rollen: Vater, Mutter, Kind usw.; sie erfüllt die gesellschaftlichen Funktionen: Zeugung der Nachkommen, Aufzucht der Kinder, Sozialisation usw. In der Institution "Erziehung" bestehen die Rollen: Lehrer, Erzieher, Schüler, Student usw.; sie erfüllt die Funktionen: Qualifikation von Arbeitskräften, Sozialisierung, Allgemeinbildung, Selbstverwirklichung usw. In der Institution "Religion" bestehen Rollen wie Priester, Mönch, Laie; sie erfüllt die Funktion der sozialen Normstabilisierung und der Befriedigung von Transzendenzbedürfnissen.

Eine Institution kann nicht nur ein einziges Ziel besitzen, sondern mehrere verschiedene Funktionen erfüllen, man spricht dann von *Multifunktionalität*: Die Familie etwa trägt zur Aufzucht von Nachkommen bei, sie hat aber auch juristisch relevante Ordnungsfunktionen, und sie bildet oft eine ökonomische Versorgungseinheit. Umgekehrt können auch mehrere Institutionen an der Erfüllung einer bestimmten Funktion beteiligt sein, und das nennt man *funktionale Äquivalenz*: Die Erziehung des Kindes erfolgt sowohl durch die Familie als auch durch die Schule.

Institutionen sind seit den Anfängen der Soziologie ein ebenso wichtiger wie schwieriger Gegenstand der Untersuchung gewesen (vgl. Schülein 1987). Sie bilden gewissermaßen die Nahtstelle zwischen grundlegenden gesellschaftlichen Erklärungsmustern, einer individualistischen Theorie und einer Systemtheorie (vgl. Göhler 1987): Sie fordern dazu auf, das Verhalten von Individuen in den Institutionen gleichermaßen zu erklären wie die Vereinigung der Institutionen zu einem gesellschaftlichen Ganzen. Wir beschränken uns in der Folge auf einige theoretische Modelle.

Soziologie als "Wissenschaft von den Institutionen"

(1) Emile Durkheim (1980) schlug vor, die soziologischen Tatbestände wie "Dinge" zu behandeln; psychische Phänomene sollen von "außen" erforscht werden. Damit will er sich gegen die Idee abgrenzen, soziale Sachverhalte seien (anders als Individuen) gar keine "wirkliche"

Realität, sie seien nur in unserem Geiste vorhanden. Bei unserer Analyse der sozialen Wirklichkeit schaffen wir seines Erachtens nicht etwas, sondern wir finden etwas vor. Dies wird gerade am Beispiel der Institutionen deutlich. Freilich ist die Gesellschaft von einzelnen Menschen geschaffen, aber "der größte Teil der sozialen Institutionen (ist) von früheren Generationen auf uns überkommen; wir haben an ihrem Aufbau keinen Anteil genommen und können daher die Ursachen ihrer Entstehung nicht auffinden, wenn wir uns selbst danach fragen. Und sogar wenn wir an ihrem Zustandekommen mitgewirkt haben, sehen wir die wirklichen Gründe, die unser Handeln und die Art unserer Tätigkeit bestimmten, nur höchst undeutlich und häufig sogar sehr ungenau." (1980, 91) Das soziale Leben ist in seine Einzelteile, in die Vielzahl der Individuen, nicht auflösbar; die Verbindung der Menschen schafft neue Erscheinungen, die von dem, was im Bewußtsein der einzelnen vorgeht, verschieden sind. "Die Zustände des Kollektivbewußtseins sind jedoch anderer Natur als die Zustände des Individualbewußtseins; es sind Vorstellungen einer anderen Gattung. Die Mentalität der Gruppen ist nicht die der Einzelnen; sie hat ihre eigenen Gesetze." (94) Dadurch, daß die einzelnen Individuen ihre Tätigkeit vereinigen, entsteht ein neues Produkt; dieses Phänomen komme am besten in dem Wort *Institution* zum Ausdruck. "Tatsächlich kann man, ohne den Sinn dieses Ausdrucks zu entstellen, alle Glaubensvorstellungen und durch die Gesellschaft festgesetzten Verhaltensweisen Institutionen nennen; die Soziologie kann also definiert werden als die Wissenschaft von den Institutionen, deren Entstehung und Wirkungsart." (100)

Der Schrecken der Institutionslosigkeit

(2) Während Durkheim der Meinung ist, daß soziologische Tatbestände nur durch soziale Phänomene und nicht durch individuelle Bewußtseinszustände erklärt werden dürfen, setzt Thomas Hobbes gerade bei den Einzelmenschen an. Er beschreibt in seinem "Leviathan" (1651) einen anarchischen, institutionslosen Urzustand. Die Beziehungen des Menschen zu seiner Umwelt sind ungeordnet, seine bescheidene Instinktausstattung überlastet seinen Entscheidungsprozeß durch eine Überfülle von Reizen und Reaktionen. Es herrscht der Imperativ der Selbsterhaltung: Da keine Trennung zwischen den individuellen Interessensphären und keine anerkannten Rechte und Verhaltensweisen existieren, kommt es zum dauernden Existenzkampf der Menschen untereinander. Dieser Zustand läßt jedoch kontrasthaft die Vorteile eines geordneten und friedlichen Zusammenlebens sichtbar werden: Folgen wir (erstens) den Darlegungen Arnold Gehlens (1986a,b,c), so bringt eine *Institutionalisierung*, d.h. eine Selektion und Festlegung bestimmter Verhaltensweisen aus der Vielzahl der möglichen, eine Entlastung von Entscheidungen, die erst eine beweg-

liche Freiheit innerhalb begrenzter Gefüge ermöglicht. Es tritt eine "Stressminderung" oder eine "Kostensenkung" durch die Eliminierung von Entscheidungsoptionen und die Routinisierung von Entscheidungen ein. Der einzelne muß nicht immer alles von Neuem bedenken und entscheiden. Folgen wir (zweitens) der Argumentation von Thomas Hobbes, so ermöglicht es die Friedlichkeit des Zusammenlebens der Individuen, einerseits ihre Aufwendungen für die Sicherung und Verteidigung ihres Besitzstandes zu reduzieren, also eine Besserstellung durch die Eliminierung oder zumindest durch die Reduktion ihrer Sicherungsausgaben gegen die Angriffe der anderen zu erzielen, andererseits werden Produktivitätsgewinne realisierbar, die sich aus den geordneten Lebens-, Produktions- und Handelsbedingungen ergeben. Beides spricht für die Bildung von Institutionen.

Eine solche Vereinbarung bleibt jedoch instabil, wenn jedes Individuum einen dauernden Anreiz besitzt, die vereinbarten Regeln zu durchbrechen. Der "Krieg aller gegen alle" kommt dadurch zustande, daß es für den einzelnen, falls die anderen unfriedlich sind, existenznotwendig ist, auch unfriedlich zu sein; falls die anderen jedoch friedlich sind, ist es für ihn immer noch vorteilhaft, unfriedlich zu sein. Dies wird sich erst ändern, wenn sich die "Auszahlungen" für einzelne Optionen ändern; Regelverletzung wird unterlassen, wenn alle friedlich sind und zugleich Unfriedlichkeit bestraft wird. Dies wird bei Hobbes dadurch gelöst, daß sich die Individuen in einem *Gesellschaftsvertrag*, der freilich nur als fiktives Modell eingeführt wird, darauf verständigen, eine verbindliche Zwangsgewalt, den Staat, zur Durchsetzung der vereinbarten Regeln zu schaffen. "Denn die natürlichen Gesetze ... sind an sich, ohne die Furcht vor einer Macht, die ihre Befolgung veranlaßt, unseren natürlichen Leidenschaften entgegengesetzt, die uns zu Parteilichkeit, Hochmut, Rachsucht und Ähnlichem verleiten. Und Verträge ohne das Schwert sind bloße Worte und besitzen nicht die Kraft, einem Menschen auch nur die geringste Sicherheit zu bieten." (Hobbes 1984, 131) Dem Staat wird bei Hobbes eine absolute Gewalt irreversibel übertragen. Es ist eine umfassende Zwangsinstitution, die erst gesellschaftliches Leben möglich macht.

Auch der Gesellschaftsvertrag des Thomas Hobbes kann als Instrument verstanden werden, aus einer Gefangenen-Dilemma-Situation herauszukommen. In einem konstitutionellen Kontrakt werden die wechselseitigen Rechtspositionen fixiert, und eine verbindliche Zwangsgewalt wird zu ihrer Durchsetzung geschaffen. An diese Grundidee knüpft auch James Buchanan (1975) an, wenn er zwei Ebenen von Regeln unterscheidet: Die Menschen fixieren die Rahmenbedingungen ihres Zusammenlebens - also die Institutionen - durch einen *Verfassungsvertrag*. Innerhalb dieses Ordnungsrahmens können die Individuen weitere Verbesserungen ihrer Lage realisieren: einerseits durch den *Austausch privater Güter* auf der Grundlage zweiseitiger Transaktionen, andererseits durch die Bereitstellung *öffentlicher Güter* auf der Grundlage von Viel-Parteien-Übereinkommen. Diese Marktprozesse oder politischen Verfügungen setzen aber bereits Institutionen voraus. Die ersteren, die individuellen Markttransaktionen, sind unproblematisch; die letzteren, die kollektiven Entscheidungen, können freiheitsbedrohend sein, weil Einstimmigkeitserfordernisse für kollektive Projekte nicht praktikabel sind, Mehrheitsentscheidungen aber die jeweils überstimmten Minderheiten schädigen oder ausbeuten können. Deshalb müssen die Entscheidungsbefugnisse des Kollektivs (vor allem die Grenzen des kollektiven Eingriffsbereichs) nach Auffassung liberal gesinnter Autoren durch den Verfassungsvertrag - als jene Institution, welche die Fundamente des Zusammenlebens bereitstellt - festgelegt werden (vgl. Brennan/ Buchanan 1985).

Bewußte Rechtsgestaltung

(3) Der Rechtssoziologe Maurice Hauriou (1965) bringt die rechtliche Dimension ein: Er betont, daß die Mehrzahl der Institutionen durch bewußte Rechtsgestaltung zustande kommt. "Eine Institution ist eine Idee vom Werk oder vom Unternehmen, die in einem sozialen Milieu Verwirklichung und Rechtsbestand findet. Damit diese Idee in die konkretere Tatsachenwelt umgesetzt wird, bildet sich eine Macht aus, von der sie mit Organen ausgestattet wird. Zwischen den Mitgliedern der an der Durchsetzung der Idee beteiligten sozialen Gruppen ergeben sich unter der Oberleitung der Organe Gemeinsamkeitsbekundungen, die bestimmten Regeln folgen." Hauriou unterscheidet Personen-Institutionen, das sind Körperschaften und juristische Personen; und Sach-Institutionen, die nicht organisatorisch fixiert sind, wie etwa die sozial fest verankerte Rechtsnorm. Für beide Arten ist die Idee des zu schaffenden Werks zentral, die *idée de l'oeuvre à réaliser*; diese ist nicht identisch mit dem Zweck oder der Funktion der Institution. Der Zweck eines Krankenhauses etwa ist die Heilung von Kranken, die leitende Idee jedoch "Gesundheit" oder "Wohlfahrt". Praktisch aber ist die rechtliche Grundlage der Institutionen wichtig: "Institutionen entstehen, leben und sterben nach den Regeln des Rechts. Sie entstehen durch Gründungsvorgänge, die ihnen ihre Rechtsgrundlage vermitteln und damit ihren Fortbestand sichern. Sie leben im Objektiven wie im Subjektiven dank wiederholter Rechtsakte von Regierung und Verwaltung, welche nach einem vorgeschriebenen Verfahren erlassen werden. Schließlich sterben sie aufgrund rechtlicher Auflösungs- oder Aufhebungsverfügungen."

Ergebnis ungeplanten Verhaltens

(4) Friedrich von Hayek (1899-) hat gegen eine solche Betonung der gestalterischen Momente in der Entwicklung gesellschaftlicher Insti-

tutionen - ob als Vertrag wie bei Hobbes oder als detaillierte Ausgestaltung wie bei Hauriou - schwerwiegende Einwände vorgebracht: Das kulturelle Erbe, in welches die Menschen hineingeboren werden, besteht seines Erachtens aus einem Komplex von Praktiken oder Verhaltensregeln, die sich durchgesetzt haben, weil sie sich als erfolgreich erwiesen haben, nicht aber deshalb, weil bereits vorher bekannt war, daß sie bestimmte erwünschte Effekte zeitigen würden. Es sei ein grundlegender intellektueller Irrtum anzunehmen, daß die Menschen genug Einsicht in die komplexen Verhältnisse oder genug Voraussicht hinsichtlich zukünftiger Entwicklungen besäßen, um Institutionen schaffen oder verändern zu können. Es können sich nur *ungeplante Verhaltensmuster* entwickeln, deren Durchsetzung gegenüber alternativen Mustern ihre Superiorität erweist. Konstruktivistische Illusionen über Machbarkeit und Gestaltbarkeit sozialer Institutionen scheitern an der undurchdringlichen Komplexität der Welt und den physischen und technischen Grenzen der Verarbeitungsfähigkeit von Information durch die Menschen; wir haben nur die Chance, uns auf das akkumulierte Wissen und die Erfahrungen der Generationen vor uns zu stützen. Eine gewachsene oder spontane Ordnung, welche die effizienteste Lösung darstellt, ergibt sich als nicht-intendiertes Ergebnis des evolutionären Prozesses.

Hayek befindet sich hiebei in der Tradition des österreichischen Nationalökonomen Carl Menger (1840-1921), der diese *evolutionistische* Sicht konkurrierenden Auffassungen vorzieht. "Die Theorie", so schreibt Menger in seinen "Untersuchungen", "nach welcher jenes sociale Gebilde, welches wir den Staat nennen, schlechthin auf 'organischem' Wege entstanden sei, ist somit jedenfalls eine einseitige. Ebenso irrig, ja in noch höherem Masse unhistorisch ist indess die Theorie, dass alle Staaten ursprünglich durch eine auf die Begründung derselben gerichtete Uebereinkunft oder durch eine auf den obigen Zweck gerichtete bewusste Thätigkeit einzelner Gewalthaber oder Gruppen von solchen entstanden seien." (1883, 179). Auch der Staat habe sich aus dem Nebeneinander unkoordinierter, individueller Interessenverfolgung entwickelt. Menger kommt, indem er seinen methodologischen Individualismus auch auf die sozialen Institutionen appliziert, zum Schluß: "Auch jenes Socialgebilde, welches wir den Staat nennen, ist, zum mindesten in seinen ursprünglichsten Formen, die unbeabsichtigte Resultante individuellen Interessen dienender Bestrebungen gewesen." (1883, 180).

Um diesen Anpassungsprozeß, dessen Ergebnisse sich nicht vorhersehen lassen, zu gewährleisten, ist *Freiheit* erforderlich. Es sind gar nicht so sehr ethische Erwägungen, die Hayek, der als pointiert liberaler Denker bekanntgeworden ist, zur Verteidigung einer "Ordnung der Freiheit" bewegen. Freiheit ist einfach das funktionale Erfordernis für die Erreichung aller anderen Ziele. Der gesellschaftliche Anpassungsprozeß, ein aktiver Prozeß der Suche nach neuen Lösungen, muß sichergestellt werden. Wir müssen anerkennen, so meint Hayek, "daß der Fortschritt und selbst die Erhaltung unserer Zivilisation von der größtmöglichen Gelegenheit für den Eintritt von Zufälligkeiten abhängt."(1983, 38f.) Eine Planung von Institutionen kann es daher nicht geben, und allein das Postulat der politischen Nichteinmischung ist adäquat. Jedes Bemühen, so etwas wie "soziale Gerechtigkeit" in einem Gemeinwesen zu verwirklichen, kann die Verhältnisse nur verschlechtern. Diese Schlußfolgerung Hayeks scheint allerdings in dieser Radikalität nicht einleuchtend zu sein.

Typisierung und Vergegenständlichung

(5) In allen bisher genannten Modellen hat die Außenwelt den Charakter einer objektiven Gegebenheit. Genau dies wird von Vertretern einer *phänomenologisch-interaktionistischen Perspektive* bestritten. Für Alfred Schütz (1981) bewegt sich der einzelne vor dem Hintergrund einer Lebenswelt, die den natürlichen, unhintergehbaren Boden seiner Weltbetrachtung darstellt. Er konstruiert diese Welt mittels eines Wissensvorrates, der aus sedimentierten, nicht immer logisch integrierten Erfahrungen besteht, und in den neue Erfahrungen an passender Stelle eingefügt werden. Wenn neue Informationen mit dem verfügbaren Wissen unvereinbar sind, werden bisherige Selbstverständlichkeiten aufgestört und eine Neuauslegung ist notwendig. Die Intersubjektivität der Lebenswelt zwischen den Individuen wird, folgen wir George Herbert Mead (1973), durch die Sprache hergestellt, die als handlungsverbundenes Medium zwischen verständigungsbereiten Individuen vermittelt. In kommunikativen Handlungen erarbeiten sich die Menschen die Welt als Realität.

Berger und Luckmann haben den Prozeß der *Institutionalisierung* im Detail geschildert. Für sie beginnt jedes soziale Handeln mit der Gewohnheitsbildung, die wiederum handlungssteuernd wirkt. "Institutionalisierung findet statt, sobald habitualisierte Handlungen durch Typen von Handelnden reziprok typisiert werden. Jede Typisierung, die auf diese Weise vorgenommen wird, ist eine Institution." (1980, 58) Wenn zwei Personen, die aus unterschiedlichen Kulturkreisen stammen, aufeinander treffen, werden sie wechselseitig ihre Handlungen beobachten und als unter bestimmten Umständen wiederkehrende typisieren; sie sammeln Erfahrungen, ihre reziproken Typisierungen werden zu typischen Verhaltensmustern, sie beginnen ihre Rollen zu spielen. Beide können - mit der entsprechenden Entlastungswirkung für das eigene Sichzurechtfinden - die Handlungsweisen des jeweils anderen, jene Aktivitäten vor allem, die für beide von Interesse sind, immer besser voraussagen.

Erst mit dem Hinzutreten der nächsten Generation werden die Regularitäten, die sich zwischen den beiden Individuen herausgebildet haben, zur *historischen Institution*. Die Kinder finden die Institutionen als (in den Personen) existierende vor. "Institutionen sind nun etwas, das seine eigene Wirklichkeit hat, eine Wirklichkeit, die dem Menschen als äußeres, zwingendes Faktum gegenübersteht." (1980, 62) Die Objektivität der institutionalen Welt - "so ist das", "so macht man das" - verhärtet sich für alle Beteiligten. Die Produkte menschlichen Handelns gewinnen zunehmend objektiven Charakter, sie werden vergegenständlicht und wirken auf den Produzenten zurück. Im Laufe der Sozialisation werden sie wieder in das Bewußtsein zurückgeholt, d.h. internalisiert. Diese Wechselwirkungen sind wichtig: "Gesellschaft ist ein menschliches Produkt. Gesellschaft ist eine objektive Wirklichkeit. Der Mensch ist ein gesellschaftliches Produkt." (1980, 65) Die institutionale Welt bedarf zudem der Erklärung und Rechtfertigung, denn die Wirklichkeit und Sinnhaftigkeit der Institutionen kommt auf die neuen Generationen als Tradition und nicht als eigene Erinnerung zu. Ihre Schöpfer können den Sinn durch die eigene Erinnerung rekonstruieren, den Erben hingegen muß ein "Dach aus Legitimationen" - Formeln, Rezepte, Geschichten - vermittelt werden, "das sich in Form kognitiver und normativer Interpretationen schützend über sie breitet." (1980, 66) Für die nachfolgende Generation erhebt sich das Problem der Willfährigkeit, ihre Einfügung in die soziale Ordnung macht Sanktionen notwendig. Institutionen erheben einen Autoritätsanspruch.

Ein synthetisches Modell

(6) Bei Helmut Schelsky (1980) laufen viele der erörterten theoretischen Stränge zusammen. Schon Malinowski hat, wie Spencer, Sumner, Small und andere, seine institutionstheoretische Betrachtung auf die Funktionen gegründet, welche diese Einrichtungen erfüllen: Ein gesellschaftliches Phänomen hat eine Funktion, wenn es zur Befriedigung von Bedürfnissen der Individuen dient. Um alle bedürfnisbedingten Funktionen und Aktivitäten bilden sich Institutionen als organisierte Gruppenstützung des Verhaltens. Ihre Untersuchung muß also - soweit stimmt Schelsky den genannten Autoren zu - zunächst auf eine *funktionale* oder *sozioanthropologische Analyse* gegründet sein. Auch die zweite Ebene der Analyse liegt auf der Hand: Jede Institution verfügt über einen materiellen Apparat, ein Normsystem, Personal, ist also einer *organisationssoziologischen Analyse* zu unterziehen. Jenseits dieser beiden Ebenen gilt es aber nach Schelskys Meinung noch die "Charter", die Leitidee, das Ziel, die Basis-Ideologie von Institutionen zu betrachten: Die menschliche Vorstellung begründet als eigenwirksamer Faktor eine Institution mit, so daß die individuelle Subjektivität, der Mensch als Schöpfer und Träger von Ideen, als autonomer Faktor zur Erklärung von Institutionen im Sinne einer *sozialphilosophischen Analyse* herangezogen werden muß.

Als Beispiel für diese drei Perspektiven werfen wir kurz einen Blick auf die "Institution Universität". Eine funktionale Analyse hat sich mit der Differenzierung des Bildungssystems, der Ausbildung von Arbeitskräften, der Selektion von Individuen für gesellschaftliche Elitepositionen und dergleichen zu beschäftigen. Eine organisationssoziologische Analyse faßt die Strukturen der Universität ins Auge, ihre Gliederung, ihren hierarchischen Aufbau, ihre Effizienz usw. Wird schließlich die "Leitidee" näher betrachtet, so gilt es, sich mit dem Problem der "wissenschaftlichen Wahrheit" zu befassen, die in universitärer "Autonomie" gefunden werden soll, mit dem Prinzip der Verbindung von Forschung und Lehre und ähnlichen Prinzipien.

Schelsky kritisiert Gegenüberstellungen soziobiologischer und institutioneller Phänomene; Grundbedürfnissen entsprechende Sozialinstitutionen gegenüberzustellen, hält er für irreführend, weil jede Institution mehrere Bedürfnisse befriedige und bei der Befriedigung jedes Bedürfnisses mehrere Institutionen beteiligt sind (Multifunktionalität bzw. funktionale Äquivalenz). Schelsky bringt - Malinowski folgend - einen *dynamischen Aspekt* in dieses Modell: Biologisch bedingte Grundbedürfnisse erfüllen sich in Primärinstitutionen, die in der Folge in endogener Weise neuartige Folgebedürfnisse entwickeln, die wiederum in neuen Institutionen befriedigt werden und zu neuen abgeleiteten Bedürfnissen führen usw. Es entsteht ein Prozeß von Wechselwirkungen zwischen Bedürfnissen und Institutionen, in dem sich Kultur aufbaut.

Schließlich verknüpft Schelsky das *Recht* mit seiner Institutionenanalyse. Er kritisiert eine systemfunktionale Analyse des Rechts, die nur untersuche, welche Leistung das Recht für das Funktionieren der Gesellschaft als eines ganzen Systems erbringe, wodurch das Recht dem Individuum bloß äußerlich entgegentrete; und eine anthropologisch-funktionale Analyse, welche die Leistungen der Institutionen ausschließlich unter dem Gesichtspunkt eines Instinktersatzes betracht, also als Mittel der Verhaltensorientierung, der Entlastung und Motivationsstützung angesichts einer extremen menschlichen Verhaltensunsicherheit. Demgegenüber schafft das Recht in den Institutionen - im Sinne Haurious - den Bereich des bewußten Zweckhandelns. Es sei daher ein *personfunktionaler* Ansatz zu wählen, der auch den Bereich des subjektiv freien und bewußten Handelns anerkenne. Das Recht gestattet Planung und Gestaltung, bietet die Voraussetzungen für Anpassungsfähigkeit und Veränderung; in ihm werden Zukunftsdimensionen greifbar, dort haben letztlich Freiheit und Verantwortung ihren Platz. Die rechtliche Gestaltung beruht auf "leitenden Ideen", auf Endzielen, Vorstellungen über den Lebenssinn.

3. Organisationen - rational konstruierte Zweckgebilde

Organisationen entstehen nicht im Interaktionsprozeß, sie werden geschaffen. Während Märkte - als Institutionen, die sich aus individuellen Aktivitäten spontan bilden - die Handlungen unabhängiger

Individuen "nachträglich" in Übereinstimmung bringen, sind Organisationen zweckgerichtete soziale Arrangements zur Erreichung bestimmter Ziele (vgl. Mayntz 1967, Türk 1978, Mayntz/ Ziegler 1977, Scott 1981, Büschges 1983).

Theoretische Perspektiven

(1) In den älteren rational-strukturalistischen Theorien - etwa bei Taylor (1911) oder Weber (1976) - werden Organisationen als *gegliederte soziale Gebilde* mit innerer Strukturierung und angebbarem Mitgliederkreis gesehen, die auf eine spezifische Zielerfüllung orientiert und zu diesem Zwecke rational ausgestaltet sind. (2) Einen anderen Akzent setzen jene Theorien, in denen Organisationen als *natürliche Systeme* betrachtet werden, so etwa bei Roethlisberger und Dickson (1939) und bei Mayo (1949). Organisationen sind dieser Auffassung zufolge sich entwickelnde soziale Gruppen, die auf die Sicherung ihres Überlebens hin orientiert sind. Die beiden Konzeptionen können durch eine Reihe von gegensätzlichen Begriffen verdeutlicht werden: Es stehen formelle gegen informelle Strukturen, Verwaltungseinheiten gegen Personen, Planung gegen Evolution, Hierarchie gegen Koalitionen, Effizienz gegen Macht, Ziele gegen Bedürfnisse, mechanische gegen organische Verhältnisse (vgl. Scott 1986). (3) In beiden Konzeptionen wird vor allem auf die innere Struktur von Organisationen geachtet, unabhängig von der Umwelt (*closed systems models*); erst ab den 60er Jahren beginnen sich Theorien offener Systeme (*open systems models*) zu verbreiten; dazu zählen die Arbeiten von Thompson (1967), Blau (1970), Galbraith (1973), March und Olsen (1976) und andere. In ihnen wird stärker auf die Umwelt einer Organisation - und die von ihr ausgehenden Einflüsse und Zwänge - geachtet. Offene Systeme sind in der Lage, Ressourcen und Energien ihrer Umwelt zu inkorporieren und sie in eigene Systemelemente zu verwandeln. Sie können ihre Strukturen sowie die in ihnen ablaufenden Prozesse verändern. Sie können sich differenzieren und spezialisieren, zusätzliche Komplexität aufbauen, Elemente lose und flexibel miteinander koppeln. Auch Informations- und Kommunikationsflüsse, also Kategorien wie Sprache, Interpretation und Bedeutung erfahren größere Beachtung (vgl. Blau/ Scott 1963, Etzioni 1961). (4) Eine neuere Strömung stellen die *individualistischen Modelle* dar, die mit ihrer Betonung des rationalen Handelns gewissermaßen klassische Perspektiven aufgreifen; aber auch sie betrachten Organisationen als offene Systeme, die sich in einer wandelbaren Umwelt bewähren müssen. Nur ist ihre Fragestellung in mancher Hinsicht radikaler: Warum gibt es überhaupt Organisationen?

Aus dieser Entwicklungsgeschichte der Organisationsforschung werden in der Folge einige Modelle vorgestellt.

Die Organisation als rationale Maschinerie

Max Weber spricht vom *Verband*, wenn er Organisationen wie Parteien, Kirchen oder Unternehmen ins Auge faßt. "Verband soll eine nach außen regulierend beschränkte oder geschlossene soziale Beziehung dann heißen, wenn die Innehaltung ihrer Ordnung garantiert wird durch das eigens auf deren Durchführung eingestellte Verhalten bestimmter Menschen: eines Leiters und, eventuell, eines Verwaltungsstabes, der gegebenenfalls normalerweise zugleich Vertretungsfunktion hat." (1976, 26). Betrieb, Verein und Anstalt sind spezifische Ausprägungen rationaler Handlungsordnungen. Der Verwaltungsstab wird durch die Verwaltungsordnung kontrolliert, setzt diese Regeln zugleich aber gegenüber den anderen Mitgliedern durch. Verwaltung ist immer mit Macht und Herrschaft verbunden, und der Gehorsam gegenüber den Befehlen von Verbandsfunktionären hängt von der Legitimität der Befehlsordnung ab. Moderne Organisationen legitimieren sich auf rational-legale Weise. "Bei allen Herrschaftsformen ist die Tatsache der Existenz eines Verwaltungsstabes und seines kontinuierlich auf die Durchführung und Erzwingung der Ordnungen gerichtetes Handelns für die Erhaltung der Fügsamkeit (der Organisationsmitglieder, M.P.) vital. Die Existenz dieses Handelns ist das, was man mit dem Wort 'Organisation' meint." (1976, 154).

Weber hatte vor allem die *Staatsbürokratie* im Auge, als er Kennzeichen einer bürokratischen Verwaltung analysierte, aber seine Beschreibung läßt sich in vieler Hinsicht auf andere komplexe Organisationen anwenden. Eine rationale Herrschafts- und Verwaltungsstruktur beruht darauf, daß eine Satzung erstellt werden kann, die Anspruch auf den Gehorsam der Verbandsmitglieder erhebt; daß das Recht ein System von allgemeinen Regeln ist, die im Einzelfall zur Anwendung kommen, und daß die Verwaltung die Interessen des Verbandes in gehöriger Weise pflegt; daß auch der "Vorgesetzte" sich an diese Ordnung hält; daß das Verbandsmitglied nur in seiner Eigenschaft als Mitglied sich diesen Regeln fügt; und daß die Mitglieder nicht dem "Vorgesetzten", sondern jener unpersönlichen Ordnung gehorchen, die diesen ihre Kompetenzen zugewiesen hat.- Eine solche *Verwaltungsordnung* weist bestimmte Kennzeichen auf. Es handelt sich erstens um einen kontinuierlich regelgebundenen Betrieb von Amtsgeschäften, und zwar innerhalb eines bestimmten Kompetenzbereichs, d.h. mit entsprechenden Leistungspflichten, Befehlsgewalten und Mittel. Die Amtspflichten werden also nicht nur gelegentlich erfüllt, sie laufen nach festen Regeln ab, und es gibt klare Zuständigkeiten. Dazu kommt zweitens das Prinzip der Amtshierarchie, d.h. die Ordnung fester Kontroll- und Aufsichtsbehörden mit Berufungs- und Beschwerderecht. Es wird drittens nach (technischen und rechtlichen) Regeln verfahren, und zu deren Beherrschung ist eine Fachschulung der "Beamten" nötig. Es gilt viertens das Prinzip der Trennung des Verwaltungsstabes von den Verwaltungs- und Beschaffungsmitteln, d.h. Schreibtische, Dienstautos und dergleichen sind nicht im Privatbesitz der Benutzer. Es fehlt fünftens die Appropriation der Amtsstelle an den Inhaber; das Amt ist keine "Pfründe" mehr, auf die der Inhaber ein Recht besitzt. Es gilt sechstens das Prinzip der Aktenmäßigkeit, wesentliche Verfahrensschritte werden schriftlich fixiert (vgl. Weber 1976, 124ff.).

Weber war davon überzeugt, daß es sich bei der voranschreitenden *Bürokratisierung* um einen unaufhaltsamen Prozeß handelt, um nur einen Teilaspekt jener allgemeinen Rationalisierung und Entzauberung des Lebens, den die moderne Gesellschaft unausweichlich mit sich bringt. Er betrachtete gleichwohl diesen Prozeß mit Resignation und Pessimismus - den Weg in eine Gesellschaft rationaler und zugleich freiheitsbeschränkender Organisationen mit ihren zerstörenden Wirkungen auf die Persönlichkeit des einzelnen. Dennoch bestand für ihn kein Zweifel daran, daß sich diese (von ihm ja nur idealtypisch geschilderte) Organisationsform - aufgrund ihrer Effizienzvorteile - überall - wenn auch mit Unvollkommenheiten - durchsetzen werde.

Die klassische Organisationstheorie und die Lehre von den zwischenmenschlichen Beziehungen

Das Streben, die Zielerreichung von Organisationen, besonders von Wirtschaftsbetrieben, zu verbessern, führte schon in den ersten Jahrzehnten des 20. Jahrhunderts zur Entwicklung der *wissenschaftlichen Betriebsführung* (scientific management). Die Zielsetzung dieser Untersuchungen war eher eine praktische als eine wissenschaftliche; man wollte das Funktionieren der Organisationen verbessern. In vielen Bereichen der Betriebswirtschaftslehre und der "business administration" ist es bis heute dabei geblieben. Frederick W. Taylor (1856-1915) legte sein Augenmerk auf das Zusammenwirken von Mensch und Maschine (1913). Seine Zeit- und Bewegungsstudien in Industriebetrieben gründete er auf die Annahme eines materiell orientierten "Rationalverhaltens": auf die Vermutung, daß die Arbeitskräfte vor allem von der Entlohnung - im Sinne nüchtern kalkulierender "homines oeconomici" - motiviert würden. Um eine hohe Produktivität zu erzielen, sollte die Arbeitsintensität seinen Vorschlägen zufolge daher in enger Beziehung zur Entlohnung stehen, am besten durch ein Akkordsystem. Die Untersucher beschäftigten sich daher vor allem mit den Arbeitsbedingungen in den Betrieben, schlugen arbeitstechnische Verbesserungen vor und erforschten die Grenzen der menschlichen Leistungsfähigkeit. Die zunehmende Arbeitsteilung mit ihren Spezialisierungsvorteilen muß nach Auffassung der klassischen Organisationstheorie durch eine zentralisierte Kontrolle - eine gegliederte Kontrollpyramide mit dem Autoritätszentrum an der Spitze - ausgeglichen werden. Diese Untersuchungen waren an einer recht statischen Perspektive orientiert, und das von ihnen vorausgesetzte Menschenbild war recht simpel. Bald stieß man denn auch auf Ungereimtheiten, auf offenkundige Differenzen zwischen der Modellvorstellung und der Wirklichkeit von Organisationen.

Man entdeckte die informellen Strukturen in einer Organisation, welche die formelle Gliederung modifizierten oder unterliefen, und machte sich daran, die in Wirklichkeit etwas komplexeren Einstellungen und Motivationen der Organisationsmitglieder ausfindig zu machen. Die Arbeiter werden nicht allein durch strikte Zweckrationalität bewegt. Elton Mayo (1880-1949) und seine Mitarbeiter stießen bei ihren empirischen Untersuchungen in Industriebetrieben auf zunächst unerklärliche Phänomene (1949). In den Hawthorne-Werken in Chicago versuchten die Wissenschaftler, die Wirkung veränderter Beleuchtung auf die Produktionsmenge festzustellen, mußten aber erkennen, daß zwischen diesen Größen kein unmittelbarer Zusammenhang bestand. Als man eine Kontrollgruppe isolierte, zeigte sich sogar, daß die Leistung bei abnehmender Beleuchtung immer weiter anstieg, bis das Licht so trübe wurde, daß die Arbeiter nicht mehr genug sehen konnten. Weitere Untersuchungen - etwa von Roethlisberger und Dickson (1939) - machten deutlich, daß die Annahmen der klassischen Theorie von der Beziehung zwischen physischer Leistungsfähigkeit und Entlohnung zu einem großen Teil falsch waren. Die in der Fallstudie untersuchten Arbeiter leisteten mehr, weil sie sich durch die Aufmerksamkeit, die man ihnen zuwandte, motiviert fühlten. Das Produktionsergebnis erwies sich als durch soziale Normen weit eher bestimmt als durch physiologische Leistungsgrenzen; wer mehr arbeitete, als die Gruppennorm festsetzte, wurde lächerlich gemacht und isoliert, ebenso jener, der weit unter den Standards blieb. Die Arbeiter - so die generelle Schlußfolgerung - ziehen es vor, die Anerkennung und Zuneigung ihrer Arbeitskollegen zu bewahren, selbst dann, wenn sie dafür auf Teile ihres Einkommens verzichten müssen. Auch nicht-finanzielle Anreize beeinflussen das Verhalten der Arbeiter in entscheidendem Maße. Es entwickeln sich informelle Gruppenstrukturen, die mit dem offiziellen Organisationsschema nicht übereinstimmen, Subgruppen mit bestimmten Führungsstrukturen und Statusunterschieden. Zudem konnte gezeigt werden, daß Arbeitskräfte, die in technische Umstellungsprozesse von vornherein gestaltend einbezogen waren, die neuen Anforderungen konfliktlos akzeptierten, im Gegensatz zu jenen, über deren Köpfe hinweg die Neuerungen eingeführt wurden.- Damit waren Umstände benannt, die in der Folge die "human relations"-Schule gründlich beschäftigten: zwischenmenschliche Bestimmungsgründe des Leistungsverhaltens.

Auf dem Weg zur modernen Organisationstheorie

Zum Teil als Überprüfung des Weberschen Modells, zum Teil als Weiterführung der betrieblichen Organisationsforschung wurden zahlreiche Fallstudien - bei industriellen oder administrativen Einheiten - durchgeführt, welche die Vielfalt der Organisationsprobleme deutlich machten. In den konkreten Untersuchungen, von denen hier nur einige der berühmteren erwähnt werden können (vgl. als Übersicht Mayntz/ Ziegler 1977), fällt eine Reihe von immer wieder bearbeiteten Problemen auf.

(1) Das Interesse vieler Organisationsforscher richtete sich auf die Struktur, insbesondere auf die *Hierarchie* und die *Führungsverhältnisse* in Organisationen. Zwischen den Zielen einer Organisation und ihrer Struktur besteht zwangsläufig ein Zusammenhang; ein Tennisklub wird anders organisiert sein als eine Armee. Ein relativ stabiler und gleichförmiger Arbeitsprozeß ermöglicht hochdifferenzierte und hierarchisierte Organisationsstrukturen, bei veränderlichen Problemstellungen ist dies nicht angebracht. Auch die technischen Bedingungen - etwa Fließbandfertigung in einem Industriebetrieb - prägen die Organisationsstrukturen. Automatisierung entpersönlicht die Kontrolle, die Einführung neuer Technologien verändert Verantwortungsbereiche und Qualifikationsanforderungen. - Organisationen neigen dazu, hierarchische Ordnungen zu entwickeln; dies gilt auch für politische Gebilde (vgl. Michels 1911, Lipset, Trow und Coleman 1956, Pelinka 1980). Diese Hierarchien sind nicht unbestritten, besonders dann nicht, wenn Amtsautorität und Fachqualifikation auseinanderfallen, wenn also der Vorgesetzte weniger über die Sache Bescheid weiß als seine Untergebenen. Konflikte treten auch häufig auf zwischen den Inhabern der Amtspositionen im hierarchischen Aufbau und den Experten in Stabsstellen. In Organisationen, in denen die Experten von großer Bedeutung sind (wie in Universitäten und Krankenhäusern), entwickelt sich eine doppelte Struktur mit einer hierarchisch aufgebauten administrativen Struktur und einer kollegial aufgebauten Expertenstruktur.

Die Autorität der Führenden stützt sich auf die Verwendung oder Androhung von Sanktionen, und zwar stehen physische, materielle und symbolische Sanktionen zur Verfügung (Etzioni 1961). Nach der Art der vorangig verwendeten Sanktion kann man drei Organisationstypen unterscheiden: *Zwangorganisationen* - z. B. Gefängnisse - pflegen abweichendes Verhalten streng zu kontrollieren, die Führung ist von den Mitgliedern streng getrennt, der Organisationsgrad hoch und die Reichweite der Normen gering. *Utilitaristische Organisationen* - z. B. Wirtschaftsunternehmen - wählen ihre Mitglieder sorgfältig aus, der Organisationsgrad ist geringer, die Reichweite der Normen ist ebenfalls gering. *Normative Organisationen* - wie Kirchen - sind mit der Weitergabe von Ideen, Normen und Werten beschäftigt, die Identifikation der Mitglieder mit der Organisation ist hoch, der Organisationsgrad oft niedrig, die Reichweite der Normen groß. Während in den beiden erstgenannten Organisationen die Kontrolle der Untergebenen weniger schwierig ist, steht die normative Organisation zuweilen vor dem Problem, mit dem Auftreten charismatischer Personen fertig zu werden. Zur Kontrolle dienen scharfe Personenauswahl, intensive Schulung und Indoktrination, letztlich auch Verwarnung, Suspendierung, Versetzung, Ausschluß, Rufmord, physische Vernichtung - oder Kooptierung und Betrauung mit einer "verantwortungsvollen" Sonderaufgabe.

In der neueren Führungssoziologie wird vielfach von neuen Führungsaufgaben für Manager gesprochen, deren Rang, Titel oder Einkommen weit weniger ihren Erfolg widerspiegeln sollen als ihre Fähigkeit, Mitarbeiter dazu zu motivieren, ihr Bestes zu geben. Die "spätunternehmerische" Organisation soll weniger Hierarchie aufweisen und über mehr Kommunikationskanäle verfügen, die als Netzwerk anstatt als Befehlskette eingerichtet sind. Es treten funktionsübergreifende Projekte in den Vordergrund, externe Beziehungen werden für die unterschiedlichsten Bereiche einer Organisation wichtig, Diskussionsforen für Projektbeteiligte müssen eingerichtet, mehr Gestaltungsfreiheit muß gewährt werden.

(2) Wie werden *Organisationsziele* gebildet und wie verändern sie sich? Schon die Identifikation der Organisationsziele ist schwierig, denn die offiziell deklarierten Ziele müssen nicht mit den wirklich verfolgten übereinstimmen. Von Zielen der "Organisation" zu sprechen, ist oft dann schwierig, wenn verschiedene Mitgliedergruppen unterschiedliche Ziele verfolgen: die Aktionäre wollen den Gewinn steigern, die Manager den Umsatz, die Forschungsabteilung will eine Qualitätssteigerung des Produkts. Ein Organisationsziel bleibt zudem nicht immer gleich, sondern es verändert sich, und dabei spielen unterschiedliche Instanzen innerhalb und außerhalb der Organisation - Machtkampf, Unterwanderung, wirtschaftlicher Erfolg und vieles andere - eine Rolle.- Organisationen können sogar nach ihren Zielen unterschieden werden: jene, die bestimmte Leistungen erbringen wollen (wie Wirtschaftsunternehmen), die Dienstleistungen für Personen anbieten (wie Schulen und Krankenhäuser) und jene, die der Geselligkeit dienen (wie Vereine und Klubs). Aber Organisationen können auch viele Ziele gleichzeitig verfolgen - im Falle eines Krankenhauses Sicherung der Gesundheit der Patienten, finanzielle Sparmaßnahmen, Ansehen durch spektakuläre Operationen -, und zwischen diesen Zielen können Konflikte entstehen. Oft ist es schwierig, festzustellen, in welchem Maße eine Organisation ihre Ziele verwirklichen konnte; beim Konkurs eines Wirtschaftsunternehmens ist der Mißerfolg eindeutig, schwieriger steht es mit der Messung des Erfolges von Schulen, Krankenhäusern oder Gefängnissen.

(3) Wie steht es mit dem Verhältnis von *formellen und informellen Strukturen*? Die Hawthorne-Studien von Mayo sind aus methodischen Gründen auf Kritik gestoßen. In allen Organisationsstrukturen spielen nicht-offizielle Verfahrensweisen eine wichtige Rolle. Eine Kontrollbehörde des Arbeitsmarktes hatte - wie Blau (1955) zeigte - eine schwierige Überwachungstätigkeit unter komplizierten rechtlichen Verhältnissen durchzuführen. Es galt die offizielle Regelung, daß zur

Wahrung der vertraulichen Firmendaten zwischen den Angestellten keine Informationen ausgetauscht werden durften; im Falle von Unklarheiten hatten sich die Mitarbeiter an ihren Vorgesetzten zu wenden. Von seiner Einschätzung war aber auch ihre Karriere abhängig, und die Mitarbeiter fürchteten, daß ein häufiges Nachfragen den Eindruck von Inkompetenz erwecken könnte. Also wandten sie sich - gegen die offiziellen Bestimmungen - häufig um Rat und Hilfe an die Kollegen. Was Blau nun zeigen konnte, war, daß dieser informelle Anpassungsmechanismus zu einer Effizienzsteigerung der Behörde führte: Informationen und Erfahrungen aller Mitarbeiter standen zur Lösung der Probleme zur Verfügung, die Kenntnisse wurden durch die Zusammenarbeit erweitert, viel Suchzeit wurde erspart, es bildete sich eine zusammenhängende Arbeitsgruppe heraus, die Entscheidungsangst wurde reduziert. Zuweilen ist es nicht die sorgfältige Einhaltung der formalisierten Regelstrukturen - wie bei Weber -, sondern eben deren Durchbrechung und die Inkraftsetzung informeller Regeln, welche effizienzsteigernd wirken und wesentlich zur Erfüllung der Ziele der Organisation beitragen.- In einer Untersuchung einiger Unternehmen der Elektronikindustrie arbeiteten Burns und Stalker (1961) zwei unterschiedliche Modelle der Arbeitsorganisation heraus (vgl. auch Gouldner 1954). Das eine nannten sie das *mechanistische Modell*, das sich als für gleichmäßige Aufgabenbereiche angebracht erwies und dem Bürokratiemodell Webers ähnelte. Das andere nannten sie das *organische Modell*, das für Situationen angewendet wurde, in denen wechselnde Bedingungen dauernd unvorhergesehene Probleme schafften, die nicht mit den rigid formalistischen Verfahrensweisen zu bewältigen waren. Verschiedene Spezialisten tragen zur Erfüllung gemeinsamer Aufgaben bei. Es werden dabei die Grenzen umschriebener Aufgaben- und Kompetenzbereiche laufend durchbrochen, und diese Aufgaben werden auch gemeinschaftlich laufend neu definiert. Das Gefühl der Verpflichtung entsteht über die normale Erfüllung der Berufsrolle hinaus. Kontrolle, Autorität und Kommunikation zeichnen sich durch eine Netzwerk-Struktur aus; es werden Konflikte deutlich zwischen einer Autorität, die auf der Position, und jener, die auf Fähigkeit beruht, und die letztere wird in einer modernen Organisation immer wichtiger. Die innere Verpflichtung gilt eher den Zielen des Unternehmens und dem "Ethos" der Aufgabe, äußere Loyalität und Gehorsam zählen weniger; ein größerer Teil der menschlichen Kapazitäten wird vom modernen Unternehmen beansprucht.

Die Revision des Weberschen Modells

Wie diese Fallstudien zeigen, muß man, wenn man Webers Beschreibung einer rationalen Organisation nicht als "Idealtypus" einer Bürokratie versteht, sondern sie einfach mit der empirischen Wirklichkeit vergleicht, zu einem langen Mängelkatalog kommen: Weber beschreibt nicht die Welt der existierenden Organisationen, sondern versucht das Wesentliche und Charakteristische herauszuarbeiten.

Robert Merton befaßte sich mit den *Dysfunktionen* einer bürokratischen Organisation (1940) und stellte Erscheinungen fest, die der heute oft geäußerten Bürokratiekritik Nahrung geben. Bürokraten entwickeln seines Erachtens eine "Berufspsychose", ihre Gefühle von Diszipliniertheit, Verläßlichkeit und Regelgenauigkeit werden intensiver als notwendig; es kommt zu einer "Verschiebung von Zielen": Was ein Mittel zum Zweck war, wird zum Selbstzweck, Regeln verlieren ihren Nützlichkeitscharakter und werden zu Symbolen, Formalismus und Ritualismus sind die Folgen des unbeirrten Beharrens auf der formalisierten Regeleinhaltung. Das hindert eine Anpassung an veränderte Umweltzustände und führt zur Ineffektivität.

Damit wird deutlich, daß das "bürokratische Modell" im Sinne Webers nur einen Teil der Strukturen und der Vorgänge in Organisationen erklären kann. Niklas Luhmann (1968) hat eine ganze Liste von Einwänden gegen die Übertragbarkeit des Weberschen Modells in die Wirklichkeit vorgelegt. Erstens ist seiner Auffassung nach zu bestreiten, daß das Zweck/Mittel-Schema der *Handlungsrationalität* auch die rationale Struktur sozialer Systeme beschreibt. Die Individuen in den System verfolgen meist keineswegs den Organisationszweck, sondern eine Fülle eigener und sehr unterschiedlicher Ziele. Organisationsziele sind oft sehr allgemein formuliert, und welche Mittel zu ihrer Erreichung eingesetzt werden sollen, ist daraus oft nicht ableitbar. Oft sind Organisationen mit einander widersprechenden Zielen ausgestattet. Organisationszwecke können modifiziert oder verändert werden, ohne daß die Organisation ihre "Identität" aufgibt. Allein die Bestandserhaltung ist bereits ein wesentliches Organisationsziel.- Zweitens bestreitet Luhmann, daß der *Befehl* jene Kommunikationsform ist, welche die Organisationsrationalität trägt. In der hierarchischen Kette, welche der von oben kommende Befehl durchläuft, handeln Individuen teils rational, teils irrational. Untergebene sind oft sachverständiger als ihre Vorgesetzten, diese müssen daher neue Kooperationsformen entwickeln. Die Untergebenen haben ihre eigenen Verbindungen und Aufgaben nach "außen" hin und sind daher gar nicht vollständig kontrollierbar. In vertikaler Hinsicht entstehen arbeitsteilige Subsysteme, in horizontaler Hinsicht Kooperationsformen zwischen Abteilungen. Der Berichtsweg von unten nach oben wird wichtiger und prägt die Entscheidungen. Formal zugewiesene Befehlskompetenz und faktischer Einfluß auf Entscheidungen können auseinanderfallen. Die Motivationsaufgabe muß anders als durch Befehle geleistet werden. Befehle müssen mit Verstand ausgeführt werden.- Drittens plädiert Luhmann dafür, Organisationen als *Systeme* zu begreifen, als umweltoffene, umweltempfindliche, Eindrücke verarbeitende und kompensierende Leistungseinheiten. Die Organisation nimmt Impulse der Umwelt auf, wählt unter ihnen aus, verarbeitet sie und gibt sie wieder an die Umwelt ab, um ihre Existenzbedingungen und ihre Identität zu sichern. Die Zweckorientierung ist daher variabel und ersetzbar, abhängig nur davon, wie die Organisation ihren Bestand sichert; und der Befehl wird durch Autoritätsbeziehungen ersetzt, d.h. Kommunikationsakte, die ohne Prüfung ihrer Richtigkeit als Entscheidungsprämissen übernommen werden; sie können horizontal oder vertikal sein, von oben nach unten gehen oder auch umgekehrt. Vor allem aber ist es ein umweltoffenes System, und auch die Mitglieder der Organisation, die ja nicht mit ihrer vollen Persönlichkeit, sondern nur mit Teilen dieser der Organisation angehören, zählen zur Umwelt. Systeme erhalten sich selbst, indem sie mit Umwelten verkehren.

Aus der Sicht *interaktionistischer Theoretiker* erweisen sich rationalistische und funktionalistische Analysen deswegen als unzulänglich, weil auch organisatorische Strukturen in einem ständigen Aushandelungsprozeß festgelegt und modifiziert werden. Bei der Untersuchung von Krankenhäusern (vgl. etwa Strauss 1963) hat sich beispielsweise gezeigt, daß die Ziele der Organisation vage und die geltenden Regeln nicht eindeutig waren. Funktionsfähig war das Gebilde nur, weil dauernd stillschweigende Übereinkünfte, offizielle Beschlüsse und inoffizielle Arrangements zwischen Individuen und Gruppen zustande kamen. Die jeweilige Aufgabenverteilung wurde neu ausgehandelt, vorläufige und wandelbare Ziele wurden fixiert, Vorgangsweisen neu vereinbart. Aus diesen Erkenntnissen, die gerade für lose strukturierte Einheiten zutreffen, wird geschlossen, daß Organisationen sich in permanenten Verhandlungsprozessen konstituieren und wandeln.

Begrenzte Rationalität und die Evolutionsperspektive

In der Kritik an dem Idealtypus der Organisation wird deutlich, daß Organisationen nicht Einrichtungen sind, die von vollständiger Rationalität durchwirkt sind; sie sind aber wohl auch keine "irrationalen" Phänomene. Wie weit reicht tatsächlich der Anspruch, rationale und formalisierte Verfahrensweisen zu benutzen? Wie werden "rationale" Entscheidungen gefällt?

March und Simon (1958) haben gezeigt, daß übertriebene Rationalitätsannahmen in die Irre führen; selbst wenn Entscheidungen rational fallen sollen, so geschieht dies nicht mit vollständiger Rationalität, sondern mit einer *bounded rationality*. Das Mitglied einer Organisation hat - so wie jeder Mensch bei seinen privaten Entscheidungen - nur begrenzte Möglichkeiten, Informationen über unterschiedliche Handlungsweisen zu sammeln und die Folgen abzuwägen. Vollständige Information ist niemals erreichbar, also müssen Entscheidungen auf der Grundlage unvollständigen Wissens gefällt werden. Auch die Sammlung der Information ist zudem kostenintensiv; also wird man sich mit einer "zufriedenstellenden" Übersicht begnügen, weil ansonsten die Kosten der Informationssammlung größer werden können als die Vorteile einer richtigen Entscheidung.

In einer bestimmten Sicht ist die rationale Entscheidung für Organisationen weniger wichtig, dann nämlich, wenn Organisationen als in einen *evolutionären Prozeß* eingebettet gesehen werden. Es ist dann die Umwelt, welche die besser angepaßten Organisationen auswählt, und ihr Erfolg mag auf Zufall oder besseren Managern beruhen, die es zustande bringen, daß sie die richtigen Ziele zur richtigen Zeit anpeilen, ihre internen Abstimmungsprobleme besser lösen oder Transaktionskosten sparen. Die innovative Tätigkeit von Wissenschaftlern, Ingenieuren und Managern spielt dabei eine wichtige Rolle, sie ist aber natürlich in ihrem Wert besonders schwierig einzuschätzen. Aber auch genau das Nicht-Innovative, die eingefahrenen Routinen in einer Organisation, haben oft einen besonderen Überlebenswert. Denn die Strukturen einer Organisation bringen dadurch, daß sie bestimmte Vorgänge sozusagen "automatisieren", ein besseres Ergebnis zustande. Sie wenden jenes Wissen routinemäßig an, das durch Erfahrung gewonnen wird. Worum es sich bei diesen Erfahrungen handelt, ist kaum artikulierbar und tritt nur im "Tun" zutage; es handelt sich um "stilles Wissen" *(tacit knowledge)*, das noch um organisationsspezifische motivationale Faktoren ergänzt wird. Bei den Verfahrensweisen in einer Organisation handelt es sich daher nicht um eine wohlüberlegte Auswahl aus einem bestimmten, genau definierten Repertoire von Handlungsalternativen (vgl. Nelson/ Winter 1982).

Die Organisation als Netzwerk von Verträgen

Auswirkungen einer unterschiedlichen institutionellen Regelung von "Eigentumsrechten" - das sind generelle Verfügungs-, Anspruchs- oder Kontrollrechte über Ressourcen - können über Organisationsstrukturen Aufschluß geben. Denn Organisationen - insbesondere wirtschaftliche Unternehmen - können als Konfigurationen von Rechten gesehen werden, die bestimmten Individuen zur Nutzung von Ressourcen zukommen. In dieser Perspektive lassen sich Vorgänge in Organisationen einerseits beschreiben, andererseits können auch normative Schlußfolgerungen gezogen werden, wenn angenommen wird, daß die Rechte auf eine solche Art verteilt werden sollen, daß die Individuen auf möglichst effiziente Weise handeln können.

Alchian und Demsetz (1972) beschreiben ein Unternehmen als eine vertragliche Struktur mit: (1) einer Produktion, die auf einem gemeinsamen Input beruht (joint input); (2) verschiedenen Eigentümern dieser Inputs; (3) einer Partei, die allen Verträgen der Inputfaktoren gemeinsam ist; (4) die auch das Recht besitzt, über einen beliebigen Vertrag neu zu verhandeln, ohne daß die anderen Verträge davon betroffen sind; (5) die den Überschuß aus der Produktion erhält (residual claim); und (6) die das Recht hat, ihre zentrale vertragliche Position mit ihren Rechten an andere zu verkaufen. Die Zentralgestalt ist der Eigner des Unternehmens oder der Arbeitgeber. Die ganze Organisation besteht nur aus einem *Arrangement von Verträgen.* Sie ist eine rechtliche Fiktion, der Knotenpunkt für ein Bündel individueller Verträge. Kollektive Entscheidungen werden also auf individuelle reduziert, und die Individuen handeln rational im Sinne einer Maximierung ihrer Einzelnutzen. Das Unternehmen entsteht deswegen, weil sich durch die Teamproduktion die Vorteile der Spezialisierung nutzen lassen und gemeinschaftlich eine höhere Produktivität erzielen läßt.

Nun tritt ein neues Problem auf, dem sich die *Agency-Theory* gewidmet hat: Bei einer Teamproduktion läßt sich der Beitrag des einzelnen zum Produkt schwer ermitteln, so daß die Möglichkeit zur Drückebergerei (*shirking*) besteht. Verträge werden wegen der egoistischen Neigungen des Menschen, wegen der Versuchung, die anderen für sich arbeiten zu lassen, verletzt, und sie können verletzt werden, weil die Überwachung aller Arbeitenden Kosten verursacht. Das Netzwerk von Verträgen würde deshalb scheitern. So wird die Überwachungsfunktion im Team ausdifferenziert. Personen, die miteinander arbeiten, heuern eine weitere Person - für eine Kontroll- und Koordinierungsfunktion (*monitoring*) - an. Diese wird beauftragt, sie zu überwachen: *principal* und *agent* stehen einander gegenüber. In einer komplexen Organisation entwickelt sich dieses Verhältnis zu einer Überwachungsapparatur, in der die Kontrolleure wieder überwacht werden. Damit die Kontrollinstanz über Zwangsmittel verfügt, wird ihr das Recht eingeräumt, Verträge abzuschließen, zu ändern und zu kündigen. Alle Verträge werden mit dieser zentralen Überwachungsperson abgeschlossen. Damit der Koordinator aber nicht willkürlich verfährt oder selbst zum Drückeberger wird, ist er mit dem Residualergebnis zu belohnen; damit wird sein Einkommen unmittelbar vom gesamten Teamergebnis abhängig - er wird zum klassischen kapitalistischen Unternehmer.

Die Kritiker dieser Theorie haben darauf verwiesen, daß der Boß weit mehr Möglichkeiten hat, die Arbeitskräfte auszubeuten oder zu täuschen, als dies von der Theorie zugestanden wird; Machtunterschiede werden in ein Netzwerk von gleichberechtigten Vertragsschlüssen aufgelöst. Der Grad des egoistischen Verhaltens, gegen das Vorkehrungen zu treffen sind, ist zudem von der Art und der Ausgestaltung der Organisation abhängig.

Die Organisation als Instrument zur Transaktionskostenersparnis

Eine andere Variante, die auf demselben methodologischen Ansatz - Individualismus und rationales Handeln - beruht, in der allerdings das Unternehmen nicht im Sinne einer reinen Marktlösung betrachtet wird, beschreiben Ronald Coase (1937) und Oliver E. Williamson (1975). Die Bereitstellung von Produkten auf der Grundlage von Einzelverträgen scheitert an den *Transaktionskosten*, angesichts derer die Unternehmung als kostengünstigeres Koordinationsinstrument erscheint. Marktverträge würden eine optimale Angleichung von Angebot und Nachfrage nur dann zustande bringen, wenn für Informationssammlung, Entscheidungsaufwand, Verhandlungen und die Überwachung der Durchführung keinerlei Kosten anfallen würden. Dann könnte jeder Input einzeln gekauft werden. Wenn diese Kosten aber höher sind als die aus einer Transaktion erwarteten Vorteile, wird diese Transaktion nicht stattfinden. Die Transaktionskosten aber hängen von den institutionellen Arrangements ab. Wenn die Leistungen der Arbeitskräfte in einem Unternehmen jeweils einzeln "gekauft" werden, würde dies einen größeren Aufwand bedeuten im Vergleich mit einer Situation, bei der die zu erbringenden Leistungen nur rahmenartig definiert und dem Unternehmer - ohne jeweils Verhandlungen beginnen und einen Vertrag schließen zu müssen - konkrete Verfügungsbefugnisse darüber eingeräumt sind, was der Arbeitnehmer tun soll. Die Gründe dafür liegen zunächst in der Unsicherheit über die künftigen Arbeitsanforderungen, weiters darin, daß konkrete Erfahrungen zwischen den Marktpartnern bestehen und sich daher langfristig Vertrauen als kostensparende Ressource aufbauen läßt, drittens schließlich in den (betriebs)spezifischen Fähigkeiten der Arbeitskräfte, die Marktflexibilität unrentabel erscheinen lassen. Die Lösung hiefür heißt: vertikale Integration und flexible Kontrolle im Rahmen einer Organisation (vgl. Perrow 1986).

Es erhebt sich dann allerdings die Frage, warum überhaupt noch Märkte - statt ausschließlich Unternehmen - existieren: Dies wird dadurch begründet, daß bei steigender Unternehmensgröße die unternehmensinternen Transaktionskosten ansteigen und ab einem gewissen Punkt jene des Marktes oder in einem anderen Unternehmen wiederum übersteigen. Markttransaktionen sind rentabler bei seltenen Käufen, bei standardisierten Waren und vielen Anbietern, bei leichtem Marktzugang und bei der Möglichkeit kurzfristiger Verträge.

Das Argument eingesparter Transaktionskosten soll auch gesetzliche Mitbestimmungsregelungen erklären: Sie ersparen langwierige Einzelverhandlungen über Mitbestimmungsrechte und entschärfen damit Konfliktpotential (vgl. Backhaus 1987). Dasselbe gilt für die Trennung von Eigentümern und Unternehmern: Eine steigende Zahl der Aktionäre würde die Entscheidungskosten im Unternehmen steigen lassen, und für den einzelnen Aktionär würden hohe Kosten der Wissens- und Informationsbeschaffung anfallen, so daß die Übertragung der Entscheidungsgewalt an Manager die kostengünstigere Variante ist.

Einwände gegen die Theorie richten sich gegen den nicht stringent definierten Begriff der "Transaktionskosten", der als catch-all term alle Kostenkategorien umfassen kann; damit wird auch ein Effizienzvergleich zwischen Unternehmen relativ beliebig. Wenn zudem als

Vergleich zu den in Betracht stehenden Organisationen das Modell eines reinen Marktes herangezogen wird, so ist dies ein unzulässiger Vergleich, weil ein solcher in der Realität nicht verfügbar ist; man könnte allenfalls unvollkommene Märkte mit einer organisatorischen Struktur vergleichen.

Die Organisation als korporativer Akteur

An die Verbandstheorie von Otto von Gierke (1954) knüpft James Coleman (1979) in seinem Entwurf einer Verbandstheorie an. Auch er setzt rationales Handeln der Individuen in den sozialen Verbänden voraus. Kollektive Einheiten sind dadurch gekennzeichnet, daß *mehrere Akteure bestimmte Ressourcen in einen Pool einbringen*, über den in der Folge gemeinsam disponiert und der gemeinsam genutzt wird. Gerade im Hinblick auf "öffentliche Güter" gibt es keinen anderen Weg der Bereitstellung. Ressourcen sind übertragbare Mittel oder unveräußerbare Fähigkeiten und Kenntnisse. Bevor eine solche Gemeinschaft - ein "korporativer Akteur" - begründet wird, müssen zwei Arten von Regeln vereinbart werden: *Dispositionsrechte*, die festlegen, wie die für die ganze Gruppe verbindlichen Entscheidungen getroffen werden, und *Verteilungsrechte*, welche die Verteilung des gemeinsamen Produktes bestimmen. Der persönliche Ertrag für den einzelnen stellt das Motiv für die Beteiligung dar; der einzelne glaubt, durch das kollektive Handeln größere Vorteile zu erlangen als allein. Die unmittelbare Beziehung zwischen Leistung und Gegenleistung ist aber aufgehoben; aus den gemeinsamen Anstrengungen resultiert ein Vorteil, der erst nach gesondert vereinbarten Verteilungsregeln den einzelnen zukommt.

Der umfassendste dieser korporativen Akteure ist der Staat, und daran wird deutlich, daß die Idee des Gesellschaftsvertrages - im Sinne eines "konstitutionellen Kontrakts" - bei diesem Modell im Hintergrund steht. Aber Coleman ergänzt die zwei Ebenen - Gesellschaftsvertrag und individuelle Markttransaktionen - durch die Ebene intermediärer Organisationen: jener Verbandsbeziehungen, welche die Individuen unterhalb der Ebene des Staates zur Förderung ihrer privaten Zwecke eingehen. Der einzelne kann Mitglied in verschiedenen Korporationen sein - so wie er sich beispielsweise an verschiedenen Aktiengesellschaften beteiligen kann. Ein besonderer Fall liegt dann vor, wenn ein Anwärter die Nutzung bestimmter Ressourcen an eine "zentrale Vertragspartei" abtritt: Im Fall der menschlichen Arbeitskraft werden bestimmte Zeitkontingente sowie ein Versprechen, in bestimmter Weise zu handeln, in ein Unternehmen eingebracht, und wir sind wieder beim Netzwerkmodell.

Korporative Macht kann sich verselbständigen, von den Ressourceneinbringern unabhängig werden. Manager, welche die tatsächliche Verfügungsgewalt über die Ressourcen besitzen, werden von den

Eigentümern, den Aktionären, unabhängig; Politiker emanzipieren sich von jenen Gremien, die sie delegiert haben (vgl. Michels 1957, Berle und Means 1940). Die Interessen des Mitglieds sind umso besser gewahrt, je leichter der einzelne seine Ressourcen aus einem korporativen Akteur zurückziehen und anderweitig nutzen kann, und je stärker die in den Regeln vorgesehene Möglichkeit des einzelnen ist, auf die Entscheidungen der kollektiven Dispositionszentren Einfluß zu nehmen. Diese beiden Möglichkeiten, sich gegen Entscheidungen zu wehren - *exit* oder *voice* -, hat Albert Hirschman (1974) betont: "Exit" heißt Abwanderung - Kündigung aus einem Unternehmen, Wechsel eines Konsumenten zu einem Konkurrenten, Auswanderung oder Flucht aus einem Land, Verkauf von Aktien; "voice" heißt Widerspruch - öffentliche Kritik, Forcierung entsprechender Entscheidungen in zuständigen Gremien, oppositionelle Aktivität, ein Dissidentenschicksal. Die Austritts- oder Widerspruchskosten können Null sein, sie können aber bis zum Preis des eigenen Lebens gehen. Widerspruchsmöglichkeiten beginnen bei der Beeinflussung von Entscheidungen, können aber auch die Abwahl der Entscheidungsträger oder die Bildung oppositioneller korporativer Akteure innerhalb des größeren korporativen Akteurs umfassen.

V. ERZIEHUNG UND BILDUNG

Der Begriff der "Erziehung" wird meist enger verstanden als jener der "Sozialisation"; er zielt auf die bewußten Maßnahmen, durch die versucht wird, auf die Entwicklung anderer Einfluß zu nehmen, um sie nach bestimmten Maßstäben zu formen und zu fördern. "Bildung" wird oft noch enger gefaßt. Lassen wir den inhaltlichen Bildungsbegriff beiseite - der etwa in den Begriffen des "gebildeten" Menschen oder der "Allgemeinbildung" verwendet wird -, so geht es dabei um Verfahren, durch die jene zivilisatorischen Fähigkeiten vermittelt werden, auf die im Rahmen einer bestimmten Gesellschaftsordnung Wert gelegt wird. Die Gesellschaften erhalten ihre Existenz durch die Weitergabe von Kenntnissen, Fähigkeiten und Normen, die nicht vererbt, sondern erlernt werden müssen; und die Individuen werden im Zuge solcher Lernprozesse zu sozialisierten Persönlichkeiten geformt. In den fortgeschrittenen Industrieländern wird Bildung heute als Bürgerrecht verstanden, und die Bildungsleistungen werden nicht nur zu einem wesentlichen Teil von seiten des Staates organisiert, kontrolliert und angeboten, sondern jeder Staat verpflichtet seine Bürger sogar - durch die Schulpflicht - dazu, ein gewisses Mindestmaß solcher Leistungen zu konsumieren.

Mit dieser formalen Bildung befaßt sich dieses Kapitel vor allem; es werden zunächst einige theoretische Perspektiven (Abschnitt 1) und bildungsökonomische Betrachtungen (Abschnitt 2) dargestellt, anschließend werden individuelle Faktoren, die im Zusammenhang mit der Erreichung unterschiedlicher Bildungsstandards genannt werden, erörtert (Abschnitt 3).

1. Bildungstheorien - Bildung zwischen Entfaltung und Zwang

In kleinen, primitiven Gesellschaften war ein formelles Bildungssystem unbekannt; was nötig war, um das Leben bewältigen zu können, lernten die jungen Leute, indem sie am täglichen Leben der Gruppe teilnahmen. Kenntnisse und Geschicklichkeiten wurden durch Zusehen, durch Nachahmung und Einübung von den Erwachsenen erworben, die hiebei keineswegs vor allem den Bildungszweck im Auge hatten, sondern die ihrer alltäglichen Arbeit nachgingen. Selbst in komplexeren Gesellschaften - so etwa im Mittelalter -, als sich bereits spezielle Bildungsinstitutionen zu entwickeln begannen (etwa der Unterricht in den Klöstern, später die Gründung der ersten Universitäten), war diese Art der "höheren" Ausbildung auf wenige Personen - auf den Nachwuchs für den Klerus und die Söhne der herrschenden Schichten - beschränkt. Erst mit dem Beginn des Industrialisierungsprozesses begann der Staat ein allgemeines Interesse an der Bildung seiner Bürger zu entwickeln: Es wurde ein "Bildungssystem" geschaffen - ein Netz von Institutionen, die nur dem Zwecke dienten, die nachfolgende Generation mit bestimmten Kenntnissen vertraut zu machen. Mittlerweile existiert ein differenziertes System, von den Einrichtungen für Kleinkinder und den Kindergärten über die unterschiedlichen Schulen und Hochschulen bis zu den speziellen Berufs- und Erwachsenenbildungseinrichtungen (vgl. Hurrelmann 1974, 1975). Im Zuge der Entwicklung verstärkte sich der Einfluß der Gesellschaft auf den Erziehungsprozeß. Eine breite Wissens- und Qualifikationsbasis wird heute als Grundlage der modernen Zivilisation angesehen.

Mithilfe einer Reihe von theoretischen Perspektiven wird versucht, zu analysieren, welche Bedeutung diesen Bildungsprozessen im Gefüge einer Gesellschaft zukommt. Wir beschränken uns zunächst auf vier soziologische Theorieansätze.

Eine funktionalistische Perspektive

Die funktionalistische Fragestellung lautet wie immer: Welches sind die Funktionen der Bildung für das Gesamtsystem der Gesellschaft, und wie sind die funktionalen Beziehungen zu anderen Teilsystemen beschaffen? Die Theoretiker, die solche Fragen stellen, konzentrieren sich im allgemeinen auf die positiven Beiträge, die das Bildungssystem zum Fortbestand der Gesellschaft erbringt.

Emile Durkheim (1858-1917), einer der Begründer der Soziologie, sah um die Jahrhundertwende die Funktion der Bildung vor allem in der *Überlieferung der gesellschaftlichen Werte und Normen* (1984b). Die Gesellschaft bedürfe, so meinte er, einer gewissen Homogenität, gewisser Ähnlichkeiten der Individuen, ohne die Kooperation und Zusammenleben nicht möglich wären. Die einzelnen Menschen müssen sich dem gesellschaftlichen Ganzen einordnen, sie müssen es als real, machtvoll und verpflichtend erleben. Erziehung bildet das Bindeglied zwischen dem Individuum und der Gesellschaft; wenn dem Kind die Zusammenhänge und die Geschichte der sozialen Ordnung, in der es lebt, vermittelt werden, entwickelt es ein Gefühl der Verpflichtung und der Zugehörigkeit.- Ein zweiter Aspekt ist wichtig. Die Zugehörigkeit zur Familie beruht auf Verwandtschaftsbeziehungen, die Zugehörigkeit zu manchen anderen Gruppen (etwa zu Freundschaftsgruppen, peer groups) auf freier Entscheidung; die Zugehörigkeit zur Gesellschaft, in der man lebt, beruht hingegen auf keinem dieser Prinzipien. Die Schule, in der der Heranwachsende mit anderen Personen, die er sich nicht aussuchen kann, auf der Grundlage bestimmter Regeln zurecht kommen muß, stellt gewissermaßen ein *Modell der Gesamtgesellschaft* dar: Das Kind lernt, sich nach abstrakten Regeln zu richten, um mit anderen Menschen das wechselseitige Verhalten zu ordnen; es entwickelt Selbstkontrolle und Pflichtgefühl - eine Einführung in das "ernste Leben".- Drittens entwickelt das Bildungssystem die *individuellen Kenntnisse und Fertigkeiten*, die für das zukünftige Berufsleben vonnöten sind: eine wichtige Funktion gerade in einer komplexen, arbeitsteiligen Industriegesellschaft. Die Spezialisierung der Tätigkeiten bildet in einer modernen Gesellschaft die Basis für eine "organische Solidarität" zwischen den Individuen, denn aufgrund ihrer jeweils spezialisierten Fähigkeiten brauchen sie einander und sind aufeinander angewiesen. Insgesamt gilt: Die Schule gewährleistet jene soziale Homogenität, die für das Zusammenleben wichtig ist; jene Spezialisierung der Fertigkeiten, welche die Kooperation der einzelnen erfordert; und die Einübung in dieses soziale Zusammenspiel der Individuen.

Die Ansichten von Talcott Parsons (1902-1979) decken sich in vielem mit jenen Durkheims. Nach der primären Sozialisation wird seines Erachtens die Schule zur *zentralen Sozialisationsagentur*: Sie stellt die Brücke zwischen Familie und Gesamtgesellschaft her und bereitet das Kind für seine Erwachsenenrolle vor. Innerhalb der Familie wird das Kind nach "partikularistischen" Kriterien behandelt, als Einzelfall und in seiner Individualität; in der Gesellschaft herrschen hingegen "universalistische" Kriterien vor, die Behandlung nach allgemeinen Regeln, unabhängig von den Besonderheiten des Individuums. Innerhalb der Familie ist der Status des Kindes "zugeschrieben", von Geburt an festgelegt; in der modernen Gesellschaft herrscht ein "erworbener Status" vor, etwa nach dem erlernten Beruf. In der Familie bestehen diffuse Rollen und ein emotionelles Klima, in der Gesellschaft differenzierte Rollen und affektive Neutralität. Die Schule nun vermittelt den Übergang: In ihr werden die Kinder weitgehend nach allgemeinen Regeln, also nach universalistischen Kriterien, und nach "meritokratischen" Prinzipien, also nach Leistung und nicht nach Geburtskriterien, behandelt. Die Prinzipien der Gesellschaft finden somit in der Schule bereits Anwendung. Damit werden auch die wichtigsten *Werte der Gesellschaft* vermittelt: Leistungsorientierung und Chancengleichheit. Jene, die mehr leisten, werden belohnt, und die Kinder werden ermuntert, nach besseren Noten und höheren Abschlüssen zu streben. Sie werden bei Wahrung gleicher Bedingungen unter "Konkurrenzdruck" gesetzt. Damit werden Haltungen erzeugt, die für Industriegesellschaften wichtig sind: Denn diese brauchen eine leistungsorientierte und motivierte Arbeiterschaft, und alle müssen das System als gerecht und fair ansehen.- Schließlich betont Parsons auch die *Selektionsfunktion der Schule*: Sie wählt die Individuen für ihre zukünftige Rolle in der Gesellschaft aus. Die Begabungen, Kenntnisse und Geschicklichkeiten der Kinder werden in der Schule sortiert und mit den Anforderungen der Berufsstruktur in Einklang gebracht. Die Schule verteilt also die späteren gesellschaftlichen Positionen und Rollen.

Davis und Moore (1945) teilen grundsätzlich die Perspektive von Parsons, aber sie verknüpfen sie enger mit der Struktur der sozialen Schichtung. Schichtung ist für sie ein Mechanismus, durch den die begabtesten und leistungsfähigsten Individuen zu jenen Positionen transferiert werden, die für das Überleben der Gesellschaft am wichtigsten sind. Das Erziehungssystem ist ein wichtiger Bestandteil dieses "Sortierungsprozesses", es bietet ein "Testgelände", um die Individuen nach Begabungen und Fähigkeiten zu reihen. (Diese Auffassung wird genauer im Kapitel über Schichtung und Ungleichheit behandelt).

Die Kritik an den funktionalistischen Theorien setzt meist an ihrer allzu harmonistischen Betrachtung der Gesellschaft an. Es wird in diesen Theorien unterstellt, daß die in der Schule vermittelten Werte jene der Gesamtgesellschaft sind; aber möglicherweise - so meinen die Kritiker - beruhen diese Werte gar nicht auf konsensuellen Auffassungen, sondern sind geprägt von den Vorstellungen einer herrschenden Klasse oder einer kulturellen Elite. Weiters: Schulen sollen angeblich ein Feld der Chancengleichheit sein; aber unterschiedliche soziale Hintergründe erweisen sich als wirksam für den schulischen und beruflichen Erfolg, so daß nicht allein die Reihung nach Intelligenz oder Leistungsfähigkeit die Schichtung bestimmt, sondern die Herkunft mindestens ebenso großen Einfluß auf den Bildungserfolg hat. Schließlich: Intelligenz muß keineswegs proportional sein dem schulischen Erfolg, und der schulische Erfolg muß nicht immer mit dem beruflichen parallel laufen.

Eine humanistisch-liberale Perspektive

Die humanistische Perspektive ist besonders stark von weltanschaulichen Akzenten und Hoffnungen geprägt: Bildung schließt immer auch Elemente der Befreiung von überkommenen Verhältnissen ein; nicht nur um Einfügung in die Gesellschaft geht es, sondern zugleich um Distanzierung, um die Gewinnung einer eigenständigen Perspektive, um die Entwicklung der eigenen Individualität. Im deutschen Idealismus bedeutete dies eher die Entfaltung innerer Werte, um das Erreichen einer subjektiven Erlebnistiefe; in den moderneren Varianten verbindet man damit eher eine emanzipative Komponente, Kritikfähigkeit und soziale Verantwortung.- Die humanistisch-liberale Vision war grundlegend für jene Programme der "Bildungsrevolution", die der Ausdehnung der Bildungseinrichtungen in den Industrieländern - mit dem Ziel einer Erhöhung der Chancengleichheit - in den 60er Jahren zugrunde lagen.

Erziehung ist dieser Auffassung nach ein *Weg zur persönlichen Entwicklung und Selbsterfüllung*, zur Entfaltung der geistigen und emotionellen Begabungen. Freie Erziehung, die nach meritokratischen Prinzipien erfolgt, bietet die Chance, Berufspositionen in einem fairen Wettbewerb zu erreichen. Eine Ausdehnung der Bildung führt zu einer Gesellschaft, die durch mehr Mobilität, höhere Leistungsfähigkeit und eine "offenere" politische Struktur gekennzeichnet ist. Vor allem aber reduziert sie die Ungleichheit in der Gesellschaft: Speziell untere Schichten finden durch Bildung Zugang zu besseren Arbeitsplätzen und können dadurch ihr Einkommen steigern.

Zum Teil - was die Postulate der Gleichheit und Harmonie angeht - trifft die Kritik an der funktionalistischen Theorie auch auf diese Perspektive zu. Was aber die damit verbundenen Hoffnungen auf eine egalitäre Gesellschaft betrifft, so ist an ein Argument von Fred Hirsch (1980) zu erinnern. Qualifizierte und mit entsprechendem Einkommen ausgestattete Arbeitsplätze gehören zu jener Art von Objekten, die er als *positionelle Güter* bezeichnet, d.h. Güter, die (wie z.B. Villen am Seeufer, einsame Erholungsdörfer usw.) nicht beliebig vermehrbar, durch höheres Wachstum nicht herstellbar und durch politische Reformen nicht garantierbar sind. Eine "gleichere" Verteilung solcher Güter kann es deswegen nicht geben, weil durch die Verallgemeinerung eben die Eigenart des Gutes zerstört wird. Es kann nicht für alle Mensch einsame Villen am Seeufer geben. Wenn alle die höchsten Orden bekommen, werden diese wertlos. Dieses Argument läßt sich auch auf die Folgen einer besseren Bildung beziehen: Mehr Bildung für alle bedeutet nicht, daß alle nun Positionen einnehmen können, in denen sie viel Geld verdienen, viele Untergebene kommandieren können und über ein hohes Prestige verfügen - es gibt eben nur eine gewisse Anzahl von Generaldirektoren. Wenn viele Individuen "Generaldirektor" werden, ist diese Position nicht mehr so erstrebenswert. Mehr Bildung für alle heißt dann nur, daß der Weg zu den gewünschten Zielen länger wird, weil sich der Selektionsdruck verschärft. Um dieselben Positionen wie früher einnehmen zu können, bedarf es dann höherer Qualifikationen und längerer Bildungsgänge, einfach deshalb, weil die Standards angehoben und neue Differenzierungskriterien eingeführt werden.

Eine marxistische Perspektive

Die marxistische Perspektive geht von der ökonomischen Struktur der kapitalistischen Gesellschaft aus, die den Bildungssektor - wie auch sonstige Teile des "Überbaus" - im wesentlichen determinieren soll. Im Interesse der Kapitalistenklasse produziert das Schulsystem eine qualifizierte und disziplinierte Arbeiterschaft; es sorgt also für die erforderliche Qualifikation der Arbeitskräfte und für ihre ideologische Kontrolle.

Die Erziehung, so haben Samuel Bowles und Herbert Gintis in ihrem Buch "Schooling in Capitalist America" (1976) behauptet, stattet die Arbeitskräfte mit jenen Haltungen und Verhaltensweisen aus, die sie für die weitere *wirtschaftliche Ausbeutung* geeignet machen. Es geht bei diesen Ausbildungsprozessen gar nicht so sehr um Fähigkeiten oder um Selektionsmechanismen, wie behauptet wird, sondern viel eher um die Erzeugung bestimmter Bewußtseinsformen und Verhaltensweisen. Die Stabilität der Gesellschaftsordnung hängt davon ab, daß sie als legitim und gerecht empfunden wird. Den Arbeitskräften muß also die Natur ihrer Ausbeutung verschleiert werden, sie werden durch extrinsische Belohnungen (Bezahlung, Karriere) über ihre Entfremdung im Arbeitsprozeß hinweggetäuscht. (Sie verfügen nicht über intrinsische Belohnungen, d.h. Selbstverwirklichung und Erfüllung in ihrer Arbeit, Belohnungen, die für sie um des Eigenwertes willen wichtig sind). Weiters werden sie zu Gehorsam und Arbeitsdisziplin veranlaßt durch die Drohung mit Entlassung und Arbeitslosigkeit und durch den positiven Anreiz möglichen Aufstiegs und besserer Bezahlung. Diese Situation führt zu einer schwachen und fragmentierten Arbeiterklasse, die weder starken Druck zugunsten höherer Löhne ausüben kann noch sich als geschlossene Klasse gegen ihre Ausbeutung wehrt.

Genau diese Haltung wird nun im Schulsystem erzeugt. In den Anfangsklassen lassen sich noch Kreativität, Aggressivität und Unabhängigkeit bei den Kindern beobachten, in den oberen Schulklassen hingegen dominieren *Ausdauer, Übereinstimmung, Abhängigkeit, Pünktlichkeit, Unterwerfung unter Autorität.* Die marxistischen Soziologen sehen dies nicht als Einübung in allgemein notwendige Haltungen, sondern als spezielles Training für den kapitalistischen Arbeitsprozeß. Schulen führen daher nicht, wie die humanistisch-liberale Perspektive es sieht, zur Selbstentfaltung, sondern genau im Gegenteil zur Unterdrückung und Verzerrung der Persönlichkeit. Auch die Organisation der Schule spiegelt genau die Arbeitswelt wieder. Schulen sind hierarchisch organisiert, die Schüler haben keine Kontrolle über ihre Tätigkeit, sie wandern zusammenhanglos von einem Gegenstand zum anderen, sie sind daher auf extrinsische Ziele orientiert (auf Noten und Abschlüsse), die von den Lehrern vergeben werden. Die hierarchische Arbeitsteilung im Beruf wird daher im Schulsystem repliziert, und die undemokratischen und ungleichen Verhältnisse werden "eingeübt", bis sie als natürliche und gerechte wahrgenommen werden.

Das Bildungssystem rechtfertigt Ungleichheit zudem durch eine *meritokratische Ideologie*, derzufolge in freiem Wettbewerb Fähigkeiten entwickelt und selektiert werden: Personen mit höheren Bildungsabschlüssen und gutdotierten Berufspositionen verdienen ihre Besserstellung - so wird argumentiert -, sie haben sie durch Leistungen erworben. In Wahrheit aber, so meinen Bowles und Gintis, seien Bildungs- und Berufserfolge eher durch den Familienhintergrund zu erklären als durch Bildung und Leistung. Ihre Untersuchungen ergeben, (1) daß zwischen dem Intelligenzquotient (IQ) und dem Bildungserfolg wenig Zusammenhang besteht: Entscheidend sei vielmehr der Familienhintergrund, der zu einem längeren Verbleib im Schulsystem führe, wodurch wiederum der IQ entwickelt werde; (2) daß zwischen dem IQ und dem beruflichen Erfolg wenig Zusammenhang bestehe: Auch hier zählt die Herkunft mehr, denn bei Leuten mit gleichem IQ findet sich eine breite Streuung der Einkommensverhältnisse; und (3) daß zwischen Bildungsabschlüssen und

Berufserfolgen wenig Zusammenhang bestehe: Herkunft, Rasse und Geschlecht seien viel entscheidender, denn Bildungsqualifikationen sind - deutlich am Beispiel der amerikanischen Gesellschaft - weit wertvoller für Weiße als für Schwarze, für Männer als für Frauen, für Mittelklasse-Männer als für männliche Mitglieder der Arbeiterklasse. Insgesamt, so meinen Bowles und Gintis, sei das Erziehungssystem erstens eine riesige mythenerzeugende Maschinerie, welche die gesellschaftliche Ungleichheit rechtfertige; zweitens sorge es für ein gewisses Überangebot an qualifizierten Arbeitskräften, so daß die Drohung des Arbeitsplatzverlustes für alle Arbeitskräfte spürbar bleibe: Durch die "Überqualifikation" der Individuen sind diese für viele Jobs verwendbar, so daß keine "Engpässe" entstehen, sondern jeder immer ersetzbar ist.

Bowles und Gintis haben dazu beigetragen, einige tatsächlich existierende Illusionen zu zerstören: Insbesondere der Nachweis, daß der soziale Hintergrund für Erfolge im Bildungs- und im Berufssystem von entscheidender Bedeutung ist, rüttelt am Selbstverständnis der "Leistungsgesellschaft". Andererseits können zwei Einwände geltend gemacht werden. Erstens sind viele jener Eigenschaften, die von den Autoren kritisierend beschrieben werden, tatsächlich notwendig für eine moderne Industriegesellschaft: etwa Pünktlichkeit, Disziplin, Effizienz; solche Verhaltensweisen sind nicht per se schlecht oder persönlichkeitszerstörend.- Zweitens aber handelt es sich nicht im speziellen um Begleiterscheinungen einer kapitalistischen Gesellschaft, wie dies dargestellt wird. In sozialistischen Staaten wird, wie Untersuchungen gezeigt haben, mindestens der gleiche Wert gelegt auf Leistung und Wettbewerb im Bildungssystem, und auch dort scheinen die erfolgreicheren Schüler aus den privilegierten Familien zu kommen.

Eine interaktionstheoretische Perspektive

Die interpretative Soziologie geht davon aus, daß die Menschen im Zuge ihres wechselseitigen Verhaltens die Wirklichkeit aktiv gestalten. Sie setzt sich ab gegen eine funktionalistische Systembetrachtung, die theoretisch deswegen unbefriedigend bleibt, weil nicht erklärt wird, wie sich beispielsweise "Systemerfordernisse" im Bewußtsein der Menschen umsetzen, wie sie also zu einem systemadäquaten "Funktionieren" gebracht werden; empirisch haben sich funktionalistische Untersuchungen oft auf die Feststellung von Korrelationen zwischen Variablen wie Bildungsabschlüssen und ökonomischen oder politischen Variablen beschränkt. Die Interaktionisten steigen hinab in den *Schulalltag*. In einem Interaktions- und "Verhandlungs"prozeß wird den Dingen Bedeutung verliehen, und dies ist auch im Bildungssystem nicht anders. Eine einfache Szene im Klassenzimmer ist keine "objektive" Situation, deren Bedeutung einfach gegeben ist. Ein Jugendlicher aus dem Unterschichtenmilieu empfindet möglicherweise die Schulsituation, in die er gerät, als unangenehm, fremd, feindlich; er reagiert darauf, indem er wenig sagt und versucht, nichts zu äußern, was gegen ihn verwendet werden kann. Dies wiederum wird als Unfähigkeit oder Dummheit gedeutet. Er wird so eingestuft und entsprechend behandelt, und dies führt wiederum dazu, daß diese Erwartungen durch sein Verhalten immer wieder bestätigt werden. Lehrer neigen dazu, so wurde auch in empirischen Untersuchungen festgestellt, Schüler aus Mittel- oder Oberschichten von vornherein als potentielle Aspiranten für höhere Etagen des Schulsystems und für die spätere Karriere zu sehen; dazu tragen die äußere Erscheinung des Schülers, seine Manieren und seine Sprechweise, seine Kleidung und sein Haarschnitt, die Einschätzung seiner Eltern und dergleichen bei. Erfolg und Versagen in der Schule sind in einem hohem Maße das Ergebnis von bestimmten Interaktionssituationen (vgl. Bernstein 1977).

Es ergibt sich eine Art von "selbsterfüllender Prophezeiung": Der Lehrer definiert die Schüler als "dumm" oder "gescheit", und es stellt sich in der Tat heraus, daß alle diese Zuschreibungen gerechtfertigt werden - allerdings nur deswegen, weil die Interaktion des Lehrers mit den Schülern selbst geprägt ist von seinen Definitionen. Er wird deshalb die "gescheiten" Schüler stärker ermutigen, von den "schlechten" hingegen ohnehin nicht viel erwarten, und er wird gerade in Zweifelsfällen die Situation nach der einen oder der anderen Seite hin deuten. Der Schüler wird auf eine bestimmte Weise "etikettiert" - etwa als "Ruhestörer" oder als "Clown" -, und er wird dadurch immer stärker in diese Rolle gedrängt, bis er sich mit anderen, die ähnlich etikettiert sind, zusammenschließt, so daß nun alle, wechselseitig im Verhalten bestärkt, diesen Erwartungen in der Tat entsprechen.

Das interaktionistische Modell weist allerdings die hinsichtlich der funktionalistischen Theorie spiegelbildlichen Beschränkungen auf: Die individuell Handelnden werden zwar in die Untersuchung wieder eingebracht, aber die strukturellen Gegebenheiten weitgehend ausgeklammert. Aus einer Fülle von Einzelerzählungen erwächst jedoch noch kein hinreichendes Verständnis des Bildungssystems.

2. Bildung als Humankapital - über immaterielle "Investitionen"

Bildung besitzt einerseits einen Eigenwert - sie trägt zur menschlichen Selbstentfaltung und Lebensbewältigung bei; sie ist also - ökonomisch formuliert - ein *Konsumgut*. Aber sie ist auch ein Produktionsfaktor, ein *Investitionsgut*: Es handelt sich bei einem Bildungsprozeß um eine Investition, die individuelle Erträge abwirft (nämlich ein höheres Arbeitseinkommen in der Zukunft), und die eine Produktivkraft darstellt, deren Vorhandensein notwendig ist für Wachstum und Modernisierung. In den Industrieländern haben die Eltern im Zuge der "Bildungsrevolution" erkannt, daß Bildungszertifikate die wichtigste Investition in die Zukunft ihrer Kinder darstellen, und sie versuchen mit allen Mitteln, ihnen diese Zertifikate zu beschaffen. Dabei sind natürlich sozial selektive Wirkungen spürbar, denn Kinder aus "besseren Verhältnissen" haben auch die besseren schulischen Chancen; sie verfügen über entsprechende Persönlichkeitseigenschaften, Wertorientierungen, Leistungsmotivation, sprachliche Ausdrucksmöglichkeiten, kognitive und emotionelle Fähigkeiten (vgl. Jencks 1975). Freilich sind die vermittelten Bildungsinhalte in einer komplexen arbeitsteiligen Gesellschaft nicht mehr so leicht unterscheidbar wie noch im 19. Jahrhundert, als die eine Gruppe von Jugendlichen für spätere Befehlspositionen ausgebildet, die andere zum Gehorsam erzogen wurde; heute bedarf es einer differenzierteren Formung der Individuen. Das aber bedeutet, daß die Klasseneinflüsse weniger Bedeutung besitzen, daß aber die Schule - neben den Jugendlichengruppen - für die Prägung des einzelnen noch wichtiger wird (vgl. Coleman 1961).

Investitionen in den Intellekt

Bildung als "Humankapital" zu betrachten, soll keine "unmenschlichen" Assoziationen - der Mensch als "Maschine" - wachrufen: Es geht nur um den von niemandem bestrittenen Sachverhalt, daß gegenwärtige Aufwendungen (Bildungskosten) zukünftige Erträge (Einkommen) steigern können. Das erwartete Einkommen wird keineswegs der einzige Faktor sein, der bei einer Bildungsentscheidung zählt, aber es mag auch ein Faktor unter anderen sein, der die Entscheidung für einen bestimmten Bildungsweg, eine Schule oder eine Studienrichtung beeinflußt. In einer Vielzahl von ökonomischen Studien wurden Ertragsraten von 5 bis 15% errechnet, wobei allerdings eine Reihe von strengen Annahmen bei diesen Berechnungen getroffen werden mußte.

An diesen Annahmen setzt auch die Kritik ein: Es sei nicht zulässig, so wird eingewandt, daß Ausbildungskosten mit dem Erreichen von Lernzielen und diese wieder mit realisierten Arbeitsleistungen und Einkommen identifiziert werden. Die erforderliche Information über Kosten und Erträge sei gar nicht verfügbar, so daß die Individuen gar keine rationale Entscheidung zwischen ihren verschiedenen Handlungsmöglichkeiten fällen könnten. Schichtspezifisch variierendes Risikoverhalten spiele eine Rolle. Man könne auch nicht von einer gegebenen Lohnstruktur ausgehen, weil die Bildungsausgaben selbst wieder wichtige Einflüsse auf Angebot und Nachfrage am Arbeitsmarkt ausüben, so daß die Bildungsentscheidungen wieder zurückwirken auf die Entscheidungsgrundlagen. Schließlich wurden auch empirische Indizien dafür vorgelegt, daß eine plausible Durchschnittsertragsrate für akademische Bildung, wenn sie disaggregiert (also nach verschiedenen Fachrichtungen gesondert betrachtet) werde, mit ganz unterschiedlichen Renditen vereinbar sei, ja daß sich in bestimmten Fächern und Institutionen sogar negative Ertragsraten nachweisen lassen - ein Gutteil der Studenten müßte also "irrationale" Entscheidungen treffen. Das hat die Hoffnungen, die man mit dem Humankapital-Ansatz verbunden hat, schwer erschüttert; um mit diesen Komplikationen fertig zu werden, fügt man zunehmend auch wieder die altgewohnten soziologischen Variablen - Familienherkunft, Wohnort, angeborene Fähigkeiten u.dgl.- in die Gleichungen ein und erhält damit weit bessere Ergebnisse.

Die Screening-Theorie - Signale für Persönlichkeitseigenschaften

Angesichts dieser Schwierigkeiten hat sich eine andere ökonomisch orientierte Theorie in den Vordergrund geschoben, derzufolge Bildungszertifikate vor allem das Selektionsproblem des Arbeitgebers lösen helfen: Bestimmte Schulabschlüsse, so die Vertreter der Screening-Theorie, signalisieren dem Unternehmer, daß produktivitätsrelevante Persönlichkeitseigenschaften beim potentiellen Arbeitnehmer vorhanden sind, die durch *on-the-job-training* (also durch Ausbildung am Arbeitsplatz und im Verlauf des Arbeitsprozesses) entfaltet werden können. Es geht also gar nicht um ein *akkumuliertes Humankapital*, um die vorhandenen und einsetzbaren Fähigkeiten und Wissensbestände des Jobbewerbers, die durch ein Abschlußzeugnis belegt werden. Es geht vielmehr um *potentielle Kenntnisse*, also um jene individuellen Fähigkeiten des Bewerbers, die es dem Unternehmen erlauben, ihm das erforderliche praktische Wissen kostengünstig beizubringen. Es geht dann nicht darum, was einer gelernt hat, sondern darum, was er zu lernen fähig sein wird. Lernleistungen, nicht Wissensbestände werden durch Zeugnisse nachgewiesen.

Angebots- und Nachfrageanalysen der Bildungssoziologie

Andere bildungsökonomische Studien haben die Struktur der Absolventen des Bildungssystems den Entwicklungen des wirtschaftlichen Bedarfs gegenübergestellt und auf diese Weise versucht, Engpässe oder Überschüsse bei verschiedenen Qualifikationsstufen oder -arten festzustellen. Dabei hat sich ergeben, daß die jeweils relevanten "Teilarbeitsmärkte", für welche ausgebildet wird, gar nicht so leicht zu definieren sind: Es gibt "Unschärfebereiche", also beispielsweise Studien, mit denen mehrere Berufe zu ergreifen sind, und Berufe, die man aufgrund verschiedener Studiengänge ausüben kann. Deshalb sind Prognosen mit großen Schwierigkeiten verbunden. Curriculare Reformvorschläge wollen angesichts der Schwankungen des Arbeitsmarktes dadurch eine höhere Flexibilität sichern, daß man zu einer stärkeren "Entkoppelung" von Bildungs- und Beschäftigungssystem kommt: Eine Verstärkung von übergreifenden Ausbildungsinhalten und "Schlüsselqualifikationen" könnte die "Unschärfebereiche" am Arbeitsmarkt nutzen, und mit einem bestimmten Schulabschluß oder einem bestimmten Studiengang könnte das Spektrum jener Arbeitsplätze, die in Frage kommen, erweitert werden.

Strukturprobleme des Bildungsmarktes

In unseren Tagen macht ein gewisser Überschuß an akademischen Qualifikationen Sorgen, und auch ein Überangebot an Absolventen höherer Schulen, die nicht unbedingt hinreichend für den unmittelbaren Eintritt ins Berufsleben geeignet sind, wird konstatiert. Gleichzeitig tritt aber auch ein Mangel an Facharbeitern auf. Offenbar werden die Strukturprobleme des Arbeitsmarktes nicht im erforderlichen Maße durch die entsprechenden Marktmechanismen (Lohnänderungen) ausgeglichen. Werfen wir einen Blick auf die "besseren Etagen" des Arbeitsmarktes. Die Tatsache, daß ein Akademikerüberschuß besteht, läßt die folgenden Wirkungen erwarten, die mehr oder weniger gleichzeitig oder mit unterschiedlicher Gewichtung auftreten: (1) einen *Verdrängungsprozeß*, so daß - im Falle relativ konstanter Berufspositionen und vertikaler Substituierbarkeit - die besserqualifizierten Arbeitskräfte die jeweils nächste Bildungsetage nach unten verdrängen (der Studienabsolvent bekommt Maturanten- oder Abiturientenjobs, der Absolvent einer höheren Schule jene der Fachschüler usw.); (2) *sinkende Löhne*, wenn die vertikale Ersetzbarkeit nicht so stark ist, und Arbeitslosigkeit auf allen Stufen der qualifikatorischen Hierarchie; (3) ein *educational upgrading* in der Wirtschaft, d.h. das stärkere Angebot an Akademikern wird durch ein stärkeres Angebot an Arbeitsplätzen mit höheren Qualifikationsanforderungen beantwortet; und schließlich (4) einen stärkeren Konkurrenzdruck, einen *verschärften Wettlauf* um die besseren Positionen, etwa durch zusätzliche Qualifikationsnachweise (durch Doppelstudien, post-graduate Studien, Sprachkenntnisse, EDV-Kurse etc.) - was für alle zu einer längeren "Anlaufperiode" bis zur Berufstätigkeit führt.

3. Intelligenz und Gleichheit - Ansatzpunkte der gesellschaftlichen Reform?

Bildungsprobleme stehen oft im Zentrum gesellschaftlicher Auseinandersetzungen, nicht zuletzt deswegen, weil Vorstellungen über eine Veränderung der Gesellschaft oft bei der Erziehung der jüngeren Generation ansetzen. Die "Schule" wird dann zum Angelpunkt, von dem aus eine bessere Gesellschaft installiert werden soll. Manche Auseinandersetzungen setzen aber noch tiefer an: dort, wo es um die

Erziehbarkeit des Menschen überhaupt geht. Wieder berühren wir hiebei die Frage, welche Bedeutung Vererbung oder Sozialisation besitzen.

Das Problem "Intelligenz"

Intelligenz wird als Fähigkeit definiert, die Regeln, Muster und Prinzipien zu entdecken, die Ereignissen oder Gegenständen zugrunde liegen, und die Ergebnisse zur Lösung von Problemen anzuwenden. *Intelligenztests* haben ergeben, daß diese Eigenschaft mit dem Bildungserfolg eng verbunden ist; daraus würde folgen, daß Arbeiter oder Schwarze beispielsweise durchwegs weniger intelligent sind als Mittelschichtangehörige oder Weiße. Anhänger einer nativistischen Auffassung meinen, daß eine schlechtere Ausstattung des Gehirns am Beginn eines geringeren Lebenserfolges stehe; Behauptungen über solche Unterschiede haben eine lange Geschichte, die mit Aussagen darüber beginnt, daß manche Individuen von Natur aus zum Dienen und andere zum Herrschen bestimmt seien, und mit Postulaten über die natürliche Unterscheidung männlichen und weiblichen Denkens endet - "Gleichheit" muß in solchen Fällen als "unnatürlich" erachtet werden. Aber solche Auffassungen sind auch in den USA, wo Intelligenztests am stärksten Verwendung gefunden haben, unter Kritik geraten. Diese Tests sollen nicht Wissen oder Merkfähigkeit messen, sondern die Fähigkeit zu denken. Aber sie sind - so wurde gezeigt - nicht unabhängig von kulturellen Sachverhalten; sie begünstigen die weiße Mittelschicht, allein schon durch die Wortwahl, die Art der Fragestellungen und durch die Annahmen, was denn Bestandteil des "selbstverständlich" vorauszusetzenden Allgemeinwissens sei. Dieses aber ist je nach Schicht und Milieu unterschiedlich; Kinder aus oberen Schichten würden niemals einen Test bestehen, der mit Kulturbeständen eines Großstadtslums bestückt ist. Es gibt keine wirklich "kulturfreien" Intelligenztests.

Die Intelligenz ist beeinflußt von der genetischen Ausstattung einerseits, von der Umwelt und der Erziehung, die den Individuen zuteil wird, andererseits. Meinungsunterschiede bestehen allerdings über die Gewichtung dieser beiden Faktoren: Manche Psychologen und Biologen behaupten, gestützt u.a. auf Zwillingsuntersuchungen, daß der größte Teil der Intelligenz (etwa 80%) angeboren sei. Sozialwissenschaftler legen meist größeres Gewicht auf Umwelteinflüsse, sie reklamieren die 80% für den Sozialisationsprozeß und wollen der Vererbung nur ein Gewicht von 20% beimessen. Sie begründen dies durch Testreihen, denen zufolge sich in der Zeit vom Ersten zum Zweiten Weltkrieg ein wesentlicher Anstieg im durchschnittlichen IQ (Intelligenzquotient) ergeben habe: Da diese kurze Zeit für biologische Veränderungen nicht ausreicht, sei der IQ keine statische Angelegenheit, sondern von äußeren Umständen - wie Lebensstandard und

Schulbildung - abhängig; Intelligenz, wie sie durch die Tests gemessen werde, könne also (zu einem guten Teil) "gelernt" werden. Die meisten Wissenschaftler neigen heute einer Kompromißvariante zu.

Das Problem "Gleichheit"

Bildung ist mit sozialer Ungleichheit verbunden, gerade in einer meritokratischen Gesellschaft. Es besteht eine hohe Korrelation zwischen Bildungsabschlüssen und sozialen Rangpositionen. Bildung ist aber auch das zentrale Element sozialer Mobilität, sie ist das Vehikel von Aufstiegsprozessen. Deshalb wird sie auch mit einer bestimmten Variante von Gleichheit, nämlich der Chancengleichheit, verbunden - Chancengleichheit soll beides gewährleisten, die Ausschöpfung aller Begabungsreserven und die Differenzierung nach den erzielten Bildungsergebnissen.

Vor allem in den 60er Jahren war die Vorstellung verbreitet, es könne die ökonomische Ungleichheit verringert werden, indem man eine größere Chancengleichheit im Bildungssystem herbeiführe. Die ökonomische Argumentation verlief folgendermaßen: Durch eine Steigerung der individuellen Fähigkeiten steigt die Produktivität des einzelnen sowie sein Einkommen. Das Angebot an niedrigqualifizierten Arbeitskräften wird knapp und ihre Löhne steigen, das Angebot an hochqualifizierten steigt und ihre Löhne fallen.- Diese Vorstellungen haben sich nicht in dieser Weise bewahrheitet. Erstens haben Christopher Jencks u.a. in einem Buch über "Inequality" (1975) in der amerikanischen Gesellschaft nachgewiesen, daß eine enge Beziehung zwischen Berufsstatus und Bildungsabschluß bestehe, aber nur eine erstaunlich geringe Relation zwischen Bildungsabschluß und Einkommen; sie finden keine einigermaßen eindeutige Erklärung für Einkommensunterschiede. Zweitens hat sich gezeigt, daß die rasche Ausweitung der höheren Bildung in den USA in den 50er und 60er Jahren keineswegs einen entsprechenden Niederschlag in der Produktivität und im wirtschaftlichen Wachstum gefunden hat. Drittens hat sich erwiesen, daß nicht mit der vorgegebenen Struktur der Arbeitsplätze gerechnet wurde: Welche Qualifikationen auch immer erzeugt werden, manche bekommen die besseren und manche die schlechteren Arbeitsplätze.

Andere Theoretiker haben sich näher mit den Inhalten beschäftigt, die im Bildungsprozeß vermittelt werden und die auf sehr subtile Weise zu Differenzierungen führen. Pierre Bourdieu etwa geht davon aus, daß es die Hauptaufgabe des Bildungssystems sei, für die "kulturelle Reproduktion" zu sorgen, d.h. nicht bloß für die Weitergabe der Kultur allgemein, sondern vor allem für die Vermittlung der Bildungsinhalte der "herrschenden Klassen". Diese Bildungsinhalte stellen *kulturelles Kapital* dar, d.h. sie lassen sich umsetzen in Vermögen und Macht. Kinder aus höheren Gesellschaftsschichten haben dabei unschätzbare Vorteile: Denn vor allem kommt es für die spätere Position auf die Erziehung der Kinder in den frühen Jahren an, und die Schule kann nur auf den vorhandenen kulturellen Fundamenten aufbauen. Kinder aus besseren Kreisen haben die wichtigen Fähigkeiten und das Wissen bereits vor der Schule erworben, sie besitzen den Schlüssel zu den herrschenden Gruppierungen. Sie verfügen über die kaum feststellbaren Nuancierungen im Verhalten und im Stil; sie können deshalb auch jene Bedeutungen besser entschlüsseln, die im Tonfall, im Akzent, in der Körperbewegung des Lehrers liegen. Unterschichtenkindern bleiben diese Bedeutungen alle verschlossen, sie verstehen daher vieles nicht.- Schulen haben nach Bourdieus Meinung vor allem eine Selektionsfunktion, aber da Kinder aus der Arbeiterschicht einen Teil der vermittelten Bedeutungen und der Nuancierungen im Verhalten des Lehrers nicht verstehen, versagen sie mit höherer Wahrscheinlichkeit bei den Prüfungen; sie werden daher von höheren gesellschaftlichen Positionen ferngehalten.- Solche Feststellungen haben zu divergierenden Vorschlägen für eine Reform von Curricula geführt: Auf der einen Seite ist vorgeschlagen worden, ein "gemeinsames Curriculum", das an kulturellen Gemeinsamkeiten orientiert ist, zu erstellen, um die genannten Differenzierungen "auszubügeln"; auf der anderen Seite wollte man den unterschiedlichen Begabungen und Lebenswelten dadurch Rechnung tragen, daß man sich um ein "kulturell differenziertes Curriculum" - bei dem alle Betroffenen die gleichen Chancen haben - bemühte. Beides scheinen aber kaum realistische Reformvorschläge zu sein (vgl. Bourdieu 1983, Bourdieu/Passeron 1977).

VI. ABWEICHUNG UND KONTROLLE

Es ist bereits mehrfach betont worden, daß sich das Interesse der Sozialwissenschaftler auf die Regelmäßigkeiten richtet, die das Verhalten der Individuen, soziale Prozesse und Abläufe kennzeichnen. Aber es gibt auch ein "anderes" Verhalten, das aus der "Normalität" ausbricht, das anerkannte Vorschriften - unter Umständen sogar gesetzliche Normen - durchbricht. Dieses "abweichende Verhalten" verfestigt sich zuweilen sogar in bestimmten Institutionen oder Subkulturen - und wird insofern wieder zu einem "normalen" Bestandteil des gesellschaftlichen Daseins. Mit diesem Phänomen - abweichendem Verhalten im allgemeinen und kriminellem Verhalten im besonderen - wollen wir uns in diesem Kapitel befassen. Wir erörtern nochmals die Frage sozialer Normen und devianten (abweichenden) Verhaltens (in Abschnitt 1) und besprechen anschließend (in Abschnitt 2) das Spektrum der wichtigsten Kriminalitätstheorien, die Ursachen, Typen und Verläufe kriminellen Handelns zu erklären trachten.

1. Soziale Normalität - über das Normale und das Normative

Mehrfach war bereits die Rede vom regelgeleiteten Handeln der Menschen. Wenn sich jemand nach den allgemein geltenden Regeln verhält, so sprechen wir von einem "normalen Verhalten". Damit meinen Sozialwissenschaftler natürlich nicht unbedingt ein "richtiges" Verhalten, sondern ein gesellschaftlich gebilligtes und anerkanntes, ein als "normal" empfundenes Verhalten. Es geht um gruppenbezogene soziale Normen, welche die Beziehungen zu anderen Menschen regeln; dazu zählen Verkehrsregeln und Heiratsvorschriften, Eßgewohnheiten und religiöse Praktiken, Arbeits- und Höflichkeitsregeln. Es wäre in europäischen Gesellschaften heute beispielsweise nicht "normal", Ehepartner käuflich erwerben zu wollen oder den Braten bei Tisch mit den Händen zu zerreißen, obwohl es diese Verhaltensweisen in bestimmten Kulturen und zu bestimmten Zeiten gegeben hat. Normalitätsstandards ändern sich, wie aus diesen Beispielen zu erkennen ist: Küßt man den Damen zur Begrüßung noch die Hand? Hält man ihnen trotz aller Emanzipation noch die Türe auf? Sollen uneheliche Kinder rechtlich den ehelichen gleichgestellt werden?

Normalität, Stabilität und Gesundheit

Auffassungen über das, was in einer Gesellschaft als "normal" gilt, richten sich einerseits auf die *Wirklichkeitsdefinition* eines Gemeinwesens, also auf das, was als das "Wirkliche" angesehen wird: Es galt einst als normal, die Auffassung zu vertreten, die Erde sei eine Scheibe und der Mittelpunkt des Weltalls, Frauen seien "minderwertige" Wesen und Schwarze seien unintelligent, und es galt als angemessen, die Auffassung zu vertreten, als Kriterium der Wahrheit einer Aussage sei ihre Vereinbarkeit mit der Bibel anzusehen. Andererseits richtet sich eine Normalitätsdefinition auf die *Normenstruktur* einer Gesellschaft, d.h. darauf, was als "gehörig" gilt und vorgeschrieben ist. Es wird heute nicht mehr als angemessen erachtet, sich vor der geliebten Frau aufs Knie zu werfen, man bezahlt Staatsbeamte üblicherweise nicht für ihre Gefälligkeiten, und man spuckt in öffentlichen Räumen nicht auf den Boden.

Über die Bewertung dessen, was als "normales Verhalten" betrachtet wird, gibt es unterschiedliche Auffassungen. Auf der einen Seite steht der Versuch Emile Durkheims, in seinen "Regeln der soziologischen Methode" die Soziologie als Wissenschaft so zu bestimmen, daß ihre Erkenntnisse auch praktisch handlungsleitend sein können. Entscheidend ist seine Auffassung, daß es Aufgabe der soziologischen Methode sei, in der Gesellschaft das *Normale* vom *Pathologischen* zu scheiden. "Tatsächlich ist für die Gesellschaften wie für den Einzelnen die Gesundheit das Gute und Wünschenswerte, die Krankheit dagegen das Schlechte und zu Meidende. Wenn wir also ein objektives, den Erscheinungen immanentes Kriterium auffinden, das bei ihren verschiedenen Arten die Krankheit von der Gesundheit wissenschaftlich zu scheiden gestattet, so wird die Wissenschaft imstande sein, der Praxis Aufklärung zu bieten, ohne der ihr eigenen Methode untreu zu werden." (1980, 142) Die Feststellung des Gesundheitszustandes "ist die Norm, die allen unseren praktischen Erwägungen als Grundlage dienen muß." (143) Soll das Kriterium der Gesundheit praxisrelevant sein, so muß Gesundheit feststellbar sein. Durkheim geht davon aus, daß dies nur unter Bezug auf eine bestimmte Gattung möglich ist, daß aber ein "normales" Individuum einer Gattung prinzipiell gesund sein muß, oder umgekehrt: Eine Gattung, die grundsätzlich unheilbar krank wäre, ist ein Widerspruch in sich. Das Gesunde und das Allgemeine fallen demzufolge zusammen. "Wenn die Eigenschaften, deren Vereinigung den Normaltypus bildet, in einer Gattung tatsächlich allgemein werden konnten, so geschah das nicht ohne Grund... (Die Allgemeinheit) wäre nun unerklärlich, wenn die verbreitetsten Organisationsformen, wenigstens in ihrer Gesamtheit, nicht auch die vorteilhaftesten wären." (150) Häufigkeit ist daher auch ein Beweis von Überlegenheit. Letztes Kriterium freilich ist erst die Übereinstimmung des beobachteten Verhaltens mit den "allgemeinen Existenzbedingungen des Kollektivs". Der Forscher muß also "auf die Bedingungen zurückgehen, die in der Vergangenheit diese Allgemeinheit herbeigeführt haben, und dann untersuchen, ob diese Bedingungen gegenwärtig noch gegeben sind oder ob sie sich im Gegenteil geändert haben; im ersten Falle wird er berechtigt sein, die Erscheinung als normal zu behandeln, im zweiten, ihr diesen

Charakter abzusprechen." (152) Damit aber erhält die Erkenntnis allgemeiner Phänomene bei Durkheim *normativen* und *praktischen* Charakter: Das Allgemeine fällt mit dem Normalen zusammen; das Normale ist identisch mit dem Gesunden; und dieses gilt es zu bewahren oder herzustellen. Humanitäre Visionen, so meint Durkheim, verfließen ins Unendliche, ein Kriterium des Handelns gewinnt man nur dann, "wenn die Gesundheit etwas Umgrenztes und in den Tatsachen Gegebenes" ist, denn dann gilt es (auch für den Staatsmann), "den Normalzustand zu erhalten, ihn wieder herzustellen, falls er gestört ist, und seine Bedingungen von neuem zu schaffen, wenn sie sich geändert haben."

Auf der anderen Seite steht Max Webers Behandlung des Problems (1973, 193f.), welches dem Verhältnis von sozialwissenschaftlicher Erkenntnis und praktischer Politik zugrundeliegt. "Normalität" bedeutet für ihn keineswegs "Wahrheit", und der statistische Durchschnitt kann sich keineswegs einer höheren Einsicht in das Wahre, Richtige oder Gute rühmen. Auch die *"mittlere Linie"*, sagt Weber, sei um kein Haarbreit mehr wissenschaftliche Wahrheit als die extremsten Parteiideale von rechts oder links. Es sei eine schwere Selbsttäuschung zu glauben, man könne durch Synthese von mehreren oder auf der Diagonale zwischen mehreren Parteiansichten praktische Normen von wissenschaftlicher Gültigkeit gewinnen. Die Mehrheit ist einfach die *Mehrheit* und in diesem Sinne das "Normale". Weder Wahrheit noch Gesundheit lassen sich daraus ableiten. "Abnormalität" ist im gleichen Sinne nur die Abweichung vom Typischen.

Konformität und Nonkonformität

Im Alltagsgebrauch freilich hat es durchaus einen wertenden Akzent, wenn wir von "Normalität" oder "Konformität" sprechen. Bereits im Zusammenhang mit der Erörterung sozialer Rollen wurde erwähnt, daß individuelle Anpassungsleistungen an die gesellschaftliche Ordnung einen ambivalenten, Freiheit und Zwang vereinenden Charakter haben. Diese Doppelbödigkeit weisen auch Begriffe auf, die das Normal- oder Devianzverhalten beschreiben sollen, wie Konformität und Nonkonformität. Konformität bedeutet Gehorsam gegenüber den gesellschaftlichen Normen, Nonkonformität ist Abweichung gegenüber diesen Vorschriften. Wenn wir *in positivem Sinne von Konformität* sprechen, so schwingen Begriffe wie Vertrauen, Verläßlichkeit, Voraussagbarkeit, Funktionieren, Ordnung und dergleichen mit. Wenn wir umgekehrt *in negativem Sinne über Nonkonformität* reden, d.h. über Abweichung, so assoziieren wir Mißtrauen, Unsicherheit, Ungewißheit, Störung, Chaos. Aber es gibt auch einen *negativen Konformitätsbegriff*, der an Nachahmung, Anpassung, Uniformierung, Fremdsteuerung und Abhängigkeit denken läßt; und eine *positive Nonkonformitätsvorstellung*, die Unabhängigkeitsaspekte betont:

Selbständigkeit, Entfaltung, Variabilität, Eigengestaltung und Freiheit (vgl. Wiswede 1985, 41).

Daneben haben wir natürlich nach dem Grade der Beobachtbarkeit *äußere und innere Konformität* zu unterscheiden; erstere bezieht sich nur auf die äußerliche Befolgung der geltenden Normen (z.B: im Falle "innerer Emigration", wenn in totalitären Staaten versucht wird, zum Zwecke des Überlebens äußerlich nicht aufzufallen, obwohl man mit dem Regime nicht übereinstimmt), letztere erfaßt auch das Innenleben des Individuums und schließt die innerliche Akzeptanz der Normen ein.

Die "Härte" von Normen

Soziale Normen können nach unterschiedlichen Kriterien eingeteilt werden. (1) Wenn es um die Bewußtheit der Befolgung geht, so mag man *Gewohnheiten* und *Gebräuche*, also unreflektierte Selbstverständlichkeiten, als unbewußt wirksame Normierungen betrachten: Man grüßt Bekannte selbstverständlich. (2) *Sitten* sind bereits wirksamere Regulative, Vorschriften, mit denen ein bestimmter Sinn verbunden wird, ein zumindest ansatzweise überlegtes Tun: Ich bin Kommunist, weil alle Familienmitglieder schon immer in dieser Partei waren. (3) *Recht* und *Gesetz* schließlich sind bewußt und zweckmäßig ausgearbeitete, meist schriftlich formulierte und bewußt befolgte Vorschriften.- Nach der Anzahl der betroffenen Menschen kann man recht enge Geltungsbereiche (etwa für das Berufsrecht der Ärzte) oder weite Geltungsbereiche (etwa für das Straßenverkehrsrecht) finden. Nach dem Grad der Ausdrücklichkeit kann man Kann-Vorschriften (etwas ist erlaubt) von Soll-Vorschriften (Grußpflichten) und Muß-Vorschriften (Steuerzahlen) unterscheiden.

Instanzen der sozialen Kontrolle

Die Einhaltung der sozialen Normen wird durch unterschiedliche Mechanismen beeinflußt. Das *Gewissen* ist wohl die wichtigste Instanz, denn nur durch äußere Kontrollen kann keine Gesellschaft das Verhalten ihrer Mitglieder in hinreichendem Maße lenken; eine erfolgreiche Sozialisation läßt den einzelnen mit innerem Unbehagen und mit Schuldgefühlen auf die Verletzung sozialer Normen reagieren. Weiters ist *nicht-formalisierter Gruppendruck* wirksam, das Lächeln oder Stirnrunzeln der anderen, der Beifall oder die Ablehnung, das Schweigen oder die Zustimmung. *Formale Gesetze* steuern das Verhalten, wie etwa das Halteverbot in der Einkaufsstraße. Als weiteres Mittel kommt die *Isolation* hinzu: Normen werden gestützt, indem man verhindert, daß die Gesellschaftsmitglieder von widersprechenden Tatsachen oder anderen Normen erfahren - hiezu zählen

Zensur, Bücherverbrennungen, Schreibverbote, Ausreiseverbote, aber auch der Jugendschutz. Schließlich wäre schlichte *Gewöhnung* an bestimmte Normen zu nennen: Beim Autofahren halten wir uns an unzählige Regeln, ohne sie bewußt im Gedächtnis zu haben (vgl. Barley 1977).

2. Abweichendes Verhalten - Devianz, Anomie und Kriminalität

Abweichendes Verhalten liegt dann vor, wenn das Verhalten einer Person mit den Normen und Erwartungen von Mitgliedern einer bestimmten Gesellschaft (oder einer Gruppe) nicht übereinstimmt. Durkheim hat von *Anomie* (griech. a-nomos) gesprochen, einem Verhalten, das gegen Gesetze juristischer Art oder gegen soziale Normen verstößt. Er kennzeichnete eine gesellschaftliche Situation als anomisch, in der die sozialen Normen auf breiter Front ins Wanken geraten sind, in der es keine gemeinsamen Werte und Erwartungen mehr gibt und in welcher der Verlust der sozialen Kontrolle droht. Eine solche Situation tritt besonders in Zeiten eines raschen sozialen Wandels auf, und bei Durkheim ist sie Folge sich ausweitender Aspirationen angesichts eines steigenden Wohlstands, der aber nicht von allen erreichbar bzw. mit den ihnen zugänglichen Mitteln realisierbar ist.

Diese Anomie wird oft mit abweichendem Verhalten gleichgesetzt. Eine Definition, was alles unter abweichendes Verhalten fällt, ist daher nur möglich, wenn man die sozialen Normen kennt. Die Grenzen des zulässigen Verhaltens müssen, und zwar in typischer und systematischer Weise, überschritten werden. Zuweilen werden auch "positive" Abweichungen vom "Durchschnitt" in diesen Begriff eingeschlossen: das überdurchschnittliche Heldentum eines Soldaten oder der besondere Opfermut eines Arztes. Aber üblicherweise werden in soziologischen Untersuchungen vor allem "negative" Abweichungen, die mit allgemeiner Ablehnung und mit sozialen Sanktionen zu rechnen haben, betrachtet; dazu zählen im wesentlichen Kriminalität und Delinquenz, Drogenmißbrauch, Prostitution, Geisteskrankheit, Selbstmord, Alkoholismus und Homosexualität.

Besondere Aufmerksamkeit hat in sozialwissenschaftlichen Untersuchungen immer wieder *kriminelles Verhalten* gefunden (vgl. Neumann/ Schroth 1980); dort scheinen auch die besten empirischen Grundlagen vorhanden zu sein, um Kriminalitätstheorien zu prüfen. Allerdings sind selbst die Daten in den offiziellen Kriminalitätsstatistiken mit Vorsicht zu betrachten. Denn es gibt eine ganze Reihe von *Filtern*, welche die erfaßte Kriminalität, für die man etwa die Zahl von Verurteilungen als Maß nimmt, nur als Spitze eines Eisbergs erscheinen lassen. Nicht alle kriminellen Handlungen werden überhaupt bemerkt; nicht alle wahrgenommenen werden der Polizei gemeldet; nicht alle gemeldeten finden in die offiziellen Polizeistatistiken Eingang; nicht alle polizeilichen Handlungen führen schließlich zur Anklageerhebung; von den angeklagten Fällen führen nicht alle zu einer Gerichtsverhandlung; und nicht alle Verhandlungen enden mit einer Verurteilung. So haben Untersuchungen ergeben, daß nur etwa die Hälfte aller strafrechtlichen Taten angezeigt wird, oder daß gerade Jugendkriminalität viel weiter verbreitet ist, als dies aus irgendwelchen Statistiken abzulesen ist. Dieser Filterungsprozeß ist zudem nicht willkürlich, sondern es treten bestimmte Verzerrungen bei der Aufdeckung von Straftaten auf: Polizisten selektionieren, weil sie genaue Vorstellungen darüber haben, was als "verdächtig" gilt (der Arbeitslose ohne festen Wohnsitz ist viel verdächtiger als der normale Bürger); auch bei Richtern bestehen Vorurteile, welche die Unterschichtzugehörigkeit rasch in die Nähe der Kriminalität rücken. Viele Indizien sprechen dafür, daß die Wahrscheinlichkeit, daß es bei den Angehörigen der Unterschicht zu Verurteilungen wegen krimineller Handlungen kommt, weit höher ist als bei den Angehörigen der Mittel- oder gar der Oberschicht (vgl. auch Sutherland 1960).

Biologische und psychologische Devianztheorien

Auf die Frage, warum bestimmte Menschen Selbstmord begehen oder kriminelle Handlungen setzen, andere aber nicht, bietet sich eine mit "natürlichen" Gründen operierende Antwort an: weil diese Individuen eben - von Natur aus - stärker dazu disponiert sind als andere. *Biologisch-physiologische Theorien* verankern diese Disposition in der genetischen Ausstattung der Menschen; ihnen zufolge gibt es den "geborenen Verbrecher". Cesaro Lombroso hat in seinem 1876 veröffentlichten Buch "L'Uomo Delinquente" die Auffassung vertreten, daß Verbrechertypen auch äußerlich erkennbar seien, und zwar an bestimmten Gesichtsformen, großen Kiefern, großen Ohren, zusätzlichen Fingern oder Zehen, einer größeren Schmerzunempfindlichkeit u.dgl.- Neuere Vertreter biologischer Theorien behaupten die Relevanz anomaler Chromosomenkonstellationen für kriminelles Handeln, denn bestimmte Anomalien sollen bei Verbrechern in weit höherem Maße vorliegen als bei der Durchschnittsbevölkerung. Solchen Behauptungen wird allerdings entgegengehalten, daß Rechtsnormen auch einen kulturbedingten Charakter hätten und bestimmte Verhaltensweisen in einigen Gesellschaften als kriminell, in anderen als normal angesehen werden; dann aber läßt sich kaum von "angeborenen" Devianzneigungen sprechen.- Andere Theoretiker sind weit vorsichtiger als Lombroso; sie behaupten nicht, daß es den "geborenen Verbrecher" gebe, wohl aber, daß bestimmte genetische Dispositionen vorhanden wären, mit denen sich eher kriminelles Handeln verbinde. Extrovertierte Personen etwa, die eher risikofreudig, impulsiv und gegenwartsorientiert seien, sollen über eine höhere Disposition zu bestimmten Arten des kriminellen Handelns verfügen;

und da sich solche grundlegenden Persönlichkeitstypen auch in körperlichen Typisierungen wiederfinden, lasse sich sogar eine Beziehung zwischen Körperbau und kriminellem Verhalten herstellen - eine Theorie, die eigentlich den Schlußfolgerungen Lombrosos nahekommt, aber die die Beziehung zur äußeren Gestalt der Person ganz anders begründet.- Solche Überlegungen sind nicht immer ganz harmlos, denn sie haben praktische Folgen für den Umgang mit Kriminellen: Wenn kriminelle Neigungen vererbt werden, sind Resozialisierungsbemühungen aussichtslos; denn biologische Größen lassen sich dadurch nicht ändern, es sei denn, man beginnt chirurgisch an den Chromosomen zu basteln.

Psychologische Theorien gehen gleichfalls von der "Abnormalität" der betrachteten Person aus, aber sie halten diese Eigenschaft für erlernt statt für angeboren. Die psychische Deformation stammt, wie meist angenommen wird, aus der frühen Kindheit; die mangelnde "Angepaßtheit" wird - etwa im Sinne psychoanalytischer Theorien - auf einen verfehlten Sozialisationsprozeß, auf Störungen der Mutter-Kind-Beziehung, auf mangelnde emotionelle Zuwendung in frühen Lebensjahren oder auf einen rigiden und zugleich inkonsistenten Erziehungsstil, schließlich aber auch auf gestörte Familienverhältnisse generell zurückgeführt. Auch extrovertiertes Verhalten, das im Sozialisationsprozeß eingelernt wird, kann zu einer größeren Kriminalitätswahrscheinlichkeit führen. Frühere Theorien, wonach Kriminelle eine deutlich niedrigere Intelligenz als der Durchschnitt der Bevölkerung aufweisen, dürfen als widerlegt gelten.- Die Annahme, daß dem kriminellen Verhalten solche "Störungen" zugrunde liegen, hat praktische Folgen: Wenn die deviante Persönlichkeit als "krank" definiert wird, so muß sie behandelt und allenfalls geheilt werden können. Allerdings kann auch diese resozialisierungsfreundliche Einstellung zu haarsträubenden Konsequenzen führen: Tatsächlich wurden Kriminelle zeitweise mit Medikamenten und Elektroschocks, mit Psychotherapie oder sogar mit Gehirnoperationen behandelt. Es wurde sogar der Vorschlag diskutiert, kleine Kinder systematisch psychologischen Tests zu unterwerfen, um rechtzeitig jene ausfindig zu machen, die deviante Neigungen aufweisen, und ihnen besondere psychologische Behandlung angedeihen zu lassen.

Sozialökologische Theorien

In den 20er Jahren wurden in der rasch wachsenden Großstadt Chicago Untersuchungen vorgenommen, die ganz unterschiedliche Kriminalitätsraten für die einzelnen Stadtbezirke - geteilt durch konzentrische Kreise vom Stadtzentrum I bis zum Stadtrand V - ergaben: die höchsten fanden sich im Zentrum und die niedrigsten am Stadtrand. Dieser Befund wurde mittels des *sozialökologischen Ansatzes* der "Chicago Schule" der Soziologie gedeutet. C.R. Shaw und H.D. McKay

(1942) erklärten die Resultate folgendermaßen: Zone I im Zentrum ist der typische Innenstadt-Slum, in dem eine hohe Bevölkerungsmobilität besteht: Zuwanderer in die Stadt siedeln sich hier wegen der billigen Unterkunftsmöglichkeiten an und ziehen nach "draußen", sobald sie können; zudem dehnt sich der Geschäftsbezirk weiter in frühere Wohngebiete aus. Eine fluktuierende Bevölkerung aber verhindert die Bildung einer stabilen Gemeinschaft und führt zur *sozialen Desorganisation*, ersichtlich an Alkoholismus, Gewalt, zerrütteten Familien, Kriminalität, Prostitution, Drogenmißbrauch, Spielen. Soziale Kontrolle - durch Eltern, öffentliche Meinung, zwischenmenschliche Sanktionen - funktioniert nicht, daher setzt sich deviantes Verhalten stärker durch. Deviantes Verhalten blüht auf, wenn die Gesellschaft desorganisiert ist.

Die Perspektive hat allerdings auch Kritik erfahren. So wurde darauf aufmerksam gemacht, daß das "organisierte Verbrechen" außer Blick gerate, wenn Kriminalität nur auf soziale "Desorganisation" zurückgeführt werde; gerade die Mafia sei ein Beispiel für komplexe Organisation, nicht für Desorganisation. Weiters ist die Erklärungskraft der Theorie insofern bestritten worden, als "soziale Desorganisation" sich im devianten Verhalten ausdrücke und Kriminalität nur ein Indikator dafür sei; es werde daher durch diese Erklärung nichts begründet, sondern vielmehr zweimal mit anderen Worten dasselbe gesagt.

Funktionalistische Theorien

Die Vertreter des Funktionalismus stellen auch im Falle der Devianz ihre übliche Frage nach den gesellschaftsstabilisierenden Funktionen des Phänomens: Ein bestimmtes Maß an abweichendem Verhalten, so die zunächst paradox anmutende Hypothese, kann für die Gesellschaft von Nutzen sein. Emile Durkheim etwa geht vom Umstand aus, daß Verbrechen in allen Gesellschaften angetroffen werden; es handle sich daher gewissermaßen um ein "normales" Verhalten. Das Verbrechen ist eine Handlung, die gewisse Kollektivgefühle verletzt; dennoch kann es nicht eliminiert werden. Denn wenn gravierendere Verbrechensformen verschwinden, werden schwächere Deliktsformen mit größerer Abscheu betrachtet. Selbst in einer Gesellschaft von Heiligen werden verzeihliche Vergehen, die dem Durchschnittsmenschen vernachlässigbar erscheinen, dasselbe Ärgernis erregen wie sonst gewöhnliche Verbrechen in einem gewöhnlichen Gewissen.

Warum aber läßt sich Devianz nicht völlig ausschalten? Abweichendes Verhalten, so argumentiert Durkheim, ist einerseits unvermeidlich, weil die Individuen unterschiedlich und daher auch in verschiedenem Maße geneigt sind, die gesetzlichen Einschränkungen zu beachten; andererseits weist die Devianz auch bestimmte positive Funktionen auf. Jeder *soziale Wandel* beginnt mit irgendeiner Form der Devianz; bestimmte Abweichungen vom "Normalverhalten" sind für Innovation und Wandel erforderlich. Deshalb "dürfen die kollektiven Gefühle, welche die Grundlage der Moral bilden, einer Änderung nicht unbedingt widerstehen und daher nur eine mäßige Energie besitzen. Wären sie allzu stark, so würden sie an Wandlungsfähigkeit verlieren... Damit sich das moralische Bewußtsein entwickeln kann, erscheint es notwendig, daß sich die individuelle Originalität durchzusetzen imstande ist; und damit die Moral des Idealisten, der seinem Jahrhundert voraus sein will, sich entfalten kann, muß die unterhalb des Zeitniveaus stehende Moral des Verbrechers möglich sein. Eines bedingt das andere." (1980, 160) Ja noch mehr: Oft wird das, was gegenwärtig noch als Devianz betrachtet wird, später akzeptiert und zur sozialen Norm gemacht. "Die Gedankenfreiheit, deren wir uns heute erfreuen, wäre niemals proklamiert worden, wenn die sie verbietenden Normen nicht verletzt worden wären, bevor sie noch feierlich außer Kraft gesetzt wurden." (160f.)

Das heißt keineswegs, daß man Bestrafung abschaffen soll, denn auch sie hat ihre Funktion: zwar nicht jene, die Kriminalität in der Gesellschaft zu verhindern, wohl aber jene, das *Kollektivbewußtsein* in erforderlicher Stärke zu erhalten. Denn eine zu hohe Devianzrate wäre auch schädlich für die Aufrechterhaltung der Gesellschaft. So ist "die soziale Reaktion, welche die Strafe darstellt, auf die Intensität der Kollektivgefühle zurückzuführen, die das Verbrechen verletzt. Andererseits aber hat sie die nützliche Funktion, diese Gefühle auf dem nämlichen Intensitätsgrade zu erhalten; denn jene Gefühle würden bald erschlaffen, wenn die ihnen zugefügten Verletzungen nicht gesühnt würden." (181) Eine gesunde Gesellschaft braucht daher nach Durkheims Meinung beides: Kriminalität und Strafe. Beide haben ihre bestimmten Funktionen, wenn die richtige Balance gewahrt bleibt.

Robert Merton (1910-) hat in seinem Buch "Social Theory and Social Structure" (1968) - beruhend auf Durkheims Anomiebegriff - deviantes Verhalten auf eine Struktur der Gesellschaft zurückgeführt, die Ziel-Mittel-Diskrepanzen fördert. Die Individuen sind an unterschiedlichen Stellen der sozialen Struktur plaziert, und das hat zur Folge, daß sie unterschiedliche Chancen haben, ihre Ziele zu verwirklichen. In der amerikanischen Gesellschaft etwa herrscht Einigkeit in den *Zielen* Erfolg, Wohlstand, materieller Besitz; aber schlechter gestellte Schichten haben wenig Chancen, an diesen Gütern teilzuhaben. Die anerkannten *Wege*, zu diesen Gütern zu kommen, sind Erziehung, Begabung, Ehrgeiz, harte Arbeit. Aber im allgemeinen Bewußtsein werden vor allem die Ziele, nicht so sehr die Wege betont; es besteht daher ein Anreiz dazu, sich den "Erfolg" mit beliebigen Mitteln zu sichern. "Gewinnen" wird so wichtig, daß auch die Regeln gebrochen werden; es entsteht ein Zustand der Normlosigkeit oder der "Anomie".

Merton hat nun versucht, eine allgemeine Typologie des abweichenden Verhaltens zu erstellen. Je nachdem, ob die betrachtete

Person (a) die kulturellen Ziele (Reichtum, Ansehen) bzw. (b) die gesellschaftlichen Mittel oder Wege (harte Arbeit, Sparsamkeit) akzeptiert oder ablehnt, unterscheidet er verschiedene Typen der individuellen Reaktion auf diese Situation. (1) Ein *Konformist* paßt sich in jeder Hinsicht an, er akzeptiert Ziele und Mittel der Gesellschaft. (2) Im Falle der *Innovation* werden die Ziele anerkannt, aber man distanziert sich von den sozial anerkannten Mitteln, ja es werden auch kriminelle Mittel benutzt. Gesellschaftsmitglieder aus unteren Gesellschaftsschichten greifen oft zu devianten Mitteln, weil ihnen die konventionellen und legitimen Mittel versperrt sind. In traditionellen Gesellschaften hingegen besteht oft deswegen kein deviantes Verhalten, weil ärmere Schichten andere Normen internalisiert haben und demgemäß ihren Lebenserfolg in anderer Weise definieren. (3) *Ritualismus* ist eine dritte Variante. Mitglieder der unteren Mittelschicht haben zwar kaum Chancen, Karriere zu machen, und sind zur Innovation nicht fähig; sie sind aber auf eine Weise sozialisiert worden, daß sie den allgemein geltenden Normen auf jeden Fall gehorchen. Solche Personen geben ihre Erfolgsziele auf, aber halten sich peinlich genau an die geltenden Regeln. (4) *Apathische* haben zwar Ziele und Mittel internalisiert, aber keine Chance, sie zu erreichen. Sie lassen beides, Ziele und Mittel, fallen und lösen sich eskapistisch von der Gesellschaft; es handelt sich um Autisten, Pariahs, Vagabunden, chronische Alkoholiker, Drogensüchtige u.dgl. (5) *Rebellion* schließlich ist die fünfte Verhaltensreaktion. Sowohl Erfolgsziele als auch herkömmliche Mittel werden verworfen, aber durch neue Ziele und neue Mittel ersetzt. Terroristen etwa benutzen neue Wege (z.B. Bombenanschläge), um eine neue Gesellschaft (oft Spielarten einer kommunistischen oder faschistischen Ordnung) zu errichten.

Nach Mertons Auffassung ist es also die Differenz zwischen sozial anerkannten Zielen und Mitteln, die zu deviantem Verhalten führt. Denn diese Differenz übt einen unterschiedlichen Druck auf die Individuen aus, je nachdem, in welcher sozialen Position sie sich befinden. Unterschichtsangehörige verfügen in geringerem Maße über legale Mittel zur Zielerreichung, daher finden wir bei ihnen eine höhere Kriminalitätsrate. - Wie sich unschwer zeigen läßt, treten jedoch Schwierigkeiten bei der Einordnung bestimmter Verhaltensweisen auf. Mit der Gruppe der "Rebellen" tut man sich offensichtlich schwer, ihr Verhältnis zu Zielen und Mitteln ist nicht eindeutig. Vor allem ist der Umstand auf Kritik gestoßen, daß die Kategorie "Innovation" allzu heterogen ist, da in ihr einerseits der Wissenschaftler zu finden ist, der neue Verfahren entwickelt, und der Unternehmer, der kreativ seinen Betrieb umgestaltet, andererseits aber auch der Einbrecher, der zwar die gesellschaftlich anerkannten Ziele des Gelderwerbs teilt, der aber die "offizielle" Methode, sich das Geld durch Arbeit zu beschaffen, ablehnt. Zudem hat die Theorie Schwierigkeiten, kriminelles Verhalten jener zu erklären, die durchaus in der Lage wären, die Ziele auch legal zu erreichen: Man denke an den

Ladendiebstahl honoriger Bürger, die Waren geringen Wertes mitgehen lassen, oder an Steuerhinterziehung als typisches Delikt bessergestellter Einkommensschichten. Schließlich wird stillschweigend unterstellt, daß es einen eindeutigen, für alle Mitglieder der Gesellschaft verbindlichen Wertkatalog gebe; und daß sich Mittel und Ziele - auch in ihren normativen Bezügen - eindeutig unterscheiden lassen. Beides aber ist nicht der Fall.

Gruppentheoretische, subkulturelle und Lerntheorien

Mertons Theorie unterstellt einen "rationalen" Verbrecher, der die Chancen des Verbrechens abwägt; aber es gibt auch einfachen Vandalismus, Gesetzesübertretungen aus Freude an dem illegalen Handeln. Albert K. Cohen (1966) setzt bei Mertons Beobachtung an, daß Jugendliche aus der Unterklasse die Erfolgsziele teilen, aber schlechte Chance haben, sie zu erlangen. Sie leiden an *Statusfrustration*, und sie lösen ihre Frustration nicht dadurch, daß sie sich kriminellen Wegen der Geldbeschaffung zuwenden - wie Merton meinte -, sondern dadurch, daß sie die Normen und Werte der Gesamtgesellschaft außer Kraft setzen, ja sogar umkehren. Damit läßt sich Bandendelinquenz erklären: In den Banden erhalten die Jugendlichen Anerkennung, dort nehmen sie jenen Status ein, der ihnen ansonsten versagt bleibt. Sie gieren nicht länger nach den anerkannten Zielen, sondern lehnen die Mittelklassestandards einfach ab. Es entwickelt sich eine *abweichende Subkultur*, in der beispielsweise Stehlen, Schulschwänzen und Vandalismus eine hohe Bedeutung erhalten. Für diese Subkultur ist es meist auch kennzeichnend, daß es von ihren Angehörigen für befriedigend gehalten wird, Tabus zu durchbrechen oder anderen Unannehmlichkeiten zu bereiten. Deviantes Verhalten ist also keine individuelle, sondern eine kollektive Reaktion; und es geht nicht um die Beschaffung von Gütern, sondern um das Abreagieren von Frustration.

In ähnlicher Weise hat E. A. Sutherland (1968) in seiner *Theorie der differentiellen Assoziation* darauf aufmerksam gemacht, daß kriminelles Verhalten wie auch anderes Verhalten gelernt wird, und zwar eben in bestimmten Gruppen. In jeder Gesellschaft gibt es unterschiedliche Subkulturen, und durch intensive Kontakte zu kriminellen Gruppen oder Jugendbanden, die durch Fürsorgeheime, Strafanstalten oder Slumviertel gefördert werden, werden deren Vorstellungen und Werte "erlernt" - dort gelten beispielsweise kleine Diebstähle als "normal", und die Beschädigung öffentlichen Eigentums wird als "Heldentat" betrachtet. Sowohl das "Know how" des Verbrechens wird in Interaktionen erworben als auch die Motive werden erlernt. Überwiegen die Kontakte eines Individuums zu kriminellen Gruppen, so wird der Betreffende wahrscheinlich deviantes Verhalten zeigen, denn er hat gelernt, Gesetzesverletzungen positiv zu beurteilen.

In ihrem Buch über "Delinquency and Opportunity" (1961) knüpfen Richard A. Cloward und Lloyd E. Ohlin an Merton, Sutherland und Cohen an. Sie beschäftigen sich aber intensiv mit den sozialen Hindernissen für die Erreichung kulturell wichtiger Ziele und mit der *illegalen Gelegenheitsstruktur*, die sich dem einzelnen bietet: Er hat einerseits wenig Chancen, die gesellschaftlichen Ziele mit legalen Mitteln zu erreichen, andererseits aber verfügt er über Zugangschancen zu den illegalen Mitteln. Welche devianten Handlungsmöglichkeiten stehen Jugendlichen, die zur Delinquenz neigen, überhaupt offen? In manchen Wohngegenden gibt es keine Jugendbanden, in Slumgegenden gibt es kaum andere Chancen für soziale Kontakte als diese Banden. Es lassen sich drei Optionen unterscheiden, die unterschiedliche Devianzformen erklären sollen. (1) *Kriminelle Subkulturen* entstehen in Gebieten, in denen bereits etablierte Strukturen der auf finanziellen Ertrag ausgerichteten Erwachsenen-Kriminalität bestehen. Die Jugendlichen "lernen" das deviante Verhalten, sie steigen dadurch in der kriminellen Hierarchie auf. (2) *Konfliktorientierte Subkulturen* entstehen in Gebieten, wo solche Kriminalitätsstrukturen nicht bestehen; vor allem in Gebieten mit hoher Bevölkerungsmobilität, wo wenig Zusammenhalt besteht. Hier bilden sich "Gangs", Gruppen, die oft hohe Gewaltsamkeit aufweisen und spezifische Normen entwickeln. (3) In jenen Situationen schließlich, in denen weder der Zugang zu legalen noch zu illegalen Strukturen besteht, entwickeln sich *apathische Reaktionen*, d.h. etwa eine Drogenkultur.

Bei diesen Theorien ist allerdings fraglich, inwieweit sich der einzelne tatsächlich von den in der Gesellschaft vorherrschenden Normen bewußtseinsmäßig "abkoppelt". Ertappte Kriminelle zeigen oft Scham und Reue. Sie respektieren gesetzestreue Personen. Sie lehnen - so meinen G. M. Sykes und D. Matza (1957) - die oft von wichtigen Bezugspersonen verkörperten Werte und Normen nicht völlig ab, sondern erlernen Techniken, die es ermöglichen, sowohl die allgemeinen Regelsysteme zu akzeptieren als auch im konkreten Fall Ausnahmen (Gesetzesverletzungen) zu rechtfertigen. So wird sich der einzelne als Opfer gesellschaftlicher Umstände betrachten; er wird den angerichteten Schaden als marginal einstufen; er wird argumentieren, das Opfer hätte die Schädigung verdient; er wird die Rechtsinstanzen als korrupt einstufen; oder er wird sich auf eine höhere Norm berufen, etwa daß im konkreten Fall die Solidarität zu seiner Gruppe wichtiger gewesen sei als die Beachtung der Normen des Strafgesetzbuches.- Es ist also eine Argumentationstechnik, welche die allgemeine Normakzeptierung mit dem konkreten devianten Handeln vereint.

Interaktionistische Theorien

Die interaktionistische Theorie geht nicht von einem vorgegebenen Phänomen "Devianz" aus und sucht dessen Entstehung zu erklären; sie lenkt die Aufmerksamkeit auf die Entstehung von Bedeutungen im Interaktionsprozeß zwischen Personen, und das heißt in diesem Fall: Sie stellt die Frage, wie es zur Definition devianten Verhaltens kommt und in welchem Prozeß Personen, die ein bestimmtes Verhalten an den Tag legen, als "abweichend" eingestuft werden. In unterschiedlichen Gesellschaften gilt ja unterschiedliches Verhalten als "abweichend" - angesichts dieser kulturspezifischen Kriminalisierung von Verhaltensweisen stellt sich die Frage, welche Gruppen in einer Gesellschaft definieren, was abweichend ist, und wie diese Definitions- und Etikettierungsprozesse stattfinden.

Eine Beschreibung des Prozesses, in dem Devianz erst "geschaffen" wird, liefert Howard S. Becker in seinen "Outsiders" (1963, dt. 1981). Sein Ansatz ist als *Labeling-Theorie* oder *Etikettierungstheorie* bekannt geworden. Abweichendes Verhalten ist seines Erachtens jenes, das von den sozialen Gruppen mit diesem "Etikett" versehen, also als solches bezeichnet wird. Was "abweichend" ist, steht nicht von vornherein fest, sondern ist Sache der Definition: Nacktheit ist weder im ehelichen Schlafzimmer noch am Nudistenstrand deviant, wohl aber auf der belebten Einkaufsstraße. Zudem hängt Devianz von der Art der Anwendung einer bestimmten Definition ab: Was in einem Unterschichten-Wohnviertel von seiten der Polizei als kriminelles Verhalten angesehen wird, das ist sie vielleicht geneigt, in einem "besseren" Viertel als "Studentenulk" oder als "Übermut junger Leute" gelten zu lassen. Deshalb wird auch argumentiert, daß die höhere Kriminalität der Unterschichten im Vergleich mit den Mittel- und Oberschichten damit zusammenhängt, daß die Chance, Individuen zu kontrollieren und kriminalisieren, von "oben" nach "unten" in der gesellschaftlichen Schichtung verläuft.

Devianz ist ein prägender Status, der gegenüber anderen Positionen wie Vater, Nachbar, Angestellter "durchschlägt"; andere sehen den einmal als deviant Eingeschätzten als deviante Person und behandeln ihn entsprechend. Ist ein Individuum erst einmal als "abweichend" etikettiert, hat dies soziale Folgen: Es wird von den Nachbarn gemieden, verliert seinen Arbeitsplatz, seine Freunde weichen ihm aus, das Familienleben ist zumindest gestört. Es entsteht ein gesellschaftlicher Druck, sich tatsächlich als deviant zu verhalten, beispielsweise im Falle der Etikettierung als "Krimineller" - angesichts der Chancenlosigkeit im legalen Bereich - seinen Lebensunterhalt wirklich aus kriminellen Aktivitäten zu bestreiten. Es bildet sich eine *deviante Karriere* heraus, da sich die Handlungsmöglichkeiten des einmal Etikettierten drastisch einschränken; er "driftet" in das deviante Verhalten immer stärker hinein, ein Prozeß, der seinen Abschluß findet, wenn der einzelne sich einer organisierten abweichenden Gruppe anschließt, wo er Kontakte, Ermutigung und Unterstützung findet. Es entsteht eine *deviante Subkultur*.

Die Institutionen, welche nach offizieller Lesart mit der Behandlung von abweichendem Verhalten betraut sind - also Irrenanstalten,

Gefängnisse und besondere Schulen und Internate -, verstärken den Druck auf den einzelnen, sich selbst der Etikettierung als "deviant" zu beugen. Nach dem Eintritt in eine solche Institution, so hat Erving Goffman in seinem "Asylen" (1973) geschildert, beginnt eine Serie von Demütigungen, Erniedrigungen und Beschämungen. Das "Selbst" der betroffenen Person soll zerbrochen werden, und zu diesem Behufe werden ihr jene Gegenstände weggenommen, die sich mit ihrer Identität verbinden lassen: Die Kleider werden abgenommen, ebenso die persönlichen Gebrauchsgegenstände; die Haare werden geschnitten, uniformierte Kleidung wird vorgeschrieben. Der Tagesablauf ist streng reguliert, es gibt wenig Möglichkeiten, eigene Entscheidungen zu fällen oder initiativ zu werden. Dem Kriminellen im Gefängnis, dem Geisteskranken im Irrenhaus oder dem schwer erziehbaren Jugendlichen in der Sonderanstalt wird mit allen Mitteln beigebracht, daß er ein devianter Fall - ein Verbrecher, ein Geistesgestörter, ein mißlungenes Sozialisationsobjekt - ist, er soll sich selbst so sehen ("self-labeling"). Diese Abtötung jeder Eigenentscheidung und der persönlichen Identität führt oft dazu, daß sich Angst vor der Entlassung aus der Anstalt entwickelt; tatsächlich bedarf es meist eines Prozesses der Reintegration, in dem die üblichen kulturellen Fähigkeiten erst wieder gelernt werden müssen. Dies ist zwar möglich; dennoch bleibt dem Entlassenen das Etikett "Ex-Krimineller" oder "Ex-Geisteskranker", und dies macht die Wiedereingliederung in die Gesellschaft schwierig.

Die Prozesse der Verstärkung devianten Verhaltens durch soziale Reaktionen werden durch den Labeling-Ansatz vorzüglich beschrieben. Allerdings wird, erstens, nicht klargemacht, wie abweichendes Verhalten beginnt; denn zunächst müssen einmal irgendwelche Handlungen der betroffenen Personen gegeben sein, die einigermaßen sinnvoll als "abweichend" etikettiert werden können. Zweitens wird Devianz so beschrieben, als sei es den Akteuren gar nicht bewußt, daß sie "verbotene" Handlungen setzen, und als ob einem nichtsahnenden Bürger plötzlich aus heiterem Himmel das Etikett "deviant" attachiert wird. Dies aber ist keineswegs der Fall: Manche entscheiden sich bewußt zur Devianz, und die meisten sind sich darüber im klaren, daß ihre Handlungen von der Mehrheit nicht gebilligt werden. Drittens schließlich kann man nicht daran vorübersehen, daß soziale Normen existieren und daß diese durch bestimmte Arten des Verhaltens durchbrochen werden; es bedarf nicht immer der Etikettierung durch offizielle "Labels", um im Verhalten der Mitbürger entsprechende Reaktionen auszulösen. Devianz wird nicht nur willkürlich und zufällig bestimmten Verhaltensweisen attestiert: Ein einfacher Raubmord wird in keiner Gesellschaft als "normal" betrachtet, und bei bestimmten Geisteskrankheiten läßt sich gleichfalls nicht behaupten, daß es sich nur um gesellschaftlich beliebige Zuschreibungen handle, wenn das Verhalten des Kranken als deviant bezeichnet wird.

Marxistische Theorien

Herrschaft und Unterdrückung stehen im Zentrum einer marxistischen Perspektive. Die Macht haben in einer kapitalistischen Gesellschaft jene inne, welche die Produktionsmittel besitzen, und der Staat, die Herrschaftsagentur der Kapitalistenklasse, erläßt jene Gesetze und forciert jene Devianzdefinitionen, die den Interessen der herrschenden Klasse dienlich sind. Gesetze sind nicht Ausdruck eines Wertkonsenses, wie Funktionalisten meinen, sondern der Ausdruck der Ideologie der herrschenden Klasse. Dies läßt die folgenden Schlußfolgerungen zu.

Erstens ist ein großer Teil der Gesetze in einer kapitalistischen Gesellschaft auf den *Schutz des Privateigentums* ausgerichtet. Dies war noch nicht erforderlich in einer feudalistischen Gesellschaft, in der sich das Einkommen der Herrschenden vor allem aus dem Landbesitz ableitete, wohl aber mit der Ausdehnung von Handel und Produktion auf der Grundlage beweglichen Eigentums. Bezugspunkt für gesetzliche Regelungen ist also durchwegs der Schutz des Privateigentums.

Zweitens ist die Aufdeckungsarbeit der staatlichen Behörden hauptsächlich auf die *Gesetzesverstöße der unteren sozialen Klassen* gerichtet, während die oberen "geschont" werden: zum Teil deswegen, weil deren Verbrechen (z.B. Steuerhinterziehung) weniger leicht faßbar sind ("white collar crime"), zum Teil, weil das Verhalten (wie im Interaktionismus behauptet wird) anders interpretiert wird, zum Teil, weil sie bessere Möglichkeiten haben, sich der Sanktion zu entziehen (besseres Auftreten vor Gericht, bessere Anwälte usw.). Es entsteht der Eindruck, daß vor allem die Arbeiterklasse "kriminell" sei, in Wahrheit handelt es sich nur um eine selektive Anwendung der Gesetze im Dienste der Herrschenden.

Drittens ist kriminelles Verhalten ein Ergebnis der *Gestaltungsprinzipien eines kapitalistischen Systems*. Die Produktionsverhältnisse sind auf Profit und Vermögenakkumulation, auf Privateigentum und egoistisches Selbstinteresse ausgerichtet, nicht auf kollektiven Wohlstand, wechselseitige Hilfe und Zusammenarbeit. Daher entwikkeln sich Aggressionen und Frustrationen, die sich in kriminellen Handlungen entladen; Devianz ist auch eine Art von unpolitischem Protest gegen die kapitalistische Gesellschaft.

Einige Kritikpunkte lassen sich gegen diese Behauptungen vorbringen. Es dürfte, erstens, nicht haltbar sein, daß alle Devianzformen ausschließlich auf die Besonderheiten der ökonomischen Verhältnisse zurückzuführen sind, während in einer sozialistischen Gesellschaft Kriminalität nicht mehr existiere. Auch in kommunistischen Gesellschaftsformationen gibt es deviante Verhaltensformen, und auf Dauer kann das Argument, es handle sich nur um "Reste" aus früheren Gesellschaftsformen, keine Glaubwürdigkeit beanspruchen. Zweitens führt die allgemeine Hypothese, alle gesetzlichen Maßnahmen wären nur auf das Interesse der herrschenden Kapitalistenklasse ausgerichtet, zu sonderbar tautologischen Argumentationsweisen: Handelt es sich um "repressive" Gesetze (wie ein Koalitionsverbot), ist es offensichtlich im Interesse der Kapitalisten; handelt es sich um eine Einschränkung unternehmerischer Freiheiten (z.B. durch Vorschreibung von Produktionsstandards), so steckt gleichfalls das eigentliche und langfristige Interesse der Kapitalisten dahinter, weil sich nur so das System stabilisieren läßt; werden Arbeiterschutzmaßnahmen vorgeschrieben, trifft sich dies gleichfalls mit kapitalistischen Interessen, weil sich dadurch revolutionäres Potential beseitigen und das Wirtschaftssystem erhalten läßt. Tatsächlich läßt sich, will man sich auf diese Perspektive festlegen, keine gesetzliche Maßnahme denken, die nicht als im Interesse der Herrschenden befindlich interpretiert werden kann. Die Theorie läßt daher auch keine Widerlegung zu.

VII. MANN UND FRAU

Geschlecht ist eine biologische, aber auch eine soziale Kategorie. Es handelt sich um eine Eigenschaft, die - anders als andere Charakteristiken des Menschen - im Laufe eines Lebens (im Normalfall) kaum änderbar ist. Mit dem Geschlecht verbinden sich spezifische Verhaltensweisen. Wieder stoßen wir auf die Frage nach den angeborenen, biologisch festgelegten und daher kulturüberschreitenden Elementen einerseits, nach den erworbenen, gelernten und kulturgebundenen Persönlichkeitsmerkmalen, Charakterstrukturen und Eigenschaften andererseits. Das Geschlecht ist bedeutsam für Statusabstufungen verschiedener Art, aber auch für horizontale Differenzierungen: etwa im Hinblick auf Interaktionsmuster, kognitive Stile, physiologische Differenzierungen. Solche Fragen sollen im Abschnitt 1 behandelt werden.- Im Abschnitt 2 werden einige Probleme des menschlichen Sexualverhaltens erörtert, denn in diesem Bereich der sozialen Interaktionen haben sich in den letzten Jahrzehnten wesentliche Verhaltensänderungen vollzogen.- Im Abschnitt 3 kommen wir auf jene Institution zu sprechen, in der (normalerweise) zwischengeschlechtliche Beziehungen auf Dauer gestellt werden: auf die Familie, die es in der einen oder anderen Form in jeder Gesellschaft geben muß. Wir behandeln die Entwicklung der Familienformen, theoretische Analysen der Familie und den Wandel dieser sozialen Institution in den modernen Industriegesellschaften.

1. Männlichkeit und Weiblichkeit - das Erlernen von Geschlechtsrollen

Wenn davon die Rede ist, ein Verhalten sei "typisch weiblich" oder "typisch männlich", so wird häufig unterstellt, es handle sich um angeborene und unveränderbare Eigenschaften des entsprechenden Geschlechts. Als typisch weiblich werden dabei oft Gefühlshaftigkeit und Schwäche angesehen, weiters Eigenschaften, die einen engen Bezug zu Schwangerschaft und Mutterschaft - und damit zu Heim und Familie - aufweisen, als typisch männlich hingegen Eigenschaften wie Aktivität, Konkurrenz, Härte, die demnach den Mann zur äußeren Eroberung der Welt drängen sollen. Versuche, solche Orientierungen zu überwinden, sind einer "biologischen" Auffassung nach nicht nur fruchtlos, sondern auch "widernatürlich".

Rollen, die in der Gesellschaft existieren, werden aber im Zuge der Sozialisation gelernt; und wenn es typisches Rollenverhalten von Mann und Frau gibt, so werden auch diese Geschlechtsrollen - wie andere Rollen - in einem gewissen Ausmaß "anerzogen". Man kommt nicht als Frau zur Welt, man wird es - so hat Simone de Beauvoir (1983) dies einmal zugespitzt formuliert. *Geschlechtsrollen* sind normative

Erwartungen über die Arbeitsteilung zwischen den Geschlechtern und über geschlechtsbezogene Regeln für soziale Interaktionen im Rahmen eines bestimmten kulturellen und historischen Zusammenhangs. Viele Verhaltensregeln, also Normen darüber, was sich für Buben und Mädchen "gehört", sind schon den Kindern im Alter von fünf Jahren klar; dieses Wissen wird erworben durch Identifikation mit den Eltern, aber auch "erspürt" durch die Erwartungen, die von seiten der Eltern an die Kinder gerichtet sind. (Für Töchter ist dies - bei der gegebenen Rollenverteilung in der modernen Gesellschaft - übrigens leichter, weil die Mutter unmittelbar beobachtbar und imitierbar ist; Söhne müssen - bei weitgehend "abwesenden" Vätern - mehr erschließen). Dennoch gilt es heute als erwiesen, daß die Unterschiede im Verhalten von Männern und Frauen zum guten Teil nicht "Wesensunterschiede" sind, sondern daß eine "Mischung" von Biologie und Sozialisation vorliegt. Wie diese "Mischung" beschaffen ist, darüber herrscht freilich eine heftige Diskussion.

Geschlechtsrollen sind zum Teil in Strukturen verfestigt und von individueller Seite wenig disponibel, wie dies etwa bei der beruflichen Arbeitsteilung der Fall ist. Andere Verhaltensbereiche sind hingegen auch vom einzelnen gestaltbar: das Verhalten in Freundschaften, Liebesbeziehungen, Familien. Im Wandel der Geschlechtsrollen werden heute immer mehr Charakteristiken vom Bereich des Selbstverständlichen und Unveränderbaren in den Bereich des Reflexiven und Gestaltbaren gerückt (vgl. Degenhardt/ Trautner 1979, Eckert 1979).

Männliche und weibliche Stereotype

Was "Weiblichkeit" und "Männlichkeit" bedeutet, das ist beispielsweise durch Inhaltsanalysen von Schulbüchern, Zeitschriften, Fernsehsendungen sowie durch Befragungen ausfindig zu machen versucht worden. Daraus ergeben sich die folgenden traditionellen, heute aber in raschem Wandel befindlichen Rollenfestlegungen: Frauen, so zeigt sich, sind als Hauptcharaktere publizistischer Darstellungen unterrepräsentiert (abgesehen von jenen Reklamesendungen, die mit Hygiene oder mit hausfraulichen Aktivitäten zu tun haben - wobei zuweilen noch der hinzukommende Mann erklärt, wie die Aufgabe vorteilhafter anzupacken wäre). Die *typische Frau* gehört der Mittelklasse an, ist jung, verheiratet, mit Hausfrauen- oder Mutterpflichten beschäftigt. Ist sie ledig, verwitwet oder geschieden, befindet sie sich jedenfalls auf der Suche nach einem Mann oder steht kurz davor, einen zu heiraten. Sie übt einen Beruf aus, der als untergeordnet angesehen wird, ist etwa Verkäuferin, Sekretärin, Lehrerin, Krankenschwester. Der *typische Mann* kann verheiratet sein oder auch nicht, er stellt in jedem Falle etwas dar. Er hat einen prestigereichen Beruf, der ihm Gelegenheit gibt, seine Kompetenzen, seinen Mut, seine Initiative unter

Beweis zu stellen. Oft gibt es komplementäre Situationen: Das hilflose, ängstliche Mädchen, das dem Helden Gelegenheit gibt, seine Qualitäten zu beweisen. Wenn Mädchen sich "anormal aktiv" verhalten, produzieren sie nur Unannehmlichkeiten und Scherereien, die der männliche Held wieder auszubügeln hat.

Solchen Unterscheidungen fügen sich auch die üblichen Stereotype. Bestandteile der *positiven Frauenstereotype* sind: eine positive soziale Orientierung, die mit sozialer Abhängigkeit verbunden ist (freundlich, emotional, taktvoll, zärtlich, sensitiv, sicherheitsbedürftig); und eine Orientierung an körperlicher Attraktivität. Bestandteile der üblichen *positiven Männerstereotype* sind: eine neutrale oder negative soziale Orientierung, verknüpft mit Impulskontrolle und sozialer Unabhängigkeit (aggressiv, dominant, selbstbehauptend, kompetitiv, objektiv, emotional kontrolliert, unabhängig); eine sekundäre positive soziale Orientierung (freundlich, zärtlich); und eine instrumentelle Orientierung (technisch-mathematische Interessen und Fähigkeiten, intelligent, analytisch, rational, emotional unabhängig, durchsetzungsfähig).

Biologie als Schicksal?

Untersuchungen über die biologisch angelegten Unterschiede zwischen Frau und Mann stammen aus der Kulturanthropologie, der Psychologie und der Biologie (vgl. Tillmann 1989, 42ff.). (1) *Kulturvergleichende Forschungen* sind deswegen interessant, weil sie das weite Spektrum der geschlechtstypischen Verhaltensweisen zeigen: Wenn aber - wie dabei festgestellt werden kann - in verschiedenen Kulturen die männlichen und weiblichen Merkmale als jeweils unterschiedlich angesehen werden, erhält die Vermutung, daß es sich um gesellschaftlich (und nicht um biologisch) bedingte Faktoren handelt, Nahrung. Freilich findet sich in der Mehrzahl der Kulturen eine "konventionelle" Arbeitsteilung: Die Frauen sind eher für Kinder, Haus und allenfalls Feld zuständig, die Männer für Jagd, Fischfang und dergleichen. Tatsächlich lassen sich aber Gesellschaften - wie etwa die Tschambulis - finden, von denen Margaret Mead (1935) berichtet hat, daß die Frauen für die häusliche Reproduktion, aber auch für die außerhäusliche Arbeit zuständig sind, während die Männer sich auf künstlerisch-rituelle Darstellungen beschränken; die Männer behängen sich mit Schmuck, Macht und Initiative liegen bei den Frauen. In den meisten Gesellschaften freilich ist die außerhäusliche Beschaffung von Fleisch und Fisch "Männersache", die Zubereitung der Nahrung im Haus "Frauensache". Das aber läßt sich leicht dadurch erklären, daß in jeder Gesellschaft bestimmte Grundprobleme gemeinsam bewältigt werden müssen. An einem Beispiel wird das deutlich: Bei den afrikanischen Buschleuten wird ein Kind in den ersten beiden Jahren ständig, im dritten und vierten Jahr teilweise getragen; am Beginn kann dies nur die Mutter tun, weil nur sie es säugen kann. Nach etwa vier Jahren erlaubt es die Situation, daß die Frau wieder schwanger wird, dadurch wird die Bevölkerungszahl ungefähr konstant gehalten. Während der Zeit, in der die Frau mit einem Kind umherläuft, wäre es ein Unsinn, wollte man sie auf die Jagd schicken, bei der sie sich unbemerkt anschleichen oder das Wild hetzen muß. Sie fällt also wiederholt für Perioden von mindestens drei Jahren für die Jagd aus. Sie übernimmt daher jene Arbeiten, die mit Schwangerschaft und Stillzeit verträglich sind - Arbeiten, die in der Nähe der Kinder zu verrichten sind und Unterbrechungen erlauben. Die restliche Zeit aber, in der sie nicht mit ihren Kindern zu tun hat, wäre es unsinnig, die Arbeitsteilung umzudrehen, denn die Jagd erfordert ständiges Training und eine weitergeführte Kenntnis über den Bestand und die Eigenheiten des Wildes. Ein Wechsel wäre so kompliziert, daß er das Überleben der Gruppe gefährden würde. Daher ist es naheliegend, daß die Männer jagen und die Frauen nicht. Die Arbeitsteilung wird nicht durch Wesenseigenschaften bestimmt, sondern durch die räumliche und zeitliche Verträglichkeit verschiedener Tätigkeiten. Freilich werden die Unterschiede dann mythologisiert, und auf der Grundlage dieser Mythen werden Sozialisationsprozesse so gestaltet, daß unterschiedliche Persönlichkeitsmerkmale stärker ausgebildet werden. Diese Zuordnungen halten sich dann auch in Lebensumständen wie den heutigen, obwohl die ursprünglichen Gründe nicht mehr vorliegen; die entsprechende Selektion der Persönlichkeiten über einen langen Zeitraum des Evolutionsprozesses unterstützt die Geschlechtertrennung.

(2) *Psychologische Untersuchungen* haben Geschlechtsunterschiede bei der Wahrnehmungsfähigkeit und der Intelligenz, bei Verhaltensweisen wie Aggressivität und Kreativität und bei ähnlichen Merkmalen zu finden versucht. Wenn dabei Unterschiede gefunden werden, bleibt allerdings die Frage offen, ob diese auf Vererbung oder Erziehung beruhen; interessant sind daher vor allem jene Ergebnisse, die keine Unterschiede ausmachen können. Bei Intelligenzuntersuchungen ließen sich beispielsweise keine Unterschiede im Mittelwert bei Jungen und Mädchen ausfindig machen; bei Jungen scheinen die Ergebnisse in beide Richtungen etwas stärker zu streuen. Bei den sprachlichen Fähigkeiten zeigt sich eine Überlegenheit der Mädchen, besonders ab dem zehnten Lebensjahr. Im numerischen Denken sind die Mädchen anfangs ebenfalls überlegen, später erst treten männliche Leistungsvorteile hervor, die vor allem im Zusammenhang mit einem besser entwickelten räumlichen Vorstellungsvermögen stehen; hierin sind die Jungen den Mädchen eindeutig überlegen, besonders ab dem zehnten Lebensjahr. Andere Unterschiede - Gedächtnisleistung, problemlösendes Denken und dergleichen - ließen sich nicht finden. Abgesehen von diesen intellektuellen Leistungen läßt sich jedoch ein eindeutiger Unterschied ausmachen: Jungen und Männer sind durchwegs aggressiver als Mädchen und Frauen.

(3) Weiters wird versucht, eine *biologische Basis* für Geschlechtsunterschiede ausfindig zu machen und sie phylogenetisch - also in der

Entwicklungsgeschichte des Menschen - zu verankern. Für die unterschiedlichen intellektuellen Dispositionen scheint diese Frage nach einer biologischen Grundlage offen zu sein: Die höhere Neigung zur Aggressivität bei Männern tritt nicht nur kulturübergreifend auf, sondern steht auch in einer phylogenetischen Kontinuität; sie ist auch bei den tierischen Verwandten der Menschengattung, etwa den Menschenaffen, vorhanden. Die physiologische Verankerung wird im männlichen Geschlechtshormon Testosteron gefunden. Unterschiedliche Aggressionsbereitschaft bei den Geschlechtern scheint also biologisch verankert zu sein; wie dies zum Ausdruck gebracht wird, hängt aber immer noch davon ab, wie stark diese Unterschiede durch kulturelle Einflüsse ausgeprägt oder eingeebnet werden. Andere Unterschiede, die zur Ausprägung entsprechender Geschlechtsrollen führen können, konnten hingegen nicht gefunden werden.

Soziobiologische Argumente

Zu anderen Ergebnissen kommt die neuere Soziobiologie, die als grundlegendes Prinzip zur Erklärung des Verhaltens der Arten (einschließlich des Menschen) nicht das Prinzip der Arterhaltung heranzieht, wie dies in der klassischen Ethologie der Fall war, sondern das Prinzip der Vermehrung der eigenen Gene. Das Individuum steht dieser Theorie zufolge im Dienste der Reproduktion; die Gene bedienen sich sozusagen der Produktion von Individuen zum Zwecke ihrer Erhaltung und Vermehrung. Der Reproduktionserfolg des Individuums wird im Vergleich zu unmittelbaren Konkurrenten bemessen. Während die klassische Ethologie etwa altruistisches Verhalten nicht erklären kann, stützt sich die Soziobiologie auf die Tatsache, daß die eigene Nachkommenschaft mehr umhegt wird als eine fremde, und daß für die eigene Verwandtschaft (die einen höheren Anteil an den eigenen Genen besitzt) in der ganzen Tierwelt mehr Hilfe erbracht wird als für Fremde.

Das unterschiedliche Geschlechterverhalten läßt sich nun - dieses Prinzip der Generhaltung vorausgesetzt - aus dem biologischen Umstand ableiten, daß die Geschlechter bei hochentwickelten Säugern unterschiedliche Fortpflanzungsmodelle entwickelt haben. Das Männchen produziert große Mengen von Spermatozoen, und mit einem relativ geringen Aufwand an Zeit und Energie sind ihm viele Fortpflanzungsakte möglich. Das Weibchen verfügt über eine begrenzte Zahl von Eizellen und hat nach der Paarung eine aufwendige Schwangerschaft und eine kostspielige Fürsorge für den unselbständigen Nachwuchs vor sich. Wenn die Genreproduktion maximiert werden soll, lassen sich unterschiedliche Reproduktionsstrategien ableiten. Das Männchen muß bestrebt sein, Vielfach-Paarungen zu absolvieren, es wird daher auf den raschen Wechsel der Geschlechtspartner programmiert sein. Das Weibchen kann durch ein solches

Verhalten die Chancen für seine Gene nicht steigern, vielmehr muß es danach trachten, die Aufzuchtbedingungen für den Nachwuchs zu verbessern; es muß daher große Sorgfalt walten lassen bei der Auswahl der Partner, insbesondere muß auf deren Fähigkeit und Bereitschaft zu Investitionen in die Nachkommenschaft geachtet werden. Weiters: Es besteht ein höherer Konkurrenzdruck unter den Männchen, weil angesichts ihrer Vielfach-Paarungen Weibchen "knapp" sind. Schließlich: Das Weibchen kann sich sicher sein, daß das von ihm geborene Kind sein genetisches Potential trägt; das Männchen wird - um die eigene genetische Reproduktion sicherzustellen - das zugehörige Weibchen in den empfängnisbereiten Phasen sorgfältig überwachen müssen, d.h. andere Männchen fernhalten.

Mit diesen Grundtatsachen stimmen empirische Befunde überein (vgl. Vogel 1989, Kap. 2). So mag es kein Zufall sein, daß Polygynie (mehrere Ehefrauen) die am häufigsten zugelassene Eheform, Polyandrie (mehrere Ehemänner) hingegen extrem selten ist. Auch in monogamen Gesellschaften haben wohlhabende (investitionsfähige) Männer höhere Wiederverheiratungschancen bei Verwitwung oder Scheidung als arme (serielle Monogamie). Beim Wechsel von Geschlechtspartnern ist eine unterschiedliche Bewertung - eine "doppelte Moral" - durchaus verbreitet: Männer gelten als "Draufgänger", Frauen als "Huren". Die Rechte der Frauen, insbesondere ihre sexuellen Freiheiten, sind in vielen Gesellschaften drastisch beschnitten - von der Verschleierung über das Einsperren bis zur Klitorisdektomie -, und dies ist auch durch die Rechtsprechung im allgemeinen abgesichert. Die verbreiteten patrilokalen Wohnformen ermöglichen es, im Verwandtenclan des Mannes das Sexualverhalten der Frauen leichter zu kontrollieren. Bei den Frauen zeigt sich ein stärkerer Wunsch nach festen und verläßlichen Dauerbeziehungen. Die Dauerrezeptivität (d.h. die dauernde Bereitschaft zum sexuellen Kontakt bzw. die Verschleierung des Zeitpunktes des Eisprungs) ist ein menschliches Sondermerkmal gegenüber anderen Säugern - möglicherweise eine Strategie, um den Mann zu binden, weil er, um seine Vaterschaft an den Nachkommen sicherzustellen, die Frau dauernd überwachen und dauernd mit ihr sexuell verkehren muß. Damit hat er auch eine stärkere Motivation, in die Aufzucht der Kinder zu investieren. Zudem ist die sexuelle Dauerattraktivität ein Mittel, die Konkurrenz der Männer anzuheizen, um damit eine bessere Position bei der Auswahl des Sexualpartners zu haben.

Mit diesen Schlußfolgerungen sind keine normativen Momente oder moralischen Bewertungen verbunden. Wenn - wie die Soziobiologie an zahlreichen Beispielen zu belegen versucht - die optimale Genreproduktion Ziel des Verhaltens ist, so lassen sich aus den biologischen Ausgangstatsachen zahlreiche geschlechterdifferente Verhaltensweisen erklären. Es liegt allerdings auf der Hand, daß dieses Modell dennoch sehr umstritten ist.

Versteckte Ungleichheiten

Einige der Unterschiede, die mit den Geschlechtsrollen in den entwickelteren Gesellschaften verbunden sind, sind offenkundig: Differenzen bei Löhnen etwa und bei der Besetzung der besseren Arbeitsmarktpositionen. Andere Ungleichheiten zwischen männlichen und weiblichen Mitgliedern unserer Gesellschaft lassen sich nicht so leicht dingfest machen. Es gibt eine Reihe versteckter Ungleichheiten oder besser: Ungleichbehandlungen. So wird in Untersuchungen behauptet, daß Mädchen bereits seltener und über einen kürzeren Zeitraum gestillt werden als Buben; daß im Alter von drei bis sechs Monaten bereits geschlechtsspezifische Spiele mit den Kindern gespielt und hiebei die Buben physisch und geistig mehr gefordert werden; daß im Kleinkindalter die Buben mehr technisches Spielzeug erhalten, während die Mädchen mit Puppen spielen; daß in der Erziehung der Mädchen das Prinzip, sie müßten immer sauber, adrett und hübsch sein, durchgehalten werde; und daß schon im Kindergarten bei Rollenspielen die Mädchen bei der Anwesenheit von Buben eher helfende und untergeordnete Tätigkeiten ausführen. Im Alter von zwölf Jahren werden die Mädchen doppelt so viel zur Hausarbeit herangezogen wie die Jungen, im Alter von sechzehn Jahren viermal mehr. Typisch war - bis vor kurzem - auch die Situation der Frauen im Bildungssystem, doch konnten sie in den letzten Jahrzehnten ihren Aufstieg in die höheren Bildungsgänge vollziehen. Die verbesserte Qualifikation hat sich allerdings noch nicht völlig in höhere Berufspositionen und in eine den Männern durchwegs angeglichene Bezahlung umgesetzt. Zum Teil sind die Ausbildungsgänge auch noch immer nach herkömmlichen Geschlechtsbildern besetzt, d.h. hauswirtschaftliche Schulen werden zum Beispiel stärker von Mädchen, technische Richtungen stärker von Jungen frequentiert. Der Angleichungsprozeß, der die letzten Jahrzehnte kennzeichnet, hat aber auch die Curricula, die Schulmaterialien, das Verhalten in der Schule erfaßt. Freilich spielen auch unaufhebbare biologische Unterschiede eine Rolle: Für die Mädchen ist es - wie empirische Untersuchungen zeigen - vor allem wichtig, frühzeitige Schwangerschaften hintanzuhalten, denn damit verbinden sich die größten Nachteile für die weitere Ausbildung und den Berufseintritt.

Verschiedene Studien zur Entwicklung des Lernverhaltens scheinen zu belegen, daß es früh zur Etablierung einer psychischen Barriere kommt, die in dem vergleichsweise geringen Vertrauen der Mädchen in die eigenen Fähigkeiten ihren Ausdruck findet. Intellektuelle Leistungen werden im allgemeinen nicht als wesentlicher Bestandteil der weiblichen Identität betrachtet: Mädchen neigen daher dazu, mit Beginn der Adoleszenz auf Intelligenzleistungen in gewissem Maße zu verzichten. (Bis dahin, so zeigt sich, haben sie durchschnittlich eine positivere Einstellung zur Schule, weisen bessere Schulleistungen als die Jungen und eine höhere Wertschätzung der Intelligenz auf). Es gibt eine typische Asymmetrie der Leistungseinschätzung: Mädchen führen ihre Erfolge eher auf äußerliche Zufälle und auf Glück zurück, für ihre Mißerfolge machen sie sich selbst, ihren Mangel an Fähigkeiten, verantwortlich. Bei den Jungen ist das genau umgekehrt: Leistungen schreiben sie eher ihren Fähigkeiten zu, das Versagen suchen sie durch Pech oder Faulheit zu erklären oder anderen Personen zuzuschreiben. Das aber bedeutet: Jungen verarbeiten ihre Mißerfolge als vorübergehende, durch eigene Anstrengung zu überwindende Tatsachen; das bewahrt ihr Selbstvertrauen. Mädchen nehmen alle Mißerfolge als Beweise ihrer Inkompetenz: Sie hegen daher geringere Erwartungen an ihre eigene Leistungsfähigkeit, und sie erhalten den Beweis für die Richtigkeit dieser Einstellung durch immer neue Mißerfolge...

Das ist ein Beispiel für die "versteckte Ungleichheit"; als anderes Beispiel kann das Kommunikationsverhalten dienen - solche Ungleichheiten werden auch jenen Beteiligten, die durchaus gutwillig sind, wenig bewußt. Der Sprachgebrauch der Frauen signalisiert beispielsweise ihre Unsicherheit bzw. ihre schwächere soziale Stellung: Sie neigen eher zu Frageformulierungen ("Das ist furchtbar, nicht wahr?"), verwenden entschuldigende Einleitungsfloskeln ("Ich verstehe davon leider nichts, aber..."), formulieren Feststellungen in einer Fragemelodie (Wann ist das Essen fertig? "Um sechs Uhr?"). Frauen werden beim Gespräch in kleinen Gruppen öfter unterbrochen, und die von ihnen eingebrachten Argumente werden seltener im Zuge des weiteren Gesprächs weiterverwendet. Die Unterscheidung von "Frau" und "Fräulein" ist schon oft als diskreditierend (als Kennzeichnung des jeweiligen "Eigentümers" Vater oder Ehemann) angegriffen worden. Auch das nichtverbale Verhalten bringt Unterschiede zum Ausdruck, etwa was die Größe und Unverletzbarkeit des "persönlichen Raumes" - also jener Sphäre rund um die eigene Person, die der einzelne beansprucht bzw. in die einzudringen als unschicklich gilt - betrifft. Männer beanspruchen mehr Bewegungsraum als Frauen (Arm- und Beinbewegungen); der persönliche Raum von Männern wird kaum verletzt, der von Frauen andauernd.

Emanzipation - die "stille Revolution"

Der "Emanzipationsprozeß" der Frauen, die Befreiung von ihrem früheren Status der Unterwerfung unter den Mann bzw. von verschiedenen Benachteiligungen, gehört zu den tiefgreifenden Wandlungserscheinungen, denen die modernen Gesellschaften ausgesetzt sind. Von der Mitte des 19. Jahrhunderts bis zur Mitte des 20. brachten Modernisierung, Demokratisierung und steigender Lebensstandard den Frauen das Wahlrecht, den Zugang zur höheren Bildung und die Beteiligung am nichtagrarischen Arbeitsmarkt - sogar, mit zeitlichen Unterschieden, in kulturell sehr unterschiedlichen Ländern.

Das *Wahlrecht* wurde mit dem Niedergang der patriarchalischen und ausgeweiteten Familienformen, mit der Herauslösung des Individuums aus dem Familienverband im Zuge der industriellen Revolution und auf der Grundlage einer Rechtfertigung durch Gedanken der Aufklärung virulent. In einer ersten Welle wurde es für die Frauen von der Jahrhundertwende bis in die 20er Jahre in den fortgeschrittenen Industrieländern erkämpft: in Australien, den USA, England, den Niederlanden, Österreich, den skandinavischen Staaten. Die zweite Welle, in den 30er und 40er Jahren, erfaßte die "Spätentwickler" (Frankreich, Italien), weiters Osteuropa (Jugoslawien, Ungarn) und entwickelte Länder der Dritten Welt (Indien, Türkei, Argentinien, Chile, Philippinen). In der dritten Welle folgten in den 50er und 60er Jahren Länder, die in die Unabhängigkeit entlassen wurden (wie Pakistan, Indonesien, Syrien), in einer vierten Welle schließlich die "Nachzügler" Schweiz (1971) und Liechtenstein sowie die islamischen Länder (Saudiarabien, Kuwait, Yemen).

Die Ausweitung des Rechts auf *Bildung* vollzog sich im selben Zeitraum. Zu Beginn des 19. Jahrhunderts ging die Bildung der Mädchen kaum über das Volksschulniveau hinaus; erst im Laufe des 19. Jahrhunderts wurde eine höhere Bildung durchgesetzt, nicht zuletzt durch den Eintritt in Berufe, die eine gymnasiale oder wissenschaftliche Vorbildung erforderten. Die Argumente, die noch um die Wende zum 20. Jahrhundert in Anbetracht des Vordringens der Mädchen auf die Universitäten vorgebracht wurden, lauteten etwa folgendermaßen: Die schöpferische Produktivität sei vor allem dem männlichen Geschlechte zu eigen, nicht so sehr dem weiblichen, denn die ganze Geschichte der Wissenschaften und Künste beweise dies. Die volle Reife werde bei den Männern später erreicht, so daß die Zeit des Wachstums länger dauere und daher die geistige Entwicklung ausgewogener sei. Die Kraft der männlichen Studenten sei robuster, sie seien daher ausdauernder und zuverlässiger. Die Frau altere früher als der Mann, so daß eine langdauernde Vorbildung für einen Beruf unökonomisch sei. Die Frauen seien letztlich doch stärker auf Verheiratung und Kinder ausgerichtet.- Solche Argumente, die sich ja beileibe auf keine empirischen Belege stützen können, verraten mehr über die Gesellschaft, in der sie geäußert werden, als über das in Betracht stehende Phänomen. Aber die "stille Revolution", die im vorigen Jahrhundert im Bildungssystem eingeleitet wurde, ist mittlerweile weitgehend gelungen: Einschließlich der Universitäten haben die weiblichen Mitglieder unserer Gesellschaft mit den männlichen Jugendlichen beim Besuch der Bildungseinrichtungen im wesentlichen gleichgezogen.

Mit einem derart fundamentalen Wandel verbinden sich natürlich immer soziale *Anpassungsprobleme*. Nur wenige seien erwähnt. Erstens kommt es zu Veränderungen in den Familienstrukturen, insbesondere zur Auflösung der herkömmlichen Autoritätsbereiche in der Familie: Zuständigkeiten sind zunehmend nicht mehr klar abgegrenzt, was größere ethische und emotionale Anforderungen mit sich bringt als ein hierarchisches System. Es muß ein neues System von Verhaltensregeln - für Eltern und Kinder - konfliktreich erarbeitet werden.

Zweitens müssen der Ambivalenz von Gleichheit und Verschiedenheit neue Überlegungen gelten: Bestimmte Ungleichbehandlungen der Geschlechter (etwa arbeitsrechtlicher Art) sind ohne Zweifel sinnvoll. Bislang konnte man meist nur nach den Privilegierungen des Mannes fragen, immer deutlicher stellt sich die Frage nach den Privilegierungen der Frauen. Welche Ungleichheiten sollen oder müssen aufrechterhalten werden - sozialpolitische Regelungen, Schwangerschaftsregelungen, Unterschiede in der Arbeitssicherheit, beim Pensionsalter oder beim Militärdienst? Schließlich geht es nicht an, daß bestimmte Unterschiede als reine Vorurteile entlarvt werden, die aus diesen Vorurteilen abgeleiteten rechtlichen Differenzierungen aber aufrecht bleiben.

Drittens besteht nach wie vor der "große" Konflikt zwischen Mutterschaft und Beruf, der die Hauptproblematik der Frauenfrage bildet: Denn der Bereich der Hausarbeit und der Kindererziehung wird nach wie vor zu einem wesentlichen Teil der Frau aufgeladen, so daß durch ihre Berufstätigkeit eine mehrfache Belastung entsteht.

Viertens stellt sich die Frage nach dem Ziel der Emanzipation: Hierüber besteht auch in der feministischen Bewegung durchaus keine Einigkeit. Eine Richtung setzt auf die Konkurrenz mit den Männern, auf beruflichen Erfolg, die andere Richtung darauf, spezifisch weibliche Attribute zu forcieren. Erstere finden es diskreditierend, von typisch weiblichen Fähigkeiten zu sprechen und leugnen entsprechende Differenzen zur männlichen Psyche; letztere behaupten gerade die Vorzugswürdigkeit der besonderen weiblichen Fähigkeiten (Gefühl, Ästhetik, Sinnlichkeit usw.). Das hängt mit den Auffassungen über angeborene Unterschiede zusammen, die heute wieder stärker hervorgehoben werden - frauenzentrierte Wertsysteme sollen den männlichen gleichberechtigt werden, zum Wohle der ganzen Gesellschaft. So wie es mit dem "Frauenbild" Probleme gibt, so bestehen solche auch - zum Teil als Antwort oder Reaktion auf die Veränderung der Frauenrolle - mit der Rolle des Mannes; unterschiedliche "Modelle" - vom konventionell "harten" Typus bis zum modernen "Softy" - stehen nebeneinander.

Feministische Positionen

Der Feminismus ist eine der neuen sozialen Bewegungen, die seit den sechziger Jahren in den entwickelten Industrieländern Einfluß gewonnen haben (vgl. Bowles/ Duelli Klein 1983, Mitchell/ Oakley 1986). Seine Vertreterinnen prangern den "Sexismus" in unserer Gesellschaft an. Darunter wird die Unterdrückung aufgrund des Geschlechts verstanden, d.h. eine geschlechtsspezifische Sozialisation, eine entsprechende Arbeitsteilung, die Verdrängung der Frauen aus Entscheidungspositionen, eine frauenverachtende Werbung und dergleichen. Ein Extremfall sexistischer Unterdrückung von Frauen sind jene Gewalttaten, die weitgehend verschwiegen werden: Vergewaltigungen etwa, deren Erörterung in gewissem Maße nach wie vor tabuisiert wird. Auf jede angezeigte Vergewaltigung kommen - so schätzt man - fünf bis zehn verborgene. Nur selten handelt es sich um Fremde, zum Großteil kommen die Vergewaltiger aus dem Bekanntenkreis. Dasselbe gilt für den Mißbrauch von Kindern, vor allem Mädchen: Inzest kommt in allen Schichten vor. In Untersuchungen wird behauptet, daß jede zehnte Frau als Kind sexuell mißbraucht worden ist. Daneben gibt es die "harmloseren" Formen sexueller Belästigungen: am Arbeitsplatz, auf der Straße, beim Arzt; und schließlich die allgemeine Gewalt gegen Frauen: Schätzungen zufolge werden zwischen 10 und 30% der Frauen von ihren Ehemännern mißhandelt.

Die Mehrzahl jener Frauen, die sich an dem Thema, wie die Stellung der Frauen in unserer Gesellschaft verändert werden kann, interessiert zeigen, nimmt eine reformistische Position ein: Sie fordern etwa eine bessere sozialrechtliche Absicherung der Hausfrauen, erweiterte Kinderbetreuungsmöglichkeiten, eine Gleichstellung der Frauen im Wirtschaftsleben, eine stärkere Berücksichtigung von Frauen bei der Besetzung politischer Positionen und so weiter. Es sollen aber in aller Kürze auch zwei "radikale" Positionen skizziert werden, wobei diese nicht als repräsentativ für größere Gruppen von Frauen angesehen werden dürfen.

Die eine Position ist jene des *Radikalfeminismus* (vgl. Millett 1985; Barry 1983; Schwarzer 1981; Daly 1973). Die Vertreterinnen dieser Auffassung betrachten das Patriarchat, die Männerherrschaft, als grundlegendes Kennzeichen der modernen Welt, und sie halten sie für weit wichtiger als andere Gründe für eine Klassenspaltung. Kategorien wie "links" oder "rechts", "fortschrittlich" oder "reaktionär" seien daher gar nicht anwendbar. Frauen müssen sich mit Frauen identifizieren, und das gilt selbst für den sexuellen Bereich: In der Praxis gerät dies zu einem Plädoyer für lesbische Verhältnisse und zu einer Abwertung heterosexueller Verhältnisse. Nur dann könnten die Frauen ihrer "sexuellen Versklavung" - durch Verschleierung, Heirat nach Absprache und Brautpreis, Verstümmelung der weiblichen Geschlechtsteile und dergleichen - entkommen, nur dann könnte die gesellschaftliche Abstempelung der Frau zum Sexualobjekt ein Ende finden.

Die andere Position ist jene eines *marxistischen Feminismus* (vgl. Power 1983, Barrett 1980). Erst die wirtschaftlichen Verhältnisse in einem kapitalistischen System machen nach Auffassung der Vertreterinnen dieses Ansatzes die Unterdrückung der Frauen möglich. Die Organisation des Haushalts und die Familienideologie lassen jene Arbeitsteilung - in bezahlte Lohnarbeit und unbezahlte Hausarbeit -

entstehen, die sich erst im Kapitalismus voll entfaltet hat. Der Arbeitsbereich Familie wird sentimental aufgefüllt, entsprechend werden auch Emotionalität und Irrationalität von Frauen stärker betont, eine neue Auffassung von Weiblichkeit setzt sich durch. Die neuen Geschlechtsrollen werden als natürliche Wesenheit dargestellt, in Wahrheit erlauben sie es, die Frau in vollständiger Abhängigkeit vom Mann zu halten, sie gegen Kost und Logis arbeiten zu lassen und ihr die Aufgabe zuzuweisen, für die Produktion und Reproduktion von Arbeitskräften zu sorgen.

2. Sexualverhalten - der Einfluß gesellschaftlicher Bestimmungsgründe

Je höher eine Spezies auf der evolutionären Skala angesiedelt ist, umso weniger ist sie im Sexualverhalten abhängig von bestimmten Hormonschüben oder saisonalen physiologischen Veränderungen. Das Sexualverhalten unterliegt beim Menschen zum Teil der persönlichen Entscheidung und Kontrolle; damit aber kommen gesellschaftliche Komponenten ins Spiel. In der Tat finden sich die größten Variationen zu verschiedenen Zeiten und in verschiedenen Kulturen: bezüglich der Häufigkeit des Geschlechtsverkehrs und der Techniken des Sexualverhaltens, der persönlichen Bedeutung, der Zulässigkeit und der Verbote sexueller Kontakte, der Sexnormen und der ethischen Standards (vgl. Schelsky 1955, Gagnon/ Simon 1973, Kentler 1984).

Wandel in den letzten Jahrzehnten

Sexuelle Aktivitäten schließen Handlungen wie Küssen, Petting, Masturbation und Geschlechtsverkehr ein; die Abgrenzung zu Liebe, Wollust, Leidenschaft, Zärtlichkeit und Freundschaft wechselt. Sexualität dient der Fortpflanzung und der Muße, und angesichts sinkender Geburtenraten und steigender sexueller (vorehelicher, ehelicher und außerehelicher) Aktivitäten verlagert sich das Schwergewicht auf den *recreational sex*.

Seit der Mitte der 60er Jahre ist es in den Industriegesellschaften zu deutlichen Veränderungen im Sexualverhalten gekommen, vor allem bei den Frauen, die einen Prozeß der Angleichung an das männliche Verhalten vollzogen haben. Zu den Charakteristiken, die in empirischen Untersuchungen zutage gefördert werden, gehören: (1) eine steigende Häufigkeit vorehelichen Geschlechtsverkehrs, besonders bei Frauen; (2) rascherer Wechsel und daher auch eine steigende Zahl von Partnern beim vorehelichen Geschlechtsverkehr; (3) ein jüngeres Alter der Beteiligten bei den ersten sexuellen Erfahrungen; (4) ein geringerer Verpflichtungs- und Bindungsgrad vor der Aufnahme sexueller Beziehungen; (5) eine größere Häufigkeit des ehelichen Geschlechtsverkehrs; (6) eine größere Häufigkeit des außerehelichen Geschlechtsverkehrs, besonders bei Frauen; (7) eine steigende Häufigkeit von Abtreibungen, besonders bei unverheirateten Frauen; (8) eine steigende Zahl unehelicher Geburten, vor allem bei Teenagern; (9) eine häufigere Verwendung von Verhütungsmitteln bei Frauen aller Altersstufen und Schichten; (10) eine größere Offenheit gegenüber Sexualität in Zeitschriften, Büchern, Filmen und anderen Medien; (11) eine höhere Akzeptanz abweichenden Sexualverhaltens, z.B. der Homosexualität; (12) größere Handlungsspielräume für Frauen, um informelle heterosexuelle Kontakte und Beziehungen einzuleiten (vgl. Spanier 1985).

Die Rekrutierung von Partnern

Sexualität ist eine soziale Kategorie: Das Verhalten ist überformt von gesellschaftlichen Normen und biographischen Eigenheiten. Die Idee der individuellen "Liebe" als Voraussetzung einer dauerhaften Beziehung etwa war noch im Mittelalter keineswegs verbreitet; dort aber finden sich bereits ihre Anfänge in ritterlichen Gebräuchen, die dann im Bürgertum Verbreitung fanden, und die Individualisierungstendenzen der Neuzeit taten ein übriges. Nachdem sich die Auffassung, daß die Liebe als eine plötzlich-schicksalhafte Gemütsbewegung einsetzt, verbreitet hat, besteht diesbezüglich auch eine hohe Erwartungshaltung. Auch diese Emotionen fallen freilich nicht vom Himmel, sondern sind von gesellschaftlichen Normen beeinflußt. Erstens hängen die Verfügbarkeit und die Auswahl der Sexualpartner von der eigenen *Persönlichkeit* ab, d.h. vom Wunsch und der Fähigkeit, Partner zu suchen, und von der eigenen Attraktivität; hier kommen auch individuelle Momente ins Spiel - zwar gibt es einen bestimmten Konsens über Attraktivität, aber was für den einen attraktiv ist, muß dies nicht unbedingt für den anderen in gleicher Weise sein.

Zweitens sind *soziale Normen* bedeutsam, die mit "Klassenschranken" oder mit rassischen, religiösen oder ethnischen Abgrenzungen zu tun haben - auch die Ablehnung eines Partners wegen eines unzureichenden sozialen Status oder wegen mangelnder Schönheit usw. Dies sind Beurteilungskriterien, die in der Tierwelt nicht existieren. Ähnlich ist es mit den Heiratsnormen: Männer sind meist größer als Frauen; Männer dürfen älter, sollen aber nicht wesentlich jünger sein als die Frauen; Männer haben die "Initiative" bei der Anbahnung sexueller Kontakte zu ergreifen...

Drittens sind *soziale Kontrollmechanismen* relevant; sie bestimmen die Kommunikationsformen und die Gelegenheiten zur Begegnung: die Düfte und Parfüms; die kosmetischen Mittel, um sexuelles Interesse anzudeuten; Fertilitätszeremonien und Initiationsriten; Abschließungsverfahren und Kommunikationsrituale; Tanzveranstaltungen; Zeitungsannoncen und spezialisierte Zeitschriften usw.

3. Die Familie - Grundeinheit des sozialen Lebens

Die Familie (vgl. Claessens 1962, König 1966, Neidhart 1975, Schwägler 1970, Wurzbacher 1987, Nave-Herz 1988) wird als Grundeinheit des gesellschaftlichen Zusammenlebens bezeichnet, als universell vorfindbare Institution, die - in der einen oder anderen Form - in jeder Gesellschaft existieren muß, um bestandswichtige Funktionen zu erfüllen. Sie sorgt für die Arterhaltung in einer bestimmten, von der Gemeinschaft kontrollierten Form. Von manchen Theoretikern wird behauptet, die Kernfamilie - Mann und Frau samt ihrer Nachkommenschaft - sei eine universale, d.h. überall auffindbare menschliche Gruppierung. Andererseits sind bestimmte, wenn auch seltene Ausnahmen nachgewiesen, Gebiete, in denen kaum vollständige Familien bestehen, doch existieren selbst dort die entsprechenden Normen und Ideale, auch wenn es der praktischen Realisierung ermangelt. Der Versuch, die Familie abzuschaffen, ist auch in den kommunistischen Staaten gescheitert. Aus den israelischen Kibbutzim haben sich wieder Familien herausentwickelt. Kollektivexperimente, welche darauf gerichtet waren, beschränkte sexuelle Bindungen abzuschaffen, haben durchwegs nicht lange gedauert. Insofern weist die herkömmliche Familie eine erstaunliche Stabilität auf.

Freilich wandelt sich das konkrete Erscheinungsbild der Familie: Es gibt erweiterte Verwandtschaftsgruppen (meist in einfacheren Gesellschaften), kleine, auf die Eltern-Kinder-Gruppe geschrumpfte Familieneinheiten, matriarchale Familientypen ohne männliches Oberhaupt, kollektive Lösungen wie im Falle des israelischen Kibbutz. Was ihnen gemeinsam ist, das sind die folgenden Kennzeichen: (1) Es handelt sich um eine Gruppe mit einer bestimmten Rollenstruktur (Vater, Mutter, Sohn, Tochter, Enkel, Geschwister...). (2) Diese beruht auf einer Differenzierung nach Geschlecht und Alter (weiblich, männlich; Generationen). (3) Es besteht ein besonderes Verhältnis der Zusammenarbeit und Solidarität, das durch bestimmte Zeremonien begründet wird (Eheschließung). (4) Das Zusammenleben dient der biologischen und sozialen Reproduktion, also dem Fortbestand der Gesellschaft durch die Versorgung mit sozialisierter Nachkommenschaft, und diese Nachkommenschaft bedarf grundlegender Leistungen der Ernährung, des Schutzes, der Sozialisation.

Verwandtschaftsgruppen

In kleinen, einfachen Gesellschaften dienen Verwandtschaftsbeziehungen allgemein als grundlegende Organisationsprinzipien des gesellschaftlichen Lebens. Verwandtschaftsgruppen, z.B. *lineages*, organisieren die Produktion wichtiger Güter und Dienste; die Individuen sind durch ein Netz gegenseitiger Rechte und Pflichten miteinander verbunden. Viele Bereiche des sozialen Verhaltens werden vom Verwandtschaftsstatus geprägt. Die Familiengründung war kaum jemals in einer Gesellschaft eine persönliche Angelegenheit der Partner, schon gar nicht Ergebnis ihrer persönlichen Neigungen wie in der modernen Gesellschaft. Normalerweise war sie eine Angelegenheit der Gruppe, denn durch die Heirat kam ja ein neues Mitglied in die Verwandtengruppe, und deshalb hatte auch die ganze Gruppe zu prüfen und zu entscheiden.

Zur Familie im engeren Sinne bestehen bei einer solchen Verwandtschaftsgruppe kaum Abgrenzungen, zumal im Falle einer erweiterten Familie (*extended family*). Diese erweiterte Familie kann verschiedene Gestalt annehmen: Es kann sich um eine Mehr-Generationen-Familie handeln oder um mehrere Kernfamilien derselben Generation (etwa im Fall einer Erbengemeinschaft); der Begriff ist aber auch anwendbar auf eine Kernfamilie mit zusätzlichen Seitenverwandten oder auf eine Kernfamilie mit Mehrfachbesetzung einer Rolle; letzteres ist der Fall bei der Polygamie, die als Polygynie oder als Polyandrie auftritt.

Die klassische Großfamilie

Der Begriff der "Großfamilie" ist für verschiedene Sachverhalte verwendet worden: für die erweiterte Familie generell, für eine Familie mit vielen Kindern, oder für eine Familie, die auch das Dienstpersonal einschließt (das *ganze Haus*). Für einige Bauerngesellschaften ist die klassische, patriarchalisch geprägte Großfamilie beschrieben worden, die neben Eltern und Kindern zumindest auch Großeltern, oft aber noch weitere Verwandte und in jedem Fall auch noch einiges Dienstpersonal umfaßte. Das "Haus", die Wirtschaftseinheit, war das grundlegende Sozialgebilde in bäuerlichen Kulturen. Es hatte nichts mit Blutsverwandtschaft zu tun, sondern umfaßte den Gesamtkomplex von Haus, Ländereien, Tieren, Hausfrau, mithelfenden Familienangehörigen und Gesinde. Noch im Mittelalter wird der lateinische Begriff *familia* dafür verwendet, erst im 18. Jahrhundert dringt der Familienbegriff, der nun auch emotionell aufgeladen wird, in die Umgangssprache ein (vgl. Brunner 1968).- Es gibt auch sozialgeschichtliche Untersuchungen, die belegen, daß es unzulässig wäre, eine Großfamilie, die mehrere Generationen umfaßte, generell als typische vorindustrielle Familienform anzusehen. In Nordwesteuropa war bereits ab dem 16. Jahrhundert die Kernfamilie, bestehend aus zwei Generationen, vorherrschend. Da man spät geheiratet hat und die Lebenserwartung nicht hoch war, blieb wenig Zeit, in der sich drei Generationen überlappen konnten. Dort war allerdings das Ausgedinge- und Gesindewesen weit verbreitet; Nachkommen ohne Erbanspruch mußten sich auf anderen Höfen verdingen. Im slawischen Sprachraum hingegen, in Ost- und Südosteuropa, waren komplexe Familienformen, Dreigenerationenfamilien und Wohngemeinschaften mehrerer Brüder samt deren Familien, verbreitet. Der Altbauer blieb Hausherr bis zu seinem Tod, das Heiratsalter war niedriger, die Söhne blieben am Hof. Offensichtlich hat es, bedingt durch kulturelle Unterschiede, aber auch durch Erbfolgeregelungen, im *bäuerlichen Bereich* sehr unterschiedliche Familienformen gegeben (vgl. Mitterauer/ Sieder 1977, Rosenbaum 1978). Daneben existierte auch schon im 18. Jahrhundert die *Handwerkerfamilie*, mit zunehmend schwächer werdender Selbstversorgung, mit einer deutlichen Arbeitsteilung zwischen den Ehegatten, ergänzt durch Lehrlinge und Gesellen. Dann gab es die *Heimarbeiterfamilie*, mit routinisierten arbeitsteiligen Produktionsleistungen, mit starker existentieller Unsicherheit und Abhängigkeit, eine Vorform der späteren proletarischen Familie. Auch späterhin blieben die Familienformen differenziert: von der *Oberschichtfamilie* über jene des *Großbürgertums* und des *Kleinbürgertums* zur *Arbeiterfamilie* oder zur *subproletarischen Familie*. In den Industriegesellschaften scheint sich ein relativ einheitlicher Typus der modernen Kleinfamilie herauszubilden, und es besteht eine Tendenz zu seiner globalen Verbreitung.

Die isolierte Kernfamilie

Die durchschnittliche Kopfzahl der Familie ist ohne Zweifel gesunken, und die Kohäsion ihrer Mitglieder scheint nachzulassen. Eine gewisse Individualisierung tritt ein. Soziale Funktionen der Familie werden zurückgenommen, sie hat sich - vieler Funktionen entblößt - zunehmend darauf zu konzentrieren, das Wohlgefühl ihrer Mitglieder zu sichern. Talcott Parsons behauptet, die "isolierte Kernfamilie" (*nuclear family*), bestehend allein aus Eltern und Kindern, sei als Zwei-Generationen-Familie die typische Familienform in der modernen Industriegesellschaft. Sie sei strukturell isoliert, d.h. nicht Teil eines weiteren Verwandtschaftssystems; Beziehungen zu Verwandten seien eher auf freien Entschluß zurückzuführen als auf bindende Verpflichtungen. Diese Entwicklung stelle den Endpunkt einer "strukturellen Differenzierung" dar, wie sie für die Gesellschaft insgesamt typisch sei. Institutionen entwickeln spezifischere Funktionen, Schulen, Spitäler, Kindergärten, Betriebe, Kirchen, Polizei usw. übernehmen Funktionen, die aus der Familie "ausgelagert" werden.

Die isolierte Kernfamilie ist nach Parsons jene Familienform, die der modernen Gesellschaft angemessen ist. Diese bedarf der geographischen Mobilität, die nicht durch rigide Familienbande eingeengt werden soll. Der (soziale und ökonomische) Status in einer Industriegesellschaft wird durch Leistung erreicht, nicht durch Geburt zugeschrieben; in einer Familie hingegen sind die wechselseitigen Beziehungen von Geburt an festgelegt: Konflikte würden unvermeidlich werden, wenn der Sohn im Beruf einen weit höheren Status erreicht, sich aber im engen Familienverband den Wünschen des

Vaters als des Familienoberhauptes fügen müßte. In der isolierten Kernfamilie werden diese Probleme vermieden: Das Haupt der Familie ist der Verdiener-Ehemann-Vater. Die Frau ist für die Erziehung der Kinder und die Aufrechterhaltung des Haushalts zuständig. Die Autoritätsstruktur bleibt intakt. Das hat natürlich auch seine Schattenseiten: Durch die Isolierung sind die Ehegatten stärker aufeinander angewiesen. Die Unterstützung durch die Verwandtschaft fehlt, die Partner sind voneinander abhängiger, insbesondere bezüglich emotioneller Unterstützung. Und es ist müßig zu erwähnen, daß sich die erwähnten Rollenstrukturen in rascher Auflösung befinden.

Verwandtschaft jenseits der Kernfamilie

Die Kernfamilie ist allerdings nicht gänzlich isoliert. Die These vom weitgehenden Verlust der Primärbeziehungen in der modernen Gesellschaft hat sich nicht bestätigt. Verwandtschaftsbeziehungen, die über die Kernfamilie hinaus reichen, sind rege. Wenn man die besseren Transportmöglichkeiten berücksichtigt, die Möglichkeit, über Telephon und Post zu verkehren, und wenn man Qualität und Quantität des Kontakts in Rechnung stellt, dann zeigen sich relativ "gute" und häufige Sozialbeziehungen etwa zwischen Großeltern und Eltern: Wechselseitige Hilfe, sowohl in Form bestimmter Dienstleistungen als auch durch finanzielle Zuwendungen, ist durchaus üblich, ebenso wie Hilfe in bestimmten Dringlichkeits- oder Notlagen. Kontakte sind häufig. Unterschiede zwischen Stadt und Land sowie zwischen den sozialen Schichten zeigen sich eher bei den Beziehungen zu den entfernteren Verwandten. In der Stadt und bei den höheren Schichten verlieren entferntere Verwandte an Bedeutung, Freunde und Bekannte hingegen werden wichtiger. Im internationalen Vergleich spielen für die Intensität dieser Beziehungen weitere Faktoren eine gewisse Rolle, so etwa der Urbanisierungsgrad, die geographische Mobilität und der aktuelle sozioökonomische Entwicklungsstand.

Diese empirischen Feststellungen haben auch zu einer Kritik an Parsons' Konzept der isolierten Nuklearfamilie geführt. Parsons hat demgegenüber allerdings betont, daß es ihm nur darum gehe, nachzuweisen, daß die größeren Verwandtschaftseinheiten keine strukturellen Bestandteile unseres gesellschaftlichen Systems seien, daß daher das Konzept der "isolierten Kernfamilie" keineswegs unvereinbar sei mit der Feststellung häufiger und guter Kontakte zwischen Verwandten; diese aber erfolgen freiwillig, als Ergebnis einer individuellen Entscheidung.

Die Entwicklung und die moderne Gestalt der Familie werden theoretisch zu erfassen versucht. Zu den wichtigsten Familientheorien zählen die funktionalistische Perspektive, die marxistische Theorie und zwei "Negativmodelle" der Familie. Diese Ansätze werden nun behandelt.

Eine funktionalistische Perspektive

Auf die Frage, welche Funktionen eine Institution wie die Familie in einer Gesellschaft ausübt, werden meist die folgenden Grundfunktionen hervorgehoben: Erstens haben Familienbindungen den Sinn, *sexuelle Aktivitäten* zu regulieren und damit auch Zuordnungsregeln für gezeugte Kinder bereitzustellen. Zweitens hat die Familie *reproduktive Funktionen*: Sie sorgt für den Bevölkerungsnachschub, d.h. für die Aufrechterhaltung der Gattung. Drittens ist die *Erziehungsfunktion* wichtig: Die Familie sorgt für die primäre Sozialisation d.h. für die Pflege des Nachwuchses, für seine Erziehung und Eingliederung in die Gesellschaft. Viertens ist die *ökonomische Funktion* zu nennen, zumindest im Sinne der Grundversorgung der Familienmitglieder mit Nahrung und lebensnotwendigen Gütern. Fünftens erhalten die Individuen *Namen und rechtlichen Status* von der Familie, und sie unterstehen der elterlichen Gewalt. Sechstens wird die Familie der Gegenwart zum Ort eines *Privatlebens*, zum Zentrum emotioneller Erfüllung, in Absonderung von den Großinstitutionen der Gesellschaft, für die sie nicht mehr strukturelles Bauelement ist.

Talcott Parsons konzentriert sich auf zwei grundlegende und unverzichtbare Funktionen: die primäre Sozialisation und die Stabilisierung der erwachsenen Persönlichkeit. Während der primären Sozialisation, d.h. der ersten Jahre der Erziehung, müssen zwei Prozesse vor sich gehen: die Internalisierung der kulturellen Normen der Gesellschaft und die Strukturierung der Persönlichkeit. Dies hängt eng miteinander zusammen: Denn die sozialen Normen und Werte werden internalisiert, sie werden selbst zum Teil der Persönlichkeit. Der Aufbau dieser Persönlichkeit kann nur zustande kommen in einem Umfeld, das Wärme, Sicherheit und wechselseitige Hilfe bietet, d.h. in der Familie. Die Stabilisierung der Erwachsenenpersönlichkeit erfolgt durch den wechselseitigen Beistand der Ehepartner, die ein Gegengewicht bilden gegen den Stress und Zwang des alltäglichen Lebens. Gerade in den westlichen Industriegesellschaften ist dies besonders wichtig, fällt hier doch das verwandtschaftliche Umfeld weg, das diese psychische Unterstützung bieten könnte.

Wie bei anderen funktionalistischen Erklärungsversuchen haben Kritiker auch im Falle der Familientheorie auf die allzu harmonistische Perspektive funktionalistischer Theoretiker hingewiesen. Insbesondere wurde eingewendet, daß Parsons mit seinem idealen Familienbild sympathischer Eltern und gutangepaßter Kinder an der Wirklichkeit vorbeigehe. Sein Bild sei von einer amerikanischen Mittelklasse-Familie geprägt, die er als repräsentativ für die Familie schlechthin ansehe. Parsons versäume es zudem, alternative Varianten des sozialen Zusammenschlusses, welche dieselben Funktionen bereitstellen können, zu erwägen; verschiedene der genannten Funktionen seien nicht unbedingt an die Familie gebunden, sondern könnten - so wie die ökonomischen Funktionen - ausgegliedert werden. Andere Theoretiker haben demgemäß auch die "Belastungen" hervorgehoben, die den Individuen durch die Familie auferlegt werden. So wurde etwa behauptet, daß ungelöste Konflikte und Feindschaften der Eltern auf das Kind projiziert würden - die Familie sei daher vielleicht funktional für die Eltern, aber würde zur Quelle emotioneller Störungen für das Kind.

"Negativmodelle" der Familie

Edmund Leach (1967) hat die schädlichen Folgen der Verkleinerung der Familie und der Isolierung ihrer Mitglieder hervorgehoben. Er stellt die moderne Familie jener in vorindustriellen Gesellschaften gegenüber. Letztere sei Teil einer größeren Verwandtschaftseinheit gewesen, die durch enge soziale Beziehungen verknüpft worden sei; sie habe praktische und psychische Hilfe für den einzelnen geboten. In der modernen Gesellschaft hingegen sei die Familie von den Verwandten und von der Gesellschaft isoliert: Die Familie schaut nur nach "innen", es entsteht emotioneller Stress zwischen den Ehepartnern sowie zwischen Eltern und Kindern. In ihrer Isolierung verlangen und erwarten die Familienmitglieder zuviel voneinander; die Eltern kämpfen, die Kinder rebellieren. Die in der Familie erzeugten Spannungen finden Ausdruck im gesellschaftlichen Ganzen: Haß und Feindschaft nehmen ihren Ausgang in der Familie; sie ist die Quelle allen Übels.

R.D. Laing (1976) hat sich mit dem Umstand beschäftigt, daß die Verkleinerung der Familie und die Auslagerung vieler Funktionen auch zu einer "Verdichtung" der sozialen Beziehungen der Mitglieder führt. Er sieht die Familie als Interaktionseinheit, in der die einzelnen verschiedene Strategien einschlagen, Bündnisse schließen, das eine gegen das andere Mitglied ausspielen. Er spricht von einem "Nexus", einer "Verknüpfung": Jedes Mitglied der Familie ist mit jedem anderen eng verbunden, wendet ihm dauernd Aufmerksamkeit zu. Als Ergebnis dieser permanenten Zuwendung bestehen beträchtliche "Verletzlichkeiten" bzw. umgekehrt Möglichkeiten, den anderen zu verletzen. Die enge Interaktion führt zur Internalisierung der Familie: In derselben Familie sein heißt, die Familie in sich selbst zu "fühlen". Auch Laing argumentiert, daß in der Familie die Wurzel gesellschaftlicher Mißstände zu finden sei: Die Allianzen, die in der Familie "eingeübt" werden, lassen die Kinder in Kategorien von "wir" und "sie" denken - eine Trennung, die später übertragen wird auf Weiße und Schwarze, Juden und Volksangehörige usw. Zudem wird in der Familie jener Gehorsam eingeübt, der die Grundlage bietet für den späteren Gehorsam gegenüber beliebigen anderen Autoritäten.- Diese Theorien sind wohl das Gegenstück zu Parsons' harmonisierender Perspektive, und sie dürften wohl allzu einseitig sein.

Eine marxistische Perspektive

Friedrich Engels hat in seiner Studie über den "Ursprung der Familie, des Privateigentums und des Staates" (1884) ein evolutionäres Modell der Familie entwickelt; die Familie, so meint er, habe sich gleichzeitig mit den Produktionsumständen gewandelt. Ursprünglich seien die Produktionsmittel gemeinsames Eigentum gewesen und es habe Promiskuität geherrscht. Über eine Reihe von Zwischenstufen seien die sexuellen Beziehungen zunehmend eingeengt worden. Mit der Entstehung des Privateigentums an den Produktionsmitteln und des Staates sei es schließlich zur monogamen Kernfamilie gekommen: Dieser Typus von Heirat und Familie habe nämlich das Problem der Vererbung des Privateigentums gelöst. Die Männer hätten über die Produktionsmittel verfügt und aus Vererbungsgründen jeden Zweifel an ihrer Vaterschaft ausschließen wollen.- Im Detail hat diese Darstellung manche Kritik erfahren; vor allem ist Engels falschen anthropologischen Befunden (unter anderem von J. G. Bachofen) aufgesessen: So ist es keineswegs richtig, daß in einfacheren Horden generell Promiskuität herrscht; auch monogame Heiraten und Kernfamilien finden sich in Jäger- und Sammlergesellschaften.

Neuere marxistische Analysen betonen die folgenden grundlegenden Funktionen der Familie in der kapitalistischen Gesellschaft: Erstens ist die Familie jene soziale Einheit, die eine der grundlegenden Waren eines kapitalistischen Systems, nämlich die *Arbeitskraft*, in hinreichender Menge und kostengünstig, nämlich durch die unbezahlte Arbeit der Frauen, produziert. Zweitens hat der Umstand, daß der Ehemann und Vater für den Unterhalt der Familie aufkommen muß, einen *disziplinierenden Einfluß* auf seine Arbeitswilligkeit; er wird daran gehindert, seine Arbeitskraft dem Markt zu entziehen, da er ja seine Familie "erhalten" muß. Drittens werden Arbeitskräfte für die kapitalistische Maschinerie nicht nur produziert und aufgezogen, sondern auch - ohne Kosten für den zukünftigen Verwerter der Arbeitskraft - in *gutem Zustand* erhalten. So fungiert die Familie auch als Sicherheitsventil für die Frustration, welche die Arbeit im kapitalistischen System dem Ehemann auferlegt. Viertens reproduziert die Familie jene Haltungen und Vorstellungen, die für eine brauchbare Arbeitskraft im Kapitalismus notwendig sind. Die Familie ist daher eine Einrichtung zur *ideologischen Konditionierung*: Die Kinder lernen gehorchen und sich der Autorität unterordnen - wie dies später im kapitalistischen Arbeitsprozeß gefordert wird.

Funktionswandel der modernen Familie

Im Laufe der Zeit sind viele Funktionen aus der Familie *ausgegliedert* worden. Es wird davon gesprochen, daß sie sich von einer Produktionseinheit zu einer *Konsumeinheit* gewandelt habe. Die industrielle

Revolution und die moderne Technik haben Arbeitsplatz und Wohnung getrennt. Auch Teile der Nahrungsbeschaffung sind ausgelagert worden: Getreide, Brot, Gemüse, Butter, Käse, Heilmittel wurden früher in der Familie hergestellt, ebenso wie das Weben und die Kleidungsherstellung Aufgabe der Familie waren. Die im Haushalt verbliebenen Aktivitäten - Heizen, Waschen, Kochen - wurden wesentlich erleichtert, vor allem durch den Einsatz von Maschinen. Der Investitionsbedarf für die Aufrechterhaltung eines Haushalts, der zu einer hohen Kapitalintensität geführt hat, ist beachtlich. Ein durchschnittlicher Haushalt hat heute mehr Maschinen im Einsatz als ein mittlerer Handwerksbetrieb in der Zwischenkriegszeit. Auch im Haushalt ist - wie in jedem Betrieb - Arbeitskraft durch Kapital ersetzt worden. Dies hat es einerseits ermöglicht, daß ein steigender Anteil von Frauen eine Berufstätigkeit aufnimmt; andererseits war dieses Doppeleinkommen auch vonnöten, um die Investitionswünsche im Haushalt zu befriedigen.

Andererseits wird die Entlastung, die durch diese technischen Veränderungen erzielt wurden, oft auch übertrieben (vgl. Schwartz Cowan 1983). Es gab - gerade durch die Erleichterung der Tätigkeit im Haushalt - auch eine *Ausweitung der Aufgaben* für Hausfrauen; sie übernahmen Tätigkeiten (Einkaufen), die früher von Männern und Kindern besorgt wurden. Es kamen Transportleistungen, Einkaufsfunktionen und Wartezeiten dazu. Früher hatte der Kaufmann um die Ecke seinen Laden, heute haben die Kaufhäuser mit einem verbesserten und spezialisierten Angebot entfernt in den Vorstädten ihren Platz. Früher gab es viele Lieferanten (Bäcker, Fleischer, Gemischtwarenhändler), die ihre Waren ins Haus brachten, mit dem Aufkommen des Automobils wurden die Transportleistungen den Haushalten überwälzt. Kinder sind zum Arzt zu führen, zur Musikstunde, zum Geburtstagsfest und zum Zahnarzt. Weiters sind Dienstboten, die früher auch für nicht so wohlhabende Haushalte selbstverständlich waren, angesichts der steigenden Lohnkosten weggefallen: beispielsweise die Wäscherin und die Büglerin. Schließlich wurden die Rationalisierungsfortschritte zum Teil von erhöhten Standards kompensiert: Wenn ein eigenes Badezimmer vorhanden ist, muß ein zusätzlicher Raum geputzt werden. Der Staubsauger erleichtert die Raumpflege, aber die Sauberkeitsstandards haben sich wesentlich erhöht und die Wohnungen sind größer geworden. Waschmaschinen erleichtern das Waschen ungemein, aber es fällt ein Vielfaches an Wäsche an im Vergleich mit früheren Zeiten. Das Essen läßt sich leichter bereiten, aber es ist auch abwechslungsreicher, vielfältiger und komplizierter - es sei denn, man greift auf Tiefkühlnahrung zurück. Es gibt also Tendenzen in beiden Richtungen, auch wenn der Nettoeffekt wohl eine wesentliche Entlastung sein dürfte (vgl. auch Oakley 1974a, b).

Die Ausgliederung von vielfältigen Funktionen bedeutet aber keineswegs, daß die Familie ihre bedeutende Stellung eingebüßt hat.

Sie ist nur *spezialisierter* geworden, nicht unwichtiger. Viele ihrer althergebrachten Funktionen sind von spezialisierten, aber unpersönlichen und anonymen gesellschaftlichen Institutionen übernommen worden. Mit der wirtschaftlichen Differenzierung geht eine emotionelle Anreicherung der Familie und eine Neudefinition der Geschlechtscharaktere einher. Die Familie bietet nun die einzige Möglichkeit, in eine soziale Beziehung einzutreten, in der die Individuen als ganze Personen wahrgenommen und geschätzt werden. Der einzelne kann in ihr Liebe und Wertschätzung erwarten, nicht nur die Wahrung bestimmter Rechte; er kann auf Kontinuität bauen, ganz anders als bei den wechselnden und vergänglichen Rollen, die er im gesellschaftlichen Getriebe spielen muß.

Die "äußeren" Institutionen bieten zudem nur *zusätzliche Unterstützung* für Funktionen, für die primär nach wie vor die Familie zu sorgen hat. Sie sozialisiert die Kinder und wird dabei von der Schule unterstützt; sie sorgt zuallererst für das physische Wohlergehen, bei Bedarf unter Mithilfe von Ärzten und Krankenhäusern; sie hat - zumindest als Konsumeinheit - nach wie vor eine wichtige ökonomische Funktion. Die Familie hat also ihre "klassischen" Funktionen nicht gänzlich aufgegeben, und für den einzelnen bleibt sie wichtig als jene Gruppe, die für das Kind alle "signifikanten anderen" umfaßt, der Ausgangs- und Trainingspunkt für die Reise in die Gesellschaft, in dem die Großstrukturen ihren Platz haben.

Der Wandel im Scheidungsverhalten

Der Wandel im *Heiratsverhalten* in den Industrieländern ist seit dem Beginn der 70er Jahre spürbar; die Eheschließungszahlen sinken ab. Die um 1960 Geborenen werden im Alter von 50 Jahren etwa 30 Prozent *Ledige* aufweisen. Die verminderte Heiratsfreudigkeit wird einerseits die Geburtenrate drücken, andererseits die Zahl der *unehelichen Geburten* rasch ansteigen lassen; in Schweden wird jedes zweite Kind heute bereits als uneheliches geboren. Als relativ neues Phänomen ist die zunehmende Bedeutung von *Lebensgemeinschaften* zu erwähnen, also das Zusammenleben unverheirateter Partner, allenfalls sogar - wenn auch seltener - mit Kindern, eine "informelle Eheform", die nicht mehr geächtet wird.

Die verminderte Heiratsfreudigkeit geht mit einer *steigenden Scheidungsfreudigkeit* einher. In den letzten Jahrzehnten war ein kräftiger Anstieg der Scheidungsrate, das ist der Anteil der Scheidungen, die auf hundert Eheschließungen entfallen, zu beobachten. Bestimmte Zusammenhänge zwischen Scheidungshäufigkeit und anderen sozialen Variablen lassen sich festhalten, etwa: Je niedriger das Heiratsalter der Ehepartner ist, desto höher ist die Scheidungsrate. Wenn die Eltern geschieden sind, ist auch die Wahrscheinlichkeit einer Scheidung bei den Kindern höher. Die Scheidungshäufigkeit ist höher bei Ehepartnern aus unterschiedlichen sozialen Schichten oder ethnischen Gruppen. Bestimmte Berufe sind besonders "scheidungsanfällig", wie etwa Fernfahrer, Handelsvertreter, Schauspieler, Künstler, Unternehmensdirektoren, Hotelportiers usw. Für den zunehmenden Zerfall der Ehen allgemein aber sind die folgenden Faktoren verantwortlich:

Erstens wird auf den Wandel der entsprechenden *Normen und Werte* hingewiesen. Man könnte annehmen, daß die Ehen brüchiger geworden sind, weil man von der Einrichtung "Familie" allgemein weniger hält; aber paradoxerweise scheint genau das Umgekehrte der Fall zu sein. Die Ehe wird, gerade wegen ihrer unersetzbaren Leistungen in der modernen Gesellschaft, weit mehr geschätzt als früher; das aber bedeutet auch, daß die Personen mehr von einer Heirat erwarten und fordern, so daß sie eher enttäuscht werden und dazu neigen, eine Ehe zu beenden, die, gemessen an früheren (bescheideneren) Erwartungen, noch als erträglich betrachtet worden wäre. Ein Indiz dafür ist der Umstand, daß auch die Wiederverheiratungsraten steigen.

Zweitens ist die *Konfliktbeladenheit* der modernen Familie ins Auge zu fassen. Die relative Isolierung der Kernfamilie, die als Akt der Anpassung an die Bedingungen der modernen Industriegesellschaft erfolgt ist, setzt die Familie besonders unter Druck. Es fehlt die Unterstützung der anderen Verwandten, die Familie wird mit einer emotionellen Last überladen, die sie kaum tragen kann. Andere Bande, ökonomische etwa, bestehen kaum noch; die Familie hat von ihrem vertraglichen Charakter, der auf gemeinsame Existenzsicherung zielte, verloren, sie ist vielmehr zu einem beliebig gestalt- und kündbaren Vertrag geworden, dessen Bestehen nicht Voraussetzung der Existenzsicherung ist. Wenn es aber die einzige zentrale Aufgabe der Familie ist, eine dauerhafte, intime und vertrauensvolle Beziehung zu einem Partner des anderen Geschlechts herzustellen, wird, wenn dies nicht gelingt, die Ehe beendet. Steigende Intimität führt also zu zunehmenden Konflikten.

Drittens sind die *Scheidungschancen* gestiegen. Die Möglichkeiten, eine Ehe zu beenden, sind im Laufe des letzten Jahrhunderts wesentlich erleichtert worden. Hiezu zählen rechtliche Veränderungen (zuletzt etwa der Wandel vom alleinigen Schuldprinzip zur Installierung eines Zerrüttungsprinzips oder die Verbesserung der Unterhaltsleistungen); eine Veränderung der normativen Einschätzung, d.h. eine sinkende Stigmatisierung Geschiedener; die abnehmende Bindungskraft religiöser Vorschriften (im Zuge der Säkularisierung); die steigende Selbständigkeit der Frauen (durch ihre Berufstätigkeit); und günstigere wirtschaftliche Bedingungen. Scheidung bedeutet heute nicht mehr Absinken in Armut und Elend, auch nicht einmal mehr soziale Verachtung - daher ist die Scheidung nicht nur für die Männer, die allemal diese Option ergriffen haben, sondern zunehmend auch für viele Frauen zu einem attraktiven Ausgang aus unbefriedigenden Eheverhältnissen geworden.

4. Frauen auf dem Arbeitsmarkt - ein spezielles Problem der Gegenwartsgesellschaft

Ausbildung und Berufswahl der Mädchen waren über lange Zeit auf die Ziele *Heirat und Mutterschaft* ausgerichtet. Bevorzugt wurden Berufe mit mittelhoher Ausbildung, besonders die sogenannten *weiblichen Berufe* (Umgang mit Kindern, Dienst am Nächsten), üblicherweise wurden auch die niedrigeren Dienstleistungsberufe mit eher expressivem Kundenkontakt von Frauen beschickt (Verkäuferin, Friseuse), ebenso wie Berufe mit direkter Unterordnung unter den Mann (Sekretärin, Arzthelferin usw.).

Allerdings beginnen sich hier die Rollenschemata besonders rasch aufzulösen. Der Vormarsch der Frauen zeigt sich nicht nur in den Bildungsinstitutionen, sondern auch am Arbeitsmarkt, wo trotz wirtschaftlicher Probleme die Erwerbsquote der Frauen zunimmt - auch wenn sie noch immer mit durchschnittlich niedrigeren Löhnen und flacheren Karriereverläufen rechnen müssen als die Männer. Sie treten in segmentierte Arbeitsmärkte ein, auf denen eine gewisse Neigung besteht, Männer in die primären Bereiche (die besser dotierten, angenehmeren und karrieresicheren Stellen) zu stellen, Frauen jedoch in den sekundären Märkten zu belassen (bei den Jobs mit niedrigerem Prestige, den Hilfstätigkeiten, den Plätzen mit schlechterer Bezahlung und geringen Karrierechancen sowie mit einem höheren Arbeitslosigkeitsrisiko).

In Familienuntersuchungen wurde festgestellt, daß *schichtspezifische Normen* bei der Berufstätigkeit der Frauen eine große Rolle spielen. Besonders bei den Arbeitern sind starke Vorbehalte festzustellen, sich aus der traditionellen Rollenverteilung - der Mann als alleiniger Ernährer der Familie - zu lösen; Akademiker und Selbständige tun sich bei einer Neueinschätzung ihrer und der Rolle der Frau viel leichter, auch Angestellte sind flexibler. Dies hängt zum Teil mit historischen Entwicklungen zusammen: Frauenarbeit war in früheren Zeiten mit existentieller Not gekoppelt, mit dem Umstand, daß das Einkommen des Mannes allein zum Unterhalt der Familie nicht ausreichend war. Allerdings sind die schichtspezifischen Einstellungen gerade bei diesen Fragen in rapidem Wandel begriffen. Bei den Frauen aus unteren Gesellschaftsschichten scheinen bei der Berufsausübung eher finanzielle Motive eine Rolle zu spielen, sie wollen oder müssen zu einer Anhebung des Haushaltseinkommens beitragen; bei den Frauen aus oberen Schichten finden sich eher Motive der Selbstverwirklichung und Autonomie.

Für die steigende Erwerbstätigkeit der Frauen sind verschiedene Gründe namhaft gemacht worden. Erstens wird dieser Wandel als Ausdruck eines ökonomischen *Modernisierungsprozesses* gedeutet; in einer rasch wachsenden Wirtschaft werden zusätzliche Arbeitskräfte benötigt, und in einer modernen Wirtschaftsstruktur werden mehr Arbeitsplätze, vor allem im Dienstleistungssektor, angeboten, die für

Frauen attraktiver sind - der Bereich der Dienstleistungen ist für sie von vornherein interessanter als viele Bereiche der industriellen Produktion, und es handelt sich zudem um viele Arbeitsplätze aus traditionellen "Frauentätigkeiten" wie Pflege, Gesundheit, Lehre. Zweitens wird auf *politische Gründe* verwiesen: Auf die bewußte Emanzipierungspolitik von Frauenbewegungen und die dadurch erreichten politischen Maßnahmen, die Chancengleichheit und sozialen Ausgleich fördern. Eine gewisse Unabhängigkeit - eigenes Geld, eigener Lebensbereich - läßt sich dadurch erreichen, daß einer außerhäuslichen Berufstätigkeit nachgegangen wird. Drittens ist die *Schulbesuchsquote* der Frauen wesentlich gestiegen, auch ihre Teilnahme an den höheren Stufen des Bildungssystems, und damit ist ihr Anspruch gewachsen, ihr Lebensschicksal selbst in die Hand zu nehmen. Die materiellen Gleichstellungstendenzen und die höheren Qualifikationen der Frauen machen ihre Arbeitskraft wertvoller; die Opportunitätskosten (d.h. die Kosten, die anfallen, wenn sie zu Hause bleiben, in Höhe des entgangenen Einkommens) steigen. Viertens wird - gerade im Hinblick auf steigende Erwerbsquoten der Frauen in einer Beschäftigungskrise - mit der Annahme eines *additional-worker-Effektes* operiert, demzufolge sich bei Arbeitslosigkeit des Haushaltsvorstandes andere Familienmitglieder - auch Frauen - gezwungen sehen, eine Erwerbstätigkeit aufzunehmen; ein solcher Effekt dürfte aber nur in geringem Maße existieren.

Praktisch hat dies Folgen für den Wunsch nach Kindern und für die Geburtenrate: *Die Geburt der dritten und folgenden Kinder unterbleibt*, denn bei höheren Kinderzahlen wird eine Berufstätigkeit beinahe unmöglich. Die modernen Methoden der Empfängnisverhütung sowie die Legalisierung der Abtreibung haben es mit sich gebracht, daß die Zahl der unerwünschten Geburten wesentlich abgesenkt wurde. Auch bei den nichtberufstätigen Frauen ist ein deutlicher Rückgang der Kinderzahlen beobachtbar. Die Beherrschung der Fruchtbarkeit stellt darüber hinaus einen wesentlichen Grund für die verringerte Heiratsfreudigkeit dar.

Der Wandel des Lebenszyklus

In der Abfolge bestimmter Lebensphasen treten bei den Frauen neue Schemata auf. Früher wurde oft spät geheiratet, dann wurden zahlreiche Kinder in die Welt gesetzt, und die Lebenserwartung war gering. Eine Frau, die zum Beispiel zwischen dem 25. und dem 40. Lebensjahr zehn Kinder auf die Welt bringt, die überlebenden fünf Kinder betreuen muß, bis sie selbständig werden, und die in den 50ern stirbt, war ihr ganzes Leben mit der Aufzucht der Kinder beschäftigt. Heute wird jedoch üblicherweise nicht lange nach dem 20. Lebensjahr geheiratet, durchschnittlich werden dann in relativ kurzer Zeit zwei Kinder geboren. Diese sind "aus dem Haus", wenn die Frau 40 Jahre alt ist; angesichts einer durchschnittlichen Lebenserwartung von mehr als 70 Jahren in den Industrieländern hat sie noch drei Lebensjahrzehnte vor sich. Das ist eine völlig "neue" Lebensperiode, für die erst passende Verhaltensweisen gefunden werden müssen. Insbesondere ist nicht verwunderlich, daß die Frauen auf den Arbeitsmarkt drängen.

Beim Eintritt in das erwerbsfähige Alter haben die Frauen vier Optionen (vgl. dazu Cornetz 1986): (1) In eher traditionell-landwirtschaftlich geprägten Gesellschaften (unter den europäischen Staaten etwa Griechenland) verbleiben die weiblichen Mitglieder in der Schule oder im elterlichen Haushalt, nehmen keine bezahlte Arbeit auf, sondern fungieren eher als *mithelfende Familienangehörige.* (2) Für Länder wie Belgien oder Luxemburg dominiert noch ein Verhaltensmuster, demzufolge eine *berufliche Tätigkeit bis zur Heirat oder zur Geburt des ersten Kindes* ausgeübt wird, während die Frauen danach aus dem Erwerbsleben ausscheiden; die Erwerbsquoten bei den jüngeren Jahrgängen steigen, sie sinken jedoch bei den älteren. (3) In Großbritannien etwa läßt sich das Vorherrschen eines *Drei-Phasen-Modells* beobachten: Die Erwerbstätigkeit wird durch Heirat und Kind unterbrochen, später aber wieder aufgenommen (vgl. etwa Myrdal/Klein 1969) (4) Das "neue", in Skandinavien bereits sichtbare und sich rasch verbreitende Muster der Lebensgestaltung schließlich ist noch enger mit der Erwerbstätigkeit verbunden: *Der Beruf wird auch in der Kleinkinder-Phase ausgeübt*, allenfalls reduziert man auf eine Teilzeitbeschäftigung.

Das Drei-Phasen-Schema schien einige Zeit generell an Attraktivität zu gewinnen, bis die Probleme des "neuen Anfangs mit vierzig Jahren" stärker zum Vorschein kamen. Die Reintegration auf dem Arbeitsmarkt ist in diesem Alter schwierig, vor allem dann, wenn ohnehin Arbeitslosigkeit herrscht, weiters aber auch in jenen Fällen, in denen eine längere Unterbrechung qualifizierter Tätigkeiten erfolgt. Wenn man so will: das Humankapital ist inzwischen weitgehend abgeschrieben. Angesichts dieser prognostizierbar schwierigen Lage scheinen die Frauen trotz der Kinder eher auf dem Arbeitsplatz bleiben zu wollen, um einerseits ihre Kenntnisse und Fähigkeiten intakt zu halten und andererseits die "Schwelle" der Reintegration zu vermeiden. Vielfach wird allerdings eine Belastungsreduzierung - durch Karenzierungen oder Teilzeitarbeit - angestrebt. (Dies ist im übrigen auch eine partielle Erklärung dafür, daß bestimmte Berufe, nämlich solche, in denen ein zeitweiliger Ausstieg bzw. eine Teilzeitbeschäftigung möglich ist, von weiblichen Arbeitskräften bevorzugt werden; denn die Realisierbarkeit von "Teilzeit" ist mit bestimmten Berufsfeldern und -positionen verknüpft). Zudem bestehen bei steigenden Anspruchsniveaus materielle Gründe fort: Am Beginn einer Ehe hat der Ehegatte ein niedriges Einkommen, und angesichts der besonderen Aufwendungen der Haushaltsgründung und der "Aufbauphase" ist es naheliegend für die Ehefrau, etwa "dazu zu verdienen";

sind die Kinder aber größer geworden, steigen die mit ihnen verbundenen finanziellen Belastungen, so daß es ebenfalls gute Gründe für den Verbleib im Beruf gibt.

Aber heute kann keines der geschilderten Muster verallgemeinert werden, auch das letzte nicht. Es scheint nicht mehr den typischen "Erwerbszyklus" zu geben, sondern unterschiedliche Lebensmuster: Alter, Eheschließung und Fertilität (die "klassischen" Variablen) verlieren an lebensprägender Wirksamkeit.

VIII. ARBEIT UND FREIZEIT

Wir leben in einer "Arbeitsgesellschaft" (vgl. Matthes 1983). Dieses Schlagwort weist darauf hin, daß die Arbeit in einer modernen Industriegesellschaft einen zentralen gesellschaftlichen Tatbestand darstellt: Sie prägt die Prinzipien des Gemeinwesens und das Verhalten seiner Mitglieder. Diese Sichtweise ist durchaus angebracht, wenn wir in Rechnung stellen, daß (rein quantitativ) die Arbeitszeit der Individuen im Verlaufe des 19. Jahrhunderts deutlich zugenommen hat, daß in dieser Zeit die Herrschaft der unproduktiven, der müßigen Klassen abgeschafft wurde, daß eine umfassende Produktionssteigerung im Zuge des Industrialisierungsprozesses zu verzeichnen war und daß die marktvermittelte Arbeit immer mehr das ganze Leben, die Zeitverwendung, die Familienverhältnisse, die Wohnsituation und so fort zu prägen begann. Den Begriff der Arbeit behandelt Abschnitt 1. Mit der Arbeitsteilung - als einer grundlegenden Tendenz in der Entwicklung zu einer modernen Wirtschaft - befaßt sich Abschnitt 2.

Heute wird davon gesprochen, daß der "Arbeitsgesellschaft" die Arbeit auszugehen droht, und Zukunftsprognostiker versichern, daß die durchschnittliche Arbeitszeit schon in wenigen Jahrzehnten 30, 25 oder gar 20 Stunden betragen werde. Andere bezweifeln, daß das "Übel Arbeit" durch den wissenschaftlich-technischen Fortschritt so weit zurückgedrängt werden kann, und äußern überdies Bedenken, was denn die Menschen dann mit ihrer Freizeit anfangen würden. Mit den Kennzeichen und den Unsicherheiten des Arbeitsmarktes und den Problemen der Arbeitslosigkeit befassen sich die Abschnitte 3 und 4. Das "Gegenstück" zur Arbeitswelt, die Freizeit, wird im Abschnitt 5 analysiert.

1. Die vielfältigen Gesichter der Arbeit

Wir arbeiten, solange wir leben. Denn wenn darunter eine zielgerichtete, mit einigen Mühen verbundene Tätigkeit gemeint ist, so arbeitet auch der Hobby-Briefmarkensammler an der Vervollständigung seiner Kollektion; der Segler müht sich am Wochenende, um richtig in den Wind zu kommen; der Urlaubsschifahrer gerät gewaltig ins Schwitzen, um sich im Tiefschnee zu behaupten; es wird gearbeitet, um den Rasen zu mähen, die Fenster zu putzen, eine Sprache zu lernen. Dies ist ein weiter Begriff von "Arbeit"; er verbindet sich mit allem, was Mühe macht. Heute meint man mit diesem Begriff meist ein näher bestimmtes Phänomen, nämlich die Berufsarbeit: jene Arbeit also, die mit der Ausfüllung eines bestimmten Arbeitsplatzes gegen Entgelt verbunden ist. Diese Arbeit im engeren Sinne steht im Gegensatz zur Hausfrauenarbeit, zur Schwarzarbeit, zur "Freizeitarbeit" und dergleichen. Arbeit ist aber noch vieles andere: als Auseinandersetzung mit der Natur ist sie eine anthropologische Grundgegebenheit, welche die Bedingungen für das Überleben der Person und diese selbst schafft; sie ist Mühe und Plage, zumindest seit der Vertreibung aus dem Paradies; sie wird als Angelegenheit der unteren Schichten betrachtet, von der die Herrschenden im allgemeinen befreit waren; unter christlich-protestantischem Einfluß wird sie aber auch zur Pflichterfüllung, zum gottgefälligen Tun, zu einer asketischen Tugend; schließlich wird sie auch als soziale, kooperative Tätigkeit gesehen, als Grundlage der gesellschaftlichen Einordnung und Anerkennung.

Die Rollen, in die man in der Ausübung spezifischer Berufsfunktionen schlüpft, sind *Arbeitsrollen*; sie "bündeln" bestimmte Tätigkeiten. Dies ist in traditionellen handwerklichen Sparten (z.B. bei einem "Bäcker") einsichtig, dessen "Arbeiten" mit seinem "Beruf" zusammenfallen. Aber der Zusammenhang bestimmter Tätigkeiten mit bestimmten "Berufen" verschwimmt in der industriellen Fertigung, hier können Arbeitsfähigkeiten und Arbeitstätigkeiten auseinanderfallen: Was jemand kann, ist nicht unbedingt identisch mit dem, was er arbeitet.

Die *Berufsrolle* ist üblicherweise in den modernen Gesellschaften eine gesellschaftliche Schlüsselrolle, eine Dominanzrolle, d.h.: Sie prägt die soziale Stellung eines Individuums in entscheidender Weise. Auf die alltägliche Frage eines nicht näher bekannten Gesprächspartners: "Was sind Sie?" antwortet man denn auch nicht mit Angaben wie "blauäugig", "Familienvater" oder "Musikliebhaber", sondern mit der Angabe seines Berufes. Es besteht bei den Mitgliedern einer Gesellschaft die durchaus nicht unbegründete Vermutung, daß sich aus dieser Berufsangabe auch viele andere soziale Größen, namentlich Einkommen, Lebensstil, Gewohnheiten und Verhaltensweisen des betreffenden Individuums, ableiten lassen. Der Beruf durchwirkt unser Leben.

Beruf, Berufung, Job

Unter einem Beruf wurden ursprünglich nur bestimmte Beschäftigungen verstanden, die nicht mit manueller Arbeit verbunden waren: Recht, Medizin, geistliche Berufe, auch die Tätigkeit des Offiziers. Im Zuge der Industrialisierung und weitergehenden Spezialisierung von Tätigkeiten entstand jedoch eine Vielzahl neuer Berufe; es kam zu Professionalisierungsprozessen, zur Herausbildung neuer Berufe in einem immer stärker sich differenzierenden Arbeitsmarkt.

Man kann zwei Begriffe unterscheiden. Der erste faßt "Beruf" als *objektiven Begriff*; in dem Sinne, wie wir vom Beruf des Bäckers und technischen Zeichners, des Pfarrers und Lehrers sprechen. Beruf bedeutet in diesem Sinne "einen als Einheit gefaßten Komplex von Tätigkeiten, die regelmäßig und fortlaufend in derselben Zusammensetzung ausgeübt werden" (Sombart 1931). Diese Tätigkeiten brauchen allerdings nicht unbedingt ein sinnvoll gefügtes Ganzes zu sein, wenn sie nur als "normale" Bestandteile eines bestimmten Berufs verstanden werden. Üblicherweise versteht man diese Berufe auch als Gelegenheiten für eine Person, ihren Lebensunterhalt zu erwerben.

Der zweite Begriff faßt die *subjektive, individuelle Bedeutung* des Berufs für denjenigen, der ihn ausübt, ins Auge. Jeder einzelne kann von "seinem" Beruf sprechen. Dies schließt zwei Varianten ein, die man mit den Worten "vocatio" und "occupatio" kennzeichnen kann. *Vocatio* verweist auf den inneren Bezug zu einer bestimmten Tätigkeit, darauf, daß der "Beruf" zuweilen auch mit einer "Berufung" im weitesten Sinne zu tun hat - in diesem Sinne kann man etwa von einem Menschen sagen, er habe "seinen Beruf verfehlt". Georg Simmel beschreibt diesen Beruf als gesellschaftliche Stelle, die "von den Individuen auf Grund eines inneren 'Rufes', einer als ganz persönlich empfundenen Qualifikation ergriffen wird. Damit es überhaupt einen 'Beruf' gäbe, muß jene, wie auch immer entstandene, Harmonie zwischen dem Bau und Lebensprozeß der Gesellschaft auf der einen Seite, den individuellen Beschaffenheiten und Impulsen auf der anderen, vorhanden sein. Auf ihr als allgemeiner Voraussetzung ruht schließlich die Vorstellung, daß für jede Persönlichkeit eine Position und Leistung innerhalb der Gesellschaft bestehe, zu der sie 'berufen' ist, und der Imperativ, so lange zu suchen, bis man sie findet." (1983, S.30)- Die *occupatio* hingegen bezieht sich auf die bloße Beschäftigung, die Erwerbstätigkeit, auf den Job. Das beschreibt die Definition Max Webers: "Beruf soll jene Spezifizierung, Spezialisierung und Kombination von Leistungen einer Person heißen, welche für sie Grundlage einer kontinuierlichen Versorgungs- oder Erwerbschance ist." (1976, S.80)

Wandel von Arbeit und Beruf

Die Gliederung der Berufe und deren Inhalte befinden sich - wie könnte es in einer sich entwickelnden Gesellschaft anders sein - in einem dauernden Wandel. Traditionelle Berufe sterben aus, wie jener des Schuhmachers; neue, etwa der Informatiker, kommen hinzu. Neue Spezialisierungen treten auf, wie z.B. jene des Wirtschaftsanwaltes. Berufe ändern ihren Hauptinhalt, wie im Falle des Apothekers.

Die geschichtliche Herausbildung der Berufe hat mit drei Elementen zu tun (vgl. Beck/Brater/Daheim 1980). Erstens hat die *Ungleichheit des Besitzes* als Grundlage der Differenzierung von Kompetenzen gewirkt. Schon im Mittelalter hat sich aus verschiedenen Gründen - Erbfolge, Krieg, Ruin, Naturkatastrophen - eine "unterbäuerliche" Schicht herausgebildet, die aus dem landwirtschaftlichen Produktionsverband herausgefallen war. Diese Personen traten entweder in die Dienste anderer oder versuchten sich auf handwerkliche Arbeit zu spezialisieren, die bisher nur als Nebenbeschäftigung im bäuerlichen

Betrieb angefallen war. Für manche dieser Tätigkeiten waren Produktionsmittel erforderlich, beispielsweise eine Töpferscheibe oder ein Schmiedeofen, und es war nur naheliegend, alle Tätigkeiten, die damit vollführt werden konnten, in das "Berufsbild" einzuverleiben.

Zweitens ist die *Nachfragestruktur* bedeutsam. Nur jene Tätigkeiten konnten erfolgreich sein, für die es zahlungskräftige Gruppen gab - zunächst bildeten sich die Dorfhandwerker heraus, dann auch die Wanderhandwerker. Auf den Fronhöfen entwickelte sich ein spezieller Bedarf aufgrund der Luxusbedürfnisse der Lehensherren - Goldschmiede, Baumeister und Gärtner fanden dort Beschäftigung.

Ein drittes Element ist schließlich die *Qualifikationsentwicklung*. Wo Arbeitsaufgaben technisch nicht von einer Person bewältigt werden können (Schiffbau, Metallgewinnung) oder wo besondere, allenfalls magisch gedeutete Fähigkeiten vorliegen (Religion, Heilkunst, Rechtsprechung), finden sich frühe Spezialisierungen. Es wird versucht, solche Sonderbegabungen zum "Familienbesitz" zu erklären; die Kenntnisse werden zum "Berufsgeheimnis", das innerhalb der Gruppe weitergegeben wird. Der Bestand an Kenntnissen wird durch Verfeinerung, Innovation, Komplizierung und systematische Ausbildung weiterentwickelt - der Feudaladel macht das Kriegshandwerk zu einer speziellen Kunst, Klosterschulen für den Klerus werden eingerichtet, Stadtschulen für die kaufmännischen Bedürfnisse. Ausbildungsgänge entstehen vor dem Hintergrund von Gruppeninteressen und sind darauf zugeschnitten. Der Adel konnte sich längere Lernphasen seines Nachwuchses leisten, für die Mittelschichten galt Straffung und Praxisorientierung; wo die Ausbildungsmittel knapp sind, kommt es zu engeren Spezialisierungen - berufsorientierte Schulen bieten eine speziellere Ausbildung als Universitäten. Im Industrialisierungsprozeß werden ganz neue Qualifikationen wichtig; der traditionelle Bildungskanon muß - unter dem Druck der Nachfrage - erweitert werden.

Arbeit in der Industriegesellschaft

Einige Merkmale unterscheiden jene "Arbeit", die von den Mitgliedern der modernen Industriegesellschaft verlangt wird, von jener in anderen Gesellschaftsformationen. Für die moderne Welt gilt erstens die *Trennung des Arbeitenden vom Eigentum an seinen Produktionsmitteln*: Der Bauer ist üblicherweise Eigentümer der Gegenstände, die er als Arbeitsinstrumente benutzt, und für den herkömmlichen Handwerker trifft dies auch zu (nicht freilich hat dies gegolten für das jeweilige Dienstpersonal). Die Mehrheit der Menschen arbeitet heute jedoch in einer "fremden" Umgebung, d.h. mit Werkzeugen, Materialien und in Räumen, die sich nicht in ihrem Eigentum befinden.

Zweitens besteht meist eine *Trennung von Lebensbereich und Arbeitsbereich*: Traditionell waren Wohn- und Arbeitsbereich vereinigt oder befanden sich in unmittelbarer Nähe; heute sind sie getrennt, man geht von der Wohnung zum Arbeitsplatz und kehrt nach beendeter Arbeit wieder dorthin zurück. Die Verfügbarkeit besserer Verkehrswege und -mittel hat diese Distanzen gedehnt, quer über Städte und zwischen verschiedenen Ortschaften findet heute der tägliche Transfer der Arbeitskräfte statt.

Drittens wird der *zeitliche Lebensrhythmus* von den Arbeitsverpflichtungen geprägt. Dies trifft auf den "pünktlichen" Tagesablauf zu, der durch die Arbeit seine Regelmäßigkeit erhält; auf den Wochenrhythmus, mit Ausflügen oder Familienaktivitäten am Wochenende, wenn "arbeitsfrei" ist; und auf den Jahresrhythmus, dessen Regelmäßigkeit sich an den Ballungen des touristischen Reiseverkehrs im Einklang mit den üblichen Urlaubsregelungen deutlich ablesen läßt.

Viertens war Arbeit früher beinahe identisch mit physischer Tätigkeit und Anstrengung; nur teilweise hat die industrielle Arbeit, die von der Technik geprägt ist, daran etwas geändert. Die moderne Arbeit hingegen verbindet sich weit stärker mit *psycho-sozialen Beanspruchungen*: Während die physischen Belastungen des Arbeitslebens (durch Technisierung, Arbeitsschutz, Arbeitszeitverkürzung usw.) abgenommen haben, scheinen die psychischen Anforderungen eher zu steigen. Die Bedingungen des Arbeitens prägen generell die Persönlichkeit und reichen auch in das Privatleben hinüber.

Fünftens läßt sich eine *fortschreitende Spezialisierung* beobachten: Es lassen sich neue "Abspaltungen" herkömmlicher Berufe beobachten, aber auch neue Kombinationen bestimmter Fähigkeiten. Die Produktion der Güter wird in einzelne Schritte zerlegt, die von verschiedenen Menschen durchgeführt werden. Das Voranschreiten einer Differenzierung der gesellschaftlich notwendigen Tätigkeiten gehört zu jenen Entwicklungen, die von vielen Sozialwissenschaftlern zum zentralen Phänomen ihrer Gesellschaftstheorie gemacht worden sind; einige Modelle werden im folgenden Abschnitt erörtert.

2. Arbeitsteilung - Spezialisierung und Differenzierung von Tätigkeiten

Soziale Arbeitsteilung bedeutet, daß nicht jedes Mitglied der Gesellschaft alle Tätigkeiten ausführt, die zu seiner Selbsterhaltung nötig sind, sondern daß es "Spezialisten" für die verschiedenen Arbeiten gibt. *Technische Arbeitsteilung* bedeutet, daß nicht ein Individuum alle Tätigkeiten ausführt, die zur Herstellung eines fertigen Produktes vonnöten sind, sondern daß verschiedene Personen auf einzelne Teile des Produktionsprozesses spezialisiert sind. Daneben gibt es auch die *räumliche Arbeitsteilung*, die Trennung von Stadt und Land, von Regionen und Ländern.- Arbeitsteilung ist ein wesentliches Gliederungsprinzip jeder Gesellschaft; sie tritt in einfachen Formen (z.B.

zwischen Mann und Frau) schon in primitiven Gesellschaften auf, wird aber zum entscheidenden Strukturmerkmal in höherentwickelten Gesellschaften. Die Idee der Arbeitsteilung wird bereits in den Schriften der griechischen Sozialtheoretiker behandelt und taucht später in verschiedener Form, so etwa bei Thomas von Aquin zur Erklärung der mittelalterlichen Ständegesellschaft, wieder auf. In der modernen Industriegesellschaft vollzieht sie sich in drei Schritten: vom *Verlagssystem*, bei dem die Kaufleute für die Zuteilung der Rohmaterialien an Spinner, Färber und Weber ebenso verantwortlich waren wie für die Unterbringung der Fertigprodukte auf dem Markt; über die *Manufaktur*, die gemeinsame örtliche Unterbringung von grundsätzlich noch handwerklich geprägten Arbeitsoperationen; bis zum System der *Fabrik*, in der die Mechanisierung der Produktion erfolgt.

Effizienzsteigerung als Motiv für Arbeitsteilung

Eine systematische Behandlung erfährt das Phänomen bei Adam Smith (1723-1790) in seiner "Inquiry into the Nature and the Causes of the Wealth of Nations" (1776). Er sieht Arbeitsteilung als effizienzsteigernde produktionstechnische Maßnahme, aus der sich auch der Tauschprozeß zwischen den Menschen ergibt. Sein "Stecknadelbeispiel" ist berühmt: "Ein Arbeiter, der noch niemals Stecknadeln gemacht hat und auch nicht dazu angelernt ist..., so daß er auch mit den dazu eingesetzten Maschinen nicht vertraut ist..., könnte, selbst wenn er sehr fleißig ist, täglich höchstens eine, sicherlich aber keine zwanzig Nadeln herstellen. Aber so, wie die Herstellung von Stecknadeln heute betrieben wird, ist sie nicht nur als Ganzes ein selbständiges Gewerbe. Sie zerfällt vielmehr in eine Reihe getrennter Arbeitsgänge, die zumeist zur fachlichen Spezialisierung geführt haben. Der eine Arbeiter zieht den Draht, der andere streckt ihn, ein dritter schneidet ihn, ein vierter spitzt ihn zu, ein fünfter schleift das obere Ende, damit der Kopf aufgesetzt werden kann. Auch die Herstellung des Kopfes erfordert zwei oder drei getrennte Arbeitsgänge. Das Ansetzen des Kopfes ist eine eigene Tätigkeit, ebenso das Weißglühen der Nadel, ja selbst das Verpacken der Nadeln ist eine Arbeit für sich. Um eine Stecknadel anzufertigen, sind somit etwa 18 verschiedene Arbeitsgänge notwendig, die in einigen Fabriken jeweils verschiedene Arbeiter besorgen, während in anderen ein einzelner zwei oder drei davon ausführt. Ich selbst habe eine kleine Manufaktur dieser Art gesehen, in der nur 10 Leute beschäftigt waren, so daß einige von ihnen zwei oder drei solcher Arbeiten übernehmen mußten. Obwohl sie nun sehr arm und nur recht und schlecht mit dem nötigen Werkzeug ausgerüstet waren, konnten sie zusammen am Tage doch etwa 12 Pfund Stecknadeln anfertigen, wenn sie sich einigermaßen anstrengten. Rechnet man für ein Pfund über 4000 Stecknadeln mittlerer Größe, so waren die 10 Arbeiter imstande, täglich etwa 48000 Nadeln herzustellen, jeder also ungefähr 4800 Stück. Hätten sie indes alle einzeln und unabhängig voneinander gearbeitet, noch dazu ohne besondere Ausbildung, so hätte der einzelne gewiß nicht einmal 20, vielleicht sogar keine einzige Nadel am Tag zustande gebracht."

Smith führt die höhere Produktivität einer arbeitsteiligen Produktion auf die folgenden Gründe zurück: (1) Aufgrund der größeren Geschicklichkeit, die sich aus der Aufteilung der Arbeiten ergebe, könne der einzelne erheblich mehr leisten, denn die Arbeitsteilung steigere auch zwangsläufig die Geschicklichkeit oder Handfertigkeit des Arbeiters. (2) Es gehe nicht die beträchtliche Zeit verloren, die beim Wechsel von einer Tätigkeit zur anderen anfalle. (3) Der Einsatz geeigneter Maschinen erleichtere die Arbeit, und vermutlich sei es die Arbeitsteilung gewesen, die den Anstoß zur Erfindung solcher Maschinen gegeben habe.- Auch wenn diese Vorteile auf der Hand liegen, so begeht Smith nicht den Fehler, Arbeitsteilung als Ergebnis eines rationalen Kalküls der Menschen anzusehen: "Die Arbeitsteilung, die so viele Vorteile mit sich bringt, ist in ihrem Ursprung nicht etwa das Ergebnis menschlicher Erkenntnis, welche den allgemeinen Wohlstand, zu dem erstere führt, voraussieht und anstrebt. Sie entsteht vielmehr zwangsläufig, wenn auch langsam und schrittweise, aus einer natürlichen Neigung des Menschen, zu handeln und Dinge gegeneinander auszutauschen."

Arbeitsteilung und gesellschaftliche Differenzierung

Adam Ferguson (1723-1816) hat in seinem "Essay on the History of Civil Society" (1767) Arbeitsteilung eher als Mittel sozialer Differenzierung und daher - anders als Smith, aber so wie später Durkheim - als Ausdruck menschlicher Solidarität und Kooperation betrachtet. Gustav Schmoller (1838-1907), der wichtigste Vertreter der historischen Schule der Nationalökonomie, hat Arbeitsteilung auf den Umstand zurückgeführt, daß die Menschen nach Geschlecht, Alter und Anlagen verschieden seien; daraus entspringt seines Erachtens die soziale und die ökonomische Arbeitsteilung.

Eine umfassende gesellschaftstheoretische Einbettung findet das Phänomen der Arbeitsteilung schließlich in Emile Durkheims Werk "De la division du travail social" (1893, dt. 1988), mit dem Durkheim (1858-1917) die Frage, wie sich aus Einzelpersonen eine Gesellschaft bilden kann, zu beantworten versucht. Als grundlegende Vereinigungsweisen unterscheidet Durkheim die mechanische und die organische Solidarität. Die *mechanische Solidarität* ist durch Ähnlichkeit bedingt; in einer einfacheren (segmentären) Gesellschaft, die durch das Nebeneinander von relativ selbständigen und gleichgearteten Einheiten gekennzeichnet ist, unterscheiden sich die Menschen nur wenig voneinander, sie empfinden sich deshalb als Mitglieder einer

Gesellschaft. Bei der *organischen Solidarität* resultiert der Zusammenhalt hingegen aus der gesellschaftlichen Differenzierung; durch Arbeitsteilung werden spezialisierte Funktionen ausgeübt, so daß die Menschen einander brauchen. Im ersten Fall resultiert die Solidarität also aus der Gleichheit, im zweiten aus Verschiedenheit und Abhängigkeit.

Das bedeutet auch, daß sich die menschliche Individualität erst im Zuge der gesellschaftlichen Entwicklung entfaltet; in den primitiven Gesellschaften gleichen die Menschen alle einander, erst in den komplizierteren Gesellschaften ist Raum für Unterschiedlichkeit. Der Begriff des *Kollektivbewußtseins* ist in diesem Zusammenhang wesentlich. Durkheim versteht darunter "die Gesamtheit der den Durchschnittsmitgliedern einer Gesellschaft gemeinsamen Überzeugungen und Gefühle." Es ist in verschiedenen Gesellschaftsformationen in unterschiedlichem Maße wirksam. In den Gesellschaften mit mechanischer Solidarität erfaßt dieses Kollektivbewußtsein den einzelnen fast zur Gänze; nahezu das ganze Leben ist von sozialen Geboten und Verboten geprägt, und diese Normen und Gefühle haben eine außerordentliche Kraft; Übertretungen werden streng bestraft. In den Gesellschaften mit organischer Solidarität hingegen schrumpft nach Durkheims Meinung der vom Kollektivbewußtsein umfaßte Bereich, den einzelnen werden größere Freiheiten eingeräumt, die sozialen Reaktionen auf eine Verletzung der Normen fallen weniger massiv aus.

Parallel zu dieser Entwicklung der Solidaritätsformen verändern sich auch die entsprechenden Rechtssysteme: Zunächst herrscht ein *Repressionsrecht*, das Normenübertretungen generell mit Sanktionen beantwortet, später dominiert das *Restitutions- oder Kooperationsrecht*, das, wenn Normenverletzungen vorliegen, darauf abzielt, den früheren Zustand wieder herzustellen; es gründet sich also eher auf Verträge, Schadenersatz u.dgl.

Die Arbeitsteilung ist nach Durkheims Auffassung nicht durch Glücksstreben oder durch das Verlangen nach einer Steigerung der Arbeitseffizienz bedingt gewesen, wie das Smith so illustrativ geschildert hatte. Sie ist vielmehr eine soziale Erscheinung, die demgemäß auch nur durch soziale Sachverhalte, nicht durch individuelle Entscheidungen der Menschen erklärt werden kann. Folgende Faktoren sind entscheidend: Es steigt im Zuge der Entwicklung das *Volumen der Gesellschaft*, d.h. die Zahl der Personen, die einer Kollektivität angehören; und es nimmt die materielle und moralische *Dichte der Gesellschaft* zu, d.h. es steigt die Zahl der Personen, die auf einer bestimmten Fläche leben, und damit steigert sich auch die Intensität ihrer Kommunikations- und Austauschbeziehungen. Es sind mehr Menschen, die zusammenwirken, und sie leben enger beieinander, so daß Austausch leichter möglich wird. Diesen beiden Sachverhalten entspringt letztlich die soziale Differenzierung.

Arbeitsteilung als Mittel zu Ausbeutung und Kontrolle

Für Karl Marx ist "Arbeit" die wichtigste, primäre menschliche Aktivität, notwendig, um die Grundbedürfnisse des Menschen zu erfüllen, aber auch das Mittel zur Entwicklung seiner Individualität und Humanität. Im ersten Band des "Kapitals" heißt es: "Die Arbeit ist zunächst ein Prozeß zwischen Mensch und Natur, ein Prozeß, worin der Mensch seinen Stoffwechsel mit der Natur durch seine eigne Tat vermittelt, regelt und kontrolliert. Er tritt dem Naturstoff selbst als eine Naturmacht gegenüber. Die seiner Leiblichkeit angehörenden Naturkräfte, Arme und Beine, Kopf und Hand, setzt er in Bewegung, um sich den Naturstoff in einer für sein eignes Leben brauchbaren Form anzueignen. Indem er durch diese Bewegung auf die Natur außer ihm wirkt und sie verändert, verändert er zugleich seine eigne Natur. Er entwickelt die in ihr schlummernden Potenzen und unterwirft das Spiel ihrer Kräfte seiner eignen Botmäßigkeit." Diese grundlegende Tätigkeit findet nun in einer kapitalistischen Ordnung statt.

Der Ursprung der *Entfremdung* ist in einer ökonomischen Struktur zu suchen, welche die Produktion von Gütern und Dienstleistungen von der Bedürfnisbefriedigung abkoppelt. In einer Marktgesellschaft werden arbeitsteilig "Güter" hergestellt, die zum Tausch, zu Kauf und Verkauf, bestimmt sind. Der Tauschwert, in Geld ausbezahlt, bemißt sich nach der Menge der aufgewendeten Arbeit; aber das Produkt löst sich vom Produzenten, es wird vom Ziel zu einem bloßen Mittel; der diese Güter herstellt, steht in einem "entfremdeten" Verhältnis zu den Produkten seiner Arbeit, damit ist er auch seiner Arbeit entfremdet, und da die Arbeit die primäre menschliche Tätigkeit darstellt, wird er auch entfremdet von sich selbst. "Austausch und Teilung der Arbeit bedingen sich wechselseitig. Da jeder für sich arbeitet und sein Produkt nichts für sich ist, muß er natürlich austauschen, nicht nur, um an dem allgemeinen Produktionsvermögen teilzunehmen, sondern um sein eignes Produkt in ein Lebensmittel für sich selbst zu verwandeln ... Der Austausch als vermittelt durch den Tauschwert und das Geld setzt allerdings die allseitige Abhängigkeit der Produzenten voneinander voraus, aber zugleich die völlige Isolierung ihrer Privatinteressen und eine Teilung der gesellschaftlichen Arbeit, deren Einheit und wechselseitige Ergänzung gleichsam als ein Naturverhältnis außer den Individuen, unabhängig von ihnen, existiert. Der Druck der allgemeinen Nachfrage und Zufuhr aufeinander vermittelt den Zusammenhang der gegeneinander Gleichgültigen."

Eine neuere marxistisch orientierte Theorie der Arbeit stammt von Samuel Bowles und Herbert Gintis (1976), die - wie Marx - den Kapitalismus als ein ausbeuterisches und repressives System betrachten, das sich eher an der Maximierung von Profiten orientiert als an der Erfüllung menschlicher Bedürfnisse. Sie verwerfen die Auffassung, daß die Art der Arbeit in einer solchen Gesellschaft von technologischen Erfordernissen und Effizienzzielen bestimmt ist. Vielmehr ist auch die Arbeitsteilung nur als Instrument entwickelt worden, um die Arbeiterklasse zu kontrollieren und zu beherrschen. Eine Aufgabe wird in kleine Abschnitte zerlegt und jeder Arbeiter ist nur für kleine Teile der Produktion zuständig. Das bringt keineswegs Effizienzvorteile mit sich, denn die besonderen Geschicklichkeiten, die die einzelnen Arbeiten erfordern, können binnen kürzester Zeit erworben werden. *Spezialisierung ist vielmehr ein Kontrollmittel*: Wenn alle Arbeiter alle Aufgaben erfüllen könnten, dann könnten sie sich zusammentun und auf eigene Rechnung produzieren. Es würde die Autorität der Kapitalisten unterminieren, den gesamten Produktionsprozeß zu koordinieren und zu leiten; denn diese rechtfertigen ihre bevorzugte Stellung ja gerade damit, daß sie alleine den erforderlichen Überblick über den Produktionsprozeß besitzen. Die hierarchische Unternehmensorganisation fördert, wie Bowles und Gintis auch empirisch belegen zu können glauben, keineswegs die Effizienz; vielmehr ist die Produktivität direkt verbunden mit dem Ausmaß der Kontrolle der Arbeitenden über den Produktionsprozeß. Eine freie, demokratische Organisation macht es den Arbeitenden möglich, ihre kreativen Kräfte bestmöglich einzusetzen und ihre menschlichen Möglichkeiten zu entfalten (vgl. auch Marglin 1974, Burawoy 1979, Edwards 1979).

Die Zukunft der Arbeit

Im 19. Jahrhundert standen die industrielle Produktion und die handwerklich kleingewerbliche Produktion in Konflikt miteinander. Als der Automobilhersteller Henry Ford 1913 sein Modell T gänzlich in Fließbandfertigung herstellen ließ, war dies das Signal dafür, daß sich die *Massenproduktion* durchgesetzt hatte. Dies bedeutet nicht nur einen kontinuierlichen Prozeß der Effizienzsteigerung durch den Einsatz von Maschinen, sondern auch eine bestimmte Rigidität der Produktionsstrukturen (die Maschinen mußten sich bezahlt machen, bevor man an eine Neugestaltung des Produkts denken konnte) und Strategien zur Sicherung einer entsprechend umfangreichen Nachfrage (vgl. Galbraith 1970). Dennoch wurden handwerkliche Verfahren nicht gänzlich eliminiert: Die spezialisierte Maschinerie, die für die Massenproduktion benötigt wird, kann oft nicht selbst in Massenproduktion hergestellt werden; bestimmte Sparten, die sich durch ein stark wechselndes Warenangebot oder hochdifferenzierte Märkte auszeichnen, müssen auf handwerkliche Spezialisierung zurückgreifen.

Piore und Sabel (1985) sprechen nun von einem "Ende der Massenproduktion" als Antwort auf die wirtschaftlichen Krisen der 70er Jahre und aufgrund des Fortschritts moderner Technologien. Nachdem Strategien wie die *Mischkonzernbildung* - Risikominderung durch Tochtergesellschaften auf neuen Märkten und in neuen Branchen -

und *Multinationalisierung* - Stabilisierung der Massenproduktion durch Expansion der weltweiten Nachfrage - wenig erfolgreich gewesen seien, beobachten sie nun länderübergreifend Ansätze zur Überwindung der Dichotomie von Einzelfertigung und Massenproduktion in Richtung auf eine *flexible Spezialisierung* auf der Grundlage weitgehend computerisierter Fertigungstechnologie (vgl. Piore/ Sabel 1985, Kap. X). Dies erfolgt durch regionale Zusammenschlüsse von Unternehmen auf der Basis kurzfristiger Verträge; durch föderierte Unternehmen, die personell und finanziell verflochten sind; und durch "solare" Firmen und "Werkstattfabriken", d.h. zentralen Unternehmen, die von selbständigen, flexibel arbeitenden Zulieferern umgeben sind. "Flexible Spezialisierung" zeichnet sich aus durch: (1) *Flexibilität*, d.h. die Fähigkeit, durch Umgruppierung ihrer Komponenten den Produktionsprozeß kontinuierlich umzugestalten, und durch Spezialisierung insoferne, als die Zahl der möglichen Neuarrangements begrenzt ist; (2) einen *begrenzten Zugang* zu den Firmen, die ihrerseits den bei ihnen Beschäftigten Verbundenheit entgegenbringen - es gibt kein "hire and fire"-Prinzip, sondern die Firmentreue einer qualifizierten Arbeiterschaft; (3) *intensive Anreize zum Wettbewerb*, soweit dies den Absatz der Produkte betrifft, zugleich aber eine Reduzierung des Wettbewerbs um Löhne und Arbeitsbedingungen, weil das innovationsmindernd wäre (Stabilisierung der Löhne, Arbeitsbedingungen und Preise). (4) Die flexible Spezialisierung kann sich schließlich nicht auf den herkömmlichen Typus von Arbeitskraftqualifikationen stützen; man braucht *hochqualifizierte Leute* mit breitem Wissen und Überblick über die Produktion, sie müssen vielseitig qualifiziert sein und rasch ihre Aufgaben in der Produktion wechseln können, und sie müssen mit den Planungsexperten zusammenarbeiten können, um Probleme zu lösen, die bei der Durchführung einer Aufgabe unweigerlich auftreten. Um diese Spezialisten an das Unternehmen zu binden, verknüpfen die Firmen die Entwicklung der persönlichen Identität der Arbeitskräfte mit der Aufnahme in die Gruppe der Produzenten und mit der Beherrschung der produktionsrelevanten Kenntnisse: Die flexible Spezialisierung funktioniert, "indem sie gegen eine der Grundannahmen der klassischen politischen Ökonomie verstößt: daß die Wirtschaft von der Gesellschaft getrennt sei." (Piore/ Sabel 1985, 305) Die produktive Tätigkeit wird mit dem Lebenszusammenhang verschmolzen: Familienbande, Schulfreundschaften, festliche Anlässe sind wesentliche Elemente des betrieblichen Lebens.

Ähnliche Wirkungen des technologischen Fortschritts - eine "breitere" Auslegung der Arbeitsplätze, eine bessere Nutzung von Qualifikationen, eine Intensivierung von Ausbildungsmaßnahmen, eine stärkere Respektierung der Arbeitskräfte - stellen auch Kern und Schumann (1986) fest. Die weitestgehende Ersetzung der lebendigen Arbeit durch Maschinen bringt nicht das Optimum, und der restringierende Zugriff auf die Arbeitskraft verschenkt wichtige Produktivitätspotentiale - so das neue Credo in den Industriebetrieben. Es gibt Umschichtungen in der Bedeutung von Arbeitnehmergruppen: Die modernen *Produktions-Facharbeiter* und *Instandhaltungs-Spezialisten* zählen zu den Rationalisierungsgewinnern - zu Lasten der traditionellen Arbeitsplatzinhaber in den Kernsektoren, den Arbeitern in Krisenbranchen und den Arbeitslosen. Die Disparität zwischen den Arbeitsplatzinhabern steigt. Dennoch gibt es keine vernünftige Alternative zu den neuen Produktionskonzepten, "denn man kann nicht beides zugleich: den Fortschritt einfahren wollen und seine Akteure zu Buhmännern stempeln." (320f.) Als zentrales Ergebnis der Studie wird die "Wiedereinführung und Verankerung von Produktionsintelligenz als Voraussetzung und Folge der neuen Produktionskonzepte" angesehen. "Man trifft heute in wichtigen Bereichen der Industrie auf eine markt- und produktökonomische Konstellation, die keine Rationalisierung nach tayloristischem Muster mehr trägt. Kapitalverwertung selbst erfordert den Umbruch in der Nutzung von Arbeitskraft. Je mehr die Produktkonzeptionen auf die Erzeugung hochkomplexer Qualitätsartikel hinauslaufen und die Produktionskonzepte auf den breitflächigen Einsatz der neuen Technologien abzielen, umso mehr bietet sich als optimales Arbeitseinsatzkonzept der ganzheitlichere Aufgabenzuschnitt und die breitere Verwendung von Qualifikationen an." (323) Deshalb - und in dem hier geschilderten Sinn - kann man von einem *Ende der Arbeitsteilung* (gemäß dem Titel der Studie) und von einer Reprofessionalisierung der Produktionsarbeit sprechen.

3. Der Arbeitsmarkt - der Mechanismus von Angebot und Nachfrage

Welche Orientierung einzelne Gesellschaftstheoretiker auch aufweisen: Sie sind sich doch in dem grundsätzlichen Umstand einig, daß die Arbeitsteilung den Austausch der Produkte bedingt. Dieser Austausch kann auf verschiedene Weise vonstatten gehen, aber seit alters her haben sich Märkte, die nach den Prinzipien von Angebot und Nachfrage funktionieren, durchgesetzt - erst in der kapitalistischen Wirtschaftsordnung allerdings sind sie zu einem alles durchdringenden Gestaltungsmittel des Wirtschaftsverkehrs geworden. In diesem System des Wirtschaftens ist auch ein Arbeitsmarkt im eigentlichen Sinn konstituiert worden, auf dem die von allen feudalen Banden befreite Arbeitskraft als "Ware" gehandelt wird.

Arbeitsmarkttheorien - vollkommene oder unvollkommene Arbeitsmärkte

Unter den modernen Arbeitsmarkttheorien seien nur die drei wichtigsten Beispiele erwähnt.

(1) Die *klassische Markttheorie* betrachtet den Arbeitsmarkt als "normalen" Markt, der sein Gleichgewicht durch Angebot und Nachfrage findet. Je nach der Zahl der angebotenen und nachgefragten Arbeitskräfte bildet sich ein Gleichgewichtslohn, zu dem alle, die zu diesem Lohn arbeiten wollen, auch Arbeit finden. Es gibt daher - genau genommen - auf einem funktionierenden Arbeitsmarkt keine Arbeitslosigkeit. Wer arbeitslos ist, hat zu hohe Lohnvorstellungen.

(2) Die *Keynessche Theorie* (John Maynard Keynes, 1883-1946) gesteht - aufgrund bestimmter Marktunvollkommenheiten - die Möglichkeit zu, daß die effektive Nachfrage in einer Volkswirtschaft zu gering ist, um allen Arbeitssuchenden Beschäftigung zu bieten. Im diesem Falle ist es nicht ausreichend, zu warten, bis der Markt von selbst wieder ins Gleichgewicht kommt, sondern die fehlende Nachfrage ist durch staatliche Ausgaben zu kompensieren. Dadurch wird auch zusätzlich private Nachfrage angeregt, die Wirtschaft kommt wieder in Schwung, und neue Arbeitsplätze werden geschaffen.

(3) Die Vertreter der *Segmentierungstheorie* weisen darauf hin, daß man von einem einheitlichen Arbeitsmarkt gar nicht reden kann, sondern daß dieser in Teilarbeitsmärkte aufgespalten ist. Die Theorie der Nichtwettbewerbsgruppen hat eine längere Vorgeschichte; in der Arbeitsmarkttheorie hat man sich den darin angesprochenen soziologischen und institutionellen Problemen jedoch erst in den 60er Jahren intensiver zugewandt. Die Grundannahme solcher Theorien besteht darin, daß auf dem Arbeitsmarkt immer nur bestimmte Teilgruppen in Konkurrenz stehen, wogegen Einflüsse zwischen diesen Gruppen nur schwach sind und bestenfalls langfristig wirksam werden. Doeringer und Piore (1971) haben, beeinflußt von der Situation der Rassendiskriminierung in den USA in den 60er Jahren, eine duale Arbeitsmarkttheorie entwickelt; sie unterscheiden zwischen einem *primären Arbeitsmarkt*, der gekennzeichnet ist durch befriedigende Arbeitsbedingungen, eine weitgehende Beschäftigungsstabilität, eine gute Einkommenslage und vorhandene Aufstiegsmöglichkeiten, und einem *sekundären Arbeitsmarkt*, der durch schlechte Arbeitsbedingungen, niedrige Einkommen, instabile Beschäftigung und geringe Aufstiegschancen charakterisiert ist. Angesichts geringer Übertrittsmöglichkeiten von dem einen in den anderen Sektor wird auch die Trennung der Arbeitnehmer in "Begünstigte" und "Benachteiligte" festgeschrieben; zu den letzteren zählen vor allem Frauen, Jugendliche, Angehörige ethnischer Minderheiten usw.

Neben diesem einfachen dichotomischen Modell eines "guten" und eines "schlechten" Arbeitsmarktsektors wurden weitere Segmentierungen der Arbeitsmärkte - mit dem Gewicht auf unterschiedlich gearteten Zutrittsbeschränkungen - erörtert. So wurden etwa *berufsfachliche Teilmärkte* analysiert, die zumeist durch staatlich garantierte spezielle Zugangsregelungen abgegrenzt werden: Sie existieren sowohl im Bereich der traditionellen Fachberufe (z.B. in Handwerksberufen) als auch im Bereich akademisch geregelter Professionen. Man benötigt bestimmte Lehr- und Schulabschlüsse, um als Bäcker, Kindergärtner, Lehrer, Arzt oder Gemischtwarenhändler tätig zu werden. Ein anderes Segmentierungsmuster kommt bei *betriebsinternen Arbeitsmärkten* zum Vorschein, für die es als typisch angesehen wird, daß viele (oder sogar alle) Arbeitsplätze eines Betriebes vom allgemeinen Arbeitsmarkt durch Barrieren getrennt sind: Es gibt eigene "Eintritts-Arbeitsplätze", eine hierarchische Arbeitsplatzabstufung, festgelegte Mobilitäts- und Aufstiegsmuster, betriebs-, bereichs- oder sogar arbeitsplatzspezifische Qualifikationen und eine hohe Bindung zwischen den Arbeitskräften und "ihrem" Betrieb (vgl. Edwards u.a. 1975).

Segmentierungsprozesse - Submärkte und Ausschließungsprozesse

Bei der Untersuchung dieser Aufgliederung des einheitlichen, homogenen Arbeitsmarktes in ein System von berufs- und positionsspezifischen Submärkten kann man soziologisch an die Analyse Max Webers anschließen, der für derartige Segmentierungsprozesse den Begriff der *sozialen Schließung* geprägt hat: Eine derartige soziale Schließung tritt ein, wenn bestimmte Gruppen ihre Chancen durch Monopolisierung von Privilegien, Ressourcen u.dgl. zu verbessern trachten. "Mit wachsender Zahl der Konkurrenten im Verhältnis zum Erwerbsspielraum", so Weber, "wächst hier das Interesse der an der Konkurrenz Beteiligten, diese irgendwie einzuschränken. Die Form, in der dies zu geschehen pflegt, ist die: daß irgendein äußerlich feststellbares Merkmal eines Teils der (aktuell oder potentiell) Mitkonkurrierenden: Rasse, Sprache, Konfession, örtliche oder soziale Herkunft, Abstammung, Wohnsitz usw. von den anderen zum Anlaß genommen wird, ihren Ausschluß vom Mitbewerb zu erstreben. Welches im Einzelfall dies Merkmal ist, bleibt gleichgültig: es wird jeweils an das nächste sich darbietende angeknüpft." (1976, S.201; s. auch S.23ff.)

Als Ergebnis solcher Ausschließungsprozesse existiert nicht der einheitliche Arbeitsmarkt, sondern eine *Vielzahl von Teilarbeitsmärkten*, deren Zugänge häufig durch Zertifikatsbarrieren, d.h. durch das Erfordernis, die Absolvierung bestimmter Bildungsgänge nachweisen zu können, oder durch andere Zugangsbeschränkungen überwacht werden. "Die Spaltung des Arbeitsmarktes in berufliche Teilarbeitsmärkte", so betonen Beck, Brater und Daheim, "und die dazu parallele, also ebenfalls 'berufliche' Gliederung des Ausbildungssystems (...) lassen für die Arbeitenden gleichsam Schneisen im Dschungel des Arbeitsmarktes entstehen und bieten den Individuen damit eine wichtige Entlastung bei der Aufgabe, ihr Arbeitsvermögen überhaupt brauchbar und einsetzbar zu entwickeln sowie ihren beruflichen Werdegang zu planen und in ihren gesamten Lebenslauf zu integrieren." (1980, S.76)

Zweifelsohne ist die Segmentierung Ausdruck einer fortschreitenden Arbeitsteilung und Spezialisierung, also Ergebnis des kumulativen Wissensfortschrittes im technisch-naturwissenschaftlich-ökonomischen Bereich und seiner Umsetzung im Produktionsprozeß; aber auch die *Interessenlagen* der Akteure des Arbeitsmarktes gehen in die Grenzziehungen und Qualifikationsfestlegungen, in die Zugangsregelungen und Aufstiegsbedingungen mit ein. So haben einzelne Gruppen ein Interesse daran, die Zugangsvoraussetzungen zu "ihrem" Arbeitsmarkt durch das Erfordernis höherer Schulbildung zu markieren oder gar akademische Qualifikationen zu verlangen; damit verbinden sich Erwartungen eines höheren Prestiges und einer besseren Bezahlung.

4. Arbeitslosigkeit - das Beschäftigungsproblem in den Industrieländern

Arbeitslosigkeit ist seit der Mitte der 70er Jahre zu einem Wirtschaftsproblem geworden, das auch im Konjunkturaufschwung der 80er Jahre nicht eliminiert wurde. Als *arbeitslos* wird jemand bezeichnet, der arbeitsfähig und arbeitswillig ist, aber keinen Arbeitsplatz im offiziellen Wirtschaftssektor innehat. Die *Arbeitslosenquote* ist der prozentuale Anteil der registrierten Arbeitslosen an der Gesamtzahl der Erwerbspersonen. Probleme treten auf individueller, ökonomischer und politischer Ebene auf: Die von Arbeitslosigkeit Betroffenen erleiden Einkommensverluste, vor allem sind sie aber mit schweren sozialen und psychischen Belastungen konfrontiert. Die Kosten der Arbeitslosigkeit für den Staat liegen aufgrund der sozialstaatlichen Transferzahlungen hoch. Bei zunehmender Unterbeschäftigung werden Befürchtungen über die Gefährdung der politischen Stabilität wach, war es doch nicht zuletzt die hohe Arbeitslosigkeit der Weltwirtschaftskrise, welche viele Menschen den Nationalsozialisten in die Arme getrieben hat.

Arbeitslosigkeit hat es immer gegeben, in der Zwischenkriegszeit hat sie in Europa oft zehn Prozent, in der Weltwirtschaftskrise 1933 um die 30 Prozent erreicht; erst durch die Aufrüstung vor dem Zweiten Weltkrieg wurde eine wirtschaftliche Stabilisierung erreicht. In den 50er und 60er Jahren ist die Arbeitslosigkeit durch eine historisch einmalige Prosperitätsphase praktisch zum Verschwinden gebracht worden. Die Ursachen des Anstiegs der Arbeitslosigkeit in den 70er und frühen 80er Jahren liegen erstens in einer *Abschwächung des Wirtschaftswachstums*, was eine sinkende Nachfrage nach Arbeitskräften bedeutet, und zweitens im gleichzeitigen Auftreten eines stark *steigenden Angebots an Arbeitskräften*: Dieses ist vorwiegend durch den Arbeitsmarkteintritt der geburtenstarken Jahrgänge (jene Personen, die bis in die zweite Hälfte der 60er Jahre geboren wurden) und durch stark steigende Erwerbsquoten der Frauen zustande gekommen.

Arbeitslosenraten - offiziell und inoffiziell

Die offiziellen Arbeitslosenquoten unterschätzen allerdings das Problem; zu den Statistiken nur drei Bemerkungen. Erstens: In den offiziellen Zahlen werden üblicherweise nur die beim Arbeitsamt *registrierten Arbeitslosen* erfaßt, und das sind keineswegs alle, die eine Arbeit suchen. Nicht inbegriffen sind auch jene, die sich entmutigt vom Arbeitsmarkt abwenden (und zum Beispiel als Hausfrauen tätig sind), jene, die, weil sie ihrer Einschätzung nach keinen Job finden, einstweilen weiterführende Bildungseinrichtungen besuchen, jene, die aktuell in den Umschulungsprogrammen der Arbeitsmarktverwaltung sitzen, schließlich die Ausländer, die wieder zur Rückwanderung gedrängt oder gezwungen worden sind, und dergleichen. Wenn man die Frage stellt, wer eigentlich einen Arbeitsplatz sucht, so kann man zum offiziellen Potential - den Indizien zufolge - mindestens noch einmal 50 bis 80% hinzuschlagen.- Zweitens: Die *Betroffenheit* durch Arbeitslosigkeit ist höher, als die Zahlen andeuten. Für die meisten Arbeitslosen handelt es sich um eine kurze Zeit der Beschäftigungssuche, bis sie wieder einen Job finden; nur ein kleiner Teil von Dauerarbeitslosen bleibt längere Zeit ohne Beschäftigung. Vier Personen, die ein Vierteljahr arbeitslos sind, und eine Person, die das ganze Jahr ohne Beschäftigung ist, sind aber für die Statistik dasselbe Potential. Wenn nun ein größerer Teil der Arbeitslosen eher kurzfristig arbeitslos ist, läßt sich daraus ableiten, daß die Zahl jener, die im Verlauf einer Periode arbeitslos werden, weit höher ist als die Zahl der Arbeitslosen; empirische Untersuchungen belegen, daß die Betroffenheitsquote drei bis viermal so hoch ist wie die Arbeitslosenquote.- Drittens: Arbeitslosenquoten sind im *internationalen Vergleich* schwierig einzuschätzen, weil die Erhebungsmethoden und Einordnungskriterien in den meisten Ländern unterschiedlich sind.

Arten der Arbeitslosigkeit und Problemgruppen auf dem Arbeitsmarkt

Man unterscheidet üblicherweise folgende Arten der Arbeitslosigkeit: (1) Die *konjunkturelle Arbeitslosigkeit* ist durch Schwankungen der wirtschaftlichen Aktivität bedingt, also durch eine Veränderung der aggregierten Gesamtnachfrage nach Arbeitskräften. (2) Die *friktionelle Arbeitslosigkeit* entsteht durch "Reibungsverluste" des Angebots- und Nachfragemechanismus: Sie schließt etwa jene Personen ein, die einen Job aufgegeben haben und auf der Suche nach einem neuen sind. (3) Die *saisonale Arbeitslosigkeit* tritt im Jahresverlauf ein, typischerweise in der Landwirtschaft, der Bauwirtschaft oder anderen Saisonberufen. (4) Die *strukturelle Arbeitslosigkeit* entsteht dadurch, daß Angebot und Nachfrage nach Arbeitskräften einander in qualitativer Hinsicht nicht entsprechen: Es gibt dann in manchen Berufen oder Regionen Überschüsse, in anderen Knappheiten, und diese Ungleichgewichte lassen sich durch den Markt nicht ausgleichen.

Die Gefahr, arbeitslos zu werden, variiert nach bestimmten Gruppenzugehörigkeiten. Als besondere *Problemgruppen* auf dem Arbeitsmarkt finden sich meist Jugendliche, darunter besonders Berufsanfänger, die überhaupt einmal in den Arbeitsmarkt "hineinkommen" müssen; ältere Arbeitnehmer, die zwar meist kein höheres Risiko laufen, arbeitslos zu werden, als jüngere, die aber kaum Chancen haben, eine neue Stelle zu finden, wenn sie die ihre verloren haben; Behinderte, die man gerade in Zeiten der Arbeitsplatzknappheit in "geschützte Sektoren" abschiebt; Frauen, die allerdings trotz mannigfacher Benachteiligungen immer stärker auf den Arbeitsmarkt drängen; und meist auch unqualifizierte Arbeitskräfte, denn gerade in Zeiten der Unterbeschäftigung können sich die Arbeitgeber die Arbeitskräfte sorgfältiger aussuchen.

Arbeitskräfte, die sich leicht in *Reserverollen* abdrängen lassen (für Frauen etwa in die Rolle der Hausfrau), haben es besonders schwer auf dem Arbeitsmarkt. Für die meisten Mitglieder dieser Randgruppen ist es nämlich kennzeichnend, daß sie nicht, um ihren "Platz" in der Gesellschaft einzunehmen, auf eine entsprechende Rolle im Berufssystem angewiesen sind, sondern daß für sie gesellschaftliche Alternativrollen, die sie ohne wesentliche Diskriminierung einnehmen können, bereitstehen. Claus Offe und Karl Hinrichs haben die arbeitsmarktpolitische Erklärungskraft dieses Sachverhalts hervorgehoben: "Sie können (am Arbeitsmarkt) teilnehmen, können aber auch die Option der Nicht-Beteiligung wahrnehmen. Ihre Identität in bezug auf den Arbeitsmarkt ist gebrochen. Ihr Handeln erscheint ihnen selbst und ihren Marktpartnern immer im Licht der Alternativrolle, in die sie überwechseln können und in die tatsächlich überzuwechseln es in der einen wie in der anderen Richtung jederzeit als rational unterstellbare Gründe gibt." (1984, S.72) Frauen können dergestalt in den Status der Nur-Hausfrau zurückkehren, Gastarbeiter in ihre Heimatländer abwandern, Behinderte können sich in bestimmte "geschützte Sektoren" zurückziehen, Jugendliche ihren Qualifizierungsprozeß um einige Jahre verlängern, ältere Arbeitnehmer nötigenfalls in die Position des Frühpensionisten übergeleitet werden. Die Verfügbarkeit einer potentiellen Alternativ- oder Reserverolle, aber auch bestimmte weitere Charakteristiken verleihen diesen Gruppen eine schwächere Stellung auf dem Arbeitsmarkt.

Folgen von Arbeitslosigkeit - das Phasenmodell der psychischen Befindlichkeit

Zu den Folgen von Arbeitslosigkeit rechnet man nicht nur Verarmung, sondern auch psychosoziale Effekte: Arbeitslose haben einen schlechteren gesundheitlichen Standard, Familie und Kinder leiden unter dem Zustand, Drogen und kriminelles Verhalten sind häufiger, Agressivität und Apathie stellen sich ein. Es existiert ein typisches *Phasenmodell* der psychischen Befindlichkeit, das ein Arbeitnehmer nach seiner Kündigung durchläuft: Zunächst erlebt der arbeitslos Gewordene einen "Entlassungsschock". Er muß sich damit abfinden, daß das gefürchtete, verdrängte, für die eigene Person nie so recht als realistische Gefährdung wahrgenommene Ereignis nun doch eingetreten ist; die daraus erwachsende erste Betäubung gilt es zu überwinden. Nach einigen Tagen ist dieser Tiefpunkt vorüber, der Arbeitslose nimmt alle Kräfte zusammen: Es wäre doch gelacht, würde er nicht bald wieder einen neuen Arbeitsplatz finden. Es folgt daher eine optimistische und aktivistische Phase, er sucht einen neuen Job, geht zum Arbeitsamt, antwortet auf Inserate, schreibt Unternehmen an. Falls es ihm dennoch nicht gelingt, in diesen Wochen einen Arbeitsplatz zu finden, holt ihn der Alltag wieder ein: Er muß die ersten Enttäuschungen verarbeiten, Geldschwierigkeiten werden fühlbar, Langeweile stellt sich ein. In der Wohnung oder am Haus sind alle fälligen do-it-yourself-Reparaturen erledigt, die Kommunikation mit den Freunden wird spärlicher, psychische Hemmungen vor den nächsten Arbeitsplatzbewerbungen treten auf. Die Selbstachtung sinkt, nicht zuletzt wegen der erlebten Fehlschläge, er wird unsicherer und weniger selbstbewußt, Schuldgefühle treten auf. Er tritt in eine pessimistische Phase ein, die schließlich häufig in einen apathischen Fatalismus mündet, einen Zustand, in dem der Arbeitslose nicht mehr glaubt, aus seinen desolaten Verhältnissen wieder herauszukommen, in dem er auch keine entsprechenden Aktivitäten mehr setzt, in dem er sich in seinem Elend "einrichtet" (vgl. etwa Bakke 1933; Harrison 1978)

Es war eine überraschende Feststellung für die Sozialforscher, daß Arbeitslose eher nicht zu aktiven und protestbereiten Gruppen zählen und daß sie ihre freie Zeit nicht für mannigfache Aktivitäten, die nun möglich werden, nutzen, sondern eher noch jene Tätigkeiten und Interessen, die sie neben ihrer Arbeit ausgeübt haben, vernachlässigen. Solche Folgen der Arbeitslosigkeit sind von Marie Jahoda, Paul F. Lazarsfeld und Hans Zeisel beobachtet und in der einfallsreichen, weil mit einer Vielfalt von Methoden arbeitenden empirischen Studie *"Die Arbeitslosen von Marienthal"* (1933) beschrieben worden; diese Studie ist zu einem "Klassiker" der empirischen Sozialforschung geworden. Es werden verschiedene Reaktionstypen in dem kleinen Dorf im Wienerwald, das von der Weltwirtschaftskrise schwer getroffen worden ist, unterschieden. (1) Reduzierte Ansprüche und eine erwartungslose Grundhaltung kennzeichnen die *resignierten Familien*: keine Pläne, keine Beziehung zur Zukunft, keine Hoffnungen, maximale Einschränkung aller Bedürfnisse, die über die Haushaltsführung hinausgehen, dabei aber Aufrechterhaltung des Haushalts, Pflege der Kinder und bei alledem sogar ein Gefühl relativen Wohlbefindens. (2) Durch weniger reduzierte Bedürfnisse, einen weiteren Horizont und größere Energie zeichnen sich die *Ungebrochenen* aus; die weiteren Kriterien sind: Aufrechterhaltung des Haushalts, Pflege der Kinder, subjektives Wohlbefinden, Aktivität, Pläne und Hoffnungen für die Zukunft, aufrechterhaltene Lebenslust, immer wieder Versuche zur Arbeitsbeschaffung. (3) Äußerlich ähnlich verhalten sich auch die *Verzweifelten*; aber es kommen noch hinzu: Depression, Hoffnungslosigkeit, das Gefühl der Vergeblichkeit aller Bemühungen und daher keine Arbeitssuche mehr, keine Versuche zur Verbesserung der Lage sowie häufig wiederkehrende Vergleiche mit der besseren Vergangenheit. (4) Durch das Aufgeben des geordneten Hausstandes und das Nichtvorhandensein jedes Versuchs, etwas vor dem Verfall zu retten, ist die Gruppe der *apathischen Familien* gekennzeichnet; charakteristisch ist ein energieloses, tatenloses Zusehen, Wohnung und Kinder sind unsauber und ungepflegt, die Stimmung ist indolent; keine Pläne, keine Hoffnungen, unrationelle Haushaltsführung, familiärer Streit, Planlosigkeit.- In der Studie wurde eine quantitative Abschätzung vorgenommen, die folgende Ergebnisse erbrachte: Als "ungebrochen" wurden 69% eingestuft, zu den "Resignierten" zählten 23%, als "gebrochen" (eine gemeinsame Bezeichnung für die Verzweifelten und die Apathischen) wurden etwa 8% bezeichnet. Dann heißt es weiter: "Läßt man sich von dem unmittelbaren Eindruck leiten, den man durch den Kontakt mit der Bevölkerung gewinnt, so empfindet man das ganze Ortsleben noch stärker durch die resignierte Haltung bestimmt, als es den oben angegebenen Zahlen entspräche. Die ungebrochenen und die gebrochenen Existenzen scheinen zurückzutreten gegenüber dem Eindruck einer als Ganzes resignierten Gemeinschaft, die zwar die Ordnung der Gegenwart aufrechterhält, aber die Beziehung zur Zukunft verloren hat." (Jahoda u.a. 1980, 75).-Allerdings dürfte der hohe Anteil der "Ungebrochenen" in der Marienthal-Untersuchung von mehr als zwei Drittel der Arbeitslosen wohl auf den besonderen Umstand zurückzuführen sein, daß Arbeitslosigkeit in diesem Dorf als "Normalbefindlichkeit" eines Haushalts angesehen werden konnte, man sich also vor den Nachbarn nicht "genieren" mußte. Psychische Mechanismen wie jener der relativen Deprivation - daß man sich gegenüber den Nachbarn und den Bezugspersonen benachteiligt vorkommt - kamen also kaum zum Tragen. Auch in der heutigen Situation bleibt aber für die Arbeitslosen eher die Apathie. Schon in Marienthal wurden die Interessenlosigkeit, die Niedergeschlagenheit, die Müdigkeit der Arbeitslosen beschrieben. An vielen Einzelbeobachtungen, die seitdem oft bestätigt wurden, konnte das Dominieren dieser Stimmungslage gezeigt werden: Die Teilnahme an Vereinsaktivitäten geht - trotz der eher verfügbaren Zeit - zurück, die politische Zeitung wird abbestellt, Unpünktlichkeit reißt ein; die Arbeitslosen lassen sich durch den Tag treiben.

Vor allem ist es die Weimarer Republik - mit der Weltwirtschaftskrise und dem Aufstieg der nationalsozialistischen Bewegung -, die als historische Mahnung vor Augen tritt, wenn von einer durch hohe Arbeitslosigkeit bedingten *politischen Radikalisierung* die Rede ist. Die meisten Zeithistoriker sind sich darin einig, daß die Beschäftigungskrise in den dreißiger Jahren von großer Bedeutung für den Siegeszug der totalitären Herrschaft war, in der die Arbeitslosen ihre letzte Zuflucht und ihren psychischen Schutz fanden. Neuere Untersuchungen der Wahlabsichten von Arbeitslosen im deutschen Sprachraum lassen allerdings kein deutliches Abdriften zu radikalen Parteien erkennen. Jene Gruppen reagieren mit einem Anti-System-Verhalten, die weder zu etablierten politischen Parteien noch zu anderen gesellschaftlichen Gruppen Bindungen besitzen, die sich nicht an das bestehende gesellschaftliche System durch Besitz oder familiäre Verpflichtungen gebunden fühlen, und die sich von diesem System materiell nicht viel erwarten (vgl. Prisching 1988a, Bürklin und Wiegand 1984).

5. Freizeitverhalten - die Gegenwelt zur Arbeit

Als Gegenstück zur Arbeit ist die Freizeit (vgl. Giegler 1982, Lüdtke 1975, Prahl 1977, Opaschowski 1983, Tokarski/ Schmidt-Scherzer 1985) ein in gewissem Sinne modernes Phänomen. Aber das Bild der bis zur Erschöpfung arbeitenden Industriearbeiter im 19. Jahrhundert, das uns als repräsentativ für vergangene Zeiten vor Augen steht, gibt ein verzerrtes Bild von den Arbeitsbedingungen in früheren gesellschaftlichen Ordnungen: Ein Arbeitstag bis zu 18 Stunden, ohne Urlaub noch dazu, war für vergangene Gesellschaften keineswegs typisch (vgl. Pierenkemper 1980). Die Römer arbeiteten (um etwa 350 n.Chr.) rund 12 Stunden am Tag und kamen auf rund 2000 Arbeitsstunden im Jahr, was den Leistungen der "modernen" Arbeitnehmer in den 60er Jahren unseres Jahrhunderts durchaus entspricht. Auch damals gab es übrigens schon Freizeitprobleme, die durch öffentliche Investitionen bewältigt wurden; der Circus Maximus faßte rund 400.000 Menschen, und in den öffentlichen Bädern Roms konnten sich 60.000 Menschen zu gleicher Zeit tummeln. Im Mittelalter gab es - neben den 52 Sonntagen - noch rund 100 Feiertage, so daß die Jahresarbeitszeit wiederum in ähnlichen Dimensionen verblieb wie bei den Römern. Erst das 19. Jahrhundert ließ die Arbeitswoche auf 80 bis 90 Stunden, das Arbeitsjahr auf 3500 bis 4000 Stunden emporschnellen. Die letzten hundert Jahre haben jedoch zu *Arbeitszeitverkürzungen* geführt, die geschichtlich einmalig sind: Für viele Arbeitnehmer gilt heute die Fünf-Tage-Woche, für etliche bereits die Viereinhalb-Tage-Woche, und die letzten paar Freitag-Stunden werden vermutlich irgendwann fallen. Zunehmend werden Überlegungen angestellt, die "Betriebszeit" (die Öffnungs- oder Produktionszeit eines Unternehmens) von der "Arbeitszeit" der einzelnen Mitarbeiter zu entkoppeln.

Die Arbeitszeitverkürzung erfolgt freilich unterschiedlich nach sozialen Gruppierungen. Während noch vor wenigen Jahrzehnten ein *Muße-Monopol* der herrschenden Klassen typisch war, das bereits bei den Griechen und Römern existierte, haben sich die Verhältnisse umgekehrt. Für Selbständige, Handwerker und Kaufleute, die freien Berufe, leitende Angestellte und Landwirte ist nach wie vor eher eine 5o-Stunden-Woche oder mehr die Regel, so daß diese Gruppen im Jahr mehr arbeiten als "normale Dienstnehmer". Die Gründe liegen in der Art der Tätigkeit, in den Anforderungen der Karriere und im Bereich des sozialen Prestiges: Der gefüllte Terminkalender ist mancherorts bereits zu einem Element des Statusgefühls geworden. Aber auch berufstätige Frauen gehören zu jenen, die "mehr" arbeiten: Mit ihren rund 80 Stunden pro Woche zählen sie zu jenem *Freizeit-Proletariat*, das angesichts der Häufung verschiedenartiger Anforderungen besonders belastet ist.

Freizeitarbeit - die Nutzung der berufsfreien Zeit

Wenn wir die Frage stellen, womit die Menschen ihre "Freizeit" verbringen, geraten wir rasch in begriffliche Verwirrungen. Vor allem wird nämlich "gearbeitet" - Aktivitäten, die getan werden "müssen": Arbeitsweg, Einkauf, Haushalt, Reparaturen, Kinderbetreuung, Gartenarbeit, sonstige Do-it-yourself-Aktivitäten, Behördenwege, Wartezeiten usw. All dies gehört nicht zu jener "Muße"-Zeit, über die man "frei" verfügen, also nach Lust und Laune verbringen kann. "Freizeit" läßt sich daher in erster Linie definieren im Gegensatz zur "Nicht-Freizeit", als *berufsfreie Zeit*. Die frei disponible Zeit für beliebige freigewählte Aktivitäten ist weit geringer: Sie beträgt, verschiedenen Studien zufolge, im Durchschnitt etwa drei bis vier Stunden pro Tag.

Auch in diesen Stunden ist der einzelne nicht untätig; denn das Freizeitverhalten konzentriert sich auf wenige wiederkehrende Aktivitäten: Der größte Teil wird in Haus und Wohnung verbracht, vor allem beim Konsum von Massenmedien, während an den Wochenenden stärker auch außerhäusliche Aktivitäten gepflogen werden. Auch die Freizeitindustrie bietet ein breites Spektrum von Gütern und Dienstleistungen an, in welche die gestiegenen Freizeitbudgets investiert werden können. Freizeit als Raum der Freiheit, des Erlebnisses, des Abenteuers - solche Vorstellungen stilisieren diese Zeit zu einem paradiesischen Zustand, sie wecken nicht einlösbare Sehnsüchte und Wünsche. Freizeit ist auch Konsumzeit. Doch da sie begrenzt ist und die Nutzung all der vielfältigen Konsumgüter auch Zeit erfordert, entsteht ein gewisser Termindruck. Vielfältige Freizeitaktivitäten müssen koordiniert und geplant werden. Wer Langeweile eingesteht, der erfährt soziale Geringschätzung. Oft entsteht demzufolge ein hektischer Zeitrhythmus, der den "alten" kontemplativ-ästhetischen Idealen zuwiderläuft.

Medien, Sport und Urlaub

Zu den beliebtesten Freizeitaktivitäten zählt zunächst die Konsumation der *Massenmedien* (im Ausmaß von gut drei Stunden im Tag), darunter durchschnittlich zwei Stunden Fernsehen. Interesse findet vor allem eine entspannungsfördernde Unterhaltung, die über den TV-Apparat leicht verfügbar, selbstbestimmt und billig ist. Medienexperten haben ihre Vorbehalte gegen diese Freizeitnutzung: Es werde durch die Art der Darbietung eine sekundäre Realität geschaffen, die sich von der realen Welt abspaltet; gesellschaftliche Angelegenheiten werden personalisiert, privatisiert und unzulässig simplifiziert; es wird eine scheinbare Teilhabe am politischen Geschehen suggeriert; es wird eine illusionäre Welt vorgegaukelt, die unerfüllbare Sehnsüchte weckt usw. (vgl. McQuail 1983, Schenk 1987, Schulz 1976).

Quantitativ relevant ist weiters der *Sport*, zu dessen gesellschaftlichen Funktionen die Sozialwissenschaftler folgende zählen: Ventil für aufgestaute und kollektive Aggressionen; Fortsetzung der Prinzipien der Arbeitswelt (etwa des Leistungsdrucks) in anderer Form; scheinhafte Versöhnung mit Konflikten und Benachteiligungen in der Nicht-Freizeit; Übernahme von Expertenrollen; Identifikation mit regionalen oder nationalen Teams oder Wettkämpfern als Identitätsstabilisierung; Selbstentfaltung und Kreativität; Gesundheitsvorsorge u.a. Auch der Sport ist zu einem expansiven Wirtschaftsbereich geworden, den die Freizeitindustrie sorgfältig zu pflegen versteht (vgl. Krockow 1980, Kutsch/ Wiswede 1981, Lenk 1972, Rigauer 1982).

Als drittes Beispiel für Freizeitaktivitäten seien *Urlaub und Tourismus* genannt, jene jungen gesellschaftlichen Einrichtungen, die allsommerliche Völkerwanderungen auslösen. Die Gegenwelt des Urlaubs ist die "ganz andere", jene Welt, die den Alltag mit seinen üblichen Rollen und tagtäglichen Zwängen vergessen machen soll ("Urlaub vom Ich"). Aber zugleich besteht der Wunsch, bestimmte Kontinuitäten und Vertrautheiten zu bewahren: was häufig in den "Urlaub von der Stange" mündet, die ironisch als kollektiv organisierte Fluchtbewegung bezeichnet werden kann. Die Konsumenten durchschauen im allgemeinen sogar, daß das versprochene Paradies ein Traum bleiben muß, gestehen sich aber selbst den Abfall der Realität gegenüber dem propagierten Klischee nicht ein.- Auch Urlaubsarten unterliegen Modeströmungen: Zu den neueren Varianten zählen etwa der Erlebnisurlaub, der Öko- oder Alternativurlaub, der abenteuerversprechende Aktivurlaub, der gruppendynamisch organisierte Psycho-Urlaub und letztlich sogar: der "Urlaub zu Hause".

Arbeitsprägung und Freizeitwerte

Was immer die Menschen auch in ihrer Freizeit anstellen: Sie wird überschattet von den Bedingungen der Arbeitswelt - entweder in der

Weise, daß "der lange Arm des Berufslebens" auch in die Freizeit hinüberragt, mit seinen Kennzeichen der Fremdbestimmtheit, der abstrakten Arbeitsteilung, der starken Leistungsansprüche, oder in der Weise, daß die Freizeit als Gegenwelt zum Arbeitsbereich aufgebaut wird, als Bereich der unmittelbaren Selbstentfaltung, des hedonistischen Auslebens und der Kompensation für all die täglichen Zwänge und Demütigungen.

Doch hat sich, wie manche Sozialwissenschaftler zu beobachten glauben, in den letzten Jahrzehnten eine veränderte Einstellung zu Arbeit und Freizeit durchgesetzt. Es treten die *Freizeitwerte* - vor allem bei der jüngeren Generation - in den Vordergrund: Lebensgenuß, Spaß, Sozialkontakte, Familie, Partnerschaft, Bekannte, Freunde. Das muß nicht unbedingt bedeuten, daß die Leistungsfreude im Abnehmen ist; jedenfalls sinkt der Mythos der "Arbeitsgesellschaft", Freizeit gewinnt ein stärkeres Eigengewicht, wird zu einem "eigenständigen" Lebensbereich mit speziellen Verhaltensweisen und *Freizeitrollen*.

Als "neuer" Lebensbereich wirft Freizeit, erstens, auch psychische Probleme auf, vor allem für Menschen, die an vorgegebene Lebensrhythmen gewöhnt sind und daher Angst vor der "freien Zeit" haben, in der sie nun eigene Interessen entwickeln und in die Tat umsetzen sollen. Zweitens gibt es in der Tat Individuen, die sich "langweilen" - und die ihre Frustrationen dann in irgendeiner Weise abreagieren; es gibt auch "Freizeitverwahrlosung". Drittens sind auch viele Lebensbereiche - Wohnen, Verkehr, Natur, Siedlungen - nicht auf die an Bedeutung gewinnenden Freizeitfunktionen ausgerichtet: verstopfte Straßen am Wochenende, zersiedelte Naherholungsgebiete, aber auch die eigentümliche Form der "Bewältigung" von Freizeitproblemen durch "Erholungsparks". Die Frage nach Kategorien wie "Freizeitkompetenz" oder jene nach der Rückgewinnung einer *Kultur der Muße* steht im Raum.

IX. WIRTSCHAFT UND ENTWICKLUNG

Die entscheidenden Tendenzen, die den Wandel der Gesellschaft in den letzten zweihundert Jahren kennzeichnen sollen, werden oft mit den Begriffen "Modernisierung", "Industrialisierung" oder "Entwicklung" beschrieben. Freilich: Vieles wandelt und entwickelt sich; aber wir wollen auch wissen, wie schnell sich etwas entwickelt, ob dies in allen Bereichen gleichzeitig vor sich geht und wie diese Veränderungen beschaffen sind. Wir suchen daher zunächst einmal (im Abschnitt 1) nach Indikatoren für den Wandel. Zugleich erhebt sich die Frage nach den Triebkräften dieses Geschehens. Max Weber hat auf religiöse Bedingungen dieser Entwicklung hingewiesen, Karl Marx hat die Dynamik der Produktivkräfte hiefür verantwortlich gemacht (Abschnitte 2 und 3). Die Modernisierungsforschung versucht, in einem komplexeren Modell das Zusammenspiel ökonomischer, politischer und kultureller Entwicklungen begreiflich zu machen (Abschnitt 4). Aus diesem Zusammenwirken entstehen unterschiedliche Figurationen; so können wir in den beiden letzten Jahrhunderten eine Abfolge marktwirtschaftlicher Ordnungen beobachten, von einem sich aus feudalen Verstrickungen erst langsam befreienden, dann liberalen System über den organisierten Kapitalismus bis zum modernen Wohlfahrtsstaat (Abschnitt 5).

Der zentrale Mechanismus der Verhaltenskoordination ist in einer kapitalistischen Gesellschaft der Markt. Aber es gibt auch andere Koordinationsmechanismen, die ihn ersetzen können - oder die im Laufe der Zeit durch den Markt ersetzt worden sind. Die Leistungen, die der Markt erbringen kann, sind in unterschiedlicher Weise beschrieben worden (Abschnitt 6). Er gilt als Verkörperung des rationalen Handelns, was oft übersehen läßt, daß er in bestimmte soziale Rahmenbedingungen eingebettet ist.

Trotz aller wirtschaftlichen Erfolge bestehen auch in der Gegenwart wirtschaftliche Probleme, deren Beurteilung durch die Zeitgenossen und durch die professionellen Beobachter keineswegs einhellig ist: so etwa die Krise des Wachstums und des Wohlfahrtsstaates (Abschnitt 7). Dies trifft auch auf die Beschreibung jener Tendenzen zu, welche verschiedene Gesellschaftstheoretiker als für die Zukunft prägend erachten: sowohl optimistische als auch pessimistische Zukunftsprognosen stehen zur Verfügung. Auch darauf gilt es (im Abschnitt 8) einen Blick zu werfen.

1. Indikatoren für den sozialen Wandel

Der Wandel der ökonomischen und sozialen Verhältnisse wird üblicherweise durch die Meßgröße des *Sozialprodukts* beschrieben, und dadurch werden wirtschaftliche Gegebenheiten betont, denen fälschlich zugeschrieben wird, mit allgemeinen Wohlstandsgrößen parallel zu laufen. *Sozialindikatoren* bieten ein komplexeres Bild eines gesellschaftlichen Zustandes.

Das Sozialprodukt - die ökonomische Dimension

Das Sozialprodukt ist ein Maß für den Wert aller Güter und Leistungen, die innerhalb eines Jahres in einem Lande hergestellt worden sind. Wenn vom Wirtschaftswachstum gesprochen wird, so wird damit üblicherweise die prozentuale Zunahme des Sozialprodukts, bezogen auf den jeweiligen Anfangszustand, gemeint.

Allerdings sind zwei Einschränkungen durchaus üblich. Zunächst ist es nicht von Interesse, wenn eine Erhöhung des Sozialprodukts nur als Ergebnis einer Geldentwertung zustande kommt; wenn das Einkommen um zehn Prozent steigt, zugleich aber alle Güter um zehn Prozent teurer werden, kann man nicht von einem "echten" Wachstum sprechen. Man berücksichtigt daher die Inflationsrate, d.h. die Verminderung der Kaufkraft, und betrachtet nicht das nominelle, sondern das *reale Sozialprodukt*. Weiters hat sich die Situation des einzelnen durch ein allgemeines wirtschaftliches Wachstum dann nicht geändert, wenn die Bevölkerung mit der gleichen Rate gewachsen ist; wenn das Sozialprodukt real um zwei Prozent gewachsen ist, die Bevölkerung aber ebenso, bleibt für den einzelnen gleich viel übrig. Man versucht also, das aussagekräftigere *Sozialprodukt pro Kopf der Bevölkerung* zu eruieren.

Aber auch als Maß für den Wohlstand eines Landes hat das Sozialprodukt Kritik erfahren. Es ist eine dafür ungeeignete Maßzahl, werden doch wichtige wohlstandsrelevante Größen - Hausfrauenarbeit, Verteilung usw. - nicht erfaßt. Der Ökonom Arthur C. Pigou hat etwa gemeint: "Wenn ein verwitweter Vikar eine Haushälterin hat und ihr einen Lohn zahlt, dann ist das eine Vermehrung des Nationaleinkommens; wenn er sie anschließend heiratet, ist es eine Verminderung des Nationaleinkommens." (zit.b. Bell 1986, 93f.) Umweltzerstörung kann sich im Volkseinkommen "positiv" auswirken; wenn ein Unternehmen Abwässer in einen Fluß leitet, dessen Wasser anschließend mit hohem Kostenaufwand wieder gereinigt werden muß, dann schlagen diese Ausgaben als "Wachstum" zu Buche. Die Verteilung der Güter unter den Einwohnern bleibt außer Betracht. Als Wohlstandsmaß ist das Sozialprodukt daher nicht geeignet. Freilich geht es den "reichen" Ländern und ihren Bewohnern durchschnittlich besser als den "armen"; aber mit einem Wirtschaftswachstum von drei Prozent von einem Jahr zum nächsten ist nicht unbedingt ein entsprechender durchschnittlicher Wohlfahrtsgewinn verbunden.

Einigen der geäußerten Kritikpunkte wird dadurch Rechnung zu tragen versucht, daß man ein "Wohlstandsprodukt" berechnet, bei dem jene Teile des Sozialprodukts abgezogen werden, die keine Konsumgüter, sondern staatliche Vorleistungen darstellen; bei dem die sozialen und ökologischen Kosten der modernen Lebensweise erfaßt werden; bei dem auch der Bestand an Kapital im privaten und öffentlichen Bereich berücksichtigt wird; und bei dem auch unbezahlte Arbeit und der geschätzte Wert der Freizeit in Rechnung gestellt werden. Allerdings müssen, um dieses Ziel zu erreichen, bestimmte Annahmen getroffen werden, um verschiedene Güter und Dienste vergleichbar zu machen: ein "Stundenlohn" für unbezahlte Hausarbeit und "Preise" für ökologische Gegebenheiten müssen fixiert werden, d.h. für den "Geldwert" reiner Luft oder sauberen Wassers. Auch in diesem Fall können natürlich "willkürliche" Festlegungen nicht vermieden werden, da ja echte Marktpreise für diese Umweltressourcen nicht vorhanden sind. Damit leistet auch das Wohlstandsprodukt nicht das, was man anstrebt: nämlich Vergleiche zwischen Ländern oder zwischen unterschiedlichen Zeitpunkten in einem Land unstrittig möglich zu machen.

Sozialindikatoren - Dimensionen der Lebensqualität

Die Kritik an den erörterten ökonomisch orientierten Ansätzen hat dazu geführt, daß versucht wurde, den Wohlstand einer Gesellschaft nicht durch die eine oder andere Kennzahl, sondern durch eine ganze Reihe von Daten zu erfassen, die verschiedene Lebensbereiche umfassender widerspiegeln sollen. Durch verschiedene Meßreihen - "Sozialindikatoren" - werden die folgenden Dimensionen erfaßt:
I. Bevölkerung: Bevölkerungswachstum, Haushaltsstruktur, Familienstruktur, Belastung der aktiven Bevölkerung, Migration, Agglomeration usw.
II. Sozialer Status und Mobilität: Sozioökonomischer Status, Häufigkeit sozialer Mobilität, Aufstiegs- und Abstiegschancen, Chancengleichheit usw.
III. Arbeitsmarkt und Beschäftigungsbedingungen: Funktionsfähigkeit des Arbeitsmarktes, Arbeitslosigkeit, Qualität der Arbeitsbedingungen.
IV. Einkommen und Verteilung: Einkommensniveau, Einkommenswachstum, Armut usw.
V. Einkommensverwendung und Versorgung: Niveau, Wachstum und Stetigkeit der Versorgung, Ungleichheit in der Versorgung usw.
VI. Verkehr: Leistungsfähigkeit, Komfort und Sicherheit des Verkehrssystems, Belastungen durch den Verkehr, Effizienz des Verkehrssystems.
VII. Wohnung: Versorgung mit Wohnraum, Qualität der Wohnungsausstattung und der Wohnumwelt, Kosten der Wohnung usw.
VIII. Gesundheit: Gesundheitszustand der Bürger, Gesundheitssicherung, gesundheitsrelevante Lebensbedingungen usw.
IX. Bildung: Ausstattung mit Bildungsinstitutionen, Gliederung, Zugänglichkeit, Chancengleichheit usw.

X. Partizipation: Beteiligung an der Willensbildung des Gemeinwesens, politische Mitwirkungsrechte usw.

Durch diese Sozialindikatoren wird ein umfassenderes Bild einer Gesellschaft geboten. Dennoch bleiben bestimmte Probleme offen. Erstens ist unklar, wie eine Ziffer, die man erhoben hat, hinsichtlich ihres "Wohlstandswertes" eingeschätzt werden soll. Was besagt beispielsweise eine hohe Ärztedichte? Steht sie für eine gute gesundheitliche Versorgung der Bevölkerung oder ist sie Indikator für den schlechten Gesundheitszustand der Einwohner? Drückt eine hohe Zahl von Telefonen pro tausend Einwohner aus, daß die Kommunikation in dieser Gesellschaft besonders gut (viele Kommunikationskanäle) oder besonders schlecht ist (persönliche face-to-face-Kommunikation findet gar nicht mehr statt)? Zweitens sind durch die Vielzahl dieser Daten keine Vergleiche zwischen verschiedenen Gesellschaften möglich, und das hat man eigentlich angestrebt: Wenn ein Land beim Indikator "Gesundheit" vorne liegt und das andere etwa beim Faktor "Bildung", wie kommt man dann zu einem Gesamtindex des "Wohlstands"? Wie kann man bessere Bildung gegen bessere Gesundheit "verrechnen"? Geht es den Einwohnern des ersten oder des zweiten Landes "besser"?

2. Die Entstehung des Kapitalismus - das Modell Max Webers

Wie sich zeigt, bestehen Schwierigkeiten, die Entwicklung zum höheren Wohlstand exakt zu messen. Unzweifelhaft ist allerdings, daß sich in den letzten Jahrhunderten im Bereich der abendländischen Zivilisation ein Wachstums- und Wohlstandssteigerungsprozeß vollzogen hat, der historisch einmalig ist. Angesichts des Umstands, daß dieser Reichtum nur einem kleinen Teil der Weltbevölkerung zuteil wird, ist die Frage interessant, wieso dieser Industrialisierungs-, Wachstums- und Bereicherungsprozeß gerade in Europa begonnen hat; warum er nicht auch in anderen Teilen der Welt - etwa in früheren Hochkulturen - stattgefunden hat; und wie er sich vollzogen hat.

In seiner "Wirtschaftsgeschichte" nennt Max Weber (1864-1920) einige Besonderheiten, die den *Okzident* besonders geeignet erscheinen lassen, die kapitalistische Wirtschaftsordnung hervorzubringen. "Nur der Okzident kennt einen Staat im modernen Sinn mit gesatzter Verfassung, Fachbeamtentum und Staatsbürgerrecht; Ansätze dazu in der Antike und im Orient sind nicht zu voller Entwicklung gelangt. Nur der Okzident kennt ein rationales Recht, das von Juristen geschaffen, rational interpretiert und angewendet wird. Nur im Okzident findet sich der Begriff des Bürgers (civis Romanus, citoyen, bourgeois), weil es auch nur im Okzident eine Stadt gibt im spezifischen Sinne des Wortes. Ferner besitzt nur der Okzident eine Wissenschaft in dem heutigen Sinn des Wortes: Theologie, Philosophie, Nachdenken über die letzten Probleme des Lebens hat auch der Chinese und Inder gekannt, vielleicht sogar in einer Tiefe wie der Europäer niemals; aber rationale Wissenschaft und damit auch rationale Technik ist jenen Kulturen unbekannt geblieben. Endlich unterscheidet sich die okzidentale Kultur von jeder anderen noch durch das Vorhandensein von Menschen mit rationalem Ethos der Lebensführung. Magie und Religion treffen wir überall. Aber eine religiöse Grundlage der Lebensführung, die in ihrer Konsequenz zu spezifischem Rationalismus hinführen mußte, ist wiederum dem Okzident allein eigentümlich."

Während die meisten dieser Gründe, die von Weber für die Entstehung einer kapitalistisch-dynamischen Wirtschaftsweise namhaft gemacht werden, durchaus einleuchtend sind, mag das letzte Argument eigentümlich anmuten: Welche *religiöse Lebensführung* ist gemeint, und wie hängt sie ausgerechnet mit der Entstehung einer rationalökonomischen Haltung zusammen? Die religionssoziologischen Arbeiten Webers (1982/84) widmen sich der Frage nach dem Zusammenhang religiöser Auffassungen und ökonomischer Entwicklungen. Insbesondere in seiner berühmten Arbeit "Die protestantische Ethik und der Geist des Kapitalismus" versucht Weber zunächst, idealtypisch das Wesen einer kapitalistischen Wirtschaftsordnung zu erfassen. Dieses zeigt sich am deutlichsten in der Existenz eines Wirtschaftsbetriebs, der auf Gewinn orientiert ist und diesen durch eine rationale Organisation der Arbeitskräfte und der Produktion zu steigern versucht. Diese "rationale Disziplin" der Produktion ist es, die historisch einzigartig ist; denn geldgierige Individuen, die Besitz durch Eroberung, Abenteuer, Gewaltsamkeit oder Spekulation zu erwerben trachteten, hat es immer gegeben. Nun aber wird eine Art von "bürokratischer" Organisation (im Staat ebenso wie in einem modernen Industriebetrieb) geschaffen, um Ressourcen zu akkumulieren und zu regulieren. Dies geschieht in rationaler Weise, d.h. durch Planung, Berechnung und Kalkulation. Weber sieht - im Gegensatz zu Marx - in dieser Hinsicht keinen wirklichen Unterschied zwischen einer kapitalistischen und einer sozialistischen Gesellschaftsordnung; beide sind auf jene rationale Produktionsweise verpflichtet, die zum Kennzeichen der modernen Gesellschaft schlechthin wird. Die bürokratische Rationalisierung schreitet ungeachtet der Eigentumsordnung voran.

Calvinismus und Wirtschaftsleben

Weber beantwortet die Frage, wie dieses System sich herausbilden konnte, dadurch, daß er gewisse Motivationszusammenhänge zwischen einer protestantischen Weltdeutung und der Entstehung des Kapitalismus beschreibt, wobei er in der Vermutung, daß ein solcher Zusammenhang besteht, an frühere Arbeiten - etwa von Werner Sombart - anschließt. Er geht von einem empirischen Tatbestand aus: Die ökonomisch entwickeltsten Länder - und besonders die wirtschaftlich agilen Mittelschichten in ihnen - haben sich seit dem 16. Jahrhundert der Reformation bzw. dem Calvinismus angeschlossen. Statistische Unterlagen zeigen, daß Protestanten noch am Ende des 19. Jahrhunderts im Durchschnitt wirtschaftlich besser gestellt sind als Katholiken, daß sie einen überproportionalen Anteil an Schülern und Abiturienten höherer Lehranstalten und einen höheren Anteil an den gelernten Arbeitskräften in der modernen Großindustrie stellen. Das führt Weber zu dem Versuch, bestimmte Übereinstimmungen in der protestantischen, d.h. im wesentlichen der calvinistischen, und der kapitalistischen Geisteshaltung herauszuarbeiten.

Welcher Art ist nun diese *produktionsförderliche geistige Einstellung*? Es sind nicht die Geldvorräte und Warenumsätze, die den kapitalistischen Prozeß vorantreiben, so zeigt Weber, sondern die Entwicklung des kapitalistischen Geistes. Materialistisches Profitstreben ist gerade *nicht* kennzeichend für diese Haltung, es geht also nicht nur um Geschäftsklugheit, sondern um eine "ethisch gefärbte Maxime der Lebensführung": Der Mensch will nicht mehr erwerben zum Zwecke des Genusses; der Erwerb wird vielmehr zum Selbstzweck, zum Erwerb um des bloßen Erwerbs willen. Der Gedanke der Berufspflicht tritt in den Vordergrund: "einer Verpflichtung, die der Einzelne empfinden soll und empfindet gegenüber dem Inhalt seiner 'beruflichen' Tätigkeit, gleichviel worin sie besteht."(1984, 45) Einer solchen Haltung steht eine "traditionalistische" entgegen: Für den Arbeitnehmer bedeutet ein traditionell bestimmtes Verhalten, daß etwa auf Chancen zum Mehrverdienst nicht mit verstärkten Anstrengungen, sondern mit einer Überlegung geantwortet wird, wieviel man nun arbeiten müsse, um das bisherige Einkommen zu halten und die bisherigen Bedürfnisse zu decken. Der traditionalistische Unternehmer war alles andere als dynamisch: "die traditionelle Lebenshaltung, die traditionelle Höhe des Profits, das traditionelle Maß von Arbeit, die traditionelle Art der Geschäftsführung, der Beziehungen zu den Arbeitern und zu dem wesentlich traditionellen Kundenkreise, sowie der Kundengewinnung und des Absatzes beherrschten den Geschäftsbetrieb, lagen ... dem 'Ethos' dieses Kreises von Unternehmern zugrunde." (56f.)

Das "neue" Verhalten, das dieses traditionalistische ablöst, beruht auf einem *asketischen Verständnis der Lebensführung*, der Ethik des *Puritanismus*. Diese Ethik geht auf die religiöse Auffassung zurück, die im Protestantismus, noch stärker aber im Calvinismus und in den protestantischen Sekten zu finden ist. Der Calvinismus schließt jeden Mystizismus und Ritualismus aus, er vertritt die *Prädestinationslehre*: Der Mensch verdankt sein Heil allein der Gnade Gottes, ohne daß er etwas dazutun kann. Der Mensch hat die Pflicht, Gottes Willen in der Welt ordentlich zu erfüllen; die Menschen sind um Gottes willen da, sie sind Mittel zur Selbstverherrlichung von Gottes Majestät. Gott aber ist allmächtig, in seinen Entscheidungen frei, und er entscheidet daher auch unabhängig vom tugendhaften oder lasterhaften Leben der Menschen. "Was wir wissen, ist nur: daß ein Teil der Menschen selig wird, ein anderer verdammt bleibt. Anzunehmen, daß menschliches Verdienst oder Verschulden dieses Schicksal mitbestimme, hieße Gottes absolut freie Entschlüsse, die von Ewigkeit her feststehen, als durch menschliche Einwirkung wandelbar ansehen: ein unmöglicher Gedanke." (122) Der Mensch ist also einem feststehenden Schicksal ausgeliefert, und das führt zu Angst und Vereinsamung. Diese Gefühle werden auch nicht anderweitig aufgefangen, denn der Puritanismus nimmt eine absolut negative Stellung ein zu allen sinnlich-gefühlsmäßigen Elementen in der Kultur und in der Religiosität. Das aber führt zumindest psychologisch zu dem Versuch des einzelnen, dieser *bedrängenden Unsicherheit*, ob er zum Heil oder zur Verdammnis berufen sei, dadurch zu entkommen, daß er nach irgendwelchen *Zeichen seiner Erwählung* schon in dieser Welt sucht: "Bin ich denn erwählt? Und wie kann ich dieser Erwählung sicher werden?" (127) Nach Webers Meinung haben viele Calvinisten im *wirtschaftlichen Erfolg* das Zeichen gesehen, daß Gott sie auserwählt habe: Der einzelne arbeitet daher intensiv, um seine Angst zu überwinden. "So absolut ungeeignet also gute Werke sind, als Mittel zur Erlangung der Seligkeit zu dienen ..., so unentbehrlich sind sie als Zeichen der Erwählung. Sie sind das technische Mittel, nicht: die Seligkeit zu erkaufen, sondern: die Angst um die Seligkeit loszuwerden." (131)

Reichtum ohne Konsum

Der Protestantismus schreibt dem einzelnen vor, die Güter dieser Welt zu verachten; der Gläubige strebt daher nach Profit, den er - typisch für eine kapitalistische Ordnung - wieder investiert. Diese Verhaltensweise ist in nichtwestlichen Gesellschaften kaum zu finden; dort werden Güter erworben, um durch sie die Freuden des Lebens zu genießen. Nach puritanischer Auffassung aber ist der Reichtum, nach dem man zu streben hat, auch eine dauernde Gefahr. "Das sittlich wirklich Verwerfliche ist nämlich das Ausruhen auf dem Besitz, der Genuß des Reichtums mit seiner Konsequenz von Müßigkeit und Fleischeslust, vor allem der Ablenkung von dem Streben nach 'heiligem' Leben... Zeitvergeudung ist also die erste und prinzipiell schwerste aller Sünden." (167) *Die rationale und intensive Arbeit, ohne die erarbeiteten Gelder zu verbrauchen; die permanente Re-Investition, um das Wachstum voranzutreiben; Kapitalbildung unter einem "asketischen Sparzwang"* (180) - das sind genau jene Merkmale, die auch für den abendländischen Kapitalismus zentral sind. Diese Haltung wird nun nicht nur als tugendhafte angestrebt, sondern sie verdichtet sich zu einem System der permanenten Rechnungslegung im Dienste des jenseitigen Heils: zu einer Ordnung der "innerweltlichen Askese".

Mißverständnisse

Drei Aspekte, die am Weberschen Modell zuweilen mißverstanden werden, sollen kurz angesprochen werden. Der eine bezieht sich auf die Vermutung, Weber habe mit seinen Darlegungen ein *"idealistisches" Modell* der Gesellschaftsentwicklung einem materialistisch-marxistischen entgegenstellen wollen, indem er den Kapitalismus aus der Reformation abzuleiten versucht. Aber Weber wollte nicht auf eine solche Kausalbeziehung hinaus: Es ging ihm darum, eine Art von "Wahlverwandtschaft" zwischen bestimmten Glaubenshaltungen und der kapitalistischen Berufsethik zu zeigen (1984, 77) und darzulegen, daß die religiösen Entwicklungen eine vorzügliche Grundlage für die wirtschaftliche Entfaltung des Abendlandes geboten haben.- Das andere Mißverständnis betrifft die Fortdauer der religiösen Grundhaltung. Weber will nur die *Genese des Kapitalismus* zeigen, nicht aber behaupten, daß solche Lebenshaltungen auch weiterhin die wirtschaftliche Dynamik prägen. Die kapitalistische Maschinerie gewinnt vielmehr ihre eigene Dynamik, nachdem sie einmal in Gang gesetzt ist. "Die heutige kapitalistische Wirtschaftsordnung ist ein ungeheurer Kosmos, in den der Einzelne hineingeboren wird und der für ihn, wenigstens als Einzelnen, als faktisch unabänderliches Gehäuse gegeben ist, in dem er zu leben hat. Er zwingt dem Einzelnen, soweit er in den Zusammenhang des Marktes verflochten ist, die Normen seines wirtschaftlichen Handelns auf." (45) Der heutige Auslesemechanismus hat sich von den religiösen Motivationen gelöst. "Der siegreiche Kapitalismus jedenfalls bedarf, seit er auf mechanischer Grundlage ruht, dieser Stütze nicht mehr." (188)- Ein dritter Aspekt: Weber will keine positive Wertung dieses Prozesses zum Ausdruck bringen. Er ist durchaus skeptisch gegenüber der von ihm aufgezeigten *Rationalisierung allen Handelns*. "Der Puritaner", so vermerkt er, "wollte Berufsmensch sein, - wir müssen es sein."(188) Die Maschinerie der modernen Wirtschaftsordnung bestimmt das Leben aller mit überwältigendem Zwange, "bis der letzte Zentner fossilen Brennstoffs verglüht ist." Weber spricht von einem "stahlharten Gehäuse", in dem die Menschen sich zurechtfinden müssen, und er hält es für die Zukunft durchaus für möglich, daß sich "Fachmenschen ohne Geist" und "Genußmenschen ohne Herz" in all ihrer Überheblichkeit breitmachen. Dieses Schicksal des modernen Menschen herauszuarbeiten, ist - wie neuerdings betont wird - die eigentliche Absicht Webers gewesen (vgl. Hennis 1987).

3. Das marxistische Modell der Gesellschaftsentwicklung

Die materielle Produktion - und zwar das Verhältnis von Produktionsverhältnissen und Produktivkräften - stellt nach Marx und Engels die Grundlage der Gesellschaft und ihrer Veränderung dar. Unter den

Produktivkräften sind die natürlichen, technischen und menschlichen Ressourcen des Produktionsprozesses zu verstehen, unter den *Produktionsverhältnissen* die gesellschaftlichen Formen der Produktion, Austausch und Verteilung der Güter, die gesellschaftliche Arbeitsteilung, Eigentumsverhältnisse u. dgl. Zusammen machen sie die *materielle Basis* der Gesellschaft aus, über der sich ein *Überbau*, bestehend aus Sitte, Recht, Gesetz und Staat, erhebt; dieser Überbau ist von der Basis weitgehend abhängig. Die Geschichte ist ein Prozeß der Anpassung der gesellschaftlichen Strukturen an die sich verändernden Produktivkräfte. In einer berühmten Stelle in der Einleitung zur "Kritik der politischen Ökonomie" (1859) heißt es: "In der gesellschaftlichen Produktion ihres Lebens gehen die Menschen bestimmte, notwendige, von ihrem Willen unabhängige Verhältnisse ein, Produktionsverhältnisse, die einer bestimmten Entwicklungsstufe ihrer materiellen Produktivkräfte entsprechen. Die Gesamtheit dieser Produktionsverhältnisse bildet die ökonomische Struktur der Gesellschaft, die reale Basis, worauf sich ein juristischer und politischer Überbau erhebt und welcher bestimmte gesellschaftliche Bewußtseinsformen entsprechen. Die Produktionsweise des materiellen Lebens bedingt den sozialen, politischen und geistigen Lebensprozeß überhaupt. Es ist nicht das Bewußtsein der Menschen, das ihr Sein, sondern umgekehrt ihr gesellschaftliches Sein, das ihr Bewußtsein bestimmt."- Dieses Modell wird nun dynamisiert, Stufen der gesellschaftlichen Entwicklung werden sichtbar. "Auf einer gewissen Stufe ihrer Entwicklung geraten die materiellen Produktivkräfte der Gesellschaft in Widerspruch mit den vorhandenen Produktionsverhältnissen oder, was nur ein juristischer Ausdruck dafür ist, mit den Eigentumsverhältnissen, innerhalb deren sie sich bisher bewegt hatten. Aus Entwicklungsformen der Produktivkräfte schlagen diese Verhältnisse in Fesseln derselben um. Es tritt dann eine Epoche sozialer Revolution ein. Mit der Veränderung der ökonomischen Grundlage wälzt sich der ganze ungeheure Überbau langsamer oder rascher um."

Reifephasen gesellschaftlicher Formationen

Solche Umwälzungen finden nur statt, wenn die vorherige Gesellschaftsformation eine gewisse *Reife* erlangt hat. "Eine Gesellschaftsformation geht nie unter, bevor alle Produktivkräfte entwickelt sind, für die sie weit genug ist, und neue höhere Produktionsverhältnisse treten nie an die Stelle, bevor die materiellen Existenzbedingungen derselben im Schoß der alten Gesellschaft selbst ausgebrütet worden sind... Die bürgerlichen Produktionsverhältnisse sind die letzte antagonistische Form des gesellschaftlichen Produktionsprozesses." Dabei anerkennen Marx und Engels durchaus die ungeheuren Leistungen einer kapitalistischen Wirtschaft, doch wird sie das nicht vor dem Untergang retten. "Die Bourgeoisie", so heißt es im Kommunistischen

Manifest, "hat in ihrer kaum hundertjährigen Klassenherrschaft massenhaftere und kolossalere Produktionskräfte geschaffen als alle vergangenen Generationen zusammen. Unterjochung der Naturkräfte, Maschinerie, Anwendung der Chemie auf Industrie und Ackerbau, Dampfschiffahrt, Eisenbahnen, elektrische Telegraphen, Urbarmachung ganzer Weltteile, Schiffbarmachung der Flüsse, ganze aus dem Boden hervorgestampfte Bevölkerungen - welch früheres Jahrhundert ahnte, daß solche Produktionskräfte im Schoß der gesellschaftlichen Arbeit schlummerten."

Diese Entwicklung kann aber nicht andauern. Denn die Mehrwertrate und die Profitrate müssen, wie Marx in seiner Wertlehre plausibel zu machen versuchte, sinken. Der Wert einer Ware setzt sich aus drei Bestandteilen zusammen: aus dem *konstanten Kapital* (dem Verbrauch an Rohstoffen, Maschinen und dergleichen), dem *variablen Kapital* (den Löhnen) und dem *Mehrwert* (der zusätzlichen Abschöpfung des Kapitalisten). Die *organische Zusammensetzung des Kapitals* steigt, d.h. der Anteil des konstanten Kapitals relativ zum variablen Kapital wird größer. Der Mehrwert kann aber nur aus dem variablen Kapital, der menschlichen Arbeitskraft, bezogen werden. Nur Menschen kann man ausbeuten. Wenn deren Anteil am gesamten eingesetzten Kapital sinkt, muß, wenn die Intensität der Ausbeutung nicht gesteigert werden kann, auch die Mehrwertrate sinken. Damit sinkt aber auch die *Profitrate*, also der Gewinn, bezogen auf die Gesamtmenge des eingesetzten Kapitals. Die Lage der Unternehmer verschärft sich, weil ihre Erträge relativ zurückgehen. Sie versuchen ihre Position durch steigende Ausbeutung zu halten, es kommt zu Krisen und zum zunehmenden Widerstand der Arbeiter (vgl. Sweezy 1974).

Klassenkämpfe als Triebkräfte

Die Bourgeoisie schafft sich jene Klasse, die sie dereinst vernichten wird. Die Geschichte ist durchgehend eine Auseinandersetzung zwischen Unterdrückern und Unterdrückten - im Falle der bürgerlichen Gesellschaft handelt es sich um den Kampf zwischen *Bourgeoisie* und *Proletariat*. Aus der bürgerlichen Gesellschaft heraus entwickelt sich eine Gegenmacht, eine Klasse, welche die Widersprüche der kapitalistischen Gesellschaft zu überwinden vermag, ohne sich ihrer Vorteile zu begeben. Der Kampf des Proletariats gegen seine Unterdrückung führt zur Überwindung des Kapitalismus und zur Realisierung einer sozialistischen und kommunistischen Gesellschaft. Die Bourgeoisie habe "nicht nur die Waffen geschmiedet, die ihr den Tod bringen; sie hat auch die Männer gezeugt, die diese Waffen führen werden - die modernen Arbeiter, die Proletarier." Die Krisen, in welche die kapitalistische Ordnung zunehmend gerät, sind Vorboten dieses Geschehens. Dies wird im Kommunistischen Manifest angekündigt: "Die bürgerlichen Produktions- und Verkehrsverhältnisse, die bürgerlichen

Eigentumsverhältnisse, die moderne bürgerliche Gesellschaft, die so gewaltige Produktions- und Verkehrsmittel hervorgezaubert hat, gleicht dem Hexenmeister, der die unterirdischen Gewalten nicht mehr zu beherrschen vermag, die er heraufbeschwor. Seit Dezennien ist die Geschichte der Industrie und des Handels nur noch die Geschichte der Empörung der modernen Produktivkräfte gegen die modernen Produktionsverhältnisse, gegen die Eigentumsverhältnisse, welche die Lebensbedingungen der Bourgeoisie und ihrer Herrschaft sind. Es genügt, die Handelskrisen zu nennen, welche in ihrer periodischen Wiederkehr immer drohender die Existenz der ganzen bürgerlichen Gesellschaft in Frage stellen... Wodurch überwindet die Bourgeoisie die Krisen? Einerseits durch die erzwungene Vernichtung einer Masse von Produktivkräften; andererseits durch die Eroberung neuer Märkte und die gründlichere Ausbeutung der alten Märkte. Wodurch also? Dadurch, daß sie allseitigere und gewaltigere Krisen vorbereitet und die Mittel, den Krisen vorzubeugen, vermindert. Die Waffen, womit die Bourgeoisie den Feudalismus zu Boden geschlagen hat, richten sich jetzt gegen die Bourgeoisie selbst."

4. Modernisierungsforschung - der Entwicklungspfad zur Industriegesellschaft

Der Begriff der "Modernisierung" kennzeichnet den Wandel von einer traditionellen zu einer modernen Gesellschaft. Den Kern eines solchen Prozesses machen ökonomische Veränderungen aus, ein selbsttragender Wachstumsprozeß. Aber gerade das Versagen von Entwicklungsstrategien in der Dritten Welt, die nur mit ökonomischen Größen operierten, zeigt, daß andere Aspekte - politische, kulturelle, sozialpsychische - berücksichtigt werden müssen. Systemprobleme sind logisch und faktisch miteinander verbunden; offenbar muß es eine gewisse Komplementarität zwischen ökonomischen, technischen, sozialkulturellen und politischen Entwicklungen geben, ohne daß daraus die Vorstellung eines strengen Entwicklungsdeterminismus abgeleitet werden darf. Die Entwicklungen vollziehen sich ohnehin nicht immer im Gleichschritt - im Gegenteil, es kann auch einen *cultural lag* geben, d.h. die kulturellen Gegebenheiten können beispielsweise den technisch-ökonomischen Errungenschaften nachhinken. Auf die drei Bereiche Wirtschaft, Politik und Kultur soll ein kurzer Blick geworfen werden.

Ökonomischer Wandel

Kennzeichnend für die ökonomischen Gegebenheiten im gesellschaftlichen Wandel von einer traditionalen zu einer modernen Gesellschaft ist die grundlegende Orientierung auf *Effizienz* und *Wachstum*, ein

Prozeß, der mit einem gewaltigen Anstieg der Produktion pro Kopf verbunden ist; diese Entwicklung wird getragen von einem *Innovationsprozeß*, der von einem in die wirtschaftlichen Strukturen eingebauten Mechanismus - vorzugsweise dem *Markt* - zustande gebracht wird. Dadurch kommen effizientere *Technologien* zum Einsatz, es werden zunehmend höhere Formen der *Energie* verwendet. Die landwirtschaftlich geprägte Gesellschaft wandelt sich zu einer auf *industrielle* Güterproduktion, später noch stärker auf *Dienstleistungen* hin orientierten Gesellschaft, arbeitsintensive Tätigkeiten werden durch *kapitalintensive* ersetzt. Die *Größe der Wirtschaftseinheiten* wächst, Investitionen werden zunehmend von korporativen Organisationen getätigt; Eigentum und Lenkungsgewalt in solchen Institutionen fallen auseinander, eine *Managerklasse* entsteht. Die nationale Ökonomie wird immer stärker reguliert, die politischen Systeme werden international stärker verflochten.

Zwei spezielle Theorien, die sich mit dem ökonomischen Entwicklungsprozeß befassen, sollen erwähnt werden. Die erste ist die *Sektorentheorie* von Jean Fourastié (1954), der drei Wirtschaftsbereiche unterscheidet: den *primären* Sektor (Bergbau und Landwirtschaft), den *sekundären* Sektor (Industrie) und den *tertiären* Sektor (Dienstleistungen). Im Zuge der Modernisierung verschieben sich die Beschäftigtenanteile in diesen drei Sektoren. Am Beginn sind fast alle Arbeitskräfte im primären Sektor tätig, der aber in der Folge kontinuierlich abnimmt. Durch die Industrialisierung wächst der Anteil des sekundären Sektors an den Beschäftigten an, bis schließlich in der letzten Phase die Dienstleistungen expandieren und der sekundäre Sektor wieder schrumpft. In der modernen Gesellschaft sind nur wenige Prozent der Beschäftigten in der Landwirtschaft tätig, mehr als die Hälfte hingegen im Bereich der Dienstleistungen. Die Nachfrage nach der Produktion des tertiären Sektors ist prinzipiell unbegrenzt; seine Ausdehnung wird auch dadurch gefördert, daß die Fortschritte in der Arbeitsproduktivität geringer sind als im Industriesektor (zur Kritik vgl. Skolka 1977, Gershuny 1981).

Die zweite Theorie ist die *Stadientheorie* von Walt W. Rostow (1960, 1964, 1975, 1978); er unterscheidet im Übergang von einer traditionellen zur modernen Industriegesellschaft *fünf Phasen*. Zusammen mit jenen Ergänzungen und Korrekturen, die von anderen Theoretikern hinzugefügt wurden, ergibt sich das Bild des folgenden Ablaufs. (1) Ausgangspunkt ist die *traditionelle Gesellschaft*, in welcher die Landwirtschaft dominiert und der Produktionszuwachs durch die Natur begrenzt ist. Einige Wirtschaftshistoriker haben darauf hingewiesen, daß sich schon in dieser Phase - zum Teil Jahrhunderte vor der eigentlichen "Industriellen Revolution" - Vorbedingungen für den späteren Expansionsprozeß bilden. (2) In der *Anlaufperiode* werden die Vorbedingungen für die industrielle Expansion geschaffen. Das Gewerbe nimmt zu, Kapital beginnt sich anzusammeln, der Außenhandel intensiviert sich, die Investitionsquote steigt. Es ist wichtig, daß in dieser Phase eine "landwirtschaftliche Revolution" stattfindet. Durch die steigende landwirtschaftliche Produktivität werden einerseits Arbeitskräfte für die Industrie freigesetzt und Nahrungsmittelüberschüsse für die Bevölkerung der anwachsenden Städte produziert, andererseits bildet die Landwirtschaft oft auch das erste Absatzgebiet der entstehenden Industrie. (3) Schließlich setzt ein *Take-off* ein, die eigentliche Phase der "Industriellen Revolution". Die Investitionsquote steigt auf über 10%, einige "Führungssektoren" in der Wirtschaft eilen voraus, neue Finanzierungsquellen werden erschlossen, eine neue unternehmerische Elite bildet sich. Es ist eine rasche und kurze Expansionsphase, meist dauert sie nur 20 bis 30 Jahre. Rostow datiert sie für England von 1783 bis 1802, für Frankreich von 1830 bis 1860, für Deutschland von 1850 bis 1873. (4) Danach folgt die *Entwicklung zur Reife:* eine Periode gemäßigten, aber kontinuierlichen Wachstums. Nun haben die neuen Technologien überall Eingang gefunden und werden voll genutzt; die Arbeiterschaft verbessert ihre soziale Lage und verliert ihren revolutionären Charakter, die Unternehmen werden zu großen und bürokratischen Organisationen. (5) Schließlich treten wir in das *Zeitalter des Massenkonsums* ein: eine Ära, in der sich erst die fortgeschrittenen Industrieländer befinden.- Dieses Modell wurde von Rostow nicht nur theoretisch abgehandelt; er hat auch eine Fülle von wirtschaftsstatistischem Material zusammengetragen, um diesen Verlauf für die einzelnen Länder dieser Erde belegen zu können.

Politischer Wandel

Parallel zu diesem ökonomischen Prozeß findet in den meisten Ländern eine Veränderung der politischen Strukturen statt: ein Wandel von autoritären zu *demokratischen* Ordnungen, eine starke Betonung der Gleichheitsidee, die Einführung universalistischer Gesetze - viele Theoretiker haben daraus auf die wechselseitige Bedingtheit von Marktwirtschaft und Demokratie geschlossen. Der politische Apparat steigert seine Kapazität bei der Bewältigung administrativer Aufgaben ("Penetration"), bei der Beseitigung gesellschaftlicher Kämpfe und Konflikte ("Gewaltmonopol") und bei der Erfüllung individueller Ansprüche. Er bedient sich hiezu eines ausgebauten Apparates ("Bürokratisierung"), der sich strukturell differenziert und die erforderlichen Ressourcen aufzubringen imstande ist ("Steuerstaat"). Zugleich bedarf es neuer Integrationsmechanismen, der Wahrung eines Kerns gemeinsamer Werte; diesem Zweck dient die Entwicklung eines Nationalgefühls, das Einheit sichert und Identität bildet (vgl. Almond/ Coleman 1960, Almond/ Verba 1963, LaPalombara 1963, LaPalombara/ Weiner 1966, Pye/ Verba 1965). Es geht dabei um sechs Funktionen: (1) *Identitätsbildung* bezieht sich auf das Erfordernis, die Sozialisierung der Staatsbürger in die nationale Gemeinschaft zu organisieren:

Schulen, Kommunikationsmedien, aber auch Riten und Symbole (Flaggen und Hymnen) spielen hiebei eine große Rolle. Die alten Verbindlichkeiten (z.B. Stammeszugehörigkeiten) müssen der neuen nationalen Gemeinschaftlichkeit untergeordnet werden. (2) Die Schaffung von *Legitimität* bedeutet, daß den politischen Institutionen Vertrauen entgegengebracht wird. Es muß u.a. gewährleistet werden, daß Gesetze allgemein eingehalten und unparteiisch angewendet werden.- Die beiden Faktoren (1) und (2) zielen auf die *Nationenbildung* ab. (3) Für die *Integration* des Staates muß dadurch gesorgt werden, daß Regeln durchgesetzt werden, die gleiche Zugangsbedingungen für die verschiedenen kulturellen und politischen Sektoren der Nation zu Ämtern u. dgl. sichern. (4) *Penetration* bedeutet, daß eine "rational" arbeitende Bürokratie installiert wird, die Ressourcen (Arbeitskräfte, Steuern) zu mobilisieren in der Lage ist; daß die öffentliche Ordnung aufrechterhalten wird und kollektive Aufgaben (Infrastruktur, Verteidigung usw.) durchgeführt werden können.- Die Funktionen (3) und (4) zielen auf *Staatenbildung* ab. (5) Neue *Partizipationsmöglichkeiten* müssen eingerichtet werden: das Wahlrecht für bisher unterprivilegierte Gruppen, Rechtsschutz für die organisierte Opposition u. dgl. (6) Schließlich muß für die *(Re)Distribution* gesorgt werden, d.h. Institutionen zur sozialen Sicherung sind einzurichten und eine konsensfähige Einkommensverteilung ist sicherzustellen.

Soziokultureller Wandel

Eine dynamisch-demokratische Gesellschaft bedarf auch "neuer" Menschen, *"moderner Persönlichkeiten"*, die sich durch Fähigkeiten zur Selbstorientierung und zur Entscheidungsfällung auszeichnen, die angesichts verwirrender und widersprüchlicher Eindrücke nicht in Angst und Desorientierung verfallen. Primäre Beziehungen werden zurückgedrängt, formale und unpersönliche Rollen forciert; "empathische" Individuen, die sich psychisch in andere Rollen und Situationen versetzen können, sind gefragt. Fruchtbarkeits- und Sterberaten nehmen ab. Es setzt eine Wanderung von agrarischen in *urbane Wohngegenden* ein ("Urbanisierung"), die *räumliche Mobilität* steigt, ein breiter *Erziehungsprozeß* - beginnend mit der Alphabetisierung und fortgesetzt in höheren Etagen eines sich entfaltenden Bildungssystems - setzt ein. Die Massenmedien tragen dazu bei, sie führen aber auch zur weiteren Pluralisierung der Lebenswelten. Die soziale Schichtung wird geprägt von einer Ausdehnung der *Mittelschichten* ("Mittelschichtgesellschaft"), die Übergänge zwischen den einzelnen Schichten werden kontinuierlicher, eine *Leistungsorientierung* ("Meritokratismus") gewinnt Anerkennung. Gleichheitsorientierte Werte ("Egalitarismus") verbreiten sich.- In gewissem Sinne liegt die "moderne" Einstellung gegenüber dem Wissen allen Wandlungserscheinungen zugrunde; denn die dynamischen Impulse kommen aus dem Fortschritt des Wissens, der sich in technische Innovationen umsetzt. Der dauernde Wandel der modernen Gesellschaft kommt am deutlichsten in der Methodologie der Wissenschaften zum Ausdruck, die - ihrem Selbstverständnis zufolge - nur noch vorläufige Behauptungen gelten läßt, ihre Erkenntnisse aber von anderen sozialen Bedingungen - zugunsten "reiner Wahrheitsfindung" - abkoppelt. Die kulturell-wissenschaftliche Akkumulation des Wissens vollzieht sich in einem automatischen, selbsttragenden Prozeß.

Daniel Lerner (1958) hat die folgenden soziokulturellen Kennzeichen dieses Prozesses beschrieben: (1) *Rationalisierung*, d.h. Diesseitsorientierung, eine Haltung der nüchternen Kalkulation, Säkularisierungsprozesse. (2) *Meritokratie*, d.h. das Entstehen einer Leistungsgesellschaft, in der Positionen und Ressourcen erworben und nicht mehr aufgrund von Zuschreibungen verteilt werden. (3) *Soziale Entwicklung*, die im wesentlichen besteht aus Urbanisierung, Alphabetisierung und der Entwicklung von Kommunikationsmedien (Massenmedien). (4) *Psychische Mobilisierung*, eine geistige Haltung, die es erlaubt, sich von Bestehendem zu lösen, mit neuen Situationen fertigzuwerden, mit Rollen flexibel umzugehen, Wagnisse auf sich zu nehmen. Insbesondere ist der Begriff der "Empathie" wichtig: die Fähigkeit, sich selber in der Situation des anderen zu sehen. (5) Eine Veränderung der *Rollenstrukturen*: Im Zuge der Modernisierung kommt es zu einer wachsenden Rollendifferenzierung, zu einer Pluralisierung von Rollen (einer Vervielfachung von Bezugsgruppen und einer Pluralisierung von Normen), zu einer Dynamisierung und Fluktuation von Rollen (statt festgelegter nun ständig neue Rollendefinitionen und -inhalte, das "Repertoire" der zu erlernenden Rollen wird größer), zu Rollenambiguitäten (Mehrdeutigkeiten, Unsicherheiten darüber, was die Rolle erfordert, wie die Prioritäten liegen), zu einer Ausweitung von Rollenoptionen (stärkere Selbstgestaltung der Rollen wird möglich), zu Rollen- und Statusinkonsistenzen, zur Rollenegalisierung (zwischen Partnern in der Familie, aber auch in der sozialen Schichtung), und zur Häufung von Rollenkonfliktsituationen.

5. Zur historischen Entwicklung der Wirtschaftsmodelle

Ende des 18. Jahrhunderts machte sich in England jener Wandel bemerkbar, der den Industrialisierungsprozeß einleitete (vgl. Kromphardt 1980, Cipolla/ Borchardt 1976ff., Dobb 1970, Landes 1973). Die absolute monarchische Herrschaft wurde eingegrenzt, ein parlamentarisches System begann sich zu entwickeln, die Idee der Toleranz entfaltete sich. Die feudalen Strukturen des Mittelalters schwanden dahin: Es kam zur Auflösung der Grundherrschaft, deren Inhaber sich in harte Konflikte mit den Bauern einließen über das "gemeine

Recht", Brach- und Weideland zu benutzen. Die Grundherren hatten getrachtet, eine profitablere Nutzung (Schafzucht) durch "Einhegungen" sicherzustellen, und versucht, die Bauern zu vertreiben, und sie waren dabei recht erfolgreich gewesen. Nun dehnten sich die Handelsbeziehungen - über die lokalen Märkte hinaus - langsam aus, es begann der Übergang von der Natural- zur Geldwirtschaft. Durch den Handel wuchsen (zum Teil schon seit dem 12. und 13. Jhdt.) die Städte. Die Grundherren fielen in ihrer Stellung gegenüber den Handelsherren zurück - was erstere zu einem verschärften Druck auf ihre Bauern bewog und zur Beschleunigung der Landflucht beitrug.

Im 18. Jhdt. setzte der Übergang von der handwerklichen zur industriellen Produktion ein; zunächst entstanden Manufakturen, in denen bereits das Prinzip der Arbeitsteilung eingeführt wurde und einige industrielle Produktionsverfahren Erprobung fanden (Textil; Dampfkraft). Eine freie, besitzlose Klasse begann sich zu bilden, Arbeitskräfte, die - aus der Landwirtschaft abgewandert - sich als Lohnarbeiter verdingen mußten. Die Bevölkerung wuchs. Langsam nur setzten sich ausreichende Absatzmärkte durch, angesichts der innerstaatlichen Zersplitterung durch Grenzen, Privilegien und Zollschranken. Aber durch die steigende Produktivität bot die Landwirtschaft ein erstes Absatzgebiet, und auch Auslandsmärkte gewannen an Bedeutung. Die englische Aristokratie - anders als auf dem Kontinent - beteiligte sich an dieser industriellen Entwicklung und an der Kapitalakkumulation.

Adam Smith (1723-1790) schrieb 1776 sein berühmtes Buch: "An Inquiry into the Nature and the Causes of the Wealth of Nations". Darin hob er unter anderem die Vorzüge der Arbeitsteilung hervor (vgl. Kap. VIII); analysierte die durch Marktprozesse erreichbare Koordination und betonte, daß das eigennützige Handeln der Individuen nicht in die Katastrophe, sondern zum gesellschaftlichen Wohlstand führe; er hob die Rolle des Geldes als eines Tauschmittels zur Vereinfachung von Transaktionen hervor; und forderte wirtschaftspolitisch die Sicherung eines "freien Marktes", insbesondere die Aufhebung aller merkantilistischen Beschränkungen und Begünstigungen. Er bot damit ein subtiles Modell des Marktmechanismus und gilt als Begründer der modernen Volkswirtschaftslehre.

Der liberale Kapitalismus des 19. Jahrhunderts

Bis zur zweiten Hälfte des 19. Jahrhunderts hatte sich die industrielle Revolution auch auf den Kontinent ausgedehnt, allerdings später als in England und nach Regionen unterschiedlich. Auch die Schattenseiten der raschen wirtschaftlichen Expansion wurden nun sichtbar: Man spürte die Instabilität der neuen Wirtschaftsordnung an den auftretenden Konjunkturzyklen, und die Industriearbeiter hatten, verschärft durch das rasche Wachstum der Bevölkerung, schlechte Lebens- und

Arbeitsbedingungen hinzunehmen. Die sozialwissenschaftliche Diskussion spiegelte diese Probleme wieder: Auf der einen Seite standen "Wirtschaftsliberale", die eine Freihandelslehre, im Extremfall einen Manchester-Liberalismus, vertraten; auf der anderen Seite jene, die auf eine Lösung der "sozialen Frage" oder der "Arbeiterfrage" drängten. Der Staat spielte in Deutschland eine aktivere, paternalistische Rolle; eine fortschrittliche Bürokratie leitete den Modernisierungsprozeß und schuf die ersten Systeme des modernen Wohlfahrtsstaates. In den romanischen Ländern wahrte die Kirche ihre starke Stellung; die Großgrundbesitzer behielten ihren Einfluß und verhinderten den raschen Wandel der Wirtschaftsstrukturen.

John Stuart Mill (1806-1873) vertrat eine ausgewogene liberale Position, etwa in seinem Essay "On Liberty" (1859) und in seinen "Principles of Political Economy" (1848). Er argumentierte folgendermaßen: Aus dem zentralen Wert der Freiheit folgt auch wirtschaftliche Freiheit. Jeder hat Anspruch auf den Ertrag seiner Arbeit, daher auch auf Privateigentum. Zudem werden die Menschen zu größeren Leistungen angespornt, wenn ihnen das Ergebnis ihres Bemühens selbst zufällt; die Wirtschaft arbeitet also effizienter. Für eine liberale Ordnung spricht, daß jede staatliche Intervention Zwangscharakter hat, auch auf Abgaben zur Finanzierung von Staatsausgaben trifft dies zu. Angesichts der höheren Effizienz privater Handlungen ist die Zunahme des staatlichen Einflusses unerwünscht. Zudem ist es wichtig, Gewohnheiten solidarischen Handelns und der Selbsthilfe in der Bevölkerung zu fördern.

Allerdings anerkennt Mill einige Fälle, in denen staatliche Eingriffe vonnöten sind, und diese Fälle stellen noch heute die Grundtypen staatlicher Eingriffsrechtfertigung dar. Erstens gehören dazu jene Fälle, in denen falsche Einschätzungen der Individuen vorliegen. In diesem Falle handelt es sich um Güter, die die zeitgenössische Nationalökonomie als *meritorische Güter* bezeichnet. Der Staat fördert ihren Konsum, weil er der Auffassung ist, daß die Bürger insofern "falsche" Präferenzen haben, als sie aufgrund der Marktpreise nicht das gewünschte Konsumniveau erreichen würden. Deshalb werden Kulturveranstaltungen subventioniert, ja bei den Schulen wird sogar ein gewisser "Zwangskonsum" verordnet. Zweitens gibt es jene Fälle, in denen der einzelne seine *eigenen Interessen* nicht oder nur teilweise erkennen kann (Kinder, Geisteskranke); deshalb sind etwa Jugendschutzbestimmungen gerechtfertigt, denn in diesem Falle wird das Postulat der Konsumentensouveränität, demzufolge der Konsument am besten über die Vorteilhaftigkeit seiner Handlungen für ihn selbst Bescheid weiß, verletzt. Drittens übt der Staat eine Kontrolle im Falle faktischer *Monopole* aus oder übernimmt die Produktion selbst; denn die Situation, daß etwa nur ein Anbieter existiert - wie im Falle städtischer Kanalisation und Entsorgung -, könnte zum Mißbrauch führen, und eine Konkurrenzsituation, durch die der Mißbrauch einzelner Anbieter unterbunden wird, läßt sich nicht immer effizient herstellen. Viertens schließlich gibt es jene Fälle, in denen berechtigte Interessen von Individuen nur durch gemeinsames, solidarisches Handeln durchgesetzt werden können: *öffentliche Güter*. Öffentliche Güter liegen dann vor, wenn niemand von der Nutzung eines Gutes ausgeschlossen werden kann, auch der nicht, der für das betreffende Gut nichts bezahlt. Wer für das private Gut "Brot" nichts bezahlt, dem kann es der Bäcker verweigern. Wer aber für die Landesverteidigung nichts bezahlen will, der kann vom militärischen Schutz nicht ausgenommen werden; er profitiert also gratis von jenen, die für sich diesen Schutz durch freiwillige Beiträge kaufen. Weil deshalb keine Preise oder Gebühren von demjenigen, der das Angebot gleichwohl nutzt, eingehoben werden können, wird niemand geneigt sein, "freiwillig" zu zahlen, und daher werden diese Güter von Privatunternehmen, die auf Einnahmen angewiesen sind, nicht angeboten. Beispiele für öffentliche Güter sind auch für jedermann zugängliche Parkanlagen, städtische Verkehrsflächen oder Leuchttürme.

Der organisierte Kapitalismus

Um die Jahrhundertwende war absehbar, daß nicht nur die liberalistischen Vorstellungen eines harmonischen wirtschaftlichen Gleichgewichts in einer Gesellschaft der vollständigen Konkurrenz Illusion waren, sondern auch, daß sich die marxistische Interpretation der kapitalistischen Entwicklung nicht mit der Realität decken wollte.

Erstens wurden in der Unternehmerwirtschaft *Konzentrations- und Zentralisationstendenzen* festgestellt, also die Bildung von Trusts, Kartellen, Konzernen und Syndikaten, die zur Folge hatten, daß ihr Verhalten nicht mehr durch den Wettbewerb gesteuert wurden, sondern daß dauerhaft überhöhte Profite erzielt werden konnten; daß es zu einem Auseinanderfallen in einen hochorganisierten und einen konkurrenzgeprägten Wirtschaftssektor kam; und daß Bank- und Industriekapital zunehmend verflochten wurden ("Monopolkapital"). Zweitens wurde beobachtet, daß sich die Akteure des klassenkämpferischen Rollenspiels, die Proletarier auf der einen und die Unternehmer-Kapitalisten auf der anderen Seite, in überraschender Weise zu differenzieren begannen. Es entwickelte sich die Klasse der *Manager*, bei denen unternehmerische Lenkungsfunktion und Kapitaleigentum nicht mehr zusammenfallen; dadurch erhielt die verwissenschaftlichte Unternehmensführung einen wesentlichen Aufschwung. Und es entwickelte sich nicht die vorhergesagte klassenbewußte Arbeiterschaft, sondern ein Heer von mittleren und unteren Angestellten - eine *Mittelschicht*, die nicht eindeutig einer Klasse zuzuordnen war ("Mittelschichtgesellschaft"). Auf beiden Seiten des Arbeitsmarktes schließlich formierten sich *kollektive Interessenvertretungen* - Gewerkschaften auf der einen und Unternehmerverbände auf der anderen Seite ("Korporatismus"). Drittens wurde der *Staat* immer mehr zu einer Schlüsselstelle für die Sicherung der wirtschaftlichen Entwicklung. Die Staatsinterventionen dehnten sich aus, die Wirtschaft wurde zunehmend gesteuert und reguliert ("Globalsteuerung"); auch die Behebung sozialer Mängel wurde immer mehr dem Staat als Aufgabe zugeschoben ("Sozialstaat").

Diese Veränderungen wurden von Rudolf Hilferding (1877-1943) in seinem "Finanzkapital" (1910) beschrieben. Sie wurden von sozialistischen Kritikern der Gesellschaftsordnung zuerst als vergebliche Stabilisierungsstrategien eines Systems betrachtet, das ohnehin dem Untergang geweiht sei; bald aber wurde auch die Chance erkannt, die darin lag, daß sich im Schoße der kapitalistischen Gesellschaft gleichsam von selbst eine Struktur zu bilden schien, die dem sozialistischen Prinzip planmäßiger Produktion nahekam. Aus der Zusammenbruchsperspektive wurde für die "Linke" die Vision einer gesellschaftlichen Transformation (vgl. die Übersicht bei Winkler 1974).

Das Zeitalter des Keynesianismus

Seit dem Zweiten Weltkrieg hat in den entwickelten Marktwirtschaften der Gegenwart der Staat die Verantwortung für den Wirtschaftsprozeß weitgehend übernommen. Er sorgt für die Regulierung der Beschäftigung, sucht ein stabiles Preisniveau zu erhalten, beeinflußt die Einkommensverteilung usw. Dies ist nicht selbstverständlich, stehen diese Eingriffe doch im Widerspruch zur klassischen ökonomischen Theorie, derzufolge der selbstregulierende Mechanismus der Märkte alle Anpassungsschwierigkeiten überwinden sollte.

John Maynard Keynes (1883-1946) hat 1936 sein Buch "The General Theory of Employment, Interest and Money" veröffentlicht. Er zeigt, daß ein marktwirtschaftliches System nach wirtschaftlichen Störungen nicht automatisch zu einem Gleichgewichtszustand zurückkehrt, sondern daß auch eine längerdauernde Depression eintreten kann. Ersparnisse werden nicht automatisch zu Investitionen, und das Niveau der wirtschaftlichen Aktivität hängt von der Gesamtnachfrage ab. Keynes plädierte daher im Falle ökonomischer Schwankungen für eine *antizyklische Fiskalpolitik*, d.h. für den Ausgleich der Nachfrageschwankungen durch den Staat. Wenn die private Nachfrage nach Konsum- und Investitionsgütern zu gering ist, muß der Staat entweder die Steuern senken oder "ankurbeln": durch den Bau von Krankenhäusern oder Straßen, den Kauf von Militärmaterial, den Ausbau von Schulen usw. Aufgrund dieser Staatsaufträge und einer steigenden privaten Nachfrage ist die Auftragslage für die Unternehmen günstig, sie investieren und stellen Arbeitskräfte ein. Dadurch erweitert auch die Investitionsgüterindustrie ihr Produktionsvolumen. Alle diese Arbeitskräfte geben ihrerseits ihr Einkommen aus und kaufen Konsumgüter. Es kommt zu einem selbsttragenden Wachstum, der ursprüngliche Nachfrageimpuls vervielfacht sich (Multiplikatorprozeß).

Diese Konzeption stößt allerdings in Zeiten einer *Stagflation* (mit hoher Arbeitslosigkeit und hohen Inflationsraten) auf Schwierigkeiten. Wegen der hohen Arbeitslosigkeit müßte eine expansive, wegen der hohen Inflation eine restriktive Politik betrieben werden. Das Instrumentarium der Globalsteuerung versagt in diesem Fall, und das war auch das Problem der meisten Industrieländer in den 70er Jahren. Die Wirtschaftspolitiker konnten es nicht lösen, und seitdem wird auch das Keynes'sche Modell mit größerer Skepsis betrachtet.

Strukturell orientierte Politik

Die vermeintlich oder wirklich schlechten Erfahrungen mit der antizyklischen Fiskalpolitik haben zu *strukturpolitischen Konzepten* geführt. Durch den Wandel der Inlandsnachfrage, durch die internationale Arbeitsteilung, durch technischen Fortschritt, durch staatliche Schwerpunktsetzungen kommt es zum dauernden Wandel der wirtschaftlichen Struktur. Aber oft existieren Branchen mit zyklischen Instabilitäten; es gibt ein zu rasches Schrumpfen von Branchen, die durchaus noch Chancen hätten; Mobilität von Arbeitskräften ist nicht immer erwünscht; es gibt "junge Industrien" in der Anlaufphase - in allen diesen Fällen versucht der Staat, eine geordnete Anpassung durchzuführen, um einerseits eine radikale Marktlösung (zusperren, was nicht lebensfähig ist) und andererseits eine "politische" Lösung (dauernde und wachsende Zuschüsse aus Steuermitteln für Defizitbetriebe) zu vermeiden. Strukturpolitik bedeutet aktive Hilfe zum Strukturwandel, zur Produktion neuer, "intelligenter" Produkte; zur Erschließung neuer Märkte usw. - durch Information, Vermittlung technischen Fortschritts, durch Erkundung von Marktchancen und dergleichen. Jede Strukturpolitik muß vorausschauend auf die Vermeidung absehbarer Fehlentwicklungen und auf die Gestaltung einer zukunftsorientierten Wirtschaftsstruktur gerichtet sein.

6. Tausch und Eigenliebe - Effizienz und Dynamik von Märkten

Das Charakteristikum einer kapitalistischen oder marktwirtschaftlichen Eigentumsordnung ist darin zu sehen, daß sich die Produktionsmittel im Privateigentum befinden und daß der "freie Markt", der sich durch Angebot und Nachfrage selbst regelt, einen großen Teil der Wirtschaftsprozesse koordiniert. Allerdings gibt es auch noch andere Mechanismen, durch die das Handeln der unzähligen Menschen, die in einer Gesellschaft zusammenwirken, koordiniert werden kann (vgl. Kap. IV); das Wesen einer modernen Industriegesellschaft drückt sich allerdings darin aus, daß Märkte einen Großteil der erforderlichen Koordinationsfunktionen übernehmen. Karl Polanyi (1979, 141) hat sogar vom "Markttrauma" und von der "Zwangsbekehrung zu einem utilitaristischen Weltbild" gesprochen, als er meinte, daß alle gesellschaftlichen Verhältnisse nunmehr in das ökonomische System eingebettet würden.

Funktionen des Marktes

Es hat sich eingebürgert, nicht - wie bei Karl Marx - das Eigentum an den Produktionsmitteln als wesentliches Kriterium der Gesellschaftsordnung anzusehen, sondern eine Abgrenzung nach der Art jenes Mechanismus vorzunehmen, der die Koordination zwischen den Beteiligten sicherstellt. Walter Eucken (1891-1950) hat grundsätzlich unterschieden zwischen einer *zentralgeleiteten Wirtschaft*, in der die Wirtschaftspläne von einer Zentralstelle entworfen werden (obwohl auch dort der Konsumgütersektor meist nach Marktmechanismen funktioniert); und einer *Verkehrs- oder Tauschwirtschaft*, in der viele einzelne Wirtschaftseinheiten ihre Pläne erstellen und sich durch Preise im Verhalten koordinieren (1952). Es liegt auf der Hand, daß alle existierenden Wirtschaften Mischformen dieser Extremtypen sind.

Adam Smith hat die Vorzüge des marktwirtschaftlichen Koordinationsmechanismus in seinem bereits genannten Werk klassisch formuliert. Der Mensch, so meint er, sei immer auf die Hilfe anderer angewiesen. Es sei jedoch zeitraubend und unsicher, sich darauf zu verlassen, daß der einzelne alle Unterstützung, derer er bedarf, durch das *Wohlwollen* der anderen erhält. "Er wird sein Ziel viel eher erreichen, wenn er deren Eigenliebe zu seinen Gunsten zu nutzen versteht, indem er ihnen zeigt, daß es in ihrem eigenen Interesse liegt, das für ihn zu tun, was er von ihnen wünscht. Jeder, der einem anderen irgendeinen Tausch anbietet, schlägt vor: Gib mir, was ich wünsche, und du bekommst, was du benötigst." Die *Orientierung am Selbstinteresse* führt also jeden dazu, dem anderen dienlich zu sein. "Nicht vom Wohlwollen des Metzgers, Brauers und Bäckers erwarten wir das, was wir zum Essen brauchen, sondern davon, daß sie ihre eigenen Interessen wahrnehmen. Wir wenden uns nicht an ihre Menschen-, sondern an ihre Eigenliebe, und wir erwähnen nicht die eigenen Bedürfnisse, sondern sprechen von ihrem Vorteil." (Smith 1978, 17) Tatsächlich ist dies das paradoxe Geheimnis einer kapitalistischen Ordnung, dem Kritiker so schwer folgen können: Wenn ein "egoistischer" Unternehmer Gewinne machen will, muß er auf möglichst sensible Weise den Wünschen seiner Kunden dienlich sein. Wenn der Markt funktionsfähig bleiben soll, müssen die Käufer "egoistisch" auf Preise und Qualitäten achten, um die Anbieter unter Druck zu setzen.

Bis in die heutige Zeit wird dem schottischen Moralphilosophen vorgeworfen, er rechtfertige und predige, indem er Marktmechanismen auf diese Weise beschreibe, den brutalsten *Eigennutz*. Dies sei - so die Kritiker - eine kümmerliche Anschauung des einzelnen, ein Prinzip des tierischen Egoismus. Die Menschen würden dadurch erniedrigt. Die Behauptung sei auch empirisch falsch. Aber wie können solche Vorwürfe einen Schriftsteller treffen, der sein Buch über Ethik - die "Theory of Moral Sentiments" (1759) - mit dem Satz beginnt: "Mag man den Menschen für noch so egoistisch halten, es liegen doch offenbar gewisse Prinzipien in seiner Natur, die ihn dazu bestimmen, an dem Schicksal anderer Anteil zu nehmen, und die ihm selbst die Glückseligkeit dieser anderen zum Bedürfnis machen." Die *natürliche* und die *moralische Ordnung* der Dinge sind für Smith nicht unvereinbar: Der wirtschaftliche Konkurrenzkampf auf dem Markt ist für ihn kein sozialdarwinistischer Dschungel, in dem sich der Brutalste durchsetzt, sondern ein System von *checks and balances* zwischen den Individuen; ein System sozialer Kontrolle, in dem Konflikt und Kooperation, Sympathie und Rivalität, Selbsterhaltungsstreben und Mitgefühl vereinbar sind. Das schließt altruistisches Verhalten nicht aus; man rechnet nur in der Praxis mit dem schlechteren Fall: "Es ist jedenfalls vernünftig", so betont Knut Borchardt (1981, 46), "damit zu rechnen, daß sich ein großer Nutzen für viele nicht notwendig dann ergibt, wenn die Individuen direkt verpflichtet werden, solchen herbeizuführen, sondern wenn man Institutionen so konstruiert, daß der Nutzen für andere unter Umständen als Nebenprodukt von Prozessen anfällt, in denen die Individuen auch oder gar überwiegend ihren eigenen Vorteil suchen."

In der Ausarbeitung des Marktmodells von Smith konnte gezeigt werden, daß dann, wenn eine einigermaßen funktionierende - oder gar, wie Ökonomen gerne annehmen, eine vollkommene - Konkurrenz gegeben ist, der Marktmechanismus zu einem *effizienten, allen Beteiligten den größtmöglichen Wohlstand garantierenden Gleichgewicht auf allen Märkten* führt. Systemtheoretische Ansätze weisen darauf hin, daß der Marktmechanismus drei Aufgaben gleichzeitig erfüllt (vgl. Leipold 1980). Erstens führt er zu den korrekten *Entscheidungen*: Der Markt gibt Informationen darüber, ob beispielsweise eine Produktion auszudehnen (bei steigendem Absatz oder steigenden Preisen) oder einzuschränken (bei sinkender Menge oder sinkenden Preisen) ist. Zweitens stellt der Markt einen *Koordinationsmechanismus* dar: Er reguliert das Verhalten unzähliger Anbieter und Nachfrager auf die Weise, daß die unterschiedlichsten Intentionen der Individuen zur Deckung kommen. Drittens handelt es sich um die erforderliche *Motivation*: Durch die Nutzenmaximierung der Konsumenten und durch die Gewinnerzielung der Produzenten werden Anreize zum marktgerechten Handeln geliefert.

Alle diese Funktionen des Marktes sind allerdings davon abhängig, daß der Staat seine Aufgabe, geeignete Rahmenbedingungen zu setzen, erfüllt. Zu diesen Rahmenbedingungen gehören die Einrichtung und Kontrolle der entsprechenden Märkte, aber auch bestimmte Maßnahmen zur Risikosenkung und zur Korrektur von Verteilungsergebnissen. Die Kritiker des Marktmodells haben jedoch immer wieder auf den mangelnden Realitätsbezug der Idee eines "vollkommenen

Marktes" hingewiesen, und die Probleme der unvollständigen Konkurrenz - etwa der Oligopole und Monopole - haben auch die Aufmerksamkeit der Ökonomen gefunden. Neuerdings hat die Markttheorie wesentliche Erweiterungen erfahren: etwa durch eine systematisch ausgearbeitete Theorie des Marktversagens, durch Ungleichgewichtstheorien und durch evolutionistische Modelle. Diese Entwicklungen können hier nicht weiter behandelt werden.

Der Markt als Entdeckungsverfahren

Gemeinsam ist den meisten Marktmodellen, daß sie sich in einem hohen Maße auf statische Aspekte - auf die Optimierung der Güterallokation in einer gegebenen Marktsituation - beschränken. Demgegenüber ist die besondere Leistung des Marktes in seiner dynamischen Funktion zu sehen: darin, daß er eine innovative und vorwärtsdrängende Kraft entfaltet. Damit stoßen wir auf ein Paradigma, das seit Jahrzehnten von Friedrich von Hayek (1952, 1969, 1982, 1983) vertreten wird. Er hat zwei Aspekte des marktförmigen Verfahrens besonders hervorgehoben. (1) Die Kenntnis der für die Koordinierung der individuellen Entscheidungsprozesse relevanten Faktoren ist in einer Gesellschaft unter vielen Menschen verteilt; der Marktmechanismus führt zur besten Ausnutzung dieses *verstreuten Wissens*, das zudem von einer Art ist, die es unmöglich macht, es in statistischer Form einer Behörde zu übermitteln, da die jeweiligen Fakten von konkreten Umständen von Zeit und Ort abhängig sind. Deshalb ist auch eine effiziente Planwirtschaft unmöglich: Zwar könnten alle Daten, mit denen sich ein Marktmechanismus simulieren ließe, in einem Zentralcomputer verarbeitet werden, um korrekte Preis-Mengen-Verhältnisse zu ermitteln; aber bis die Datensammlung vollendet ist, sind die Zahlen in Anbetracht einer sich rasch wandelnden Welt bereits wieder falsch geworden. Theoretisch also wäre eine derartige Planung mittels eines umfassenden Gleichungssystems möglich, aber praktisch kann sie aufgrund der zeitlichen Restriktionen nicht funktionieren. Nur der Preismechanismus ist imstande, eine sparsame und dezentrale Informationsverarbeitung zu leisten. (2) Neben diesem Informationsaspekt ist es die *Innovationsleistung* des Marktes, die besondere Aufmerksamkeit verdient. Der Markt muß als institutionalisierter Versuch betrachtet werden, neue Wege zu entdecken, und vermittelt Anreize und Impulse für neue Gelegenheiten der Gewinnerzielung. Wer kein "unternehmerisches" Talent und kein Gespür für Situationen und Bedürfnisse entfaltet, geht unter. Der Markt übt einen Druck aus, Neuerungen einzuführen. Im Gleichgewichtsmodell, das eine optimale Plazierung aller Güter und Leistungen bewerkstelligt, ist dagegen für unternehmerische Eigenschaften und für die Suche nach neuen Profitmöglichkeiten kein Platz. Der große Vorzug des Marktes besteht jedoch gerade darin, daß er Innovation prämiiert; der Markt ist ein "Entdeckungsverfahren", und diese Eigenschaft ist noch viel wichtiger als die statische Leistung, eine optimale Allokation der Güter zu gewährleisten.

Zudem sichert eine Marktwirtschaft nach Hayeks Überzeugung jene gesellschaftliche *Freiheit*, ohne die Gesellschaften nicht überleben können. "Freiheit ist wesentlich, um Raum für das Unvorhersehbare und Unvoraussagbare zu lassen." (1983, 38) Und weiters: "Wir müssen anerkennen, daß der Fortschritt und selbst die Erhaltung unserer Zivilisation von der größtmöglichen Gelegenheit für den Eintritt von Zufälligkeiten abhängt." (38f.) Es ist also von größter Bedeutung für das Überleben einer Gesellschaft, daß sie eine hohe Innovationsrate aufrechterhält. Diese wird nur erzielt, wenn das Höchstmaß an Freiheit in einer Gesellschaft institutionell sichergestellt wird. Eine "Verfassung der Freiheit" aber ist untrennbar mit einer marktwirtschaftlichen Ordnung verbunden, deshalb muß ein liberales System, in welchem dem Staat bloß eine rahmensetzende Funktion zukommt, erhalten werden, und deswegen ist ein Interventionismus, der die Innovationsspielräume mindert, abzulehnen.- Dieser Auffassung läßt sich allerdings entgegenhalten, daß in bestimmten sozialen Bereichen ein gewisses Maß an Planung und Intervention auch deswegen nützlich sein kann, weil sich erst dadurch (und nicht durch die gravierendste Ungleichheit und Unsicherheit) die Innovationsrate maximieren läßt. Manche Individuen sind wagemutiger, wenn im Falle des Mißlingens nicht ein völliger "Absturz" droht. Wenn man hingegen alles gewinnen kann, während das Mißlingen sozialstaatlich gemildert wird, könnte die Innovationsfreudigkeit höher liegen als in einem extrem-liberalen System. Zudem läßt sich durch gewisse Steuerungs- und Umverteilungsleistungen ein positiver Nettoeffekt in dem Sinne erzielen, als Maßnahmen, welche die Bildung forcieren, die politische Stabilität und den sozialen Frieden sichern und schließlich ein Klima der Kooperation schaffen, die Basis für eine hohe Innovationsneigung sichern können. Auch die politische Stabilisierung einer Gesellschaft gehört zu jenen Voraussetzungen, die günstige Bedingungen für einen dynamischen Wirtschaftsprozeß schaffen, und dieses "öffentliche Gut" ist nicht kostenlos zu haben.

Institutionelle Aspekte des Marktes

"Freie" Märkte sind alles andere als frei; sie beruhen auf *sozialen Rahmenbedingungen und Normen*. Was den Menschen einer bestimmten Epoche als angemessen oder als unakzeptabel, als gut oder böse erscheint, das ist eine Vorgabe für das Markthandeln. Individuen folgen oft deshalb ihren "eigentlichen" Präferenzen nicht, weil sie Normen internalisiert haben, die ihnen dies verbieten. Soziale Normen bestimmen die Arbeitsteilung, die Kooperation der Individuen, die Verfügung über Produktionsmittel, die Arbeitsbedingungen und vieles andere. Was überhaupt auf dem Markt gehandelt werden darf, wird sozialkulturell vorentschieden: Auch wenn Systeme des Ämterkaufs prinzipiell funktionieren könnten, lassen wir sie heute nicht zu,- und deswegen sind sie nicht realisierbar. Es gibt Normen, die altruistisches Verhalten nahelegen, wie es sich in der Freiwilligenarbeit (Dienstleistungen ohne Entlohnung) oder der Nachbarschaftshilfe niederschlägt. Die Arbeitsbedingungen, wie sie vor hundert Jahren bestanden haben, scheinen uns heute unvorstellbar. Märkte finden also ihre Grenze an den Auffassungen und Werthaltungen, wie sie in der historisch geformten Wirklichkeit vorzufinden sind. Märkte können zudem nur funktionieren, wenn individuelles Eigentum und die Institution des Vertrages als zwei zentrale Elemente einer Gesellschaft existieren.

Seit dem vorigen Jahrhundert lebt immer wieder die Diskussion darüber auf, wie sich unterschiedliche *Machtverhältnisse auf Märkten* auswirken. Zunächst muß einmal festgestellt werden, daß Konkurrenzmechanismen grundsätzlich macht- und privilegienfeindlich sind. Sie gestehen keinem besondere Vorzugspositionen zu. Was an der Marktwirtschaft zuweilen heftig kritisiert wird, so meint Knut Borchardt (1981, 49), "daß sie nämlich 'unmoralisch' sei, ist seit langem einer ihrer großen Vorzüge. Drehen wir doch nur einmal die Wörter um und sagen statt 'unmoralisch': 'nicht-diskriminierend', so erscheinen Marktwirtschaften zwar nicht im besten, aber doch in einem besseren Licht und erfüllen zahlreiche Wünsche, die heute zum Arsenal scheinbar radikaler Dissidenten gehören." Diskriminierungen nach Rasse, Hautfarbe oder anderen derartigen Kriterien sind im Kern dem Wesen eines gut funktionierenden Marktes fremd; denn sie kosten Geld. Marktmacht bedeutet in erster Linie, auf die Konkurrenten weniger Rücksicht nehmen zu müssen.- Aber natürlich läßt sich auf diese Weise der Machtaspekt nicht wegdefinieren. Jene, die wirtschaftlich mächtiger sind, haben eine bessere Chance, ihre eigenen wirtschaftlichen Interessen durchzusetzen. Sie können deswegen die Marktmechanismen nicht außer Kraft setzen, wohl aber können sie die Rahmendaten ändern, innerhalb derer Angebots- und Nachfragemechanismen wirksam sind. So erlaubt es eine Machtposition, manche Individuen zu ungewollten Handlungen - etwa dem Kauf oder Verkauf von Gütern - zu veranlassen, die Präferenzen von einzelnen (durch Werbung oder Manipulation) zu beeinflussen und die Informationslage zu verändern. Unternehmen, die einen Markt - etwa als Monopol - beherrschen, können Entscheidungen zum Nachteil ihrer Kunden treffen, beispielsweise die Haltbarkeit ihrer Produkte verringern, die Lagerhaltung herabsetzen oder den Kundendienst verschlechtern; sie müssen aber in jedem Falle sichergehen, daß nicht neue Konkurrenten in den Markt eintreten, oder sie müssen in der Lage sein, gegen potentielle Neuanbieter Marktzutrittsbarrieren aufzubauen. Unternehmen, deren Partner auf sie angewiesen sind, während für sie selbst ihre Partner austauschbar sind, besitzen Marktmacht: Automobilfirmen, die eine Vielzahl von kleinen Händlern kontrollieren, oder Warenhausketten, die einen Anbieter zu besseren Konditionen zwingen können. Wirtschaftliche Macht kann auch in politische Beeinflussung umgemünzt werden: Verbände und Interessengruppen können die Organe des Staates beeinflussen, um Gesetzesinhalte zu beeinflussen. Internationale Konzerne können Regierungen zu einem "freundlichen" Verhalten veranlassen, indem sie drohen, ihre Produktionsstätten an einen ausländischen Standort zu verlegen.

Das Medium des Wirtschaftens

Geld ist die gemeinsame Rechengröße in wirtschaftlichen Prozessen. In einer breiter angelegten soziologischen Perspektive ist Geld nur eines von mehreren Austauschmedien; es wird getauscht gegen Güter, Informationen, Ansehen, Liebe. Es ist universell verwendbar, weil es gegen viele andere Güter getauscht werden kann; nicht gegen alle: Gefühle, Gesundheit und bestimmte soziale Positionen sind nicht käuflich erwerbbar.

Empirische Studien (vgl. die Übersicht bei Wiswede 1988) haben sich etwa mit dem Geld als Einkommen befaßt und festgestellt, daß es nicht nur als materielle Größe zu betrachten ist, sondern vieles darüber hinaus signalisiert: Sozialprestige, soziale Einordnung, Selbstwertempfinden. Zu den Ergebnissen dieser Studien zählen etwa Aussagen wie: Einkommenserwartungen hängen vom vergangenen Einkommen ab; je stärker die Mühe beim Einkommenserwerb, desto größer die Sparsamkeit; Frustrationen treten auf, wenn man schlechter abschneidet als die relevanten anderen Personen. Andere Untersuchungen haben sich mit der Steuermoral, dem Steuerwiderstand und der Steuerhinterziehung befaßt: In ihnen wurde etwa festgestellt, daß Steuerdelikte nicht in erster Linie mit der Höhe der Besteuerung in Zusammenhang stehen; daß sie als "schwach abweichende" Verhaltensweisen gelten, also nicht mit gravierender moralischer Mißbilligung betrachtet werden ("Kavaliersdelikt"); daß eher Faktoren wie Gefühle der Ungleichbehandlung, Häufigkeit von Kontrollen, Einstellungen zur Besteuerung, Gelegenheiten zu solchen Delikten und Gruppeneinflüsse wichtig sind. Inflationswahrnehmungen, Bestimmmungen des Konsum- und des Sparverhaltens sind gleichfalls Gegenstand von Untersuchungen gewesen.

7. Krise der sozialen Marktwirtschaft - Wachstumsgrenzen, Wohlfahrtsgrenzen?

Der Untergang der marktwirtschaftlichen Ordnung ist oft vorausgesagt worden. In der Tat ist es eine instabile Ordnung; dies kann bei einem System, das auf dynamischem Wandel gebaut ist und sich durch trial-and-error-Prozesse anpaßt, nicht anders sein. Deshalb ist auch häufig von seiner "Krise" die Rede, und wirtschaftliche Probleme spielen hiebei oft die Hauptrolle: so etwa die Entwicklung des modernen Sozialstaates und die Zukunft des Wirtschaftswachstums.

Der Wohlfahrtsstaat in der Krise?

Der Sozialstaat oder Wohlfahrtsstaat ist das pragmatische Ergebnis von Versuchen, einen "dritten Weg" der sozialökonomischen Ordnung des Gemeinwesens - zwischen Kapitalismus und Planwirtschaft - zu finden: einen Weg der Versöhnung marktwirtschaftlicher Prinzipien mit den humanen Ansprüchen eines Lebens in Sicherheit und ohne Elend. Unter dem Begriff des Wohlfahrtsstaates lassen sich zwei Stoßrichtungen staatlicher Maßnahmen zusammenfassen: einerseits die *Abdeckung individuell nicht vorkehrbarer Risiken* wie etwa Krankheit, Behinderung, Alter, Tod eines nahen Angehörigen, Mutterschaft, Arbeitslosigkeit usw.; andererseits die *Verringerung gesellschaftlicher Ungleichheit* unabhängig von speziellen Notsituationen und Belastungen (durch staatliche Zahlungen und steuerliche Maßnahmen) (vgl. Achinger 1971, Alber 1982, Prisching 1986, Kap. V).

In den Industriestaaten sind die öffentlichen Ausgaben besonders in den 60er und 70er Jahren stark angestiegen; die Spitzengruppe der staatsexpansiven Länder hat einen Staatsanteil von 50% am Sozialprodukt bereits erreicht oder überschritten. Die Sozialausgaben haben sich in diesem Zeitraum als der dynamischeste Ausgabenposten erwiesen. Das stürmische Wachstum des öffentlichen Sektors seit dem Ende des Zweiten Weltkriegs in nahezu allen Industriestaaten läßt sich auf folgende Gründe zurückführen: (1) Das rasche wirtschaftliche *Wachstum* ermöglichte einerseits die zur Finanzierung der staatlichen Maßnahmen erforderliche Ressourcenaufbringung - wenn man Geld hat, gibt man es auch aus - und führte andererseits zu jenen Veränderungen, die eine sozialpolitische Absicherung erforderten - in einer dynamischen Wirtschaft kommen manche unter die Räder. (2) Weitere Impulse kamen von der *Eigendynamik* der Sozialprogramme, die - einmal ins Leben gerufen - unentwegt expandierten: Immer mehr Berechtigte wurden einbezogen, höhere Leistungen erbracht, steigende Quoten der Inanspruchnahme erzielt. (3) *Politisch-ideologische Faktoren* kamen hinzu, sei es im Sinne eines religiös motivierten Paternalismus, sei es im Sinne einer handfesten Immunisierung der Arbeiterschaft gegen sozialistische Agitation, sei es schließlich im Sinne eines praktischen Reformismus, der sich nicht mit utopischen Zukunftsbeschreibungen zufriedengab. Die Ausdehnung des Sozialstaates war nicht nur Zufall oder Konkurrenz, sondern auch Ergebnis politischen Wollens (vgl. Schmidt 1982). (4) Viele Beobachter verweisen auf ein *Anspruchsdenken*, das sich in den letzten Jahrzehnten auf seiten der Bürger entwickelt habe: staatliche Betreuung in allen Lebenslagen unter Verzicht auf eigene Anstrengungen. Diese Ansprüche werden an die politischen Instanzen herangetragen, die ihnen nachzukommen trachten. (5) Die wachsenden Ansprüche verbinden sich zudem mit dem Verlangen nach *Irreversibilität*; auch in Krisenzeiten soll der Besitzstand gewahrt bleiben. Ein Transferprogramm, das einmal besteht, läßt sich aus politischen Gründen nicht mehr abschaffen. (6) Die konkurrierenden politischen Parteien verwenden die öffentlichen Gelder zum *Machtkampf*: Jene Gruppierung, die mehr Leistungen vorweisen kann, hat bessere Chancen, mehr Wählerstimmen zu gewinnen. Jede Partei ist daher gezwungen, neue Programme zu erstellen. (7) Schließlich darf auch nicht übersehen werden, daß Teile der Wohlfahrtszahlungen als *Entgelte für Schädigungen* anzusehen sind; bestimmte Personengruppen tragen die sozialen Risiken und Kosten unseres Wirtschaftsgeschehens: Arbeits- oder Verkehrsunfälle, belastungs- oder umweltbedingte Krankheiten usw. Teile der Sozialtransfers sind somit als sozialpolitische Sanierungskosten eines dynamischen Wirtschaftssystems anzusehen.

Behauptungen über die Krise des Systems der sozialen Sicherung, die heute öfters geäußert werden, gehen von dem Umstand aus, daß sich eine wachsende Kluft zwischen den explodierenden Kosten des Sozialstaates und den für die Finanzierung zur Verfügung stehenden Resourcen auftut. Häufig werden hiefür die folgenden Gründe genannt: (1) Durch die immer stärker spürbare steuerliche Belastung (insbesondere durch die progressive Wirkung und durch hohe Grenzsteuersätze) werde die *Leistungsfreude* gebremst. Allerdings läßt sich fragen, welche Personen tatsächlich - je nach ihrer Kalkulation der Rentabilität zusätzlichen Einkommens - ihr Arbeitsangebot umfangsmäßig variieren können, d.h. je nach den Prozentsätzen ihrer Steuerklasse. Jeder normale Arbeitnehmer ist durch seinen Arbeitsvertrag daran gebunden, bestimmte Arbeitsstunden zu erbringen, und er kann diese nicht mit dem Blick auf seine Steuerbelastung beliebig ändern. (2) Durch wohlfahrtsstaatliche Absicherungen werde eine bequeme Liegestatt für Nutznießer solcher Zuwendungen geschaffen, die eigene Anstrengungen zugunsten dieses "arbeitslosen Einkommens" verringern. Die Frage des *Mißbrauchs* von Sozialleistungen ist in der Tat wichtig; aber es handelt sich nicht um eine Grundsatzfrage, sondern um das richtige Instrumentarium, vor allem um die "Zielgenauigkeit" von Sozialprogrammen. Sie müssen so gestaltet werden, daß der Mißbrauch minimiert wird. (3) Durch hohe Steuersätze werden internationale *Konkurrenznachteile* im Wirtschaftsleben spürbar. Ein gewisser "Gleichschritt" der internationalen Entwicklung der Sozialversicherungssysteme ist in der Tat anzuraten; immerhin ist auch zu bedenken, daß Sozialausgaben auch als automatische Stabilisatoren der Wirtschaftsentwicklung wirken (weil sie gerade in einer schlechten Wirtschaftslage verstärkt anfallen) und damit die Konkurrenzfähigkeit verbessern können. (4) Die Leistungsfreude wird durch die *Egalisierung* der erreichbaren Erträge gemindert. Es hat sich als schwierig erwiesen, die Stichhältigkeit dieses Arguments empirisch zu überprüfen. Man könnte dem auch entgegenhalten, daß Wohlfahrtseinrichtungen - durch die Vermeidung von Verteilungskämpfen - den sozialen Frieden gewährleisten, dessen Wahrung natürlich "Kosten" mit sich bringt: eben die sozialen Aufwendungen. Wenn dies richtig ist, sind sozialstaatliche Budgets sinnvolle Investitionen in ein politisches Klima, das der Gesamtproduktion förderlich ist, und daher durchaus als produktive Aufwendungen zu verstehen.

Empirisch lassen sich Vermutungen über einen Zusammenhang von Staatsanteil und Wirtschaftslage kaum erhärten. Sicherlich bestehen in demokratischen Staaten Tendenzen zur Ausdehnung des Staatsanteils. Ausgaben dienen als "Leistungsnachweis" der Regierung, auch wenn der hiedurch erzielte "Output" nicht zu messen ist. Wenn der Staat überall gegenwärtig ist, hat dies jedoch Verhaltensänderungen der Wirtschaftssubjekte zur Folge: Unternehmer erkunden eher Subventions- als Produktionsgelegenheiten, Arbeitnehmer investieren Zeit und Geld, um Schlupflöcher des Sozialstaates und Leistungsansprüche ausfindig zu machen. In diesem Falle tritt der Sozialstaat in das Stadium seiner *Selbstschädigung* ein, und die Ausgaben steigen. Die Grenze der tragbaren Steuerbelastung läßt sich objektiv nicht angeben; wohl aber können die Grenzen der wirtschaftlichen Leistungsfähigkeit überschritten werden. Joseph Schumpeter schrieb schon am Ende des Ersten Weltkriegs: "Wenn nun der Wille des Volkes nach immer höheren gemeinwirtschaftlichen Ausgaben geht und immer größere Mittel für Zwecke verwendet werden, für die sie der Private nicht geschaffen hat, wenn immer größere Macht hinter jenem Willen steht und schließlich ein Umdenken über Privateigentum und Lebensformen alle Kreise des Volkes ergreift - dann ist der Steuerstaat überwunden und die Gesellschaft auf andere Triebfedern der Wirtschaft angewiesen als die der Individualegoismen. Diese Grenze - und damit die Krise, die er nicht überleben könnte - kann gewiß erreicht werden: Kein Zweifel, der Steuerstaat kann zusammenbrechen." (1976, 351f.) Soweit scheint es wohl noch nicht zu sein. Probleme existieren; aber Befürchtungen über eine existenzgefährdende Krise des Sozialstaates dürften - gerade angesichts bestimmter Gegentendenzen - übertrieben sein (vgl. auch die Krisenmodelle von Goldscheid 1976 und O'Connor 1974).

Die Krise des Wachstums

Nach einer historisch unvergleichlichen Phase des wirtschaftlichen Wachstums, die bis in die frühen 70er Jahre gedauert hat, sind die Industrieländer in Wachstumsprobleme geraten. In einigen Theorien der langfristigen Wirtschaftsentwicklung wird ein solcher Abschwung als unvermeidlich angesehen, und diese Theorien haben eine Renaissance erfahren. Auch Aufschwünge, die mittlerweile eingetreten sind, lassen diese Modelle, welche die langfristige Entwicklung einer marktwirtschaftlichen Ordnung ins Auge fassen, nicht als widerlegt erscheinen.

Erstens stehen Theorien in der Tradition der *klassischen Ökonomie* zur Verfügung, deren Vertreter eine Stagnationssituation als Endzustand einer "reifen" Wirtschaft vorhergesagt haben. John Stuart Mill hat 1848 etwa vermutet, "daß am Ende des sogenannten Fortschrittszustandes der stationäre Zustand liegt, daß jeder Fortschritt im Vermögen nur ein Hinausschieben dieses Zustandes ist, und jeder Schritt nach vorn eine Annäherung an ihn bedeutet." (Mill 1921, Bd.2, 388)

Zweitens knüpfen einige Theorien an die *Marxsche Vision* eines absterbenden kapitalistischen Systems an. In Theorien des staatsmonopolistischen Kapitalismus wird erklärt, daß der sich zuspitzende Grundwiderspruch zwischen einer vergesellschafteten Produktion und einer privatkapitalistischen Aneignung nur durch die Verflechtung von "Staat" und Monopolkapital latent gehalten werden kann. Andere Theoretiker (Dobb 1966, Steindl 1952) sehen im Erfolg der großen Konzerne, die zunehmend die kapitalistische Wirtschaft prägen, die Ursache für die Lähmung der Dynamik und für Arbeitslosigkeit; die Überschüsse, die sie gerade aufgrund ihrer Machtposition erwirtschaften, können nirgends mehr rentabel angelegt werden.

Drittens sind Berechnungen über *lange Wellen* vorgelegt worden: zyklische Bewegungen der wirtschaftlichen Aktivität, die sich bereits seit dem Vorhandensein entsprechender Daten, also seit dem frühen 19. Jahrhundert, nachweisen lassen. Das vorherrschende Erklärungsmodell für diese Zyklen geht auf Joseph Schumpeter (1961) zurück, der die Perioden verstärkter Wirtschaftsaktivität auf "Innovationsschübe" zurückführt, die einen langfristigen Innovationsboom auslösen. Da die Innovationen nicht kontinuierlich, sondern scharenweise auftreten, kommt es zu zyklischen Schwankungen, von denen Schumpeter (1952) drei Arten unterscheidet: Der erste Typ sind die auch von Kondratieff beobachteten langen Wellen mit einer Periodendauer von 54 bis 60 Jahren; die Periode der industriellen Revolution von 1780 bis 1842 stellt eine derartige Welle dar, die Periode von "steam and steel" 1842 bis 1879, dann - abgebrochen durch den ersten Weltkrieg - die Periode von Elektrizität, Chemie und Automobil. Der zweite Typ sind die Juglar-Zyklen mit einer Dauer von 9 bis 10 Jahren, der dritte Typ die Kitchin-Zyklen mit einer Dauer von rund 40 Monaten. Allerdings ist nicht recht einsichtig, warum solche Schwankungen immer eine ungefähr gleiche Dauer aufweisen sollten und welche "Basisinnovationen", die sich durch alle Wirtschaftsbereiche verbreiten, sich jeweils identifizieren lassen; auch empirische Untersuchungen haben diese Fragen nicht mit aller Deutlichkeit entscheiden können (vgl. Kleinknecht 1986).- Die Wirtschaftsprobleme der entwickelten Industriestaaten in den 70er und 80er Jahren scheinen jedoch viel eher auf einem Zusammentreffen mehrerer langfristiger Entwicklungen und überraschender Schocks zu beruhen.

Erstens: Mit dem Begriff der *neuen internationalen Arbeitsteilung* wird auf den globalen Umbau der weltwirtschaftlichen Ordnung hingewiesen, auf die Abwanderung bestimmter Produktionszweige in "Schwellenländer", wo die Produktion - was Löhne, Rohstoffe und Umweltbedingungen betrifft - rentabler erfolgen kann, und auf den Prozeß der originären Industrialisierung in weniger entwickelten Ländern. Dies ist eine neue Konkurrenzsituation, in der sich die Industrieländer nicht mehr mit ihren traditionellen Produkten (Stahl, Papier usw.) behaupten können, sondern neue Produkte entwickeln müssen; diesem Innovationsprozeß mangelt es, wie manche behaupten, an Dynamik. In den 80er Jahren haben allerdings die europäischen Länder wieder Tritt gefaßt, während die Vereinigten Staaten größere Schwierigkeiten haben, ihre Strukturprobleme zu überwinden.

Zweitens: Die überdurchschnittlichen Wachstumsraten der europäischen Staaten seit dem Zweiten Weltkrieg waren nicht zuletzt auf den Umstand zurückzuführen, daß in Europa gegenüber den USA ein *technologischer Nachholbedarf* bestand: Technische Innovationen konnten schlicht "importiert" und in eine wachstumsträchtige europäische Wirtschaftskonstellation - qualifizierte Flüchtlinge aus den Oststaaten, steigende Frauenerwerbsquoten, verfügbare Gastarbeiter - eingebracht werden; zudem war durch die Zerstörungen des Krieges eine "tabula rasa" geschaffen, die den Gesellschaften eine erhöhte Anpassungsfähigkeit für den Wiederaufbau verlieh. Aber der europäische Aufholprozeß ist in den letzten Jahrzehnten zu Ende gegangen.

Drittens: *Höhere Kosten* fallen im Bereich des Umweltschutzes an, vor allem aber haben die Ölpreisschwankungen der 70er und 80er Jahre Unsicherheiten mit sich gebracht. Die unmittelbare Folge dieser Preissprünge waren eine Reduzierung der Kaufkraft und eine Erhöhung des Inflationsdrucks in den Ölimportländern, insgesamt eine Reduzierung des wirtschaftlichen Wachstums in diesen Staaten. Längerfristig ist die Energiefrage nach wie vor ungelöst.

Viertens: Auch andere *Unsicherheiten* sind angestiegen. Die Beschleunigung der sozialen Veränderungen macht es immer weniger möglich, die Erfahrungen der Vergangenheit zu nutzen; was vor wenigen Jahren noch gegolten hat, kann heute völlig falsch sein. Wenn das Wachstum bescheiden ist, werden Überinvestitionen nicht automatisch durch eine steigende Nachfrage absorbiert. Wenn die Weltwirtschaft stärker verflochten ist, läßt sich ein stärkerer internationaler Gleichschritt verzeichnen, und kompensierende Außenwirtschaftseffekte bei konjunkturellen Schwankungen fallen weg. Schwankende Wechselkurse, unsichere Energie- und Rohstoffpreise, protektionistische Praktiken veranlassen die Produzenten zu vorsichtigeren Dispositionen.

Fünftens: Viele Märkte für Konsumgüter sind in den Industrieländern gesättigt; für Kühlschränke, Fernsehgeräte, Autos u.dgl. wird es keine neuen Märkte geben, sondern nur die Befriedigung des Ersatzbedarfs. Allerdings könnte sich die Kaufkraft auf neue Märkte richten, etwa im Video- und Elektronikbereich. Heikler sind Vermutungen, die sich auf eine allgemeine *Sättigung der Bedürfnisse* bzw. des Konsums richten: Dies würde bedeuten, daß die Dringlichkeit des Begehrens zusätzlicher Konsumgüter generell abnimmt (vgl. Falkinger 1986). Zugunsten einer solchen Auffassung läßt sich sagen, daß der Konsum vieler "Freizeitgüter" in dem Sinne einer Produktionsaktivität ähnelt, als er Zeit in Anspruch nimmt; es gilt somit eine Balance zu halten zwischen jener Zeit, die zur Erarbeitung, und jener, die zur Nutzung der Konsumgüter erforderlich ist. Es gibt klare Grenzen des "Durchsatzes" von Konsumgütern in der individuellen Lebenssphäre: Um Surfbrett, Heimcomputer und Fotoausrüstung zu nutzen, bedarf es - trotz steigenden "Zeitdrucks" - eines gewissen Zeitaufwandes, und die Güter können nicht zu gleicher Zeit genutzt werden. Konsumgüterverbrauch kann nicht beliebig wachsen, denn der Besitz dieser Güter läßt sich nicht von ihrer Nutzung abkoppeln. Konsumgüter sind reichlich, doch Zeit ist knapp.

8. Ausblicke in das 21. Jahrhundert - Fortschritt oder Niedergang?

Die wirtschaftlichen Probleme, die im vorigen Abschnitt erörtert wurden, haben ein neues Interesse an der langfristigen Entwicklung dieser Wirtschaftsordnung wachgerufen; doch Zukunftsuntersuchungen haben schon seit den 60er Jahren Hochkonjunktur (vgl. etwa Bell 1968, Kahn/Wiener 1967). Handelt es sich um ein erfolgreiches, dynamisches und fortschrittliches System, das seine besten Zeiten noch vor sich hat, oder um ein dahinsiechendes Gemeinwesen, an dem bestimmte Symptome seines kommenden Untergangs bereits deutlich werden? Wir können nur auf wenige Modelle verweisen: ein optimistisches, das Daniel Bell entworfen hat; ein pessimistisches, das von Joseph A. Schumpeter stammt; und apokalpytische Modelle à la Club of Rome, mit dem die Bürger der Industriestaaten aufgeschreckt wurden.

Die postindustrielle Gesellschaft

Daniel Bell bemüht sich, in seinem Buch "The Coming of Post-Industrial Society" (1976) den wesentlichen Charakter der strukturellen Veränderungen in der modernen Gesellschaft zu erfassen. Er unterscheidet drei Bereiche: die soziale Struktur (Wirtschaft, Technologie und Berufsgliederung), die politische Ordnung (Machtverteilung und Ordnung von rivalisierenden Ansprüchen) und die Kultur (der Bereich der expressiven Symbole und der Sinngebung). Jeder dieser Bereiche steht unter einem eigenen *axialen Prinzip.* Der oberste Gesichtspunkt der Sozialstruktur heißt in den westlichen Industriegesellschaften Wirtschaftlichkeit, d.h. die Mittel werden nach den

Grundsätzen des geringsten Aufwands, der Optimierung usw. verwendet. Für die Politik kennzeichnend sind Partizipation und Mitbestimmung. Der kulturelle Bereich wird geprägt von Selbstverwirklichung und Persönlichkeitsentfaltung.

Die "postindustrielle Gesellschaft", der wir uns nach Bells Ansicht nähern, läßt sich durch fünf Kennzeichen beschreiben. (1) Es entwikkelt sich eine *Dienstleistungsgesellschaft*, d.h. immer mehr Arbeitskräfte arbeiten in den Bereichen Handel und Verkehr, Banken und Versicherungen, Gesundheit, Ausbildung, Forschung, Verwaltung u. dgl. (2) Der Wandel in der Berufsstruktur führt dazu, daß die akademischen und technisch qualifizierten Berufe zunehmen; damit erhält eine bestimmte *Klasse professionalisierter Berufsinhaber* stärkeres Gewicht. (3) Das theoretisch-wissenschaftliche Wissen rückt in den Mittelpunkt, es wird für immer mehr Bereiche des Lebens erforderlich. Der *Primat des theoretischen Wissens* wird zum axialen Prinzip, als Quelle von Innovationen und Ausgangspunkt der gesellschaftlich-politischen Programmatik. (4) Durch verbesserte prognostische Möglichkeiten kann es zur *Steuerung des technischen Fortschritts* und einer sinnvollen Bewertung von Technologien kommen. (5) Es entwickelt sich eine neue *"intellektuelle Technologie"*: Intuitive Urteile werden ersetzt durch Algorithmen (also durch Regeln zur Lösung von Problemen), Handlungsmöglichkeiten werden in einer Systemanalyse umfassend geprüft, und der Computer macht es möglich, den dabei erreichbaren Komplexitätsgrad zu steigern.- Das ist ein im Grunde recht optimistisches Modell, denn Bell hegt kaum einen Zweifel, daß sich die Verwissenschaftlichung der Gesellschaft zum Wohl der Menschen auswirken wird.

In einem späteren Buch (1979) hat Bell allerdings seine optimistischen Prognosen abgeschwächt. Insbesondere macht er darin auf die Unverträglichkeit zwischen einzelnen Bereichen des Lebens in der Moderne aufmerksam: Eine *Kulturkrise* ist zu gewärtigen, wenn durch die axialen Prinzipien der Wirtschaft Effizienz und funktionale Rationalität betont und die Menschen auf Rollen festgenagelt werden, während die Kultur hedonistisch ist, d.h. Selbstverwirklichung und Selbstgenuß fordert und sich dadurch in direkten Widerspruch zur technisch-ökonomischen Ordnung begibt. Denn mit der Preisgabe des Puritanismus und der protestantischen Ethik (im Sinne Webers) bleibt der Kapitalismus ohne Moral und transzendentale Ethik zurück. Kultur und Sozialstruktur geraten in Widerspruch. Die Wirtschaftsunternehmen wollen, daß der Mensch hart arbeitet, seine Triebbefriedigung aufschiebt, eine Karriere anstrebt, diszipliniert arbeitet; in der Werbung propagieren sie hingegen Lust und Vergnügen, sofortigen Spaß, Sich-gehen-Lassen. Man hat am Tag "korrekt" und am Abend ein "Herumtreiber" zu sein. Diese Zwiespältigkeit kann nicht gutgehen; die hedonistischen Ideale dringen in die rationale Maschinerie ein und bringen sie in Gefahr (vgl. für eine andere Variante einer postindustriellen Gesellschaft Touraine 1972).

Der Untergang des Kapitalismus durch seinen Erfolg

Joseph A. Schumpeter hat in seinem Buch "Kapitalismus, Sozialismus und Demokratie" (1975) eine kenntnisreiche Darstellung vom Wachstum und vom Sterben der reichen Gesellschaften gegeben. Zwar räumt er energisch die Illusionen jener beiseite, die meinen, in der mangelhaften Struktur des kapitalistischen Systems Gründe für ein Absterben dieser Gesellschaftsformation zu erkennen; vielmehr seien gerade im Erfolg dieser Wirtschaftsordnung Zeichen für eine Selbstzerstörung erkennbar. Der Kapitalismus verdankt seinen Fortbestand nämlich *außerkapitalistischen Faktoren*, d.h. Verhaltensmustern und sozialen Institutionen, die aus der feudalen Gesellschaft stammen. Auf diese "Restbestände" ist er angewiesen, aber genau diese feudalen Stützpfeiler muß er im Zuge seiner Entfaltung vernichten. Er entzieht sich selbst die Grundlagen seiner Existenz. Das Szenarium seiner Selbstdestruktion sieht nach Schumpeters Beschreibung folgendermaßen aus.

(1) Die Unternehmerfunktion, die der Motor des Fortschritts und die Grundlage der Systemdynamik war, verliert im Prozeß der Rationalisierung an Bedeutung; der wissenschaftlich-technische Fortschritt wird immer mehr in bürokratischen Stäben erzeugt, die geniale Erleuchtung wird von rationalen Planungstechniken verdrängt. Der initiative Führer wird durch Büroarbeiter ersetzt; damit wird aber auch die *soziale Stellung des kapitalistischen Unternehmers und die der gesamten Bourgeoisie als Klasse* unterhöhlt. (2) Die wirtschaftlichen Grundlagen der kleinen Produzenten und Kaufleute werden untergraben. Damit verschwinden die *lebenskräftigsten und ausdrucksstärksten Gestalten* aus dem Gesichtskreis des Volkes. Die Institution des Privateigentums, die mit diesen Gestalten verbunden war, wird obsolet. In den großen Konzernen und Aktiengesellschaften wachsen "sozialistische" Tendenzen. (3) Damit werden auch die *Fundamente des Privateigentums und des freien Vertragsrechts* erschüttert. Ein Eigentum, das von der Person gelöst ist, macht keinen Eindruck und erzeugt keine moralische Treupflicht. Letztlich will sich niemand mehr dafür einsetzen. (4) Der Rationalisierungsprozeß übt krisenerzeugende Einflüsse auf das *politische System* aus, indem er die kooperative Arbeitsteilung zwischen Bürgertum und Aristokratie zerbricht. Der auf das politische Geschäft spezialisierte Adel tritt ab. (5) Aus all diesen Tendenzen ergibt sich eine generelle *Abschwächung der dynamischen Motivationen*. Das Wertsystem und die Pflichtauffassung schwinden im Zuge der Verflüchtigung der Eigentumssubstanz dahin. Durch das Übergreifen der Rationalisierung auf die private Lebenssphäre löst sich die bürgerliche Familie auf. Da Familie und Haus aber die hauptsächliche Triebfeder und die typisch bürgerliche Art des Gewinnmotivs waren, geht auch die Bourgeoisie zunehmend der bürgerlichen Ethik verlustig, die für die Zukunft zu arbeiten einschärfte, unabhängig davon, ob man die Ernte selbst einbringen würde oder nicht. Das Bürgertum formiert keine entschlossene Ab-

wehrfront mehr gegen die zunehmend feindseliger werdenden Angriffe gegen den Kapitalismus. (6) Der fortgeschrittene Rationalismus bringt ein *kritisches Potential* hervor. Es kommt eine aggressive soziale Atmosphäre auf, genährt insbesondere von der Gruppe der Intellektuellen. Durch den ausgedehnten Erziehungs- und Bildungsapparat entsteht ein intellektuelles Proletariat, das seine Feindseligkeit gegen die soziale Ordnung in die Arbeiterklasse hineinträgt.

Damit ist der Untergang besiegelt. Der Kapitalismus geht an seinen Erfolgen zugrunde. Er hat zwar einen beachtlichen Wohlstand geschaffen, aber der von ihm ausgelöste Rationalismus der Weltbetrachtung, auf den er seinen Erfolg gründet, holt ihn ein und untergräbt sein kulturelles Fundament. Es entsteht, unmerklich und von selbst, ein sozialistisches System im Rahmen der kapitalistischen Ordnung.

Die Grenzen des Wachstums

1972 wurde ein Buch veröffentlicht, das zu einem Bestseller werden sollte: die vom *Club of Rome* ausgearbeitete globale Analyse der Situation der Menschheit, die auf der Grundlage von Systemmodellen Szenarien der zukünftigen Entwicklung darstellte (vgl. Meadows u.a. 1973). Die ersten Modelle zeigten schockierende Ergebnisse: Wie immer man die Entwicklungsverläufe anlege, nach der Mitte des 21. Jahrhunderts drohe der Menschheit immer die Vernichtung. Falls es gelänge, bedrohliche Tendenzen auf der einen Seite abzuwenden, brächen dafür die Probleme an anderer Stelle umso verheerender auf.- Diese Modelle haben mittlerweile manche Verfeinerung erfahren, und auch eine reformistische Politik, die das Überleben der Menschheit sichern könnte, ist analysiert worden. Tatsächlich kann man selbst bei großem technologischem Optimismus nicht daran vorbeisehen, daß die begrenzte Belastbarkeit der Umwelt, die Knappheit der Ressourcen und die globale Ungleichheit das Thema einer *neuen Industriegesellschaft* auf die Tagesordnung setzen. Das bedeutet keinen Ausstieg aus der Technik: Die Strukturen einer gewandelten Industriegesellschaft werden, gerade wenn diese den Zielen einer humanen, ökologischen Ordnung gerecht werden soll, durch eine entwickelte, ausgefeilte, subtil organisierte Technologie gekennzeichnet sein. Bei einer Fortsetzung der gegenwärtigen Trends jedoch wird der Bestand der Welt immer prekärer; für die meisten Menschen auf dieser Erde wird das Leben in den nächsten Jahrzehnten immer ungewisser (vgl. Global 2000, OECD 1979, Mesarovic/ Pestel 1974, Leontief 1977, Herrera/ Skolnik 1977). Zudem ist - wie der Tinbergen-Bericht (1977) hervorhebt - eine Welt nicht vorstellbar, in der die Armen so leben wie die heutige wohlhabende Minderheit der Weltbevölkerung, in der sie gleich viel Ressourcen, Energie, Fleisch und Wasser verbrauchen. Es sei eine *Illusion*, an eine solche Zukunft zu glauben, und ein *Wahnsinn*, sie errichten zu wollen.

X. POLITIK UND STAAT

Im Laufe der gesellschaftlichen Entwicklung haben sich staatlich organisierte Gesellschaften herausgebildet, und in diesen hat eine spezielle Apparatur die Aufgabe übernommen, die Gesellschaft zu steuern: das politische System. *Politik* bedeutet jenes Geschehen, in dem eine Gruppe von Menschen mit divergierenden Auffassungen oder Interessen gemeinsame Entscheidungen erreicht, die für die Gruppe verbindlich sind und durch gemeinsame Vorkehrungen durchgesetzt werden (vgl. Beyme 1980a, Bottomore 1981, Lenk 1982, Lenk/ Franke 1987). Politisches Handeln bedarf der Macht, die sich als Herrschaft zu institutionalisieren strebt. Jene Herrschaftsinstitution, die uns vor allem interessiert, ist der Staat, als souveräner und legitimer Apparat (Abschnitt 1). Die Frage nach der Methode der Herrschaftsausübung führt uns zum Begriff der Demokratie; die Konkurrenztheorie der Demokratie erweist sich gegenüber dem klassisch-identitären Modell als realistischer, und dieser Umstand wird in einer Diskussion des Elitenkonzepts erhärtet (Abschnitt 2). Institutionen, durch die das Grundmodell einer demokratischen Ordnung angereichert werden muß, um den politischen Prozeß in den westlichen Demokratien verstehen zu können, sind die politischen Parteien, die Verbände und Interessengruppen sowie der bürokratische Apparat (Abschnitt 3). Grundlage des politischen Prozesses sind jene Einstellungen und Grundorientierungen, welche die Individuen politischen Sachverhalten entgegenbringen; sie werden unter dem Begriff der "politischen Kultur" skizziert (Abschnitt 4). Trotz des Erfolges stabilisierender und wohlstandssteigernder Bemühungen, den die politischen Ordnungen der demokratischen Länder in den letzten Jahrzehnten unter Beweis gestellt haben, zeigen sich Krisenerscheinungen: über Unregierbarkeit wird gesprochen, eine Legitimationskrise wird befürchtet, die Grenzen der Mehrheitsdemokratie werden - nicht zuletzt in Anbetracht neuer Herausforderungen und neuer politischer Bewegungen - thematisiert (Abschnitt 5).

1. Grundlagen des politischen Geschehens - Macht, Herrschaft und Staat

"Macht" ist wohl der eigentliche Grundbegriff jeder politischen Theorie. Politik ist Machtausübung. Der Umgang mit diesem Begriff bereitet aber oft Schwierigkeiten.

Dimensionen der Macht

Erstens verbinden sich mit dem Begriff der Macht oft *unangenehme Assoziationen*. "Der Grund liegt darin, daß im bisherigen Verlauf der

Gesellschaftsentwicklung die Machtgewichte oft außerordentlich ungleich verteilt waren und daß Menschen oder Menschengruppen, die gesellschaftlich mit relativ großen Machtchancen ausgestattet sind, diese Machtchancen oft optimal, mit großer Brutalität und Gewissenlosigkeit für ihre Zwecke ausnutzen. Der üble Beigeschmack, der diesem Begriff dementsprechend anhaftet, führt dann leicht dazu, daß man zwischen dem einfachen Tatbestand und der Bewertung dieses Tatbestandes nicht mehr zu unterscheiden vermag." (Elias 1978, 76).- Zweitens wird Macht häufig *ontologisiert*, d.h. es wird davon gesprochen, daß jemand Macht "habe", so als ob es sich um einen Gegenstand handle, den er mit sich herumtragen könne. Einer solchen Denkweise haben auch kriegsstrategische Überlegungen Vorschub geleistet, in denen die Macht konkurrierender Staaten nach ihren Waffenpotentialen und Ressourcen bemessen wird. Macht aber kann nicht so behandelt werden, als ließe sie sich als Substanz denken, als Produktionskraft oder Vernichtungskapazität. Dieser Wortgebrauch "ist ein Überbleibsel magisch-mythischer Vorstellungen. Macht ist nicht ein Amulett, das der eine besitzt und der andere nicht; sie ist eine Struktureigentümlichkeit menschlicher Beziehungen - aller menschlichen Beziehungen." (Elias 1978, 77) Psychische, subjektive Elemente spielen eine Rolle; einer, von dem man glaubt, er habe Macht, hat sie auch wirklich aufgrund dieses Glaubens, denn der Glaube, daß er Macht besitze, erhöht die Durchsetzbarkeit seiner Wünsche. Nicht zuletzt aufgrund dieser Unwägbarkeiten gibt es auch Prozesse eines rapiden Machtverfalls, die auf einer Änderung der Perspektive beruhen, ohne daß sich die äußeren Bedingungen, auf welche sich die Macht stützen konnte, wesentlich geändert haben - die Ostblockstaaten am Ende der 80er Jahre können als Beispiel dienen.- Drittens ist zu berücksichtigen, daß Macht nicht allein eine Angelegenheit politischer Strukturen und Prozesse ist, sondern daß sie auch im *alltäglichen Leben* vorkommt. Eltern üben Macht aus über ihre Kinder, Vorgesetzte über ihre Untergebenen, jeder Mensch über seine Freunde. Macht ist aber immer ein wesentlicher Bestandteil der Politik. Sie darf nicht als negative Kategorie angesehen werden oder als Sachverhalt, den es tunlichst zu vermeiden gilt; dies lehren uns die ambivalenten Machtverhältnisse der Zwischenkriegszeit in Mitteleuropa, als die Unschlüssigkeit der nach Autorität strebenden Demokratien deutlich und das daraus entstehende Machtvakuum durch machtbewußte totalitäre Regime aufgefüllt wurde. Jede Regierung braucht Macht; als das eigentliche Problem der Politik erweist es sich, dafür zu sorgen, daß die Macht in den Händen der richtigen Personen liegt und der dauernden Kontrolle unterworfen ist.- Viertens kann Macht nicht so gedacht werden, als hätte sie der eine und der andere nicht. Es handelt sich, wo von der Macht die Rede ist, nicht nur um funktionale Zusammenhänge, sondern auch um *relative Positionen der Stärke*, um ein größeres oder geringeres Maß an Macht (vgl. auch Dahl 1961). Von den "mächtigen" Gruppen in einer Gesellschaft kann nur in dem Sinne die Rede sein, daß damit die Chance dieser Gruppen beschrieben wird, den Verlauf der Interaktionsprozesse mit anderen Gruppen in einem höheren Maße zu bestimmen, als es diesen anderen möglich ist. Machtdifferentiale beschreiben ungleiche Einflußnahmen auf die Richtung jenes Prozesses, der aus den Verflechtungen der Gruppen entsteht. Gerade in der modernen Industriegesellschaft zeigen sich hiebei gegenläufige Tendenzen: Auf der einen Seite bedeutet der Umstand, daß der einzelne in immer längere Interdependenzketten - immer weitere Handlungszusammenhänge, in denen andere von seinen Handlungen und er selbst von den Handlungen zahlloser, ihm oft unbekannter Individuen abhängig ist - versponnen wird, daß die Machtchancen sich aufgrund dieser Verflechtungen weniger ungleich verteilen und das wechselseitige Angewiesensein größer wird; auf der anderen Seite werden die Menschen vom Funktionieren der Integrations- und Koordinationszentren abhängiger, und die Besetzung dieser zentralen Positionen gibt deren Inhabern ganz besonders große Machtchancen an die Hand (vgl. Elias 1978, 159).

Die klassische Machtdefinition hat Max Weber geliefert: *"Macht bedeutet jede Chance, innerhalb einer sozialen Beziehung den eigenen Willen auch gegen Widerstreben durchzusetzen, gleichviel worauf diese Chance beruht."* (1976, 28). Den Begriff der Macht bezeichnet Weber als "soziologisch amorph", was bedeutet, daß alle denkbaren Qualitäten eines Menschen und alle denkbaren Konstellationen jemanden in die Lage versetzen können, seinen Willen in einer gegebenen Situation durchzusetzen. Es kann sich dabei um rohe Gewalt handeln oder um ihre Androhung, um Prestige, gesellige oder erotische Qualitäten, Schönheit oder Situationsvorteile, um persönliche Anziehung, Charme, Kompetenzen oder Fähigkeiten verschiedener Art, um einen durch institutionelle Funktionen bestimmten persönlichen Status, oder auch um Altruismus (vgl. Brecht 1976, 417). Jener, der ein größeres Vermögen hat, eine höhere gesellschaftliche Stellung oder mehr Charme, jener, der zufällige Situationen besser zu nutzen versteht oder jener, der weniger liebt: Sie pflegen in den meisten Fällen mehr Macht zu haben.

Herrschaft und Staat

Gesellschaftliche Macht verfestigt sich - ob wir wollen oder nicht - in politischen Strukturen, wird institutionalisiert zur *Herrschaft*. Webers Erörterungen zufolge läßt sich eine Brücke schlagen von der Herrschaft zum Staat: *"Herrschaft"*, so meint er, *"soll heißen die Chance, für einen Befehl bestimmten Inhalts bei angebbaren Personen Gehorsam zu finden."* (1976, 28). Von einem "Herrschaftsverband" spricht er, wenn dessen Mitglieder als solche kraft geltender Ordnung Herrschaftsbeziehungen unterworfen sind. *"Staat soll ein politischer*

Anstaltsbetrieb heißen, wenn und insoweit sein Verwaltungsstab erfolgreich das Monopol legitimen physischen Zwanges für die Durchführung der Ordnungen in Anspruch nimmt." (29). Natürlich gibt es auch Gewaltausübung außerhalb dieses Monopolanspruchs, denn auch Kriminelle und Terroristen zählen zu den Staatsbürgern. Aber "legitime" Gewaltausübung wird von den staatlichen Instanzen, etwa der Polizei oder dem Militär, beansprucht, als den einzigen, die gerechtfertigt Gewalt gegen die Gesellschaftsmitglieder üben dürfen.

Traditionellerweise hat man als Kriterium eines Staates die Elemente Staatsgebiet, Staatsvolk und Staatsgewalt angenommen. Zur Unterscheidung von anderen Zusammenschlüssen läßt sich weiters anführen: Die Mitgliedschaft im Staat ist obligatorisch. In der Regel kann man nur Mitglied in einem Staate sein. Der Staat ist auf ein bestimmtes Territorium beschränkt. Staaten sind nicht zweckgebundene Organisationen, sondern dienen dem allgemeinen Interessenausgleich ihrer Mitglieder. Sie sind dauerhafte Einrichtungen. Sie sind souverän, d.h. haben die Kontrolle über alle anderen Assoziationen. Sie verfügen über das Gewaltmonopol, d.h. sie erheben Anspruch, daß nur die Staatsorgane legitime Gewalt ausüben dürfen (vgl. Beyme 1980, 145ff.; zur Diskussion Kriele 1981, 3. Kap.).

Es mag übertrieben scheinen, gerade das Gewaltmonopol als Voraussetzung staatlicher Existenz hervorzuheben. Aber diesen Eindruck gewinnt man nur unter friedlichen Verhältnissen. Für die *absolutistische Staatstheorie* von Thomas Hobbes (1588-1679) ist die Beschränkung auf legitime Gewalt der Ausgangspunkt, denn Hobbes lebte unter dem Eindruck der europäischen Religionskämpfe. Die Menschen würden - angesichts ihrer ungeselligen und egoistischen Natur - in Chaos und Bürgerkrieg leben, wenn nicht der Staat, der als durch einen fiktiven Gesellschaftsvertrag gegründet angesehen werden kann, die egoistischen Bestrebungen der Individuen im Zaum halten würde. Der Staat gewährleistet durch seine feste Autorität jene Ordnung, die ein friedliches Zusammenleben ermöglicht, die Bürger "zähmt" und dadurch langfristig ihren Nutzen steigert. Er ist die Regelungsinstanz für soziale Konflikte. Er bietet Schutz, die Bürger leisten Gehorsam. Er ist in seinem Wesen von Attributen wie Gerechtigkeit oder Demokratie unabhängig, denn er ist zum Herrschen berufen: *auctoritas non veritas facit legem.* In seinem Bestreben, eine ordnungsstiftende Macht pragmatisch zu gewährleisten, die allen "privaten" Gewaltakten eindeutig überlegen ist und daher den Frieden stiften kann, unterschätzt Hobbes die Gefahren einer totalitären Entartung der absolutistischen Herrschaft.

Diese Gefahr hat John Locke (1632-1704) sehr klar erkannt (vgl. Locke 1980, Euchner 1979). Wohl geht auch er von einem gesellschaftlichen "Urzustand" aus, aber in ihm herrschen - anders als bei Hobbes - Freiheit und Frieden. Mit steigender Zivilisierung sammeln sich jedoch Geld und Eigentum an, und das wohlverstandene Eigeninteresse der Menschen bewirkt, daß sie ihr Eigentum zu schützen trachten. Im Gesellschaftsvertrag wird deshalb ein Staat begründet, dem die Bürger nur ein wohlabgemessenes Maß ihrer Rechte, über die sie von jeher verfügen, abtreten. Der Staat steht unter der klaren sittlichen Verpflichtung, für das allgemeine Wohl zu sorgen, und er ist in seinen Eingriffsrechten gegenüber den Bürgern beschränkt. Locke wird damit zum Begründer liberalen Verfassungsdenkens: Die gesetzgebende Gewalt wird von den Bürgern gebildet, der Staat ist zu weltanschaulicher Neutralität und Toleranz verpflichtet.

Weit radikaler, was die Mitwirkung der Bürger angeht, ist das *demokratische Modell* von Jean-Jacques Rousseau (1712-1778), der ebenfalls den Sozialkontrakt als theoretischen Bezugspunkt wählt. Er sieht nicht in der egoistischen Natur des Menschen - so wie Hobbes - den Grund für Krieg, Ungleichheit und Konflikt, sondern darin, daß die Zivilisation - das Privateigentum zumal - die auf Freundlichkeit und Kooperation gerichtete Natur des Menschen verderbe. Er denkt weniger in institutionellen Dimensionen (wie Locke) als in moralischen Kategorien. In seinem Gesellschaftsvertrag nehmen die Menschen ihr künftiges Geschick ("radikaldemokratisch") selbst in die Hände. Im Allgemeinwillen, der sich aus einer Verdichtung, nicht einer Summierung der Einzelwillen ergibt, verkörpert sich das allgemeine Beste; die volonté générale ist das Prinzip der Freiheit: Dissidenten, welche die von der Mehrheit als beste erachtete Lösung nicht einsehen wollen, können zum Gehorsam gezwungen werden, und darin wird erst ihre Freiheit verwirklicht; bei Rousseau ist die Minderheit gegenüber dem Allgemeinwillen, der auch ihr Bestes verkörpert, nur uneinsichtig. Einzelwille und Kollektivwille werden zur Deckung gebracht. Abweichende Interessen, Parteiungen und Verbandsbildungen, Spielräume für die Regierung und Institutionen zur Gewaltenteilung werden nicht zugelassen. Auch die utopische Vision Rousseaus hat daher - so wie das pragmatische Modell von Hobbes - totalitäre Züge.

Montesquieu hat bereits nachgewiesen, daß das Rousseausche Modell nur in kleinen Gemeinden mit homogener Bevölkerung funktionieren könne (1748). Kurz nachdem Hegel den modernen Staat als Verkörperung des Strebens nach Freiheit gepriesen hatte (1821), wurde er auch als Unterdrückungsmaschinerie attackiert. Im *marxistischen Modell* ist der Staat Instrument der Herrschaft und Ausbeutung im Dienste einer sozialen Gruppe über die anderen. Karl Marx (1818-1883) hat behauptet, die konkrete Gestalt der politischen Herrschaft werde durch den Entwicklungsstand der Produktivkräfte und Produktionsverhältnisse bestimmt, und im Kapitalismus sei dem Staat die wichtige Aufgabe übertragen, vor allem die Eigentums- und Ausbeutungsordnung zu stabilisieren. Die ökonomisch herrschende Klasse ist auch die politisch herrschende. Die ökonomische Ungleichheit spiegelt sich in den Gesetzen wider. Der Staatsapparat besorgt die gemeinsamen Angelegenheiten der Kapitalistenklasse. Nach der sozialistischen Revolution wird es hingegen keine Klassen und keine

Ausbeutung mehr geben, und es verschwindet die Arbeitsteilung im herkömmlichen Sinn; daher ist auch kein Staat im eigentlichen Sinne des Wortes mehr notwendig, nur eine Apparatur, die für die "Verwaltung von Sachen" sorgt.- In den revisionistischen Strömungen, die aus der Erkenntnis der Unzulänglichkeit der Marxschen Theorie erwachsen sind, wird diese Vision aufgegeben. Der Staat - als jene Form, in der jede Gesellschaft organisiert ist - erscheint als Ansatzpunkt der Reformpolitik, ja als Hebel zur Durchsetzung der Interessen der Arbeiterklasse. Mittels Wahlrecht, Arbeiterschutz und Gewerkschaftsgründung, also mit legalen und nichtrevolutionären Mitteln, will man zu einer "sozialen Demokratie" vorstoßen.- Die Theorie des "staatsmonopolistischen Kapitalismus" ("Stamokap"), die in den sechziger Jahren ausgearbeitet wurde, hat das traditionelle Modell in Anbetracht eines erstaunlich erfolgreichen spätkapitalistischen Systems, dessen Stabilität die Vertreter dieser Theorie unter Erklärungsdruck setzte, modifiziert. Krisen und Widersprüche - so wird nun zugestanden - können auch im entfalteten Kapitalismus gemeistert werden, allerdings nur dadurch, daß der Staat im Interesse der Kapitalistenklasse - und zwar mit besonderem Augenmerk auf das Monopolkapital, also die riesigen Konzerne und Banken - steuernd und gestaltend in den ökonomischen Prozeß eingreift. Seine Hauptaufgabe ist es, das Prinzip einer profitorientierten Wirtschaft aufrechtzuerhalten, und er setzt deshalb sogar Maßnahmen, welche zuweilen die Interessen starker Kapitalgruppen verletzen. Die politisch regierende Klasse ist nicht die wahre Herrschaftsklasse; die Kapitalisten verfolgen ihre Interessen auf eine effizientere Weise, indem sie nicht persönlich die Herrschaftspositionen besetzen, sondern im Hintergrund bleiben. Der Staat fördert auch die für das herrschende Wirtschaftssystem erforderlichen Werte und produziert die entsprechenden Rechtfertigungen; er vermittelt eine Konsumorientierung, der zufolge materieller Besitz als Weg zu Glück und Erfüllung angesehen wird (vgl. Miliband 1969, Poulantzas 1973). In neueren marxistischen Untersuchungen ist auch gezeigt worden, *warum* der Staat diese Stabilisierung leistet: Wähler reagieren auf eine gute Wirtschaftslage. Investitionsentscheidungen sind von der Zukunftseinschätzung und dem Wirtschaftsklima abhängig. Eine unternehmerfeindliche Politik hemmt die Investitionsbereitschaft, verschlechtert die Wirtschaftslage und führt daher zu schlechten Wahlergebnissen. Daß die politische Elite ihre Eigeninteressen verfolgt, verschafft daher auch den Unternehmern eine privilegierte Position in der Gesellschaft.

Der moderne Staat ist ein Rechtsstaat. Das *rechtsstaatliche Modell* ist das Ergebnis des Kampfes des aufsteigenden Bürgertums um die Durchsetzung liberaler Forderungen. Zentrales Element ist die Gleichheit aller Bürger vor dem Gesetz. Es gilt die Herrschaft des Gesetzes, d.h. es bestehen gleiche rechtliche Spielregeln für alle. Grundrechte sind in der Verfassung garantiert; staatliches Handeln ist an Gesetze gebunden; das Handeln der Staatsorgane wird durch unabhängige Gerichte kontrolliert. Mit der Durchsetzung des Rechtsstaates ist die Idee einer *liberalen Demokratie* verbunden: Demokratische Verfahrensweisen allein sind zur Sicherung der individuellen Freiheit nicht ausreichend, denn Mehrheitsbeschlüsse könnten ja alle Lebensbereiche des Menschen determinieren und auf diese Weise jegliche Entscheidungsfreiheit des einzelnen beseitigen. Eine demokratische Ordnung wäre ja noch immer gewahrt, wenn durch Mehrheitsbeschluß jedem Individuum vorgeschrieben würde, was es zu essen, wie es seine Freizeit zu verbringen und welche Bücher es zu lesen hat. "Auch bei schrankenloser Ausdehnung der Staatsgewalt gegen das Individuum", so meint Kelsen (1963, 10f.), "also bei völliger Vernichtung der individuellen 'Freiheit' und Negation des liberalen Ideals, ist Demokratie - wird solche Staatsgewalt nur von den ihr unterworfenen Individuen gebildet - noch möglich." Das demokratische Prinzip ist daher durch das *liberale* Prinzip zu ergänzen: Der liberale Grundsatz zielt auf die Beschränkung des staatlichen Aktionsbereiches, auf die Sicherung eines uneingeschränkten und selbst durch demokratische Mehrheitsverfahren nicht antastbaren Freiheitsraumes der Menschen, wie er im Kern durch die Grund- und Freiheitsrechte gekennzeichnet wird. Es sind also zwei fundamental verschiedene Freiheitsbegriffe, von denen hier die Rede ist: Die *liberale Freiheit* zielt auf Selbstbestimmung, auf die Nichteinmischung der anderen, auf die eigene Entscheidung. Die *demokratische Freiheit* zielt auf die Mitwirkung an der Gestaltung der sozialen Ordnung, auf Partizipation und Teilnahme an kollektiven Entscheidungsprozessen.

Souveränität - das Problem der "letzten" Instanz

Die Frage nach der politischen Souveränität hängt mit der Durchsetzungsfähigkeit der Staatsgewalt zusammen, die Frage nach der Legitimität mit der Rechtfertigung. Gewaltsame Konflikte in einem Staat, etwa Bürgerkriege, werden (im Sinne von Hobbes) dadurch verhindert, daß die Gewalt monopolisiert wird und Verfahren zur Konfliktvermeidung und -regelung vorgesehen werden. Die *Politiques*, eine Gruppe von Juristen, suchte in den konfessionellen Bürgerkriegen im Frankreich des 16. Jahrhunderts die königliche Autorität so zu stärken, daß der Herrscher in der Lage wäre, Toleranzedikte durchzusetzen. Jean Bodin (1530-1596), der bekannteste von ihnen, legte in seinem Modell eines Stufenbaus der menschlichen Interessen dar, daß es Aufgabe der Politik sei, jene Fundamente zu sichern, auf denen erst die höheren Werte - auch die geistigen und religiösen - verwirklicht werden könnten. Um dies sicherzustellen, müsse der König gegen die "alten" Rechte der Aristokraten verstoßen, er müsse daher *legibus absolutus*, durch Gesetze nicht gebunden, d.h. ein absoluter Souverän, sein. Zur Erlangung des Friedens geht man das Risiko der Tyrannei ein. Die Souveränität des Souveräns, der die ungeteilte, unbedingte und unbeschränkte Macht besitzt, Recht zu schaffen, zu ändern oder zu durchbrechen, kennt allerdings keine Vorkehrungen gegen die Gefahr, daß der König im Bürgerkrieg nicht der überparteilich Schlichtende bleibt, sondern selbst Partei im Streite wird.

Die *Souveränität des demokratischen Verfassungsstaates* hingegen bedeutet, daß die Staatsgewalt vom "Volke" ausgeht, daß das Volk also Träger der Staatsgewalt ist. Die Herrschaftsunterworfenen kreieren das Gesetzgebungsorgan, und die Macht der politischen Führer ist auf den Vollzug von Gesetzen eingeschränkt. Freilich haben die politischen Instanzen die Möglichkeit, auf diesen Gesetzgebungsprozeß in wesentlicher Weise Einfluß zu nehmen, aber allein der Umstand, daß ein anderes Organ, nämlich das Parlament, in Bewegung gesetzt werden muß, um politische Absichten durchzusetzen, trägt der Idee der Gewaltenteilung und der politischen Kontrolle Rechnung.

Jenes Organ, das schlechthin die staatliche Ordnung aufrechterhält, ist der *Souverän*. Wer mit dieser Aufgabe betraut werden soll, ein uneingeschränkter Herrscher, ein Gremium von Weisen oder gewählte Repräsentanten -, das eben ist das Problem der jeweiligen Verfassung. Carl Schmitt, der Staatsrechtslehrer der Zwischenkriegszeit, findet es beispielsweise vorteilhaft, einen "Führer" damit zu betrauen, der jenes "gesunde Volksempfinden", das in dem pluralistisch zerrissenen Volk und seinen gewählten Repräsentanten nicht mehr zutage tritt, in dezisionistischer Weise artikuliert. Daß sich ein derart einheitlicher Volkswille bilden kann, hält demgegenüber Hans Kelsen für völlig unplausibel; nur ein parlamentarisches Verfahren, das auch die Vorzüge der politischen Arbeitsteilung nutzen kann, ist in der Lage, der Fiktion der Interessenrepräsentation - trotz aller Mittelbarkeit der Willensbildung - zu entsprechen, und nur ein solches Organ kann daher als "letzte Instanz" (auch in Krisenzeiten) gelten (vgl. Prisching 1988b).

Heute gerät der Begriff der Souveränität in Schwierigkeiten; nach innen fehlt der eigentliche "Souverän", und so wird Souveränität mit dem "Gewaltmonopol" identisch, nach außen hin löst sich die staatliche Souveränität in einem Geflecht zwischenstaatlicher Verpflichtungen und einer Machtkonzentration in überstaatlichen Institutionen auf.

Legitimität - die Bereitschaft zum Mitmachen

Legitimität ist eine Eigenschaft politischer Systeme: die "Anerkennungswürdigkeit einer politischen Ordnung" (Habermas 1976b, 39). *Legitimation* oder *Legitimierung* ist der Prozeß, in dem Legitimität zustande kommt. Wir unterscheiden einen normativen und einen deskriptiven Legitimitätsbegriff.

(1) Der *deskriptive Begriff* hält sich an die Tatsachenfrage: Halten die Bürger eine politische Ordnung für gerechtfertigt und sind sie

folgebereit? Legitimität in diesem Sinne liegt vor, "wenn es dem System gelingt, im Volke die Überzeugung zu schaffen und zu erhalten, daß die bestehenden politischen Institutionen für die betreffende Gesellschaft die bestmöglichen sind." (Lipset 1962, 70) "Eine Staatsgewalt ist legitim, wenn sie in den Augen der ihr Unterworfenen im großen und ganzen als gerechtfertigt gilt." (Kriele 1981, 37) Hier geht es nur um den faktischen Glauben der Gesellschaftsmitglieder, nur um das Bestehen einer Motivation, nicht um Gerechtigkeit oder Wahrheit. Wie Hermann Heller sagt: "Die Legende eines Mannes kann, mindestens eine Zeit lang, den Mann ersetzen; der Mythus einer Wirklichkeit leistet nicht selten die gleiche legitimierende Wirkung wie die Wirklichkeit selbst." (Heller 1934, 176) Die rein beschreibende Dimension zielt darauf, ob eine Regierung bei den Bürgern Folgebereitschaft - aus welchen Gründen auch immer - wachrufen kann.

Legitimität kann eine Regierung auf verschiedenen Wegen gewinnen. David Easton (1965) hat *diffuse* und *spezifische Unterstützung* der Regierung unterschieden - erstere ist weitgehend unabhängig von bestimmten Staatsleistungen und richtet sich auf die politische Ordnung und die Amtsinhaber, letztere ist die Antwort der Bürger auf bestimmte Outputs des politischen Systems, d.h. Wohlstand, Ordnung, Sozialleistungen und dergleichen. Es gibt Fälle, in denen diese beiden Einschätzungen auseinanderfallen: wenn etwa trotz mancher Leistungsschwächen der Regierung die Bevölkerung ihre Loyalität aufrechterhält, oder wenn gut funktionierende Systeme mit dem Entzug des Bürgergehorsams konfrontiert sind. Seymour Martin Lipset (1962) hat die beiden Komponenten: *Legitimität* und *Funktionsfähigkeit* näher betrachtet und festgestellt, daß Länder, die bei hoher Legitimität ihre Funktionsfähigkeit einbüßen, eher demokratische Strukturen bewahren als jene Länder, denen dies bei einem niedrigen Ausgangsniveau an Legitimität widerfährt. Das heißt: Kurzfristig sind die beiden Größen gegeneinander ersetzbar; längerfristig wird wohl gelten, daß eine unzureichende Funktionsfähigkeit auch das Legitimitätspotential aufzehrt.- Heute wird oft die Befürchtung geäußert, daß die legitimatorische Basis des modernen Staates brüchig geworden sei; der Konsens über grundlegende Lebensvoraussetzungen müsse durch konkrete Leistungen aufrechterhalten werden, wogegen nicht mehr auf sittliche Normen als tragfähige Grundlage des Gemeinwesens zurückgegriffen werden könne. Wenn die Kooperation aber nur noch durch den konkreten Nutzen für jeden Beteiligten motiviert sei, wie könne man die Menschen dann in Krisenzeiten zum "Mitmachen" bringen?

Max Weber nennt drei Quellen, aus denen eine politische Herrschaft Legitimität schöpfen kann. Eine *charismatische Herrschaft* stützt sich auf die außeralltägliche Hingabe an die Heiligkeit oder die Heldenkraft oder die Vorbildlichkeit einer Person und der durch sie geoffenbarten oder geschaffenen Ordnungen; Priesterkönige, Propheten, der nationalsozialistische "Führer" sind Beispiele. Eine *traditio-*

nale Herrschaft gründet sich auf den Alltagsglauben an die Heiligkeit von jeher geltender Traditionen und die Legitimität der durch sie zur Herrschaft Berufenen; so etwa die Thronfolgeordnungen der Dynastien. Eine *legale oder rationale Herrschaft* beruht auf dem Glauben an die Legalität gesatzter Ordnungen und des Anweisungsrechts durch die zur Ausübung der Herrschaft Berufenen (vgl. Weber 1976, 124). Die Frühformen der Herrschaft, in jenen Epochen, in denen erst bedingt von staatlicher Herrschaft gesprochen werden kann, waren nach Webers Meinung charismatischer Natur. Wenn charismatische Autorität aber über eine bestimmte Zeit andauert, so tendiert sie zu einer institutionellen Verfestigung im Sinne einer traditionalen oder legalen Herrschaft. Es tritt eine *Veralltäglichung des Charismas* ein. Diese gründet sich einerseits auf das Interesse der Herrschenden und ihrer Gefolgschaft an der Aufrechterhaltung ihrer bevorzugten Position, andererseits auf das Interesse der Anhängerschaft am Fortbestehen der sozialen Ordnung. Es entwickeln sich Rekrutierungsregelungen für die Gefolgschaft, Nachfolgeregelungen für den Herrscher, eine Vergabeordnung für Pfründen, Lehen und Ämter, eine ständische "Ehre" und dergleichen.

Die legale Herrschaft schließlich beruht auf der Herrschaft des Gesetzes. Staatliche Gesetze werden ja normalerweise nicht deswegen befolgt, weil demjenigen, der sie verletzt, physische Gewalt (etwa durch die Polizei) droht, sondern deswegen, weil die Vorstellung von der Verpflichtungskraft und Verbindlichkeit des Rechts besteht. Selbst wenn man mit einzelnen Gesetzen nicht einverstanden ist, billigt man die Rechtsordnung im großen und ganzen. Dies übersteigt die bloße *Legalität*, die keine hinreichende Begründung für den Gehorsam der Bürger darstellt: Die rechtspositivistische Sicht beschränkt sich auf diese Kategorie der Legalität, man gehorcht dem Gesetz letztlich wegen einer Grundnorm, die besagt, man habe der Verfassung zu folgen; aber warum man der Grundnorm gehorcht, ist nicht mehr begründbar. Dafür muß man auf andere Begründungen zurückgreifen, auf eine Legitimität jenseits der Rechtstheorie, mag sie nun in der Vorstellung von einer göttlich gebotenen Ordnung bestehen oder in einem wohlkalkulierten Eigeninteresse an einer friedlichen Sozialordnung.

Ein wesentlicher Bestandteil der modernen legal-rationalen Legitimierung ist die *Legitimation durch Verfahren*. Nach der Auffassung Niklas Luhmanns (1969) legitimieren die Verfahrensweisen des Rechtsstaates - Gesetzgebung, Prozeß, Wahl - die Staatsgewalt, und auf diese Weise können komplizierte Probleme Schritt für Schritt konsensuell abgearbeitet und gelöst werden. Allerdings beruht auch die Legitimität dieser Verfahren wieder auf der Überzeugung, daß sie das bestmögliche Ergebnis zustandebringen, weil in ihnen eben alle relevanten Gesichtspunkte zum Zuge kommen und eine hohe Chance zu einer vernünftig gerechtfertigten Lösung besteht (vgl. Kriele 1981, 38). Verfahren sind also doch nicht nur rein formal legitimiert.

(2) Die Frage, in welchen Fällen der Gehorsam gegenüber dem Staat rechtmäßigerweise verweigert werden kann, ja wann Widerstand zu einer ethischen Verpflichtung wird, führt uns zum *normativen Legitimitätsbegriff*. Im frühen 19. Jahrhundert ging es hiebei um "legitime" dynastische Erbfolgen und um die Abgrenzung gegen usurpatorische, revolutionär installierte Regime. Heute geht es um eine ethische Fragestellung, die sich mit dem Problem befaßt, wie Herrschaft beschaffen sein muß, um mit moralischer Berechtigung das "Mitmachen" der Bürger fordern zu dürfen. Das rein faktische Mittun reicht noch nicht: "Selbst wenn sich Neunundneunzig von Hundert die Rechtmäßigkeit des Regimes psychisch zu eigen gemacht haben, der eine Gerechte weiß es besser." (Hennis 1976, 12). Auch einem massenpsychologisch abgestützten und daher stabilen Regime kann die Legitimität bestritten werden. Die Vertreter des normativen Legitimitätsbegriffs verweisen auf den modernen freiheitlich-liberalen Verfassungsstaat der Gegenwart, der die Kriterien vereint, die zur Auszeichnung "legitimer" Staaten verwendet werden können. Aber es genügt natürlich nicht das schlichte Bekenntnis zu diesen Werten. Jürgen Habermas (1976b) geht es daher um eine normative Theorie der Legitimität, welche die Lücke zur empirischen Realität überbrückt. Die Wahrheitsfähigkeit praktischer Fragen soll an einen - durch bestimmte ideale Charakteristika ausgezeichneten - Diskurs gebunden sein. Meinungen und Normen erfahren ihre Begründung (als wahr oder richtig) dadurch, daß in einem Diskurs darüber Einigung erzielt wurde. Nicht jeder Diskurs und nicht jeder Konsens aber ist zu einer solchen Rechtfertigung geeignet; es muß sichergestellt sein, "daß ausschließlich virtualisierte Geltungsansprüche von Behauptungen bzw. Empfehlungen oder Warnungen Gegenstand der Diskussion sind; daß Teilnehmer, Themen und Beiträge nicht, es sei denn im Hinblick auf das Ziel der Prüfung problematisierter Geltungsansprüche beschränkt werden; daß kein Zwang außer dem des besseren Arguments ausgeübt wird: daß infolgedessen alle Motive außer dem der besseren Wahrheitssuche ausgeschlossen sind." Kommt unter diesen Bedingungen ein Konsens zustande, so drückt er einen "vernünftigen Willen" aus; das Verfahren garantiert, "daß ein Konsens nur über angemessen interpretierte verallgemeinerungsfähige Interessen, darunter verstehe ich: Bedürfnisse, die kommunikativ geteilt werden, zustande kommen kann." (Habermas 1973c, 148f.)

Der normative Legitimitätsbegriff ist ambivalent. Er kann mit dem Widerstand gegen totalitäre Regime verbunden werden, weil diese den inhaltlichen Kriterien "legitimer" Regierungen nicht entsprechen; er schützt eine Legitimität jenseits des gesatzten Rechts, denn letzteres kann auch Unrecht sein. Er kann aber auch zur Aushöhlung des demokratischen Rechtsstaates verwendet werden, wenn etwa den aus dem Willen des Volkes ablesbaren oder den Gesetzlichkeiten des geschichtlichen Prozesses entsprechenden Impulsen, die von geeigneten Führern oder einer politischen Avantgarde zum Ausdruck gebracht werden, echte demokratische Legitimität zugesprochen wird, während den durch bloß mechanistisch aggregierenden oder auf Massenmanipulation beruhenden, bloß formalen Abstimmungsmechanismen nur Legalität - und damit ein minderer Status der Geltung - zugestanden wird. Mit der Berufung auf normative Legitimität kann man gegen die formalen Verfahren einer demokratischen Ordnung vorgehen.

2. Die Idee und die Wirklichkeit einer demokratischen Ordnung

Der Demokratiebegriff teilt mit anderen politischen Schlagworten das Schicksal, weit über seinen ursprünglichen Anwendungsbereich hinaus verwendet zu werden, um strategische Vorteile in politischen Auseinandersetzungen zu erlangen. Im Zuge dieser oft recht beliebigen Etikettierungsversuche wird er synonym mit allem Guten, Wahren und Schönen. Grundlegend sind zwei Modelle, nämlich die klassische Theorie und die Konkurrenzdemokratie, und diesen wird eine drittes, die soziale Demokratie, hinzugefügt.

Demokratie - die Kontrolle der Herrschenden

(1) Der *klassische Demokratiebegriff* - die *Identitätstheorie* der Demokratie - geht von der bereits erwähnten Vorstellung Jean-Jacques Rousseaus aus, daß in einer demokratischen Ordnung eine Identität von Regierenden und Regierten in dem Sinne bestehe, daß der unmittelbare gemeinsame Wille der Bürger das kollektive Geschick lenkt. Der Wille des Volkes, der Ausfluß freier vernünftiger Entscheidung und gemeinsamer Willensbildung ist, ist für alle bindend, auch für die Regierenden. Die mündigen Bürger, die *citoyens*, die an der Lenkung der Geschicke ihres Gemeinwesens partizipieren, sind nicht Einzelinteressen verpflichtet, sondern stoßen gemeinsam zur volonté générale, zum Allgemeinwillen, vor, in dem die besten Lösungen für Gemeinschaftsangelegenheiten zum Ausdruck kommen. Er ergibt sich aus allen individuellen Willensbekundungen, er ist jene Willensäußerung, der sich alle Bürger unterwerfen müssen. Repräsentation, die Einsetzung von Volksvertretern, wird verworfen, denn nur die direkte Partizipation aller kann den Machtmißbrauch verhindern.

Gegen dieses Demokratiemodell wird eingewandt, daß die Vorstellung eines Gemeinwillens, der alle Lebensbereiche umfaßt, unrealistisch ist, weil sich Individualinteressen nicht immer in einer Gemeinwohlvorstellung auflösen lassen; daß die permanente Teilnahme aller Bürger an den politischen Entscheidungen ihre Informations- und Wissensgrenzen überschreite; und daß die Vorstellung eines "Allgemeinwillens", in dem sich alle Menschen guten Willens finden müßten, tendenziell zu einer autoritären kollektivistischen Ordnung führt. Der Rechtstheoretiker Hans Kelsen sagt kurz und prägnant:

"Das Freiheitsideal der Demokratie, Herrschaftslosigkeit und sohin Führerlosigkeit, ist nicht einmal annäherungsweise realisierbar. Denn soziale Realität ist Herrschaft und Führerschaft." (1967, 27). In einer komplexen Großgesellschaft läßt sich Volkssouveränität nur durch die Einrichtung repräsentativer Organe - legislativer Gremien - und durch die Nutzung integrierender Mechanismen - Parteien - verwirklichen. Demokratie aber läßt sich dennoch realisieren: in der steten Bemühung, Institutionen zu "erfinden", die das Gewicht des Volkes bei der Entscheidung politischer Sachverhalte stärken.

(2) Das *Konkurrenzmodell* der Demokratie, das als einigermaßen realistische Beschreibung des demokratischen Prozesses in modernen westlichen Demokratien gelten kann, stellt bescheidenere Ansprüche als das identitäre Modell. Joseph A. Schumpeter (1883-1950) geht davon aus, daß die Rolle des Volkes darin bestehe, auf dem Wege der Wahlentscheidung zwischen verschiedenen Elitegruppen, die sich um die politische Führung bewerben, eine Regierung hervorzubringen: "Die demokratische Methode ist diejenige Ordnung zur Erreichung politischer Entscheidungen", so meint er in einer berühmt gewordenen Formulierung, "bei welcher einzelne die Entscheidungsbefugnis vermittels eines Konkurrenzkampfes um die Stimmen des Volkes erwerben." (1975, 428). Auch für Kelsen ist die Demokratie ein "rein formales Organisationsprinzip, das an und für sich gar keinen allgemeinen und unbedingten Wert für jeden Organisationszweck beanspruchen kann." (Kelsen 1965, 120). Es handle sich um eine "Methode der Erzeugung der sozialen Ordnung" (94), für die der Freiheitswert, d.h. die gleiche Beteiligung aller an der Bildung des staatlichen Willens, grundlegend sei, nicht aber inhaltliche Zielvorstellungen oder soziale Gleichheitsvorstellungen irgendeiner Art.

Schumpeter hat mit seiner Idee einer marktähnlichen Konkurrenz von Elitegruppen um Wählerstimmen nicht nur wichtige Gedanken von Max Webers "plebiszitärer Führerdemokratie" übernommen, sondern ist auch zum Ahnherrn einer theoretischen Richtung geworden, die Vorstellungen aus der ökonomischen Theorie auf den politischen Prozeß überträgt (z.B. Downs 1968, Buchanan/ Tullock 1962, Olson 1965). Die Demokratie löst sich von allen inhaltlich bestimmbaren Zielen; sie garantiert nicht unbedingt eine größere Summe individueller Freiheit als eine andere Methode (vgl. Schumpeter 1975, 431). In den Worten Schmitts: "Eine Demokratie kann militaristisch oder pazifistisch sein, absolutistisch oder liberal, zentralistisch oder dezentralisierend, fortschrittlich oder reaktionär, und alles wieder zu verschiedenen Zeiten verschieden, ohne aufzuhören, Demokratie zu sein." (1985, 34) Gewisse inhaltliche Kriterien müssen allerdings wohl gewährleistet sein: Beispielsweise darf eine existierende Mehrheit der Opposition nicht alle Chancen verbauen, jemals zur Mehrheit werden zu können - die Wahrheit dieses "formalen" Prinzips (freie Stimmenwerbung) erfordert aber die Wahrung einer ganzen Reihe "inhaltlicher" Grundfreiheiten (Redefreiheit, Versammlungsfreiheit usw.).

Die grundlegende Perspektive des Konkurrenzmodells ist die folgende: Wie auf einem Gütermarkt mit vollkommener Konkurrenz, so kontrollieren die Konkurrenten einander auch auf dem politischen Markt, dem Markt der Wählerstimmen. Alle Parteien müssen versuchen, ihre Wählerstimmen zu maximieren, um an die Macht zu kommen oder an der Macht zu bleiben, und zu diesem Zwecke müssen sie jenes politische Angebot - an öffentlichen Leistungen und politischen Programmen - offerieren, das den Wünschen des größten Teils der Wähler entspricht. Es ist eine Regierung *für das Volk*, nicht *durch das Volk*. Die politische Beteiligung erschöpft sich im wesentlichen in den regelmäßig wiederholten Wahlakten, dazwischen hat der Bürger keine Funktion. "Die Demokratie des modernen Staates ist die mittelbare, die parlamentarische Demokratie, in der der Gemeinschaftswille nur von der Mehrheit jener gebildet wird, die von der Mehrheit der politisch Berechtigten gewählt werden." (Kelsen 1929, 25).- Der Druck der politischen Konkurrenz wird aber oft überschätzt. Es gibt auch Kartellierungsprozesse, wenn etwa jene Eliten, die sich im Konkurrenzkampf bewähren und erneuern sollen, bloß einen "eingeschränkten Wettbewerb" aufrechterhalten, d.h. Herrschaftspositionen im Einvernehmen sichern und wechselseitig Unannehmlichkeiten vermeiden, beispielsweise gemeinsam bestimmte politische Themen aus dem Wettkampf heraushalten, so daß keine "echten" Alternativen zum vorherrschenden Parteienspektrum bestehen.

(3) Das Konkurrenzmodell betrachtet Demokratie als ein Verfahren der Bildung von Regierungen. Sozialistische und sozialdemokratische Theoretiker haben diese Art von Demokratie als *formale Demokratie* kritisiert und ihr die Idee einer *sozialen Demokratie* gegenübergestellt. In den Konkurrenzmodellen ist ihres Erachtens eine freie Willensbildung dann unmöglich, wenn die herrschende Ungleichheit - der Klassenstaat - die grundlegenden Konsensvorstellungen, auf denen eine Demokratie beruhen muß, zerstört. So hat etwa der Austromarxist Max Adler dem bloß formalen Demokratiebegriff unter Rückgriff auf die Rousseausche Idee eines "einheitlichen, allgemeinen Volkswillens" den Begriff einer "sozialen Demokratie" gegenübergestellt, die nur in einer klassenlosen, d.h. postrevolutionären Gesellschaft realisierbar sei (vgl. Adler 1973, 121ff.). Zumindest aber wird mit einer "sozialen Demokratie" die Vorstellung einer Ordnung verbunden, "die den Normunterworfenen nicht nur einen formal gleichen Anteil an der Erzeugung des Gemeinschaftswillens, sondern auch ein in irgendeinem Sinne gleiches Maß von Gütern gewährleistet." (Kelsen 1929, 93) Soziale Demokratie bedeutet also beides: einerseits eine Ausweitung demokratischer Verfahrensweisen über den eigentlich staatlich-politischen Bereich hinaus, eine Demokratisierung aller Lebensbereiche, insbesondere auch der wirtschaftlichen Einrichtungen; andererseits eine sozialpolitische Absicherung bzw. eine Egalisierung von Lebenschancen (vgl. Pelinka 1974, Bachrach 1967, Macpherson 1977).

Die wohlfahrtsstaatlichen Demokratien der modernen Industriegesellschaften kommen dem letzteren Ziel nahe, während sie demokratische Verfahren weitgehend auf den originär politischen Bereich beschränken.

Eliten - Führungsgruppen in einer demokratischen Ordnung

In den konkurrenzdemokratischen Modellen war bereits die Rede von rivalisierenden "Eliten". Angesichts demokratischer Systeme, deren Repräsentanten vorgeben, nach dem Willen ihrer Bürger zu handeln, ist es nicht selbstverständlich, von *politischen Eliten* zu sprechen; denn "demokratische Herrschaftsordnung soll ja zunächst heißen, daß in einem gesamtgesellschaftlichen System keiner Gruppe a priori partikulare Machtprivilegien zugestanden werden. Ihrer historischen Intention nach laufen demokratische Verfassungssysteme darauf hinaus, die politisch herrschenden Klassen, Schichten und Gruppen als herrschende außer Funktion zu setzen." (Offe 1972, 135). Aber dieses Bild kollidiert mit der Wirklichkeit; demokratische Doktrin und demokratisch etikettierte Wirklichkeit klaffen auseinander (vgl. Pelinka 1974, 12; Röhrich 1975, Herzog 1982). Joseph Schumpeter sagt es prägnant: "Das Volk herrscht in Tat und Wahrheit nie, aber durch Definition kann es immer dazu gebracht werden." (1975, 391).

Grundsätzlich kann man zwischen Macht-, Wert- und Funktionseliten unterscheiden (vgl. Lenk 1982, Kap. IV). *Machteliten* sind mehr oder minder geschlossene Gruppen mit spezifischen Qualitäten, privilegierte Gruppen, "herrschende Klassen"; politische, militärische und bürokratische Gruppen wurden als Machteliten analysiert (Schelsky 1982, Djilas 1960 und Michael S. Voslensky 1980). *Werteliten* sind schöpferische Gruppierungen, deren Einfluß auf dominierende Werthaltungen und Einstellungen ihnen Elitenqualität verschafft; verschiedentlich sind die weisen "Philosophen", die wissenschaftlich-sachverständigen Mitglieder eines Gemeinwesens, ja "die Intelligenz" schlechthin als Eliten betrachtet worden (Konrad und Szelenyi 1978, Schelsky 1977). *Funktionseliten* werden als jene einflußreichen Gruppen betrachtet, die sich durch Delegation oder Konkurrenz aus den breiteren Schichten der Gesellschaft herauslösen, um bestimmte Funktionen in der sozialen Ordnung zu übernehmen; sie sind relativ offene Eliten, der Zugang zu ihnen ist nur durch entsprechende Leistungen möglich (die "Manager" als neue Elite der Industriegesellschaft wurden etwa von Burnham 1941, die "Technostruktur" von Galbraith 1967 beschrieben).

(1) Betrachten wir zunächst die *Machteliten*. Die moderne Elitentheorie beginnt mit Niccolo Machiavelli (1469-1527), der in seinem Werk "Il Principe" die erfolgreichen Strategien der Herrscher zum Machterwerb und zur Herrschaftssicherung analysierte. Die Menschen bleiben seines Erachtens immer dieselben (die Idee der Aufklärer von

der Verbesserkeit der Menschen wäre ihm illusionär erschienen), und zwar sind sie meist wankelmütig, egoistisch und undankbar. Um die Ordnung zu sichern und sich gegen innere und äußere Feinde an der Macht zu halten, darf der Herrscher vor nichts zurückschrecken: Er muß Milde, Treue und Redlichkeit zur Schau tragen, aber diese Tugenden im Bedarfsfall in ihr Gegenteil verkehren. Er muß seine Handlungen kalkulieren, Wohltaten tropfenweise verabreichen, damit sie sich dem Gedächtnis einprägen, Grausamkeiten rasch vollführen, damit sie wieder vergessen werden. Er muß zu Betrug und Wortbruch bereit sein. Wo die Waffen des Rechts versagen, muß er die Rolle des "Fuchses" - mit Heuchelei und Verstellung - und des "Löwen" - mit Kraft und Gewalt - spielen können (vgl. Machiavelli 1966, 1972, Münkler 1984).

Daran anknüpfend, werden auch die späteren Theorien von Mosca, Pareto und Michels als "machiavellistisch" bezeichnet. Vilfredo Pareto (1848-1923) hat den geschichtlichen Prozeß als fortwährendes Auswechseln der Herrschaftseliten - als *Elitenzirkulation* - gesehen. Die Geschichte ist für ihn ein "Friedhof von Aristokratien". Eliten sind die aktivsten und leistungsfähigsten Individuen eines Gemeinwesens, zuweilen auch die skrupellosesten; ihre Abkapselung nach unten führt zur Erstarrung und Erschlaffung, während die permanente Rekrutierung aufwärtsmobiler Personen zu ihrer Erneuerung und Stabilisierung führt. Der Kampf zwischen konkurrierenden Eliten, in dem sich die stärkste und integrierteste Gruppe durchsetzt, kennzeichnet den Gang der Geschichte (1916).- Für Gaetano Mosca (1858-1941) zieht sich der Gegensatz zwischen der herrschenden und der beherrschten Klasse durch die Geschichte; die erstere ist organisiert, privilegiert, leistungsfähig und weniger zahlreich, die letztere ist unfähig zur Selbstregierung. Mosca macht verschiedene gesellschaftliche Veränderungen für den Elitenwandel verantwortlich, etwa Veränderungen des politischen Gleichgewichts, die zum Bedürfnis nach neuen politischen Qualitäten in der Staatsführung führen, neue Reichtumsquellen, einen Wandel in der Bedeutung praktischen Wissens, den Verfall einer Religion oder den Aufstieg neuer Ideen (1895).- Robert Michels (1876-1936) hält Elitenbildungs- oder Oligarchisierungsprozesse für unvermeidlich. Er zeigt in seiner Arbeit über die "Soziologie des Parteiwesens in der modernen Demokratie" (1911), daß sie sich selbst dort vollziehen, wo sie basisdemokratischen Idealen widersprechen, nämlich bei sozialdemokratischen Parteien. Nach seinem *eisernen Gesetz der Oligarchie* bilden sich Herrschaftsgruppen unausweichlich in jeder politischen Organisation; Organisationsnotwendigkeiten führen zur Auswahl der Führer und zur Entwicklung ihrer spezifischen Kenntnisse und Fähigkeiten. Die Position der Führenden ist deshalb stabil und ungefährdet, die Gewählten herrschen in Wahrheit über die Wähler, die Beauftragten über die Auftraggeber.

Die Existenz von Machteliten im 20. Jahrhundert hat Charles W. Mills (1916-1962) am Beispiel der amerikanischen Gesellschaft zu zeigen versucht (1956). Eine aus drei Gruppen bestehende Elitenkoalition steuert seines Erachtens die USA: *Wirtschaftseliten*, d.h. die Manager der miteinander verbundenen Großunternehmen, die in immer engere Beziehungen zum politischen Apparat getreten sind und teils auch in Regierungsämter oder aus diesen wieder in das Wirtschaftsleben wechseln; die *politischen Eliten*, die einen mittlerweile mächtigen Exekutivapparat - zu Lasten regionaler und lokaler Interessen - beherrschen, einen Apparat, der legislative Kompetenzen an sich gerissen hat; und die *militärischen Eliten* als der mächtigste Teil der staatlichen Administration. Sie sind zu einem Machtkartell verschmolzen. Da sich ihre Entscheidungen auf alle Bereiche des Lebens auswirken, besteht die Notwendigkeit zur steten Koordination. Dies wird dadurch gefördert, daß sich ihre Interessen parallel entwickelt haben, daß sie von gleicher Herkunft und Weltanschauung sind, gesellschaftlichen Umgang miteinander pflegen und durch persönliche Beziehungen verbunden sind.

Dieser Beschreibung hat Robert Dahl (1961) entgegengehalten, daß sich in der amerikanischen Gesellschaft eine *Pluralisierung der Macht* vollzogen habe; es gibt zahlreiche verstreute Machtgruppen, die in ihren Interessen einander beschränken. Mills habe wohl das Potential der Machteliten zur Kontrolle der Gesellschaft beschrieben, aber um festzustellen, ob sie wirklich Macht ausüben, müsse man eine Reihe von konkreten politischen Entscheidungen analysieren. Dieser Auffassung läßt sich wieder entgegenhalten, daß die wichtigsten Formen der Machtausübung der Elite darin bestehen können, daß bestimmte Entscheidungen politisch gar nicht thematisiert werden (und damit auch gar nicht Gegenstand von Entscheidungen sind).- Auch neue Studien bieten Belege für die Existenz einer wechselseitig eng verbundenen "inneren" Gruppe innerhalb der vielfältigen Elitegruppierungen, in der die wesentlichen Entscheidungen getroffen werden.

(2) *Werteliten* beeinflussen und prägen die Wert- und Sinnauffassungen einer Gesellschaft. Sie leisten Sinnstiftungsarbeit. Bei dem Kultursoziologen Alfred Weber (1868-1958), dem Bruder Max Webers, wird der geistigen Elite die Aufgabe zugewiesen, eine "Kultursynthese" zu leisten. Weber beklagt, daß die Bedeutung geistiger Führungsschichten dahinschwinde und die Entfremdung zwischen Geist und inneren Werten auf der einen Seite und Macht und Geld auf der anderen wachse; auch das Bürgertum wird attakkiert, als Händlertyp mit niedrigen Interessen, geprägt bloß von kapitalistischer Rechenhaftigkeit (Weber 1927). Bei Helmut Schelsky (1912-1984) werden die Angehörigen der *Reflexionselite* nicht in dieser positiven Perspektive gesehen. Sie sind "Sinnproduzenten", eine neue Klasse, deren Angehörige als "Heilslehrer" den Produzenten von lebenswichtigen Gütern gegenüberstehen. Die "Reflexionselite" dominiert in Bereichen wie Bildung, Öffentlichkeit und Information und beherrscht über diese wichtigen Positionen das Bewußtsein der Menschen; die Intellektuellen sind die "Sinndeuter" der Gegenwartsge-

sellschaft und können über ihre funktionalen Leistungen auch Herrschaftsgelüste befriedigen. Sie predigen das Bewußtsein "der schlechthinnigen Abhängigkeit des einzelnen von der Gesellschaft" und unterhöhlen damit Autonomie und Freiheit des Menschen; sie entwerten die Alltagsarbeit, die Arbeit der anderen, die Realpolitik zugunsten von diesseitigen utopischen Heils- und Glücksverheißungen; sie verunsichern die privaten Wohlfahrts- und Konsumbedürfnisse zugunsten der Verfestigung und Expansion eigener Positionsinteressen. Kurz: Sie monopolisieren Heilsbestimmung und Heilsdeutung, Weltorientierung und Lebenssinngebung und errichten eine "Priesterherrschaft", ein neues geistliches Herrschaftssystem, das auf einer säkularisierten, mit Rationalitätskategorien verschleierten Religiosität auf der Basis der Aufklärungsphilosophie beruht (vgl. Schelsky 1977, Prisching 1985).

(3) *Funktionseliten* sind pluralistisch, sie sind grundsätzlich offen für qualifizierte Individuen. Sie haben sich nach dem Niedergang der für die vorindustrielle Gesellschaft typischen Führungsgruppen verbreitet. Sie finden sich im Wirtschaftsleben, in den staatlich-administrativen Instanzen, im Kulturleben. Im politischen Bereich sind sie Repräsentanten des Volkes, vermitteln zwischen dem Bürger und den politischen Institutionen. Sie artikulieren Interessen, versuchen, zwischen ihnen zu vermitteln und eine soziale Integration zu erreichen. Es sind die Berufspolitiker, die oft den Mittelschichten entstammen, aber auch Organisationsspezialisten, Manager der Macht, Gewaltspezialisten, Fachleute für Propaganda (vgl. Lasswell/ Lerner 1965, Lasswell/ Lerner/ Rothwell 1952). Zu den politischen Funktionseliten zählen etwa führende Gruppen in den Parteien und Parlamentsfraktionen, in der höheren Ministerialbürokratie, in den Verbänden und Gewerkschaften, die Verwaltungsspitzen auf unterschiedlichen Ebenen, die Führer von politischen Bewegungen und Vereinigungen. Diese Eliten sind im allgemeinen vielfältig und haben auch nicht immer dieselben Interessen. Es treten jene Eliten in den Vordergrund, die benötigt werden, um die Probleme der Gesellschaft zu lösen; gesellschaftliche "Krisen" können daher auch die Folge verkrusteter Eliteformationen sein (vgl. Keller 1963).

3. Institutionen der Interessenaggregation und Steuerung

Es war schon die Rede davon, daß Modelle einer politischen Gemeinschaft, in denen alle Bürger aktiv und engagiert an der Diskussion und Entscheidung über anstehende Fragen teilnehmen, in einer komplexen Großgesellschaft romantisch oder utopisch sind. Es gibt Institutionen zur Aggregierung und Formierung von Interessen, die sich zwischen die Bürger und die politischen Instanzen schieben, nämlich Parteien und Interessengruppen, und es gibt einen komplizierten Apparat, der Politik verwirklicht, nämlich die staatliche Verwaltung.

Politische Parteien - die Apparaturen der politischen Konkurrenz

Die politischen Parteien waren in den Demokratiemodellen nicht "vorgesehen", und dennoch gehören sie als Institutionen, welche eine Integration unterschiedlicher Meinungen und Interessen leisten, Entwürfe politischer Gesamtvorstellungen anbieten und an der Austragung und Lösung von politischen Konflikten beteiligt sind, zu den wichtigsten politischen Faktoren der demokratischen Länder. Sie sind Ausdruck einer logischen Entwicklung jener Prinzipien, auf denen der Parlamentarismus aufbaut. Sie besetzen nicht nur die Lenkungspositionen in Regierung und Verwaltung, sondern auch die Sitze der parlamentarischen Körperschaften, und sie besitzen darüber hinaus Einfluß auf zahlreiche öffentliche und halböffentliche Organisationen, von der Sozialversicherung über verstaatlichte Unternehmungen bis zu den elektronischen Medien. Die moderne Demokratie ist nur als *Parteienstaat* möglich. Hans Kelsen hat gesagt, daß die "Diskreditierung der politischen Partei ein ideologisch maskierter Stoß gegen die Realisierung der Demokratie" sei. "Nur Selbsttäuschung oder Heuchelei", so fährt er fort, "kann vermeinen, daß Demokratie ohne politische Parteien möglich sei. Die Demokratie ist notwendig und unvermeidlich ein Parteienstaat." (1963, 20)

Parteien sind offene Mitgliederorganisationen mit bestimmten politischen Zielsetzungen, die sie durch die Beeinflussung der politischen Willensbildung und die Teilnahme an politischen Wahlen sowie durch die Vertretung im Parlament durchzusetzen trachten. Sie tragen zur Artikulation und Diskussion von Interessen und zu ihrer Integration in Form politischer Gesamtkonzeptionen, zur Herausbildung politischer Konflikte und zur Lösung solcher Divergenzen bei. Sie vermitteln daher zwischen den Bürgern und den staatlichen Institutionen (vgl. Stammer/ Weingart 1972, 164). Sie formen Lösungen aus divergierenden Interessen auf der Basis gemeinsamer Grundüberzeugungen: "Eine durch den Gegensatz der Parteien bewirkte Balancierung der Meinungen kann sich", so Carl Schmitt (1985, 58), "niemals auf absolute Fragen der Weltanschauung erstrekken, sondern nur Dinge betreffen, die ihrer relativen Natur nach für einen derartigen Prozeß geeignet sind. Kontradiktorische Gegensätze heben den Parlamentarismus auf, und seine Diskussion setzt eine gemeinsame, nichtdiskutierte Grundlage voraus."

Historisch haben sich zunächst in den Parlamenten des 19. Jahrhunderts *liberale Repräsentationsparteien* oder *Honoratiorenparteien* entwickelt, lose Zusammenschlüsse von Personen, die ähnliche Interessen und Anschauungen besaßen. In einer zweiten Phase bildeten sich *demokratische Integrationsparteien*; diese Massenparteien - etwa die sozialistischen und die christlich-sozialen Parteien - wiesen bereits eine feste Organisation - mit hauptamtlichen Funktionären und landesweiter Gliederung - auf, suchten Mitglieder zu gewinnen und die Massen politisch zu mobilisieren; es entwickelten sich Parteiideologien und Parteiprogramme. Eine dritte Variante sind die *absolutistischen Integrationsparteien*, totalitäre Parteien, die das Monopol der politischen Willensbildung beanspruchen und diese durch eine strenge Disziplinierung ihrer Mitglieder durchzusetzen suchen, so wie etwa die nationalsozialistischen oder faschistischen Parteien (vgl. Neumann 1957). Ein vierter Typus ist für die entwickelten Demokratien kennzeichnend geworden: die *Volksparteien* oder *Allerweltsparteien*, die ohne allzu strikte ideologische Festlegung versuchen, durch ein breites Angebot von Projekten möglichst viele Wähler an sich zu binden.

Für die allgemeinen politischen Anliegen läßt sich für die meisten Staaten von einer Konvergenz der weltanschaulichen und inhaltlichen Positionen der Großparteien sprechen. Denn der größere Teil der zusätzlichen Wähler ist in der ideologischen Mitte zu finden, und wenn alle Parteien ihren Stimmenanteil zu maximieren trachten, dann werden sie sich mit ihren Angeboten an die Wähler immer stärker auf die Mitte eines Links-Rechts-Spektrums hin orientieren und sich als "Volks-" oder "Mitte-Parteien" geben. Dabei sind schwierige Probleme - wie jenes der Beziehung der Kernschichten der Partei zu den verschiedenen Randgruppen der Wählerschaft - zu lösen. Zudem wird eine völlige Angleichung dadurch vermieden, daß, um gewählt zu werden, die Notwendigkeit besteht, Unterschiede glaubhaft zu machen, ja sogar herauszustellen. Diese Links-Rechts-Dimension entstammt übrigens der 1789 eingeführten Sitzordnung der französischen Nationalversammlung - "links" saßen die "Fortschrittlichen", "rechts" die Konservativen. Seitdem pflegen im europäischen Politikverständnis die "Radikalen" jeweils "außen" zu stehen, die "Gemäßigten", die sich gegen "Extreme" und "Radikale" abgrenzen, in der "Mitte". Die "neuen" Parteien - wie etwa die Grünen - lassen sich in dieses Spektrum schwer einordnen; allerdings treten innerhalb dieser Gruppierungen Probleme der Standortbestimmung auf, welche die klassische Dimension wieder ins Spiel bringen.

Der *Konkurrenzkampf um die Zustimmung der Wähler* bindet die Repräsentanten an den Willen der Bürger. Heute werden aber immer stärker die negativen Aspekte dieses Konkurrenzkampfes betont, der dazu führt, daß sich Politiker nur schwer für Programme entscheiden, die jene Gruppen, deren Zustimmung sie erringen wollen, belasten. Sie suchen Zuflucht in Programmen, die allen Vorteile bringen, und in Versprechungen, deren Einlösung oft gar nicht in ihrer Macht steht, und sie kalkulieren dabei mit der unzureichenden Information und der ungenügenden Einsicht des Bürgers in die wirklichen Zusammenhänge. Dadurch werden unrealistische und exzessive Erwartungshaltungen geschaffen. Deshalb tendieren die Wähler dazu, von der Regierung allzu viel zu allzu geringen Kosten zu verlangen. Die Parteienkonkurrenz ist deshalb ein dauernder Wettbewerb um "neue" Projekte, während die "alten", auch wenn sie überflüssig geworden sind, selten abgeschafft werden. Das trägt zu der fortwährenden Ausdehnung der Staatsquote bei.

In international vergleichenden Studien ist heute von einem fundamentalen *Niedergang* und einer möglichen Auflösung des Parteiensystems die Rede. Die Parteienidentifikation, also die emotionelle Bindung des Wählers an eine bestimmte, von ihm regelmäßig gewählte Partei, ist gesunken; der Anteil der Wechselwähler, die von Wahl zu Wahl immer aufs Neue ihre Entscheidung unter den Parteien treffen, ist im Steigen. Damit werden die Parteien verwundbarer und leiden an Orientierungsproblemen, ihr Integrationsaufwand und ihre Mobilisierungskosten steigen. Die Bürger bringen den Parteien Mißbilligung und Verachtung entgegen, so daß von einer *Partei-* und *Politikverdrossenheit* gesprochen wird. Die Kohärenz und Stärke der Parteiorganisationen hat abgenommen, die Mitgliederzahlen sinken. Neue thematische Herausforderungen (Ökologie, Mann-Frau) erzeugen Konfliktlinien, die quer durch die Parteien führen (vgl. Huntington 1974, Plasser 1987, Pelinka/ Plasser 1988).

Diese Veränderungen sind (erstens) darauf zurückzuführen, daß die modernen Gesellschaften weder homogen-geschlossene noch tiefgehend gespaltene oder polarisierte Ordnungen sind; vielmehr sind sie *pluralisierte und differenzierte Gemeinschaften*, in denen unterschiedliche Gruppen in sehr unterschiedlichen Lebenslagen zu Hause sind. Deshalb nimmt die Bedeutung sozioökonomischer Konfliktdimensionen (Arbeiter gegen Kapitalisten) ab; die Individuen sind schwächer in politische Gruppierungen (Parteien, Gewerkschaften, Betriebsbelegschaften) eingebunden, so daß ihr politisches Verhalten weniger kontrolliert wird. Das System der Parteienkonkurrenz wird weniger integrationsfähig, das Regieren wird instabiler. Damit verliert sich (zweitens) die weltanschaulich-politische Geborgenheit in parteipolitisch "durchorganisierten" sozialen Umwelten, es tritt meist eine *Entideologisierung* ein. Es entstehen "Plattformparteien", die vielfältige Programmpunkte vereinen, um möglichst viele Wähler anzusprechen. Durch die zunehmende *Medienzentriertheit der Politik* kommt es (drittens) dazu, daß sich das Interesse der Öffentlichkeit stärker auf die Personen, die politischen Akteure, richtet, die nun für jeden "hautnah" - in den Fernsehnachrichten - zu betrachten sind; dabei sind vor allem einige "Stars" von Interesse, die medienwirksam agieren. Sie müssen unter dem medialen Zeitdruck rasch entscheiden können, so daß die Bedeutung der Parteiorganisation und ihrer beschlußfassenden Gremien weiter sinkt. Dies - und die Komplizierung der Politik allgemein - ist auch der Grund für die zunehmende Professionalisierung der Politik (Berufspolitiker) und für die Existenz kompetenter Parteizentralen, die Fachleute und "Quereinsteiger" benötigen. Die sinkenden Parteimitgliedschaften sind (viertens) darauf zurückzuführen, daß einige der *Parteibeitrittsmotive* nicht mehr so wirksam sind wie früher. Das *instrumentelle Motiv* war darauf bezogen, durch das "Parteibuch" bestimmte Ziele - Wohnungen, Karriere - zu erreichen; nun aber gibt es Tendenzen zu einer objektiveren

Vergabe dieser Güter, und der höhere Wohlstand hat dazu geführt, daß viele Leute von der Gnade der Parteien nicht mehr in dem Maße abhängig sind; sie ziehen parteiferne Karrieren und Freizeitgestaltungen vor. Das *traditionelle Motiv* - die Parteimitgliedschaft der Vorfahren und Eltern und die entsprechende Erziehung - verliert an lebensprägender Wirksamkeit mit dem Wandel der Familienstrukturen, der höheren Mobilität und der Erosion spezieller, ideologisch geprägter Lebensmilieus. Das *soziale Motiv* - Einbettung in bestimmte parteilich orientierte Gruppen und Vorfeldorganisationen - ist nicht mehr von großer Bedeutung, ebenso wie die Karrieremuster eines Aufstiegs durch die Parteiorganisation. So bleibt nur das *politische Motiv*: der Beitritt zu einer Partei, weil man bestimmte politische Ziele durchsetzen zu können glaubt. Dies setzt Partizipations- und Aufstiegschancen eines Mitglieds voraus, Problemlösungsfähigkeit der Partei und programmatische Glaubwürdigkeit. Die Bedeutung der Partei als Instanz der Informationsvermittlung ist aber durch die Ausweitung der Medien beinahe gänzlich verloren gegangen. Wenn die Integrations- und Kanalisierungsfähigkeit der herkömmlichen Großparteien abnimmt und zudem neue Themen - wie etwa die Umweltfrage - auftauchen, so ist (fünftens) zu erwarten, daß sie von *neuen Parteien*, die sich auf ganz bestimmte Anliegen spezialisieren, Konkurrenz bekommen; und verschiedentlich sind solche Tendenzen schon spürbar. Neue Bürgeraktivitäten - von Bürgerinitiativen bis zu "grünen Parteien" - tragen zur Einspeisung neuer Interessen und Forderungen in das politische System bei, nicht zuletzt deswegen, weil sich die heterogen gewordenen Großparteien schwer tun, den Partizipationsbedarf durch eigene Angebote zu befriedigen.

Verbände und Interessengruppen

Für Interessengruppen verschiedenster Art ist in den "reinen" Demokratiemodellen - egal ob identitäts- oder konkurrenzdemokratischer Version - kein Platz. Solche Interessenvereinigungen haben daher nach ihrer Formierung manche Ressentiments von juristisch geprägten Staatstheoretikern auf sich gezogen, die mit ihnen nicht viel anfangen konnten. Beeinflußt von der Vorstellung einer Trennung von Staat und Gesellschaft, konnten sie in dieser Entwicklung nur die Aushöhlung der staatlichen Autorität und den drohenden Zusammenbruch des Ordnungsrahmens erkennen. Erst als die Pluralismustheorie (Dahl 1961, Rose 1967, Fraenkel 1973) an Terrain gewann, konnte in den intermediären Organisationen auch ein demokratiepolitischer Gewinn gesehen werden; sie enthielt auch eine Theorie der integrativen Interessengruppen. Sie beherrschte ungefochten das Feld, bis die Korporatismustheorie ihr diesen Rang streitig machte.

(1) Die *Pluralismustheorie* trug dazu bei, daß das freie Spiel von Gruppeninteressen nicht mehr als juristische Unzulässigkeit oder als

chaotisches Durcheinander betrachtet wurde, sondern als ein Verfahren, das der Erzielung eines neuen Gleichgewichts der Interessen dienlich sein sollte. Arnold M. Rose (1967) untersuchte beispielsweise die Tätigkeit der amerikanischen Unternehmerverbände und stellte fest, daß Präsident und Kongreß in politischen Entscheidungen häufig gegen die Absichten dieser Körperschaften agierten, daß daher die ökonomischen Interessen nicht dominierend seien; vielmehr gebe es Forderungen der verschiedensten Gruppen, und es ließen sich keine systematischen Verzerrungen bei ihrer Berücksichtigung feststellen. Die Pluralismustheorie postuliert daher, daß eine soziale Harmonie erreicht wird, die sich als die Resultierende aus dem Kräfteparallelogramm eines demokratisch geregelten Wettbewerbs zahlreicher Gruppen ergibt.

Im einzelnen beruht die Pluralismustheorie auf den folgenden Annahmen. (a) Sie geht aus von einem *methodologischen Individualismus*, d.h. sucht Erklärungen sozialen Geschehens unter Rückgriff auf die Entscheidungen und Handlungen von Individuen; Organisationen und Gruppen werden als bloße Aggregate von Individuen gesehen. Sie beruht auf behavioristischen Annahmen, d.h. beschränkt sich auf die Untersuchung des äußeren Verhaltens von Individuen. (b) Die Menschen und Gruppen besitzen verschiedene Interessen und Präferenzen, es gibt zahlreiche Einflußgrößen und keine einseitig überwältigenden Machtpotentiale, die Gruppen befinden sich in Konkurrenz zueinander und stellen daher wechselseitig *countervailing powers* dar. (c) Es gibt eine *Pluralität von Eliten*, aber die Macht bleibt bei den Gruppenmitgliedern, denn diese können ihre Führung abwählen, durch steigende Partizipation zu einem anderen Verhalten zwingen oder aus der Organisation austreten und eine Konkurrenzorganisation schaffen. (d) Die Regierung läßt sich von Interessengruppen mit hoher Mitgliederzahl und starken Präferenzen - aus Gründen der *Wählerstimmenmaximierung* - beeinflussen; eine Mehrzahl von Minoritäten konkurriert um diese Einflußnahme. (e) Konflikte bestehen über spezifische politische Programme, nicht aber über das System; es herrscht also eine *hohe Sozialintegration*, getragen von einem Wertekonsens. (f) Staatshandeln ist als Ergebnis der demokratischen Einflußnahmen zu sehen, andere Institutionen (wie die Bürokratie oder die Gerichtshöfe) sind neutral. (g) Der Staat fungiert als eine Arena für den Austrag der Gruppenkonflikte bzw. als *Schiedsrichter* zur Harmonisierung ihrer Interessen. Er ist allerdings auch selbst fragmentiert und unterschiedlichen Interessen seiner Teilglieder, etwa unterschiedlicher bürokratischer Abteilungen, ausgeliefert.

Die Kritik an dieser Pluralismustheorie, die Schmitter als "ein wohldurchdachtes und eindrucksvolles Gemisch aus Theorie und Ideologie" (Schmitter 1979, 105) abkanzelt, setzt an bei der strukturellen gesellschaftlichen Ungleichheit und den ungleichen Chancen und Zugängen zur Macht, die mit der oligopolistischen Situation der "Produzenten" des politischen Systems verbunden sind (vgl. Massing

1974, 86). Angesichts dieser Unterschiede, so monierten die Kritiker, müsse man von der Asymmetrie des Pluralismus sprechen, von einer Befangenheit in den rechtlichen Kategorien formaler Gleichheit, vielfach auch von einem bloßen "Binnenpluralismus der Mächtigen" (vgl. Beyme 1980b, 28), einem "Bereichspluralismus" mit wichtigen Themen, die ausgespart würden ("non-decisions", die natürlich bei einer Analyse politischer Entscheidungen gar nicht auffindbar sind), ja letztlich von der ganzen Lehre als einer bloßen Rechtfertigungsideologie, die nur die Illusion der Partizipation aufrechterhält.

(2) Das Interesse an *korporatistischen Konzeptionen*, die durch Attribute eines "neuen", "liberalen" oder "pluralistischen" Korporatismus aktualisiert werden, ist in den letzten Jahren neu erwacht (vgl. dazu etwa Schmitter/ Lehmbruch 1979, Lehmbruch/ Schmitter 1982, Alemann 1981, Alemann/ Heinze 1979, Heinze 1981). Manche Theoretiker glauben einen "säkularen Trend" zu korporatistischen Steuerungsmethoden beobachten zu können, andere zyklische Instabilitäten einer solchen Interessenkooperation. Als Musterbeispiele korporatistischer Systeme werden Österreich, die Niederlande, Norwegen und Schweden angesehen, allenfalls kommen auch noch Japan und die Schweiz in den Kreis der korporatismusverdächtigen Länder.

Im einzelnen beruht das korporatistische Modell auf den folgenden Kennzeichen. (a) Es existieren *organisierte Interessengruppen*, die eine Tendenz zur monopolartigen Vertretung von Ansprüchen aufweisen; es gibt also keine alternativen oder konkurrierenden Organisationen der Interessenrepräsentation. (b) Diese Institutionen erfahren eine besondere *Förderung des Staates*, sie werden von ihm anerkannt, genehmigt oder sogar geschaffen und mit privilegierten Zugangsrechten zu den staatlichen Behörden versehen; dafür verpflichten sie sich, gewisse Verhaltensnormen einzuhalten. (c) Die *Mitgliedschaft* bei diesen Organisationen ist oft nicht freiwillig, sondern erzwungen; es besteht für Mitglieder nicht die Möglichkeit, auszutreten bzw. eine bestimmte wirtschaftliche Tätigkeit ohne Mitgliedschaft bei der Interessenvertretung auszuüben. (d) Die in Betracht stehenden Organisationen dienen nicht nur zur Repräsentation der Interessen ihrer Mitglieder, sondern auch zu deren *Steuerung*. Ihre Funktionäre besitzen eine starke Stellung, die Organisation ist einflußreich bei der Formung der Interessen ihrer Mitglieder. (e) Die Organisationen entwickeln *hierarchisch-bürokratische Strukturen*, ähnlich der Staatsverwaltung. Das Personal verfügt über spezialisiertes Wissen, spezifische Fähigkeiten und einen hohen Informationsstand, um bei Verhandlungen bestehen zu können. Statt einer reinen Lobby werden die Organisationen zu technischen Vermittlungsinstanzen zwischen den Sphären des Staates und der Interessen. (f) Es besteht ein enges Verhältnis zwischen den Interessengruppen und den Staatsinstanzen. Es werden *Verhandlungen* - weitgehend informeller Art - über alle wichtigen politischen Themen, insbesondere aus dem Sozial- und

Wirtschaftsbereich, gepflogen. Dabei werden von allen Seiten *gesamtsystemische Zielsetzungen* berücksichtigt. Bestimmte staatliche Aufgaben werden sogar den Interessengruppen übertragen (vgl. Williamson 1989, Kap. 3 und 4).

(3) Beide Theorien sehen das Verhältnis der Interessengruppen zum demokratischen Staat in unterschiedlicher Weise. Auf der einen Seite gibt es Befürchtungen einer *Instrumentalisierung des Staates* durch partikulare Interessen. Von der "Herrschaft der Verbände" (Eschenburg 1955), der "Ohnmacht der Demokratie" (Dettling 1976) und der "Macht der Funktionäre" (Schelsky 1982) ist dabei die Rede. Es wird befürchtet, daß der Staat offen sei für beliebige Einflüsse, nur noch die Resultante divergierender Interessen, hilflos den Gruppeneinflüssen ausgeliefert. Eine neue Gewaltenteilung ergibt sich, denn Staatsaufgaben sind aus dem verfassungsrechtlich organisierten Entscheidungssystem ausgegliedert und den gesellschaftlichen Gruppen übertragen worden (vgl. Böckenförde 1977).- Auf der anderen Seite gibt es jene, die von einer *Instrumentalisierung der Interessengruppen* für staatliche Zwecke sprechen. Gerade in den Jahren der wirtschaftlichen Krise nach 1975 wurde befürchtet, daß die Staatsapparate überlastet würden; die Auslagerung politisch heikler Fragen und ihre Übertragung an die Verbände wurde daher als Entlastung des Staates, als Abbau seiner Überforderung und als Abwälzung problematischer Fragen an außerstaatliche Instanzen angesehen. Der Staat, der die Interessengruppen für seine Zwecke benutzt, hält sich dadurch aus vielen Konflikten heraus.- Beide Modelle dürften das wahre Verhältnis verzerren; es handelt sich wohl um ein beidseitiges *Kooperations- und Kompromißverhalten*. Die Interessengruppen können, beispielsweise durch Anhörungs- und Begutachtungsrechte, schon vor politischen Entscheidungen Einfluß ausüben, und die Regierung hat den Vorteil, frühzeitig sachliche Informationen über den in Frage stehenden Politikbereich zu bekommen, die Auffassungen und das Verhalten der Interessengruppen kalkulieren zu können, und den Interessengruppen durch ihre Mitarbeit eine Bindung für das spätere Verhalten aufzuerlegen, um Unterstützung für die staatlichen Maßnahmen zu mobilisieren und diese zu legitimieren. Neben der sektoralen Beteiligung bei spezifischen Materien kommt es in den am besten entwickelten Korporatismusmodellen zu einer ausgeprägten Konzertierung, d.h. die wichtigen Verbände werden an allen bedeutsamen Materien beteiligt.

Dennoch ist es übertrieben, von einem "Jahrhunderttrend" zum Korporatismus zu sprechen. Denn es gibt auch Gegenentwicklungen, so etwa den Übergang mancher Regierungen zu einer angebotsorientierten oder monetaristischen Wirtschaftspolitik unter Zurückdrängung der Gewerkschaften, wie beispielsweise in Großbritannien und den USA. Das niederländische Arrangement - die "Versäulung" - ist zerbrochen.- Beobachtungen, denen zufolge sozialpartnerschaftliche Systeme in Schwierigkeiten geraten, stützen sich auf den Umstand, daß die Klassengliederung der Gesellschaft, die sich in den großen Verbänden widerspiegelt - Bauern, Arbeiter, Gewerbetreibende -, nicht mehr repräsentativ ist für eine Mittelschichtgesellschaft; weiters leiden auch die weltanschaulich geprägten Verbände (so wie die politischen Parteien) unter dem Prozeß der Entideologisierung; sodann treten neue Themen auf, wie etwa die Ökologie- und Ressourcenfrage, die durch die herkömmlichen Verfahrensweisen der Sozialpartner nur schwer kompromißhaft abzuarbeiten sind; schließlich bringen die Internationalisierung des Wirtschaftslebens sowie der Prozeß der internationalen Verschmelzung eine Schwächung der korporatistischen Ordnungen mit sich.

Bürokratie - die Maschinerie der politischen Herrschaft

Daß die Regierung die Geschicke eines Staates lenkt, ist bestenfalls die halbe Wahrheit. Wenn dieses Bild komplettiert werden soll, so nimmt die "Bürokratie", die öffentliche Verwaltung, die andere Hälfte des Bildes ein (vgl. Albrow 1972, Häußermann 1977, Jacoby 1969, Schluchter 1972). Die Kritik an ihren Auswüchsen und Wucherungen ist alt, und wenn von "Bürokratisierung" gesprochen wird, so meint man: Routine am falschen Platz; Tendenz zu bloß formeller, d.h. scheinbarer Erledigung; Neigung, die Natur der Sache zu ignorieren; Sucht, Papier und Akten zu vermehren; Überbürdung der Organe; überflüssige wechselseitige Kontrollen; "Amtsmiene" und "Uniformierung"; Kleinlichkeit und Verlust jeglicher Relevanzunterschiede; "Ordnungswut", Gesinnungslosigkeit und Gleichgültigkeit.

Angesichts solcher Anschuldigungen klingt es auf den ersten Blick verwunderlich, wenn manche Staatstheoretiker in der Bürokratie den *reinsten Typus einer rationalen Organisation* erblicken, der allein eine moderne legale Herrschaft abstützen könne - die Bürokratie als rational einsetzbares und effizientes Instrument der Politik. Max Weber spricht von *Einzelbeamten*, die (1) persönlich frei nur sachlichen Amtspflichten gehorchen, (2) in fester Amtshierarchie, (3) mit festen Amtskompetenzen, (4) kraft Vertrages, also in freier Auslese nach dem Prinzip der (5) Fachqualifikation angestellt sind, die weiters (6) mit festen Gehältern in Geld entgolten werden, (7) ihr Amt als einzigen oder Hauptberuf behandeln, (8) eine "Laufbahn" - nach Alter oder Fähigkeit - vor sich sehen, (9) in völliger Trennung von den Verwaltungsmitteln und ohne Appropriation der Amtsstelle arbeiten, und die (10) einer strengen einheitlichen Amtsdisziplin und Kontrolle unterliegen (1976, 126f., 551ff.). Dadurch sei ein rationaler Organisationstypus geschaffen, der den traditionellen Formen der Verwaltung bei weitem überlegen sei. "Der entscheidende Grund für das Vordringen der bürokratischen Organisation", so Weber, "war von jeher ihre rein technische Überlegenheit über jede andere Form. Ein voll entwickelter bürokratischer Mechanismus verhält sich zu diesen genau wie eine Maschine zu den nicht mechanischen Arten der Gütererzeugung. Präzision, Schnelligkeit, Eindeutigkeit, Aktenkundigkeit, Kontinuierlichkeit, Diskretion, Einheitlichkeit, straffe Unterordnung, Ersparnisse an Reibungen, sachlichen und persönlichen Kosten sind bei streng bürokratischer ... Verwaltung durch geschulte Einzelbeamte gegenüber allen kollegialen oder ehren- und nebenamtlichen Formen auf das Optimum gesteigert." (1976, 561).

In dieser Perspektive sind die Bürokraten nur "Erfüllungsgehilfen" der Politik, ohne eigenen Willen, nur Vollzugsorgane rechtsstaatlicher Anordnungen. Aber die "wirkliche" Bürokratie hat - anders als in Webers idealtypischem Entwurf - sehr wohl Handlungsspielräume, gerade im "leistenden Staat", der nicht nur obrigkeitliche Befehle zu erteilen hat, sondern gestaltend und steuernd tätig ist. Drei Aspekte sind wichtig.

(1) Die Handlungsspielräume der expandierenden Bürokratien lassen sich auch zugunsten der Bürokraten selbst nutzen. Mit dem Typus des *budgetmaximierenden Beamten* hat William A. Niskanen (1971) eine Gestalt entworfen, deren Interessen - Gehaltserhöhung, Aufstiegschancen, Reputation und dergleichen - in positiver Weise mit der Höhe des in der bürokratischen Abteilung verfügbaren Budgets korrelieren. Wenn seine Karriere- und Statusinteressen an die Zahl der Untergebenen und an die zur Verfügung stehenden Gelder gebunden sind, gehört die Expansion des Personalstandes und des Budgets zu den wichtigsten Zielen jedes Büros. Um solche Forderungen durchsetzen zu können, wird der Leistungsumfang der Behörde ausgeweitet. Wenn effizientes Verhalten es erfordern würde, eine gegebene Aufgabe mit einem minimalen Aufwand zu erfüllen, so sind die Anreize in diesem Falle so gesetzt, daß eine Aufgabe möglichst unwirtschaftlich erfüllt wird, d.h. daß für ein gegebenes Ziel möglichst viele Mittel (Geld und Arbeitskräfte) einzusetzen sind. Auf diese Weise können administrative Ineffizienz, die stetige Ausdehnung der bürokratischen Apparate und das Wachstum der Staatsaufgaben erklärt werden.

(2) *Wirtschaftliche Ineffizienz* wird zu jenem Vorwurf, der am häufigsten gegen die Bürokratie geäußert wird: Die Irreversibilität von Budgetansätzen verhindert echte Bedarfsschätzungen, nicht verbrauchte Gelder werden vor Jahresende verschleudert, beantragte Gelder wegen der zu erwartenden Kürzungen von vornherein "überhöht", weil spätere Kürzungen vorhergesehen und einkalkuliert werden, Subventionen werden nach politischen Präferenzen verteilt, die Beamten genießen unverdiente Privilegien, echte Kosten für Projekte werden vernachlässigt oder verschleiert. Das Dilemma beginnt schon bei der Unmöglichkeit einer tragfähigen Kostenrechnung im öffentlichen Sektor, da für die erbrachten Leistungen normalerweise keine marktmäßig ermittelbaren Preise bestehen ("Was ist ein Reisepaß wert?"). Dadurch herrscht Verwirrung darüber, in welchem Ausmaß einmalige oder laufende Zahlungen für bestimmte

Programme anfallen, welche Kosten für ein von mehreren Gebietskörperschaften gemeinsam erstelltes Projekt zu veranschlagen sind, was letztlich ein Student, ein Opernplatz oder ein Krankenhausbett wirklich kosten. Es fehlen aber auch Anreize zu effizientem Handeln in Hinblick auf die Ziele der jeweiligen Organisation.

(3) Beamte sind nicht nur neutrale Exekutoren des politischen Willens. Sie agieren in einem *komplexen Einflußfeld*, das ihnen durchaus gewisse Handlungsspielräume eröffnet. Bürokratien sind (erstens) die Orte der *Problemstrukturierung*: Probleme werden entweder von politischen Stellen oder von administrativen Instanzen aufgenommen, d.h. häufig stellen sie fest, wo ein Problem liegt; die Experten (die sich vor allem in der Verwaltung finden) definieren aber in jedem Fall das Problem im Detail, sie liefern Informationen und unterbreiten Lösungsvorschläge. Sie sagen, was überhaupt der Fall und was möglich ist. Da zudem aus der politischen Sphäre in den seltensten Fällen klare Zielvorgaben und Rahmenbedingungen geliefert werden, besitzt die Bürokratie, die eigentlich nach demokratietheoretischen und verfassungsjuristischen Vorstellungen bloßes Durchführungsorgan sein sollte, auf die Entscheidungen einen großen Einfluß. Der große Vorteil der Verwaltung ist (zweitens) ihre *Kontinuität*: Die Bürokratie entzieht sich den kurzfristigen Fluktuationen der Politik, dadurch denken ihre Vertreter aber in anderen Zeitkategorien als die eher kurzfristig, auf Wahlzyklen hin orientierten Politiker. Die Bürokratie kann warten, und sie kann ihre Anliegen hartnäckig immer wieder vorbringen. Sie hat den längeren Atem. Dazu kommt, daß Anliegen, die einmal ihre Institutionalisierung (in Form einer Abteilung oder eines "Beauftragten") gefunden haben, im Konzert der Interessen dauerhaft mitmischen. Die Bürokratie ist (drittens) keineswegs zur Gänze unpolitisch, ihre Spitzen sind politisiert: Die höheren Ebenen der Verwaltung - *"politische Beamte" und "Stabsstellen"* - reichen hinein in die politische Sphäre, und sie haben dabei durchaus ihr Gewicht. Bürokraten werden wohl zuweilen den Politikern nach dem Munde reden, aber deren politische Haltung durch ihre Einwände und Vorschläge oft auch verändern und Entscheidungsprozesse nachhaltig prägen. Darüber hinaus haben die Verwaltungsbeamten einen leichteren Zugang zur politischen Szene; sie stellen einen überproportionalen Anteil an Abgeordneten in den Parlamenten und können ihre allgemeinen Interessen so "direkt" vertreten. Die Bürokratie interagiert (viertens) mit *Interessengruppen*: Die Struktur der Bürokratie hat sich kompliziert und eignet sich dadurch als Einfallstor für Interessengruppen, die in der Verwaltung ihre "Ansprechpartner" besitzen. Fallstudien über solche informellen Beziehungen belegen, daß Behörden, die einst zur Kontrolle bestimmter Organisationen oder Verbände eingerichtet wurden, im Laufe der Zeit sich eher zu deren Lobbies mitten in der Staatsadministration entwickeln. Die Bürokratie ist (fünftens) immer weniger von der *Öffentlichkeit* abgekoppelt: Eine gestaltende und steuernde Verwal-

tung muß sich, um ihre Aufgaben erfüllen zu können, die entsprechenden gesetzlichen Grundlagen "besorgen"; sie muß sich also für ihre Anliegen in aller Behutsamkeit Unterstützung beschaffen, in der Politik, in der Öffentlichkeit und bei den Interessengruppen.

Trotz aller Schwächen muß man eingestehen, daß die Bürokratien der Industrieländer in den letzten Jahrzehnten Beachtliches zuwege gebracht haben. Jedes politische Handeln spielt sich über Verwaltungsapparate ab, und diese hochkomplexen Systeme haben einen großen Anteil daran, daß ein hoher Lebensstandard und ein ungeahntes Maß an Freiheit gesichert wurden.

4. Politische Kultur - Einstellungen zum politischen Geschehen

Politische Kultur ist die Gesamtheit der Einstellungen, Glaubensüberzeugungen und Gefühle, die dem politischen Geschehen Ordnung und Bedeutung verleihen und das politische Verhalten steuern. Sie schließt daher politische Ideale und Normen ein, sie stellt die psychologischen und subjektiven Dimensionen der Politik dar; sie verbindet Individuum und politisches System (vgl. Pye 1968).

Untersuchungen zur politischen Kultur behandeln beispielsweise politische Traditionen und Identifikationen, klassen- und gruppenspezifisches politisches Verhalten, formale und informale Verfahren im politischen Prozeß, Kenntnisse politischer Zusammenhänge, politische Vorurteile, Bewertungen von Sachverhalten und Ergebnissen des politischen Geschehens (vgl. Reichel 1981, 1984, Greiffenhagen et.al. 1981). Vorformen solcher Studien finden sich in klassischen Schriften über die politischen Unterschiede zwischen den Nationen, so etwa in Alexis de Tocquevilles Untersuchung über die amerikanische Politik (1984), den Studien über den "Nationalcharakter" oder den psychoanalytischen Arbeiten der 30er und 40er Jahre (z.B. Fromm 1941).

Hier kann - neben einem Verweis auf die "civic culture"-Studien und ähnliche Typologien politischer Kulturen - nur an einigen Beispielen - der politischen Sozialisation und dem Nationalismus - gezeigt werden, womit sich die Forschungen dieses Bereichs befassen.

Die Civic Culture

Almond und Verba (1963, 1980) fragen nach den für das Überleben eines politischen Systems notwendigen Einstellungen und Verhaltensweisen und nach den Sozialisationsinstanzen, durch die Individuen diese Haltungen erwerben. Sie haben in einem Fünf-Länder-Vergleich drei Idealtypen der politischen Kultur unterschieden. Erstens fanden sie eine *parochiale Kultur*, die nur geringe Systemkomplexität und eine wenig entwickelte Rollenspezialisierung aufweist und nur eine schwach ausgebildete, diffuse politische Orientierung kennt. Zweitens beobachteten sie eine *Untertanenkultur*, in der sich ausgeprägte politische Orientierungen auf eine politisch-administrative Autorität richten, die funktional spezialisiert ist. Drittens beschrieben sie eine *partizipative Kultur*, bei der ein voll ausdifferenziertes Orientierungsmuster gegeben ist.- Das ist im Grunde die herkömmliche Unterscheidung zwischen traditionalen, zentralistisch-autoritären und demokratischen politischen Strukturen.

Als *"civic culture"* bezeichnen Almond und Verba jenen Mischtypus, in welchem der Bürger rational und informiert handelt, nach allgemeinen Prinzipien und aufgrund seines wohlkalkulierten Selbstinteresses. Diese aktivistische Komponente wird ausbalanciert durch ein gewisses Maß an Passivität, Traditionalismus und politischer Indifferenz. Modernität und Traditionalismus werden erfolgreich miteinander kombiniert, und es kommt ein stabiles System zustande, das vor allem in den angelsächsischen Demokratien als erreicht angesehen wird (vgl. auch Almond 1956).

Andere Versuche, politikkulturelle Typologien zu entwerfen, knüpfen an herkömmliche Schemata an und verraten oft ihre Zeitgebundenheit, so etwa Almonds Unterscheidung (1956) einer präindustriellen, totalitären, anglo-amerikanischen und kontinentaleuropäischen politischen Kultur (wobei sich die letztere von den fortgeschrittenen Modellen der englischsprachigen Welt durch das Fortbestehen bestimmter präindustrieller und katholisch-religiöser Subsysteme auszeichnet), oder Ecksteins Unterscheidung (1966) von Konsensus-Systemen (wie etwa in Großbritannien), mechanisch integrierten Systemen (wie in den USA mit einer fragmentierten Bevölkerung und einer Integration durch "overlapping memberships" in verschiedenen Gruppen) sowie Community-Systemen (mit hoher Solidarität trotz bestehender Fragmentierung). Lehmbruch (1967) hat vorgeschlagen, ein Konkurrenzmodell (konflikthaft und durch Mehrheitsentscheidungen gesteuert) von einem Proporz- oder Konkordanzmodell (das auf Schlichtung, Verhandlung und Kompromiß setzt, so wie die "sozialpartnerschaftlichen" Systeme) und einem hierarchisch-bürokratischen System der autoritären Konfliktregelung zu unterscheiden. Lijphart (1968) hat am Beispiel der Niederlande das Akkommodationssystem beschrieben, später als Consociational Democracy bezeichnet, das durch eine starke Fragmentierung hochorganisierter Gruppen charakterisiert ist, wobei eine oligarchische Steuerung durch kooperierende Eliten erfolgt, die es ermöglicht, das System trotz der starken Fragmentierung stabil zu halten.

Politische Sozialisation

Lernprozesse, in denen sich die Individuen jene Persönlichkeitsmerkmale, Kenntnisse, Fähigkeiten und Werte aneignen, die ihr politisches Bewußtsein und ihr politisches Verhalten prägen, finden überall dort statt, wo Sozialisation generell geschieht: in Familie, Arbeitswelt, Freizeit und so weiter. Nur einige Beispiele können erwähnt werden.

Die Bedeutung der *Familie* für die politische Sozialisation ist erstmals gründlich in Studien des Frankfurter Instituts für Sozialforschung untersucht worden. Es zeigte sich - und dies wurde durch spätere Studien bestätigt -, daß eine strikte, an konventionellen Normen orientierte, stark kontrollierte und unter Disziplinforderungen stehende Erziehung vorurteilsvolle und autoritäre Erwachsene hervorbringt (vgl. Adorno u.a. 1950). Andererseits kann belegt werden, daß demokratische familiale Entscheidungsstrukturen und Erziehungsmethoden, bei denen die Ideen und Ansichten der Kinder berücksichtigt werden, sich für die Entwicklung der Ich-Identität als förderlich erweisen und zu einer autoritätskritischen und politisch engagierten Haltung führen.

Die Untersuchungen über *politische Einstellungen*, die klären sollen, unter welchen Bedingungen sich bestimmte politische Überzeugungen und Werthaltungen formen, stoßen allerdings auf Schwierigkeiten; die Antworten, die auf den Fragebögen gegeben werden, bleiben auf der kognitiven Ebene, wogegen das wirkliche Verhalten in politischen Extremsituationen von tieferliegenden Verhaltensdispositionen beeinflußt ist. Demokratische Werte werden in einer ungefährdeten Situation schnell bejaht, im "Ernstfall" aber genauso schnell abgetan. So haben zahlreiche Untersuchungen den studentischen "Revolutionären" der 60er Jahre humanitär-tolerante Haltungen zugeschrieben, weil sie auf Befragen erklärten, linksextreme Gruppierungen und homosexuelle Minderheiten zu tolerieren, und mit diesen Ergebnissen wurde eine Korrelation von höherer Bildung und politischer Toleranz behauptet; denselben Individuen schien es aber durchaus mit ihren Freiheitsidealen vereinbar, rechtsextreme Redner niederzubrüllen und ein Redeverbot für Vertreter von "Unterdrückungsregimen" (wie der chilenischen Junta) zu fordern (vgl. Rothman/ Lichter 1978). Genauere Untersuchungen in den USA haben ergeben, daß das Ausmaß an Toleranz in den letzten Jahrzehnten nicht so sehr gestiegen ist, wie unter Hinweis auf die bessere Erziehung und die dabei vermittelten humanitären Ideale behauptet wurde, sondern daß sich die Intoleranz nur neue Ziele gesucht habe; die Öffentlichkeit sei nun toleranter gegenüber Kommunisten, Atheisten und Sozialisten als in den 50er Jahren, aber das Gesamtausmaß an Intoleranz habe sich nicht verändert (vgl. Sullivan/ Piereson/ Marcus 1979).

Die *Massenmedien* sind in einer Gesellschaft, in der die politische Erfahrung wesentlich über ihren Informationsfluß vermittelt wird, von kaum zu überschätzender Bedeutung. Aufgrund der abnehmenden Bedeutung der Familie dringen die Medien im Sozialisationsprozeß weiter vor, ja sogar in die frühkindliche Erziehung. In ihren direkten Wirkungen zeigen sich nach Befunden der Medienforscher keine grundsätzlichen Einstellungsveränderungen bei den Rezipienten, wohl aber werden vorliegende Orientierungen verstärkt. Weit weniger erforscht sind die indirekten Wirkungen, d.h. etwa die Prägung der Wirklichkeitswahrnehmung der Individuen durch die Medien.- Für den politischen Bereich stellen die Wirkungsforscher fest, daß die Medien zwar Faktenwissen vermitteln, aber keine Einsicht in politische Gesamtzusammenhänge. Politik wird als Abfolge von Geschichten und Skandalen und darüber hinaus als Sammelsurium von Einzelmeldungen dargeboten, so daß nicht nur ein simplifiziertes Politikbild dargeboten wird, sondern auch das Verständnis für die Zusammenhänge nicht gefördert wird.

Nationalismus

Nationalismus ist die bedeutendste politische Ideologie; sie besagt, daß die Individuen ihre Identität vor allem aus der Zugehörigkeit zu einer Nation ableiten sollen, daß sie ihre Loyalität in erster Linie auf diese - statt auf andere Gruppen - zu richten haben, und daß sie bereit sein müssen, für die Verteidigung der nationalen Interessen Opfer zu bringen. Zielsetzung eines nationalen Bewußtsein ist meist die Deckung von politischer und nationaler Einheit, die Vorstellung also, daß jede Nation über einen souveränen Staat verfügen solle. Nationalistische Strömungen im Rahmen größerer politischer Einheiten sind daher üblicherweise separatistisch. Tatsächlich sind jene Nationen stabiler, in denen sich die gemeinsame Kultur, Staat und Bewußtsein decken. Eine bloße *Kulturnation*, die nicht von politischen Strukturen getragen wird, ist eher eine Fiktion, während die *Staatsnation* die Herrschaftsunterworfenen entweder zu einem "Nationalstaat" zusammenschweißt oder vom dauernden Zerfall bedroht ist.

Eine Nation läßt sich nicht immer auf gemeinsame Abstammung, Sprache oder dergleichen zurückführen, eher handelt es sich um ein gemeinsames Gefühl und eine kollektive Forderung; aber geschichtliche Mythen und pseudobiologische Erklärungen spielen in der politischen Wirklichkeit nationalistischer Strömungen eine große Rolle. Der Nationalismus kann im Verein mit liberalen, konservativen, sozialistischen oder kommunistischen Ideologien auftreten, auch wenn sich diese ebenso gut mit kosmopolitischen Auffassungen, die den nationalistischen gewissermaßen entgegengesetzt sind, verbinden können.

5. Krisenerscheinungen und Stabilitätsprobleme der westlichen Demokratien

Die Öffnung der osteuropäischen Staaten hat den Erfolg des demokratisch-marktwirtschaftlichen Modells deutlich gemacht. Diese Staaten streben eine politische Konstitution und wirtschaftliche Institutionen an, wie sie die westlichen Staaten seit Jahrzehnten besitzen. Aber auch die westlichen Modelle haben ihre Probleme, selbst dann, wenn man sich nicht auf die Wiedergabe jener Verdrossenheitsäußerungen beschränkt, zu welchen sich die Bürger dieser Staaten oft zu Unrecht gedrängt fühlen.

Die Diskussion über Unregierbarkeit

"Das Gespenst der Unregierbarkeit geht um in Westeuropa und Amerika", so vermerkten manche Theoretiker in den siebziger Jahren (vgl. Crozier/ Huntington/ Watanuki 1975, Hennis/ Kielmansegg/ Matz 1977/79, Lehner 1979, Rose 1980, Greven/ Guggenberger/ Strasser 1975). Im Kern ging es dabei um die Vermutung, daß der von Interessengruppen gebeutelte und von seinen Bürgern nur als Dienstleistungseinrichtung genutzte, von den Intellektuellen gescholtene und von den Medien in die Überlastung getriebene Staat seine legitimen Herrschafts- und Steuerungsaufgaben nicht mehr erfüllen könne.

Was die "Nachfrageseite" angeht, so werden ihm Aufgaben zugeschoben, denen er unter marktwirtschaftlichen Bedingungen kaum nachkommen kann. Aus seiner Allzuständigkeit wird auf seine Allfähigkeit geschlossen, und die "Revolution der steigenden Erwartungen" von seiten der Bürger stellt hohe Anforderungen an ihn. Politische Leistungen sind irreversibel, eingeführte Programme können im politischen Konkurrenzkampf kaum wieder abgeschafft werden. Daraus ergibt sich ein politisches Anforderungssyndrom, das auf eine Ausweitung staatlicher Interventionen drängt, die eine Überforderung bewirken und somit eine Krise auslösen.

Auf der "Angebotsseite" gilt, daß die Möglichkeiten des Staates, die geforderten Leistungen zu erbringen, aus verschiedenen Gründen immer mehr beschränkt werden: Die Planungsfähigkeiten des Staates werden durch die steigende Komplexität der zu bewältigenden Probleme überfordert; immer mehr muß geplant werden, die Planung muß immer weitreichender und qualitativ besser werden, und die Zielbündel werden in einer pluralistischen Gesellschaft immer heterogener. Der Verlust des mit Gemeinschaftsgefühl und Opferbereitschaft verbundenen "Staatsgedankens" erschwert das Regieren. Die Schwächeerscheinungen der parteienstaatlichen Demokratie engen die politische Führungskraft ein. Die Verbände und Interessengruppen sind als Entlastungsinstrument ebenso wie die Bürokratie problematisch. Die überkommenen Strukturen des rechtsstaatlich-demokratischen Handelns sind oft nur schwer vereinbar zu machen mit den Erfordernissen eines Wirtschafts- und Leistungsstaates.

Alles das - so wird geschlossen - führt dazu, daß sich eine Kluft auftut zwischen den zunehmenden Erfordernissen zur Steuerung und Lenkung auf der einen Seite und den abnehmenden Steuerungsressourcen der modernen Demokratien auf der anderen Seite. Die Unregierbarkeit droht.

Befürchtungen über eine Legitimationskrise

Die Legitimität, das System- und Regierungsvertrauen, ist die wichtigste "Steuerungsressource"; kein Staat ist regierbar, der sie unter demokratischen Verhältnissen entbehren muß. Jürgen Habermas (1973c) ist der Meinung, daß sich in den westlichen Demokratien zunehmend Legitimationsdefizite auftun (ähnlich auch Offe 1972, 1973). Er hält zwar weder die orthodoxe marxistische Staatstheorie, derzufolge die staatlichen Regulierungsversuche den Fall der Profitrate nicht hemmen und daher den Niedergang der Wirtschaft nicht verhindern können, noch ihre revisionistische Fassung, derzufolge der Staatsapparat bewußt die Interessen des Gesamtkapitals wahrnimmt, für plausibel, sondern sieht die Probleme spätkapitalistischer Gesellschaften darin, daß der Staat in die wachsenden Funktionslücken des Marktes einspringen muß: Sein Input besteht aus diffuser Massenloyalität, sein Output aus hoheitlich durchgesetzten Entscheidungen - in beiden Fällen kann es zu *Krisen* kommen. Das Krisenszenarium hat mehrere Schritte.

Erstens: "Output-Krisen haben die Form der Rationalitätskrise: es gelingt dem administrativen System nicht, die Steuerungsimperative, die es vom Wirtschaftssystem übernommen hat, zu erfüllen. Daraus ergibt sich die Desorganisation von Lebensbereichen. Input-Krisen haben die Form der Legitimationskrise: es gelingt dem legitimatorischen System nicht, das erforderliche Niveau von Massenloyalität aufrechtzuerhalten." (Habermas 1976b, 316) Der Staat kann also einerseits nicht hinreichend steuern, und er kann andererseits die erforderliche Loyalität der Bürger nicht erzeugen.

Zweitens: Der Legitimationsbedarf muß mit demokratischen Mitteln befriedigt werden; doch "es gibt keine administrative Erzeugung von Sinn, allenfalls ideologischen Verschleiß von kulturellen Werten. Die Legitimationsbeschaffung ist selbstdestruktiv, sobald der Modus der 'Beschaffung' durchschaut wird." (318) Die zunehmende Staatstätigkeit aber erzeugt eine überproportionale *Steigerung des Legitimationsbedarfs*, denn kulturelle Selbstverständlichkeiten werden aufgestört. Ein bislang als selbstverständlich hingenommenes Curriculum wird in Frage gestellt, Prinzipien der Stadt- und Regionalplanung werden angezweifelt, Bestimmungen über Ehe und Familie werden hinterfragt. "Auf allen Ebenen hat die administrative Planung nichtintendierte Beunruhigungs- und Veröffentlichungseffekte, die das Rechtfertigungspotential der aus ihrer Naturwüchsigkeit aufgescheuchten Traditionen schwächen." (1973c, 102) Angesichts dieser kulturellen Nöte steigen auch die materiellen Anforderungen, denn aus der Sicht der Bürger muß *"Wert" nun "Sinn" substituieren* -

Konsum tritt an die Stelle eines sinnhaften Lebens, die wirtschaftliche Rationalität dominiert alle Lebensbereiche. Es kommt zur "Kolonialisierung" der kommunikativen Lebenswelt.

Drittens: Das soziokulturelle System läßt sich nicht beliebig steuern. Es handelt sich letztlich um eine *Motivationskrise*, die das Bestehen des kapitalistischen Systems bedroht. "Kapitalistische Gesellschaften", so meint Habermas ganz im Sinne Schumpeters oder Webers, "waren stets von kulturellen Randbedingungen abhängig, die sie nicht aus sich selbst reproduzieren konnten: sie zehrten vom Traditionsbestand parasitär." (1973c, 107). Zu diesen Voraussetzungen eines Funktionierens der Marktgesellschaft gehörte, daß die Menschen sich ihrem Privatleben widmen, ohne allzu große Partizipationsansprüche zu stellen, und daß sie in ihren Familien Konsuminteressen und in ihrem Berufsleben Karriereinteressen verfolgen, ohne allzu viel politisches Engagement zu entwickeln. Nun zerfällt aber die *Leistungsideologie*, weil die Marktgerechtigkeit unglaubwürdig wird und Arbeitsstrukturen entstehen, die keine individuelle Leistungszurechnung erlauben. Der *Besitzindividualismus* ist der Erosion preisgegeben, weil durch den gesellschaftlichen Reichtum die individuellen Präferenzsysteme unscharf werden und der Anteil kollektiver Güter an den Konsumgütern steigt. Die *Tauschwertorientierung* wird brüchig, weil immer größere Teile der Gesellschaft ihr Einkommen nicht über Märkte, sondern über Transfereinkommen beziehen. Der Szientismus, die nachauratische Kunst und die universalistische Moral heben die Wirksamkeit von Traditionen auf. Die Grenze der sozialen Ordnung findet sich letztlich im Raubbau an der Tradition.

Grenzen des demokratischen Rechtsstaates

Bestimmte Entwicklungen erschweren das Festhalten an rechtsstaatlichen und demokratischen Prinzipien und untergraben Teile jenes "Grundkonsenses", auf dem die Stabilität des Gemeinwesens ruht. Vor allem die grundlegenden Verfahrensweisen demokratischer Rechtsstaaten sind betroffen (vgl. auch Guggenberger/Offe 1984).

Erstens hängen diese Veränderungen mit dem *Wandel vom Rechtsstaat zum Leistungsstaat* zusammen. Das Legalitätsprinzip erfordert präzise gesetzliche Bestimmungen und eine eindeutige objektive Festlegung von Sachverhalten, an die sich konkrete Rechtsfolgen knüpfen. Aber mit der Ausweitung der Staatsaufgaben nach Tiefe und Umfang, mit dem Vordringen in Wirtschaftslenkung, Planung und öffentliche Güterproduktion, mit der Grenzverwischung zwischen "öffentlichem" und "privatem" Handeln benötigt der Staat gestaltende Instrumentarien, die sich nicht im "Vollzug" gesetzlicher Normen erschöpfen können. Die Leistungsanforderungen an das Recht überschreiten daher die Grenze dessen, was die überkommenen Verfahren zu leisten vermögen. Die politische Legitimation verschiebt sich wiederum von der Gewährleistung formaler Rechte zur Herstellung einer materiell gerechten Ordnung, und dies ist in einer pluralistischen Gesellschaft dissensträchtig.

Zweitens verschwimmen die Grenzen zwischen jenen privaten Bereichen, in denen *individuelle Freiheitsrechte* ohne jegliche staatliche Ingerenz geltend gemacht werden, und jenen eine Mehrzahl von Bürgern betreffenden, originär politischen Bereichen, in denen die Verfügungen durch Mehrheitsentscheidung legitimiert werden müssen. Zunehmend aber werden Mehrheitsentscheidungen in jenen Problembereichen, in denen Ansprüche auf "private Unversehrtheit" geltend gemacht werden, zurückgewiesen: Eine Volkszählung wird nicht schon deswegen als legitim erachtet, weil sie das Parlament beschlossen hat, und Entscheidungen im Umweltschutzbereich werden nicht deswegen hingenommen, weil die Abwicklung von gewerberechtlichen und sonstigen legalen Prozeduren korrekt war. Externe Effekte machen aus einem "privaten" Problem, das nur den einzelnen berührt, in Wahrheit ein "öffentliches", weil die Auswirkungen von Entscheidungen eine Mehrzahl von Bürgern betreffen. Wenn aber - in einer so komplizierten Gesellschaft - nahezu jede Handlung Externalitäten auslöst, also "Unbeteiligte" betrifft, so ist allenthalben der Staat darin verwickelt, und er gerät zwangsläufig in immer stärkere Konflikte.

Drittens hängt die *Rechtfertigung von Maßnahmen durch Mehrheitsverfahren* davon ab, ob diese Eingriffe "jedenfalls im Prinzip revidierbar, reversibel oder hinsichtlich ihrer potentiellen negativen Konsequenzen korrigierbar sind" (Offe 1982, 321). Die Minorität muß die Chance haben, in der nächsten Runde manches anders machen zu können. Wenn aber Festlegungen getroffen werden, die den politischen Weg der Gemeinschaft auf lange Zeit bestimmen und am Ende gar noch die nächsten Generationen betreffen, gibt es keinen Grund dafür, daß sich eine dissentierende Minderheit diesen von einer Mehrheit getragenen Beschlüssen beugt, nur deswegen, weil die Entscheidungen in einem Verfahren getroffen worden sind, das der Mehrheitsgruppe die Entscheidungsfreiheit für eine ohnehin nur begrenzte Zeitdauer einräumt. Entscheidungen über ökologische Fragen sind aber beispielsweise meist generationsübergreifend - und Kritiker können sich ihrerseits auch auf jene "Mehrheit" berufen, welche die nächsten Generationen, einschließlich der noch gar nicht Geborenen, umfaßt. Wer ist der "Souverän": die Gesamtheit der Wahlberechtigten, die Menge aller Staatsbürger oder auch die Gemeinschaft der vergangenen und zukünftigen Generationen? Allerdings muß es in einer solchen Situation bei jenen, die sich aktuellen Mehrheitsbeschlüssen nicht beugen wollen, wohl bei der bloßen Behauptung bleiben, die "wahren" Wünsche einer fiktiven Mehrheit zu vertreten. Jedenfalls stehen wir vor einem Dilemma: Den Politikern wird mit Recht oft vorgeworfen, auf den nächsten Wahltermin zu schielen und deswegen langfristige Probleme außer acht zu lassen; werden allerdings langfristige Planungen - und damit Festlegungen - eingeleitet, so zeigt sich, daß keine ausreichenden verfahrensmäßigen Legitimierungen zur Verfügung stehen.

Viertens stoßen wir auf ähnliche Probleme, wenn *unterschiedliche Intensitäten konfligierender Wünsche* vorliegen - auch Präferenzintensitäten können nicht empirisch vermessen werden. Es ist nicht klar, was im Sinne demokratischer Spielregeln getan werden soll, wenn einer weitgehend gleichgültigen Mehrheit, die sich zugunsten einer Maßnahme ausspricht, eine Minderheit gegenübersteht, der die Ablehnung eines bestimmten Vorschlags sehr viel bedeutet; das aber sind typischerweise jene Situationen, die beim Bau einer Straße oder bei der Geruchsbelästigung durch einen Betrieb auftreten. Folgt man in solchen Fällen immer den Mehrheiten, kommt es möglicherweise zu einer Minderung des kollektiven Wohlstands, weil durch die spärlichen Wohlfahrtsgewinne der an sich uninteressierten Mehrheit die Härten, die für die Minderheit entstehen, nicht aufgewogen werden. Folgt man in solchen Fällen immer den Minderheiten, führt dies zu Ineffizienzen, weil sich - da doch immer belastete Gruppen vorhanden sind - in Anbetracht einer allseitigen Blockade keine politischen Anliegen mehr durchsetzen lassen. Der Interventionsstaat gerät aber durch seine Eingriffe immer stärker in Bereiche, in denen sich die Interessen pluralisieren, also vielgestaltiger werden, und in denen unterschiedliche Intensitäten der Wünsche von Mehrheiten und Minderheiten in Konflikt geraten.

Neue soziale Bewegungen und Bürgerinitiativen

Bürgerinitiativen und neue soziale Bewegungen haben die politische Szene vieler Industrieländer in den letzten Jahren belebt. *Bürgerinitiative* ist die "Bezeichnung für eine auf die Dauer eines akuten, lokal begrenzten Interessenkonflikts angelegte, offene Sekundärgruppe von unmittelbar oder mittelbar betroffenen Bürgern, die spontan und öffentlich auf wahrgenommenes Fehlverhalten des politisch-administrativen Systems reagieren und verändernd auf den politischen Entscheidungsprozeß hinsichtlich eines einzigen, spezifischen Anliegens (z.B. Umweltschutz) einwirken wollen" (Tasselt 1989, 112). *Neue soziale Bewegungen* sind kollektive Gruppierungen, die bestrebt sind, Veränderungen in der Gesellschaft zu unterstützen oder zu verhindern (vgl. Brand 1982, 1985, Schäfer 1983, Brand/ Büsser/ Rucht 1983). Sie sind zunächst immer Oppositions- und Protestbewegungen; sie sind nicht - wie die Parteien - unmittelbar am Kampf um die Macht beteiligt, sie wollen also nicht in die Herrschaftspositionen einrücken. Dies gilt auch für die Bewegungen des vorigen Jahrhunderts - für die Arbeiterbewegung wie für christliche und liberale Bewegungen -, die sich in der Zwischenzeit zu Parteien verfestigt haben. Solche Bewegungen stehen immer in der Spannung, ob sie

"Fundamentalopposition" oder "Realpolitik" betreiben wollen. Im ersten Fall bleiben sie politisch irrelevant, im zweiten Fall besteht die Gefahr der Integration, der Anpassung an die Spielregeln des Machtapparats und des "Mitmachens" im Spiel der Normalpolitik. Dies trifft auch die gegenwärtigen neuen sozialen Bewegungen, wie die ökologischen Gruppierungen, die Frauenbewegung, die Friedensbewegung und andere.

Zur unmittelbaren Vorgeschichte des Bürgerprotests gehört die Studentenbewegung der 60er Jahre, in der nach einer relativ stabilen politischen Phase ein starkes Widerstandspotential gegen die moderne Gesellschaft sichtbar wurde, und zu deren Vorgeschichte wieder die Bürgerrechtsbewegung in den Vereinigten Staaten in den 50er und 60er Jahren sowie Ansätze einer antiautoritären Bewegung, die sich schon damals als Gegenkultur zu den Konsum- und Leistungsnormen etablierte. Damals waren die USA - allen festtäglichen Deklarationen zum Trotz - ein rassistisches Regime, mit getrennten Restaurants und Bussitzplätzen für Schwarze und Weiße. Die Berichte über den Vietnam-Krieg haben in den 60er Jahren der Rassenspaltung zusätzlichen Zündstoff beigefügt und der Bewegung Friedensaktivisten zugeführt. Über den Atlantik schwappte die Protestwelle nach Europa, und hier kamen Themen wie die Universitätsreform dazu. Ihren Kulminationspunkt erreichten die Proteste der Jugendlichen - vor allem des universitären Milieus - sowohl in Amerika als auch in Europa im berühmten "Fast-Revolutionsjahr" 1968. Die Studentenbewegung, die vorwiegend in marxistisch inspirierten Gesamterklärungsmodellen geeignete Grundlagen zur Analyse der gesellschaftlichen Vorgänge zu finden vermeinte, vermittelte den Industriestaaten beachtliche Veränderungsimpulse, auch im Lebensalltag: bei der Veränderung von Verhaltensweisen, beim Sexualverhalten, im kulturellen Leben. In den frühen 70er Jahren erlahmte allerdings die Schwungkraft des Aufbegehrens. Einige der Ziele waren erreicht, konstruktive Vorstellungen über die Umgestaltung der Gesellschaft wurden nicht ausgebildet. Neue Themen - Grenzen des Wachstums, Ökologie, Atomenergie - erregten Aufmerksamkeit.

Aber schon in diesen Jahren machte sich ein *Antiinstitutionalismus* breit, der von einem lebensweltlich-kulturkritischen Gefühl getragen wurde; eine Einstellung, die damals noch von polit-ökonomischen Kategorien verdeckt blieb (oder unter Verwendung dieser Kategorien rationalisiert wurde), aber jenes Unbehagen an der Moderne schlechthin bereits ankündigte, das in der Identitätssuche der Jüngeren in der Gegenwart so deutlich zum Ausdruck kommt (vgl. zur Geschichte dieses Denkens Sieferle 1984). Zugleich entwickelten sich an spezifischen Interessen orientierte Komitees, lose Vereinigungen, Gruppen von Bürgern, häufig aus Anlässen wie dem Bau einer neuen Straße oder der Belästigung durch einen Wirtschaftsbetrieb, ein Engagement, das nun sogar positiv bewertet wurde. Die grundsätzlich positive Bewertung des politischen Engagements diffundierte sogar in die ältere Generation hinein, die nach den Jahren des Nationalsozialismus vorsichtige Politikferne bewahrt hatte und nun gerade anhand konkreter (meist kommunalpolitischer) Anliegen ihre Partizipationsfreude - nach langen "ruhigen" Jahren - wiederentdeckte (vgl. Mayer-Tasch 1985).

Die westlichen Industriestaaten beendeten in den 60er Jahren ihre "Nachkriegsphase". Auf der Grundlage jener Wiederaufbauanstrengungen, die mit berechtigtem Erstaunen über die eigene Leistung als "Wirtschaftswunder" bezeichnet wurden, wurde eine "reiche" Konsumgesellschaft geschaffen, deren materielle Errungenschaften den Angehörigen der jüngeren Generation, die in diesem Wohlstand aufgewachsen waren, als Selbstverständlichkeit erscheinen müssen. Folgerichtig achteten die Bürger dieser reichen Gesellschaftsformation auf andere - fortbestehende oder neu auftauchende - *Defizite dieser gesellschaftlichen Ordnung*, auf Themen wie Ökologie, alternatives Leben, Gleichberechtigung der Frauen usw. (vgl. dazu auch die Wertwandelproblematik in Kap. XII). Die Ansprüche an die äußeren Lebensbedingungen stiegen, zuweilen so weit, daß von einer *Revolution steigender Erwartungen* gesprochen wurde. In manchen Bereichen wurden Spürbarkeitsschwellen überschritten; denn Belastungen häufen sich unmerklich an, werden zunächst geduldet, bis sie an einen Punkt geraten, an dem die Betroffenen sich zu wehren beginnen. Die Politik ist den beschriebenen Veränderungen des öffentlichen Bewußtseins nicht auf den Fersen geblieben, das etablierte System der Interessenaggregation war zu undurchlässig, die sich verschärfenden Umweltprobleme, Fragen der Stadtentwicklung oder der Ressourcenverknappung wurden übersehen oder politisch blockiert.

Ein zweiter Grund für das Entstehen von Bürgerinitiativen und neuen sozialen Bewegungen liegt nicht im eigentlich politischen Bereich, sondern in den Strukturbedingungen der Öffentlichkeit. Für die hier in Betracht stehenden Formen des politischen Handelns ist im Zuge der letzten Jahrzehnte ein *unkonventionelles Protestrepertoire* entwickelt worden, das auf die politischen Aktivitäten der Bürgerinitiativen zugeschnitten ist. Konventionelle Politik bedeutet: Parteiorganisation, viele Gremien und Sitzungen, Vorfeldorganisationen, Wählerversammlungen, langsame Aufstiegsmuster und dergleichen. Das "direkte" Politikmachen hingegen kennt andere Methoden, um die Entscheidungen über politische Sachverhalte in der gewünschten Richtung zu beeinflussen: Unterschriftenlisten, Leserbriefe, persönliche oder "offene" Schreiben an Politiker, Pressekonferenzen, Protestresolutionen, wilde Streiks, Straßenblockaden, Häuser- oder Betriebsbesetzungen, Boykotte, Demonstrationen, Straßenschlachten, Abgabenverweigerung, Gag-Aktionen mit hinreichender Presseresonanz und vieles andere (vgl. Barnes/ Kaase 1979). Bei diesem zum Teil durchaus effizienten, im einzelnen auch kombinierbaren und politikstrategisch zu handhabenden Aktionsrepertoire handelt es sich um eine "soziale Erfindung" der letzten Jahrzehnte, um ein neues Instrumentarium der Interessendurchsetzung. Dieses Aktionsrepertoire ist auf die Massenmedien angewiesen, es braucht eine medienzentrierte Politiklandschaft (vgl. Schwartzenberg 1980, Plasser/ Ulram/ Welan 1985). Diese Form des Politikmachens ist jedoch für alle westlichen Demokratien kennzeichnend geworden. Ein guter Medienauftritt, eine gelungene Inszenierung ist politisch wirksamer als vieles andere. Bürgerinitiativen und Protestgruppen sind der rentabelste Weg, in einer medienorientierten Politikszene bestimmte Interessen durchzusetzen.

Ein dritter Aspekt bezieht sich auf die *Kompetenz zum Protest*. Bürgerinitiativen und Protestbewegungen sind unter anderem ein Ergebnis der Bildungsrevolution - viele Bürger verfügen über bessere Informations- und Artikulationsmöglichkeiten als früher, und sie stehen nicht an, diese zu nutzen. Allerdings bestehen schichtspezifische Verzerrungen: Man muß dazu in der Lage sein, das oben erörterte Protestrepertoire geschickt zu handhaben, und daher sind Bürgerinitiativen und ähnliche Gruppierungen üblicherweise eine Angelegenheit der oberen Mittelschicht; Personen, die dem öffentlichen Dienst und dem Bildungsbereich entstammen, sind überrepräsentiert. Die Angehörigen dieser bessergestellten Gruppen verfügen über den Zugang zur erforderlichen Infrastruktur und vor allem über das nötige Know-how, um einen Protest zu organisieren.

XI. UNGLEICHHEIT UND KLASSENBILDUNG

Die Menschen unterscheiden sich in der Gesellschaft, der sie angehören, nicht nur als Individuen, sondern auch nach Gruppen: als Jugendliche und Erwachsene, als Männer und Frauen, als Briefträger und Bauarbeiter, als Schwarze und Weiße. Solche Gruppierungen werden auch nach "Rängen" geordnet: Es besteht in den modernen Industriegesellschaften eine gewisse Einigkeit darüber, daß der Arzt in gewissem Sinne "höher steht" als der Hilfsarbeiter und etwa "gleich hoch" wie der Richter. Eine gesellschaftliche Rangskala "ordnet" solche Ungleichheiten: Wir sprechen dann von sozialen Klassen oder Schichten. Soziale Ungleichheit schließt aber auch horizontale Disparitäten ein, Benachteiligungen oder Bevorzugungen nach Geschlecht, Alter, Rasse, Religion. Schließlich ist auch die Ungleichheit in regionaler Hinsicht (periphere Gebiete und Zentren) sowie in internationaler Hinsicht (Industrie- und Entwicklungsländer) zu berücksichtigen. In diesem Kapitel kann nur die soziale Ungleichheit im engeren Sinn - die Frage von Klassen und Schichten - behandelt werden (vgl. Hartfiel 1978, Bolte/ Hradil 1984, Bendix/ Lipset 1967, Bottomore 1965, 1966).

Unterschiedliche Positionen in einer Gesellschaft sind mit den Phänomenen der Arbeitsteilung und der gesellschaftlichen Differenzierung verbunden. Die Prozesse der Statuszuweisung sind - je nach Gesellschaft - unterschiedlich: Im allgemeinen unterscheidet man einen *zugeschriebenen* Status, der bereits durch Geburt bestimmt wird, und einen *erworbenen* Status, der sich auf formale Bildung und berufliche Leistung gründet. Jedes Individuum nimmt in unterschiedlichen gesellschaftlichen Bereichen, in Familie, Beruf, Sportverein, Politik und dergleichen, verschiedene Positionen wahr. Aus der Summe dieser Positionen ergibt sich der soziale *Gesamtstatus* einer Person. Die Bewertung dieses Status ergibt das *Statusprestige*, es drückt die Wertschätzung von seiten der Gesellschaft aus. Wenn diese Bewertung für die Position eines Individuums in allen sozialen Bereichen ähnlich ist, spricht man von *Statuskonsistenz* oder *Statuskristallisation.*

Soziologische Fragestellungen im Zusammenhang mit gesellschaftlicher Ungleichheit lauten: Welche Prozesse führen zu einer hierarchischen Abstufung der Gesellschaft? Ist Ungleichheit auf biologische Unterschiede zurückzuführen, auf Eigentumsverhältnisse, auf Arbeitsteilung, auf Machtunterschiede, auf wirtschaftliche Strukturnotwendigkeiten? Wie erfolgt die Zuordnung der Individuen zu den unterschiedlichen Positionen - durch soziale Beziehungen, Geburt, Leistung? Worin - in welchen speziellen Einstellungs- und Verhaltensmustern - drücken sich die unterschiedlichen Lebenslagen aus?

Im Abschnitt 1 wird die Ungleichheitsproblematik bis herauf ins 19. Jhdt. geschildert; im Abschnitt 2 werden die Nivellierungsprozesse betrachtet, die für das 20. Jhdt. kennzeichnend wurden, und einige theoretische Modellierungen dieser Entwicklung. Gegenwärtige Ungleichheiten werden als Ausdruck einer Vielzahl von Disparitäten in den Lebenschancen gesehen, und dieses Modell wird im Abschnitt 3 erörtert. Im Abschnitt 4 werfen wir noch einen Blick auf die heutigen Besitz-, Erwerbs- und Versorgungsklassen.

1. Soziale Abstufungen - in feudalistischen und kapitalistischen Systemen

Soziale Ungleichheit ist ein "ewiges" Thema der Geschichte: Immer gibt es "die da oben" und "die da unten". Aber immer sind diese Ungleichheiten auch verschieden geartet, werden durch unterschiedliche Kriterien bestimmt und haben eine wechselnde Bedeutung für die Betroffenen. Die einfachste Erklärung dafür ist der Verweis auf "natürliche", d.h. biologische Unterschiede. Er führt Ungleichheit auf Stärke, Intelligenz oder schlicht auf die Natur des Menschen zurück. Es gibt dann "von Natur aus" Freie und Sklaven, Herren und Diener. Solche Erklärungen scheinen uns heute unzureichend - und doch werden sie hie und da noch geäußert, etwa bei den Unterschieden in den natürlichen Fähigkeiten von Mann und Frau.

Ständische Ungleichheit

Im Mittelalter und in der frühen Neuzeit resultiert soziale Ungleichheit aus Rechten und Privilegien, die mit der Geburt erworben und unabhängig von der persönlichen Leistung den Individuen zugeschrieben werden. In der ländlichen Feudalgesellschaft gibt es Adel, Geistlichkeit und Bauern, und letztere sind entweder freie oder unfreie Bauern oder Pächter. In der mittelalterlichen Stadt finden wir Patrizier, das sind Handelskaufleute, Ministeriale und freie Grundbesitzer; sodann Bürger, d.h. Händler, Handwerker, Beamte und dergleichen; und unter- und nebenständische Gruppen, das sind Bedienstete, Taglöhner, Bettler, Juden und so fort. Man macht sich oft keine Vorstellung davon, wie präzise die Rangunterschiede festgelegt waren, wie tief sie in das Leben der einzelnen Menschen eingriffen und wie penibel sie auch rechtlich-administrativ untermauert wurden (vgl. Bolte/ Kappe/ Neidhardt 1975, 5 ff.).- Die Religion diente häufig zur Rechtfertigung solcher Gliederungen. Es wurden die bestehenden Verhältnisse festgeschrieben: Es *gibt* eben eine Aristokratie, und diese ist gesellschaftlich notwendig und durch Gottes Willen gerechtfertigt. Es *gibt* eben Zünfte, die die Existenz ihrer Handwerksmeister in einer gottgegebenen Ordnung sichern.

Aber schon in der Zeit der Frühindustrialisierung - im 17. und 18. Jahrhundert - werden faktische Impulse zur Wandlung und Auflockerung der starren Schichtungsverhältnisse sichtbar. Absolutistische Fürsten beginnen Unternehmer zu fördern und Privatinitiative für ihre Zwecke zu nutzen. Über Konzessionen und Privilegien werden starre Zunftschranken umgangen. Manufakturen, also handwerkliche Großbetriebe, entwickeln sich inmitten der feudalen Ordnung. Ein Beamtenapparat, der für die zunehmenden Staatsaktivitäten wichtig ist, gewinnt an Einfluß. Groß- und Fernhändler betreiben Kapitalbildung großen Stils. Ein liberales Denken formiert sich, und es beginnt das ständische Gefüge zu zerstören.

Zur gleichen Zeit können wir eine eingehendere theoretische Befassung mit dem Ungleichheitsproblem verzeichnen. Thomas Hobbes schildert einen Vertragsabschluß zwischen relativ "gleichen" Individuen, die einen Souverän einsetzen und dadurch eine extreme Ungleichheit begründen. Jean-Jacques Rousseau geht von anderen Voraussetzungen aus. Von Natur aus sind die Menschen frei und gleich; erst durch die geschichtliche Entwicklung, durch Arbeitsteilung, Ackerbau, Bodenaufteilung, Eigentum - entstehen Ungleichheiten und damit Elend, Not und Verbrechen. Diese Ungleichheiten müssen abgestreift werden, um in eine - ebenfalls durch Vertrag begründete - Gesellschaft einzutreten, in der die individuellen Rechte keineswegs an einen Souverän abgetreten werden. Vielmehr stellt sich Rousseau ein direkt-demokratisches Modell vor, ein Modell, in dem häufige Abstimmungen als Mittel dazu dienen, den "Allgemeinwillen" (volonté générale) - die "beste" Lösung im Interesse aller - zu erkunden. Es ist eine politische Ordnung der "Gleichen", die Rousseau anvisiert, und dieses Modell birgt natürlich einige Sprengkraft.

Polarisierungsprozesse im 19. Jahrhundert

Im Zuge der Industrialisierung, nach dem Take-off in die industriell-kapitalistische Gesellschaft, wird die soziale Ungleichheit als durch den Besitz an Produktionsmitteln bestimmt angesehen, so etwa von Lorenz von Stein und Karl Marx. Die *ständisch differenzierte Gesellschaft* scheint sich in eine industrialisierte *Zwei-Klassen-Gesellschaft* - Reiche auf der einen, Arme auf der anderen Seite - zu spalten. Im 19. Jahrhundert glaubt man, die sozialstrukturelle Entwicklung mit Händen greifen zu können: Aus der in die Stadt abgewanderten überschüssigen Landbevölkerung entsteht die Industriearbeiterschaft, die "Gegengruppe" zu den akkumulations- und konzentrationssüchtigen Kapitalisten (vgl. zur Lage der Arbeiter Engels 1845). Unter Vernachlässigung einiger spezifischer sozialer Gruppierungen ist es nicht unberechtigt, die Zukunftsvision zweier in sich relativ homogener Funktionsklassen zu entwerfen, die in einen strukturell notwendigen Konflikt um den jeweiligen Anteil am Sozialprodukt geraten würden. Eine solche Polarisierung, die zu gleicher Zeit auch zur jeweiligen klasseninternen Homogenisierung beitragen würde, erwarten nicht nur Marx und Engels, die ein berühmtes und scharf konturiertes Bild der zukünftigen Klassenstrukturen zeichnen. "Unsere Epoche", so heißt es im Kommunistischen Manifest, "die Epoche der Bourgeoisie, zeichnet sich ... dadurch aus, daß sie die Klassengegensätze vereinfacht hat. Die ganze Gesellschaft spaltet sich mehr und mehr in zwei große feindliche Lager, in zwei große, einander direkt gegenüberstehende Klassen: Bourgeoisie und Proletariat."

Die marxistische Perspektive

Karl Marx betrachtet Schichtung als trennendes und revolutionäres Moment im geschichtlichen Prozeß. In allen Klassengesellschaften gibt es Herrschende und Beherrschte. Nur in der ersten Gesellschaftsformation, dem *primitiven Kommunismus*, werden die Produktionsmittel kollektiv genutzt. Sobald die Produktionskapazität der Gesellschaft sich über das Subsistenzniveau erhebt, entstehen Klassen; so kommt es bereits in der zweiten Stufe, der *Sklavenhaltergesellschaft*, zur Unterscheidung von Herren und Sklaven. Im *Feudalismus*, der dritten Epoche, finden wir die Trennung zwischen Grundherrn und Leibeigenen, im *Kapitalismus*, der vierten Formation, den Gegensatz zwischen Kapitalisten und Proletariern. Diese beiden Klassen werden durch ihr Verhältnis zu den Produktionsmitteln bestimmt: Die Kapitalisten verfügen über die Produktionsmittel, während die Arbeiter gezwungen sind, ihre Arbeitskraft auf dem Markt zu verkaufen. "Die Geschichte aller bisherigen Gesellschaft ist die Geschichte von Klassenkämpfen. Freier und Sklave, Patrizier und Plebejer, Baron und Leibeigener, Zunftbürger und Gesell, kurz Unterdrücker und Unterdrückte standen in stetem Gegensatz zueinander, führten einen ununterbrochenen, bald versteckten, bald offenen Kampf, einen Kampf, der jedesmal mit einer revolutionären Umgestaltung der ganzen Gesellschaft endete oder mit dem gemeinsamen Untergang der kämpfenden Klassen."

Nur Arbeit schafft im Zuge der Produktion zusätzlichen Wert. Da die Arbeiter, die gezwungen sind, für die Besitzer der Produktionsmittel tätig zu werden, mehr an Wert erzeugen, als sie für ihre Arbeitskraft bekommen, erhält der Kapitalist einen "Mehrwert" (in Form seines Gewinns), d.h. der Arbeiter wird "ausgebeutet".- Die ökonomische Ungleichheit setzt sich auch im politischen und kulturellen Bereich fort. Auch das Rechts- und Politiksystem spiegelt die Interessen der herrschenden Klasse wieder. Der ganze Überbau der Gesellschaft - Institutionen, Werte, Glaubensüberzeugungen - ist von den ökonomischen Verhältnissen geprägt. Daher werden die Glaubensüberzeugungen und Werte der Gesellschaft ebenfalls zugunsten der Interessen der Herrschenden geformt.

Der gesellschaftliche Wandel wird durch den Kampf der sozialen Klassen, die sich in einem antagonistischen Gegensatz befinden, vorangetrieben. So wie das aufstrebende Bürgertum in der Feudalgesellschaft das sich entwickelnde kapitalistische System durchgesetzt hat, so wird das Proletariat zum Träger des Übergangs zu einer kommunistischen Gesellschaft, in der über die Produktionsmittel wieder gemeinsam verfügt wird. Daher wird diese Gesellschaftsordnung keine Widersprüche mehr enthalten, keine Konflikte; sie wird unwandelbar sein.- Revolutionäre Kämpfe haben aber zur Voraussetzung, daß sich die *Klasse an sich* - die objektiv bestehende Gruppe von Menschen mit gleichen Interessenlagen - zur *Klasse für sich* entwickelt, d.h. ein Klassenbewußtsein entfaltet und in Klassensolidarität handelt. Der Prozeß der kapitalistischen Wirtschaft führt nach marxistischer Auffassung dazu, daß sich das Bewußtsein von der Gemeinsamkeit der Lebenslage in der Tat immer stärker entwickelt. Denn die Tendenz geht zur Polarisierung der beiden Klassen. Es bildet sich durch den Einsatz von immer mehr Maschinen eine homogene Arbeiterklasse heraus, weil Fachqualifikationen entwertet werden; mit der zunehmenden Akkumulation von Kapital werden die materiellen Unterschiede immer stärker; nur die größten und finanzkräftigsten Unternehmen werden im Konkurrenzkampf bestehen; die Mittelklassen werden proletarisiert.

Bestimmte Tendenzen der sozialstrukturellen Entwicklung des 19. Jahrhunderts sind mit diesem Modell sicher richtig erfaßt, doch scheint es keine hinreichende Erklärung zu bieten. Weder der Industriemanager noch der Arzt kann Produktionsmittel im eigentlichen Sinn sein eigen nennen; die Stellung des Universitätsprofessors zu den Produktionsmitteln ist dieselbe wie jene des Bauhilfsarbeiters. Dennoch bestehen offensichtliche Statusunterschiede. Marx selbst hat später an seinem dichotomischen Klassenbegriff nicht strikt festgehalten. In einem unvollendeten Kapitel im dritten Band des "Kapital" unterscheidet er die drei großen Klassen in einem kapitalistischen Gemeinwesen: Grundeigentümer, Kapitalisten und Lohnarbeiter, nach ihren Revenuequellen. Er fügt jedoch hinzu, daß eine solche Einteilung unzureichend sei, weil dann auch Ärzte und Beamte gesonderte Klassen bilden müßten und noch weitere Abstufungen vonnöten wären; er konnte jedoch seine Konzeption nicht mehr entwickeln (für neue marxistische Analysen vgl. Wright 1976, 1978, Parkin 1978).

Die Herausbildung der Mittelschichten

In der dichotomischen Konzeption, die Marx vertreten hat, wird die Menge der Gesellschaftsmitglieder in zwei Gruppen zerlegt, von denen die eine auf Kosten der anderen privilegiert und jede Klasse durch den Gegensatz zur anderen definiert ist. Alle Ungleichheiten fallen bei Marx zusammen: Es stehen Regierende gegen Regierte, Reiche gegen Arme, Ausbeuter gegen Ausgebeutete (vgl. Ossowski 1962, Kap. II). Diese Definition der Klassen hält Joseph Schumpeter für eine "geniale Tautologie" (1975, 40): Sie beruht darauf, daß für Marx die Theorie der sozialen Klassen und die ökonomische Geschichtsauffassung nicht zwei unabhängige Lehren sind; er wollte vielmehr den Kapitalismus durch denselben Charakterzug definieren, der auch seine Klassenscheidung bestimmt, mit dem Ergebnis, daß zwangsläufig und definitionsgemäß der Sozialismus zur einzig möglichen Art einer klassenlosen Gesellschaft wird. Denn in einer sozialistischen Gesellschaft gibt es kein Privateigentum an Produktionsmitteln, und daher kann es selbst bei den gravierendsten Einkommensungleichheiten keine unterschiedlichen "Klassen" geben.

Schon Marx hatte allerdings Schwierigkeiten, bestimmte gesellschaftliche Gruppierungen seinem Modell einzufügen. Leitende Angestellte ließen sich nur schwer als ausgebeutete Proletarier verstehen, kleine Gewerbetreibende, die gar keine Angestellten hatten, kaum als kapitalistische Ausbeuter. Beamte, Offiziere, Lehrer und ähnliche Gruppen wollten sich dem dichotomischen Schema nicht recht fügen. Aber Marx wollte auch weniger eine Beschreibung seiner Gegenwartsgesellschaft liefern, er wollte eher Tendenzen aufzeigen, die den Gegensatz der beiden Klassen immer stärker akzentuierten.- Den in der Marxschen Tradition stehenden Schichtungstheorien war jedoch kein durchschlagender prognostischer Erfolg beschieden, wiewohl die aktuellen Tendenzen im 19. Jahrhundert durchaus zur Annahme berechtigen konnten, daß sich eine solche Entwicklung fortsetzen würde. Dennoch zeigte sich bald deutlich, daß die *Mittelschichten* keineswegs eine rasche Proletarisierung erlebten. Wohl gab es Auflösungserscheinungen beim *alten Mittelstand*, der unter der Industriekonkurrenz und unter der Auflösung der Zunftverbindlichkeiten litt. Aber nicht alle Existenzen und Handwerksberufe wurden vernichtet, viele konnten sich als Zulieferer für die Industrie etablieren, andere wieder beschränkten sich auf Spezialmärkte, dritte wieder stiegen in das Reparatur- und Instandhaltungsgeschäft bei Industrieprodukten ein, und schließlich wurden auch neue Handwerksberufe durch den industriellen Fortschritt geschaffen (Beispiel: Elektriker). Daneben aber entwickelte sich der *neue Mittelstand*: Angestellte, die zwar über keine Produktionsmittel verfügten, sich aber gegen die Arbeiterklasse absetzten, bürgerliche Verhaltensweisen an den Tag legten und sich selbst als "Mitte" definierten. Sie arbeiteten in Dienstleistungsberufen, und diese fanden sich immerhin auf allen Stufen vom Manager bis zur Sekretärin, vom Direktor bis zum Portier. Gustav Schmoller (1897) war einer der ersten, die den "neuen Mittelstand" als dauerndes Charakteristikum der industriellen Gesellschaft erkannten.

Besonders bei sozialistisch-marxistischen Denkern wogte hingegen die Auseinandersetzung hin und her: Auf der einen Seite standen die orthodoxeren Theoretiker, die darauf beharrten, daß die breite Schicht der Angestellten letztlich dem Proletariat zugehörig sei; allenfalls gestanden sie innerhalb dieser Zuordnung eine Unterscheidung zu und sprachen vom "Stehkragenproletariat". Auf der anderen

Seite konnten sich die Revisionisten - beginnend mit Eduard Bernstein und Emil Lederer - auf den empirischen Nachweis von sozialen Veränderungen stützen, die mit diesem Modell immer weniger kompatibel waren und die sich in der Folge - trotz einiger Rückschläge, etwa nach dem Ersten Weltkrieg - durchsetzen konnten. Letztlich dauert aber der Streit darüber, ob Mittelschichten (1) Segmente traditioneller Klassenkategorien der marxistischen Analyse sind, ob sie (2) eine unterscheidbare Klasse für sich bilden, oder ob es (3) angemessen wäre, von "widersprüchlichen Lagen" innerhalb von Klassen zu reden, im marxistisch inspirierten Lager bis heute an (vgl. z.B. Wright 1978, 1985, Giddens 1979).

2. Integration und Individualisierung - harmonische und konfliktorientierte Perspektiven

Statt daß sich die eingeleitete Polarisierung fortsetzte und verfestigte, zeigten sich schon um die Jahrhundertwende, stärker aber noch im Laufe des 20. Jahrhunderts Integrations- und Verschmelzungstendenzen zwischen den sozialen Gruppierungen. Gleichzeitig wurde deutlich, daß trotz fortbestehender Ungleichheiten die Konflikte zwischen den sozialen Gruppen nicht zunahmen. In der Zwischenkriegszeit war die Klassentheorie noch ein ideologisch "heißes" Thema, nach dem Zweiten Weltkrieg ist eine Entdramatisierung und Entpolitisierung der Frage eingetreten.

Der Schmelztiegel - Wohlstand und Ausgleich

Die Integrationstendenzen ließen Theodor Geiger (1949) von der *Klassengesellschaft im Schmelztiegel*, von der Auflösung der herkömmlichen Industriearbeiterschaft und der Herausbildung eines neuen, nicht mehr als "Proletariat" zu etikettierenden "neuen" Mittelstandes sprechen.- Helmut Schelskys Begriff einer *nivellierten Mittelstandsgesellschaft* (1965), die den Sachverhalt gleichermaßen prägnant kennzeichnete, sollte in der Folge weite Verbreitung finden. Schelsky diagnostizierte Aufstiegsprozesse der Arbeiterschaft, die Entwicklung einer breiten Angestelltenschaft und Abstiegsvorgänge besitzender Schichten durch Vermögensverluste im Zuge des Krieges und der Inflation. Dadurch entstand seines Erachtens eine kleinbürgerlich-mittelständische Gesellschaft, die weder als proletarisch noch als bürgerlich bezeichnet werden könne. Sie sei vielmehr charakterisiert durch größere Chancengleichheit, da die früheren Unterschiede in den politischen Rechten und Bildungsmöglichkeiten eingeebnet worden seien; weiters durch eine mittlere Einkommenslage, bewirkt unter anderem durch die staatliche Sozialpolitik und die progressive Einkommensbesteuerung; und durch eine Vereinheitlichung der sozialen und kulturellen Verhaltensweisen, wozu die industrielle Massenproduktion von Konsum- und Luxusgütern sowie die Verfügbarkeit der Massenmedien beigetragen haben.- Goldthorpe und seine Mitarbeiter (1969) entdeckten wenig später bereits den *affluent worker*. Dies waren nur besonders markante Formen des sozialwissenschaftlichen Bedürfnisses nach näherer Differenzierung der Klassenlagen, das schon Max Weber (1976) zur Unterscheidung von Klasse, Stand und Partei veranlaßte; und an seine Multidimensionalität der Klassenlagen knüpfen verschiedene weitere Theoretiker an: Kingsley Davis und Wilbert E. Moore (1945) strichen etwa die funktionelle Bedeutung von Berufsrollen heraus, Bernard Barber (1957) gliederte vielfältige Schichtungsdimensionen auf; Niklas Luhmann (1980) sprach davon, daß der Typus einer stratifikatorisch-hierarchischen Differenzierung vorneuzeitlicher Gesellschaften jenem einer funktionalen Form der sozialen Differenzierung Platz gemacht habe, die komplexere Formen der Arbeitsteilung erlaube, welche nicht in eine allgemein gültige Rangordnung gebracht werden können.

Klasse, Stand und Partei

Max Weber (1864-1920) ist nicht der von Marx vertretenen Ansicht, daß sich die gesellschaftliche Schichtung nach einem einzigen Kriterium ordnen lasse; wohl aber steht er Marx darin nahe, daß er hierarchisch geordnete Gruppierungen als "Phänomene der Machtverteilung" in einer Gesellschaft ansieht. Er vollzieht aber den Übergang zu einem Gradationsschema anstelle des Marxschen dichotomischen Schemas (vgl. Ossowski 1962, Kap.III). Bei einer *einfachen Gradation* handelt es sich um Abstufungen, die auf der Steigerung irgendeines meßbaren Merkmals beruhen; meist handelt es sich um die Einkommensverhältnisse. Bei einer *synthetischen Gradation* wird angenommen, daß eine soziale Position durch mehrere Faktoren bestimmt ist, die zwar in gewisser Weise miteinander korrelieren, die einander aber in gewissem Ausmaß auch kompensieren können.- Weber verwendet zur Bestimmung der sozialen Ungleichheit drei unterschiedliche Begriffe.

Erstens: *Klassen* sind bei ihm - wie bei Marx - auf wirtschaftliche Zusammenhänge bezogen. "Wir wollen da von einer 'Klasse' reden, wo 1. einer Mehrzahl von Menschen eine spezifische ursächliche Komponente ihrer Lebenschancen gemeinsam ist, soweit 2. diese Komponente lediglich durch ökonomische Güterbesitz- und Erwerbsinteressen und zwar 3. unter den Bedingungen des (Güter- oder Arbeits-)Markts dargestellt wird." (1976, 531) Neben der Unterscheidung von Kapitalisten und Arbeitern betont Weber jedoch, daß auch verschiedene Arbeitnehmer über recht unterschiedliche Marktchancen verfügen, je nach ihrem Besitz, ihren Geschicklichkeiten und ihrer Ausbildung. Die Besitzenden etwa differenzieren sich nach der Art ihres Besitzes und dem Umgang damit, je nachdem, ob es sich um Wohngebäude, Grundbesitz oder Produktionsanlagen handelt, um Vieh- oder Sklavenbesitz, um kleinen oder großen Besitz. "Immer aber ist für den Klassenbegriff gemeinsam: daß die Art der Chance auf dem Markt diejenige Instanz ist, welche die gemeinsame Bedingung des Schicksals der Einzelnen darstellt. 'Klassenlage' ist in diesem Sinne letztlich: 'Marktlage'." (532) Dennoch hält Weber die Entstehung eines Klassenbewußtseins nicht für eine notwendige Folge der gemeinsamen Klassenlage. Die Interessen können unterschiedlich sein; es mag bloß zu einem dumpfen, unreflektierten Massenhandeln kommen; ein "rationales" Klassenbewußtsein im eigentlichen Sinne ist von kulturell-intellektuellen Bedingungen und von der Durchsichtigkeit der Klassenverhältnisse abhängig. Weber sieht auch keinen Grund dafür, daß sich die Klassen polarisieren sollten; im Gegenteil: Der zunehmend bürokratisierte Staat wird über immer mehr Verwaltungspersonal verfügen müssen, das einer "Mittelklasse" angehört. Ebenso scheint Weber die Unausweichlichkeit der proletarischen Revolution nicht plausibel zu sein.

Zweitens: Der *Status*, als Grad der "Schätzung", die ein einzelner oder eine Gruppe genießt, ist mit dem *Stand* verknüpft. Hiebei handelt es sich um eine gesellschaftliche Gruppe, in die das Individuum hineingeboren wird, im Extremfall in ein indisches Kastensystem. Soziale "Ehren" und Einschätzungen werden verteilt, und die Mitglieder eines Standes sind sich (was bei Klassenangehörigen nicht der Fall sein muß) ihrer gemeinsamen Lage bewußt. "Stände sind, im Gegensatz zu den Klassen, normalerweise Gemeinschaften, wenn auch oft solche amorpher Art. Im Gegensatz zur rein ökonomisch bestimmten 'Klassenlage' wollen wir als 'ständische Lage' bezeichnen jede typische Komponente des Lebensschicksals von Menschen, welche durch eine spezifische, positive oder negative, soziale Einschätzung der 'Ehre' bedingt ist, die sich an irgendeine gemeinsame Eigenschaft vieler knüpft." (534) Diese Ehre kann sich auch an eine Klassenlage knüpfen: Oft ist der Reichste auch der Angesehenste. Aber das ist nicht notwendig der Fall. Es geht zunächst um die Zumutung einer spezifisch gearteten Lebensführung an jeden, der dem Kreis angehören will, und um eine gewisse Abschließung anderen Gruppen gegenüber. Es geht um Zugehörigkeiten, um Moden, um Ansehen, um "Satisfaktionsfähigkeit" und dergleichen. Von da ergibt sich leicht auch eine rechtliche Privilegierung, wenn eine solche Gliederung im sozialen Leben erst selbstverständlich geworden ist. "Wo die äußersten Konsequenzen gezogen werden, entwickelt sich der Stand zur geschlossenen 'Kaste'. Das heißt: es findet neben der konventionellen und rechtlichen auch noch eine rituelle Garantie der ständischen Scheidung statt, dergestalt, daß jede physische Berührung mit einem Mitglied einer als 'niedriger' eingeschätzten Kaste für Angehörige der 'höheren' als rituell verunreinigender, religiös zu sühnender Makel gilt, und die einzelnen Kasten teilweise ganz gesonderte Kulte und

Götter entwickeln." (536) Das ist allerdings oft nur dort der Fall, wo die Unterschiede durch ethnische Grenzen verstärkt werden. Die ständische Differenzierung geht generell mit einer Monopolisierung materieller und ideeller Güter einher: Es gibt die spezifische Standesehre, bestimmte Kleidungsregelungen, das Recht des Waffentragens, das Recht auf bestimmte Berufe.- Der Markt bedroht die ständische Gliederung, denn er ist mit ihr logisch unvereinbar: Der Markt kennt kein Ansehen der Person, er weiß nichts von "Ehre". Gerade die Vertreter ständischer Interessen reagieren daher mit Schärfe gegen die Zumutungen des rein ökonomischen Erwerbs, sie versuchen die Entwicklung des Marktes zu hemmen. Es sind unterschiedliche Zuordnungskriterien, die um die Vorherrschaft ringen. "'Klassen' gliedern sich nach den Beziehungen zur Produktion und zum Erwerb der Güter, 'Stände' nach den Prinzipien des Güterkonsums in Gestalt spezifischer Arten von 'Lebensführung'." (538)

Drittens: *Parteien* schließlich sind Gruppen, die speziell damit befaßt sind, politische Vorgänge zu beeinflussen; es geht um die Verteilung politischer Macht, und - als eigentliches Ziel - um die Durchsetzung eines Programms um materieller oder ideeller Ziele willen, um persönliche Pfründen, um Ehre für Führer und Anhänger, um die Aufrechterhaltung und Ausdehnung eines Apparates. Diese Gruppen können demokratische Massenparteien sein, aber auch Pressure groups oder Interessengruppen.

Für Weber handelt es sich bei diesen Unterscheidungen weniger um individuelle Attribute einer bestimmten Person als vielmehr um Formen der Gruppenbildung, die eine Ungleichheit der Lebenschancen bewirken. Allerdings bleibt die Frage offen, wie sich die drei Dimensionen zueinander verhalten und ob alle gleich wichtig sind. Klasse, Status und Macht - oder nach den Ressourcen: Besitz, Ehre und Einfluß - sind aber jene drei Kategorien, die auch in der Folge in klassentheoretischen Betrachtungen immer wieder auftauchen. Oft - und in zunehmendem Maße - wird auch eine vierte Dimension hinzugefügt: Information und Bildung. In der Wissens-, Informations- und Qualifikationsgesellschaft ist auch diese Ressource wichtig für die vertikale Zuordnung auf gesellschaftliche Positionen.

Zur Unterscheidung von Ständen und Kasten

Man kann Stände und Kasten noch genauer unterscheiden. In einem *Ständesystem* sind die Rechte und Pflichten der Positionsinhaber genau festgelegt und rechtlich abgestützt. Die Individuen gehören ihrem Stand an, dem Adel oder dem Klerus, dem Bauern- oder Handwerkerstand. Sie haben einen bestimmten Ort im sozialen Gefüge inne, dorthin hat sie - ihrem Selbstverständnis zufolge - Gott gestellt, und diese Position ist erblich. Untertanen, so meint man, sind zum Dienen geboren, Herren zum Befehlen.- Selbst in der Auflösung der feudalen Verhältnisse, also nach der Französischen Revolution, sprach man von Ständen: Der "dritte Stand", das städtische Bürgertum, wollte seine politische Teilhabe erkämpfen, und ihm folgte im 19. Jahrhundert die Arbeiterschaft als "vierter Stand". Oft wurde sogar das Lumpenproletariat noch als "fünfter Stand" angesprochen.- In noch neuerer Zeit, im 20. Jahrhundert, wurde der Begriff für berufsständische Ordnungen verwendet, wie sie ja auch schon von Durkheim vorgeschlagen worden waren. Neue Akzente erhielt er schließlich in jenen "ständestaatlichen" Politikmodellen, wie sie in der Zwischenkriegszeit ansatzweise zu realisieren versucht wurden.

Eine *Kaste* hat eine noch stärkere traditionelle und religiöse Fundierung als ein Stand und weist eine noch stärkere Geschlossenheit auf. Der Begriff wird im wesentlichen für die indische Sozialordnung und jene der Nachbarländer verwendet. Die Grundlage der sozialen Hierarchisierung findet sich in der hinduistischen Religion. Es werden drei bis vier Kasten unterschieden: die Priesterkaste der Brahmanen, die Krieger und Herrscher, die Händler und die Diener. Innerhalb dieser Kasten aber werden zwischen 3000 und 6000 regional oft unterschiedliche Unterkasten gezählt, daneben noch die Parias außerhalb der Kastenordnung. Die Kastenzugehörigkeit ist entscheidend dafür, welchen Beruf man ausüben darf. Sie ist erkenntlich an Namen, Sprache, Tonfall, Lebensstil und Verhaltensweisen. Kasten verfügen über spezielle Bildungseinrichtungen, Zeitungen, Krankenhäuser und dergleichen. Es herrscht keine Mobilität zwischen den Kasten und keine Exogamie, d.h. es werden keine Partner außerhalb der eigenen Kaste geehelicht.

Das funktionalistische Schichtungsmodell

Eine funktionalistische Fragestellung im Zusammenhang mit sozialer Ungleichheit lautet: Was kann eine positive Funktion der sozialen Schichtung sein? Leistet sie etwas zum Überleben und zur Stabilität der Gesellschaft? Es liegt natürlich nahe, Ungleichheit mit Phänomenen wie Arbeitsteilung und sozialer Differenzierung zu verbinden. Das zeigt sich schon bei Adam Smith und anderen klassischen Nationalökonomen, die - wie Marx - die sozialen Gruppen nach ihrer Stellung im Produktionsprozeß unterschieden haben. Danach gibt es Grundbesitzer, Kapitalbesitzer und Arbeiter, und sie beziehen als Einkommen jeweils die Grundrente, den Profit und den Lohn.

Eine Klassentheorie, die Ungleichheit von Gruppen auf ihre jeweiligen funktionellen Beiträge zur gesellschaftlichen Stabilität zurückführt, stammt von Joseph A. Schumpeter (1927). "Die Ursache", so meint er, "auf der letzten Endes das Klassenphänomen beruht, sind die individuellen Eignungsdifferenzen. Aber nicht Differenzen von Eignungen schlechthin, sondern Differenzen von Eignungen für die Ausübung jener Funktion oder Funktionen, die die Umwelt jeweils 'sozialnotwendig'... macht, und für Führerschaft in der Form und Art, die jener Funktion oder jenen Funktionen entspricht; auch nicht an sich die Differenzen der Eignungen von physischen, sondern von Geschlechts- oder Familienindividuen." (1927, 204f.) Darüber hinaus hält es Schumpeter für unplausibel, daß in einer sozialistischen Gesellschaft volle Egalität erreichbar wäre. Schon die Führungskräfte im Wirtschaftsleben müßten durch ein System von Privilegien zu ihrer Tätigkeit angeregt werden. Dabei wird es sich um materielle Vergünstigungen handeln, aber auch um Prestigesymbole, ja möglicherweise sogar um Orden und Medaillen. Ein guter Teil der Bedeutung der Vorstellung einer "ökonomischen Demokratie", die in so vielen sozialistischen Utopien vorkommt, wird - wie Schumpeter meint - in der dünnen Luft real existierender sozialistischer Systeme bald verschwinden.

Talcott Parsons geht davon aus, daß die soziale Ordnung und die Kooperation zwischen den Individuen Ausdruck eines *Wertkonsenses* sind; zwischen den Gesellschaftsmitgliedern herrscht Einigkeit darüber, was gut und wertvoll ist. Jener, der nach den Werten einer bestimmten Gesellschaft besonders erfolgreich ist, wird daher hohes Ansehen besitzen und verschiedene Belohnungen erhalten. Das mag Geschicklichkeit in der Jagd oder Tapferkeit im Krieg sein; in der modernen amerikanischen Gesellschaft sei es, so Parsons, vor allem individuelle Leistungsfähigkeit, Effizienz, wirtschaftlicher Erfolg.- Schichtung wird also als gerecht und angemessen betrachtet, weil sie ja Ausdruck der Gemeinsamkeit einer "differentiellen moralischen Wertung" der Individuen über Achtung oder Mißbilligung ist. Die Wertung beruht auf bestimmten Grundlagen, wie etwa der Zugehörigkeit zu einer Verwandtschaftsgruppe, persönlichen Eigenschaften (Geschlecht, Leistung, Schönheit etc.), Eigentum, Autorität, Leistung und Macht. Sie entspringt den Bedingungen moderner Industriegesellschaften, denn in Systemen, in denen ein hohes Maß an Arbeitsteilung herrscht, werden sich einige Mitglieder auf Organisations- und Planungstätigkeiten verlegen, andere werden ihren Anweisungen folgen; dies führt unweigerlich zu Ungleichheiten in Macht und Prestige. Aber dadurch, daß Kooperation und wechselseitige Abhängigkeit entstehen, trägt die Ungleichheit auch zur Integration der Gesellschaft bei. Das aber heißt: Parsons sieht Schichtung als unvermeidliches Kennzeichen einer Gesellschaft, weil sie ja gemeinsamen Werten entspringt; und sie ist funktional für eine Gesellschaft, weil Macht- und Prestigedifferentiale wichtig für die Koordination und Integration arbeitsteilig verrichteter Aufgaben sind.

Die entwickeltste funktionalistische Schichtungstheorie haben Kingsley Davis und Wilbert E. Moore (1945) in einem Aufsatz über "Some Principles of Stratification" vorgelegt. Sie gehen davon aus, daß alle Sozialsysteme eine Reihe grundlegender funktionaler Voraussetzungen erfüllen müssen, damit sie überleben und effizient arbeiten können. So müssen alle bedeutsamen Rollen besetzt werden, und zwar mit den besten verfügbaren Individuen. Es muß daher einen Mechanismus geben, der die Allokation von Rollen sicherstellt.- Die Individuen unterscheiden sich nach ihren angeborenen Fähigkeiten und Talenten. Auch Positionen in der Gesellschaft unterscheiden sich nach ihrer funktionalen Bedeutung für das Überleben der Gesellschaft. Einige dieser Positionen sind "wichtiger" und erfordern spezielle Fähigkeiten, die knapp sind. Um sie zu besetzen, müssen die fähigsten Individuen durch besondere Belohnungen veranlaßt werden, dafür einerseits kostenträchtige Bildungsinvestitionen auf sich zu nehmen, andererseits um diese Positionen zu konkurrieren. Schichtung ist also ein Mittel, um die fähigsten Individuen zu den wichtigsten Positionen zu steuern.- Davis und Moore beschreiben den Grundgedanken folgendermaßen: "Im allgemeinen werfen solche Positionen die beste Belohnung ab (und haben daher den höchsten Rang), die (a) die größte Bedeutung für die Gesellschaft haben und (b) die größte Begabung oder die beste Ausbildung erfordern. Der erste Faktor betrifft die Funktion und damit die Frage der relativen Wichtigkeit; beim zweiten Faktor handelt es sich um die Mittel und somit um ein Problem der Knappheit." Zunächst zu den Unterschieden in der *funktionalen Bedeutung*: "Die Gesellschaft braucht Positionen in Wirklichkeit nicht nach ihrer funktionalen Bedeutung zu entlohnen. Sie muß diese Positionen lediglich mit so starken Anreizen ausstatten, daß eine angemessene Besetzung gewährleistet ist. Sie muß, mit anderen Worten, Sorge dafür tragen, daß weniger wichtige Positionen beim Wettbewerb mit wichtigeren erfolglos bleiben. Wenn eine Position ohne Schwierigkeiten besetzt werden kann, braucht sie trotz ihrer Bedeutung nicht hoch belohnt zu werden. Wenn die Position andererseits wichtig und auch schwer auszufüllen ist, muß die Belohnung hoch genug sein, um sie trotz dieser Schwierigkeiten zu besetzen. Die funktionale Bedeutung ist daher ein notwendiger, aber kein hinreichender Grund dafür, daß einer Position ein hoher Rang zugemessen wird." Der zweite Faktor ist die *relative Knappheit des geeigneten Personals*: "Praktisch alle Positionen - gleich wie sie erlangt werden - erfordern gewisse Fertigkeiten oder ein bestimmtes Leistungsvermögen. Das ergibt sich schon aus dem Begriff Position, demzufolge der Besitz einer Position den Inhaber zu einer gewissen Leistung verpflichtet.- Letzten Endes ergibt sich die Eignung für eine Position immer auf einem von zwei Wegen: über angeborene Begabung oder durch Ausbildung. Offensichtlich ist bei einer gegebenen Tätigkeit immer beides notwendig; praktisch aber kann - vornehmlich in der einen oder der anderen Beziehung oder aber in beiden zugleich - Knappheit auftreten. Bei manchen Positionen ist eine so starke natürliche Begabung erforderlich, daß geeignete Personen zwangsläufig selten sind. Meistens findet sich in der Bevölkerung eine ausreichende Anzahl von Begabten; doch ist die Ausbildung so langwierig, teuer und umständlich, daß nur verhältnismäßig wenige die notwendige Eignung erwerben können....- Sind ... die nötigen Fertigkeiten wegen der Knappheit der betreffenden Begabung oder wegen der Ausbildungskosten 'Mangelware', dann muß die funktional bedeutsame Position eine Anziehungskraft besitzen, die sie im Wettbewerb mit anderen Positionen bestehen läßt."

Diese Auffassungen haben einige Kritik erfahren. Melvin M. Tumin (1967) hat etwa argumentiert, (1) daß sich die funktionale Bedeutung von Positionen gar nicht feststellen lasse; (2) daß in der funktionalistischen Theorie der Einfluß von Macht auf die ungleiche Verteilung von Belohnungen nicht berücksichtigt werde; (3) daß die Individuen mit den speziellen angeborenen Fähigkeiten für Spitzenpositionen gar nicht so knapp seien; (4) daß es keines besonderen Entgeltes für Bildungsinvestitionen bedürfe, weil sich damit viele immaterielle Vorteile verbinden; (5) daß es keineswegs einen offenen Konkurrenzkampf um die besten Positionen gebe, sondern daß mannigfache Zugangsbarrieren bestünden; und (6) daß die Schichtung keineswegs zur gesellschaftlichen Integration beitrage, sondern eher zu Feindseligkeit, Mißtrauen und Konflikt.

Michael Young (1961) hat anders argumentiert. Er meint, das Modell, das die Funktionalisten präsentieren, sei, wenn es denn real wäre, erst recht dysfunktional für die Gesellschaft. Erstens wären die Angehörigen der Unterschichten in einer Gesellschaft, in der tatsächlich alle Positionen nach meritokratischen Kriterien besetzt würden, hoffnungslos demoralisiert; denn nun können sie nicht mehr die Ungerechtigkeit der Gesellschaft, den Zufall ihrer Geburt oder die Laune des Schicksals für ihr Versagen verantwortlich machen, sondern ausschließlich die eigene erwiesene Unfähigkeit. Zudem würden den Unterschichten tatsächlich keine kompetenten und aktiven Klassenangehörigen mehr angehören, die ihre Interessen vertreten können. Zweitens wären auch die Oberschichten von jedem Zweifel befreit, ob sie ihre Privilegien auch verdienen, und sie wären jeder Rücksichtnahme gegen die unteren Schichten enthoben. Wenn sie in einer ungleichen Gesellschaft zuweilen kompetenten Vertretern der Unterschicht begegnen, müssen sie gewisse "Gleichheiten" anerkennen; in einer meritokratischen Gesellschaft kann an der Inferiorität der Unterschichten hingegen kein Zweifel mehr bestehen.

Das Machtmodell sozialer Ungleichheit

Während bei den Funktionalisten sich zugunsten eines "neutralen" Zuordnungsmechanismus jeder Hauch gesellschaftlicher Macht auflöst, steht Macht im Zentrum von Gerhard Lenskis Theorie (1977). In jeder Gesellschaft herrscht eine Auseinandersetzung um knappe Ressourcen und begehrte Güter. Es gibt zwei Verteilungsprinzipien: nach den Bedürfnissen und nach der Macht. Die Güter müssen in jedem Falle so verteilt werden, daß das Überleben und das Funktionieren der Gesellschaft gesichert sind. Güter, welche diese Basissicherung überschreiten, werden unter dem Einfluß von Macht verteilt.

Das bedeutet, daß in primitiven Gesellschaften, in denen eine geringe Überschußproduktion besteht, eine Orientierung an biologischen Lebensnotwendigkeiten vorrangig ist. Sie verteilen daher Güter egalitärer, weil nur so das Überleben aller gesichert werden kann. Wenn durch eine höhere Produktivität eine steigende Überschußproduktion ermöglicht wird, wachsen die Handlungsspielräume, auch im Hinblick auf die Verteilung. Nun kann ein größerer Teil der Güter auf der Basis von "Macht" verteilt werden.

Auch diese Theorie wirft die Frage auf, ob dadurch eine hinreichende Erklärung für alle vertikalen Differenzierungen gefunden ist, beispielsweise auch für Prestigedifferenzierungen.

3. Disparitäten - Verringerung oder Verschleierung von Ungleichheit

Viele Theoretiker werfen solchen Modellen, wie sie von den Funktionalisten vorgetragen werden, Harmonisierungstendenzen vor, die auf ideologischen Verzerrungen beruhen, und bestreiten, daß eine "echte" Angleichung der Lebensverhältnisse stattgefunden habe, weisen doch viele objektive Indikatoren auf eine weitgehende Konstanz der Ungleichheiten hin. Das wirft eine Frage auf, die bisher ausgespart wurde, nämlich jene nach der Messung dieser bislang immer vorausgesetzten Ungleichheit.

Zur Messung von Ungleichheiten

Will man Ungleichheiten objektivieren, so muß man sie messen, und messen lassen sich vor allem materielle Dimensionen. Sie beherrschen daher alle empirischen Untersuchungen zu diesem Thema. Zu den wichtigsten Maßzahlen gehört erstens die *Einkommensverteilung*, entweder als Bruttoeinkommen oder als (aussagekräftigeres) Nettoeinkommen nach Abzug der Steuern und Hinzurechnung staatlicher Transferzahlungen. Der Gini-Koeffizient mißt die gesellschaftliche Verteilung; er beträgt bei völliger Gleichheit aller Haushalte 0.0, bei völliger Ungleichheit 1.0. In ähnlicher Weise dient die *Vermögensverteilung* als Maßstab der Ungleichheit.- Zweitens werden oft *Armutsgrenzen* fixiert; nach einer Festlegung der OECD spricht man von Armut, wenn ein Ein-Personen-Haushalt höchstens zwei Drittel des durchschnittlichen real verfügbaren Pro-Kopf-Einkommens bezieht.- Drittens quantifiziert man die *Einkommenschancen* von Lohnabhängigen, etwa durch das Bruttoeinkommen pro Lohnabhängigem im Verhältnis zum Bruttoeinkommen des Selbständigen.- Viertens kann man mit den *Bildungschancen* ähnlich verfahren, indem man etwa den Anteil der Studenten aus Arbeiterfamilien in Relation setzt zum Anteil der Arbeiter an der Erwerbsbevölkerung.- Fünftens kann man sich auf *geschlechtsspezifische Ungleichheiten* konzentrieren, also beispielsweise die Frauenlöhne in Prozent der Männerlöhne, allenfalls nach verschiedenen Qualifikationsebenen, ermitteln, oder die geschlechtsspezifischen Qualifikationschancen analysieren.- Sechstens kann auf der Grundlage von Befragungen eine *Hierarchie von Berufspositionen* (nach ihrem Prestige) erstellt werden.- Das sind nur einige Beispiele für Ungleichheitsanalysen, die aus zahlreichen empirischen Untersuchungen herausgegriffen wurden.

Die Disparitätenthese

Nun sind es heute vielfältige Ungleichheiten, die ins Auge gefaßt werden, Ungleichheiten, die es nicht mehr erlauben, die Individuen ohne weiteres zu identifizier- und abgrenzbaren Gruppen zusammenzufassen. Die Vielfalt der Beobachtungen, die dennoch auf das Fortbestehen relevanter Ungleichheiten hindeuten, wurden in der Disparitätenthese zusammengefaßt. Sie besagt, daß sich in den modernen Industriegesellschaften ein hierarchisch-vertikal strukturiertes System zu einem solchen horizontaler Disparitäten (wie immer dies auch im Detail gesehen wird) gewandelt habe. In dieser Form scheint sie zur vorherrschenden sozialwissenschaftlichen Lehrmeinung geworden zu sein (vgl. Haller 1983, 1986). Die Ungleichheit läßt sich - dieser Sichtweise zufolge - nicht mehr ohne weiteres bestimmten Bevölkerungsgruppen zuordnen, man muß eher von einer *Heterogenität der Lebenslagen* sprechen. Das hängt damit zusammen, daß es generell eher eine "Entschichtung" gegeben hat und heute graduelle Abstufungen, zum Teil sogar Vereinheitlichungen, zu finden sind. Weiters wurde der Klassenkonflikt institutionalisiert: Gewerkschaften, Reformpolitik, Wohlfahrtsstaat, all das hat zu einer Bedeutungsverminderung von Klassenzugehörigkeiten geführt. Schließlich ist auch die Bedeutung marktvermittelter Einkommens- und Lebenschancen zurückgegangen, da ein größerer Teil des Einkommens aufgrund sozialstaatlicher Transfers zustande kommt.- Die Bundesrepublik, so fassen Karl Martin Bolte und Stefan Hradil (1984, 359) zusammen, stelle heute keine Klassengesellschaft mehr dar, sondern "eine durch mehrdimensionale Statusabstufungen, milieuspezifische Lebensstile, individualisierte Lebenskarrieren sowie durch spezifische Randgruppenerscheinungen differenzierte, mittelschichtdominante Wohlstandsgesellschaft." Somit ist es nicht unberechtigt anzunehmen, daß die Schichtkristallisation abgenommen hat, d.h. daß die Ungleichheiten unterschiedlicher Dimensionen weniger stark miteinander korrelieren. (Man spricht von *Schichtkristallisation*, wenn eine klare Rangordnung und Gruppenbildung unter Berücksichtigung ökonomischer, politischer, kultureller und anderer Kriterien zustande kommt).

Es ist eine Mehrzahl von Ungleichheitsdimensionen, die dann zu berücksichtigen sind, wenn man zu einer Einschätzung relativer

Positionen und sozialer Beziehungen kommen will. Zumindest die folgenden Dimensionen sind wichtig: (1) die Ungleichheit der sozialen Sicherung (Arbeitsplatz- und Arbeitslosigkeitsrisiken, Gesundheitsversorgung); (2) die Ungleichheit der Arbeitsbedingungen (Unfallgefahr, gesundheitliche Belastungen, Selbstbestimmtheit); (3) die Ungleichheit der Freizeitbedingungen (Ausmaß der freien Zeit, Zugang zu öffentlichen Freizeiteinrichtungen); (4) die Ungleichheit der Wohn- und Umweltbedingungen (Größe und Ausstattung von Wohnungen, Attraktivität der Umgebung); (5) die Ungleichheit sozialer Beziehungen (Grad der Integration in soziale Netze); (6) die Ungleichheit in der sozialen Behandlung, also Umstände der Stigmatisierung und Diskriminierung (vgl. Hradil 1987). Es ist also schon eine ganze "Sozialindikatoren-Liste", die erst zu einer adäquaten Einschätzung der Befindlichkeit eines Menschen führen kann. Es ist, sieht man sich diese Liste durch, offensichtlich, daß einzelne Personen hinsichtlich verschiedener Dimensionen unterschiedlich situiert sein können. Das aber bedeutet, daß auch das Ausmaß der Statusinkonsistenz zunimmt.

Die Egalisierungsthese

Einen noch günstigeren Befund gibt jene These, derzufolge mit dem höheren Entwicklungsstand eines Landes die Ungleichheit abnimmt. Sie scheint sich empirisch in Quer- und Längsschnittsuntersuchungen zu bestätigen; dennoch finden sich erhebliche Verteilungsunterschiede innerhalb der Gruppe der Länder mit ähnlichem Entwicklungsstand (vgl. Armingeon 1983). Daher werden auch zusätzliche Faktoren herangezogen, um Unterschiede zu erklären. Vor allem spricht einiges dafür, daß politische Faktoren in gewissem Maße wirksam sind, d.h. daß eine etwas egalitärere Verteilung in Ländern besteht, in denen linke Regierungsparteien dominierten, in denen es starke Gewerkschaften gab, und in denen die Gesellschaft nicht religiös-ethnisch gespalten ist. Jedenfalls aber trifft dies nur auf Länder höheren Entwicklungsstandes zu, in denen schon seit längerem eine demokratische Ordnung geherrscht hat. Zusätzlich zu diesen politischen Variablen hat sich aber gezeigt, daß auch kulturelle Einstellungsmuster von Belang sind.- Die Verringerung der Ungleichheit geht bei höherem Entwicklungsstand vor allem zu Lasten der Bezieher höherer Einkommen und zugunsten der Mittelschicht. Die ärmsten Schichten - es handelt sich um ungelernte Arbeiter, Arbeitslose, Kranke, Rentner und dergleichen - profitieren davon weniger; sie sind ja auch weniger in den Gewerkschaften und Parteien vertreten und geraten daher leichter an den Rand des Interesses der Verteilungsinstanzen.

Immerhin ist unbestritten, daß die dynamische Wirtschaftsentwicklung der letzten Jahrzehnte praktisch allen Bevölkerungskreisen in den westlichen Industriestaaten zu einem historisch nie dagewesenen Wohlstand verholfen hat. Der Wohlstand hat aber auch die

Klassenbindungen dadurch geschwächt, daß eine weitgehende Egalisierung der äußeren Lebensverhältnisse - in bezug auf Kleidung, Wohnen, Essen, Gaststättenbesuch, Freizeitverhalten u.dgl. eingetreten ist. Ungleichheit mag in gewissem Ausmaß weiter bestehen, aber sie wird nicht mehr an jeder Kleinigkeit, an jeder Lebensäußerung erlebbar. Ulrich Beck (1986, Kap.III) hat wohl recht, wenn er meint, daß eine wesentliche Entfaltung der Lebenschancen - mehr Lebenszeit, weniger Erwerbsarbeitszeit, mehr finanzieller Spielraum - zu verzeichnen sei, und daß dieser "Fahrstuhl-Effekt" - fortbestehende Differenzen, aber auf höherem Niveau für alle - zu einer Auflösung der klassenstrukturellen Bindungen geführt habe: "Wir leben trotz fortbestehender und neu entstehender Ungleichheiten heute in der Bundesrepublik bereits in Verhältnissen jenseits der Klassengesellschaft, in denen das Bild der Klassengesellschaft nur noch mangels einer besseren Alternative am Leben erhalten wird." (121) Diesen Betrachtungen zufolge hat sich der Klassenantagonismus weitgehend aufgelöst; er stellt nicht mehr das prägende sozialstrukturelle Charakteristikum der kapitalistischen Gesellschaft dar. Dies ist durchaus vereinbar mit der Feststellung, daß soziale Ungleichheiten bestehen bleiben, ja daß sogar gewisse Tendenzen zu ihrer Verstärkung feststellbar sind. "Die gleichmäßigere Verteilung der Bevölkerung auf die verschiedenen Ebenen der sozialen Hierarchie hat auch die folgenreiche Konsequenz, daß sich die Trennlinien zwischen diesen Ebenen mehr oder weniger verwischen, wodurch sich dann der Eindruck von einer Auflösung der vertikalen Form sozialer Ungleichheit überhaupt aufdrängt." (Haller 1986)

4. Besitz, Erwerb, Versorgung - ein Blick auf gegenwärtige Klassenstrukturen

Unter den verschiedenen Kriterien für Klassenbildung knüpfen wir - um einige Hinweise auf die Situation in den mitteleuropäischen Ländern zu geben - nun an die Herkunft der Einkommen an: Besitz, Erwerb, Versorgung. Schon Weber unterscheidet Besitz- und Erwerbsklassen, nach der Art der verfügbaren Güter und Qualifikationen und der Art ihrer Verwertbarkeit für die Erzielung von Einkommen; im modernen Sozialstaat ist noch eine Versorgungsklasse hinzuzufügen (vgl. in der Folge Lepsius 1979).

Besitzklassen

Der Anteil der wirtschaftlich Selbständigen, die über Produktionsmittel verfügen, ist in den Industrieländern dauernd zurückgegangen. In fortgeschrittenen Staaten finden wir 80 bis 90% unselbständig Beschäftigte. Die Selbständigen sind vor allem Bauern, die freien Berufe und gewerbliche Selbständige. Die Zahl der bäuerlichen Betriebe hat überall stark abgenommen. Der größte Teil der Selbständigen führt sehr kleine Betriebe, ohne fremde Arbeitskräfte oder mit wenigen abhängig Beschäftigten, vor allem im tertiären Wirtschaftsbereich. Meist handelt es sich um Angehörige des "Kleinbürgertums" oder des "alten Mittelstands".

Erstens gibt es also keine quantitativ bedeutsame Besitzklasse mehr, vor allem zahlenmäßig fallen jene nicht mehr ins Gewicht, die ihren Unterhalt aus Vermögensrenditen zu bestreiten vermögen. Die Trennung von Eigentum und Verfügungsmacht ist in den größeren Betrieben vollzogen, es handelt sich meist um Kapitalgesellschaften, die von Managern geleitet werden.- Zweitens ist die Verfügungschance über die Produktionsmittel nicht mehr ein entscheidendes sozialstrukturelles Ordnungsprinzip. Der Einfluß des Produktionsmittelbesitzes auf die Lebenslage von anderen ist durch die staatliche Gestaltung der Sozial- und Wirtschaftsverfassung eingeengt worden.- Drittens gibt es keine herrschende Kapitalistenklasse mehr, ihr Einfluß wurde beschränkt durch die wirtschaftspolitischen Aktivitäten und die Regulierungsmaßnahmen des Staates sowie durch die Gegenmachtbildung der Gewerkschaften.

Erwerbsklassen

Die Einkommensverteilung der unselbständig Beschäftigten - d.h. der Arbeiter, der Angestellten und der Beamten - hat sich angenähert; die Selbständigen sind meist besser gestellt, die Rentner und Pensionisten schlechter. Die mittleren Einkommenslagen werden heute wesentlich bestimmt von den tarifvertraglichen Regelungen und den Besoldungsordnungen des öffentlichen Dienstes; sie weisen eine relative Stabilität über die Zeit auf. Die mittleren Einkommensgruppen stellen die Stammbelegschaften der Unternehmen, sie sind also auch von Beschäftigungsschwankungen weniger betroffen. Sie verfügen durch Betriebsräte und Gewerkschaften über Organisationskraft. Sie werden also auch in der staatlichen Steuer- und Sozialpolitik berücksichtigt, zumal sie nicht nur ökonomisch wichtig sind, sondern auch als Wählermasse zählen.

Die Mitglieder der ärmeren Haushalte haben schlechte Erwerbschancen; es handelt sich etwa um ungelernte Arbeiter in unsicheren Beschäftigungsverhältnissen, die in den schlechteren Bereichen des Arbeitsmarkts tätig sind, um junge, kinderreiche Arbeiterfamilien oder um unterprivilegierte Frauen. Eine besondere Gruppe stellen die ausländischen Arbeitskräfte dar, die in Frankreich oder Deutschland schon Anfang der 70er Jahre rund 10%, in der Schweiz ein Viertel der Arbeitskräfte stellten. Man findet sie fast nur als un- oder angelernte Arbeiter, sie "unterschichten" die einheimische Arbeiterschaft. In vieler Hinsicht handelt es sich um eine neue diskriminierte und ausgeschlossene Unterschicht, welche die Aufstiegschancen für die einheimischen Arbeitskräfte verbessert.

Die wirtschaftlich privilegierten Schichten umfassen die gewerblichen und freiberuflichen Selbständigen sowie höherqualifizierte Angestellte und Beamte. Sie setzen sich gegenüber der Mittelklasse durch Lebenshaltung und Bildungsgrundlage ab. Sie haben gute Erwerbschancen auf dem Markt und im Bereich staatlicher Interventionen. Ihre Organisationskraft ist hoch, sie nehmen ihre Einflußchancen wahr. Sie verfügen über bessere Wohnverhältnisse, über frei verfügbare Einkommensteile, sie entwickeln eine Urlaubs- und Freizeitkultur. Dennoch weisen sie bestimmte Charakteristika des "klassischen Bürgertums" nicht mehr auf: Sie verfügen beispielsweise im Normalfall über kein Dienstpersonal mehr, daher ist auch die bürgerliche Geselligkeit geschrumpft. Die Belastung der Frauen dieser Gruppe ist wesentlich gestiegen, nicht nur wegen der Haushaltsaufgaben, sondern auch, weil die meist qualifizierten Frauen zum überwiegenden Teil berufstätig sind. Sie weisen aber auch oft eine weit höhere Arbeitszeit auf als andere Schichten, Ehefrauen arbeiten oft unentgeltlich mit, und aus dem eigenen Einkommen sind Aufwendungen zu bestreiten, die bei den unselbständig Beschäftigten der Arbeitgeber trägt.

Versorgungsklassen

Versorgungsklasse "soll eine Klasse insoweit heißen, als Unterschiede in sozialpolitischen Transfereinkommen und Unterschiede in der Zugänglichkeit zu öffentlichen Gütern und Dienstleistungen die Klassenlage, d.h. die Güterversorgung, die äußere Lebensstellung und das innere Lebensschicksal bestimmen". (Lepsius 1979, 179) Die klassischen Transferzahlungen umfassen etwa Familienbeihilfen, Arbeitslosengelder, Pensionen und Renten, Unfall- und Krankengelder und so fort. Gesundheit und Alter sind die beiden quantitativ wichtigsten Bereiche. Durch die Transferzahlungen für die Alterssicherung wird ein gewisser Ausgleich zwischen den Generationen geschaffen, aber da sie immer von den Erwerbstätigen bezahlt werden, sind sie auch sensibel gegenüber demographischen und konjunkturellen Schwankungen. Es gibt eine Vielfalt anderer Leistungen, und im allgemeinen zeigt sich, daß die ärmeren Schichten überall die Nettogewinner sind; spezifische Maßnahmen (wie die Ausbildung oder die Sparförderung) kommen allerdings auch den mittleren und höheren Einkommensschichten zugute. Die Zugänglichkeit zu öffentlichen Gütern - Bildung, öffentliche Sicherheit, Verkehr, Sport- und Freizeiteinrichtungen - ist wichtig für die Lebensqualität und die Erwerbschancen. Der moderne Wohlfahrtsstaat hat neue Dimensionen für die Verteilung von Lebenschancen eröffnet (vgl. Krüger/ Strasser 1986).

XII. KULTUR UND WERT

Wenn die Menschen im alltäglichen Sprachgebrauch von "Kultur" reden, so mögen sie darunter recht Verschiedenes verstehen: Die einen mögen an so etwas wie eine "verfeinerte Lebensart" denken, die der "besseren Gesellschaft" zu eigen ist, an gehörige Eßsitten und eine gehobene Sprache, an schicke Kleidung und Interesse an aktuellen künstlerischen Entwicklungen. Die anderen mögen Kunst und Theater, Musik und Museen, Bibliotheken und Bildung assoziieren - und damit an jene Phänomene denken, die oft als "Hochkultur" bezeichnet werden. Dritte wieder verwenden "Kultur" als philosophisch-historischen Begriff zur Kennzeichnung einer Epoche, wenn sie etwa von der "griechischen Kultur" sprechen; damit ist ein Ensemble sozialer Verhältnisse gemeint, das nicht nur "geistige" und künstlerische Hervorbringungen dieser Zeit einschließt, sondern auch die damaligen politischen und ökonomischen, sozialstrukturellen und alltäglichen Gegebenheiten der in Betracht stehenden Gesellschaftsformation. Eine vierte Gruppe überhöht schließlich den Begriff in humanistisch-idealisierender Weise, so daß die Kultur schlechthin "alles Erhabene" umfassen soll - auch wenn jeweils verschiedene Auffassungen darüber herrschen mögen, was das Wahre, Gute und Schöne sein soll.

Wenn von "Kultur" die Rede ist, so müssen wir deshalb wissen, was gemeint ist: Der soziologische Begriff der Kultur (vgl. als Übersicht Thurn 1976), den wir in der Folge näher betrachten, bezieht sich auf den "Geist", die "Ideen", die "Meinungen" und "Ideale" einer Gesellschaft und einer Epoche; auf jene im Geistigen wirksamen Momente, die Menschen verbinden oder trennen; auf die kulturelle Überlieferung von Generationen, die durch Lernen, nicht durch biologische Erbschaft zustande kommt; auf die Gesamtheit all der Sinn- und Wertgehalte, die das Leben des vergesellschafteten Menschen prägen. Dieses "Wert- und Glaubenssystem" einer Gesellschaft schlägt sich in einer *ideellen Kultur* nieder, eben in den genannten geistigen Beständen der Menschen einer bestimmten Epoche, in der Philosophie, der Weltauffassung oder dem "Zeitgeist" einer Gesellschaft; aber auch in einer *materiellen Kultur*, welche das Sozialverhalten, die Institutionen und Organisationen, die Gegenstände, welche die Menschen in einer Gesellschaft benutzen, und dergleichen umfaßt: Auch ein Hammer und ein Sessel, ein Salzstreuer und ein Automobil, eine Straße und eine Füllfeder sind "Kulturgegenstände" (zu den zahlreichen Definitionen von "Kultur" vgl. Kroeber/Kluckhohn o.J.). "Als das sinnhaft handelnde Wesen ist (der Mensch) der Schöpfer aller Kultur. Denn im weiten Sinn rechnet dazu alles, was der Mensch aufgrund von Bedeutungen tut oder was aus solchem Tun hervorgeht und deshalb Bedeutungen enthält. Deshalb sind alle seine Lebensäußerungen Kulturtatsachen, vom Wirtschaften und dessen Werkzeugen über die sozialen Gebilde und Institutionen bis hin zu den geistigen

Gebilden des Mythos, der Religion, Kunst, Literatur, Philosophie und Wissenschaft, Landbau, Pflug, Haustier, Ehe, Prostitution, Waffen, Krieg, Freundschaft, Sport, Aberglauben, Moral, Spiel, Technik sind, wie alles, was aus der Hand des Menschen hervorgeht, Kulturerscheinungen, weil in allem sein 'Geist' steckt." (Tenbruck 1989, 46f.).

Damit ist offenkundig, daß sich der Begriff der Kultur schwer fassen läßt; es ist verschiedentlich versucht worden, ihn durch die Kontrastierung mit anderen Begriffen - mit der Natur etwa oder der Zivilisation - deutlicher nachzuzeichnen (Abschnitt 1). Es gibt die Kultur "des" Menschen, aber diese ist - wie die Europäer erst spät entdeckten - vielfältig nach Zeit und Raum. Kulturen entwickeln und verändern sich, manchmal in rascheren Schüben, manchmal in langsamerer Bewegung. Ein Kulturvergleich bietet - trotz aller seiner Tücken - auch die Chance, neue Erkenntnisse über die eigene Gesellschaft zu gewinnen (Abschnitt 2). Trotz all dieser Schwierigkeiten ist von Soziologen, Anthropologen, Ethnologen und Sozialphilosophen versucht worden, sich theoretisch des Kulturbegriffs zu bemächtigen. Manche haben die Soziologie schlechthin als "Kulturwissenschaft" konzipiert, andere - wie Marx und Engels - haben auch den kulturellen Phänomenen einen bestimmten Platz in ihrem Gesellschaftsmodell zugewiesen (Abschnitt 3). Die "Werte" einer Gesellschaft, die oft als das Kernstück jedes Kulturbegriffs betrachtet werden, wandeln sich mit der Umwälzung der übrigen gesellschaftlichen Verhältnisse. Ohne allzu weit ausholen zu können, werden wir jene Diskussion über den "Wertwandel" in den Industriegesellschaften skizzieren, die in den letzten Jahren Aufsehen erregt hat (Abschnitt 4). Abschließend nehmen wir die kulturelle Befindlichkeit der modernen Industriegesellschaft in Augenschein. Darüber herrscht freilich keine Einigkeit in den Sozialwissenschaften; allein, etliche (meist kulturkritische) Zeitgenossen beschreiben Phänomene unserer Epoche - wie Pluralismus, Differenzierung, Vermassung, Orientierungsschwierigkeiten, Komplexitätssteigerung, Bindungslosigkeit und dergleichen - in übereinstimmender Weise, so daß ihr Gemälde als repräsentatives Beispiel dessen gelten mag, wie soziologisch informierte Gegenwartsinterpreten diese Gesellschaft sehen (Abschnitt 5).

1. Kultur und Kulturen - Einheit und Vielfalt

Schon in alter Zeit hatte das Wort "Kultur" - lat. cultura, cultus, colere - verschiedene Bedeutungen, die jedoch in der Vorstellung eines zielgerichteten, beharrlichen Tuns zusammenhingen. Mohammed Rassem (1987) unterscheidet vier Aspekte des Begriffs. Erstens bezieht sich Kultur auf die *Pflege der Erde, der Pflanzen, der Tiere und der Herden*: als Grundlage einer höheren, "seßhaften" Lebensweise. Das "Anbauen" der Äcker gehört dazu, das Bauen von Häusern, das Bewohnen und das Wirtschaften. Zweitens wird *die Aufzucht und die vernünftige Erziehung der Kinder* mit diesem Begriff bezeichnet. Diese Pflege betrifft Körper, Seele und Geist; sie umfaßt auch Erwachsenenbildung, Seelsorge, Psychotherapie, Hygiene - "Bildung" in einem sehr umfassenden Sinn tritt uns als Kern des Kulturbegriffs entgegen. Drittens geht es um die *Pflege, Verbesserung und Verfeinerung menschlicher Beziehungen*, von der klassischen "urbanitas" und "civilitas" bis zur "Zivilisation". Gemeint ist der gesittete Umgang miteinander, die Achtung vor dem Mitbürger, Rücksicht und Ehrerbietung; aber auch Geschmack, Eleganz, Flexibilität, Kommunikationsfähigkeit, der Witz des städtischen oder höfischen Menschen (im Gegensatz zum "homo incultus", dem Barbaren oder Wilden). Die moderne "Humanität" (Menschenwürde, Rechtsstaatlichkeit, Solidarität, "politische Kultur") ist dieser Bedeutung des Begriffs nahe. Viertens findet auch die *rituelle Verehrung der Götter* - der "Kult" oder "Kultus" - in diesen Begriff Eingang.- Diese unterschiedlichen Perspektiven machen die Spannweite des Kulturbegriffs deutlich, die zugleich eine Gefahr darstellt: denn alles, war wir in einer Gesellschaft ins Auge fassen, kann letztlich in einen nebulös werdenden Kulturbegriff eingebracht werden. In der Folge verstehen wir - im Einklang mit dem üblichen Sprachgebrauch - unter Kultur gemeinsame Muster des Denkens und Handelns, die von Generation zu Generation durch Lernen (und nicht durch Vererbung) weitergegeben werden, unter Einschluß der Werte, der Glaubensüberzeugungen, der Verhaltensregeln, der politischen Organisation, der ökonomischen Tätigkeiten der Individuen und dergleichen (vgl. Lipp 1987, Rassem 1979, Lipp/Tenbruck 1979).

Viel mehr ist Kultur, als uns bewußt ist. Ein großer Teil der kulturellen Bestände liegt *unterhalb der Schwelle unseres Bewußtseins*. Schon deshalb ist der Umgang mit kulturellen Phänomenen schwierig. Das Beispiel der Sprache - als eines wichtigen kulturellen Phänomens - macht dies deutlich: Jeder Mensch verwendet andauernd komplizierte grammatikalische und phonetische Regeln, ohne dessen gewahr zu sein und ohne sie, selbst wenn ihm eine Ahnung davon aufdämmert, bewußt formulieren zu können. Dies gilt auch für andere kulturelle Regeln, etwa Regeln des Verhaltens: Sie sind erlernt worden und werden mit Interpretationsgabe auf unterschiedliche soziale Situationen angewendet. Dennoch können sie nicht immer klar formuliert werden: Es bestehen beispielsweise Regeln der Höflichkeit, die bestimmen, auf welche Weise ein Gespräch zu beenden ist; aber die Fülle jener Signale, die dem kulturell wohlsozialisierten Individuum zur Verfügung stehen, um dem Gesprächspartner beispielsweise zu signalisieren, daß man keine Zeit hat, daß man das Thema wechseln möchte oder daß man an einer Fortsetzung des Gesprächs kein Interesse hat, ist so groß und subtil, daß man sie kaum in Worten eindeutig darlegen oder aufzählen könnte. Man kann sprachliche Formulierungen finden, die auf eine Beendigung des Gesprächs hindeuten; man kann körperliche Signale "aussenden"; man kann beispielsweise für den anderen sichtbar auf die Uhr schauen; und so weiter. Man wird in diese kulturellen Regeln hineinsozialisiert, lernt sie durch Beobachten und Probieren. Eine erfolgreiche Sozialisation - oder "Enkulturation", d.h. ein Vertrautmachen mit den kulturellen Regeln einer Gesellschaft - zeigt sich daran, daß man die wichtigsten Regeln als Selbstverständlichkeiten beherrscht.

Kultur ist überall. Sie durchdringt die Menschen, macht sie erst zu Persönlichkeiten. Sie prägt die Institutionen der Gesellschaft. Sie "ist" die Gesellschaft. Sie kennzeichnet die Festtage und Feiern als "hohe" oder "repräsentative" Kultur, aber sie ist auch als "Alltagskultur" (popular culture) immer gegenwärtig. Es gibt spezielle Kulturen: eine "Familienkultur", eine "Unternehmenskultur", eine "Ortskultur". Man spricht von einer "bürgerlichen Kultur" und von einer "Arbeiterkultur". Der weibliche Emanzipationsprozeß macht die Existenz einer "Frauenkultur" bewußt. Jüngere Gesellschaftsmitglieder werden zwischen Kindheit und Berufsverpflichtung auf einige Jahre von gesellschaftlichen Zwängen entlastet, und so spricht man von einer "Jugendkultur". Sorge besteht um das Gedeihen der "politischen Kultur".

Einige dieser Begriffe verweisen auf *Subkulturen.* Es sind Lebensformen, die Teil einer größeren kulturellen Einheit sind, aber Normenbestände aufweisen, die von jenen der Gesamtkultur abweichen. Handelt es sich um weitgehend integrierte Gruppierungen, spricht man von *Teilkulturen*, handelt es sich um Gruppen, die der vorherrschenden Kultur feindlich gegenüberstehen, von *Gegenkulturen.* Kulturen scheinen generell die Neigung zu haben, in unterschiedliche Deutungsgruppen zu zerfallen, und sie können dies tun, solange die Gesellschaft nicht als ganze zerfällt (vgl. Yinger 1960, 1977). Solche Segmentierungen können in ethnischen, beruflichen, sozioökonomischen, altersmäßigen und allen erdenklichen anderen Unterschieden begründet sein. Die Subkulturen zeichnen sich jeweils durch spezifische Eigentümlichkeiten aus, durch einen eigenen Sprachgebrauch, durch Mode, Rituale, Musik, Eßgewohnheiten, sexuelle Praktiken und dergleichen.

Kultur und Natur

Die Kultursoziologie hat sich über lange Zeit damit beschäftigt, fiktive Entitäten gegeneinander auszuspielen: Kultur vs. Natur, Kultur vs. Zivilisation, Kultur vs. Struktur, Kultur vs. Gesellschaft. Diese Dichotomien sind meist erst dann aufschlußreich, wenn man ihrer Unzulänglichkeiten gewahr wird. Wie kompliziert diese Beziehungen sind, soll zunächst an dem Beispiel "Kultur vs. Natur" gezeigt werden.

In einem gewissen Sinne tritt Kultur dort auf, wo die von der Natur gesetzten Grenzen überschritten werden. Kultur ist Veränderung der Natur, und sie ist daher zugleich identisch mit jener Natur, die vom

Menschen verändert worden ist. Man kann den Prozeß der Entwicklung von Kultur als Kampf gegen die Natur betrachten, gegen die *innere Natur* - die ungezügelten Triebe des Menschen - und gegen die *äußere Natur* - die Gefahren der Umwelt. In den Industriegesellschaften leben die Menschen in Distanzierung zur Natur, in einer "durchkulturalisierten" Welt, die in allen Bereichen technisiert und geprägt ist von gewaltigen Produktivkräften wie auch von destruktiven Potentialen. Diese Welt stellt steigende Ansprüche an die Individuen, anthropologisch und moralisch "mitzuhalten" mit ihren eigenen kulturellen Errungenschaften, also diesen Prozeß in einer Weise zu begleiten, zu verarbeiten und zu beeinflussen, die das Überleben ermöglicht.

Dies könnte dazu verleiten, Kultur und Natur tatsächlich säuberlich voneinander zu trennen bzw. einander entgegenzusetzen. Aber die *Umwelt* - Geographie, Ökologie, Biologie - prägt natürlich die Kultur, und die kulturelle Entwicklung wirkt auf diese Umweltfaktoren ein (vgl. dazu Wiswede 1985, 177ff.). So sind etwa die geographische Lage und die ökologische Beschaffenheit, in denen sich eine menschliche Sozietät befindet, wesentlich für die kulturellen Eigenheiten: das Klima eines Landes, die Krankheiten und die Sterblichkeit, seine Bodenschätze und der Verlauf der Jahreszeiten, geographische "Randlagen" und "Grenzzonen", der Zugang zum Meer und so weiter. Die Umwelt prägt die Kultur. Und die menschliche Gemeinschaft wirkt auf die Umwelt, wie heute an bestimmten ökologischen Problemen deutlich wird. Die industrielle Entwicklung kann über die Umweltbedingungen, unter denen sie gedeihen soll, eine Zeitlang hinwegsehen, aber nicht auf Dauer. Die tiefgreifende Umgestaltung der natürlichen Welt, wie sie durch die gestiegenen Eingriffsmöglichkeiten des Menschen zustande gekommen ist, drängt irgendwann die Frage auf, welcher Regelungsmechanismen der Natur die menschliche Gesellschaft trotz aller technischen Errungenschaften bedarf und welcher nicht, und mit welchen Konsequenzen das Versagen bestimmter Stabilisierungsmechanismen verbunden ist.

Das Verhältnis von Natur und Kultur ist oft belastet, die Auseinandersetzung mit der Natur kann zu einer *Kulturfeindlichkeit im Namen der Natur* führen; Kultur wird dann als naturwidriges, entfremdetes, künstliches Handeln verstanden. Auch moderne kulturfeindliche Bewegungen plädieren für eine "natürliche" Lebensweise, die sich von den Künstlichkeiten der technisch und wissenschaftlich geschaffenen Lebenswelt absetzt.- Andererseits gilt: *Kultivierung schafft eine "zweite Natur"*. Damit wird einerseits angedeutet, daß Kultur eine neue dauerhafte Wirklichkeit hervorbringt, die uns dann auch "natürlich" anmutet, andererseits, daß Kultivierung die Natur zwar verändern und umlenken, ihre naturgesetzlichen Grundlagen aber nicht aufheben kann. Der erstere Aspekt - die "Natürlichkeit" einer kultivierten Landschaft - kann mit dem Umstand illustriert werden, daß die Begegnung des Menschen mit der

Natur in entwickelten Gesellschaften meist bereits von Kulturbeständen und -entwicklungen geprägt ist. Selbst die "Naturbegeisterung" bezieht sich meist auf "durchkultivierte" Landschaften, z.B. auf sorgfältig gepflegte Wälder und Almen, während wirklich naturbelassene Landschaften in ihrer Wildheit und "Unordentlichkeit" oft weit weniger Begeisterung auslösen. "Kultur ist menschveränderte Welt" (Thurn 1981, 14). Der zweite Aspekt - die Grenzen einer Kultivierung der Natur - kann mit dem Verweis auf die bereits erwähnten ökologischen Gesetzmäßigkeiten illustriert werden, die der "Machbarkeit" Grenzen setzen.

Insgesamt aber heißt dies: Die "natürlichen" Grundlagen auf der einen, die kulturelle Überformung auf der anderen Seite stehen in einem Wechselverhältnis; sie beeinflussen und formen einander, ohne daß sich so leicht eine überhistorische Superiorität des einen oder anderen Bereichs ausmachen ließe. Allerdings kann in bestimmten Epochen die prägende Kraft einer dieser Größen stärker spürbar werden: Es mag also Abschnitte der Entwicklung geben, in denen ökonomische oder technische Kräfte den Lauf der Geschehnisse dominieren, dann wieder solche, in denen die Politik die Oberhand erhält, schließlich solche, in denen die kulturellen Entwicklungen vorherrschen.

Kultur und Zivilisation

Bei der Gegenüberstellung der Begriffe "Kultur" und "Zivilisation" handelt es sich um eine deutsche Spezialität, im Englischen werden die Begriffe "culture" und "civilization" meist deckungsgleich verwendet. Wir unterscheiden vier Begriffe der Zivilisation. Erstens wird damit - und dies ist heute die verbreitetste Variante - ein höherer Bestand an (vor allem) *praktisch-technischen Kenntnissen und Fertigkeiten*, die zur besseren Lebensbewältigung dienen, bezeichnet. Eine Kultur ist "zivilisierter", wenn sie den Überlebenswert ihrer Praktiken und Techniken im Hinblick auf selbstgesetzte Ziele steigern konnte. Der Eisenpflug ist "zivilisierter" als das Grabeholz, der Computer "zivilisierter" als der Abakus. Der zivilisierte Mensch verfügt über technisch hochwertige Ressourcen.

Zweitens sind - besonders im Deutschland des 19. Jahrhunderts - Kultur und Zivilisation einander in wertender Absicht gegenübergestellt worden. *Kultur ist das Echte, das Wahre, das Innerliche; Zivilisation ist bloße Form, das Unechte, das Künstliche, allzu Verfeinerte, das Äußerliche.* Eine Sucht nach der "Tiefe", in dem die wahre Kultur zu finden wäre, entwickelte sich, Zivilisation wurde zum Kampfbegriff, der jeweils auf die Gegner appliziert wurde. Der zivilisierte Mensch ist unkultiviert, eitel und oberflächlich, ganz im Gegensatz zum wahren "Kulturmenschen". Damit hatte man für alles Unliebsame einen handsamen Begriff gefunden.

Dies führt bereits zur dritten Verwendung. Oswald Spengler (1818-1936) sieht die Zivilisation nicht als Entwicklungspfad (wie dies beim ersten Begriff der Fall ist), sondern als *Auflösungsstadium von Kulturen*, als Phase ihres Abschlusses und Todes. So wie jeder Organismus dem Absterben geweiht ist, so gilt dies auch für Kulturen, die nach dem Durchlaufen des ihnen zugemessenen Zyklus zurücksinken ins Anorganische. In der modernen Großstadt wird der Verfallsprozeß nach Meinung Spenglers, der seinen Bestseller über den "Untergang des Abendlandes" am Ende des Ersten Weltkriegs schrieb (81. Aufl. 1950), bereits sichtbar: Das Leben sammelt sich in einem Punkt, während der Rest des Landes verdorrt; der Großstadtbewohner tritt auf, ein Nomade, ein Parasit, traditionslos, irreligiös, intelligent, unfruchtbar. Der zivilisierte Mensch ist degeneriert, nahe seinem Untergang. Dieser Vorgang ist ästhetisiert und als unausweichlicher Prozeß des Werden und Vergehens geschildert, in dem der einzelne Mensch keine sonderliche Rolle spielt.

Ganz anders die Perspektive der *Zivilisationstheoretiker*: Norbert Elias (1897-1990), der auf Erkenntnissen Max Webers aufbaut, verwendet dieses Wort, um eine verfeinerte, sublimierte Kultur zu beschreiben, wie sie sich auf dem Weg zur Moderne - vor allem zunächst als höfische Sitte, dann aber nach unten diffundierend durch alle Schichten - entwickelt hat (1978/79). Es entsteht, parallel zur Bildung politischer Zentralmächte, ein affektbeherrschter Mensch; die Peinlichkeits- und Schamschwellen rücken vor, es kommt zu einer Verfeinerung der Etikette, des öffentlichen Anstands, der Tischsitten, des Sexualverhaltens. Die "Ordnung" der äußeren Lebensverhältnisse spiegelt sich wider im Aufbau einer psychischen Selbstzwangapparatur, und die steigende Komplexität des äußeren Lebens macht dieses gestiegene Maß an Selbstkontrolle auch erforderlich. Der zivilisierte Mensch ist jener, der seine Gefühle strikt unter Kontrolle hat, der auch gar nicht anders kann, will er in dieser interdependenten Welt überleben.

2. Auf dem Weg zur abendländischen Zivilisation

In der europäischen Entwicklung war Kultur - im Sinne höherer Bildung, Wissenschaft, Kunst, Musik, Literatur - seit der Antike eine Angelegenheit der *Minderheiten* (vgl. in der Folge Thurn 1976, Kap. 2). Griechen und Römer banden das Bildungsprivileg an die vorhandene Sozialhierarchie; bei den Römern galt als Voraussetzung für jene Muße, welche die Pflege der Künste und Wissenschaften erst ermöglichte, die Befreiung von körperlicher Erwerbstätigkeit, und dies war nur durch den Einsatz von Sklaven möglich. Paradoxerweise wurde den Sklaven auch die Aufgabe übertragen, jene Kultur zu produzieren und weiterzugeben, durch die die herrschende Schicht sich auszuzeichnen meinte. Eine solche Nutzung Untergebener für die "Kulturproduktion" ist allerdings für lange Phasen der europäischen Geschichte charakteristisch: Dichter, Schauspieler, Musiker, bildende Künstler und Lehrer wurden von den Eliten zu billigen Löhnen - und in sozialer Distanz - "gehalten", um Material für die *Elitekultur* zu liefern. Kulturell produktiv waren daher keineswegs immer die herrschenden Gruppen. Allerdings sind nicht nur die Unterschichten aus der Kulturproduktion systematisch ausgeschlossen worden - die europäische Kultur hat sich als männliche Domäne entwickelt, Frauen wurden nur selten kulturelle Initiativen zugestanden.

Die abendländische *Stadt* wurde zunehmend zur Keimzelle wirtschaftlichen Wohlstands und kulturellen Lebens. Sie verschaffte jene "Freiheiten", die dem sich bildenden schöpferischen Selbstverständnis entsprachen. Im Widerstand gegen Kirche und Scholastik führten Renaissance und Humanismus die städtische Kultur zu einer ersten Blüte. Die ländliche Ritterkultur des Mittelalters erstarb; die Kultur befreite sich aus den religiösen Banden, sie wurde zum Tummelplatz des modernen individualistischen Verständnisses und verband sich mit vielfältigen Emanzipationsbewegungen. In der Mitte des 15. Jahrhunderts erfand Johann Gutenberg in Mainz die Technik des *Buchdrucks*: In der Folge etablierte sich ein völlig neuer "Kulturbetrieb" - Intellektuelle, Literaten, Wissenschaftler, die Bücher publizierten, die später auch in Zeitungen und Zeitschriften schrieben und Broschüren, Traktate und Flugblätter verfaßten, um ein bildungsbegieriges und lesehungriges Publikum mit kulturellen Materialien zu versorgen. War das antike Kulturverständnis auf die Pflege des Geistes und der Seele gerichtet, so ging es nun um die Einrichtung des menschlichen Lebens in einer fortgeschrittenen Zivilisation. Die natürlichen Triebe des Menschen galt es zu bändigen und seine Sitten zu verfeinern, um in der zivilisatorischen Entwicklung mithalten zu können - eine heikle Angelegenheit gerade für aufsteigende Gruppen wie das Bürgertum der frühen Neuzeit, das mit den Verhaltensgewohnheiten der "besseren Gesellschaft" vertraut zu werden wünschte. Zugleich prägte es aber diese Zivilisation mit seinem Geist. Der Boden für die Aufklärung, ja für die bürgerliche Revolution wurde geschaffen.

"Kultur" wurde als *Waffe des sozialen Aufstiegs* verwendet; zugleich wurde sie zu einer neuen Kategorie der *Diskriminierung*. Wer nicht über Zivilisiertheit - und zwar über die jeweils eigene, die bürgerlich-abendländische Spielart der Zivilisiertheit - verfügte, wurde als inferior betrachtet. Dieses Schicksal wurde jenen anderen Völkern zuteil, deren kulturelle Eigenheiten zwar Erstaunen erregten, aber bald von nationalistischen und kolonialistischen Impulsen überlagert wurden. Auch die heimische Arbeiterschaft galt dem 19. Jahrhundert als "unkultiviert" - und daher als ausbeutbar und führungsbedürftig. Das Bildungssystem expandierte, es diente als Sprungbrett zum sozialen Aufstieg, als Instrument der Flexibilisierung der Gesellschaft wie auch als Rechtfertigung für die Etablierung neuerlicher kultureller Barrieren. Kulturelle Bestände dienten daher auch zur Selbstvergewisserung und Legitimierung im Spiel der gesellschaftlichen Konkurrenz.

Die Entdeckung der "Kulturen"

Unter dem Einfluß unterschiedlicher Strömungen der Aufklärung entwickelten sich differente Vorstellungen von primitiven Völkern. Auf der einen Seite wurden die ihnen Angehörenden als *dumpfe Wesen* gezeichnet, deren Leben von Aberglauben geprägt und durch wilde Rituale gekennzeichnet sei (Condorcet). Auf der anderen Seite gab es auch schwärmerische Momente: der *"edle Wilde"* als der einfache und selbstgenügsame, unabhängige und unschuldige Mensch, der im Einklang mit der Natur lebt (Rousseau). In Europa wurde die Mannigfaltigkeit der existierenden Kulturen gegen Ende des 17. Jahrhunderts erstmals zur Kenntnis genommen. Eine Fülle von Reisebeschreibungen über die unterschiedlichsten Teile der Welt erregte das Interesse der Öffentlichkeit. Doch setzte sich die *eurozentrische Perspektive* durch: Man wollte den anderen Kulturen keineswegs "Gleichrangigkeit" - in welchem Sinne auch immer - zugestehen. Den europäischen Völkern allein schrieb man "Kultur" im eigentlichen Sinne zu, während man sich verpflichtet fühlte, den unterentwickelten Völkern "Kultur zu bringen".

Der Vergleich der Kulturen verband sich zudem rasch mit dem *Entwicklungsgedanken*, der im 18. Jahrhundert bereits das Denken beherrschte und im 19. Jahrhundert eine weitere Fundierung durch die Darwinsche Lehre erhielt. Man entwickelte ein Evolutionsmodell mit der eigenen Gesellschaft an der Spitze: Die "primitiven" Völker seien weiter "unten" in der Entwicklungshierarchie, und die fortgeschrittene Zivilisation sei verpflichtet, ihre Entwicklung zu beschleunigen. Diese abendländische Verpflichtung lag auch einem christlichen Missionsgedanken zugrunde; in Wahrheit diente dieser vielfach als Verhüllung eines ökonomischen Expansionsdrangs. Später wurde zugestanden, daß die anderen Völker, deren Eigenheiten man nun zu beschreiben und deren "materielle Kulturgegenstände" man zu sammeln suchte, "Kultur" hätten, in einem durchaus unterschiedlichen Sinn: Auch einfache Gesellschaften verfügten - wie man bei genauerer Beobachtung feststellte - über mit Geschick hergestellte Geräte, über bestimmte Methoden der Jugenderziehung, über eine oft sehr ausgefeilte Sozialordnung, über Sprache, Mythen, Kulte und so weiter.

Verhängnisvoll wurde aber zunächst die Verbindung dieses Kulturinteresses mit dem *Rassegedanken*, die gleichfalls im 19. Jahrhundert erfolgte. Den Grund für die Unterentwicklung einiger Völker ortete man in rassischen Faktoren - manche Völker seien eben weniger intelligent als jene des Abendlandes. Immerhin wurde diesen Völkern zuweilen zugestanden, daß auch sie ihr kulturelles Niveau zu steigern vermöchten. Der menschliche Geist kann nach der lamarckistischen Auffassung von Generation zu Generation voranschreiten: Kinder, die in einer besseren, intelligenteren Umgebung aufwachsen als ihre Eltern, könnten ihren Geist weiter entwickeln, und diese Höherentwicklung werde ihren Kindern übertragen, die ihrerseits weiter voranschreiten und dies durch Vererbung weitergeben könnten. Andere leugneten auch diese Chance. Die Völkerkunde entwickelte phantastische Theorien über den Ursprung der Rassen und der Sprachen; beides wurde meist in Verbindung gesehen. Die Wilden - so wurde behauptet - stünden den Tieren näher als den Menschen (Waitz 1859). Rassenvermischung sei schädlich (de Gobineau 1855).

Erst in der zweiten Hälfte des 19. Jahrhunderts erfolgte eine Abwendung von diesen Theorien. Anthropologen wie Edward B. Tylor (1871) und Lewis Henry Morgan (1877) haben Kultur als Ergebnis einer bewußten *Gestaltung rationaler Individuen* verstanden, die, gestützt auf vorangegangene Erfahrung, bestimmte soziale Erfindungen getätigt hätten, um die Lebensbedingungen der Menschen zu verbessern. Durch eine fortgesetzte Verbesserung dieser Erfindungen würden höhere Kulturniveaus erreicht. Herbert Spencer und Emile Durkheim formulierten das Prinzip der Evolution "neutral", im Sinne eines fortschreitenden Prozesses; es sei nicht immer klar, ob eine Veränderung einen "Fortschritt" oder einen "Rückschritt" bedeute. Feldforscher - wie Adolf Bastian oder James Frazer - sammelten ethnologisches Material.

Das *moderne Konzept der Kulturen* wurde an der Wende vom 19. zum 20. Jahrhundert entwickelt. Franz Boas (1858-1942), der Gründer der amerikanischen Anthropologie, versuchte zu zeigen, daß jede Kultur nach ihren eigenen Prinzipien gestaltet werde und daß die Unterschiede zwischen den Kulturen nicht unbedingt auf Intelligenzunterschieden der Völker beruhen müßten (1911). Die Kultur wird geprägt von ihrer inneren Entwicklung und von äußeren Einflüssen. Personen erwerben ihre kulturellen Auffassungen durch die Kultur ihrer Umgebung. Die Genese kultureller Elemente läßt sich den Kulturen im allgemeinen gar nicht eindeutig zuschreiben: Ein neuer Sachverhalt mag durch Zufall entstehen, er wird dann den kulturellen Umständen angepaßt, er diffundiert in angrenzende Kulturen, wird dort verändert, um sich den Umständen in der neuen Umgebung anzupassen, er dringt schließlich weiter vor - es ist unmöglich, kulturelle Bestände wirklich an ihren Ursprung zurückzuverfolgen. Weiters ist es zweifelhaft, ob sich Kulturen nach ihrem Entwicklungsniveau "ordnen" lassen: Denn jede Bewertung des Niveaus einer Kultur muß auf kulturellen Gesichtspunkten beruhen, und es läßt sich nicht objektiv feststellen, was ein "höherentwickeltes" Element einer Kultur ist. Daher ist es nach Auffassung von Boas unzulässig, einfach die Perspektive westlicher Kulturen zu verallgemeinern und an ihr den Entwicklungsstand anderer Gesellschaften zu messen.- Das war eine Absage an alle Vorurteile, ein festes Bekenntnis zum Prinzip des kulturellen Relativismus und der Gleichwertigkeit aller Kulturen.

Kultureller Relativismus

Die Entdeckungen der frühen Neuzeit haben also gezeigt, daß die Lebensbedingungen und Lebensweisen der Völker sehr different sind. Die menschliche Kultur setzt sich aus "Kulturen" zusammen, die sich nicht in eine evolutionistische Reihe "ordnen" lassen, sondern die in jeweils einmaligen historischen Entwicklungsgängen entstanden sind, ihren Eigenwert besitzen und nur aus ihrer Eigenart verstanden werden können (*kultureller Relativismus*). Die Relativierung beschränkt sich aber nicht nur auf unterschiedliche Sitten und Gebräuche; die Prägung einer plastischen Menschennatur durch das kulturelle Milieu reicht so weit, daß sie selbst Denken und Wahrnehmung beeinflußt. Die amerikanischen Ethnologinnen Margaret Mead (1935) und Ruth Benedict (1934) haben die Ansicht vertreten, daß auch die *Erkenntnisfähigkeit* kulturell relativiert ist. Schon an einfachen Beispielen wird dies deutlich: Das Spektrum der Farben stellt ein Kontinuum dar, das bloß durch kulturelle Konvention in verschiedene Segmente aufgebrochen wird. Zwischen den Farben "blau" und "grün" wird eine Grenze an einem bestimmten Punkt des Spektrums gesetzt, und diese Grenzziehung wird dem einzelnen durch Sozialisation - durch dauernde Einübung der Farbunterscheidung - selbstverständlich gemacht. Der Regenbogen besteht in Wahrheit nicht aus einzelnen "Bändern", wie wir ihn sehen, sondern aus einem Kontinuum von Licht unterschiedlicher Wellenlänge; man hat uns aber beigebracht, verschiedenfarbige Bänder zu sehen. Bei anderen Völkern finden sich andere Grenzziehungen zwischen den Segmenten des Farbspektrums. Ein anderes Beispiel für kulturelle Prägung ist die Wahrnehmung der Landschaft. Sie wird nicht als neutrale geologische Formation wahrgenommen, sondern es werden ästhetische Werte in sie hineinprojiziert. Deshalb erscheinen uns landschaftliche Szenerien als schroff, unheimlich, lieblich, romantisch, öde, langweilig, reizvoll und majestätisch. Solche Zuschreibungen beruhen auf kulturellen Traditionen. Vor Jahrhunderten wurden schneebedeckte Berggipfel als unheimliche und beängstigende Objekte, heute werden sie in ästhetischer Begeisterung und in positiver Stimmung betrachtet.

Damit ist ein gewisser *Ethnozentrismus* - eine Sicht der Welt aus der Perspektive der eigenen Gesellschaft, in deren Wahrnehmungsweisen der einzelne enkulturiert ist - unvermeidlich. Ethnologen haben sich - schon aus praktischen Forschungserfahrungen heraus - mit diesem methodologischen Problem intensiv auseinandergesetzt. Zuweilen werden aus diesem Verständnisproblem aber übertriebene Folgerungen abgeleitet, denen zufolge keinerlei Wahrnehmungs- oder Beurteilungsstandards zugelassen werden, die verschiedene Kulturen übergreifen könnten. Für manche Theoretiker, die dies als Respekt vor Fremdkulturen mißverstehen, sind Vergleiche von vornherein unangebracht, weil sie eine grundsätzliche Kluft zwischen den Kulturen behaupten, die jedes Begreifen ausschließt und in keiner

Weise übersprungen werden kann. Diese Unvereinbarkeitsbehauptung dient heute oft dazu, fremde Kulturen und deren Vertreter mit spezifischen mythischen und mystischen Fähigkeiten auszustatten, so daß die Unzulänglichkeit der abendländisch-rationalen Zivilisation sich umso deutlicher erweist. Gerade die praktische ethnologische Erfahrung hat jedoch gezeigt, daß Verständnisbarrieren überwunden werden können - menschliche "Kulturgemeinsamkeiten" sind vorhanden.

Kulturvergleich

Die schlichte Neugier nach fremden Ländern hat frühen völkerkundlichen Studien, in denen exotische Lebensweisen und Praktiken geschildert wurden, Antrieb verliehen. Aber kulturvergleichende Studien können wertvolles Material auch zur besseren Analyse der eigenen Gesellschaft liefern, weil sie die Selbstverständlichkeit, mit der wir in bestimmten, gewohnten Strukturen unserer eigenen Gesellschaft leben, erschüttern. Selbst sozialwissenschaftliche Ergebnisse bezüglich des Wesens menschlichen Handelns oder menschlicher Entwicklung, die für die eigene Gesellschaft als gut bewährt gelten dürfen, können durch den Kulturvergleich nochmals "getestet" werden.

Ein Vergleich zwischen unterschiedlichen Kulturkreisen wirft manche Probleme auf. So ist es eine komplizierte Aufgabe, die *relevanten Vergleichsgrößen* in kulturell unterschiedlichen Ländern zu finden; z.B. kann die Arbeitslosigkeit in einem europäischen Land nicht mit jener in einem zentralafrikanischen Land verglichen werden, d.h. in einer Agrargesellschaft mit großen Familien und Clans, wo jedes Familienmitglied im Rahmen seiner sozialen Gruppe mit irgendeiner Tätigkeit betraut und durch diese Gruppe abgesichert ist, solange die Ressourcen für alle reichen. Institutionen können in den betrachteten Ländern etwas Verschiedenes "bedeuten".- Weiters: Die Suche nach Gemeinsamkeiten und Verschiedenheiten erfolgt - wie erwähnt - auf der *Basis des eigenen Wertsystems* - jenem des Beobachters -, das oft schwer überschritten oder relativiert werden kann. Was als anständig oder grausam, als kommunikativ oder asozial betrachtet wird, mag in verschiedenen Kulturen ganz unterschiedlich beurteilt werden. - Schließlich: Es ist zu berücksichtigen, daß die meisten Nationen *in sich selbst heterogen* sind, daß es Teil- oder Subkulturen, altersspezifische Unterschiede u. dgl. gibt - so daß die (oft strittige) Repräsentativität oder Bedeutung eines Phänomens innerhalb einer Gesellschaft geklärt sein muß, ehe ein interkultureller Vergleich stattfinden kann. Südamerikanische Städte sind eine "andere Welt" als die ländlichen Gebiete in denselben Ländern.

Der Idealfall *abgeschlossener Kulturen*, in denen kulturelle Phänomene in "Reinkultur" nachzuweisen wären, ist kaum aufzufinden, und meist ist es schwierig, Trennungslinien zwischen unterschiedlichen

Kulturen zu ziehen. Denn die Grenzen einer Kultur müssen keineswegs mit den Grenzen des Stammes, des Volkes oder des Staates zusammenfallen. Eine Kultur ist eine "Einheit" von Lebensformen; das erfordert in der Regel die Einheit der Sprache (oder des Dialekts), der Siedlungsformen, der Gewohnheiten des Alltagslebens, der normativen Anschauungen, der sozialen Organisation; auch das Gruppenbewußtsein im Sinne einer willentlichen Einheit ist wesentlich. Zudem sind solche kulturellen Einflußbereiche stetem Wandel ausgesetzt: etwa durch Wanderungen von Völkern oder durch die Diffusion einzelner Kulturbestandteile im Zuge von unterschiedlichen Kontakten zwischen Angehörigen verschiedener Kulturbereiche.

Dieser Sachverhalt hat dazu geführt, daß man - in einem funktionalistischen Ansatz - die Frage umgekehrt gestellt hat: Gibt es *kulturelle Konstanten*, d.h. organische, psychische und soziale Kennzeichen des Menschen, die über Raum und Zeit fest bleiben und ihn von anderen Lebewesen unterscheiden? Das ist zugleich eine Frage nach den Grenzen der menschlichen Formbarkeit und Selbstveränderungsfähigkeit durch Kulturtechniken. So kann man fragen: Ist ein Phänomen wie die "Familie" (in unterschiedlicher Form) in allen Kulturen aufzufinden? Ist die Gesellschaftsstruktur in allen Kulturen durch männliche Vorherrschaft gekennzeichnet? Auch in diachroner Perspektive wird dieselbe Frage gestellt: Gibt es bestimmte Entwicklungsprobleme, die jede Gesellschaft im Laufe ihrer Entwicklung lösen muß und die daher trotz aller Relativität in allen Kulturen vorhanden sind? "Evolutionäre Universalien", so Talcott Parsons (1979, 56), "sind ... Komplexe von Strukturen und entsprechenden Prozessen, deren Ausbildung die langfristige Anpassungskapazität von lebenden Systemen einer bestimmten Klasse derartig steigert, daß nur diejenigen Systeme, die diesen Komplex entwickeln, höhere Niveaus der generellen Anpassungskapazität erreichen." Parsons hat in bezug auf menschliche Gesellschaften auf vier grundlegende evolutionäre Universalien hingewiesen. Es handelt sich zunächst um einen *Orientierungsmechanismus*, um die Schaffung von Kultur und ihre Weitergabe; das leistet im wesentlichen die Religion. Da daran eine Mehrzahl von Individuen teilhat, bedarf es weiters eines *Kommunikationsmechanismus*; das fundamentale evolutionäre Universale ist hier die Sprache. Schließlich bedarf es eines *Organisationsmechanismus*, und dieser scheint in einfacheren Gesellschaften mit der Verwandtschaft verbunden zu sein. Letztlich setzt Kultur auch *Technologie* voraus, und diese beginnt mit der aktiven Auseinandersetzung mit der Umgebung durch den Gebrauch von Hirn, Hand und anderen Organen. Tatsächlich müssen wohl alle Kulturen mit diesen Problemen zurecht kommen. Danach erst, mit dem Ausbruch aus der primitiven Stufe, entwickeln sich weitere evolutionäre Universalien: Es entsteht ein System der sozialen *Schichtung* sowie ein System der ausdrücklichen kulturellen *Legitimierung* differenzierter gesellschaftlicher Funktionen, insbesondere der politischen Funktionen; gesellschaftliche

Ungleichheiten entstehen und werden auf unterschiedliche Weise (oft auch durch religiöse Stützung) gerechtfertigt. Wenn sich Gesellschaften weiter entwickeln, insbesondere wenn sie über eine gut institutionalisierte Schriftsprache verfügen, entsteht ein weiteres Paar evolutionärer Universalien: die *Verwaltungsbürokratie* sowie die *Geld- und Marktorganisation.* Dafür sind universalistische, d.h. allgemein gültige Normen, erforderlich, und ein *Rechtssystem* ist daher ein entscheidender Aspekt der weiteren Entfaltung. Ein letztes Universale schließlich ist die *demokratische Assoziation oder Genossenschaft* mit gewählter Führung und allgemeinem Wahlrecht.

Auf dem Weg zur Weltkultur?

Die Weltgesellschaft der Gegenwart ist durch die Expansion der europäischen Kultur gekennzeichnet; es entwickelt sich eine europäisch-amerikanisch-russisch-japanische Welt(misch)kultur, die in historisch nie gekannter Weise universal und global zu sein scheint. Sie wird einerseits auf der untersten Ebene der Massenkommunikationsmittel und der massenmedialen Popkultur sichtbar, bei Rockmusik und Schlagern, Sport und Kleidung, andererseits auf der obersten Ebene der Wissenschafts- und Technologieentwicklung (vgl. Bühl 1987, 154ff.). So spricht also einiges für Konvergenzprozesse, auch wenn nationale Eigenheiten lange fortwirken. Es gibt allerdings auch heftige Gegenbewegungen, d.h. militante Forderungen zur Rückkehr zu den eigenen kulturellen Wurzeln, allerdings unter Einbeziehung bestimmter technischer Errungenschaften der Weltkultur, Bewegungen zu nationalen und regionalen Kulturen; doch ist die globalisierende Tendenz wohl - allen empirischen Indizien zufolge - übermächtig.

3. Kultursoziologische Perspektiven und Schulen

Der Blick auf die ideengeschichtliche Entwicklung hat gezeigt, daß vor allem die Kulturanthropologen und Ethnologen sich für "Kulturfragen" interessiert haben. Auch wenn in der Folge einige theoretische Strömungen der Kultursoziologie skizziert werden, ist deutlich, daß diese Betrachtungen oft ins Philosophische oder Ethnologische reichen.

Reizvoll waren offenbar immer Modelle von Aufstieg und Niedergang, Evolution und Revolution, Zyklus und Krise, Oszillation und Katastrophe. Ein Beispiel einer spekulativen geschichtsphilosophischen Theorie ist etwa Pitirim A. Sorokins (1889-1968) Idee langfristiger Kulturzyklen (Sorokin 1937-41, 1953), ein Exempel für eine an ökonomische Entwicklungen angelehnte Theorie Walter L. Bühls Vorstellung von Kondratieffschen Kulturzyklen (Bühl 1987).

Kulturalistisch-phänomenologische Perspektiven

Für die deutsche Tradition der Kulturbetrachtung ist es charakteristisch, daß sie oft um den bereits erörterten Gegensatz zwischen "Kultur" und "Zivilisation" kreist. Für Alfred Weber (1868-1958) etwa war *Zivilisation* die Sphäre des Äußerlichen, des Materiellen, des technischen Fortschritts und sozialen Rationalisierungsprozesses. Mit dem Begriff der *Kultur* hingegen wurde das Innerliche bezeichnet, die Sphäre der Sinndeutung, des Seelisch-Geistigen, das freilich zurückwirkte auf die äußere Welt (vgl. Weber 1935). Max Scheler (1874-1928) wandte sich gegen die Marxsche Unterbau-Überbau-Lehre, indem er den Antagonismus von Realfaktoren und Idealfaktoren hervorhob, aber beiden Sphären eine Eigengesetzlichkeit zuschrieb. *Realfaktoren* sind die natürlichen Triebe der Selbsterhaltung, der Nahrung und Fortpflanzung; *Idealfaktoren* sind das Reich der Ideen, der Wahrheit und der Werte. Wohl spielen diese beiden Sphären zusammen, nicht aber im Sinne eines eindeutigen Bestimmungsverhältnisses. Vielmehr kommen die dynamischen Impulse aus dem Reich des Geistigen, doch sind sie allein ohnmächtig: Die Realfaktoren haben eine "Schleusenfunktion", eine Selektionsfunktion für die geistigen Strömungen. Sie kanalisieren gewissermaßen den Eintritt des Geistes in die Wirklichkeit, allerdings ohne die geistigen Gehalte zu verzerren oder zu relativieren (vgl. Scheler 1926).

Die Entfaltung der Wissenssoziologie

In Anknüpfung an Scheler hat Karl Mannheim (1893-1947) das Problem des Verhältnisses zwischen den Kulturgebilden auf der einen, den ihnen entsprechenden Formen von Wirtschaft und Gesellschaft auf der anderen Seite behandelt (1960, 1980). Geist und Gesellschaft sind seines Erachtens in der Geschichte - in einem dynamischen Prozeß - verbunden. Diese Verbindung geht so weit, daß Mannheim die *generelle Seinsverbundenheit des menschlichen Denkens* behauptet. Das Bewußtsein läßt sich von der Befangenheit, die ihm durch seine soziale Verortung auferlegt ist, nicht gänzlich befreien. Herrschende Vorstellungen sind daher von der Zugehörigkeit zu Schichten, Klassen und Gruppen geprägt, ohne daß sich - wie bei Marx - eine ökonomistische Determination des Denkens behaupten ließe. Der Anspruch auf "reine" Wahrheit ist eine Selbsttäuschung, alle Aussagen sind von ideologischen Gehalten durchtränkt.- Auch wenn sich das Denken aus diesen sozial differenzierten Bedingtheiten nicht lösen kann, so läßt sich die Beeinflussung doch mildern; Mannheim plädiert für Selbstreflexion und behauptet, durch das Bewußtsein von der partikulären Geltung der jeweiligen Aussagen lasse sich jene Naivität aufbrechen, die das Denken von der Wirklichkeit noch weiter entfernt. Ideologiekritik ist daher eine wichtige Aufgabe, denn sie kann zumindest partiell die Verzerrung des Denkens überwinden. Besonders geeignet dafür, eine Einsicht in die soziale Bedingtheit der Ideen zu gewinnen, sind seines Erachtens die "freischwebenden Intellektuellen", welche die Chance haben, sich von den vorrangigen Gruppeninteressen zu distanzieren und den Blick auf das Ganze zu wahren. Sie können am ehesten zu einer "Kultursynthese" vorstoßen, sie kommen einer wohlabgewogenen "Zeitdiagnostik" noch am nächsten (vgl. Meja/Stehr 1982, Stark 1960, Stehr/Meja 1980).

Marxistische und kritische Theorie

In der klassischen marxistischen Perspektive ist die kulturelle Sphäre bedingt durch die Entwicklung des "Unterbaus", also der materiell-organisatorischen Gestaltung der Gesellschaft. Kultur ist Widerspiegelung der materiellen Basis, auch wenn - und dies ist theoretisch schwer einzuordnen - Wissen als Instrument im Klassenkampf (im Sinne eines parteilich-emanzipatorischen Wissens) eine Rolle spielen kann. Hier tritt wieder jene Schwierigkeit auf, die auch bei der Mannheimschen Theorie erwähnt wurde: Wie kann jedes Denken von materiellen und sozialen Bedingungen abhängig und interessenpolitisch verzerrt sein, nicht aber das Denken jener Intellektuellen, die eben dies konstatieren? Läßt sich demzufolge das Denken doch aus seiner Befangenheit lösen, und unter welchen Bedingungen ist dies der Fall? Wie kann Marx selbst, ein durchaus bürgerlicher Mensch, seine geistige Klassenzugehörigkeit überwinden? Grundsätzlich - so die marxistische Lehre - kann es erst in einer befreiten Gesellschaft zur Verbindung von Hand- und Kopfarbeit, zur Vereinigung der Sphären des Geistigen und des Materiellen und zur Schaffung einer "Universalkultur" durch das Proletariat kommen.

Jenes Thema, das die Frankfurter Schule entwickeln sollte, hat zunächst Georg Lukacs (1885-1971) angeschlagen: Anknüpfend an die deutsche Tradition der Gegenüberstellung von Kultur und Zivilisation attackierte er die Zerstörung der Kultur durch die Dynamik der kapitalistischen Marktproduktion. Herbert Marcuse (1898-1979), der über weite Strecken psychoanalytisch argumentiert, beschrieb die geistige und intellektuelle Welt als eine von der materiellen Zivilisation abgetrennte Sphäre. Die *affirmative Kultur* verspricht Freiheit und Glück, aber verlagert diese Ansprüche zugleich in die illusionäre Sphäre und stabilisiert dadurch den Status quo. Die bessere und wertvollere Welt wird zu einem Fluchtpunkt für die unterdrückten und leidenden Individuen, ohne daß sich die Veränderungskraft auf die äußere kapitalistische Welt richtet. Kultur ist unter diesen Bedingungen eine Art "Opium für das Volk".

Bei Theodor W. Adorno (1903-1969) und Max Horkheimer (1895-1973) wird der Vorwurf ähnlich formuliert. Die kapitalistische Gesellschaft hat eine bisher nie gekannte Leistungsfähigkeit der

Produktivkräfte entwickelt, und doch dient der Ertrag nicht der Mehrung des gesamtgesellschaftlichen Wohlstands, nicht der Freisetzung unterdrückter Wünsche und Bedürfnisse, sondern nur der Aufrechterhaltung der Privilegierung von Minderheiten. Die *Kulturindustrie* wird nicht beherrscht von den Interessen der schöpferischen Individuen, sondern von den Profitinteressen der Produktions- und Verteilungsmaschinerie. Deshalb ist sie einer antiaufklärerischen Haltung der Manipulation verpflichtet, sie ist ein ideologisches Instrument und verbreitet bürgerliche Leitbilder. Die Kultur verliert daher ihre innovativ-kritische Potenz, sie stagniert und beschränkt sich auf affirmative Klischees. Die *Massenkultur* ist nur noch bewahrend. Sie wird zum Massenbetrug und führt zur *kulturellen Verelendung*. Hochkultur wird durch Trivialkultur verdrängt.

Psychoanalytische Theorie

Sigmund Freud hat sich weniger mit den gesellschaftlichen Makrostrukturen beschäftigt - wie die Theoretiker der marxistischen Tradition -, sondern die psychischen Quellen der Kulturentstehung erforscht. Kultur entsteht aus dem Versuch der Menschen, sich gegen die Natur zu schützen und ihre wechselseitigen Beziehungen zu regeln. Die kulturellen Errungenschaften vermitteln den Menschen fraglos Nutzen, aber sie haben auch ihren Preis. Freuds Trieblehre stellt das *Lustprinzip* dem *Realitätsprinzip* gegenüber; er nimmt damit den klassischen Konflikt von "Herz" und "Kopf" auf. Die Kultur entlastet von Bedrohungen und Zwängen, denn die technischen Fortschritte machen das Leben angenehmer; aber zugleich erfordert der Prozeß individuelle und kollektive Selbstdisziplinierung. Triebverzicht ist die Vorbedingung für die kulturellen Leistungen. Statt eines kurzfristigen Lustgewinns ist der Mensch auf kompensatorische Ersatzhandlungen verwiesen, und eben diese produzieren "Kultur". Historisch überschreitet die kulturelle Entwicklung die Schwelle zur Eigendynamik; in einem kumulativen Prozeß verfeinert sich die Bedürfnisstruktur, die sexuellen Freiräume werden abgebaut, die Triebe vollständig kanalisiert, das Über-Ich wird als Hüter installiert. Das "Unbehagen in der Kultur" wird spürbar (vgl. Freud 1927, 1930).

Die strukturalistische Theorie

Claude Lévi-Strauss (1908-) macht sich zum Anwalt der primitiven Kulturen; der Umstand, daß sie nur über einfache Lebenstechniken verfügen, bedeutet nicht, daß sie einen naiven geistigen Zugang zur Welt besitzen. Vielmehr sind ihre Denksysteme ebenso komplex wie die der modernen Zivilisation. Dies ist der Ausgangspunkt für den französischen Anthropologen, die strukturellen Hintergründe unterschiedlicher Kulturen - beginnend mit den Verwandtschaftssystemen - zu analysieren.

Beobachtbare Kulturerscheinungen werden durch den Nachweis formaler Strukturen, die den Individuen gar nicht bewußt sind, erklärt. Zunächst hat Lévi-Strauss diese Strukturen in Verwandtschaftsbeziehungen gesucht, dann in den allgemeinen Sprach- und Denkstrukturen. Soziale Phänomene können seines Erachtens als solche gar nicht interpretiert werden, sondern erhalten ihre Bedeutung erst als Elemente eines strukturierten Systems. Die wissenschaftliche Analyse richtet sich vor allem auf die Relationen zwischen den Elementen, nicht so sehr auf die Elemente selbst. Der Modellfall hiefür ist die *Sprache*, bei der die bewußten Spracherscheinungen von der unbewußten Infrastruktur, dem syntaktischen System, zu unterscheiden sind, und in analoger Weise gilt dies für soziale Phänomene. So hat man es auch bei der Analyse von Verwandtschaftssystemen einerseits mit beobachtbaren Verhaltensweisen zu tun, andererseits aber mit einem System von sprachlichen Bedeutungselementen: einem Haltungssystem (système des attitudes) und einem Benennungssystem (système des appellations), und diese beiden Systeme müssen einander nicht vollständig entsprechen. Verwandtschaft kann daher als System von (sprachlichen) Symbolen erforscht werden. "Ein Verwandtschaftssystem besteht nicht aus den objektiven Bindungen der Abstammung oder der Blutsverwandtschaft zwischen den Individuen; es besteht nur im Bewußtsein der Menschen, es ist ein willkürliches System von Vorstellungen, nicht die spontane Entwicklung einer faktischen Situation." (Lévi-Strauss 1971, 66). Das läßt sich verallgemeinern: Es gibt gewisse Entsprechungen zwischen den Sprachstrukturen und den Sozialstrukturen verschiedener Gesellschaften. Der Aufbau der Gesellschaft wird von ihren Kommunikationsregeln her gedeutet (vgl. 1968, 1971, 1981).

4. Kultur und Wertsystem - Kontinuität und Veränderung

Zentrale Bestandteile der Kultur einer Gesellschaft sind Werte. *Wertungen* sind "Prozesse der sinnhaften Prioritätenbildung innerhalb eines aufgefächerten, gewichtungsbedürftigen Panoramas von Denkwegen, Gefühlsstimmungen und Handlungschancen" (Thurn 1981, 28). Sie können sich zu Werten verfestigen, und diese haben dann im Bedeutungssystem des einzelnen ihren Platz, können bei Bedarf abgerufen und verwendet werden, und sie können auch als Grundlage zwischenmenschlichen Verstehens und Handelns dienen. *Werte* sind Objekte und Zustände, die Menschen in einer Gesellschaft für wünschenswert und erstrebenswert halten. Verschiedene Gesellschaften halten sich an unterschiedliche Werte; die Werte wandeln sich; sie sind mit anderen Elementen des gesellschaftlichen Systems verknüpft.

Werte werden oft mit positiven Beiklängen versehen, etwa in der Art, daß man sie mit einer "geistigen Komponente" des Menschen gleichsetzt, während die Durchbrechung dieser Werte der biologischen oder animalischen Natur zugeschrieben wird. Das führt ebenso in die Irre wie der Versuch, Werte der "gesellschaftlichen" Sphäre zuzuweisen, während ihnen "individuelle Strebungen" beim Einzelmenschen entgegenstehen (vgl. Reichardt 1979, 28). Aber die allgemeine und neutrale Definition von Wertungen und Werten, wie sie oben vorgebracht wurde, wirft andere Probleme auf, mit denen die Wertforschung - und generell: die empirische Sozialforschung - zu kämpfen hat.

Kritische Betrachtung von Wertanalysen

Die wichtigsten dieser Schwierigkeiten seien kurz angedeutet. Erstens ist es schwierig, *Bedürfnisse, Einstellungen und Werte* zu unterscheiden. Jene Güter, die den Bedürfnissen besser entsprechen, werden höher geschätzt. An die menschlichen Bedürfnisse knüpft ein Schema an, das Abraham Maslow (1981, bes. Kap.4) in seinem Buch über "Motivation and Personality" dargelegt hat. Seine positive Theorie der Motivation unterscheidet zwischen niedrigeren und höheren Bedürfnissen, wobei die höheren erst dann stärker zum Tragen kommen, wenn die niedrigeren einigermaßen befriedigt sind. Die Hauptmotivationen sind zunächst die *physiologischen Bedürfnisse*, wie Essen, Trinken, Atmen, Schlafen; wenn es daran mangelt, verdrängen sie alle anderen Bestrebungen. Ist hiefür gesorgt, tauchen die *Sicherheitsbedürfnisse* auf, wie Geborgenheit, Stabilität, Angstfreiheit, Bedürfnis nach Struktur, Ordnung und Gesetz. Die nächsthöhere Ebene umfaßt dann *Bedürfnisse nach Zugehörigkeit und Liebe*, d.h. das Verlangen nach Kontakt, Intimität und Zuneigung, oder umgekehrt die Angst vor Einsamkeit, Entfremdung, Verlassenheit und Fremdheit. Es folgen die *Selbstachtungsbedürfnisse*, also das Verlangen nach eigener Stärke, Leistung und Kompetenz, nach Prestige und Status, nach Ruhm, Anerkennung, Würde und Aufmerksamkeit. Schließlich stoßen wir auf die *Selbstverwirklichungsbedürfnisse*: Sie beziehen sich auf die Aktualisierung dessen, was die Individuen an Fähigkeiten besitzen. Auf dem obersten Niveau stehen die *intellektuellen und ästhetischen Bedürfnisse*.- Die höheren Bedürfnisse sind nach Maslow spätere phylogenetische und ontogenetische Entwicklungen, sie treten also in der Entwicklung der menschlichen Rasse sowie jener des Individuums später auf, und sie sind weniger zwingend, leichter aufschiebbar und subjektiv weniger dringlich. Maslow hat auch zugestanden, daß diese Bedürfnisse nicht im Sinne einer strengen Reihung zu verstehen sind und daß sie einander auch überlagern können. Seine Behauptung, daß dieses Schema es ermöglicht, Werte vermittels einer nüchternen psychologischen Analyse bestimmen zu können, dürfte allerdings wohl übertrieben sein. Denn nicht alle Werte lassen sich mit solchen Bedürfnissen verbinden. Es gibt sicher Werte, die sich aus einsichtigen Bedürfnissen ableiten lassen, aber auch Bedürfnisse, die deshalb entstehen, weil bestimmte Güter in einer Gesellschaft als wertvoll angesehen werden: Der materielle Wert eines Objekts mag erst "Bedürfnisse" - Kaufverlangen - wachrufen. Zudem kann ein bestimmtes Bedürfnis durch verschiedene Wertobjekte befriedigt werden, und ein bestimmter Wert mag auch zur Befriedigung verschiedener Bedürfnisse dienlich sein. Das Bedürfnis nach der physiologisch erforderlichen Nahrungsaufnahme mag durch ein gemütliches Essen zu Hause, durch ein "fast food" auf der Straße oder durch ein Diner im Luxusrestaurant befriedigt werden; ja dieses Bedürfnis mag sogar gewissen ästhetischen und sozialen Bedürfnissen hintangestellt werden - man entscheidet sich für eine Abmagerungskur oder fastet als Ausdruck eines politischen Protests. Schließlich ist nicht jede konkrete Handlungsentscheidung Ausfluß von Wertungen, sondern möglicherweise bloß von Einstellungen. Diese sind vordergründiger als Werte, sie sind situationsbezogen, es kommen subjektive und objektive Momente zusammen: Die Einstellung zum Essen mag schwanken, je nachdem, ob jemand zwei Tage gehungert oder gerade ein ausgiebiges Mittagsmahl hinter sich gebracht hat. Es wäre wohl nicht angebracht, in einem solchen Fall von "Wertwandel" zu sprechen. Werte sind dauerhaftere Prägungen. (In der Sozialpsychologie werden auch Einstellungen - attitudes - als stabile Dispositionen von Individuen betrachtet; vgl. etwa Berger 1974).

Zweitens gilt es, zwischen einer *Wert-* und einer *Situationsanalyse* zu unterscheiden. Wenn in den Fragebögen der Umfrageforscher abgefragt wird, wie die Individuen aus ihrer Sicht öffentliche Aufgaben wie Umweltschutz, Kriminalitätsbekämpfung, Demokratisierung und dergleichen reihen, so ist durchaus denkbar, daß ein Befragter die "Kriminalitätsbekämpfung" weit hinten reiht, weil in der Gesellschaft, in der er lebt, delinquentes Verhalten kein großes Problem darstellt. Wohl schätzt er die Sicherheit auf den Straßen als Wert gleich hoch ein wie ein Einwohner von Chicago, der darin eine wichtige politische Aufgabe erkennen mag; aber da sich das Problem nicht dringlich stellt, hält er ein verstärktes Einschreiten dagegen mit Recht für unwichtig. Wenn eine Antwort anders ausfällt, spiegelt dies nicht unbedingt eine Veränderung der "Innenausstattung" der Menschen wider; es können sich auch die äußeren Verhältnisse geändert haben.

Drittens ist auch die *innere Systematik der Werte* ungeklärt. Manche Theoretiker arbeiten fünf zentrale Grundorientierungen heraus, andere ein paar Dutzend, dritte noch mehr; manche betrachten gar jedes als "wertvoll" eingeschätzte materielle oder immaterielle Gut als "Wert". Dies hat Folgen für die Existenz oder Nichtexistenz eines Wertwandels. Wenn man hoch aggregiert, so wird man kaum jemals einen Wertwandel feststellen können; wenn man eine größere Zahl von

Werten zuläßt, wird öfters ein "Wertwandel" stattfinden. Wenn man als Wert "gesicherte und schmackhafte Nahrungsaufnahme" unterstellt, hat sich zweifelsohne in den letzten Jahrzehnten weniger geändert, als wenn man über die Vorliebe für "Pizza" und "Schweinebraten" redet. Wenn man in der Werthierarchie noch höher steigt und problemlose Nahrungsaufnahme nur als ein Element des "Lebensglücks" versteht, also "Lebensglück" als Wert begreift, der nur mit verschiedenen Mitteln angestrebt wird, dann hat sich während der letzten Jahrhunderte vermutlich nicht viel geändert. Die Auswahl der Wertebene ist aber eine Frage der sozialwissenschaftlichen Zweckmäßigkeit und nicht eine der anthropologischen Konstitution des Menschen.

Viertens ist auch die *Handlungsrelevanz der Werte* ungeklärt. Jeder Befragte ist durchaus willens, sein Interesse für ein bestimmtes Anliegen zu bekunden, schreckt aber vor einem näheren Engagement zugunsten eines von ihm favorisierten Wertes zurück, wird ihm angesonnen, selbst in diesem Sinne aktiv zu werden. Jeder Befragte tut sich leicht, zu bekunden, daß er tolerant ist und für Redefreiheit eintritt; aber das bedeutet noch lange nicht, daß er sich in einem konkreten Falle wirklich dafür einsetzt. Selbst durch handlungsnahe Fragestellungen läßt sich diese Kluft zwischen unverbindlichen Bekundungen und "wirklichen" Anliegen nicht ganz überbrücken.

Theorien des Wertwandels

In den fortgeschrittenen westlichen Ländern wird heute ein rascher Wertwandel konstatiert. Es gibt unterschiedliche Varianten solcher "Werttheorien" (vgl. Wiswede 1985). Zunächst wäre (1) die These eines *generellen Wertverfalls* zu nennen, die in eine kulturpessimistische Zukunftserwartung eingebettet ist; ihr zufolge verliert sich die Bindungskraft jener Werte, die die Gesellschaft zusammenhalten, und eine allgemeine Anomie macht sich breit. Einflußreich ist (2) die These einer *Wertkonvergenz*, d.h. einer Nivellierung von Werthaltungen und Lebensstilen innerhalb von Gesellschaften (d.h. zwischen den sozialen Schichten); diese Angleichung wird durch den allgemeinen Wohlstand in den Industrieländern bewirkt, aber auch durch den Einfluß der Massenmedien, die dazu beitragen, daß sich Kleidung, Verhalten, Gewohnheiten der Menschen und dergleichen annähern. Diese Konvergenzthese wird aber auch interkulturell vertreten, als These von der weltweiten Ausbreitung des okzidentalen Lebensstils, als Entwicklung zu einer Welteinheitskultur, sogar in den weniger entwickelten Ländern. (3) Solche Konvergenzbehauptungen gehen allerdings mit dem Eingeständnis einher, daß es innerhalb dieser Einheitlichkeit von Schichten und Völkern einen verstärkten *Wertpluralismus* gebe, also eine zunehmende Unterschiedlichkeit von Wertauffassungen im Rahmen dieser nivellierten Rahmenbedingungen. Weiters wird (4) von der umfassenden Tendenz einer *Rationalisierung* gesellschaftlicher Strukturen gesprochen, einer zunehmenden Rechenhaftigkeit in allen Lebensbereichen; und gegen diese Kühle der rationalen Kalkulation treten *irrationale Gegenströmungen* auf, die sich dagegen zu wehren versuchen, indem sie entweder alte romantische Gesellschaftsbilder beleben oder diese in eine zukünftige Welt zu transponieren trachten. (5) Vor allem bei den nachrückenden Generationen wird von manchen Gesellschaftsanalytikern eine verstärkte *Gegenwartsorientierung* verzeichnet, eine Hedonisierung des Verhaltens, d.h. die Suche nach Spontaneität, rascher Triebbefriedigung, Lustgewinn. Hand in Hand damit geht die Feststellung, daß das puritanische Ethos verfällt, daß die Freizeitorientierung zunimmt und Privatisierungstendenzen stärker werden. (6) Zusammen mit einem Verlust des (technischen) Fortschrittsglaubens wird auch eine Tendenz zum *Postmaterialismus* beobachtet; darauf kommen wir noch zu sprechen.- Diese Theorien können freilich nicht alle im Detail erörtert werden; wir beschränken uns auf die Skizzierung einiger bekannter Modelle.

Die einsame Masse und das Marketing-Ich

Zu den klassischen Studien über einen Wertwandel in modernen Gesellschaften gehört etwa David Riesmans "The Lonely Crowd" (1950). Im Verlauf der gesellschaftlichen Entwicklung, so meint er, werden jeweils jene Persönlichkeitstypen ausgebildet, die in das gesellschaftliche Ganze passen. In einfacheren Gesellschaftsformationen herrschen daher *traditionsgeleitete Individuen* vor, die nach den bewährten überkommenen Mustern handeln. Sich industrialisierende Gesellschaften, die von hoher sozialer Mobilität und raschem Wandel gekennzeichnet sind, benötigen *innen-geleitete Typen*, bei denen die Steuerungskräfte des individuellen Handelns durch Sozialisation verinnerlicht sind; für sich wandelnde Situationen, die ein festgelegter Kodex von Regeln - wie dies in der traditionalen Gesellschaft noch der Fall ist - nicht im voraus umfassen kann, ist die äußerliche Verhaltenskonformität unzureichend, man benötigt eine "eingebaute flexible Steuerung", einen "seelischen Kreiselkompaß". Man muß zwar wissen, wohin man will, man muß sich aber wechselnden Umständen anpassen können, um dieses Ziel zu erreichen. Der neue, sich in der Wohlstands-, Dienstleistungs-, Konsum- und Massenkommunikationsgesellschaft herausbildende Typus ist jedoch der *außen-geleitete Mensch*, der alle modischen und wechselhaften Strömungen - wie ein "Radar" - aufnimmt und sich nach den jeweiligen Signalen richtet; sein Verhalten wird durch die Zeitgenossen gesteuert, es gibt viele Sender und häufigen Programmwechsel. Erfolg, Beliebtheit, bessere Anpassung an die anderen zählen, es lockern sich die alten Formen der Disziplin, bedeutsam werden die Zeitgenossen, die peer groups, Schulkollegen und Massenmedien. Das Individuum besitzt gar keine

"Innensteuerung" mehr, keine "eingebauten" Werte oder Orientierungsinstrumente, es richtet sich vielmehr völlig nach den äußeren Anstößen und Einflüssen.

Ganz ähnlich hat Erich Fromm (1979) den "vermarktlichten" Menschen der modernen Welt beschrieben, der immer mehr zu einer Ware auf dem "Persönlichkeitsmarkt" wird. Er weiß, daß sich in einer kapitalistischen Welt sein Wert nach seinem "Tauschwert" richtet, und sein Selbstgefühl wird zunehmend von seinem "Verkaufserfolg" abhängig. Er präsentiert sich so, daß er "ankommt", ohne weitere Gefühle damit zu verbinden. Er hat kein *Ich* mehr, nur noch ein *Marketing-Ich.*

Das Unbehagen in der Modernität

Peter Berger, Brigitte Berger sowie Hansfried Kellner (1975) haben ein starkes "Unbehagen" konstatiert, von dem die Menschen in der Industriegesellschaft erfaßt sind. Es führt zu Gegenbewegungen gegen die Modernität, zu denen sie auch die Jugendkultur der sechziger und frühen siebziger Jahre rechnen. Die technologische Produktion und der bürokratisch organisierte Staat zeichnen sich durch funktionelle Rationalität, durch Machbarkeit, durch Komponentialität - also eine künstliche Zerlegung der Wirklichkeit -, durch eine Multirelationalität - eine flexible Anpassungsbereitschaft an die verschiedensten äußeren Verhältnisse -, und insgesamt durch eine pluralisierte und segmentierte Lebenswelt aus. Das Individuum wird aus überkommenen Banden "befreit", jedoch um den Preis ständiger Spannungen und Ängste, Anomiedrohungen und Entfremdungserfahrungen. Dies führt zu den entsprechendenGegenreaktionen.EntmodernisierendeGegenströmungen beziehen ihre Utopien aus vorindustriellen Mustern, Mythen und Strukturen; sie betonen Gefühl und Ekstase, Spontaneität und Natürlichkeit, Entrationalisierung und kollektive Hingabe, Ganzheit und Gegenwart, Tiefe und Passivität. Solche modernisierungsfeindlichen Rückgriffe werden sich daher von Zeit zu Zeit an irgendwelchen Ereignissen entzünden, die sich zum Protest eignen. Freilich wird ihnen der Erfolg versagt bleiben, am Lauf der Dinge etwas zu ändern. Denn gerade ihre "postmaterialistischen" Orientierungen, so vermuten die Autoren, schwächen ihre eigene Stellung und Durchsetzungskraft; sie scheitern nicht nur mit ihren Protesten, sondern können sich auch in der Elite nicht behaupten. Ihre Existenz führt vielmehr zur verstärkten Aufwärtsmobilität aus den unteren Schichten und fördert auf diese Weise indirekt die Lebenskraft jener modernen Strukturen, gegen die sich ihre Auflehnung ursprünglich richtete. Ist diese Vermutung richtig, läßt sich der Trend der Moderne nicht umkehren. Rückschläge mögen den Verlauf hemmen und drastische Maßnahmen erforderlich machen, die Entwicklungen aber schreiten unbeirrbar voran.

Der Postmaterialismus

In den 70er und 80er Jahren sind große Anstrengungen unternommen worden, einen "Wertwandel" in den Industriegesellschaften empirisch zu erhärten. Den Anspruch auf die demoskopische Stützung seiner Feststellung, daß wir eine *silent revolution* erlebt haben, erhebt etwa Ronald Inglehart (1977). "Hinter den politischen Aktivitäten der sechziger Jahre und des vergleichsweisen Stillstands der siebziger Jahre hat eine stille Revolution stattgefunden, die die Infrastruktur des politischen Lebens in den westlichen Gesellschaften verändert", meint Inglehart. "Die Werte der westlichen Gesellschaften scheinen sich von einer beinahe ausschließlichen Betonung der materiellen und physischen Sicherheit in Richtung auf eine höhere Bewertung von immateriellen Aspekten des Lebens verlagert zu haben, wobei Themen wie Lebensqualität eine größere Bedeutung gewinnen und die Entwicklung eines weniger parochialen, mehr kosmopolitischen Gefühls von politischer Identität begünstigt wird." (Inglehart 1979, 297). Zu den *materialistischen Werten* zählt Inglehart die folgenden, in empirischen Untersuchungen verwendeten Stichworte: Aufrechterhaltung der Ordnung; stabile Wirtschaft, Verbrechensbekämpfung; Wirtschaftswachstum; starke Verteidigungskräfte; Kampf gegen Inflation. Zu den *postmaterialistischen Werten* gehören seiner Zuordnung nach: mehr Mitbestimmung am Arbeitsplatz; weniger unpersönliche Gesellschaft; Ideen zählen mehr als Geld; mehr politische Mitbestimmung; freie Rede (vgl. auch Rokeach 1973).

Die theoretische Untermauerung eines solchen Wandels beruht nach Inglehart auf zwei Hypothesen. "Die Mangelhypothese lautet: Prioritäten eines Individuums reflektieren seine sozioökonomische Umwelt. Man schätzt jene Dinge subjektiv am höchsten ein, die verhältnismäßig knapp sind." Dazu kommt die Sozialisationshypothese: "Das Verhältnis zwischen sozioökonomischer Umwelt und Wertprioritäten ist nicht eines der unmittelbaren Anpassung. Eine beträchtliche zeitliche Verzögerung spielt hierbei eine Rolle, da die Grundwerte einer Person zum größten Teil jene Bedingungen reflektieren, die während der Jugendzeit vorherrschten." (1979, 280).- Inglehart nimmt also an, daß die geäußerte Werthierarchie keine aktuellen oder situationsspezifischen Wertungen, sondern relativ dauerhafte Wertorientierungen ausdrückt; er impliziert damit auch, daß solche Präferenzen über wechselhafte Situationen durchgehalten werden. Denn nur in einer bestimmten Phase der Sozialisation, der "formativen Periode", werden jene Werte geprägt, die dann ein Leben lang eher stabil bleiben; dies besagt nicht, daß weitere "normative Lernprozesse" ausgeschlossen werden, wohl aber, daß die Veränderungswahrscheinlichkeit der Wertauffassungen eines Individuums sinkt. Mit fortschreitendem Alter werden Werte immer langsamer geändert.

Das heißt: Die materialistisch-puritanische, leistungs- und einkommensbezogene Haltung der Nachkriegsgeneration wird durch eine

Orientierung abgelöst, in der Persönlichkeitsentfaltung, Umweltschutz, Kommunikation und andere postmaterialistische Präferenzen dominieren. Statt einer technokratischen Vision wird eine kommunikative, statt einer formalpolitischen eine partizipative, statt einer wirtschaftsorientierten eine ökologische, statt einer rationalistischen eine humanitäre Vision verkündet. Die industrielle Revolution entläßt ihre Kinder; die Kinder der Wohlstandsgesellschaft träumen nicht mehr vom Wohlstand, den sie ohnehin besitzen. Ihre Träume weisen auf jene sozialen Defizite hin, mit denen der Wohlstand erkauft wurde.

Nun lassen sich allerdings einige Einwände gegen die Behauptung, daß sich ein postmaterialistischer Wertwandel vollzogen habe, vorbringen. Auch wenn Wertveränderungen stattgefunden haben, ist ihre stichhältige empirische Erfassung mit großen Schwierigkeiten verbunden. Erstens ist der Wertwandel von der Systematik und Strukturierung von Werthierarchien abhängig. Weiters dürften die *veränderten Lebensumstände* dazu verleiten, den Wertwandel zu überschätzen. Wenn die Menschen anders handeln, muß das nicht darauf beruhen, daß sie anderes wollen. In einer Gesellschaft, die vermeintlich über unbegrenzte und gefahrlose Ressourcen verfügt, wäre es irrational, auf Sparsamkeit und Schonung von Umwelt und Energiebeständen zu achten. Erst wenn wahrgenommen wird, daß auch in diesen Bereichen Knappheiten und Engpässe vorliegen, erfährt die saubere Umwelt größere Beachtung. Aber dies hängt nicht unbedingt mit einer veränderten psychischen Disposition der Menschen zusammen.- Zweitens handelt es sich oft um *Wertakkumulation*, wo vermeintlich Wertwandel beobachtet wird (vgl. Neuhold 1988). Die materiellen Ansprüche werden ja nicht wirklich zurückgesteckt. Die materiellen Wünsche werden durch immaterielle angereichert, weil dies in einer reichen Gesellschaft möglich ist. Es werden eben nicht nur ausreichende Wohnungen verlangt, sondern diese größer, ästhetischer und in guter Lage. Man kann das, muß es aber nicht als Wertwandel bezeichnen.- Drittens überlagern sich *verschiedene Wertebenen*, die sich in unterschiedlicher Weise und mit unterschiedlicher Geschwindigkeit ändern. Es gibt nicht "den" Wertwandel: Bestimmte Vorstellungsfelder weisen Kontinuität auf, während andere sich deutlich verändern. So haben sich die ökonomischen Vorstellungen der jüngeren Protestgeneration seit der Studentenbewegung der 60er Jahre deutlich verändert, die politische Vorstellungswelt nur teilweise, und bei den lebensweltlichen Vorstellungen - Gemeinschaftsorientierung,Kommunikation,Lebensglück,Selbstbestimmung, Persönlichkeitsentfaltung, Überschaubarkeit, Heimat, Handwerk, Lebensqualität, sexuelle Freizügigkeit, Spontaneität, Ganzheit u. dgl. - läßt sich eine gewisse Kontinuität verzeichnen. In dieselbe Richtung geht auch der Einwand, daß es ja auch "die" Jugend mit einer einheitlichen Wertvorstellung gar nicht gibt. Es existieren heterogene Wertbestände in verschiedenen sozialen Gruppen: Da gibt es aktiven

Terrorismus und urbanen Vandalismus, aber auch die "Blumenkinder" der 60er oder die Aussteiger der 70er und 80er Jahre. Da gibt es eine "studentische" Protestkultur und ökotechnokratische Protagonisten einer "grünen" Politik, daneben aber auch Bohème-Lebenstile in Wohngemeinschaften und alternative Subkulturen. Und es gibt "Popper", Konsumgierige und Karrierewütige, aber auch konventionell privatistisch und familialistisch Orientierte (vgl. andere Typologien bei Klages 1981, Klages/ Herbert 1983).

5. Zur kulturellen Befindlichkeit der modernen Industriegesellschaft

Im Rückblick lassen sich Strömungen des "Zeitgeistes" meist leichter ausmachen, als dies bei einem Rundblick durch jene Gesellschaft, in welcher die Betrachter selbst leben, der Fall ist. Der Vorteil, Zeitgenosse und damit hautnah an den Geschehnissen zu sein, wird aufgehoben durch den Umstand, daß er selbst im Strom der Ereignisse schwimmt und sich schwer tut, einen distanzierten Überblick zu gewinnen. So gibt es denn auch unterschiedliche Auffassungen darüber, was die entscheidenden Kennzeichen der Kultur der Gegenwart sind. Einige theoretische Modelle wurden bereits erwähnt; hier sollen in aller Kürze jene Elemente herausgearbeitet werden, die manche Gesellschaftsanalytiker - mit kulturpessimistischen Neigungen - heute zu beobachten glauben (vgl. z.B. Berger /Berger/ Kellner 1975, Thurn 1981, Tenbruck 1989, Lübbe 1989).

Erstens herrscht weitgehende Einigkeit darüber, daß sich die Menschen der Industriegesellschaft in einer *pluralisierten Lebenswelt* befinden. Im Laufe der Geschichte haben die Individuen in mehr oder minder einheitlichen Lebenswelten gelebt, die meist von einem hohen Integrationsgrad gekennzeichnet waren. Wohl gab es soziale Unterschiede, aber die einzelnen Lebenskreise waren in ein umgreifendes symbolisches Universum eingebettet. Es gab einen Bestand an Traditionen, die einzelne Wirklichkeitsbilder integriert und das Ensemble der Institutionen dem einzelnen als Ganzes dargeboten haben. Heute ist die Gesellschaft in unterschiedliche Erfahrungswelten und Bedeutungsstrukturen aufgesplittert. Der öffentliche und der private Bereich sind geschieden, eigene, füreinander unverständliche Berufswelten haben sich etabliert, die Kinder- und Jugendwelt hat sich von der Erwachsenenwelt abgesondert. Die Pluralisierung dringt selbst in die primäre Sozialisation ein, wo die Kinder kaum noch unhinterfragte und erst später relativierte "Heimatwelten" vermittelt bekommen; sie ist auch Bestandteil der sekundären Sozialisation, deren wesentlichstes Kennzeichen es wird, mit verschiedenen Sinnwelten bekanntzumachen und über "offene" Lebenslaufbahnen zu informieren. Die Familie wird zur Instanz der Lebensplanung, zu jener Stelle, an der es gilt, vielfältige Abläufe - Beruf, Hausbau, Kinder - zu synchronisieren. Die einzelnen Welten, deren Segmentierung gefördert wird durch das städtische Leben und durch die Massenkommunikationsmittel, sind nur noch locker zusammengefügt, sie finden sich zu einer instabilen, oft widersprüchlichen Wirklichkeitsdefinition zusammen. Es wird zunehmend schwieriger, zu Gewißheiten irgendwelcher Art zu gelangen, ja auch nur ein einigermaßen stimmiges Bild von der Wirklichkeit zu gewinnen (vgl. auch die Diskussion über die Postmoderne, etwa Welsch 1987, 1988).

Zweitens werden *Individualisierungs- und Vermassungsprozesse* zu gleicher Zeit konstatiert. Die Suche nach dem "persönlichen Lebensstil" wird komplizierter: Auf der einen Seite geht es um das Mitmachen, um das Akzeptiertwerden, darum, so zu sein wie die anderen; das funktioniert oft auch über Außenreize ohne Tiefgang, über Accessoires, über Modeströmungen und das entsprechende Selbstverständnis. Auf der anderen Seite gilt es zu gleicher Zeit, anders zu sein als die anderen, Unverwechselbarkeit zum Ausdruck zu bringen; und doch ist man auch dabei wieder auf das Massenangebot vorverfertigter Güter verwiesen. Die Bilder, über die man zum Identitätsaufbau verfügen kann, werden in Vielzahl angeboten: Man kann sich als karrieremachender Yuppie definieren, als Mitglied einer bürgerlich-wohlgeordneten Familie, als progressiv-kritischer und politisch engagierter Kämpfer, als Verfechter eines "alternativen" Lebens, und so fort - wiederum in jedem Falle mit entsprechenden Accessoires, Wohnung, Kleidung, Benehmen und dergleichen (vgl. Horx 1987).- Abgesehen von diesen Teilkulturen läßt sich aber auch ein Übergang von einer klassengegliederten Kultur zu einer Massenkultur feststellen. Die Eigenart aller herkömmlichen "Teilkulturen" schwindet, dies gilt nicht nur für die "Hochkultur", die Teil privilegierender kultureller Rituale der Oberschicht war, sondern auch für Handwerker-, Bauern- und Arbeiterkulturen, die der Erosion preisgegeben sind. Es ist ein Trend zur Vereinheitlichung sichtbar, der im wesentlichen auf der industriellen Reproduktion und Verbreitung entsprechender Leitbilder und Waren beruht. Kulturelle Gruppierungen finden sich leichter zusammen, dazu bedarf es nur entsprechender Signale; sie sind aber auch weniger haltbar, allein schon wegen des starken Bedürfnisses nach Einmaligkeit und Unverwechselbarkeit des einzelnen.

Drittens schafft eine derartige Gesellschaft *Identitätsprobleme*. Die Strukturen der Welt werden unverläßlich, die Welt erscheint nicht mehr festgefügt und stabil. Jede erlebte Welt wird relativiert. So ist das Individuum erst recht zurückgeworfen auf sich selbst; Subjektivität wird wichtiger, der Halt wird in sich selbst gesucht, man trachtet nach Entfaltung der Persönlichkeit, sucht die "Tiefe" in der eigenen Seele. In einer solchen Welt werden individuelle Rechte wichtiger, Autonomie und Freiheit werden eingefordert. Das Leben soll "gestaltet" werden, und diese Forderung wird durch verschiedene Ideologien legitimiert. Das Leben wird unruhiger, innovativer, aktiver

- im Gegensatz zu einem reflexiven Bild ländlicher Geruhsamkeit, das gleichwohl als Ideal durch die Gemüter geistert. Diese Dynamik fordert auch dauernde Entscheidungen, macht rationales Gestalten unerläßlich, und dieses gerät dennoch in die permanente Überforderung. Die offene Lebensplanung, die Idee, daß man sich einen Lebenslauf "aussuchen" könne, ist ja eine Besonderheit der modernen Gesellschaft. Zugleich aber wird damit eine Aufgabe gestellt, mit der viele nur schwer fertig werden, denn dieser Lebensverlauf ist die primäre Quelle der Identität, der Art und Weise, wie die Person sich selbst sieht. Das erfordert ein Denken in langen Zeitspannen, ein Planen auf lange Sicht; doch genau dies wird in einer dynamischen Gesellschaft immer schwieriger. So wird nach der Hilfe von Experten gesucht, von Psychologen und Psychiatern, von Ehe- und Familienberatern, und die einschlägige Literatur schwillt an.

Viertens steigt die *Komplexität des Lebens*. Die Lebensbereiche expandieren ständig, stets tun sich neue Möglichkeiten auf, die zugleich immer unüberschaubarer und undurchschaubarer werden. Das Angebot der modernen Gesellschaft ist dynamisch: Modewellen, technische Geräte, kulturelle Trends, politische Slogans - eine Welle jagt die andere. Die Expansion der Technik führt zu einem Abbau an Anschaulichkeit, Unmittelbarkeit und Zugänglichkeit (vgl. Gehlen 1957). Da sich die Wahrnehmungs- und Handlungsbereiche ausweiten, die anthropologischen, psychischen und physischen Begrenzungen des Menschen jedoch unüberwindlich sind, werden die Selektionsmechanismen wichtiger, ja überlebenswichtig: zum Zwecke der Selbsterhaltung in einer vom Angebot her überschießenden Kultur. Die Selektion wird zugleich schwieriger, da es der erforderlichen Information ermangelt; schon bei den Gütern können Qualität und Gebrauchswert kaum noch eingeschätzt werden. Daher erhalten die Entscheidungen ein höheres Maß an Beliebigkeit, oft werden sie nach zufälligen und unwichtigen Merkmalen getroffen. Es entstehen sekundäre Selektionsformen: Das weite Feld der politischen Entscheidungen ist unübersehbar, die Entscheidung über politische Leistungen wird durch das Vertrauen in Personen ersetzt; nicht die Zahnpasta mit dem höchsten Gebrauchswert wird gekauft, sondern jene, die im Werbefernsehen Aufmerksamkeit zu erwecken vermochte; für die Zigarette ist weniger das Aroma als der suggerierte Status und die mit dem Markennamen gekoppelte "Natürlichkeit" entscheidend - die Selektion verschiebt sich in soziale, ästhetische, zufällige Dimensionen.- Es entstehen simplifizierte Wirklichkeitsbilder, als Gegenstück zur überbordenden Komplexität. Entferntere oder als unwichtig erachtete Komponenten und Felder werden ausgeschlossen, sie verschwinden. Damit allein gelingt es, eine verstehbare Lebensführung zu gewährleisten, die sich allerdings zugleich in einer eigentlich unverstandenen Wirklichkeit abspielt. Einfache Methoden, in dieser Welt Sinn herzustellen und Konsens mit anderen zu erzeugen, werden angewendet: das Reden über Sport, Autos und Fernsehen. Andere Symbolwelten sind weniger zugänglich, und sie werden den Experten überlassen.

Fünftens wird die *Privatsphäre* zu einer Art Ausgleichsmechanismus für die überlastende gesellschaftliche Rationalität und Komplexität. Sie stellt Sinngehalte bereit, sie erfordert sinnvolle Tätigkeiten, sie kompensiert die Unzufriedenheit mit den Großstrukturen der modernen Gesellschaft. Hier dürfen irrationale Impulse hervortreten, hier besteht Schutz vor der Anonymität, es gibt eine beschränkte Anzahl von Beziehungen, Vereine, Religion und andere Institutionen dieser Sphäre stützen das Verhalten. Dennoch herrschen auch hier enorme Wahlmöglichkeiten.

Sechstens vermittelt der moderne Lebensstil *weniger Bindungen*, weniger Zugehörigkeiten; er ist mehr auf Chancen, Optionen, Ansprüche, erreichbare Güter gerichtet. Allein der Wohlstand der Industrieländer ermöglicht einen Lebensstil der Verfügbarkeit: Es ist nicht mehr notwendig, in soziale Zugehörigkeiten eingebunden zu sein, es ist vielmehr eine Vielfalt an Gütern und Chancen jederzeit disponibel. Wo noch Risiken und Gefahren auftauchen, sorgen kollektive Sicherungssysteme, der Staat vor allem, für die Linderung der Folgen. Auf die traditionellen Bindungen, wie auf die Familie, kann leichter verzichtet werden, ohne daß die Verfügbarkeit materieller Güter drastisch bedroht ist; man kann immer auch anders leben. Die soziale Gruppierung ist nicht mehr überlebensnotwendig. Auch wegen dieser Herauslösung des Individuums aus "selbstverständlichen" Sozialgruppierungen steigen die Selbstverwirklichungsforderungen - dafür bedarf es vermeintlich nur noch des einzelnen, nicht mehr der Gruppe. Man kann keine selbstverständliche Hilfsbereitschaft bei den anderen mehr voraussetzen, es gilt stärker der Anspruch, eigene Ziele zu verfolgen, während Hilfe für andere an Experten und an kollektive Hilfs- und Sicherungssysteme delegiert wird. Das unmittelbar zwischenmenschliche Potential für Solidarität schwindet. Persönliche Bindungen sind weniger nötig. Die Kategorie der Pflicht wird unzeitgemäß, so wie andere bürgerliche Werte wie Ehre, Höflichkeit, Takt und Treue. Sinnkrise und Wertkrise verbinden sich.

Siebtens werden die *Experten* wichtiger, nicht nur wegen der Entpersönlichung auftauchender Probleme, die an professionelle Institutionen zur Problemlösung verwiesen werden, sondern auch deshalb, weil der einzelne durch die Komplexität mancher Probleme überfordert ist. Die umgebende Welt ist allerorten, wo sie dem Individuum entgegentritt, eine vom Menschen gemachte Welt, und so erscheint sie auch in allen Belangen als "machbar". Nicht mehr das Schicksal oder die Gottheit walten über sein Leben, sondern die "Gesellschaft" - oder konkreter: die Politik. Aber gerade diese Machbarkeit will nicht gelingen, sie steht sogar immer mehr in Frage, auf kollektiver wie auf individueller Ebene. Selbst mit den lebensalltäglichen Sachverhalten kommen viele Menschen kaum noch zurecht. Indizien dafür sind die anschwellende "Sachliteratur", die Ratgeber-Bücher und die Bildungshaus-Kurse, die zur Bewältigung des Lebensalltags angeboten und eifrig absolviert werden. Eigene Erfahrungsschwäche und Informationsüberladung werden durch eine Medienscheinwelt kompensiert, Wort- und Bilderfluten schaffen eine Scheinwirklichkeit.

Achtens hat in den letzten Jahrzehnten ein Prozeß einer weitergehenden *Technisierung der Welt* stattgefunden; in Anbetracht aufsehenerregender Großtechnologien verschwimmen die erwartbaren Vorteile im Nebel einer verunsicherten Zukunftserwartung, und es wird eher die Risikoproblematik dieser Technologien betont (vgl. Perrow 1989). Das Problem der individuellen und kollektiven Akzeptanz technischer Projekte und ihrer Risiken wird auch von den Befürwortern und Betreibern technischer Anlagen zunehmend als vorrangiges Problem der Durchführung und Durchsetzung ihrer Projekte angesehen. Das Ressentiment gegen die moderne Naturwissenschaft und Industrie läßt sich unschwer mit Stichworten aus einem weltweit bekannten Katastrophenkatalog illustrieren: Contergan, Three Miles Island, Seveso, Assuan, Harrisburg, Tschernobyl, DDT, Ölverseuchung, Asbest, Ozonloch, Robbensterben, Algenpest - und viele Begriffe aus dem Wörterbuch des modernen Menschen ließen sich anfügen. Die apokalyptische Landkarte hat globale Dimensionen erhalten, sie erstreckt sich vom brasilianischen Dschungel bis zum antarktischen Eis. Es ist nicht verwunderlich, daß sich - nach romantischen Vorläufern wie etwa Oswald Spengler (1918ff., 1931) - eine neue "Technikfeindlichkeit" breitmacht, die im wesentlichen auf drei Argumenten beruht: die "Überforderung" des Menschen durch die Technik, ein überhöhtes Tempo der Neuerungen, die Entfremdung des Menschen von seinem eigentlichen Wesen (vgl. auch Arbeiten wie Schumacher 1977, Illich 1975, Mumford 1977, 1980). Vielen bedeutet die industrielle Technik heute Anti-Leben, Zivilisationsverfall, Tod (zur Übersicht Kluge 1985).

Neuntens ist die Wirklichkeitswahrnehmung immer stärker durch die *Massenmedien*, insbesondere die elektronischen Medien, geprägt. Die "Öffentlichkeit" wird reduziert auf jene technischen Geräte, die Bedeutungen vermitteln: auf die Massenmedien. Man orientiert sich an einfachen Rezepten, an rascher Information, an einer scheinobjektiven Welt der Berichterstattung. Unsere Kultur, so meint etwa Neil Postman (1983, 1985), gerate durch die Erziehung zum Fernsehen zum Panoptikum. Man resigniert nicht mehr vor dem Leid, sondern nimmt es einfach nicht mehr wahr; der ernsthafte Diskurs wird nicht unterdrückt, sondern er löst sich im Gekichere auf. Was sich nicht in bunten Bildern darstellen läßt, das existiert nicht, oder jedenfalls ist es uninteressant. Die Visualisierung unseres Alltags läßt unsere Fähigkeit verkümmern, andere Formen der Erfahrung, aktives und abstraktes Denken, überhaupt noch zu aktualisieren. Es gibt keinen Unterschied mehr zwischen Schein und Wirklichkeit. Die Bilder vermitteln keine Wirklichkeit mehr, sie sind die Wirklichkeit. Die Welt verschwindet.

XIII. RELIGION UND SYMBOL

Wenn von Ritualen, Mythen, Zeremonien und Symbolen die Rede ist, so pflegen wir an das Leben in primitiven Gesellschaften zu denken. Für unsere Gegenwart scheinen uns dies eher unwichtige und exotische Begriffe zu sein. Zwar leben wir - dem Selbstverständnis zufolge - in einer antiritualistischen, säkularisierten und mythenfeindlichen Zeit, aber Symbole, Mythen und Riten sind nicht nur zur Beschreibung vergangener Kulturepochen bedeutsam, sondern sind in unterschiedlicher Verkleidung auch in der modernen Gesellschaft allgegenwärtig. Der Mensch als "animal symbolicum" ist uns bereits begegnet, als wir seine kulturellen Hervorbringungen in Augenschein genommen haben. Nun sollen diese Phänomene etwas genauer betrachtet werden (Abschnitt 1).

Ein in allen Völkern vorfindbarer Bestandteil der Kultur ist auch die Religion: als Glaube an ein höheres Wesen oder an übersinnliche Mächte, oder als Grundlage einer Unterscheidung aller Phänomene dieser Welt in heilige und profane. Einige religionssoziologische Modelle sollen uns mit der Entwicklung der Religionstheorie und Religionskritik sowie mit den wichtigsten theoretischen Perspektiven in diesem Bereich - einschließlich der Durkheim-Studie - bekannt machen. Phänomene wie der Säkularisierungsprozeß, aber auch fundamentalistische Strömungen und die Volksreligion werden kurz angesprochen (Abschnitt 2).

1. Symbole, Riten und Mythen

Symbole sind materielle Gegenstände, Laute, Gesten, Handlungen, Farben, Gerüche und dergleichen, die für einen Sinngehalt stehen, welcher nicht aus der Beschaffenheit des Trägers des Symbols ableitbar ist; vielmehr ruft er bedeutungsvolle Gedanken, Gefühle oder Absichten wach. Es handelt sich um Dinge oder Ereignisse, die auf *Transzendentes*, d.h. Nichtwahrnehmbares, verweisen. Die Fahne repräsentiert eine Nation; die Kappe des Polizisten seine Amtsgewalt; der große Schreibtisch des Generaldirektors seine hohe Stellung; eine Taube bedeutet Frieden; der Lebensbaum stellt Verwandtschaftsbeziehungen dar; der Löwe verkörpert Stärke; eine Banane ist ein Phallussymbol; die Kraft des Tigers stellt die Kraft eines Autos dar. Etwas "steht für etwas anderes". Ein Gegenstand kann - je nach Sinnzusammenhang - Verschiedenes symbolisieren: Eine chinesische Vase ist entweder ein wissenschaftliches Objekt, ein Kunstgegenstand, ein Handelsobjekt oder ein gerichtliches Beweisstück. Eine rote Lampe bedeutet "halt" im Straßenverkehr, oder sie kennzeichnet ein übel beleumundetes Lokal. Symbole unterscheiden sich also nicht in ihrer Beschaffenheit von anderen Gegenständen, sondern nach dem

Kontext: Was für den einen ein Symbol ist, an dem findet der andere nichts besonderes; was für das eine Publikum die "wörtliche Lesart" ist, das ist für ein anderes mit zusätzlichen Bedeutungen aufgeladen - Literatur, die der Zensur in autoritären Regimen entgehen will, lernt, "zwischen den Zeilen" zu schreiben. Weiters können Symbole gleichzeitig mehrere Bedeutungen vermitteln: Die amerikanische Fahne etwa symbolisiert einem bestimmten Publikum die Nation, aber darüber hinaus auch Stärke und Einheit (vgl. Benedetti/ Rauchfleisch 1988).

Der Mensch wird von Ernst Cassirer (1874-1945) als *animal symbolicum* definiert, weil seine Fähigkeit, Symbole zu schaffen, als einmalig angesehen wird. Der Sinngehalt, der Symbolen zuteil wird, ist gewissermaßen "beliebig", er ist nur den Mitgliedern einer bestimmten Gemeinschaft verständlich. Um symbolische Gehalte zu transportieren, bieten sich drei Varianten an: materielle Gegenstände, wie z.B. Kultobjekte, Totems u. dgl.; symbolische Handlungen, also Rituale; und symbolische Worte und Erzählungen, also Mythen.

Materielle Symbole

Symbole können sich an beliebige "Träger" heften: Das Auto dient zur raschen Ortsveränderung, symbolisiert aber auch den Status des Fahrers. Nahrungsmittel stillen den Hunger, bedeuten aber auch - je nach Situation - Armut, Auszeichnung, Fest. Eine Axt verwendet man, um Holz zu spalten, sie kann aber auch Zeichen einer Häuptlingswürde oder einer prätorianischen Amtsbefugnis sein. Kleider machen bekanntlich Leute: Die Talare der Richter verkörpern Distanz und Würde; Jeans wurden seit den 60er Jahren zur Uniform der antikonformen Generation. Anthropologen und Ethnologen haben Totems - als materielle Träger von Bedeutungen - beschrieben: Die Identifizierung mit den bewunderten Kräften eines Bären, Löwen, Adlers führt zu seiner Darstellung, zur Verkleidung in Tanz und Fest, zur Verkörperung des Tiers. Das Totemtier bestimmt die Gruppenbildung, ist - wie Emile Durkheim meinte - der Träger des Gemeinschaftsgefühls; es ist tabu, und alle, die unter diesem Zeichen stehen, haben Teil an dieser Unantastbarkeit. "Das handgreifliche Sichverkleiden oder anschauliche Sichgleichsetzen mit einem Tier", so meint Arnold Gehlen, "war im prähistorischen Stadium des sich erst entwickelnden Selbstbewußtseins die einzige Möglichkeit, das Bewußtsein einer scharf definierten, vereinseitigten Gruppenzugehörigkeit zu erzeugen - und festzuhalten." (1957, 229).

Dieses Problem, Gruppenzugehörigkeit zu symbolisieren - oft durch Verwendung tierischer Embleme -, scheint uns ein besonders gutes Beispiel für archaische Denkweisen zu sein, aber es ist in modernen Gesellschaften keineswegs unaktuell geworden. Christian Graf von Krockow verweist ironisch auf zeitgenössische Alltagserfahrungen, denen zufolge Tierzeichen und andere Symbole in gleicher

Weise als Gruppenkennzeichnung verwendet werden wie in primitiven Gesellschaften: "Wie eigentlich ist das mit den jugendlichen Straßenbanden im Dschungel der Großstadt, die sich, entsprechend markiert, 'Tigers', 'Lions', oder 'Hell's Angels' nennen, wie mit den in Symbolen 'ihres' Vereins gekleideten Fan-Gruppen im Fußballstadion, die aus den Stehkurven ihre Kriegsgesänge erschallen lassen und 'feindlichen' Gruppen - zu denen allemal auch die 'Bullen' gehören - Schlachten liefern?" (Krockow 1985, 156). Dies gilt noch in weit höherem Maße für den eigentlich politischen Bereich: Auch hier dienen Totems als materielle Vergegenwärtigung des Gemeinwesens, und nicht so selten werden Tierdarstellungen zur Repräsentation der politisch-sozialen Einheit verwendet. "Die mittelalterlichen Herrscherfamilien und noch die modernen Staaten und Nationen führen, als stammten sie geradewegs aus der Urzeit, die Tiere im Wappen: Es gibt den britischen Löwen, den gallischen Hahn, den russischen Bären; an der Stirnwand des Bundestags prangt der Adler. Nur auf eine höhere Stufe der Abstraktion, aber grundsätzlich in die gleiche Richtung verweisen andere Symbole: Nationalfarben und Fahnen, Kokarden und Kreuze, die Hymnen. Emotionen steigen aus Abgründen herauf; antiamerikanische Demonstranten verbrennen erst einmal das Sternenbanner oder als Puppe den jeweiligen Präsidenten; jüdische Grabsteine werden nächtlich mit dem Hakenkreuz beschmiert; im 20. Jahrhundert und im Herzen Europas wurden Menschen mit dem Davidstern als Untermenschen markiert. Weltgeschichtlich betrachtet nur wenig weiter liegt es zurück, daß sogar im Zeichen des Kreuzes Menschen verfolgt, vertrieben, verbrannt und ganze Kulturen zerstört wurden." (Krockow 1985, 156).

Mythen

Aber nicht nur solche materiellen Symbole, sondern auch symbolische Erzählungen, also kompliziertere mythische Konstruktionen, sind durchaus lebendig. Mythen, so hat Claude Lévi-Strauss (1967) zu zeigen versucht, dienen zur Erkenntnis und Strukturierung der Welt; sie stehen an der Schwelle der äußeren und der inneren Wirklichkeit. Für André Green ist dies eine Parallele zwischen dem *Spiel* und dem Mythos, wenn er schreibt: "Wie das Spiel für das Kind, so befindet sich der Mythos an einem Schnittpunkt: wegen der Beziehungen, die er zum Traum, zu den Phantasien und den anderen Gestaltungen des individuellen Unbewußten unterhält, gehört er teilweise der psychischen Realität an; andererseits gehört er wegen seiner Zugehörigkeit zur sozialen Wirklichkeit und als Gegenstand einer Übereinkunft ganz offensichtlich der äußeren Wirklichkeit an." (1984, 106).

Wenn von Mythen die Rede ist, neigen wir dazu, in erster Linie an Ursprungsmythen primitiver Gesellschaften und an religiöse Erzählungen zu denken; aber es gibt auch Mythen über die Gegenwart und solche über die Zukunft, über das Weltende, also *Utopien*. Die Mythenfeindlichkeit des Gegenwartsmenschen geht meist von dem Bewußtsein aus, die Weltgeschichte sei im Grunde von einem Prozeß der *Entmythologisierung* gekennzeichnet, von einem Aufklärungs- und Rationalisierungsprozeß, der den Untergang des Mythos bedeutet: Daß diese Entwicklung zu befürworten ist, darin herrscht Übereinstimmung von Auguste Comte bis Ernst Topitsch; daß vor dieser Entwicklung zu warnen ist, darin herrscht Konsens von Vico bis Heidegger (vgl. Marquard 1987).

Aber die Geschichte des Prozesses der Entmythologisierung hält Odo Marquard selbst für einen Mythos, und er teilt diese Auffassung mit anderen Theoretikern. Wenn der Mythos aber insgesamt nicht stirbt, so muß es ihn auch im politischen Leben weiter geben. Lévi-Strauss' hält die Verwandtschaft von *Politik und Mythos* überhaupt für eine sehr enge; er bezeichnet politische Strömungen schlechthin als Erben mythologischen Denkens: "Nichts ähnelt dem mythischen Denken mehr als die politische Ideologie. In unseren heutigen Gesellschaften hat diese möglicherweise jene nur ersetzt." (1967, 230). Mythen existieren auch über die Eigenschaften verschiedener Personengruppen, die eine derartige Mythisierung einsetzen, um im sozialen Konkurrenzkampf Vorteile zu erlangen: der Mythos der heldenhaft-tapferen Polizisten, von denen die meisten in Wahrheit Tag für Tag mit bürokratischen Angelegenheiten beschäftigt ist; der Mythos der innovativ-dynamischen Unternehmer, die in Wahrheit ganz selten zu finden sind; oder der Mythos der edel-selbstlosen und unermüdlichen Wissenschaftler, von denen die meisten in Wahrheit egoistisch und sehr ermüdbar sind.

Rituale

Ein Ritual ist die vorgeschriebene, stilisierte, gleichbleibende Durchführung von Handlungen; als Zeremonien versteht man meist Komplexe von Ritualen. Es ist, so scheint es, keine gute Zeit für Rituale; wir leben in einer *antiritualistischen Epoche*. "Man verwirft nicht nur irrelevante Rituale, sondern das Ritual als solches, sieht den höchsten Wert in der Innerlichkeit des Erlebens und lehnt dessen normierte Ausdrucksformen ab, bevorzugt die intuitiven und spontan zugänglichen Formen der Erkenntnis und revoltiert gegen die Vermittlerrolle der Institutionen, sucht nach Kräften zu verhindern, daß sich Gewohnheiten herausbilden, die zur Basis eines neuen Symbolsystems werden könnten." (Douglas 1986, 36).

Auf definitorischer Ebene spiegelt sich diese soziale Tendenz insofern wider, als das Ritual mit leeren Formen, sinnlosen Handlungen, einem mechanisch befolgten Verhalten, hohlen Gesten, verabscheuungswürdigem Konformismus in Verbindung gebracht wird - alles Vorwürfe, wie sie sich immer wieder in der langen Geschichte der religiösen Erweckungsbewegungen finden (vgl. Douglas 1986, 12ff.). Aber es gibt auch sozialwissenschaftliche Bezugspunkte: Robert Merton hat in seiner Theorie devianten Verhaltens denjenigen als "Ritualisten" bezeichnet, der äußere Handlungen setzt, ohne sich den Werten und Idealen, die darin zum Ausdruck kommen, innerlich verbunden zu fühlen. Das mag eine durchaus zweckmäßige Benennung sein; sie bringt uns allerdings in die Verlegenheit, von diesen "leeren" Ritualen jene zu unterscheiden, die noch nicht inhaltlich entleert sind - also eine Art von *nichtritualisierten Ritualen*, die sich noch verbinden mit dem Glauben an die Wirksamkeit institutionalisierter Zeichen und mit der Aufnahmefähigkeit für verdichtete Symbole.

Selbst Freizeitverhalten, selbst Spiele sind von Symbolen und Ritualen umrankt. Zum Erlebnis des Fußballspiels gehört für die jeweiligen Vereinsanhänger der Gang zum Stadion, die Formierung der anfeuernden Gruppen, die Dekorierung mit den Vereinsfarben und -symbolen, die Schmähungen der gegnerischen Anhänger im Publikum, die Anfeuerungsrufe und Sprechchöre zugunsten der eigenen Mannschaft, Pfeifkonzerte und dramatische Aufschreie. Gäbe es all dies nicht, so wäre der Reiz der ganzen Angelegenheit weit geringer. Ernster steht es mit einem anderen Phänomen: Der Terrorismus, gerade in den hochentwickelten Industriestaaten, enthält symbolisch-ritualistische Momente. Denn die rational-funktionalistische Argumentation - man könne mit Hilfe dieser Taten "aufklären" und das System "destabilisieren" - ist nur ein Element des Verhaltens, und nicht einmal das überzeugendste. Wichtiger sind zwei andere Ebenen: Es geht um symbolische Figuren und um ritualistische Handlungen. Denn zum einen zielt der Terror (wenn nicht konkrete erpresserische Ziele durch die Geiselnahme von Menschen erreicht werden sollen) meist auf "Symbolfiguren" des herrschenden Systems, auf Bankiers, Großunternehmer, Ministerialbeamte, Rüstungsforscher, Staatsanwälte; sie repräsentieren die bekämpfte Herrschaftsordnung, und sie erleiden ihren stellvertretenden Tod. Die Attentäter wiegen sich im Wohlgefühl, zumindest einen kleinen Teil des verhaßten "Systems" eliminiert zu haben. Zum anderen wäre die Fortdauer des Terrorismus nicht erklärlich, wollte man nur auf die offenkundige Erfolglosigkeit solcher Aktivitäten in den westlichen Gesellschaften verweisen; es spielen vielmehr archaische rituelle Anklänge - wie schon im Anarchismus - eine Rolle, etwa die Katharsis, die Reinigung durch Blut.

Das weite Feld der *symbolischen Politik* (vgl. Edelman 1976) bietet eine Vielfalt von Beispielen. Die Person, die eine politische Rolle spielt, "stellt etwas dar", sie verkörpert auch eine Partei, eine politische Weltanschauung, einen politischen Kurs. Es gibt Veranstaltungen - Parlamentssitzungen, Verhandlungen, Konflikte -, die mit dem "wirklichen" Lauf der Politik wenig zu tun haben. Ein Fülle von Fallstudien hat den ritualistischen Charakter öffentlicher Handlungen herausgearbeitet: Gesetzgebungsvorhaben werden vorangetrieben, von deren Wirkungslosigkeit die Betreiber überzeugt sind. Eine Krönungszeremonie verkörpert den moralischen Grundkonsens - oder vermittelt jenes Bild der Gesellschaft, das die herrschenden Gruppen gerne populär machen wollen. Gerichtsverfahren dienen zur Verstärkung der sozialen Ordnung und als Degradierungszeremonien, Hinrichtungen - vor allem in früheren Zeiten - zur Sichtbarmachung der Stärke des Staates.

Bedürfnisse nach Symbolisierung

Viele Untersuchungen bestärken die funktionalistische Auffassung, daß Rituale und Mythen zur Stabilisierung von Gesellschaften beitragen. Kritiker haben aber auch auf den *manipulativen Charakter* solcher Aktivitäten hingewiesen: Rituale und Mythen werden von einflußreichen Gruppen dazu benutzt, ihre eigene Interpretation gesellschaftlicher Verhältnisse öffentlich durchzusetzen und damit Konflikte zu verschleiern.

Wenn die Verwendung von Symbolen, Mythen und Ritualen nach wie vor üblich und möglich ist, dann liegt es nahe, zu vermuten, daß grundlegende gesellschaftliche Bedürfnisse bestehen, die eine Verwendung solcher Symbole erst ermöglichen. Es muß also eine sozialpsychische Disposition vorhanden sein, damit Symbole überhaupt wirksam sind: Sie müssen in den Rezipienten etwas zum "Klingen" bringen. Ohne *Resonanz* wäre Symbolisierung nicht machbar. Wenn wir dennoch daran festhalten, daß die moderne Welt von einem umfassenden Rationalisierungsprozeß gekennzeichnet ist, so scheint dies der soeben geäußerten Behauptung - zumindest auf den ersten Blick - zu widersprechen. In Wahrheit ist es gerade so, daß dieser Prozeß der Rationalisierung aller Lebensbereiche der Symbolisierung und Mythisierung in die Hände arbeitet, ja die moderne Welt ohne diese "atavistischen" Elemente nicht auszukommen vermag. Zwei (miteinander verbundene) Gründe sollen hiefür genannt werden.

Erstens: Es ist irrig anzunehmen, daß Mythen und Symbole nur dort ihr "Unwesen" treiben, wo es des Wissens über die Wahrheit und die Fakten ermangelt - dort freilich auch. Murray Edelmans Unterscheidung zwischen *Verweisungs-* und *Verdichtungssymbolen* (1976, 5) ist da hilfreich: Die ersteren verweisen auf objektive, von jedem Menschen in gleicher Weise erfaßte Elemente, sie erleichtern das logische Erfassen der Situation; die letzteren wecken die mit einer Situation verknüpften Emotionen, es handelt sich hiebei etwa um Patriotismus, Ängste, Gedenken an vergangenen Glanz, Aussicht auf künftige Größe u. dgl. Freilich muß diese Unterscheidung, kaum haben wir sie getroffen, wieder relativiert werden: Symbole haben es an sich, daß diese beiden Aspekte ununterscheidbar miteinander verflochten sind. Aber der Gedanke ist wichtig, daß sie die kognitive und emotionelle Bewältigung der Welt erleichtern können. Rituale und

Mythen haben (neben den erwähnten funktionalistischen und manipulativen) auch *expressive* und *dramaturgische Funktionen*: Sie bieten Kategorien, in denen soziale Gegebenheiten dargestellt und verstanden werden können (vgl. Geertz 1973). Auf diesen Umstand verweist auch Odo Marquard: "Mythen sind, wo sie nicht kontermythisch umfunktioniert werden, eben keine Vorstufen und Prothesen der Wahrheit, sondern die mythische Technik - das Erzählen von Geschichten - ist wesentlich etwas anderes, nämlich die Kunst, die (nicht etwa fehlende, sondern) vorhandene Wahrheit in die Reichweite unserer Lebensbegabung zu bringen. Da ist nämlich die Wahrheit in der Regel noch nicht, wenn sie entweder - wie etwa die Resultate abstrakter Wissenschaften, z.B. als Formeln - noch unbeziehbar abstrakt oder - wie etwa die Wahrheit über das Leben: der Tod - unlebbar grausam ist: da dürfen dann nicht nur, da müssen die Geschichten - die Mythen - herbei, um diese Wahrheiten in unsere Lebenswelt hereinzuerzählen oder um sie in unserer Lebenswelt in jene Distanz zu erzählen, in der wir es mit ihnen aushalten." (Marquard 1987). Symbole und Mythen haben also auch eine Vermittlungsfunktion: Sie ersetzen und verstellen nicht nur die Wirklichkeit, sie können auch helfen, sie zu begreifen.

Ein typisches Beispiel für eine solche Ordnungsfunktion sind *Initiations- und Übergangsriten*. Arnold van Gennep (1873-1957) hat auf die Dynamik des sozialen Lebens verwiesen, die ständige "Grenzüberschreitungen" erforderlich mache: Wechsel des Aufenthaltsortes, des Status, des Berufes. Diese aber gefährden die Ordnung des sozialen Lebens, und deshalb werden sie in allen Gesellschaften von Riten begleitet, die eine neue Ordnung herstellen - durch den Dreierschritt einer Trennungsphase, die vom früheren Zustand ablöst, einer Schwellen- oder Umwandlungsphase, in der man sich gleichsam zwischen zwei Welten befindet, und einer Angliederungsphase, die den neuen Zustand befestigt. Dies gilt für Studium, Promotion und Graduiertenstatus, für Schwangerschaft und Niederkunft, für Kindheit und Jugend, Verlobung und Heirat, Bestattung und dergleichen. "Symbolische Schranken und Grenzziehungen sind das, was die Erfahrungen des Menschen ordnet." (Douglas 1986, 74). Es ist auch irrig, Initiationsriten nur mit primitiven Kulturen zu assoziieren. Auch im Christentum haben Kommunion und Firmung eine entsprechende Funktion. Die Überreichung von Gesellenbriefen oder Promotionsurkunden ist ein feierlicher Akt; die Äquatortaufe der Seeleute und Aufnahmerituale bei Studentenverbindungen, ebenso im Militär, in Logen und Geheimgesellschaften fallen unter die Kategorie von Initiationsritualen.

Zweitens: Die moderne Gesellschaft wird komplexer, differenzierter, automatischer; die in ihr lebenden Individuen werden "enthandwerklicht", eingesponnen in ein verflochtenes, undurchschaubares Netz abstrakter Aktivitäten und Relationen; vielfach freigestellt vom Realitätsdruck, aber verknüpft mit der Wirklichkeit und zugleich abgesondert von ihr durch vielfältige Kommunikationsmedien. Das eigene Tun wird abstrakt, unvorstellbar; die Folgen des Handelns werden unsichtbar, unbewertbar. Davon war ja schon die Rede. Diese Abstraktheit einerseits, das Gefühl der Ohnmacht des Handelns andererseits - diese beiden Momente führen zu einer Stimmungslage, in der die Menschen auf Gefühle, auf Introspektion, auf kompakte Bilder hin orientiert und durch diese vor allem ansprechbar sind. "Entfremdung, Orientierungsverlust und die fallende Aussicht, in einer komplexen und verunsichernden Welt sein Schicksal selbst in die Hand nehmen zu können, sind für einen großen Teil der Bevölkerung von Industriestaaten charakteristisch geworden. Wenn man die Welt nicht mehr versteht und den Gang der Dinge nicht mehr glaubt beeinflussen zu können, sucht man zunehmend Zuflucht zu abstrakten Symbolen, die einem Sicherheit versprechen und Identifizierung ermöglichen." (Edelman 1976, 59). Das ist auch die Funktion von *Remythisierungen* und *Irrationalismen*, die sich in unserer gegenwärtigen Gesellschaft finden.

2. Religion - Heiliges in einer säkularisierten Epoche

Religion ist von vielen Sozialwissenschaftlern unter Bezug auf etwas "Übernatürliches" - ein übermenschliches, geistiges, überlegenes, transzendentes Wesen - definiert worden. Allerdings erscheint eine Trennung von "natürlichen" und "übernatürlichen" Kräften nur der westlichen Kultur wenig problematisch, und selbst da nicht immer. Für viele primitive Völker ist diese Unterscheidung sinnlos, denn Toten- und Naturgeister sind Bestandteile des gewöhnlichen Alltagslebens. *Religion* läßt sich aber auch als System von Symbolen definieren, das in grundlegender Weise der Wirklichkeit Sinn und Bedeutung verleiht, indem sie als heilige oder transzendente betrachtet wird oder von dorther ihren Sinn erhält. Die Menschen schaffen sich durch die Verwendung von Symbolen jene Wirklichkeit, in der sie leben. "Religion ist das Unterfangen des Menschen, einen heiligen Kosmos zu errichten." (Berger 1988, 26). Das ist eine *substantiale Definition*, sie sucht das Wesen des Religiösen zu erfassen. Wenn man jedoch - wie manche Theoretiker - der Meinung ist, daß sich die Vielfalt der Variationen religiöser Phänomene nicht unter eine gemeinsame Definition bringen läßt, ist auch eine *funktionale Beschreibung* möglich: Wozu dienen Religionen?

In der Religionssoziologie geht es ja nicht um die Wahrheitsfrage, nicht um die Frage also, ob eine Religion "wahr" ist oder ob es Gott wirklich gibt, sondern um die Bedeutung religiöser Vorstellungen, Übungen und Institutionalisierungen in verschiedenen Gesellschaftsformationen. Grundlegend ist die Funktion der *Orientierung und Sinnstiftung*: Die Menschen sind mit Angstsituationen und Schicksalsschlägen konfrontiert, mit Schwangerschaft, Geburt, Krieg, Tod. Sie schaffen sich durch ihre religiöse Welt einen Deutungshorizont für diese Geschehnisse. Die Religion liefert ihnen in diesen außeralltäglichen Situationen Verstehen und Handlungsorientierung, aber sie reicht auch hinein in den Alltag, in dem es mit schlechten Ernten und ausbleibendem Jagderfolg, mit Krankheiten und Zukunftsunsicherheiten fertig zu werden gilt.- Erstens wird eine *Integrationsthese* angeboten: Religion wird als verhaltensstabilisierende Kraft angesehen, als Fundament der Gesellschaft, sie vermittelt sozialen Nutzen. Sie stellt ein gemeinsames System von Überzeugungen zur Verfügung und sichert dieses ab.- Zweitens besagt die *Kompensationsthese*, daß religiöse Vorstellungen und Handlungen als Ersatz für weltliche Schicksalsschläge und Leiden dienen. Religion hat eine Entlastungsfunktion; das war etwa die Vorstellung von Hegel, Marx oder Freud. Die kompensierende Wirkung knüpft an eine Situation relativer Deprivation an: Engpässe, Einsamkeit, soziale Abstiegsprozesse, gesundheitliche Probleme. Der Ersatz für die Versagung der Bedürfnisse wird in einer anderen, besseren Welt gesucht (vgl. Fürstenberg 1964, Berger 1988).

Religion wird im übrigen meist von der *Magie* unterschieden. Religion setzt die Anrufung einer Gottheit oder einer übernatürlichen Kraft voraus. Magie richtet sich auf die direkte Beeinflussung von Ursache und Wirkung zwischen augenscheinlich unverbundenen Ereignissen durch menschliche Wesen. Es wird angenommen, daß durch bestimmte magische Handlungen direkte Wirkungen ausgelöst werden, ohne Dazwischentreten übernatürlicher Wesen, wobei man zwischen weißer (wohlwollender) und schwarzer (übelwollender) Magie unterscheidet. Beispiele sind die Durchbohrung einer Puppe zum Zwecke der Tötung des dargestellten Menschen oder der Glaube, daß der Besitz des Haares eines Menschen Gewalt über seinen früheren Träger verschafft.

Religionskritik und Religionstheorie

In den einfachen Gesellschaften waren die Weltinterpretationen religiös geprägt. Alle Phänomene dieser Welt wurden in eine kosmologische Ordnung eingefügt. In den fortgeschritteneren Gesellschaften wurde eine Gruppe von Menschen von den gewöhnlichen Arbeiten freigestellt, um sich der Ergründung göttlichen Willen zu widmen: *Priester und Theologen* entwickelten sich als Spezialisten für das Religiöse. Auch wenn nüchterne "sozialwissenschaftliche" Arbeiten auch schon bei den Griechen zu finden sind, so blieb doch der religiöse Einfluß über das Mittelalter hin bestehen. Erst in der frühen Neuzeit - bei Denkern wie Hobbes oder Locke - kündigt sich der Ausbruch aus den Kosmologien an, die Gesellschaftsdeutung wird auf abstrakte Prinzipien gegründet. In der Zeit der Aufklärung wird die radikale Kritik an der Religion - nicht bloß eine reformistische, die

Institution zu verbessern trachtende Kritik - erstmals öffentlich vorgetragen: Die Religion sei bloß "Aberglaube" und "Priesterbetrug". Ihre Macht werde durch rationale Argumente zerstört werden, und als fortschrittshemmende Größe werde sie in einer fortschrittlichen Gesellschaft wegfallen. Auguste Comte (1798-1857) gehörte - als Rationalist und Positivist - zu jenen, welche die Religion nicht als dauerhaften Bestandteil der Gesellschaft ansehen wollten; sie würde im Zuge der sozialen Evolution durch Wissenschaft ersetzt werden. Die Soziologie empfahl er als jene Wissenschaft, die ein überzeugendes Modell der Geschichte anbieten könne. Geprägt von der Fortschrittskonzeption der Aufklärung, hat Comte in seinem berühmten *Drei-Stadien-Gesetz*, einem allgemeinen Entwicklungsgesetz des menschlichen Denkens, den Verfall der Religion vorausgesagt. Die Menschheitsgeschichte zeichne sich durch einen Aufstieg des menschlichen Erkennens aus. Am Anfang stünde (1) das *theologische Stadium*, eine primitive Lebensform, in dem Naturgewalten als übersinnliche Kräfte angesehen würden. Dann folge das (2) *metaphysische Stadium*, das bereits innerweltliche Prinzipien und Kräfte zu ihrem Recht kommen läßt, z.B. Ideen wie Eigennutz, Freiheitsrechte, abstrakte Prinzipien usw. Schließlich folge (3) das *positive Stadium*, das von geistiger Reife und Vernunft gekennzeichnet sei. Dieses positive Stadium identifizierte Comte natürlich mit seiner Gegenwart, die durch friedliche industrielle Arbeit gekennzeichnet sei, in der wissenschaftliche Einsicht irrationale Strömungen abgelöst habe, in der die kriegerische einer friedlich-produktiven Gesellschaft gewichen sei. Freilich, ganz ohne Religion geht es auch nach Comtes Auffassung nicht: Soziologen werden zu den neuen Priestern, die für die moralische Kontrolle der Gesellschaft sorgen; Comte sah sich gar selbst an der Spitze dieser neuen Priesterschaft - und damit der Gesellschaft - stehen (1830ff., 1851ff.).

In diesen und ähnlichen Modellen wird die Gegenwart jeweils als das von der Herrschaft der Rationalität bereits geprägte Zeitalter dargestellt, Wissenschaft und Religion werden also scharf miteinander konfrontiert. Andererseits läßt sich aber auch zeigen, daß die frühe rationale und empirische Wissenschaft durchaus die Entdeckung naturwissenschaftlicher Gesetzmäßigkeiten und die geistige Durchdringung der Natur als "religiöse" Aufgabe verstanden hat: als Darstellung und Offenlegung der wunderbaren Ordnung, die Gottes Wille im Kosmos geschaffen hat.

Geprägt durch die Perspektive der Aufklärung, stand am Anfang einer genaueren Befassung mit der Religion also die Vorstellung, daß Religion und Magie Ausdruck unvollständigen empirischen Wissens seien und daß sich mit dem Fortschritt der Wissenschaft solche überholten Ideen auflösen würden. Eine große Bedeutung für den Wandel dieser Auffassung spielten anthropologische Untersuchungen, wie etwa jene Bronislaw Malinowskis (1889-1942), der belegen konnte, daß in primitiven Gesellschaften keineswegs, wie man geglaubt hatte, rationale Techniken und magische Praktiken ununterscheidbar ineinander verwoben seien, sondern daß die rationalen Techniken klar unterschieden werden von magischen Praktiken, auch dann, wenn sie einander überlagern oder gleichzeitig ausgeübt werden. Die letzteren Praktiken haben die latente Funktion, Ungewißheit, Angst und psychische Spannungen zu mildern. Malinowski behauptet - so wie Durkheim -, daß die Religion soziale Normen und Werte verstärkt und auf diese Weise die gesellschaftliche Solidarität fördert. Spezifische Situationen - Angst, Spannungen, Lebenskrisen - erfordern solche Hilfsmittel: Geburt, Pubertät, Heirat und Tod werden in allen Gesellschaften durch religiöse Rituale bewältigt. Begräbnisrituale etwa festigen den Glauben an die Ohnmacht des Todes und verstärken die Solidarität der hinterbliebenen Gesellschaftsmitglieder (1922, 1975).

Die empirischen und religionsgeschichtlichen Arbeiten, wie sie im 19. Jahrhundert durchgeführt wurden, haben auch dazu beigetragen, die Selbstverständlichkeit, mit der die abendländische Religion betrachtet wurde, aufzulösen. Auch die anthropologischen Studien haben sich zunächst der Frage gewidmet, wie denn der Ursprung der Religion zu denken sein und welche Entwicklung solche Vorstellungen genommen hätten. Man suchte also nach geschichtlichen Belegen, insbesondere bei den Naturvölkern, während man sich mit der modernen Gesellschaft weniger beschäftigte. Dabei waren die Forscher bestrebt, universell gültige Erklärungsmodelle zu finden: Abläufe, die für alle kulturellen und religiösen Entwicklungen zutreffen; Typologien, die sich universell verwenden lassen.

Animismus und Naturismus

Im 19. Jahrhundert waren zwei Theorien über das Entstehen der Religion gängig: Naturismus und Animismus. Der *Naturismus* knüpft an das Erleben der Kräfte der Natur an - Natur bedeutet für den primitiven Menschen Wunder, Terror, Überraschung, Vulkane, Blitze. Es ist nicht verwunderlich, daß er hinter diesen Erscheinungen übernatürliche Gewalten vermutet. Abstrakte Kräfte werden zu persönlichen Akteuren, die Natur wird personifiziert. Religiöse Praktiken - so wurde vermutet - sind die Antwort des Menschen auf die Wunder der Natur.

Der *Animismus* knüpft an den Geisterglauben an. Der Anlaß für religiöse Praktiken sei in der Erfahrung gelegen, daß es einen Unterschied zwischen lebenden und toten Körpern gebe, und daß Gestalten, ja sogar Verstorbene, auch in Träumen und Visionen auftreten können. Daraus sei die Idee der Seele entstanden, die sich zeitweise aus dem Körper entfernen könne, um in diesen Träumen und Visionen aufzutauchen, die aber auch im Falle des Todes dauernd entweichen könne. Geister können bestimmte Tiere oder Orte bewohnen oder frei umherschweifen. In einem engeren Sinn bedeutet

Animismus, daß nicht-menschlichen Phänomenen (Tieren, Pflanzen, unbelebten Gegenständen) eine geistige Komponente zugeschrieben wird.

Eine funktionalistische Perspektive

Die Entwicklung der Religion hat sich parallel zur Entwicklung der Gesellschaft vollzogen. Religion spiegelt gewissermaßen die Sozialstruktur - wie gewirtschaftet, gelebt und befohlen wird - wider. Funktionalistische Theoretiker legen vor allem Wert auf den Umstand, daß die Religion meist dazu dient, eine Sozialordnung zu stützen und zu legitimieren. In den *Wildbeutergesellschaften* - so kann gezeigt werden - bestehen im allgemeinen polytheistische Religionsformen; es gibt mehrere Gottheiten, die für unterschiedliche Bereiche zuständig sind, meist besteht keine Obergottheit. Es sind auf sich selbst gestellte, nicht in eine Hierarchie eingeordnete Götter - und sie entsprechen insoweit dem Jäger, der auch allein sein Wild erbeuten muß. Jede Person steht direkt mit den Gottheiten in Verbindung; es gibt zwar Schamanen, also nebenberufliche religiöse Funktionäre, aber keine hauptberuflichen Priester. In den *Stammesgesellschaften*, die durch festgefügte Verwandtschaftsgruppen gegliedert sind und in denen sich politische Führungsstrukturen entwickeln, findet man bei kleineren Lokalgruppen vor allem Ahnenverehrung - die Ahnen beeinflussen das Leben ihrer Nachkommen; bei größeren Verwandtschaftsgruppen (Klans) entwickeln sich unitheistische Religionen, d.h. jede größere Gruppe hat Beziehungen zu nur einer Gottheit, aber der Stamm verfügt über mehrere Gottheiten. In den *Staatsgesellschaften* schließlich, in denen sich eine politische Zentralgewalt etabliert, zeigen sich Tendenzen zum Monotheismus, zum Glauben an einen Gott.- Jeweils entwickeln sich neue politische und soziale Verhältnisse, und die Religion verändert sich, um die neuen Bedürfnisse zu erfüllen. Dies ist der zentrale Gedanke einer funktionalistischen Analyse, wie sie bei Malinowski oder Parsons vorgelegt wird.

Talcott Parsons hält die religiösen Normen für einen Teil der handlungsbestimmenden sozialen Normen. Wie Malinowski betont er, daß die Religion bei Schicksalsschlägen als Anpassungsmechanismus wirke und zur Wiederherstellung des "normalen Lebens" diene. Unsicherheiten - und seien sie nur über das Wetter und die Folgen für die Ernte - werden bewältigt; wenn unbekannte Faktoren das Handeln bedrohen, stärken die Rituale das Selbstvertrauen. Die Religion antwortet auf frustrierende und widersprüchliche Ereignisse: Sie erläutert Geschehnisse, die sonst unverständlich sind. Bei Schicksalsschlägen etwa macht sie klar, daß es sich um eine Strafe für begangene Sünden oder um einen Test des Glaubens durch Gott handelt, oder daß der dem einzelnen zukommende Lohn erst im Jenseits beansprucht werden kann.

Die marxistische Perspektive

Auch in marxistischer Perspektive sind Sozialstruktur und Religion verbunden. Karl Marx hat auch religiöse Phänomene in sein ökonomisches Gesellschaftsmodell eingebaut: Religion ist eine Illusion, dazu gedacht, das Leiden, das aus Unterdrückung und Ausbeutung entsteht, zu besänftigen. Deshalb enthält sie Mythen, welche die Unterdrükkung rechtfertigen und den Stand der Herrschenden bekräftigen. Religion ist *Opium* für die Unterworfenen; deshalb sind Verhältnisse der Unterdrückung auch ein guter Boden für religiöse Bewegungen. Die Religion verspricht ein Paradies nach dem Tod und macht damit das ungerechte Leben auf der Erde erträglich. Leiden wird zur Tugend, und wenn es mit Würde und Geduld ertragen wird, darf man auf spätere Belohnungen hoffen. Es wird den Menschen suggeriert, daß Problemlösungen auf Erden durch übernatürliche Interventionen zustande kommen. Religion zementiert die sozialen Strukturen, weil sie die Position des einzelnen rechtfertigt und die Unveränderbarkeit der Gesellschaft nahelegt. Die Menschen werden an ihren Plätzen gehalten, Aufstand und Befreiung verhindert.- Diese Beschreibung war für die etablierten Kirchen des 19. Jahrhunderts, aber beispielsweise auch für christliche Kirchen in autoritären Regimen Südamerikas bis in die zweite Hälfte des 20. Jahrhunderts wohl nicht ganz unrichtig. Heute hat sich das Spektrum allerdings erweitert. Viele Befreiungsbewegungen der Dritten Welt stützen sich auf christliche Kirchen, auch die Bürgerrechtsbewegung in den USA war christlich beeinflußt. Umgekehrt stützen sich autoritäre Gesellschaften - das Nazi-Regime oder (bis vor kurzem) die kommunistischen Regierungen Osteuropas - keineswegs auf die Kirchen, so daß nicht in dieser Allgemeinheit behauptet werden kann, daß religiöse Vereinigungen immer die bestehenden ungleichen Machtverhältnisse rechtfertigen.

Durkheims religionssoziologische Studie

Berühmt ist Emile Durkheims klassische Studie, die einer Untersuchung primitiver Religionsformen gewidmet ist, nämlich sein Buch "Les formes élémentaires de la vie religieuse" (1984). Dieser Studie liegt die Idee zugrunde, daß es möglich ist, eine Theorie der höheren Religionen auf einer Untersuchung der primitiven Religionsformen - insbesondere des Totemismus - aufzubauen. Zu diesem Zwecke untersucht Durkheim die totemistischen Vorstellungen australischer Volksstämme; darauf baut er eine Theorie über das Wesen der Religion auf; und schließlich liefert er auf dieser Grundlage eine soziologische Interpretation der menschlichen Denkformen allgemein.

Das *Wesen der Religion*, so meint Durkheim, kann nicht in dem Glauben an einen transzendenten Gott erfaßt werden, denn es gibt auch höhere Religionen ohne Gott (wie etwa den Buddhismus). Vielmehr setzen alle religiösen Überzeugungen eine Klassifizierung der Dinge in zwei Kategorien, nämlich in *profane* und *heilige*, voraus. Das Universum wird in zwei Teile geteilt, die alles Existierende umfassen, sich aber wechselseitig auschließen. Das Sakrale besteht aus einer Gesamtheit von Dingen, Überzeugungen und Riten, die systematisch geordnet sind. "Eine Religion ist ein solidarisches System von Überzeugungen und Praktiken, die sich auf heilige, d.h. abgesonderte und verbotene Dinge, Überzeugungen und Praktiken beziehen, die in einer und derselben moralischen Gemeinschaft, die man Kirche nennt, alle vereinen, die ihr angehören." (1984, 75).

Durkheim versucht, frühere Religionstheorien zu widerlegen: den Animismus, einen Geisterglauben, der in das Äußere der Dinge eine Seele (anima) hineindenkt, oder den Naturismus, demzufolge die Menschen verklärte Naturkräfte anbeten. Würde man diese Auffassungen als richtig anerkennen, so müßte man zugeben, daß die Menschen kollektiven Halluzinationen erliegen. Durkheim aber will die "Wirklichkeit" dessen retten, was den Kern der Religion ausmacht: Er versucht in einer Untersuchung totemistischer Religionen, von denen auch auf die höheren religiösen Formen zu schließen sei, zu zeigen, daß die Menschen in ihrer Religion eigentlich *immer nur die Gesellschaft selbst angebetet haben*.

Ein Klan ist eine Gruppe von Menschen, die sich durch die Tradition einer gemeinsamen Abstammung von einem Totemtier oder einer Totempflanze als verbunden betrachten. Die Weitergabe des Klantotems geschieht meistens durch die Mutter. Fast alle australischen Stämme, die Durkheim untersucht, besitzen eine Darstellung des Totems, auf "heiligen" Steinen oder Holzstücken, d.h. ein Emblem. Auch auf diese Gegenstände bezieht sich die Vorstellung des Sakralen. So bildet sich eine Vielzahl von "heiligen" Dingen heraus, denen die profane Welt gegenübersteht. Dieses Heilige ist eine anonyme und unpersönliche Kraft, etwas, was über dem Einzelmenschen steht, was auch bestehen bleibt über die Generationen hinweg. Diese diffuse Macht, die über den Menschen steht, ist eigentlich der Gegenstand ihrer Verehrung: Das Totem symbolisiert einerseits den "Totemgott", andererseits den Klan; es ist das Zeichen, das alle Klanangehörigen tragen, ob Menschen, Tiere oder Dinge. "Wenn es also sowohl das Symbol des Totems wie der Gesellschaft ist, bilden dann nicht Gott und die Gesellschaft eins? ... Der Gott des Klans, das Totemprinzip kann also nichts anderes als der Klan selber sein, allerdings vergegenständlicht und geistig vorgestellt unter der sinnhaften Form von Pflanzen- oder Tiergattungen, die als Totem dienen." (284).

Die *Gesellschaft* gewinnt dadurch einen "heiligen" Charakter. "Es ist, ganz allgemein gesprochen, nicht zweifelhaft, daß eine Gesellschaft alles hat, um in den Geistern, allein durch ihre Wirkung auf sie, das Gefühl des Göttlichen zu erwecken; denn sie ist für ihre Mitglieder das, was ein Gott für seine Gläubigen ist." (285) Die Gesellschaft zwingt uns die Mißachtung unserer Interessen und alle möglichen Unannehmlichkeiten und Opfer auf, ohne die ein Leben in ihr nicht möglich wäre. "Wenn die Gesellschaft von uns diese Zugeständnisse und Opfer nur durch materiellen Zwang erhielte, so könnte sie in uns nur den Gedanken einer physischen Kraft erwecken, der wir gezwungen weichen würden, und nicht den einer moralischen Macht, die den Mächten gleicht, die die Religionen verehren. In Wirklichkeit liegt die Macht, die sie über unser Gewissen ausübt, viel weniger in der physischen Autorität, mit der sie bekleidet ist. Wenn wir ihren Befehlen gehorchen, so nicht einfach darum, weil sie über unseren Widerstand triumphieren kann, sondern vor allem, weil sie Gegenstand einer wirklichen Ehrfurcht ist." (285).

Ein Gott ist einerseits eine Autorität, von der wir abhängen, andererseits eine Quelle der Kraft, auf die sich der Glaubende stützen kann. Dies kann vor allem in *Versammlungen* geschehen. Gerade Exaltationen im Rahmen religiöser Zeremonien sind besonders charakteristisch für diesen Prozeß der Vereinigung von Kollektivgefühl und religiösem Erleben: Rituale, Tänze, gemeinsame Übungen, die Fest und Kult in einem sind, Menschen, die tanzen und schreien, - in einem solchen Vorgang verselbständigt sich das Geschehen. Der einzelne verliert sein eigenes Ich, er wird Teil seiner Gruppe, spürt dieses Außergewöhnliche, Transzendente, die Kollektivkraft, die zugleich etwas Sakrales ist. "In diesem gärenden sozialen Milieu und aus dieser Gärung selbst scheint also die religiöse Idee geboren worden zu sein." (301) Ein großer Teil des gesellschaftlichen Verhaltens ist mit Symbolen verbunden; dies trifft auch für moderne Gesellschaften zu. Riten dienen dazu, das Gefühl der gemeinschaftlichen Verbundenheit aufrechtzuerhalten, das Zusammengehörigkeitsgefühl zu stärken und den Glauben zu bewahren. Das Hauptziel der Religion ist nicht, "dem Menschen eine Darstellung der physischen Welt zu geben. Denn wenn das der Fall wäre, dann könnte man nicht verstehen, wie sie sich hat erhalten können; da sie in dieser Beziehung nicht mehr als ein Netz von Irrtümern ist. Vielmehr ist sie im Gegenteil vor allem ein Begriffssystem, mit dessen Hilfe sich die Menschen die Gesellschaft vorstellen, deren Mitglieder sie sind, und die dunklen, aber engen Beziehungen, die sie mit ihr haben." (309)

Religion ist schließlich für Durkheim nicht nur die Quelle moralischer und rechtlicher Normen, sondern auch die *Keimzelle des Denkens und der Wissenschaft* überhaupt. Verschiedene Gründe sprechen seines Erachtens dafür. (1) Einfache Klassifikationen von Gegenständen oder Geschehnissen hängen mit den religiösen Vorstellungen zusammen, die ja die Welt selbst bereits in zwei Bereiche - die heilige und die profane - teilten. Die menschliche Gesellschaft selbst gibt das Beispiel für Klassifikationsverfahren, sie liefert die Idee der Hierarchie, die für die logische Einteilung nach Gattungen und Arten vonnöten ist. (2) Auch die Idee der Kausalität kann nur der Gesellschaft entnommen werden, denn das Leben in der Gemeinschaft erzeugt die Idee der Macht. (3) Der Gegensatz zwischen Empirismus

(Kategorien und Begriffe sind in der Erfahrung gegeben) und Apriorismus (sie sind dem menschlichen Geist angeboren) wird überwunden; der menschliche Geist enthält tatsächlich mehr, als mit den Sinnen wahrzunehmen ist, aber auch dies muß einen Ursprung haben - Durkheim findet ihn in den kollektiven Vorstellungen, die allgemeinen Charakter haben und den einzelnen verpflichten.

Säkularisierung

Gerade der wissenschaftliche Fortschritt und die dadurch ausgelöste Rationalisierung vieler Lebensbereiche haben die Vorherrschaft des religiösen Denkens in den Industrieländern gebrochen. Die Behauptung, daß sich ein durchgreifender Prozeß der Lösung von Bewußtsein und Verhalten aus dem Einflußbereich religiöser Vorstellungen vollzogen hat, wird als *Säkularisierungsthese* bezeichnet. Säkularisierung ist ein "Prozeß, durch den Teile der Gesellschaft und Ausschnitte der Kultur aus der Herrschaft religiöser Institutionen und Symbole entlassen werden." (Berger 1988, 103). Im wesentlichen geht es im Abendland um den Rückzug der christlichen Kirchen - um die Trennung von Kirche und Staat, um den Rückzug aus dem Erziehungswesen, um das Verschwinden religiöser Inhalte aus den Künsten, der Philosophie und der Literatur, schließlich um das Aufkommen der Naturwissenschaften und ihrer säkularen Weltsicht. Es gibt "eine ständig wachsende Zahl von Menschen, die sich die Welt und ihr eigenes Dasein auch ohne religiösen Segen erklären können." (104)

Dies ist allerdings nicht unbestritten: Es wird den Vertretern der Auffassung, daß religiöses Denken im Verschwinden sein, entgegengehalten, daß wohl die herkömmlichen religiösen Formen und Institutionen einen Mitglieder- und Beteiligungsschwund zu verzeichnen hätten, daß deswegen aber das Bedürfnis nach religiösen Deutungen und metaphysischen Erfahrungen keineswegs geschwunden sei - der Aufschwung verschiedener Sekten und die starke Nachfrage nach exotischen religiösen Praktiken scheinen nicht für eine durchgreifende Säkularisierung zu sprechen. Die etablierten christlichen Kirchen konnten von diesen Bedürfnissen allerdings kaum profitieren; vielmehr scheint sich eine Tendenz zur Individualisierung und Privatisierung von Religion durchzusetzen (vgl. Luckmann 1963).

Fundamentalismus und Volksreligion

Zwei besondere Phänomene seien abschließend kurz angesprochen: die Volksreligion, die sich in manchem von der "offiziellen" Theologie abhebt; und fundamentalistische Bewegungen, die auch in der modernen Welt sonderbare Renaissancen erleben.- Bei der *Volksreligion* handelt es sich um im Volk verankerte Glaubensvorstellungen, die meist inkonsistent und synkretistisch sind und eigene Traditionen mit Elementen kodifizierter Großreligionen verschmelzen. Sie schließen Astrologie, Magie, Wunder- und Aberglauben ein, die Verwendung von Amuletten und Glückszahlen, den Glauben an Dämonen und Hexen, Seelenwanderung und Wiedergeburt, außersinnliche Kommunikation, den Kontakt mit Toten und dergleichen. Sie bestehen eher aus Erzählungen und Aphorismen, Anekdoten und Geschichten, nicht aus einem formalen und konsistenten Denkgebäude. Daher können sie auch synkretistisch sein, d.h. unterschiedliche, auch widersprüchliche Glaubensvorstellungen in einem nur lose verbundenen System vereinen. Auch in diesem Falle gilt, daß solche Praktiken oft als Antwort auf außeralltägliche Geschehnisse verwendet werden. Sie werden meist in kleinen Gruppen von Freunden, Verwandten und Gleichgesinnten praktiziert. Auch "Wunder" und "Erscheinungen" fallen unter diese Phänomene der Volksreligion, wobei in verschiedenen Untersuchungen gezeigt worden ist, daß dafür besondere Bedingungen günstig sind: Psychologisch eignet sich ein durch Lebenskrisen hervorgerufener Stress dazu, Halluzinationen hervorzurufen; soziologisch wurde gezeigt, daß Personen, die streng auf eine Kollektivorientierung hin erzogen worden sind, eher das Gefühl entwickeln, von einer äußeren Macht "besessen" zu werden; kulturell bedarf es des Vorhandenseins überlieferter Muster, um ein (vermeintliches) Erlebnis entsprechend zu interpretieren, oder zumindest des Vorhandenseins von Bekannten, die eine religiöse Interpretation für bestimmte Erlebnisse vorschlagen.

Fundamentalistische Bewegungen sind gewissermaßen das Gegenstück zur eher toleranten Volksreligion: Sie verlangen einen strikten Glauben an die Lehre, sie weisen zentrale Glaubensvorstellungen von hoher Rigidität auf und sind gegen Abweichungen wenig tolerant. Die Weltsicht ihrer Mitglieder ist an absoluten Werten orientiert. Das Wiederaufleben fundamentalistischer Tendenzen in der islamischen Welt, im Judentum, aber auch in christlichen Kirchen wird meist gedeutet als Reaktion gegen Modernisierungstendenzen der Gesellschaft oder als Widerstand gegen "Aufweichungstendenzen" des Glaubens. Christliche Fundamentalisten in Amerika fordern Verbote, den Darwinismus in den Schulen zu unterrichten, weil er der Bibel widerspreche. Katholische Fundamentalisten wenden sich gegen einen Wandel der Kirche in Richtung sozialen Engagements und fordern einen stringenten Katechismus. Islamische Fundamentalisten machen den Koran wieder zum allgemein gültigen Gesetzbuch. Jüdischer Fundamentalismus fordert religiöse Verheißungen ein, um damit praktisch politische Gebiets-, Siedlungs- und Vormachtansprüche zu begründen (vgl. Meyer 1989).- Fundamentalismus kann in homogenen Gruppen seine sozialen Nischen finden, er ist bedroht durch höhere Erziehung mit ihrer rationalisierenden Wirkung und ihrer Tendenz zur Systematisierung von Glaubensvorstellungen, denn dadurch wird die Lehre auch gegen äußere Veränderungen verwundbarer. Auch Revitalisierungsbewegungen sind meist fundamentalistisch; dabei handelt es sich um in religiöser Gestalt auftretende soziale Bewegungen mit dem Ziel, einer alten Sozialordnung wieder Geltung zu verschaffen oder sie neu einzuführen (vgl. Linton 1943; Mühlmann 1964). Sie entstehen oft in Kulturen, die mit einer technisch überlegenen Gesellschaft in Kontakt kommen, und fordern die Wiederbelebung alter Lebensweisen, religiöser Praktiken und Rituale. Bekannte Beispiele sind die Cargo-Kulte in Melanesien oder die aus der Religionsgeschichte bekannten Gruppen der Makkabäer oder Hussiten. Auch in den modernen Gesellschaften finden sich entsprechende Subgruppen, so etwa Indianergruppen in den USA oder die Black-Muslim-Bewegung.

XIV. ALTER, KRANKHEIT, TOD

Wenn wir uns dem Ende unseres Lebenslaufes nähern, so begegnen wir den markantesten Erscheinungen auf der "Nachtseite" des Lebens: dem Tod, der absoluten Bedrohung dessen, was im Alltagsleben so sicher und durchsichtig scheint, und Alter und Krankheit, den Vorboten des Todes bzw. den Signalen der Sterblichkeit. Es handelt sich bei diesen Phänomenen zwar um Erfahrungen unserer Alltagswelt, da wir doch dauernd mit ihnen konfrontiert sind; aber zugleich sind und bleiben es Grenzerlebnisse: Sie weisen auf die Grenzen eben dieser Alltagswelt hin, und es sind besondere Vorkehrungen der Gesellschaft nötig, um diese Erscheinungen in das Leben einzubeziehen.

Besonders schwierig scheint dies in der modernen Gesellschaft zu sein, in der ein wahrer Kult mit Gesundheit, Jugendlichkeit und Leben getrieben wird, und in der es schon beinahe als sittliche Verpflichtung erscheint, jung und gesund zu sein. Die Folge dessen ist, daß Alter, Krankheit und Tod, die Negierung menschlicher Beherrschbarkeit der Natur und menschlichen Erfolges, immer mehr verdrängt und verborgen werden. Alte Menschen werden aus der Familie ausgegliedert und in Altersheime abgeschoben, Kranke zur Versorgung dem Krankenhaus überantwortet, und "es gehört sich auch", daß man in derartigen Institutionen - und nicht, wie früher, zu Hause - stirbt. Das wiederum hat zur Folge, daß die Menschen tatsächlich über keinerlei Erfahrungen mit Alter (Abschnitt 1), Krankheit (Abschnitt 2) und Tod (Abschnitt 3) mehr verfügen, was die Konfrontation mit diesen Phänomenen erst recht schwierig macht.

1. Das Alter - die letzte Phase des Lebens

Für das Alter (vgl. Rosenmayr 1978, Tews 1979, Binstock/ Shanes 1976) gilt - wie für die Jugend -, daß biologische und psychische Tatsachen und soziale Definitionen auseinanderfallen. Daß es einen *biologischen* Alterungsprozeß gibt, ist unbestritten, auch wenn über die letzten Gründe gewisse Unklarheiten herrschen; aber selbst in diesem Fall gibt es Menschen, die - medizinisch gesehen - "jünger" sind als andere ihres Alters. Es ist eine Alltagserfahrung, daß es Menschen gibt, die sich "alt" fühlen, obwohl sie es nicht sind, und solche, die "jung" bleiben wollen bis ins hohe Alter. *Soziale* Normen legen fest, wann sich ein Mensch "unpassend für sein Alter" benimmt. Die sozialen Definitionen wandeln sich jedoch: Im Mittelalter war man mit fünfzig Jahren "alt", angesichts der damaligen durchschnittlichen Lebenserwartung; heute bezeichnet man einen Vierzigjährigen als "jungen Politiker".

In Gesellschaften, die an der Grenze zum Existenzminimum vegetieren, werden Alte, die zur Belastung werden, ausgesetzt oder rituell getötet. In Ackerbaugesellschaften, die sich den Erhalt der Alten "leisten" können, werden ihnen geistige Fähigkeiten und wertvolle Erfahrungen zugeschrieben. In modernen Gesellschaften, in denen die Verfügung über wechselnde Informationen, materielle Ressourcen und geistige und körperliche Fähigkeiten zählt, werden die Älteren wieder zu einer materiell zwar abgesicherten, aber peripheren sozialen Gruppe.- Solche "Ausgrenzungen" werden auf verschiedene Weise erklärt: Die *Disengagement-Theorie* sieht im physischen und psychischen Abbau den für alle Kulturen geltenden Grund für eine langsame Absonderung der Älteren von ihrer Gesellschaft; die *Aktivitätstheorie* sieht die Wirkungsrichtung umgekehrt, zuerst erfolgt die Ausgliederung aus den Bezugssystemen, und die Folgen sind Statusverlust, Ausgrenzung, Inaktivität. Die *Austauschtheorie* verweist auf den Umstand, daß die materiellen, emotionalen und intellektuellen Güter, welche die Alten in sozialen Tauschprozessen anzubieten haben, immer knapper werden; sie werden weniger wertvoll und deshalb aus den Interaktionssystemen langsam ausgegliedert. Andere Argumente sind: Die Institution der Pension erwächst aus der Absicht, die Arbeitslosigkeit niedrig zu halten. Die Pensionierung, die zu kollektiven Transferzahlungen berechtigt, soll Einkommenssicherheit im Alter bieten. Es gibt einen Druck des Arbeitgebers, aus dem Job, für den sich qualifiziertere und kräftigere Personen anbieten, auszuscheiden. Freunde und Verwandte sehen die Pension als "normale" Phase im Lebenslauf an und hegen entsprechende Erwartungen. Die Möglichkeiten, in den letzten Lebensjahren die Muße zu genießen, haben sich erweitert, weil die Freizeitmöglichkeiten zugenommen haben und eine materielle Besserstellung der Alten erfolgt ist (vgl. Atchley 1982).

Die steigende Lebenserwartung

Daß die durchschnittliche Lebenserwartung in den entwickelten Industrieländern wesentlich angestiegen ist, ist eine Tatsache (vgl. Bolte u.a. 1980, Hauser 1982). Aber der Umstand, daß die Menschen auch mit einem hohen Grad an *Sicherheit* mit einem langen Leben rechnen dürfen, hat Auswirkungen auf die Lebenseinstellung (vgl. Imhof 1988a, b). Die geringe durchschnittliche Lebenserwartung unserer Vorfahren (von rund 40 Jahren) wurde durch die Säuglings- und Kindersterblichkeit geprägt, während ein Zwanzigjähriger mit einer Lebenserwartung von 60 Jahren rechnen durfte. Die mittlere maximale Lebenserwartung, die uns durch die biologische Konstitution gegeben ist, lag daher damals wie heute etwa bei 80 bis 85 Jahren. Es stellt sich die Frage, ob man diese Grenze mit einem gigantischen technologischen Aufwand weiter hinausschieben kann oder soll.- Das Leben unserer Vorfahren war wesentlich *unsicherer*, von Seuchen und Infektionskrankheiten, Hunger und Krieg bedroht.

Der Lebensfaden konnte jeden Augenblick und jede Stunde reißen, und es war angemessen, von der Hand in den Mund zu leben. Heute ist das Leben "planbar". Immer weniger Individuen fallen vorzeitig aus. Im heutigen Europa lebt die erste Generation, welche die Geißeln früherer Jahrhunderte - Pest, Hunger und Krieg - nicht mehr selbst kennengelernt hat, und es stellt sich die Frage, wie weit sie mit einer vernünftigen Lebensplanung auf die Frist dieses langen Lebens zurechtkommt. Gerade die wirtschaftlichen und sozialen Sicherheiten lösen auch die Gemeinschaftsbande, die früher überlebensnotwendig waren, und lassen die älteren Menschen vereinzeln. Während allerdings die größere Gruppe der Älteren, deren Gesundheitszustand befriedigend ist, ein erfülltes Leben mit zahlreichen Aktivitäten genießen kann, wie dies früheren Generationen nicht möglich war, wird vor allem die Gruppe der Hochbetagten - jenseits von 80 Jahren - zu einem sozialen Betreuungsproblem.

Auch die Bildung war früher eine "kurzfristige" Angelegenheit; es genügte die Einübung einiger Grundfertigkeiten. Heute veralten Wissensbestände rasch, und es bedarf des lebenslangen Lernens. Die Menschen haben Chancen, ihre Interessen zu pflegen; umso eher stellt sich die Frage, ob sie es schaffen, trotz der viel längeren Zeitdauer ein Leben zu gestalten, bei dem sie nicht rückblickend feststellen müssen, es sei die Zeit vergeudet worden.

Die Annäherung an das Alter

Bevor wir uns mit bestimmten Eigenarten der letzten Phase des Lebens befassen, werfen wir noch einen Blick auf das, was vorher kommt, auf das *Erwachsenenalter*. Es hat eine Reihe von Versuchen gegeben, die Entwicklung des Erwachsenen als festgelegte Abfolge von Entwicklungsstufen oder -phasen zu beschreiben. Daniel J. Levinson (1978) etwa spricht von "Jahreszeiten", womit er ausdrückt, daß es sich um keinen "Aufstieg" (nach welchem Kriterium auch immer) in der Abfolge dieser Phasen handeln muß; die psychische "Arbeit" - das Untersuchen und Bewerten der eigenen Lebenslage, das Entscheiden zwischen möglichen Alternativen - geschieht seines Erachtens während bestimmter Übergangsperioden, während das Lebensklima innerhalb der einzelnen Stadien relativ ruhig bleibe. Die Übergangsphasen werden weitgehend durch äußere Ereignisse ausgelöst, z.B. durch das Nichterreichen eines Karrierezieles. Die Abfolge sieht folgendermaßen aus: (1) *Frühes Erwachsenenalter* (17-22): Verlassen der Jugendwelt und vorläufiger Schritt in die Erwachsenenwelt, Erkundung von Möglichkeiten und erste Weichenstellungen. (2) *Eintritt in die Erwachsenenwelt* (22-28): Aufbau der ersten wichtigen Lebensstruktur; gewöhnlich Heirat und Gründung einer eigenen Familie; Erkundung von Optionen, Stabilisierung in bestimmten räumlichen, beruflichen und anderen Gegebenheiten. (3)

Übergangsphase mit 30 (28-33): Korrektur von "Irrtümern" in der ersten Lebensstruktur; Revision der Entscheidungen der frühen 20er und allenfalls Vornahme von Änderungen. (4) *Konsolidierung* (33-40): Schaffung einer weiteren, stabileren großen Lebensstruktur; gewöhnlich starkes berufliches Engagement und Aufstieg. (5) *Übergangsphase in der Lebensmitte* (40-45): Erneute Überprüfung des eigenen Lebens: Was wollte ich? Was habe ich gemacht? (6) *Beginn der mittleren Erwachsenenjahre* (45-50): Schaffung einer neuen Lebensstruktur; Schwerpunkt auf den familiären Beziehungen, insbesondere mit den Kindern, und auf neuen beruflichen Aufgaben.- Solche Ablaufmodelle sind allerdings von Forschern bemängelt worden, die für verschiedene soziale Gruppen unterschiedliche Lebensverläufe nachweisen konnten.

Die Krise in der Lebensmitte

Die Vorstellung, es gebe in der "Mitte des Lebens" eine entscheidende Krise zu bewältigen, ist populär geworden. Zweifelsohne gibt es vielfältige Anpassungsprobleme, berufliche Fehlschläge, eheliche Schwierigkeiten, schwere Krankheiten oder Todesfälle bei nahen Angehörigen. Aber genauere Untersuchungen haben ergeben, daß sich empirisch keine stichhältigen Belege dafür finden lassen, daß ausgerechnet im mittleren Alter besondere Schwierigkeiten auftreten, also eine *midlife-crisis* zu gewärtigen ist.

Ein möglicher Indikator für besondere psychische Probleme in dieser Phase wäre etwa die Selbstmordrate. Aber diese zeigt bei den Männern in den USA nicht die erwartbare Spitze im mittleren Alter, sondern weist einen kontinuierlichen Anstieg von einem Wert von 12 bis 20 (pro 100.000 Einwohner) im Alter von etwa 20 Jahren bis auf über 50 in den späten 70ern und 80ern des Lebenszyklus auf. Überraschend ist aber vielmehr etwas anderes. Die Selbstmordrate bei den Frauen beginnt bei einem Niveau von 3 bis 4 im Alter von etwa 20 Jahren, steigt bis auf rund 14 im mittleren Lebensalter und nimmt dann wieder ab auf ein Niveau von rund 5 im hohen Alter. Sie liegt damit nicht nur durchwegs unter jener der Männer, sondern weist einen ganz anderen Verlauf auf. Folgende Hypothese wird dafür angeboten: Es seien die Geschlechtsunterschiede in der Erziehung, die dafür verantwortlich seien; denn Mädchen würden auf Anpassungsfähigkeit, Passivität und Formbarkeit hin erzogen, was sie dazu fähig macht, mit den Belastungen des Erwachsenenlebens besser fertig zu werden. Von den Jungen hingegen werde erwartet, daß sie Problemen frontal begegnen, Konflikte auskämpfen und ihre Schwächen, Ängste und Fehlschläge verbergen. Jedes Scheitern ist für den Mann daher ein existenzbedrohender Schlag für seine Selbstachtung, der möglicherweise mit einem Selbstmord beantwortet wird.

Verhaltensprobleme im Alter - die Suche nach der "Rolle"

Die Gesellschaft hat eine konkrete Vorstellung davon, wie sich ältere Menschen zu verhalten haben: Es existiert die *Rolle des Alten.* Das reicht von der Kleidung - Alte haben weniger bunte Farben zu tragen und nicht die modischesten Kleider anzuziehen - bis zur Freizeitbeschäftigung - ein Disco-Besuch ist nicht angebracht, es sei denn als Kuriosität -, von der Haartracht bis zu den Eßgewohnheiten, von sexuellen Aktivitäten bis zum Verhältnis zu den Verwandten - "die Omi schaut immer gerne auf die Kinder". Zuweilen werden Konflikte deutlich, wenn diese Rollenvorstellungen von den Älteren nicht akzeptiert werden: Das kann einerseits in dem Sinne geschehen, daß die Alten bestimmte Lebensrechte zu verteidigen suchen, daß sie ihre Unabhängigkeit wahren, ja daß sie verschiedene Tätigkeiten, für die im Laufe des Lebens keine Zeit war, nun "nachholen" (Reisen); andererseits aber können Konflikte auch daraus entstehen, daß die Älteren selbst es nicht schaffen, sich mit der Tatsache, alt zu sein, abzufinden - es gibt auch eine lächerliche Anbiederung an die Jugendlichkeit, und es gibt auch wirklich unleidliche Alte, die mit ihrem Leben nicht zurechtkommen.

Sich in die besondere Lage zu finden, ist natürlich deswegen schon nicht einfach, weil der Eintritt in das Alter meist ja mit anderen tiefgreifenden Veränderungen zusammenfällt: so etwa mit einer wirtschaftlichen *Ausgrenzung aus dem Arbeitsgeschehen.* Für die Alten gibt es in den meisten Berufen "Arbeitsverbote" (Arbeitslose werden zuweilen sogar noch vor der allgemein gültigen Ruhestandsgrenze zwangsweise in Pension geschickt). Andererseits existiert in den meisten entwickelten Industrieländern ein ausgebautes System der wirtschaftlichen Vorsorge durch kollektive Sicherungssysteme, das den Alten *Unabhängigkeit* ermöglicht. Dennoch ist es nicht leicht, die eigene Identität aufrechtzuerhalten, und die Rückwärtsgewandtheit der Älteren, ihr häufiges Erinnern an frühere Lebensphasen, ist nicht nur durch den Umstand zu erklären, daß die Zukunft für sie kein interessanter Gegenstand zum Nachdenken mehr ist, sondern ist auch als Versuch zu verstehen, aus der Kontinuität des Lebens heraus einen Sinn für die Gegenwart zu gewinnen.

Mit dem Verlust der gewohnten Arbeit ist im allgemeinen ein Statusverlust verbunden. Die besondere Bedeutung der Berufsrolle in der Selbst- und Fremdeinschätzung im sozialen Gefüge führt oft zum sogenannten *Pensionsschock*: Der Pensionierte empfindet sich als überflüssig und sein Leben als sinnlos; zumal der Berufsverlust einhergeht mit anderen Schwierigkeiten, mit geringerem Einkommen und nachlassender Gesundheit. Die Situation wird verschärft durch die herrschenden Jugendlichkeitsideale der Gesellschaft, in der Wissen und Erfahrung weniger zählen. Das Alter wirft sogar schon seinen Schatten voraus auf frühere Lebensjahre: sinkende Leistungsfähigkeit, zumindest in körperlicher Hinsicht, Zunahme von Krankheiten,

Nachlassen der Anpassungsfähigkeit. Es kommt auch in der sozialen Interaktion mit älteren Personen zu Äußerungen der *Abwertung*, Diskriminierung und Stigmatisierung, so etwa wenn ältere Personen mit einem abwertenden "Du" angeredet werden. "Alter" ist mit negativen Assoziationen verbunden: Hilfsbedürftigkeit, Abhängigkeit, Vergeßlichkeit, Langsamkeit, Unzurechnungsfähigkeit, Ermüdbarkeit, Schwäche, Einsamkeit. Allerdings bestehen in sozialen Schichten und Berufsgruppen große Unterschiede.

Die Alten sind heute materiell meist so abgesichert, daß sie nicht mit der Kinderfamilie zusammen leben. Denn auch die "alte Familie", in der die Großmutter am häuslichen Herd alte Märchen erzählte, wird allzu sehr romantisiert, und man ignoriert die oft harten oder sogar brutalen Beziehungen, die in solchen idyllischen "Großfamilien", soweit sie überhaupt vorhanden waren, bestanden haben. Heute ist eher die haushaltsmäßige Trennung der Generationen typisch, verbunden mit dem Streben nach Selbständigkeit auf allen Seiten. Dennoch bestehen häufig gute Beziehungen zwischen den Generationen, es gibt intensive wechselseitige Hilfeleistungen, auch die Wohnsitze werden oft in der näheren Umgebung gesucht. Man hat das mit einem treffenden Begriff als *Intimität auf Abstand* bezeichnet: Jeder kann sein Leben nach den eigenen Vorstellungen leben, und dennoch ist man einander nahe und zur Hilfe bereit.

Die Situation zwischen den Generationen wird noch dadurch verkompliziert, daß eine Reihe von *Mythen über das Alter* vorherrschen. So liefern genauere Untersuchungen keine Belege dafür, daß das Alter eine Zeit zunehmender Depressionen sei; daß alte Menschen generell weniger intelligent seien; daß alle alten Menschen früher oder später senil werden; daß die sexuellen Fähigkeiten im Alter schwinden. Aber solche Mythen haben insoweit die Wirkung einer sich selbst erfüllenden Prophezeiung, als die älteren Menschen durch die Erwartungen der Gesellschaft ihnen gegenüber in ihrem Verhalten beeinflußt werden. Empirische Untersuchungen bringen deswegen keine klaren Ergebnisse, weil der Vergleich zwischen Jüngeren und Älteren durch Kohorteneffekte verzerrt wird: Bildungswege und Lebenserfahrungen der Altersgruppen sind verschieden, daher messen die Vergleiche nicht nur den Alterseffekt, sondern auch den Effekt, in einer anderen Zeit aufgewachsen zu sein und gelebt zu haben. Soweit man feststellen kann, scheinen bestimmte intellektuelle Fähigkeiten ab dem Alter von etwa 65 Jahren zurückzugehen, andere bleiben erhalten. Verbale Ausdrucksweise und faktische Wissensbestände werden nicht beeinträchtigt, wohl aber Merkfähigkeit und räumliches Denken.

Eine alternde Bevölkerung - soziale und wirtschaftliche Folgen

Die abnehmenden Geburtenraten und die steigende Lebenserwartung lassen in vielen Industrieländern eine *alternde Bevölkerung* erwarten.

Das Durchschnittsalter steigt, bzw. die Anteile der über 40- und über 60jährigen nehmen zu, der Anteil der Jüngeren nimmt ab. Man kann darüber spekulieren, welche Folgen dies haben wird (vgl. Bös und Weizsäcker 1989).

Erstens kann man annehmen, daß sich die *politischen Gewichte* verschieben. Die Mehrheit der Wähler, auf deren Interessen Politiker achten müssen, ist dann nicht mehr im Alter zwischen 18 und 44, sondern älter, und ihre Interessen werden daher stärker zum Zuge kommen; dies kann sich auch bei den Transferzahlungen niederschlagen, die den Älteren zugute kommen, weil die "Zahler" in die Minderheit geraten. Allerdings zeigen Untersuchungen der letzten Jahrzehnte, daß die Einkommen der älteren Generation bereits bisher stärker gestiegen sind als jene der übrigen Bevölkerung. Zweitens überwiegen in der älteren Bevölkerung - wegen ihrer höheren Lebenserwartung - die *Frauen*, so daß auch deren Interessen stärker ins Gewicht fallen. Drittens werden mehr ältere Menschen in den verschiedensten Gremien sitzen, und Befürchtungen werden geäußert, daß die *Flexibilität der Entscheidungsprozesse* abnehmen könnte. Einerseits wirken Faktoren wie Erfahrung, Besonnenheit und on-the-job-Training effizienzsteigernd, andererseits können gesundheitliche Defizite, geringere körperliche Leistungsfähigkeit und abnehmende Risikobereitschaft sich effizienzmindernd auswirken. Viertens werden es die nachrükkenden Generationen mit *verstopften Karrierewegen* zu tun haben, denn der Anteil der Älteren in den Gremien von Politik und Wirtschaft wird zunehmen, so daß die Jüngeren frustriert und entmutigt werden können, und auch das könnte schädliche ökonomische Wirkungen zeitigen.

Diese Tendenzen werden - wie in Simulationsmodellen gezeigt wird - auch zur *Verknappung von Arbeitskräften* in den Industrieländern führen, wenn das Wirtschaftswachstum anhält - nur wenige Jahre, nachdem man Frühpensionierungen als Mittel benutzte, die Arbeitslosigkeit in Grenzen zu halten; darüber hinaus sind *Finanzierungsprobleme bei der Alterssicherung* zu erwarten. In den letzten Jahrzehnten hat sich die materielle Situation der Älteren in den meisten Ländern entscheidend verbessert, auch im Vergleich zur übrigen Bevölkerung; aber in vielen Ländern sind die Pensionsversicherungssysteme in Zukunft bedroht, wenn sich der Anteil der Einzahler, d.h. der berufstätigen Menschen, verringert und der Anteil der Pensionsbezieher ansteigt. Die Gesundheitsausgaben werden gleichfalls schwerer finanzierbar, weil gerade die Älteren hohe Ausgaben verursachen.- Dem kann man begegnen, indem die politischen Instanzen versuchen, die Frauenerwerbsquote noch stärker zu erhöhen, als dies ohnehin der Fall ist; indem sie das Pensionsalter hinaufsetzen; indem sie eine stärkere arbeitssparende Rationalisierung fördern; oder indem sie durch familienpolitische Maßnahmen versuchen, die Geburtenrate wieder zu erhöhen. Wenn dies nicht hinreicht, kann eine bewußte Einwanderungspolitik betrieben werden, wie dies Länder wie Kanada oder Australien seit langem tun. In Studien wird allerdings nachgewiesen, daß hiedurch wohl eine Erhöhung der Bevölkerungszahl, aber keine deutliche Senkung des Durchschnittsalters und keine durchschlagende Erhöhung der Fruchtbarkeitsraten erzielt wird, weil sich die Immigranten den Aufnahmeländern rasch anpassen. Neuerdings wird allerdings darauf hingewiesen, daß die kulturell "benachbarten" Arbeitskräftepotentiale bald "ausgeräumt" sein werden, und daß die Industrieländer dann auf die Bevölkerung der Entwicklungsländer zurückgreifen werden müssen. In diesem Fall sind weit gravierendere Assimilationsprobleme und kulturelle Konflikte zu erwarten (vgl. Blot 1990).

Wenn wir annehmen, daß die Älteren besonnener, aber zugleich vorsichtiger und weniger dynamisch sind als die Jüngeren, könnte die Gesellschaft in einigen Jahrzehnten angesichts des steigenden Altenanteils "konservativer", jedenfalls weniger einfallsreich und risikobereit werden; die ausgedehnteren Erfahrungen der Älteren stehen ihrer geringeren (gesundheitlichen) Leistungsfähigkeit gegenüber. Je rascher sich allerdings Informations- und Ausbildungserfordernisse ändern, umso problematischer wird der hohe Anteil der Älteren.

2. Krankheit - ein Hauch der menschlichen Hinfälligkeit

Gesundheit kann *biochemisch* als Fehlen meßbarer Abweichungen bestimmter Körperfunktionen von den durch statistische Verfahren ermittelten Normen betrachtet werden; *physiologisch* als Intaktheit der Körperfunktionen und als Normalität des Körperbaus; *psychologisch* als subjektives Wohlgefühl oder als objektive Akzeptanz durch andere Personen, d.h. als Einschätzung einer Befindlichkeit als "nicht abnorm". Die Gesundheitsdefinition der World Health Organization (WHO) ist umfassend: "Gesundheit ist der Zustand des vollständigen körperlichen, geistigen und sozialen Wohlbefindens und nicht nur das Freisein von Krankheiten und Gebrechen. Die Erlangung des bestmöglichen Gesundheitszustandes ist eines der Grundrechte eines jeden Menschen ohne Unterschied der Rasse, der Religion, des politischen Bekenntnisses, der wirtschaftlichen oder sozialen Stellung." (Vgl. zum Thema Gesundheit Baier 1978, Gerhardt 1986, Mechanic 1978, Tenkin 1973 u.a.)

Rückblick auf die Krankheit

Ein kurzer geschichtlicher Rückblick kann deutlich machen, in welchem Maße selbst ein so "natürlicher", d.h. als biologisch-chemisch betrachteter Sachverhalt wie eine Krankheit von gesellschaftlichen Interpretationen geprägt ist. Die Mythen früher Hochkulturen erzählen von einem Goldenen Zeitalter, frei von Krankheiten und anderen Übeln, dem erst später Schicksalsschläge, Epidemien und dergleichen folgten; Krankheit wurde als eine von den vielen Formen des Leidens gesehen, das den Menschen zu allen Zeiten auferlegt war. Die natürlichen Interpretationen - einschließlich der Fähigkeit, Schmerzen zu lindern und Kranke zur kurieren - waren in den frühen Hochkulturen etwa durchaus vereinbar mit magischen und religiösen Vorstellungen: mit dem Lesen von Omen etwa oder mit der Annahme von krankheitsverursachenden Dämonen. Die "Hand" einer Gottheit wurde häufig mit solchen Erscheinungen in Verbindung gebracht, Krankheit wurde gedeutet als Strafe für eine Übertretung oder eine Sünde, wobei es sich um ungewollte Verletzungen eines Tabus gleichermaßen handeln konnte wie um ein beabsichtigtes Verbrechen gegen Götter oder Menschen.-Die Griechen verfeinerten die Klassifikation der Krankheiten, die sie als somatische Störungen verstanden, die sich sowohl auf körperlicher als auch auf psychischer Ebene äußern konnten. Gesundheit wurde in Kategorien von Gleichgewicht, Harmonie, Symmetrie betrachtet. Epidemische Erkrankungen wurden auf Verunreinigungen (miasmata) zurückgeführt, die in der Luft enthalten seien, welche von allen Leuten einer betroffenen Region eingeatmet wurde. Ärzte behandelten die Menschen, häufig - dem Gleichgewichtskonzept entsprechend - durch Diät.- Mit dem Christentum kam ein neuer Gedanke ins Spiel: Krankheit nicht nur als Folge einer Sünde, sondern auch als Kasteiung für jene, die Gott besonders liebte. Mit der Gleichstellung körperlicher Gebrechen mit Sünden konnte auch die Sünde nunmehr als Krankheit verstanden werden. Bedeutsam war aber jene bis in die Moderne wirksame Tradition, in einer asketischen Haltung Krankheit auch mit Stolz zu betrachten, als Überwindung des Fleisches; sich Infektionen auszusetzen (etwa durch die Sorge für Leprakranke) galt als Zeichen der Heiligkeit.

Die Menschen des Mittelalters und der Renaissance litten unter Infektionskrankheiten, die als massive epidemische Wellen auftraten oder dauerhaft endemisch waren. Die Vorstellung von einer Infektion war allerdings ziemlich undeutlich: Man sprach von Virus, üblem Geruch, Miasma, Fäulnis. Die Pest war die ernsteste epidemische Erkrankung; Epidemien sind überliefert aus der Zeit Justinians (527-565 v.C.), aus dem 14. Jhdt (der "schwarze Tod"), bis herauf zu den letzten Ausbrüchen in London (1665) und Marseille (1720). Lepra galt als wichtigste endemische Erkrankung, bis sie - um rund 1500 - von der Syphilis abgelöst wurde. Fortschritte in der Betrachtung von Infektionen gelangen Paracelsus (1493-1541) und seinen Schülern; die Nosologie, die Lehre von der Klassifikation von Krankheiten, wurden im 17. und 18. Jahrhundert weiterentwickelt. Die Aufklärung verstärkte die naturwissenschaftlich-biologische Orientierung: Krankheiten wurden auf streng mechanische Prinzipien zurückgeführt, der Körper wurde als wohlfunktionierende Maschine betrachtet. Chirurgen waren vor allem an der Erweiterung der anatomischen Kenntnisse beteiligt; Apotheker an den chemischen Vorgängen interessiert; praktische Ärzte diskutierten über vitalistische und mechanistische Krankheitsvorstellungen. Die entstehenden Spitäler boten "Material" nicht nur für Wohltätigkeit, sondern auch für systematische Beobachtung und die Anwendung statistischer Methoden. Letztere wurden auch vom modernen Staat eingesetzt; es entstanden die ersten Gesundheitsstatistiken. Der Merkantilismus kalkulierte die wirtschaftlichen Vorteile aus einem besseren Gesundheitszustand der Menschen und den Verlust, der durch Krankheit und Tod zu verzeichnen war. Militärische Rekrutierungskommissionen waren interessiert an einer gesunden Population. Technische Apparaturen zur Gesundheitsüberwachung verbreiteten sich, etwa Uhren und Thermometer, mit denen der Puls oder die Körpertemperatur gemessen werden konnten; Tabellen mit numerischen "Normalwerten" und Krankheitsverläufen (Fieberkurven) wurden ausgearbeitet.

Die Industrielle Revolution lenkte die Aufmerksamkeit auf die sozialen Bedingungen, die für das Entstehen von Krankheiten verantwortlich waren; soziale Zustände verdrängten biologische Faktoren als Krankheitsursachen. Zugleich aber wurde die romantische Bewegung spürbar, die bestimmte Krankheiten "verherrlichte", zumindest als kulturschaffende Lebensdisposition ansah: Lungentuberkulose, die Anämie junger Mädchen, Bleichsucht, eine morbide Mentalität. Gleichzeitig finden wir aber auch die Verherrlichung des natürlichen primitiven Lebens: Natur als Gegengift gegen die Städte, gegen die Orte der menschlichen Degeneration. Im Extremfall geriet diese Naturverehrung zu einem "therapeutischen Nihilismus", demzufolge von allen Heilungsversuchen abgesehen und ausschließlich die Natur (etwa durch Hygiene) bei ihren Selbstheilungsprozessen unterstützt werden sollte.- Physiologische Forschungen versuchten im 19. Jahrhundert - auch mit experimentellen Methoden - Aufschluß über das Funktionieren des Körpers zu erlangen; Verbesserungen der chirurgischen Methoden ließen immer mehr Krankheiten als heilbar erscheinen; Robert Koch entdeckte 1882 den Tuberkel-Bazillus, was den Sieg der Bazillentheorie bedeutete. Das Laboratorium, in dem sich Bakteriologen und Immunologen tummelten und Impfstoffe entwikkelten, wurde zur Schlüsselstelle für den Kampf gegen Infektionskrankheiten. Die Erfindung des DDTs minderte die Krankheitsübertragung durch Insekten, Sulfonamide (1935) und Antibiotika (nach dem Zweiten Weltkrieg) wurden zu Wunderwaffen gegen bakterielle Infekte.

Im 20. Jahrhundert hat sich das Krankheitsbild - vor allem in den Industriestaaten - wesentlich verändert: Die Kindersterblichkeit konnte wesentlich gesenkt, die Lebenserwartung gesteigert werden. Die Sterblichkeit aufgrund von Infektionskrankheiten hat deutlich abgenommen, jene aufgrund von degenerativen Krankheiten (z.B. Tumoren) und Unfällen zugenommen. "Zivilisationskrankheiten", die mit den Lebensbedingungen und Lebensstilen der modernen Gesellschaft in Zusammenhang stehen, befinden sich in den Statistiken im Aufstieg.

Krankheitstheorien

Zu den eigentlichen medizinischen Krankheitsheorien zählen die Theorie der *Zellularpathologie*, derzufolge die einzelnen Zellen Träger einer Krankheit seien, und die *Molekularpathologie*, derzufolge eine Erkrankung auf Störungen des Zellstoffwechsels oder der Immunreaktion beruht. Die *Risikofaktorenmedizin* sieht den Krankheitsprozeß komplexer, nämlich als Ergebnis schädlicher Verhaltensweisen und krankheitsfördernder Faktoren beim Individuum. Die *psychosomatische* Medizin akzeptiert Wechselbeziehungen zwischen Soma und Psyche, versteht Krankheit als Problem eines "Systems" (des ganzen Menschen) und als Folge eines gestörten Gleichgewichts. Sie kommt damit der soziologischen Perspektive näher; allerdings ist sie anfällig für spekulative Argumentationen.

Sozialwissenschaftliche Krankheitstheorien (vgl. Maschewsky 1984) nehmen viele Argumente aus unterschiedlichen soziologischen Lehrbereichen - vom Funktionalismus bis zur Kulturanthropologie - auf. Nur wenige Beispiele können genannt werden. (1) Nach dem *Labeling-Ansatz* etwa sind bestimmte Krankheiten nicht allein eine biologisch-medizinische Tatsache, sondern ein soziales Konstrukt, etwa eine Reaktion auf irgendeine Form abweichenden Verhaltens. In manchen Fällen ist dies ganz deutlich: Homosexualität ist aus dem Krankheitsbegriff herausgenommen worden, Fettleibigkeit und Alkoholismus sind zusätzlich als "Krankheiten" definiert worden. Ob "Prüfungsangst" als Krankheit definiert wird, ist im Einzelfall umstritten. Solche Definitionen sind deswegen folgenreich, weil damit die "Verschuldensfrage" verschoben wird: vom Individuum zu den äußeren Bedingungen - wer "krank" ist, der ist an ungenügenden Leistungen nicht selbst schuld.- Es gibt also unterschiedliche Krankheitswahrnehmungen. Ob Individuen sich selbst als "krank" definieren, ob sie Unbehagen oder Schmerzempfinden als "Symptom" einer Krankheit erkennen, ist eine - in den sozialen Schichten unterschiedlich praktizierte - Selbstdiagnose. In den europäischen Ländern bedeutet die Definition einer Krankheit, daß man ein Fall für den Arzt wird, und damit ist man an die beruflichen Definitionen dieses Standes gebunden. In anderen Kulturen ist die Entscheidung offen, ob man sich der modernen Medizin oder den traditionellen Vorstellungen verschreibt; im letzteren Falle sind Heiler, Priester oder Beschwörer für die Bewältigung des Zustandes zuständig.

(2) Verschiedene Studien haben einen deutlichen Zusammenhang zwischen *Schichtzugehörigkeit* und der Häufigkeit von Krankheiten, vor allem Geisteskrankheiten, sowie der Mortalität ergeben. Folgende

Effekte dürften dafür verantwortlich sein: Erstens sind die Arbeits- und Lebensbedingungen in der Unterschicht schlechter, so daß pathogene Faktoren in höherem Maße auftreten. Unterschichtangehörige haben gefährlichere Arbeitsbedingungen, sie leben in einer ungesünderen Umgebung, sind stärker von Arbeitslosigkeit betroffen, und sie weisen eine ungesündere Ernährung auf. Die Wohnqualitäten sind schlechter, Kinderzahlen und die Angst vor beruflichen Nachteilen durch Erkrankung höher. Zweitens ist auch der umgekehrte Effekt - allerdings in sehr beschränktem Ausmaß - wirksam: Die Erkrankung steht am Beginn, und als Folge geringer Bildungs- und Leistungsfähigkeit findet ein sozialer Abstieg statt. Drittens können solche Ausgliederungs- und Abstiegsprozesse selbst wieder gesundheitsschädigend wirken, so daß ein verstärkender Effekt eintritt. Viertens ist das System der gesundheitlichen Versorgung - Ärzte, Kliniken, Krankenhausbetten - für die Unterschichten weniger zugänglich, gerade in Gesundheitssystemen, die (wie in den USA) privatwirtschaftlich geprägt sind. Aber auch sonst ist die Dichte der Arztpraxen im allgemeinen in Arbeiterbezirken geringer. Fünftens ist die soziale "Distanz" von Angehörigen der unteren Schichten zum Arzt größer, und besondere Kommunikationsschwierigkeiten zwischen Arzt und Patient treten auf, so daß Symptome weniger gut geschildert werden können und vom Arzt nicht so bereitwillig aufgenommen werden (vgl. Abholz 1976). Sechstens sind die Kenntnisse über Krankheitsbilder und -ursachen bei Unterschichtangehörigen geringer; das zeigen Vergleiche zu den Mittelschichten auch bei Ernährung, Rauchen, Sportausübung u. dgl.

(3) Die *Verhaltensmuster-Theorie* geht von bestimmten Belastungen aus der Umwelt aus, betont aber pathogene Bewältigungsformen: wenn etwa äußerer Streß kombiniert ist mit Ehrgeiz, Ungeduld, Aggressivität und Hektik; oder wenn die Kontrolle über die eigene Lebensbewältigung zunehmend entgleitet. Das Life-style-Konzept betont die Komplexität menschlichen Handelns und seine Abhängigkeit von wirtschaftlichen, ökologischen, kulturellen und sozialen Beziehungen. Karriere- und Erfolgsorientierung, wie sie in der Mittel- und Oberschicht vorhanden sind, scheinen nicht gesund zu sein. Unterschichtenangehörige dagegen haben zu einem größeren Anteil Übergewicht, rauchen mehr, treiben weniger Sport. Die allgemeinen Lebensbedingungen der Menschen haben wesentlichen Einfluß vor allem auf die Entstehung und die Behandlung von "Zivilisationskrankheiten".- Interessantes Material findet sich bei der Entwicklung der geschlechtsspezifischen Krankheitsmuster. Einiges deutet darauf hin, daß sich die unterschiedliche Lebenserwartung von Männern und Frauen angleichen wird, weil die Frauen zunehmend männliche Verhaltensmuster übernehmen. Das betrifft nicht nur die Berufstätigkeit, die Benutzung von Drogen und die Unfallhäufigkeit, sondern auch Verhaltensweisen wie das Rauchen: Immer mehr junge Mädchen rauchen, während die Zahl der männlichen Raucher

abgenommen hat; entsprechend entwickeln sich auch die Zahlen der an Lungenkrebs Verstorbenen. Frauen in allen Altersgruppen sind sogar häufiger krank als Männer, allerdings leiden sie offenbar unter weniger schweren oder gefährlichen Krankheiten. Eine der hiefür angebotenen Erklärungen ist die, daß Frauen gar nicht kränker sind, aber ihren körperlichen Symptomen größere Aufmerksamkeit entgegenbringen. Darauf läßt sich zum Teil auch ihre höhere Lebenserwartung zurückführen; sie konsultieren öfter Ärzte und wenden ihrem Körper größere Aufmerksamkeit zu.

(4) Der *Life-event-Ansatz* macht darauf aufmerksam, daß bei entsprechender "Vorschädigung" oder Disposition lebensverändernde Ereignisse - Wohnortwechsel, Arbeitsplatzverlust, Tod des Partners - bewährte Formen der Lebensbewältigung zerstören und eine Anpassung an eine völlig neue Lebenssituation erzwingen; dies kann pathogene Effekte haben: "empty-nest"-Problem, "Rentnertod" usw.

(5) Die *Verschleiß-Hypothese* besagt, daß Krankheiten Ergebnis einer Kumulation von vielen Belastungen sind; insbesondere sind "Mehrfachbelastungen" (im Sinne der Ermittlung einer "Gesamtbelastung") zu berücksichtigen.

(6) Das *Stress-Modell* betont - in seinen physiologischen Varianten - den objektiven Zusammenhang zwischen Anforderungsniveau und Funktionsniveau des Organismus; sowohl Unter- als auch Überforderungen führen zu Ungleichgewichten, Diskrepanzen zwischen wahrgenommenen Fähigkeiten und Anforderungen wirken sich belastend aus. Das Stress-Modell ist auf verschiedene chronisch-degenerative Erkrankungen mit Erfolg angewendet worden, so etwa auf rheumatische Erkrankungen, psychische Störungen und Herzkrankheiten.

Die Krankenrolle

Die meisten Menschen - Untersuchungen zufolge rund 90% - leiden an körperlichen Unzulänglichkeiten, die von manchen als Symptome einer Erkrankung eingestuft würden. Krankheit ist daher der Normalfall. Aber in die Rolle des "Kranken" tritt man nur in gravierenderen Fällen ein. Zunächst erwirbt man sich, wenn man seinen Zustand als Erkrankung definiert, das Recht zur Behandlung; man darf auch besondere Sorgfalt, Pflege und Rücksichtnahme erwarten und wird von einigen Verpflichtungen freigestellt. Weiters: Da die Krankenrolle es ermöglicht, sich vor bestimmten Pflichten zu drücken, bedarf sie der Überwachung; Ärzte behandeln nicht nur, sie stellen auch die Angemessenheit der sozialen Beanspruchung fest. Schließlich: Die Rolle des Kranken ist mit Abhängigkeit verbunden, der Kranke ist kein unabhängiger Akteur mehr, er ist auf die Hilfe anderer angewiesen. Besonders im Falle der "Hospitalisierung" zeigt sich, daß der Kranke in sozialen Interaktionen nicht als gleichwertiger Mensch angesehen wird. Auch der Jugendkult hat in bestimmten

Fällen zu einer gewissen Stigmatisierung des Alten und Kranken geführt: Er schämt sich und hat zuweilen sogar Schuldgefühle, und der Krankenbesucher weiß nicht, wie er sich verhalten soll.

3. Der Tod - vom Umgang mit den Grenzen des menschlichen Seins

Der Tod ist unzweifelhaft ein biologisches Faktum: Jeder muß einmal sterben. Es ist aber ein Unterschied, ob dies im ersten oder im siebzigsten Lebensjahr geschieht, und wie er bewertet wird, hängt von der Einstellung der Gesellschaft zum Leben ab. Einerseits wird das Leben in manchen Sozietäten als *niedrigste Stufe des Daseins* gesehen, als notwendiges Durchgangsstadium, dem der Tod als Erlösung und das Paradies zum Lohne folgen. Andererseits wird das Leben in manchen Gesellschaften als *gut und wertvoll* betrachtet, so daß es möglichst lange zu erhalten ist: Der Tod bedroht dann das Wertvollste, was man besitzt.

Die unterschiedliche Einstellung verschiedener Kulturen zum Tod zeigt sich an verschiedenen Gebräuchen, Ereignissen, Ritualen und dergleichen, die hier nur beispielhaft aufgezählt werden sollen: die Tötung alter Menschen; Euthanasie; religiöse Menschenopfer, Kannibalismus; japanisches Harakiri; die Verbrennung der indischen Witwe auf dem Scheiterhaufen des verstorbenen Gemahls; die Mitbeerdigung von Dienern mit dem hingeschiedenen König; Folter aus den unterschiedlichsten Gründen; Hexen- und Ketzerverbrennungen; religiöse oder politische Märtyrer; die Blutrache, die in der Geschichte gewaltsamer Tötungen wahrscheinlich die meisten Opfer gefordert hat; Abtreibung und Kindestötung; Töten auf staatlichen Befehl, etwa durch die Teilnahme am Krieg oder durch die Todesstrafe; die Liquidierung eines Volkes nach rassischen Gesichtspunkten (Indianer, Juden) usw.

Krieg, Aggression und Mord

Seit es Menschen gibt, wurde der Traum von einer friedlichen Welt geträumt. Er hat Utopisten begeistert und Moralisten beflügelt. Von den Pessimisten, die an die "böse" Natur des Menschen glaubten, wurde er belächelt; sie konnten auch auf die Erfahrung verweisen, daß Gewalt, Konflikt und Kampf in der Menschheitsgeschichte "normal" sind.

In *anthropologisch-biologischer Perspektive* stellt sich die Frage nach Konflikt, Tötung und Krieg als eine nach der menschlichen Natur: Ist das "Böse" oder "Aggressive" in unseren natürlichen, angeborenen Trieben verhaftet, oder ist es erst mit der Zivilisation in die Welt gekommen, die den Menschen von seiner wahren, friedlichen Natur entfremdet hat? Konrad Lorenz (1973) behauptet, es handle sich bei aggressiven Impulsen um "widernatürliche" Verhaltensweisen, weil sie im Sinne der Arterhaltung nicht zweckmäßig seien. Die moderne Soziobiologie hingegen, die sich an dem Grundprinzip orientiert, daß das Verhalten des Menschen als Strategie der Maximierung der eigenen Gene zu interpretieren sei, kann zeigen, daß Tötung unter diesem Gesichtspunkt "rational" sein kann (vgl. Vogel 1989). Jagdverhalten und Beutemachen sind relativ leicht erklärbar; selbst wenn sich die Aggression gegen Artgenossen richtet, kann Tötung als Mittel begriffen werden, sich in der Konkurrenz um knappe Ressourcen zu behaupten. Auch bei verschiedenen Affenarten finden wir Aggression, Mord und Totschlag. Der Mensch ist ein typischer Primat, der ohne Hemmung tötet, wenn dies zu einer Erhöhung seiner "Fitness" führt. Sogar das selektive Töten von artgleichem, ja sogar selbstgezeugtem Nachwuchs ist verbreitet, auch beim Menschen. Wer Zahl und reproduktive Qualität des Nachwuchses nicht den gegebenen sozialen und ökologischen Bedingungen anpaßt, wird von anderen überflügelt: Löwenmännchen, die eine weibliche Löwengruppe übernehmen, töten oft die von anderen gezeugten Jungen, um rasch eine eigene Befruchtung der weiblichen Löwen herbeiführen zu können. Statistiken zeigen, daß die Wahrscheinlichkeit, daß Kinder von ihrem Stiefvater getötet werden, um ein Vielfaches höher liegt als die Wahrscheinlichkeit, von der Hand ihres Vaters zu sterben. Schwangere Frauen aus Indien, Pakistan und China lassen frühzeitig eine Geschlechtsbestimmung ihres Embryos vornehmen, und Mädchen werden abgetrieben.

In *sozialpsychologischer und soziologischer Perspektive* fragt man in genau umgekehrter Weise: Welche Befunde deuten darauf hin, daß Aggression und Mord auf sozialen Einflüssen - statt auf angeborenen Dispositionen - beruhen? Verhalten wird ja in hohem Maße gelernt, und so steht es wohl außer Zweifel, daß eine aggressive Umwelt auch die aggressiven Impulse, die in den Menschen stecken mögen, stärker zu Entfaltung bringt. Aggression wird also zum Teil anerzogen, von Eltern, Bekannten, Freunden, von den Vorbildern im Fernsehen. Erziehungsmethoden können das Aggressionspotential steigern oder mindern: Zu große Permissivität in der Erziehung führt ebenso wie zu große Härte zu aggressivem Verhalten. Frustrationen unterschiedlichster Art lösen Aggression aus: vom beruflich frustrierten Angestellten, der seine Frau schlägt, bis zu dem noch gefährlicheren Fall jenes Menschen, der irgendwann mit seinem Gewehr wild in die Menge zu schießen beginnt. Gewalt, Tötung und Mord entspringen auch dem Gruppenverhalten.

Der Selbstmord

Selbstmord wurde in der christlichen Welt moralisch meist negativ beurteilt: als Sünde, zumindest als Flucht. Bis heute ist eine Einstellung wirksam, daß der Versuch, Selbstmord zu begehen, als "Krankheit", zumindest als Akt geistiger Verwirrung, einzuschätzen sei. Aber auch diese Einschätzung unterliegt großer Variabilität. Im alten Rom war es für Angehörige oberer Klassen eine ehrenvolle Angelegenheit, sich das Leben zu nehmen. In Japan konnte man sogar darum wetteifern, sich auf kunstvollere Weise den Bauch aufzuschlitzen. In der romantischen Bewegung des 19. Jahrhunderts wurde der Selbstmord auch in Europa verherrlicht.

Von Emile Durkheims Begriff der *Anomie* war bereits die Rede; es handelt sich hiebei um die Auflösung sozialer Normen. Die gesellschaftliche Pathologie führt zur individuellen, und diese überragende Bedeutung des Gesellschaftlichen will Durkheim an einem Gegenstand zeigen, der im allgemeinen Verständnis in besonderem Maße der individuellen Entscheidung unterliegt: dem Selbstmord. Er zeigt in seinem Buch "Le Suicide" (1897), daß die Selbstmordrate relativ konstant ist. Er widerspricht der Auffassung, daß jene, die ihrem Leben selbst ein Ende setzen, psychopathologische Züge aufweisen; zwischen den Erbanlagen und der Selbstmordrate bestehe empirisch kein Zusammenhang, bei den Angehörigen mosaischen Glaubens sei die Zahl der Geisteskranken besonders hoch, die Selbstmordrate aber besonders niedrig, und auch die "Nachahmung" als Selbstmordursache sei angesichts des Umstands auszuschließen, daß Regionen mit hohen und niedrigen Raten benachbart seien und die Zahlen generell kein geographisches Muster erkennen lassen, das diese Annahme stützen könnte.

Durkheim unterscheidet drei Arten des Selbstmordes. Der *egoistische Selbstmord* beruht darauf, daß Individuen nur an sich selbst denken und der Integrationsgrad von Kirche, Familie und Staat niedrig ist. Das Individuum entfremdet sich seiner Gruppe, die Kollektivkräfte, die es im Zaum halten, werden schwächer. Mit der Bindung an die gemeinsame Sache schwindet auch die Bindung an das Leben. Exzessiver Individualismus ist dem Selbstmord günstig, denn das Soziale im Menschen findet sich seiner Grundlagen beraubt.

Der *altruistische Selbstmord* ist gewissermaßen das Gegenstück zum egoistischen: Die Individuen haben sich nicht zu sehr von ihrer Gruppe gelöst, sondern sie sind zu stark in sie integriert. Sie gehören nicht mehr sich selbst, sie töten sich aus einer sozialen Verpflichtung heraus: Frauen beim Tode ihres Gatten, Gefolgsleute und Diener beim Tode ihres Herren, Anhänger religiöser Gruppen, um in ein ersehntes anderes Dasein einzutreten. Auch der Umstand, daß die Selbstmordziffern bei Soldaten höher liegen als bei Zivilisten gleichen Alters und ähnlicher Stellung, dient Durkheim als Beleg für seine These von der Über-Integration der einzelnen in ihre Gruppe.

Der dritte Typus ist der *anomische Selbstmord*. Es ist nicht erstaunlich, daß in Zeiten einer wirtschaftlichen Rezession die Zahl der Selbstmorde steigt; wohl aber ist es erklärungsbedürftig, daß dies auch in Perioden einer besonders günstigen Konjunkturlage der Fall ist. Im Zeitpunkt bedeutender politischer Ereignisse - auch während der Kriegsjahre - gehen die Selbstmorde zurück. Auch dies läßt sich durch Gruppenbindungen erklären. Die Bedürfnisse der Einzelperson sind immer unbegrenzt, und wenn sie nicht durch äußere Einflüsse gemäßigt werden, wird diese Unersättlichkeit zu einer Quelle von Qualen. Die äußere Reglementierung vermittelt dem einzelnen ein Bild der ihm angemessenen Lebenssphäre, und wenn er dieser Kollektivautorität gehorcht, fügt er sich in sein Geschick und erwirbt das Gefühl ruhigen, tätigen Friedens. In normalen Zeiten nun wird diese Kollektivordnung von der großen Mehrheit als gerecht angesehen; wenn jedoch in der Gesellschaft Störungen auftreten, auch wenn es sich um plötzliche Wandlungen positiver Art handelt, dann ist diese Autorität nicht mehr so wirksam. Die Ansprüche und Erwartungen steigen ins Unermeßliche und können nicht mehr befriedigt werden. Dies ist aber in der Welt der modernen Wirtschaft, welche die Begehrlichkeit entfacht, ohne daß diese durch kollektive Kräfte eingedämmt würde, ein Dauerzustand. Krise und Anomie sind daher "normal" geworden. Wenn ihr Handeln regellos wird und sie darunter leiden, tendieren mehr Individuen zum Selbstmord.

Insgesamt heißt dies, daß die Selbstmordrate sich nur soziologisch (nicht psychologisch oder psychopathologisch) erklären läßt - wieder ein Beleg für Durkheims These einer Dominanz gesellschaftlicher Kräfte. Es gibt in der Gesellschaft kollektive Kräfte, die an den Handlungen des einzelnen sichtbar werden. Die moderne Gesellschaft, die durch ihre individualistischen Tendenzen die Integrationskraft der Gesellschaft schwächt, hat also ihre pathologischen Züge. Familie, Religion und Staat können den einzelnen nicht wieder integrieren. Die Berufsgruppe oder der Fachverband allein ist in der Lage, diese Aufgabe zu leisten, da sie dem einzelnen so gegenwärtig ist, daß sie ihn aus seiner moralischen Isolierung herausholen kann, und da sie doch mit einer solchen Autorität ausgestattet ist, daß sie als respektable und überlegene Kollektivpersönlichkeit angesehen wird. Durkheim schlägt deshalb vor, außerhalb der Staatsmaschinerie, aber unter ihrer Kontrolle, ein System solcher Kollektivinstitutionen zu schaffen (zur Kritik vgl. Halbwachs 1930).

Viele spätere Theorien des Selbstmordes haben an Durkheims Studie angeknüpft. Sie führen Selbstmord auf soziale Desorganisation, d.h. auf den Verlust der Bindungskraft von Werten, zurück, fügen oft aber auch psychologische Größen in ihr Modell ein - sie verwenden etwa Frustrations-Aggressions-Theorien oder Theorien des Sinnverlustes. Es gibt aber keine einheitliche Interpretation für Selbstmorde. Schon bei der Einschätzung, ob es sich um "Willensakte" verantwortlicher Personen handelt oder ob die Betreffenden durch äußere Umstände in den Tod "getrieben" wurden, gibt es Differenzen. Zu den interpretativen Mustern zählen etwa: Wunsch, einer bedrückenden Situation zu entkommen; "Notschrei" oder Suche nach Hilfe; Reue, Selbstbestrafung oder Reinigung von Schuld u.a. (vgl. Douglas 1967).

Das "normale Sterben"

Das Sterben wird gesellschaftlich auf unterschiedliche Weise organisiert: Es gibt differierende Ideen vom *"richtigen" Sterben*. In vergangenen Zeiten wurde es auch im Abendland als adäquate Art des Sterbens angesehen, dies im Rahmen der Familie, unter Beisein aller, auch der Kinder, zu tun; letzte Anordnungen zu treffen, sich zu verabschieden und dann "hinüberzugehen" in eine andere Welt. (Man könnte mit Blick auf das Schwinden religiöser Vorstellungen sogar sagen: Die Lebenserwartung in den Industrieländern ist in den letzten Jahrhunderten drastisch gesunken - die Länge des erwartbaren Lebens hat sich auf das diesseitige Leben reduziert).

Heute geschieht das Sterben oft isoliert, allein, im "Sterbezimmer" des Krankenhauses, weil es den anderen nicht "zuzumuten" ist, mit dem Tod konfrontiert zu sein. Der Tod wird bis zum letzten Moment verdrängt. Oft weiß der Kranke nicht, daß er sterben muß, weil ihm selbst diese Information vorenthalten wird; aber selbst wenn er es weiß, wird das Thema meist ausgeklammert. Alle tun so, als sei das Leben ganz normal und die Besserung im Kommen, was sicher am Bequemsten ist; und es wird als unangenehm empfunden, wenn der Sterbende bei dieser Fiktion - der Verschleierung des Sterbenmüssens - nicht mitspielt. Deshalb findet das "organisierte Sterben" im Krankenhaus statt. Auch die sozialen Komponenten dieses Sterbens wurden untersucht: Die Definition eines Patienten als eines "Sterbenden" bedeutet - wie David Sudnow (1973) gezeigt hat -, daß die Rücksichtnahme des Klinikpersonals merklich nachläßt, daß die sozial relevanten Attribute des Patienten, sein Status und seine beruflichen Leistungen, im Umgang mit ihm eine immer geringere Rolle spielen, d.h.: seine soziale Existenz wird früher ausgelöscht als seine biologische.

Auch für die Beseitigung der *Körper der Toten* gibt es in verschiedenen Völkern die unterschiedlichsten Verfahren. Der Leichnam wird verbrannt; bis zur Verwesung aufgebahrt und dann erst beigesetzt; in der Wildnis auf einem Gerüst, auf dem Boden oder in einem Kanu ausgesetzt; gewaschen oder mit Farbe bemalt; geschmückt und besungen; mumifiziert oder zerstückelt. Ähnlich vielfältig sind die Vorstellungen über das, was den Toten danach erwartet: Er geht nach manchen Glaubensvorstellungen in ein jenseitiges Reich ein, das ähnlich dem Diesseits, nur meist viel schöner ist; er begibt sich in ein tristes Schattenreich oder an eine Stätte der Qualen; er wird wiedergeboren, als Tier oder Mensch oder Gegenstand; seine Seele irrt umher, manchmal ewig, manchmal schlüpft sie in Neugeborene.

Die Bewältigung des Todes

Der eingetretene Tod ist eine Herausforderung für die Gemeinschaft, für ihr Alltagsgefüge und ihre Lebensbewältigung. Bestattungszeremonien dienen seit jeher als Mittel, den Sinngehalt der Gesellschaft angesichts dieser Bedrohung wieder zu befestigen. Arnold van Gennep hat solche Riten beschrieben. Es sind *Trennungsriten*, wie etwa die Verfahren, den Leichnam aus dem Haus zu schaffen, das Töten der Frauen, Sklaven oder Lieblingstiere des Verstorbenen, Waschungen, Salbungen und Reinigungsriten jeder Art, Eingraben oder Schließen des Sarges und so weiter. Danach aber folgen *Angliederungsriten*: das gemeinsame Mahl, das die Verbindung zwischen den Überlebenden erneuern und dem Gedenken des Toten dienen soll; die Angliederung des Toten an das Jenseits wird durch den Totentanz, die Mitgabe von Münzen, die "letzte Ölung" und dergleichen bewirkt. Heute werden Tendenzen deutlich, den Tod zu verschleiern: auf sprachlichem Wege ("Dahinscheiden", "von uns gegangen", "Wiedersehen"...), durch eine kosmetische Behandlung des Toten ("Schlafen"), durch sonderbare Varianten des "Einfrierens" von Leichnamen. Wie mit dem Tod umgegangen wird, das sagt immer einiges auch über die betreffende Gesellschaft.

XV. SOZIOLOGISCHE THEORIEN

In den einzelnen Kapiteln dieses Buches, in denen individuelle Erfahrungsbereiche und gesellschaftliche Problembereiche dargestellt wurden, sind grundlegende gesellschaftstheoretische Perspektiven zur Sprache gekommen. Die Analysen der Einzelbereiche haben somit immer wieder als Anwendungsfelder jener breiten theoretischen Strömungen gedient, die abschließend in einer Übersicht erörtert werden sollen. So sind wir - um nur ein Beispiel zu nennen - in verschiedenen Kapiteln auf funktionalistische Argumente gestoßen: im Bereich der Bildung und der Schichtung, bei der Familie und beim devianten Verhalten, und so fort. Diese "Anwendungsfälle" haben bereits eine Vorstellung davon vermittelt, wie Theoretiker, die sich diesem Ansatz verpflichtet wissen, an die gesellschaftlichen Fragen herangehen. Nun, nachdem wir Detailwissen angesammelt haben, soll erst der abstraktere Rahmen dargeboten werden: die Entwicklung, die grundlegende Perspektive sowie die wichtigsten Varianten "des" Funktionalismus. Nur vor dem Hintergrund der bereits erörterten Beispiele wird verständlich, was in der Folge in knapper Form zusammengefaßt werden muß. Was für den funktionalistischen Ansatz gesagt wurde, gilt aber auch für andere theoretische Richtungen in den Sozialwissenschaften. Die groben Vorstellungen, die sich aus dem Mosaik der Applikationen ergeben haben, werden nun zu theoretischen Strängen zusammengefügt, gebündelt, zu einem Gesamtmodell vereint und in ihrer ideengeschichtlichen Entwicklung in aller Kürze dargestellt.

1. Zur Entwicklung der soziologischen Theorien

Von seiten der Wissenschaftsgeschichte ist gezeigt worden, daß sich die Wissenschaft nicht durch lineare Entwicklung, durch Anhäufung und Verbesserung ihrer Ergebnisse, entwickelt. Das Modell kumulativen Erkenntnisfortschrittes ist durch geschichtliche Beispiele aus verschiedenen Wissenschaftsbereichen, gerade auch aus dem Bereich der Naturwissenschaften, erschüttert worden. Es wandeln sich vielmehr in gewissen Zeitabständen Theorien höchster Ordnung, also *Paradigmen* (Kuhn 1967) oder *Forschungsprogramme* (Lakatos/Musgrave 1974). Dabei handelt es sich um jene allgemeinen Schemata, welche für die Wahl bestimmter Fragestellungen und Lösungsstrategien bestimmend sind, ohne daß ihre Auswahl anders begründet werden kann als durch ihren Erfolg. Wenn sich ein solches Paradigma wandelt, kommt es zu einer Neuinterpretation der Tatsachen, zu einer veränderten Einschätzung ihrer Relevanz für die Theorie und zu neuen Standards angemessener Argumentation. Es gibt also zwei unterschiedliche Phasen des Wissenschaftsbetriebes: einerseits die

Phase der *normalen Wissenschaft*, in der das jeweils herrschende Paradigma entwickelt und verfeinert wird; andererseits die Phase einer *wissenschaftlichen Revolution*, die einsetzt, wenn die herrschende Theorie zunehmend in Widersprüche gerät und ihre Erklärungsdefizite immer zahlreicher und drängender werden. Was bislang unbestritten war, das gerät dann in die Krise, und ein neues Paradigma hat gute Chancen, sich durchzusetzen.

In der Folge geht es vor allem um solche Paradigmen. Sie sind miteinander oft gar nicht unvereinbar. Sie zeigen, wie eingangs bereits dargestellt wurde, Unterschiedliches. In der Folge werden die folgenden theoretischen Strömungen behandelt: Systemtheorie und Funktionalismus; marxistische Soziologie; Evolutionismus; Verhaltenstheorie und Handlungstheorie; Interpretative Soziologie; Soziobiologie; und Kritische Theorie. Nicht behandelt werden die Konflikttheorie, für die etwa Arbeiten Dahrendorfs (1957, 1985) wichtig sind; der Strukturalismus in der Tradition von Lévi-Strauss (1968, 1981); und die Strukturierungstheorie in der Version von Giddens (1988). Zugleich muß vermerkt werden, daß sich die behandelten Theorien nicht scharfrandig voneinander abgrenzen lassen, und daß auch die Zuordnung bestimmter Vertreter zu theoretischen Strömungen immer Verkürzungen ihrer Arbeiten mit sich bringt; tatsächlich finden sich Elemente der unterschiedlichen Theorien in den Studien fast aller Sozialwissenschaftler.

Zuvor soll noch ein kurzer Überblick über die Vorgeschichte der gegenwärtigen theoretischen Strömungen geboten werden. Wenn wir "Vorläufer", die gewissermaßen "soziologisch" argumentiert haben, ausklammern - wenn wir also etwa die griechischen Philosophen ebenso vernachlässigen wie Denker des Mittelalters -, so läßt sich die Frühgeschichte der Soziologie vereinfachend durch drei Denkrichtungen beschreiben: Ihr gehören die Theoretiker der französischen Aufklärung, des englischen Liberalismus und des deutschen Idealismus an. Die eigentliche Phase der Entfaltung des soziologischen Denkens findet sich im 19. und dem beginnenden 20. Jahrhundert, mit den "Klassikern" Comte, Durkheim, Weber, Simmel und Marx (vgl. etwa Timasheff 1957, Martindale 1981, Jonas 1976, Swingewood 1984, Bottomore/ Nisbet 1978, Mikl-Horke 1989, u.a.).

Die französische Aufklärung

Das zentrale Thema der Aufklärung ist die *Emanzipation:* das Heraustreten des Individuums aus den alten Institutionen und den überkommenen Traditionen, die Auflösung der Selbstverständlichkeit der sozialen Welt. Nun wird die Frage nach den Abhängigkeiten im menschlichen Zusammenleben gestellt und über die Gestaltung dieses Zusammenlebens nachgedacht. Die Gesellschaft verliert den Charakter der Unveränderbarkeit, die entweder damit begründet wurde, daß sie ein Ergebnis der göttlichen Schöpfung oder das ausschließliche Produkt natürlicher, unbeeinflußbarer Gesetzmäßigkeiten sei. Nun beginnt man die *menschliche Gestaltungskraft*, den menschlichen Willen, als mögliche Kraft der Geschichte zu sehen. Die französischen Theoretiker besitzen jedoch durchaus keine einheitliche Vorstellung über die Grundlegung der Gesellschaft: Für die einen geht die Gesellschaft aus dem Willen Gottes hervor, für andere aus der Familie, dritte leiten sie aus der Sympathie der Menschen füreinander ab, manche aus dem Selbstinteresse der Individuen, andere aus einem Gesellschaftsvertrag (vgl. Jonas I, 41). Alle sind jedoch geprägt vom Glauben an die Kraft der menschlichen Vernunft. Sie hegen keinen Zweifel an der Einheit von Erkenntnis, Moral und Wohlstand. Die Wissenschaft wird für sie zur dynamischen Fortschritts- und Reformkraft.

Descartes (1596-1650) appelliert an die *Vernunftnatur des Menschen*. Leibniz (1646-1716) begründet die Gesellschaft auf einer *rational kalkulierten Grundlage*. Der *Skeptizismus* eines Bayle (1647-1706) und eines Fontenelle (1657-1757), die sich von den glänzenden Fassaden des Staates nicht mehr täuschen lassen, und die *Absolutismuskritik* des Herzogs von Saint-Simon (1675-1755), eines Fenelon (1651-1715) oder eines Marschall Vauban (1633-1709) tragen dazu bei, daß das Gefühl Verbreitung findet, daß eine umfassende politische Neuordnung erforderlich sei. Spinoza (1632-1677) schließlich stellt die *Idee des Vertrages* in den Mittelpunkt seiner Erklärung der gesellschaftlichen Ordnung, eines Vertrages, den die Individuen aus Nützlichkeitserwägungen eingehen - man müsse von den Interessen der Menschen ausgehen, um die Gesellschaftsordnung zu erklären.

Montesquieu (1689-1755), der die gesellschaftliche Ordnung als Ergebnis verschiedener geschichtlicher Faktoren, als Resultat von Sitten, Gebräuchen und Institutionen, äußeren Lebensbedingungen und bestimmten Wertordnungen betrachtet hat, wird von Comte und Durkheim später als Begründer der Soziologie gerühmt. Alle die genannten Faktoren führen seines Erachtens ein *Gleichgewicht* herbei, das er durch den Begriff *"Geist der Gesetze"* auszudrücken sucht. Die unterschiedlichen Staatsformen sind Ausdruck der verschiedenen materiellen und ideellen Faktoren; diese sind Bedingungen für die Entstehung des Despotismus, der Monarchie, der Demokratie oder der Aristokratie. Montesquieu ist sich auch über das gesellschaftliche *Integrationsproblem* im klaren, und er behandelt die Frage, wie in einer demokratischen Staatsordnung der erforderliche Grundkonsens der Bürger aufrechterhalten werden kann.

Die Aufklärung wendet sich auch zunehmend gegen die *Religion*. Schon im 17. Jahrhundert waren Geschichtsdeutungen kritisiert worden, die als naive Leitlinie der historischen Darstellung die Heilige Schrift genommen hatten, und es war vermerkt worden, daß diese Deutungen einer kritischen Quellenforschung nicht standhielten. Giambattisto Vico (1668-1744) hat in seiner "Sienza Nuova" (1725) radikal mit allen religiös fundierten Geschichtsdeutungen gebrochen. Für ihn ist der Aufstieg und Verfall von Gesellschaften weder Sache der göttlichen Heilslehre noch des menschlichen Willens, sondern Ausdruck eines *geschichtlichen Gesetzes*. Was bei ihm jedoch fatalistisch klingt, erhält bei Voltaire (1694-1778) einen radikalen Anstrich. Er, als der wichtigste Vertreter der Aufklärung, will zur *Entzauberung der Welt*, zur Auslöschung aller mythischen Irrtümer und falschen Vorstellungen beitragen, indem er alle gängigen Ideologien kritisiert. Er glaubt an die Emanzipation des einfachen Volkes und hofft zugleich auf eine einsichtige Zentralgewalt.

Zugleich wird bei ihm deutlich, daß aus der Zerstörung der "alten" Ordnung langsam die Überzeugung wächst, daß eine neue, bessere Ordnung sich herstellen lasse, ja sogar in der Gesetzlichkeit der Geschichte liege. Der *Fortschrittsglauben* vermittelt neue Faszination. Turgot (1727-1781) vertritt die Auffassung, die Menschheit arbeite sich zu ihrer Vollendung empor, zu Wahrheit, Tugend, Freiheit und Wohlstand, ein Entwicklungsoptimismus, wie ihn Condorcet (1743-1794) teilt. Solche Fortschritts- und Stadienmodelle - über die Entwicklung der Gesellschaft über ein theologisches und metaphysisches bis zu einem positiven Stadium - werden auch von Saint-Simon und Comte vertreten.

Diese Theorien bleiben allerdings in der Sphäre des Philosophischen, bestenfalls erstrecken sie sich auf Verfassung, Staat und Politik. Die Physiokraten aber, eine Gruppe französischer Wirtschafts- und Sozialtheoretiker, stellen sich auch den praktischen, ökonomisch-sozialen Aufgaben. Sie vertreten die Ansicht, daß eine *natürliche Gesellschaftsordnung* existiere, die auf den Bedürfnissen und Interessen der Menschen aufgebaut ist. Sie sind weit weniger "konstruktivistisch" als die erwähnten Aufklärer, sind also skeptisch gegenüber einer Gesellschaftsgestaltung nach Plan. Die Verfügung über die eigene Person und das Eigentum sei naturrechtlich begründet, Selbsterhaltung und soziale Harmonie seien kein Gegensatz. Eine harmonische Gesamtordnung stellt sich von selbst ein, hindert man sie nicht durch willkürliche und störende Eingriffe an ihrer Genese. Ihre Auffassungen bergen sozialreformerische Sprengkraft. Sie erarbeiten eine Gesamtvorstellung vom *Wirtschaftskreislauf*, von der Einkommensverteilung, der Staatsfinanzierung und der Gewerbepolitik. Die naturgegebene und gottgewollte Maschinerie der sozialen Ordnung soll ihren eigenen Gesetzlichkeiten folgen; daraus, daß man die natürliche Ordnung eigendynamisch walten läßt, folgt die Forderung: *laissez-faire*, d.h.: Der Staat soll sich aus dem Wirtschaftsleben heraushalten. Trotz dieser auf praktische Aufgaben gerichteten Orientierung waren die Physiokraten ein wenig wirklichkeitsfremd. Turgot, einer der Hauptvertreter, scheitert als Minister, weil er alle sozialen Gruppen gegen sich aufbringt, und wird 1776 entlassen.

Einen ganz anderen Akzent bringt Jean-Jacques Rousseau (1712-1778) in die französische Tradition. Die Überwindung des gegenwärtigen Gesellschaftszustandes sieht er darin, daß wieder an die Natur angeknüpft wird. Er hebt das *Leiden an der Zivilisation* hervor, das Unglück des menschlichen Lebens; und er sucht nach einer inneren Einheit und Harmonie, nach Überwindung von Entfremdung und Zerrissenheit. Im Naturzustand ist der Mensch seines Erachtens einsam und frei, ein Teil der Natur, nicht vergesellschaftet. In diesem Zustand folgt er seinen natürlichen Antrieben. Erst das gesellschaftliche Zusammenleben erzeugt die Desintegration, alles wird schwankend, ungewiß, belastend und überfordernd. Die Entstehung des Privateigentums verschärft die Situation. Der *Gesellschaftsvertrag* soll die Naturverhältnisse wieder herstellen, allerdings in neuer Weise: Der Staat soll die Individuen zur Freiheit führen, zu einer basisdemokratischen Ordnung, in welcher der "Allgemeinwille" (volonté générale) triumphiert und die vollständige Integration des einzelnen in die Gesellschaft sichergestellt ist.

Der englische Liberalismus

Auch in England finden sich - so wie in Frankreich - die beiden Gruppen: jene, die an die gestaltende Vernunft, und jene, die an das Wirken einer natürlichen Ordnung glauben. Die Theoretiker des *Gesellschaftsvertrages* sehen die Staats- und Gesellschaftsentstehung zumindest fiktiv als bewußten Akt der Menschen, analog einem Vertragsabschluß; die andere Gruppe stellt den *Marktmechanismus* in das Zentrum des Gesellschaftsmodells.

Thomas Hobbes (1588-1679) ist Realist. Er klammert sich nicht an Idealisierungen, sondern will die Tatsachen sehen. Was die Erfahrung lehrt, nämlich Egoismus und Konfliktneigung des Menschen, ist ihm nicht Ausdruck seiner Degeneration (wie bei Rousseau), sondern eben die schlichte Wahrheit. Die Erkenntnis läuft über die Sinneswahrnehmung - und für Hobbes ist das die Wahrnehmung des *Bürgerkrieges*. Der Mensch ist dem Menschen ein Wolf, so schließt er daraus, und die Bildung einer stabilen Gesellschaft ist nur möglich, wenn diese asoziale Natur des Menschen, die Unordnung, Chaos und Anarchie gebiert, gebrochen wird. Der Selbsterhaltungstrieb führt den Menschen dazu, nach Macht zu streben und den Tod zu fürchten. Da dies für alle eine Notwendigkeit ist, resultieren daraus Konflikt und Krieg. Erst der *Staat* schafft Sicherheit, wenn auch nicht Freiheit. Der *Gesellschaftsvertrag*, in dem die Menschen ihre Rechte unwiderruflich einer zentralen Gewalt übertragen, löst das praktische Problem einer unfriedlichen Gesellschaft. Die Unterwerfung unter eine monopolisierte Zwangsgewalt, die zugleich das Entstehen einer inneren Bindung und Verpflichtung bedeutet, schafft Frieden.

Hobbes wird damit zu einem *Theoretiker des Absolutismus*: Nach dem Zerbrechen der Traditionen kann nur eine starke Gewalt eine neue Ordnung schaffen. In Frankreich hat sich das absolutistische

System durch die Aufklärungszeit hindurch behaupten können, und die Denker der Aufklärung blieben auf die Befreiung des Geistes beschränkt. In England hingegen war die Emanzipation eine gesellschaftliche Realität, und so ist es nicht verwunderlich, daß hier auch praktikablere Modelle der politischen Ordnung entwickelt wurden.

John Locke (1632-1704) knüpft an die Idee des Gesellschaftsvertrages an. Dieser bedeutet bei ihm aber nicht die Aufgabe der individuellen Freiheitsrechte, sondern ihre *Sicherung*: Der Mensch verfügt als freier und einzelner über sich selbst, das Eigentum gibt der Gesellschaft ihre feste Verfassung. Gott hat der Welt eine produktive Ordnung gegeben, Eigentum existiert daher schon im Naturzustand. Der Mensch kann aus seinen Erfahrungen lernen und das Zusammenleben vernünftig organisieren, und der Staat hat diese Einrichtungen zu garantieren.

David Hume (1711-1776) verfügt über kein so unproblematisches Fundament der Gesellschaft, wie es Hobbes in der Natur des Menschen und Locke in Gott gefunden hatten. Das menschliche Handeln entsteht aus einem *Zusammenwirken von Leidenschaft und Vernunft*. Wie nun, so Humes Frage, können die Individuen zu einer gesellschaftlichen Anpassung ihres Verhaltens gebracht werden? Seine Antwort: Sie werden in die Familie hineingeboren, Verhaltensweisen werden ihnen anerzogen, sie wachsen in gesellschaftliche Normen hinein. An der Stelle des Gesellschaftsvertrages, der doch eine fiktive Angelegenheit darstellt, stehen hier die *Konventionen*: Gewohnheit und Erziehung werden als Grundlage der sozialen Institutionen hervorgehoben. Die politische Verfassung erreicht ihre Stabilität durch ein System von *checks and balances*.

Bei Hume sehen wir bereits, daß er sich von dem "juristischen" Modell der Gesellschaftsgründung durch Übereinkunft in einem Sozialkontrakt abwendet. Die Vertreter der Schule der *schottischen Moralphilosophie*, zu denen Hume gehört, halten diese Vertragsvorstellung für historisch unrichtig, und sie fragen, woher denn dann das "Naturgesetz" stamme, das gebiete, einen solchen Vertrag zu halten. Adam Ferguson (1723-1816) betont die *Plastizität des Menschen:* Die Unterschiede der Gesellschaften sind auf Geschichte und Gewohnheiten zurückzuführen. Es gibt keine naturnotwendigen Institutionen, sondern diese werden durch das Suchen der Menschen nach Erfolg in ihren Handlungen geformt. *Institutionen sind wohl Ergebnis menschlichen Handelns, nicht aber unbedingt menschlichen Planens* - sie kommen durch Versuch und Irrtum zustande. Dies ist ein ganz entscheidender Gedanke. Weder ist die vollständige Unterwerfung des Menschen nötig (wie bei Hobbes), noch ist seine vollständige Emanzipation möglich (wie bei Rousseau). Es gibt einen Fortschritt, aber dieser hat kein feststehendes Ziel.

Adam Smith (1723-1790) stellt seine Einsicht in die im wesentlichen *eigeninteressierte Natur des Menschen*, der durch einen Trieb zur Selbsterhaltung bestimmt ist, in den Mittelpunkt seiner Arbeit.

Tauschprozesse, die für beide Partner vorteilhaft sind, die aber letztlich aus der Neigung der Menschen zur Kommunikation resultieren, führen zur gesellschaftlichen Integration; denn das Marktverhalten unterliegt einem freien, selbstregulierten Zwang, dem Wirken einer *unsichtbaren Hand*, welche die im Tauschgeschehen obwaltenden Eigeninteressen in ein allgemeines Wohl verkehrt. Aus einem konflikthaften Verhalten entsteht Harmonie.- Dazu kommt allerdings die Wirksamkeit *gesellschaftlicher Normen*. Maßstab unserer Handlungen sind die Handlungen anderer, deren Angemessenheit und Anständigkeit wir beurteilen. Wir versetzen uns auch bei der Beurteilung unserer eigenen Handlungen in die Lage der anderen, wir sind ihrer Verhaltenerwartungen und -einschätzungen gewärtig. Wir unterstellen unablässig die Existenz eines *unbeteiligten Beobachters*, der das Gefühl der Billigung oder Mißbilligung zum Ausdruck bringt. Diese Vorstellung, welche die Existenz einer "natürlichen Ordnung" unterstellt und soziale Phänomene zum Teil als ungeplante oder unbeabsichtigte Folgen menschlichen Zusammenwirkens konzipiert, ist für die angelsächsische Tradition charakteristisch - und sie steht dem rational-konstruktivistischen Aspekt, der in der französischen Aufklärung stärker vertreten war, entgegen. Die Grundpositionen im Hinblick auf die "Machbarkeit" der gesellschaftlichen Entwicklung sind bis heute unverändert.

Thomas Malthus (1766-1834) und Edmund Burke (1729-1797) wenden die liberale Gesellschaftslehre eher ins *Konservative* - Malthus mit seiner Bevölkerungslehre, Burke, indem er die Maßlosigkeit der Vernunft anprangert und Zuflucht nimmt zu überkommenen Autoritäten und Werten. Mit dem Tod von Smith - 1790 - ist die schottische Aufklärung zu Ende. Die Französische Revolution verändert die geistige Landkarte Europas.

Der deutsche Idealismus

Mit der Gesellschaftslehre des deutschen Idealismus - mit Kant, Fichte und Hegel - findet Deutschland Anschluß an die geistige Bewegung der Moderne, ja es tritt an die Spitze der theoretischen Entwicklung. Der Idealismus, der auf der französischen und englischen Aufklärung aufbaut, bedeutet keine Abwanderung ins Reich der Idee und der Spekulation. Der Mensch wird, wie dies bei Immanuel Kant (1724-1804) deutlich wird, als widersprüchliches Wesen betrachtet, das zwischen Sinnlichkeit und Vernunft angesiedelt ist, Teil der natürlichen Welt und doch sich darüber erhebend. Er wird durch die äußeren Bedingungen seines Daseins gebunden, doch muß er als Wesen begriffen werden, das *in Freiheit handeln* kann. Aus der Sicherheit der biologischen Festlegung ist er herausgerissen, in ein freies Dasein gestellt, offen zum Guten und zum Bösen. Im Gedanken seiner Emanzipation wird der Mensch auch aus seinen Gewohnheiten und Traditionen herausgelöst; richtiges Handeln bemißt sich nicht mehr an der Übereinstimmung mit dem Überkommenen, sondern an *allgemeinen Grundsätzen und Prinzipien.* Die *Freiheit des einzelnen muß mit der Freiheit aller anderen in Einklang gebracht werden*, und dies ist eine komplizierte Aufgabe, wenn man sowohl den Pessimismus eines Hobbes als auch den Optimismus eines Rousseau ablehnt. Der Gesellschaftsvertrag ist für Kant nämlich keine Erklärung der Staatsverfassung, sondern ein Ideal. Er verkörpert nicht das Recht des Bürgers, der - soll er nicht seine Freiheit mißbrauchen - einen Herrn nötig hat, gegenüber dem Staat; *der Staat selbst ist auf die Idee des Rechtes verpflichtet.* Er ist Garant der Freiheit, der Verträge, der Sicherheit. Die soziale Ordnung wird nicht - wie bei den Schotten - als empirisch zweckmäßig beurteilt, sie wird auch nicht - wie bei den Utilitaristen - nach der Maximierung der Glückseligkeit der Untertanen bemessen, sondern der Einsicht in die Gerechtigkeit von Regelungen unterstellt. Der *kategorische Imperativ* verlangt, daß die *Maxime der Handlungen des einzelnen auch allgemeines Gesetz sein können müßte.* Darüber hinaus ist er frei; er muß keiner volonté générale folgen, und auch der Staat hat nur die allgemeinen, formellen Gesetze zu wahren, die Voraussetzung einer Vergesellschaftung der Menschen sind. Indem der Mensch sich seiner als eines freien Wesens bewußt wird, findet er den Ausgang aus der selbstverschuldeten Unmündigkeit.

Johann Gottlieb Fichte (1762-1814) verläßt die Kantische Ausgewogenheit; er radikalisiert das Vernunftprinzip, der Staat wird wieder für Moral und Glück der Untertanen zuständig, ja er kann seine unmündigen Staatsbürger sogar zu ihrem Glücke zwingen. Er hat eine einige, vernünftige Gesellschaft zu schaffen, und wenn er diese harmonische Ordnung zustande gebracht hat, stirbt er ab. Emanzipation heißt nicht mehr: ein mündig gewordener Mensch stellt sich seinen Widersprüchen; sondern: er schafft eine *authentische Ordnung*, in der die *Widersprüche verschwinden.* Fichte strebt nicht nach der leidenschaftslosen Erkenntnis, sondern nach der leidenschaftlichen Veränderung. Zu ihr sind jene berufen, die das Absolute - die Gestalt der zukünftigen Vernunftgesellschaft - erkannt haben. Fichte vertritt damit die Idee der radikalen Revolution, geführt durch eine Elite, und er schreckt auch vor dem Gedanken der Gewaltanwendung nicht zurück, um diesen Wandel herbeizuführen.

Georg Wilhelm Friedrich Hegel (1770-1831) verbindet Vernunft und Wirklichkeit. Der Mensch führt sein Leben nach bestimmten Werten und Idealen. Die *Vernunft* ist in allen Handlungen der Menschen und in den Institutionen der Gesellschaft wirksam; sie revolutioniert die alten Verhältnisse und schafft neue in Form dauerhafter Institutionen. Die Gesellschaft ist keine natürliche Ordnung, die ihre eigenen Gesetze enthüllt, und sie ist keine geschaffene Ordnung, die von den Menschen geplant wird. Sie schafft sich selbst und entwickelt ihre eigene Dynamik. Die Geschichte zeichnet sich (wie dies auch Weber später beschrieben hat) durch einen Prozeß der Rationalisierung aus. Emanzipation verwirklicht sich; zunehmend gilt, daß das Wirkliche vernünftig und das Vernünftige wirklich ist.- Grundlegend für jede moderne Gesellschaft ist das *Recht* als die Verkörperung des freien Willens. Die einzelnen müssen pädagogisch auf den allgemeinen Willen des Rechtes verpflichtet werden, vor allem aber müssen geeignete Institutionen geschaffen werden - Familie, bürgerliche Gesellschaft, Staat. Das ist entscheidend, denn der Prozeß der Emanzipation bringt es mit sich, daß die alten Werte und Institutionen dahinschwinden. Der *Staat* sorgt für die neuerliche Integration, er ist die Ordnung der Vernunft. Er ist das Subjekt der Geschichte. Er steht der "Gesellschaft" gegenüber, ordnet die Vielfalt ihrer Einzelinteressen und ist jene rationale Steuerungsinstanz, die Zukunft und Fortschritt verbürgt.

Die Trennung von Staat und Gesellschaft, wie sie später von Lorenz von Stein (1815-1890) ausgearbeitet wurde, ist damit theoretisch vollzogen; dies nicht zuletzt als Reflexion eines liberalen Wirtschaftslebens, wie es sich im entstehenden Kapitalismus herausbildet. Raum wird geschaffen für eine "bürgerliche Gesellschaft".

Die Klassiker

Zu der "Gründergeneration" der Soziologie im 19. und beginnenden 20. Jahrhundert zählen Auguste Comte, Emile Durkheim, Max Weber, Georg Simmel, Karl Marx. Ihre Arbeiten werden an den zugehörigen Stellen ausführlicher besprochen, so daß eine knappe Skizze Comtes, Durkheims, Simmels und Webers - unter besonderer Beachtung ihrer Vorstellungen von der Soziologie und der ihr angemessenen Methode - hier genügt. (Marx wird in einem eigenen Abschnitt besprochen).

Auguste Comte (1798-1857), der eine Zeitlang der Sekretär Saint-Simons war und dessen Glauben an Wissenschaft und Technologie teilt, verkündet in seinem *Entwicklungsgesetz des Denkens*, daß das menschliche Bewußtsein nun - nach Überwindung des theologischen und metaphysischen Stadiums - in das positive Stadium eintrete. Dieser Entwicklungsstufe sei es angemessen, die unveränderlichen Gesetze des sozialen Lebens durch Beobachtung und Vernunftgebrauch ausfindig zu machen, statt nach ersten Ursachen oder letzten Zwecken zu fragen. Auch in den Gesellschaftswissenschaften sei es an der Zeit, daß sich - wie bereits in den Naturwissenschaften vorgeführt - das Prinzip der *positiven Philosophie* durchsetze. Sein soziologisches Werk trägt deshalb auch den Titel "Cours de Philosophie Positive". Um dies zu leisten, brauche man eine neue Wissenschaft, eben die Soziologie, die aufgrund der komplexen Methoden, die sie verwenden könne, die Krönung der Wissenschaften darstelle. Für Comte ist die Hierarchisierung der wissenschaftlichen Disziplinen keine abstrakte Frage, denn die Wissenschaften sollen seines Erachtens unmittelbar dem Fortschritt der Menschheit dienen. Sie etablieren eine geistige Ordnung, und diese ist die Grundlage jeder anderen Ordnung; gesellschaftliche Übelstände können durch wissenschaftliche Erkenntnis überwunden werden. Die Gesellschaft sieht Comte als einen kollektiven Organismus, für dessen Beschreibung er gerne biologische Bilder verwendet. Die soziale Problematik von Ordnung und Fortschritt faßt er in die Begriffe der *sozialen Statik* und der *sozialen Dynamik*. Erstere befaßt sich mit der Harmonie der Elemente, dem Gleichgewicht, der Solidarität, mit Familie, Religion, Regierung, Arbeitsteilung; letztere mit den Triebkräften der gesellschaftlichen Veränderung. Den erwähnten Entwicklungsstadien des Geistes entsprechen drei gesellschaftliche Epochen: die militärische Phase, die feudale Phase und die Phase der industriellen Zivilisation. So wie die Naturwissenschaften der Sicherung der materiellen Versorgung dienen, sollen die Sozialwissenschaften in der letzten dieser Phasen die politisch-gesellschaftlichen Institutionen gestalten und überwachen. Für die Soziologen erhebt Comte damit einen Führungsanspruch, und als sein Positivismus später immer mehr zu einer Art Religion wird, erhebt er - nervlich in Mitleidenschaft gezogen - gar für sich den Anspruch, an der Spitze der Gesellschaft zu stehen (1830ff., 1851ff.).

Emile Durkheim (1858-1917) betrachtet die Gesellschaft als eine Realität sui generis, sie sei nicht ableitbar vom individuellen Handeln oder verstehbar aus psychologischen Akten. In seinen "Regeln der soziologischen Methode" (1895) stellt er die *Priorität der Gesellschaft vor dem Individuum* als Grundprinzip der soziologischen Methode dar. Soziale Tatsachen entstehen seines Erachtens aus dem Gesamtzusammenhang der Gesellschaft. Die menschliche Natur sei dualistisch; einerseits gibt es die egoistischen Bedürfnisse organischen Ursprungs, andererseits die moralischen Handlungen, die sich nach Regeln richten, die nicht von einzelnen Personen oder Gruppen geschaffen werden, sondern auf kollektive Bewußtseinszustände zurückgehen. Das *Kollektivbewußtsein*, die Gesamtheit der den Menschen in einer Gesellschaft gemeinsamen Werte und Normen, hat praktisch ein Eigenleben; die Gesellschaft wird zu einer übergeordneten Instanz; sie wird vom Individuum als etwa Äußerliches, als Autorität und Zwang erfahren. Selbst die Sprache und die Kategorien des Denkens will Durkheim von der Gesellschaft statt von individuellen Handlungen abgeleitet wissen (vgl. Tenbruck 1981).- Die Frage nach dem Verhältnis des einzelnen zur Gesellschaft durchzieht sein ganzes Werk. In seiner Studie über die "Arbeitsteilung" (1893) geht er aus von der moralischen und sozialen Krise der westlichen Gesellschaft, ein Thema, das ihn auch in den folgenden Werken beschäftigt. Er untersucht die Solidaritätsformen, die in einfachen und modernen Gesellschaften ein Band zwischen den Menschen bilden, und konstatiert, daß die Stabilität der Gesellschaft nur durch eine neue moralische Übereinstimmung der Individuen, durch eine gewandelte Solidarität, gewahrt werden kann. In seiner Studie über den "Selbstmord" (1897) geht er den Ursachen nach, die Individuen zum Suizid treiben, und findet sie in übergroßen oder allzu schwachen Bindungen an die Gemeinschaft; wiederum macht er sich darüber Gedanken, wie das Individuum stärker in soziale autoritative Bindungen integriert werden könnte. In seiner wichtigsten Studie - über die "Religion" (1912) - analysiert er, wie religiöse Rituale und Bräuche das Zusammengehörigkeitsgefühl der Menschen erhöhen, und wie es dazu kommt, daß sie etwas Heiliges, eine über ihnen stehende Macht, anbeten, die er letztlich wieder als Gesamtheit der Gesellschaft identifiziert. Gerade er (als Ungläubiger) streicht den funktionellen Stellenwert der Religion, ihre Bedeutung für den einzelnen und die gesellschaftliche Harmonie heraus (vgl. Jones 1986).

Georg Simmel (1858-1918) hat in seinen soziologischen, philosophischen und kulturgeschichtlichen Arbeiten, ja auch in seinen ästhetischen und literarischen Essays eine Fülle von Phänomenen der modernen Welt ins Auge gefaßt: Höflichkeit, Großstädte, Dankbarkeit, Mode, weibliche Kultur und vieles andere. Für die soziologische Theoriebildung ist sein systematischer Entwurf einer *formalen Soziologie*, der später von Leopold von Wiese weitergeführt wurde, wichtig. Es ist seines Erachtens ein *psychologisches* Problem, daß die Individuen aus bestimmten Motiven, Gefühlen und Interessen handeln. Es ist für ihn eine *sozialpsychologische* Aufgabe, die konkreten Gruppen, in denen sie konkurrieren und kooperieren, wie Versammlungen, Organisationen, Parteien und dergleichen, zu untersuchen. Diese Aktivitäten finden aber in bestimmten Formen statt, in sozialen Konfigurationen und Konstellationen, und dabei treten Phänomene wie Nachahmung, Hierarchie, Arbeitsteilung, Vertretung, Parteibildung und Wettbewerb auf - diese Formen sind Gegenstand einer *soziologischen* Untersuchung. Die Soziologie studiert *Formen der Vergesellschaftung*, die aus ihrem inhaltlichen Zusammenhang gelöst werden. Sie betrachtet auch Phänomene, die gleichzeitig Objekt anderer Wissenschaften sind, aber sie betrachtet sie auf andere Weise; es gibt ja keine Wissenschaft von der ganzen Wirklichkeit, sondern jede Disziplin wählt sich jene Aspekte der Wirklichkeit aus, die sie interessieren, schafft also eine Abstraktion. Für die Soziologie geht es um die Form; man kann sie gewissermaßen mit der Geometrie vergleichen: Es gibt zahllose runde Gegenstände, Äpfel, Bälle, Murmeln, Ballons, aber die Geometrie studiert nicht diese Objekte, sondern abstrakte Formen von Kugeln und Kreisen. Ebenso studiert die Soziologie Formen der Vergesellschaftung, losgelöst von ihren Inhalten und Zwecken, so wie die Grammatik die reinen Formen der Sprache von den Inhalten sondert; und diese Formen mögen Anwendung finden bei Familien, Räuberbanden, Bankenkonsortien oder Religionsgemeinschaften (vgl. Simmel 1970). Ohne solche Formen kann eine Gesellschaft nicht bestehen (vgl. 1890, 1900, 1908).

Max Weber (1864-1920) hat schon seine Zeitgenossen durch sein breites Wissen verblüfft. Er ist von der Ökonomie zur Soziologie gekommen, und seine frühen Arbeiten dokumentieren zudem sein starkes historisches Interesse. Seinen sozialreformerischen Elan belegt sein Engagement im Verein für Socialpolitik. Er hat Methodenprobeleme der Soziologie bearbeitet, über die Wertfreiheit der Wissenschaften und über Idealtypen, über Verantwortungs- und Gesinnungsethik sowie über die Beziehung von Wissenschaft und Politik geschrieben. Seine Beiträge zu Politik und Herrschaft, Legitimität und Staat, Organisation, Bürokratie und Religion sind nach wie vor Bezugspunkte der theoretischen Diskussion.- In seinen methodologischen Arbeiten hat er versucht, den Entwurf einer *verstehenden Soziologie* zu skizzieren. Das Handeln des Menschen muß seines Erachtens als sinnerfülltes Handeln betrachtet werden; es reicht nicht aus, kausale Erklärungen "von außen" zu liefern, sondern auch Ziele, Absichten und Motive der Menschen müssen in Betracht gezogen werden. Diese können weder einfach beobachtet noch müssen sie "nacherlebt" werden; wir müssen den Sinn von Handlungen verstehen, ihre Gründe und Ziele, und dies ist Aufgabe der Soziologie (vgl. dazu Kap. III).- Von seinen soziologischen Arbeiten sind seine Analysen über die protestantische Ethik und den Geist des Kapitalismus am berühmtesten geworden. In ihnen versucht er zu zeigen, daß der rational-kalkulierende Geist, den eine marktwirtschaftlich-dynamische Ordnung benötigt, durch die calvinistisch-protestantische Lehre wesentlich gefördert worden ist. Die kapitalistische Ordnung selbst forciert eigendynamisch jenen Rationalisierungsprozeß, der alle Lebensbereiche durchdringt und eine unfreie Zukunftsgesellschaft erwarten läßt (vgl. Mommsen 1959, 1974, Stammer 1965, Käsler 1972, Tenbruck 1975, Schluchter 1980, Collins 1986; zum Leben Fügen 1985).

Auf dem Weg in die Industriegesellschaft

Hier brechen wir jene chronologische ideengeschichtliche Darstellung ab, die wir als "Vorgeschichte" und als "klassische Phase" der Soziologie bezeichnen können. Im 19. Jahrhundert formieren sich jene theoretischen Perspektiven und ideologischen Strömungen, die auch noch in die Interpretationsversuche der Gegenwartsgesellschaft hineinreichen. Für das 20. Jahrhundert ist daher eine systematische Darstellung angebracht, denn die Paradigmen bestehen nebeneinander.

Für die "späte" Entwicklung der Soziologie sind zwei Umstände maßgebend. Erstens hat die enge Verbindung der Theologie mit philosophischen und gesellschaftsbezogenen Fragestellungen im mittelalterlichen Denken die Gesellschaft eher als *Wirkungsfeld metaphysischer Kräfte* erscheinen lassen, und im Hinblick auf das Verhalten der Menschen wurde daher nicht so sehr eine analytisch-gesellschaftstheoretische Perspektive eingenommen (also die Frage erörtert, wie sich die Menschen verhielten und warum dies so sei), sondern man war eher an der moralphilosophischen Frage interessiert, ob sich die Menschen "richtig" und "gut" verhielten. Das "Richtige" aber war aus der Bibel und anderen religiösen Schriften abzuleiten, und hinsichtlich dieser Quellen hüteten politische und religiöse Herrschaftsinstitutionen ihr Interpretationsmonopol: So wie die Naturwissenschaften erst langsam ihre Beobachtungen gegen den Autoritätsanspruch der Schriftenausleger durchzusetzen vermochten (Galilei) - und selbst das natürlich als Bestandteil einer religiösen Weltinterpretation -, so war auch für die nüchterne Analyse des menschlichen Verhaltens erst Raum geschaffen, als der Wandel der intellektuellen Auffassungen ein neues Verhältnis zwischen dem Religiösen und der Naturerkenntnis ermöglichte: die Entdeckung der natürlichen Ordnung des Universums, der ewig geltenden Naturgesetze als Abbild der Weisheit Gottes, als Beweis seiner Existenz und der göttlichen Erschaffung der Welt (vgl. Tenbruck 1989). Für den empirischen und nüchternen Zugang zu den Gegebenheiten der Welt und der Gesellschaft war damit eine Grundlage gegeben, umso mehr im Fortschreiten der Erosion der religiösen Vorstellungen.

Zweitens hat der rasche und tiefgreifende Wandel der Gesellschaft ab dem 18. Jahrhundert, der durch den *Industrialisierungsprozeß* verursacht war, "sozialwissenschaftliche" Untersuchungen gefördert. Technik, Handel und Industrie wurden zwar durchaus als Kräfte des gesellschaftlichen Fortschritts angesehen, als Elemente der Entwicklung zu einer wohlhabenden, harmonischen und friedlichen Gesellschaftsordnung. Die meisten Theoretiker hegten auch keinen Zweifel daran, daß Marktmechanismen den alten feudalen Mächten vorzuziehen seien, und sie begründeten ihr Wirken mit der unaufhebbaren Autonomie des Individuums. Das Marktsystem wird dergestalt aus dem politisch-sozialen Gefüge herausgelöst, es wird als Mechanismus dargestellt, der seiner eigenen Logik und Dynamik folgt. Aber sozialwissenschaftliche Untersuchungen schienen bei aller grundsätzlich positiven Haltung zu diesem Geschehen schon aus Gründen der sozialen Orientierung, des Sich-zurecht-Findens in einer "umstürzenden" gesellschaftlichen Ordnung, dringlich. Man war ja auch mit überraschenden und bestürzenden Phänomenen konfrontiert: mit Kriegen und Revolutionen, mit Prozessen der Industrialisierung und Demokratisierung, mit Urbanisierung und Säkularisierung, mit Verelendung und Mobilität - und man wollte eine "einsehbare Ordnung" in der geschichtlichen Mannigfaltigkeit finden, eine Perspektive schaffen, in der diese tiefgreifenden Veränderungen nicht mehr zufällig, planlos, schicksalhaft erschienen. In diesem Sinne wurde Soziologe von ihren Ursprüngen her als *Krisenwissenschaft* verstanden: Sie sollte die große Umwälzung, die Doppelrevolution im politischen und im ökonomischen Bereich, erklären. Demgemäß versuchte man, soziologische Theorien mit großer Reichweite und hochgestecktem, ja enzyklopädischem Anspruch zu entwickeln, welche die Regelmäßigkeiten oder "Gesetze" der sozialen Welt - nach dem Vorbild der Naturwissenschaften, insbesondere der Physik - enthüllen sollten. Es war die Zeit der großen Gesamterklärungen: *Organizistische Theorien*, besonders in ihren romantischen Ausprägungen, flüchteten oft in eine bereits verlorene heile Welt zurück, sie beschworen die Ordnung des Ganzen und Harmonischen, die Gesellschaft als Organismus mit wechselseitig abhängigen Elementen: so etwa Adam Müller und Albert Schäffle, später Othmar Spann. Die *darwinistische Lehre* stürzte das überkommene Weltbild, in dem sich der Mensch - religiös abgesichert - als einzigartiges Wesen verstanden hatte, und wurde in ihrer Anwendung auf gesellschaftliche Entwicklungen zur Rechtfertigung harter Konkurrenzverhältnisse gebraucht. *Historistische Auffassungen* waren in allen sozialwissenschaftlichen Disziplinen einflußreich; ihre Vertreter wandten sich gegen abstrakte und überzeitlich wirksame Gesetzmäßigkeiten und hoben die Bedeutung skrupulöser historischer Forschung hervor: so etwa die Ökonomen W. Roscher, K. Knies und G. Schmoller, und zu ihnen gesellten sich auch F.C. von Savigny, W. Dilthey, W. Windelband, H. Rickert. An den *Positivismus* von Comte und Durkheim schloß sich der "logische Positivismus" des Wiener Kreises (Ernst Mach) an, mit dem Versuch einer klaren Grenzziehung zwischen dem Realen und Beobachtbaren auf der einen und dem Imaginären, Fiktiven, ja Sinnlosen auf der anderen Seite, und von dort führte der Weg zum modernen Empirismus, zu M. Schlick, R. Carnap, O. Neurath und anderen, und weiter zu K. Popper.- Viele andere Theoretiker des 19. und beginnenden 20. Jahrhunderts lassen sich nur schwer in Schulen oder Strömungen einordnen, so etwa F. Tönnies, V. Pareto, W. Sombart, J. Schumpeter, A. Vierkandt, A. Weber, C. Schmitt, F. Oppenheimer, L. von Wiese, M. Scheler, K. Mannheim. Sie alle können hier nicht näher erörtert werden, einige ihrer Beiträge scheinen bei den zugehörigen Problemstellungen auf.

2. Systemtheorie und Funktionalismus

Als in den Anfängen des modernen soziologischen Denkens das Problem auftauchte, für die Soziologie einen "eigenen" Forschungsbereich abzustecken, der sie von den anderen Humanwissenschaften - der Psychologie, der Geschichte, der Ökonomie usw. - unterscheiden sollte, bemühten sich verschiedene Theoretiker, über die Analyse des Individuums hinauszugelangen und soziale Tatsachen als "überindividuelle" Phänomene zu verstehen: Durch die Interaktionen der Menschen, so wurde betont, entstehen neue Sachverhalte, eben *soziale Tatsachen*, die nicht mit individuell-psychologischen Methoden zu untersuchen seien. Damit wurden jene Ansätze, die bei der Untersuchung des Individuums ansetzten und bereits in der schottischen Moralphilosophie zur Blüte gelangt waren, aufgegeben. Unter dem Einfluß der französischen Aufklärung und unter dem "Erklärungsdruck", unter dem die Sozialwissenschaftler in dem turbulenten 19. Jahrhundert standen, ging ihr Blick vom Individuum zur größeren Einheit: Das Interesse wandte sich der Integration der gesellschaftlichen Teile zu einem Ganzen sowie der Wirkung von Gruppen, Institutionen und der Gesellschaft auf den einzelnen zu. Die Ausdifferenzierung der Soziologie aus dem Ensemble der Gesellschaftswissenschaften stand eher unter dem Signum der "Gesellschaft" als unter dem des "Individuums".

Erste Entwicklungen

Eine funktionalistische Perspektive wurde zunächst in der Anthropologie entwickelt, etwa von Bronislaw Malinowski (1884-1942), und von Alfred R. Radcliffe-Brown (1881-1955) zu einer "Systembetrachtung" ausgebaut. Der Biologe Ludwig von Bertalanffy (1901-1972) hat versucht, eine *Allgemeine Systemtheorie* (General Systems Theory) zu entwickeln, um Systemstrukturen und Systemeigenschaften zu analysieren, die sich in allen Systemen - biologischen wie sozialen, ökologischen wie ökonomischen - nachweisen lassen (1968). Weitere Anstöße kamen von der Informationstheorie, der Spieltheorie und der Organisationstheorie. Norbert Wiener (1894-1964) hat die Lehre von den sich selbst steuernden Systemen, die *Kybernetik*, entwickelt. Als einfaches Modell für eine Selbststeuerung auf der Grundlage von Rückkoppelungsmechanismen dient üblicherweise das Thermostat für die Heizung: ein elektrischer Schaltkreis, der bei Unterschreiten einer bestimmten Temperatur die Heizung anschaltet, bei Überschreiten einer anderen Schwelle wieder ausschaltet - Sollwerte definieren die erwünschten Systemzustände, und durch Rückkoppelung (feedback) hält sich das System innerhalb dieser Werte. Dasselbe gilt für biologische Systeme; der Regelkreis bei einem Organismus sorgt für die Homöostasis, die Aufrechterhaltung des Gleichgewichts in Austauschprozessen mit der Umwelt - so wird etwa Nahrung aufgenommen und Verwertungsrückstände werden ausgeschieden. Solche Modelle lassen sich komplizierter gestalten, und es lassen sich allgemeine Bedingungen der Systemerhaltung herausarbeiten, die über verschiedene Disziplinen hinweg Verwendung finden können. Auch *Operations Research*, im Zweiten Weltkrieg als systematische Untersuchung militärischer Operationen begonnen, leitet sich von diesen Systembetrachtungen ab.

Abbild und Konstruktion

Die Systemtheorie ist eine bestimmte Art, die Wirklichkeit zu modellieren; sie steht im Spannungsfeld zwischen der realen Existenz von Systemen und der bewußten Konstruktion von Untersuchungseinheiten. *Ein System ist eine Gesamtheit von Elementen, die Beziehungen zueinander aufweisen und gegenüber ihrer Umwelt abgegrenzt werden können.* Diese Definition ist allgemein anwendbar: auf Staaten, auf Gruppen, auf Schulen, auf die Wirtschaft, auf den menschlichen Körper, auf ein Biotop, auf die Amöbe, auf den Ameisenhaufen. Natürlich handelt es sich um "reale" Systeme, die aus der Wirklichkeit ausgegrenzt werden, d.h. die Wirklichkeit muß so beschaffen sein, daß sie sich für eine Systembildung eignet. Andererseits werden Systeme auch "geschaffen", man kann unterschiedliche Elementgruppen, die Beziehungen zueinander aufweisen, als System betrachten. So mag man etwa den menschlichen Körper als System analysieren, aber man kann auch eine Gruppierung von mehreren Individuen, also eine Familie, als System analysieren. Man mag eine Universität als System ins Auge fassen, aber auch das ganze Bildungssystem eines Landes. Systeme lassen sich hierarchisieren: Die Universität ist Teil des Bildungssystems, ein Subsystem in dem größeren Ganzen, und das Rektorat mag wiederum als Subsystem der Universität angesehen werden.- Auch in unseren Alltagsbetrachtungen gehen wir nicht viel anders vor: Wir grenzen Systeme von anderen Phänomenen ab bzw. aus ihrer Umwelt aus, indem wir etwa von der "Familie" sprechen: einer Gruppe von Menschen, die engere Beziehungen zueinander aufweisen, obwohl jeder Teilnehmer auch nach außen hin soziale Beziehungen zu anderen Menschen pflegt. Die Beziehungen innerhalb des Systems müssen freilich enger sein als nach außen hin, es muß eine *Innen-Außen-Differenz* geben, die es erlaubt, zur Umwelt auch dann abzugrenzen, wenn es sich um ein offenes System - mit Austauschprozessen mit der Umwelt - handelt. Systeme müssen Strukturen aufbauen, um eine System-Umwelt-Grenze zu stabilisieren.

Soziologische Systembetrachtung

Systemtheoretische Betrachtungen finden sich in der Soziologie schon bei den Klassikern: etwa in Emile Durkheims grundlegend funktionalistischer Perspektive oder in Georg Simmels formaler Soziologie. Talcott Parsons (1902-1979) und Robert Merton (1910-) haben eine *allgemeine Theorie sozialer Systeme* entwickelt, die zur dominanten Perspektive der Soziologie in den 40er und 50er Jahren wurde. Die *funktionalistische* Theorie verknüpft sich mit einer Systembetrachtung: Funktionalisten fragen nach den Beiträgen einzelner Elemente für die Erhaltung des Gesamtsystems.

Am leichtesten wird die funktionalistische Perspektive durch einen biologischen Vergleich verständlich - auch wenn solche Analogien, wenn sie allzu wörtlich genommen werden, zu Mißverständnissen Anlaß geben können. Das Funktionieren des menschlichen Körpers wird man beispielsweise kaum verstehen, wenn man nur einzelne

Bestandteile - Knochen, Herz, Blut, Magen - untersucht. Entscheidend ist es, das Zusammenwirken dieser Teile zu erklären; das Herz muß zusammen mit der Lunge, der Kreislauf zusammen mit der Atmung untersucht werden, um sich ein Bild darüber zu machen, wie "Leben" aufrecht erhalten wird. Jeder Einzelteil des Organismus muß in seiner Beziehung zu anderen Teilen und in seiner Bedeutung für das ganze System beurteilt werden.

Dasselbe gilt für soziale Systeme. Die einzelnen Teile des gesellschaftlichen Systems müssen in ihrer wechselseitigen Beziehung und in ihrer Bedeutung für die ganze Gesellschaft gesehen werden. Ob es um "Religion", um "Familie" oder um das "Privateigentum an Produktionsmitteln" geht - in jedem Fall lautet die Frage: Wie steht das betrachtete Phänomen in Relation zu anderen gesellschaftlichen Teilsystemen? Welche Bedeutung hat es zur Aufrechterhaltung der Gesamtgesellschaft? So wie es die Funktion der Lunge ist, das Blut mit Sauerstoff anzureichern, so ist es nach Auffassung mancher Funktionalisten die Funktion ungleicher sozialer Belohnungen, Menschen mit bestimmten Fähigkeiten in die entsprechenden gesellschaftlichen Positionen zu bringen; und so ist es etwa die Funktion der Familie, für die Produktion und Sozialisation des gesellschaftlichen Nachwuchses zu sorgen.

Der Funktionalismus geht von der Auffassung aus, daß es verfehlt ist, menschliches Verhalten "atomistisch" zu betrachten, d.h. die Individuen als eigenständige Einheiten anzusehen, die als Grundlage der Gesellschaftsanalyse dienen können. Vielmehr sind regelmäßige Strukturen des Verhaltens unter bestimmten Rahmenbedingungen zu beobachten, die auf der Befolgung allgemeiner Regeln beruhen; gleichförmige und wiederholte Muster lassen sich in politischen, ökonomischen, kulturellen und sozialen Zusammenhängen finden. Die Struktur einer Gesellschaft läßt sich dann durch die Gesamtheit der normgeleiteten Verhaltensweisen bezeichnen, soziale Institutionen sind Kristallisationspunkte eines solchen Verhaltens. Einzelelemente müssen vor dem Hintergrund und im Kontext solcher "Muster" verstanden werden. Es interessieren nicht beliebige Wirkungen solcher Phänomene, sondern in erster Linie jene, die zum Überleben des betrachteten Systems dienlich sind. Das System hat die Tendenz zur *Selbsterhaltung*, zur Aufrechterhaltung des *Systemgleichgewichts*.

Jede soziale Einheit muß bestimmte funktionale Erfordernisse erfüllen, ohne die sie auf Dauer nicht bestehen kann: Sie muß neue Mitglieder hervorbringen, diese sozialisieren, für ihre materiellen Lebensbedingungen sorgen, Konflikte entscheiden usw. In komplexeren Gesellschaften werden diese Erfordernisse von spezialisierten Einrichtungen wahrgenommen: Familie, Schule, ökonomisches System, politisches System, Rechtsapparat und so fort. Andererseits muß dafür Sorge getragen werden, daß diese spezialisierten Institutionen miteinander verträglich bleiben: Die Rechtsnormen müssen zu den Gegebenheiten des Wirtschaftslebens "passen"; die in der Familie vermittelten Werte zu jenen, die auch im Schulsystem gefordert werden; die Schule soll Qualifikationen vermitteln, die im Berufsleben relevant sind. Die *Spezialisierung* und *Differenzierung* bedarf also der *Integration* der Teile, ihrer wechselseitigen Anpassung und Verflechtung.

Soziale Phänomene sind in einer funktionalistischen Perspektive daraufhin zu prüfen, ob sie - wie dies Merton bezeichnet hat - zur Bewältigung von Systemproblemen beitragen, also *funktional* oder *eufunktional* sind, ob sie zwar hiezu nichts beitragen, aber den Systemprozeß auch nicht behindern, d.h. *neutral* oder *nonfunktional* sind, oder ob sie die Funktionen stören, d.h. *dysfunktional* sind. Diese Unterscheidung hat allerdings Kritiker auf den Plan gerufen, die meinten, wenn Eu-, Non- und Dysfunktionen möglich seien, werde das funktionalistische Erklärungskonzept unterminiert: Denn dann sei es nicht sinnvoll, jedes Phänomen unter dem Gesichtspunkt seines Beitrages zum Funktionieren des Gesamtsystems zu betrachten; dies setze doch voraus, daß jedes System seine Elemente bestandserhaltend und zweckdienlich organisieren könne.- Funktionen können den Handelnden bewußt sein (*manifeste Funktionen*) oder nicht (*latente Funktionen*). Religiöse Zeremonien können etwa die manifeste Funktion haben, eine Gottheit gnädig zu stimmen, aber die latente Funktion, den Zusammenhalt der Gesellschaftsmitglieder zu stärken.

Strukturell-funktionale Theorie

Talcott Parsons hat - wie in seinem Buch "The Structure of Social Action" (1937) deutlich wird - versucht, die Arbeiten bedeutender Sozialwissenschaftler für die Erstellung einer *allgemeinen Handlungstheorie* fruchtbar zu machen. Parsons vereint Handlungstheorie und Systemtheorie. Das Handlungssystem ist der Ausgangspunkt. Zu unterscheiden sind der Handelnde selbst, die Situation und die normative Handlungsorientierung. Für die letztere hat Parsons als grundlegende Entscheidungsgesichtspunkte die *pattern variables* (vgl. Kap. III) entwickelt. Für Parsons sind kulturelle Bestände - Werte, Normen und Institutionen - bestandssichernde Faktoren von Sozialsystemen. Verhalten wird geordnet, vorhersehbar und miteinander verträglich gemacht.

Es gibt seines Erachtens Systembildungen auf unterschiedlichen Ebenen: *physikalisch-chemische Systeme* in der anorganischen Welt; *biologische Systeme*, wo bereits Leben entsteht. Darüber stehen *Handlungssysteme*, für die kennzeichnend ist, daß die Steuerungsfunktionen nicht mehr ausschließlich angeboren sind. *Telische Systeme* schließlich stellen eine überempirische, transzendente Realität dar; dort geht es um Sinn und Religion.

Nun interessiert uns in der Folge das *Handlungssystem*. Bei der Analyse jeglicher Systeme entstehen vier Grundprobleme: Strukturerhaltung, Integration, Zielorientierung und Adaption (nach den englischen Begriffen latency oder pattern maintenance, integration, goal attainment und adaption werden diese vier Ziele auch als LIGA- oder (in umgekehrter Folge) als AGIL-Schema bezeichnet). Jedes System muß diese bestanderhaltenden Funktionen erbringen (vgl. Parsons/ Bales/ Shils 1953); auch jedes Subsystem, also jeder zusammengehörende Teil eines Systems, muß dies leisten. Daher lassen sich die vier Aspekte auch auf unterschiedlichen Ebenen - bei ineinandergeschachtelten Systemen - beobachten. Parsons gliedert das menschliche Handlungssystem, diesem Viererschema folgend, in vier Subsysteme. Beim *Organismussystem* geht es um die genetische Konstitution der individuellen Organismen und um ihre Milieubedingungen; es leistet die Anpassung an die physikalische Umwelt, wobei es etwa um Grundbedürfnisse wie Nahrung und Unterkunft geht (A).- Innerhalb des genetischen und kulturellen Rahmens können Individuen und Gruppen besondere Merkmale entwickeln; jeder hat anderes gelernt und ist gewissermaßen einmalig. Das *Persönlichkeitssystem* dient der Wertverwirklichung oder Bedürfnisbefriedigung; die Bestrebungen des Verhaltensorganismus werden mit den sozialen Notwendigkeiten koordiniert (G).- Die integrativen Handlungen bilden das *Sozialsystem* (I), die Verträglichkeit der Systemteile miteinander wird gesichert und die Eigenart des Systems, das seine Grenzen zur Umwelt aufrechterhalten muß, wird gewährleistet.- Menschen können kulturelle Elemente hervorbringen, wenn auch nur über lange Zeit hinweg und als Kollektiv. Als *kulturelles System* gelten jene Handlungen, die der Normerhaltung, der kreativen Norminterpretation oder der Verwendung gemeinsamer Symbole dienen (L).- Diese Systeme sind voneinander zu unterscheiden, auch wenn zwischen ihnen Verflechtungen (Interpenetrationsbeziehungen) bestehen. Das Persönlichkeitssystem ist etwa nicht denkbar ohne die drei anderen Systeme. Die informationsreicheren Systeme steuern die energiereicheren, in der Reihenfolge L, I, G, A.

Nun steigen wir wiederum eine Etage tiefer: Jedes der vier Elemente läßt sich wiederum unter der AGIL-Perspektive untersuchen. Uns interessiert das *Sozialsystem*, das im Bezugsrahmen des Handlungssystems das Element I darstellt. Wenn wir uns darauf konzentrieren, stellen die anderen drei Systeme - Organismus, Persönlichkeit, Kultur - die Umwelt dar. Handlungen (d.h. Handlungssysteme) aktivieren sich im Sozialsystem; das Sozialsystem setzt sich aus Handlungen zusammen. Umgekehrt setzt sich jede Handlung aus Elementen des Persönlichkeits-, Kultur-, Organisations- und Sozialsystems zusammen. Eine *Gesellschaft* ist ein Typus des Sozialsystems innerhalb eines Universums sozialer Systeme, welches als System den höchsten Grad der Selbständigkeit in bezug auf sein Milieu erreicht. Wir betrachten die Gesellschaft wiederum auf die vier genannten Funktionen hin. Das Kernstück jeder Gesellschaft ist die geformte normative Ordnung, die gemeinsame kulturelle Orientierung als Grundlage ihrer Identität - das *soziokulturelle System* (L). Für die äußere Anpassung dient das *wirtschaftliche System* (A), für die Zielerreichung das *politische System* (G), und die *gesellschaftliche Gemeinschaft* ermöglicht die Integration (I).

Die jeweiligen Subsysteme stehen wechselseitig strukturell in einem Durchdringungsverhältnis (Interpenetration), prozessual in einem Austauschverhältnis. Der Austausch zwischen ihnen wird durch *Medien* bewerkstelligt. Diese Medien sind Geld (im ökonomischen Subsystem), Macht (im politischen Subsystem), Einfluß (in der gesellschaftlichen Gemeinschaft) und generalisierte Wertbindung (im soziokulturellen Subsystem) (vgl. zur Einführung Jensen 1980; s. auch Parsons 1960, 1973, 1975; weiterführend Münch 1976, 1982).

Die strukturell-funktionale Theorie stellt die Frage der Selbsterhaltung und damit des Gleichgewichts eines Systems in den Mittelpunkt und hat sich damit die Kritik zugezogen, eine allzu *harmonistische Version der Gesellschaft* ohne Konflikte darzustellen. Selbst wenn von Wandel und Differenzierung die Rede ist, spricht die Theorie vor allem von einer Steigerung der Anpassungsfähigkeit des Systems an seine Umgebung. Andere Kritiker wenden sich gegen die *holistischen Anklänge* in der Theorie - ihre Orientierung auf ganze Systeme - und schlagen vor, den individualistischen Ansätzen mehr Aufmerksamkeit zu schenken; wieder andere halten das Modell für eine begriffliche Spielerei ohne empirischen Gehalt.

Funktional-strukturelle Theorie

Die Benennung der Theorie Niklas Luhmanns (1927-) deutet auf die Nähe und die Unterschiede zu Parsons hin. Während Parsons von strukturellen Gegebenheiten ausgeht und danach die Frage nach ihrer Funktion aufwirft, untersucht Luhmann von vornherein Funktionen - und stößt erst von diesen zu Strukturanalysen vor. Warum sollten sich Teilsysteme an gesamtgesellschaftlichen Erfordernissen und Werten orientieren? Wenn man das Gesamtsystem durch einen feststehenden Zweck definiert, kann man Variationen, Dissense, Konflikte und dergleichen nicht erfassen. Subsysteme werden aber gerade in den modernen Gesellschaften immer autonomer, und dadurch werden die integrativen Funktionen des gesamtgesellschaftlichen Systems geringer. Man kann also die Strukturen nicht voraussetzen, sondern nur die Bedingungen der Bildung und Veränderung von Systemen analysieren. Da Luhmann bei den Funktionen ansetzt, kann er auch Strukturen problematisieren, den Sinn einer Systembildung thematisieren, die Eigenkomplexität von Subsystemen anerkennen und nach funktionalen Äquivalenten fragen.

Systembildung bedeutet die Etablierung einer Ordnung, die unendlich viele Möglichkeiten stillegt. Es erfolgt eine Selektion aus den Optionen. Dadurch wird eine Innen-Außen-Differenz geschaffen; es entstehen Gebilde, die eine begrenzte Zahl von Elementen und Kombinationen aufweisen. Sie setzen sich von einer Umwelt ab, die komplexer und elementreicher ist. Ein weiterer Unterschied zu Parsons besteht in der Konzeption von Systemen; bei Parsons bestehen sie aus Handlungen, die sinnhaft als System "gebündelt" werden. Bei Luhmann wird mit den Handlungen *Sinn* geschaffen, konkretisiert und interpretiert. Handlungen sind Kommunikationsakte. Eine Welt, in der man fähig ist zum Überleben, wird aus den Sinnstrukturen von Handlungen geschaffen. Die Mitglieder eines Systems schaffen selbst regulative Sinnschemata. Systeme sind Einheiten von Sinnbeziehungen; sie bestehen aus *Kommunikation.* Ihre Besonderheit ist in ihrer *Identität* zu finden; diese wird durch die Aufrechterhaltung ihrer System-Umwelt-Differenz gewahrt. Insoweit handelt es sich auch um *reale Systeme*, nicht - wie bei Parsons - um gedankliche Abstraktionen; denn die Systemelemente konstituieren selbst die sinnhaften Grenzen des Systems.

Systeme tragen zur *Reduktion von Komplexität* bei. Leben in einer komplexen Umwelt ist für den Menschen ein dauerndes Problem, angesichts der unendlich vielen auf ihn einstürmenden Informationen und angesichts seiner begrenzten Kapazität zur Informationsverarbeitung. Er wird überlastet. Wie kommt er mit der Überfülle seiner Handlungsmöglichkeiten zurecht, ohne seine Optionen gänzlich aus den Augen zu verlieren? Er selegiert aus der Komplexität, indem er strukturierte Einheiten bildet: Systeme. Ein System ist eine organisierte Menge von Elementen, d.h. aus der Unendlichkeit möglicher Beziehungen zwischen ihnen ist eine bestimmte Menge von Beziehungen ausgewählt worden. Damit ist eine gewisse Orientierungsleistung verbunden, durch diese Systembildungen findet sich der einzelne in einer komplizierten Welt leichter zurecht. Seine Erwartungen werden stabilisiert, d.h. er kann damit rechnen, wie andere Menschen sich verhalten. Die Systembildung ermöglicht ihm die *Generalisierung von Verhaltenserwartungen.* Das reduziert die Komplexität und ermöglicht das Handeln.

Luhmann (1984) geht insofern über Bertalanffy und Parsons hinaus, als er sich nicht mehr auf das Paradigma System-Umwelt konzentriert, sondern eine *Theorie autopoietischer oder selbstreferentieller Systeme* ausarbeitet, für die er Anstöße vor allem aus der neueren Biologie (Humbert R. Maturana, Francesco J. Varela) bezieht. *Selbstreferenz* heißt: Bezugnahme auf sich selbst. *Autopoiesis* heißt: Selbsterzeugung und -erhaltung. Autopoietische Systeme produzieren und reproduzieren die Elemente, aus denen sie bestehen, durch die Elemente, aus denen sie bestehen, selbst. In dieser Hinsicht sind sie *geschlossene Systeme*, auch wenn sie in anderen Belangen Beziehungen zur Umwelt haben. *Autonomie* der Systeme bedeutet nicht, daß sie isoliert oder unabhängig von der Umwelt sind, sondern daß sie die Abhängigkeit und Unabhängigkeit in gewissem Maße selbst regulieren. Umweltinformationen werden selektiv in das System hereingeholt, es gibt also dauernd Selbstreferenz und Fremdreferenz. Ein soziales autopoietisches System zeichnet sich daher dadurch aus, daß es Gedanken und Kommunikation als wichtige Elemente seiner Operationsweise nimmt und sich durch eine informationelle Differenz gegenüber den Umwelten (durch Beobachtungen) erhält. *Kommunikation* ist eine Einheit von drei Selektionen, von Information, Mitteilung und Verstehen. Kommunikation ist nicht identisch mit einer Handlung, aber die Vorstellung, daß soziale Prozesse aus Handlungen bestehen, erleichtert das Begreifen der Wirklichkeit: Insofern begreifen und beschreiben sich soziale Systeme als Handlungssysteme (zur Einführung Kiss 1986; für Anwendungen vgl. Luhmann 1981 (Wohlfahrtsstaat), 1986 (Ökologie) und 1988 (Wirtschaft)).

3. Marxistische Soziologie

Karl Marx (1818-1883) und Friedrich Engels (1820-1895) haben, gestützt auf die Philosophie Hegels und den Atheismus Ludwig Feuerbachs, den Versuch unternommen, die determinierenden Faktoren der gesellschaftlichen Entwicklung zu identifizieren: Im Rahmen ihres Historischen Materialismus vertreten sie die Auffassung, daß es die Bedingungen der Produktion des materiellen Lebens sind, die in letzter Instanz bestimmend sind für die Existenz und den Wandel gesellschaftlicher Phänomene. Sie wurden bekanntlich damit nicht nur Begründer einer gesellschaftstheoretischen Denkrichtung, sondern fanden auch politische Resonanz: in der westeuropäischen Arbeiterbewegung des 19. Jahrhunderts und in den Ländern, in denen sozialistische Revolutionen erfolgreich waren. Auch noch in den 60er Jahren war in den westlichen Industrieländern ein zeitweiliger Aufschwung des Interesses an marxistischen Theorien zu verzeichnen, während die Umbrüche in den osteuropäischen Ländern am Ende der achtziger Jahre als Ende jener Phase der Entwicklung betrachtet werden, in der diese Lehre - zumindest als vorgebliche Rechtfertigung - die politischen Verhältnisse in einem beträchtlichen Teil Europas geprägt hat (vgl. ältere Darstellungen bei Adler 1914, Bucharin 1925, Korsch 1938; neuere Darstellungen bei Kolakowski 1978, Euchner 1983, Bottomore 1975, Sweezy 1974, Löhnberg 1975, März 1976; zu Marx' Leben Friedenthal 1981).

Der Historische Materialismus

Hegel hat den Bereich der geschichtlichen Vernunft bereits dem individuellen Zugriff entzogen, indem er den Staat in seiner Bewegungsgesetzlichkeit zum Vollzugsorgan der historischen Vernunft gemacht hat. Bei Marx und Engels wird dieses Modell auf einer materialistischen Grundlage errichtet: Die Bewegungsgesetze liegen in der *ökonomischen Struktur*, nicht - wie der philosophische Idealismus angenommen hat - in den Gedanken der Menschen. Die Menschen müssen, um zu überleben, Nahrung und Güter herstellen; sie müssen essen und trinken, Wohnung, Kleidung und einiges andere erzeugen. Der Mensch ist vor allem *homo faber*. Arbeit ist ein historischer Prozeß, in dem der Mensch sich selbst und die Gesellschaft schafft. Er tut dies aber nicht als vereinzelter, sondern geht im Zuge seiner existenznotwendigen Arbeitsleistung *soziale Beziehungen* zu anderen Menschen ein: *Produktion ist eine gesellschaftliche Tätigkeit*. In der Arbeit werden also materielle Mittel zur Bedürfnisbefriedigung erzeugt, aber es werden dabei auch die gesellschaftlichen Strukturen geschaffen. Nun stellen sich zwei Fragen: Was sind die treibenden Faktoren des Wandels? Welche Phasen durchläuft diese Entwicklung?

Grundkategorien der Analyse des Produktionsprozesses sind die natürlichen *Produktivkräfte* und die *Produktionsverhältnisse*. Produktivkräfte sind Technologie, Rohmaterialien, Maschinerie, technisch-wissenschaftliche Kenntnisse, Arbeitskräfte. Ihre Effektivität ist im Verlaufe der Geschichte ständig im Steigen - wobei dieser Fortschritt nicht unbedingt eine Steigerung der Wohlfahrt bedeuten muß. Die Produktionsverhältnisse umfassen die gesellschaftliche Organisierung des Produktionsprozesses, also die sozialen Beziehungen, in denen die Produktion organisiert wird, die Eigentumsverhältnisse und die damit verbundenen Rechte und Pflichten: in der Feudalgesellschaft etwa das Verhältnis zwischen Grundherrn und abhängigen Bauern; im Kapitalismus das Verhältnis von Unternehmern und Arbeitern zueinander. Produktivkräfte und Produktionsverhältnisse zusammen stellen die *ökonomische Basis* (den Unterbau) der Gesellschaft dar; der *Überbau* - Kultur, Recht, Ideologie, Kunst etc. - ist weitgehend von diesem Unterbau bestimmt. Das Sein bestimmt das Bewußtsein.

Die Produktivkräfte sind die eigentlich treibende Kraft der Gesellschaft; ihnen müssen jeweils auch die Produktionsverhältnisse entsprechen. Marx bricht mit jenen Modellen, die verschiedene Bereiche des gesellschaftlichen Lebens - Religion, Philosophie, Recht, Politik - als gesonderte betrachten. Vielmehr liegt ihnen ein gemeinsames Geschehen zugrunde - der Kampf des Menschen um die Mittel des Überlebens. Alles Gesellschaftliche ist vom Ökonomischen geprägt. Die Individuen werden durch den Produktionsprozeß an bestimmten Stellen der gesellschaftlichen Struktur plaziert, und dies prägt ihre Handlungschancen, Interessenlagen, politischen Aktivitäten und kulturellen Anschauungen. Da die herrschenden Klassen die besten Möglichkeiten haben, ihre Auffassungen zu verbreiten, sind die Ideologien der Herrschenden jeweils die herrschenden Ideologien. Da sie auch den Staatsapparat beherrschen, wird die Politik auf die Sicherung ihrer Eigentumsverhältnisse gerichtet sein.

Durch den Konflikt zwischen Produktivkräften und Produktionsverhältnissen wird der gesellschaftliche Wandel bewirkt. Denn die Produktivkräfte verändern sich und geraten in zunehmenden

Widerspruch zu den Produktionsverhältnissen - mit der Erfindung der Dampfmaschine wird eine feudalistische Gesellschaftsordnung unmöglich. Es kommt zu steigenden Krisen und Konflikten, der Widerspruch spitzt sich zu, bis sich der gesellschaftliche Überbau umwälzt und die Unverträglichkeit dialektisch in einer neuen Synthese - einer neuen Gesellschaftsformation - aufgehoben wird. Das ist das allgemeine entwicklungsgeschichtliche Gesetz: Eigentum und Produktion sind jene allgemeinen Kategorien, die einen einheitlichen Entwicklungsverlauf bestimmen. In der Geschichte läßt sich denn auch eine *Abfolge gesellschaftlicher Formationen* unterscheiden, in denen jeweils bestimmte Produktionsweisen vorherrschen: die Urgesellschaft, die Sklavenhaltergesellschaft, der Feudalismus, der Kapitalismus und schließlich der in Zukunft erreichbare Sozialismus bzw. Kommunismus. Dieser Verheißung liegt ein starker Fortschrittsglaube zugrunde: Der Kapitalismus als die höchstentwickelte und differenzierteste Gesellschaftsformation ist der Schlüssel zu den vergangenen Epochen, und zugleich ist die Überwindung dieser Phase nur möglich, wenn sie ihre "Reife" erreicht hat.

Die ökonomische Theorie

Als Grundlage dieses gesellschaftstheoretischen Modells dient eine ökonomische Analyse, die auf der klassischen Nationalökonomie - auf den Lehren von Smith, Ricardo, Malthus - fußt, diese aber gleichzeitig vehement bekämpft. Die Arbeitswertlehre und die Mehrwertlehre sollen die Ausbeutung und Verelendung des Proletariats, das der Produktionsmittel beraubt ist, und die Akkumulation des Kapitals in den Händen der Kapitalistenklasse erklären. Jede Ware weist einen *Gebrauchswert* auf, der in der unmittelbaren Nützlichkeit ihrer Gutseigenschaft begründet ist, und einen *Tauschwert*, der sich aus ihrer "Verkaufbarkeit" ergibt. Der auf den Märkten realisierte *Preis*, der sich aus Angebot und Nachfrage ergibt, schwankt um den Tauschwert. Die Waren werden in unterschiedlichen Quantitäten gegeneinander getauscht, sie besitzen also unterschiedliche *Werte*. Es muß nun eine gemeinsame Bezugsgröße geben, die den Waren ihren jeweiligen Wert verleiht, und dies ist die zur Produktion im gesellschaftlichen Durchschnitt erforderliche eingesetzte *Arbeitszeit*. Der *Profit* kann nur im Produktionsprozeß erzeugt werden; er kann nicht von den Maschinen kommen, denn diese sind nichts anderes als vergegenständlichte Arbeit, die auf die produzierten Güter übertragen wird. Nur die menschliche Arbeitskraft kann Wert - und damit Mehrwert - schaffen. Der Wert der Arbeitskraft (den der Arbeiter als Lohn erhält) bestimmt sich - wie bei allen Waren - nach den Herstellungskosten, d.h. er entspricht den Kosten der physischen Reproduktion (mit einigen kulturellen Anpassungen). Was der Arbeiter aber an Wert schafft, übersteigt den Betrag seiner Reproduktionskosten; er arbeitet also jeden Tag einige Stunden unentgeltlich für den Kapitalisten und schafft in dieser Zeit den *Mehrwert.* Wenn c das konstante Kapital (Maschinen), v das variable Kapital (Arbeitskraft) und m den Mehrwert bezeichnen, so ist der Wert des Endprodukts c+v+m. Die Profitrate ist p=m/(v+c). Durch den technischen Fortschritt - im Prozeß der Rationalisierung und Automatisierung - wächst der Anteil des konstanten Kapitals, d.h. die *organische Zusammensetzung des Kapitals* (c/v) steigt. Wenn die Mehrwertrate konstant bleibt und c/v steigt, muß die Profitrate sinken. Damit zeichnet sich ein *tendenzieller Fall der Profitrate* ab, der die Unternehmer veranlaßt, zu versuchen, die Ausbeutung der Arbeiter zu steigern, z.B. durch Verlängerung des Arbeitstages und Erhöhung der Arbeitsintensität. Dieser Prozeß führt - neben anderen Krisenerscheinungen - zur Verelendung und letztlich zum Aufbegehren.

Klassenkämpfe

Jede Gesellschaftsformation - von der Urgesellschaft und der zukünftigen sozialistischen Gesellschaft abgesehen - ist von grundlegenden Widersprüchen gekennzeichnet, die sich in Klassenkonflikten ausdrücken. *Klassen* sind durch ihr Verhältnis zu den Produktionsmitteln bestimmt; entweder eignen sie sich fremde Arbeit entschädigungslos an, oder sie sind gezwungen, unentgeltlich für andere zu arbeiten. Daraus ergibt sich der unaufhebbare Antagonismus der Klassen. Die Geschichte kann als *Geschichte von Klassenkämpfen* betrachtet werden: Die Aneignung fremder Mehrarbeit ist auch im Kapitalismus das Kriterium dieses Gegensatzes. Nur Arbeit schafft Wert, aber ein Teil dieses Wertes wird vom Unternehmer in Form des Profits angeeignet. Die Besitzer von Produktionsmitteln (Unternehmer, Kapitalisten) stehen den Besitzern der Arbeitskraft (Arbeitern, Proletariern) gegenüber. Letztere sind gezwungen, ihre Arbeitskraft als Ware auf dem kapitalistischen Markt anzubieten. Der Fortschritt der Produktivkräfte und die dadurch verschärfte Ausbeutung führen zur zunehmenden *Verelendung* der Arbeiter; die "Klasse an sich", die objektiv bestimmbare Interessengruppe, wird zur "Klasse für sich", sie entwickelt also ein Bewußtsein ihrer gemeinsamen Lage. So tritt jene revolutionäre Situation ein, in der sich der Widerspruch zwischen der gesellschaftlichen Form der Produktion und der privaten Aneignung des Produktionswertes in der Überwindung der kapitalistischen Gesellschaft auflöst. Denn das kapitalistische System ist dem Untergang geweiht, und zwar im Zuge einer endogenen Umwälzung der kapitalistischen Gesellschaftsformation. Die Entwicklung der Produktivkräfte schafft die materiellen Voraussetzungen hiefür, die sich verschärfenden Klassenkämpfe erzeugen die politischen und sozialen Bedingungen. Es entstehen neue Produktionsverhältnisse, die durch "Assoziationen freier und gleichgestellter, nach einem gemeinsamen und rationellen Plan bewußt tätiger Produzenten" (MEW, Bd.18, 20) charakterisiert sind. Ware- und Geldbeziehungen schwinden dahin, ebenso wie die Staatsgewalt, und es entsteht eine *klassenlose Gesellschaft*.

Auch dies braucht freilich Zeit. Nach der revolutionären Erhebung der Arbeiterklasse tritt eine Übergangsphase ein, die *Diktatur des Proletariats*, in der die Grundlagen der neuen Gesellschaft geschaffen werden. In der letzten Stufe gilt aber das Prinzip "Jeder nach seinen Fähigkeiten, jedem nach seinen Bedürfnissen". Dieser Übergang soll in den kapitalistischen Ländern beinahe zu gleicher Zeit eintreten. Die utopische Gesellschaft nach der großen Revolution wird als paradiesischer Endzustand - wie schon bei den Frühsozialisten Saint-Simon, Fourier oder Owen - geschildert.

Marxistische Wissenschaft

Für marxistische Theorien liegt der Schlüssel zum Verständnis jeder Gesellschaft in einer Analyse des "Unterbaus", d.h. der ökonomischen Verhältnisse; geistige und intellektuelle Prozesse sind im letzten nur Schein, Illusion, Ideologie. Ihre Vertreter legen das Schwergewicht darauf, fundamentale Widersprüche und Konflikte ausfindig zu machen und Unterdrückungs- und Ausbeutungsverhältnisse, Herrschaft und Entfremdung, Klassenstrukturen und Klassenkämpfe aufzuzeigen. Das Aufzeigen dieser gesellschaftlichen Unzulänglichkeiten hat auch eine gesellschaftliche Funktion: Marxistische Soziologie will nicht - dem Postulat Max Webers folgend - wertfreie Wissenschaft sein, sondern *parteiliche Wissenschaft*; sie will durch ihre Verdeutlichung und Interpretation der Zusammenhänge die Sache des Klassenkampfs fördern.

Reformismus und Revisionismus

Die Marxsche Lehre wurde erst zu einer Zeit in der internationalen Arbeiterbewegung zur "offiziellen" Ideologie, als die wirtschaftlich-politische Entwicklung schon ganz andere Bahnen einschlug, als dies nach der Theorie zu erwarten gewesen wäre. Drei theoretische Strömungen lassen sich unterscheiden. Erstens war die orthodoxe Lehre bereits vor dem Ersten Weltkrieg von den *Revisionisten und Reformisten*, wie Eduard Bernstein (1850-1932), angegriffen worden, weil die tatsächliche Entwicklung des kapitalistischen Systems nicht im Einklang mit dem von Marx vorgezeichneten Weg verlief. Statt einer Proletarisierung der Arbeitskräfte haben sich eine Differenzierung der Sozialstruktur vollzogen und eine breite "Angestelltenmitte" entwickelt; statt einer Verelendung zeigen sich - gerade durch das Wirken der Arbeiterbewegung - Erfolge bei der Beteiligung der

Arbeiter am gesellschaftlichen Wohlstand; statt einer zunehmenden Krisenhaftigkeit hat das kapitalistische System Methoden entwickelt, den Wirtschaftsablauf zu stabilisieren. Bernstein hält es daher für sinnlos, auf den Zusammenbruch des Kapitalismus zu warten, vielmehr müsse eine kraftvolle sozialistische Bewegung dieses System verbessern. Er ist skeptisch im Hinblick auf die Gesetzlichkeit der Geschichte und das versprochene Endziel einer klassenlosen Gesellschaft, er hält weit mehr von der *praktischen Reform.*

Zweitens führten die *Austromarxisten* eine intellektuelle Auseinandersetzung mit der philosophischen, ökonomischen und politischen Kritik an der Marxschen Lehre. Die Österreicher fanden ihre philosophische Orientierung weniger bei Hegel und Feuerbach als bei Kant und Mach - wie vor allem bei Max Adler (1873-1937) deutlich wird. Eine lebendige Auseinandersetzung war mit der österreichischen Schule der Nationalökonomie - Menger, Böhm-Bawerk, Wieser - zu führen, und einige Marxisten versuchten, die Grenznutzentheorie in die Marxsche Lehre einzubauen. Man hatte die Marxsche Theorie auch auf die konkreten Probleme des altösterreichischen Staates anzuwenden, Otto Bauer (1881-1938) beschäftigte sich etwa eingehend mit den Nationalitätenproblemen der Monarchie. Karl Renner (1870-1950) studierte die rechtlichen Institutionen. Rudolf Hilferding (1877-1941) gab zu, daß das Wirtschaftssystem nicht in sich verschärfenden Krisen untergehen müsse, sondern sich als Finanzkapitalismus stabilisieren könne; doch werde es sich gerade dadurch langsam in eine sozialistische Gesellschaft transformieren (vgl. zum Austromarxismus Mozetic 1983, 1987).

Drittens gab es natürlich die *Orthodoxen.* Gerade die allmähliche Besserstellung der Arbeiterschaft schwächte ihren revolutionären Elan, und das war für die "Orthodoxen" ein wichtiger Einwand gegen alle reformistischen Intentionen. Für sie hat sich an den Grundstrukturen des Kapitalismus nichts geändert; das System habe sich nur an Veränderungen angepaßt und noch effizientere Ausbeutungsstrategien entwickelt. Rosa Luxemburg (1870-1919) beispielsweise erachtete den Imperialismus als zeitweilig wirksame Stabilisierungsstrategie, glaubte aber dennoch an den Kollaps des Kapitalismus, nachdem er alle unterentwickelten Länder aufgesaugt hätte.

Praktisch erfolgreich und wirkungsmächtig wurde die Restauration der "reinen" marxistischen Lehre durch Wladimir Iljitsch Lenin (1870-1924) und seine Nachfolger. Nach der Russischen Revolution 1917 wurde der Marxismus zur offiziellen Ideologie eines politischen Regimes. Lenin war an praktischen Zielsetzungen und an den Folgerungen aus der marxistischen Lehre für Handeln und Organisation interessiert. Sein Beitrag paßte die Theorie den praktischen Notwendigkeiten der "proletarischen Revolution" an. Die Arbeiterklasse kann seines Erachtens bestenfalls ein gewerkschaftliches Bewußtsein entwickeln; sie bedarf daher einer revolutionären Avantgarde klassenbewußter Arbeiter und Intellektueller als Führer.

Anfängliche lebhafte Diskussionen über die Marxsche Theorie endeten mit dem Aufstieg Stalins am Ende der 20er Jahre; der Marxismus wurde im sowjetischen Einflußbereich zu einer starren und dogmatischen Ideologie. In Anbetracht der Erfahrungen, die in den östlichen Staaten mit dem praktisch realisierten Marxismus gemacht wurden, verpflichteten sich die meisten westlichen sozialistischen Parteien auf einen demokratisch-reformistischen Kurs. Theoretische Beiträge lieferten in der Folge Karl Korsch, Georg Lukács, Antonio Gramsci, Carl Grünberg und das Frankfurter Institut für Sozialforschung.

Gegen eine dogmatische Rezeption der Marxschen Lehren standen genügend praktische Erfahrungen, die mit der "wissenschaftlichen Analyse" der historischen Bewegungsgesetze, wie sie von Marx vorgelegt worden war, nicht in Einklang zu bringen waren: Die sozialistischen Länder sind nicht aus den "reifen" kapitalistischen Gesellschaften entstanden, sondern aus unterentwickelten Gesellschaften. Die Problematik von Macht und Hierarchie wurde auch in den Ländern des realen Sozialismus nicht bewältigt, ja sie hat sich als viel gravierender erwiesen als in den westlichen Demokratien. Im ökonomischen Bereich schließlich zeigte die geplante Wirtschaft keineswegs die erwartete Überlegenheit über den anarchischen kapitalistischen Produktionsprozeß, sondern eher größere Engpässe, Ungleichgewichte und Stagnationstendenzen. Mit der Dauer der Herrschaft sozialistischer Regierungen wurde auch das Argument, es handle sich bei all den Unvollkommenheiten um Symptome eines Übergangsprozesses, dessen Schwächen durch Relikte aus der kapitalistischen Epoche zu erklären seien, weniger überzeugend.

Die "Theorie des staatsmonopolistischen Kapitalismus"

Spätere Entwicklungen der marxistischen Lehre mußten aber den veränderten wirtschaftlichen Entwicklungen in den kapitalistischen Ländern Rechnung tragen, insbesondere der wider alle theoretischen Erwartungen bewiesenen Stabilität des kapitalistischen Systems. In der Theorie des staatsmonopolistischen Kapitalismus - ein Begriff, der bereits von Lenin entwickelt und in den frühen 70er Jahren in der BRD rezipiert wurde - wird die Bedeutung des Staatshandelns für den kapitalistischen Produktionsprozeß anerkannt, und zwar sowohl im Hinblick auf seine imperialistischen als auch seine wirtschaftssteuernden Aktivitäten. Die Wirtschaftsstruktur hat sich von einem Milieu von Privatkapitalisten zu einer Struktur von großen, von den Banken unterstützten Monopolen (Multinationalen Konzernen) gewandelt, und der Staat wird als eine Agentur angesehen, welche die gemeinsamen Interessen des Großkapitals schützt. Die Macht der Monopole verschmilzt mit der des Staates, und diese Vereinigung politischer und wirtschaftlicher Macht erlaubt es, die Ausbeutung auch im Spätkapitalismus noch fortzusetzen. Dies war - soweit abzusehen ist - die letzte Verteidigungsposition eines orthodoxen Marxismus.

4. Evolutionismus

Systeme sind keine unbeweglichen Gebilde; sie wandeln und entwikkeln sich. Der heute gängige Evolutionsbegriff bezieht sich auf die Wechselwirkungen eines lebenden Organismus mit seiner physischen Umwelt. In der Darstellung Charles Darwins (1809-1892) hat diese Idee im 19. Jahrhundert ihre Verbreitung gefunden, trotz einer langen Vorgeschichte in der Gesellschaftstheorie, und dies war erst möglich, nachdem die Überzeugung von der Unveränderbarkeit jeder Spezies, die auf theologischen Vorstellungen einer unabhängigen Schöpfung aller Kreaturen beruhte, nicht mehr hinreichend intensiven Widerstand leisten konnte. Darwin hat betont, daß verschiedene Formen des Lebens einen gemeinsamen Ursprung haben, und daß im Lebenskampf jene Spielarten einer Spezies überleben, die am besten an die äußeren Verhältnisse angepaßt sind, d.h. am besten geeignet sind, ihre Nahrung zu beschaffen, ihre Feinde abzuwehren und ihre Fortpflanzung sicherzustellen.

Die einzelnen Individuen einer Spezies (auch Menschen) unterscheiden sich nach Merkmalen und Verhaltensweisen, und ein Teil dieser Unterschiede ist ererbt. Kinder jähzorniger und großer Eltern sind beispielsweise mit höherer Wahrscheinlichkeit jähzorniger und größer als der Durchschnitt. Wenn nun die Lebensbedingungen so ausgeprägt sind, daß jähzornige und größere Menschen bessere Chancen haben, Zugang zur Nahrung oder zu Sexualpartnern zu erhalten, werden sie mehr Kinder bekommen, und dadurch wird der Durchschnitt der nächsten Generation größer und jähzorniger. Über zahlreiche Generationen hinweg ändert sich dann der "Durchschnittstypus": Die Menschen in ihrer Gesamtheit werden durchschnittlich jähzorniger und größer. Freilich sind etliche Vorbehalte anzubringen, denn ein solches Modell ist mit Vorsicht anzuwenden: Manche Merkmale werden leichter vererbt als andere, und gerade bei dem Beispiel des aggressiven Verhaltens ist es schwierig, Vererbung und Umwelteinflüsse auseinander zu halten. Entscheidend ist jedoch in unserem Zusammenhang die grundlegende Idee, daß dieses biologische Modell auch auf gesellschaftliche Verhältnisse übertragen werden kann, daß also auch soziale Institutionen von solchen Überlebensmechanismen geprägt sind.

Sozialdarwinistische Vorstellungen bauen auf Analogien zwischen biologisch-genetischen und sozialen Prozessen auf; allerdings geht es ihnen weniger um Ideen eines harmonischen oder organischen Ganzen, sondern um Prozesse des Wandels und der Selektion. Sie übernehmen Kategorien, welche in der Biologie gängig sind: Variation, natürliche Auswahl, *survival of the fittest*. Meist sind damit konfliktorientierte Vorstellungen vom Verlauf geschichtlicher Prozesse verbunden. Aber heftige Debatten wurden auch über den Ursprung der Familie, der Religion oder Kunst geführt. Über die Entstehung des Staates und der Arbeitsteilung und über die Rechtfertigung von Eigentum und Sklaverei wurde gestritten. Die Frage der menschlichen Intervention in diesen Entwicklungsprozeß oder der Steuerung der Evolution war kontrovers. Der rasche Erfolg dieser Theorien war in einer sich rasch formierenden Industriegesellschaft auch damit verbunden, daß sie ein laissez-faire-Modell der "natürlichen Selektion" propagierten, das sein Pendant augenscheinlich in den Marktgesetzlichkeiten fand, daß sie dieses aber gleichzeitig mit der Vorstellung eines organischen Ganzen, einer kollektiven Ordnung, verbanden. So schien es möglich, daß sich auch die industrialisierte Gesellschaft zum Bild einer integrierten Einheit fügen konnte.

Differenzierung und Verflechtung

In den Sozialwissenschaften haben "darwinistische" Vorstellungen des gesellschaftlichen Prozesses schon länger bestanden; Darwin verdankt gerade den Sozialwissenschaftlern und Anthropologen seiner Zeit viele Anregungen. Solche Ideen sind etwa von Auguste Comte vertreten worden, der ein für alle Gesellschaften gültiges optimistisches Entwicklungsgesetz des Denkens und des sozialen Wandels ausarbeitete; Niveauunterschiede der Entwicklung der Völker sind seines Erachtens nur auf Zufälle zurückzuführen. Comtes Vorgangsweise, daß nämlich Gesellschaften unterschiedlicher Entwicklungsstufe aus aller Welt als Belege für den eindeutigen Entwicklungspfad herangezogen werden, stand durchaus im Einklang mit jener der meisten anderen Sozialwissenschaftler des 19. Jahrhunderts.

Auch Herbert Spencer (1820-1903) betrachtete die Gesellschaft als einen Organismus, der sich nach dem Wirken spezieller Naturgesetze entwickelt. Er hat in seinen "Principles of Sociology" (1876ff.), die er - wie Comte - als Teil einer umfassenden Enzyklopädie der Wissenschaften konzipierte, die Existenzerfordernisse und Anpassungsmechanismen eines sozialen Organismus beschrieben. Die gesellschaftliche Entwicklung zeichnet sich seines Erachtens durch eine fortschreitende Differenzierung und Spezialisierung der Strukturen und durch eine fortschreitende wechselseitige Abhängigkeit der einzelnen Bestandteile dieser Ordnung aus. Es tritt ein *Wandel vom Homogenen zum Heterogenen* ein, von der unzusammenhängenden Gleichförmigkeit zur zusammenhängenden Ungleichförmigkeit - vereinfacht gesagt: Zuerst gibt es gleiche soziale Einheiten, ähnliche Menschen, deren Verflechtung untereinander relativ gering ist, die relativ autark auf ihren Bauernhöfen oder in ihren sozialen Einheiten leben; später entwickelt sich eine zunehmende Verflechtung und Arbeitsteilung, und damit werden die Individuen und sozialen Einheiten einander unähnlicher, aber auch voneinander abhängiger. Dieser Prozeß verläuft so wie die Entwicklung einzelliger Lebewesen zu komplexen Organismen. Höhere Organismen bestehen aus Teilen, die nicht mehr selbständig bestehen können, sondern auf die Integration aller Teile des Organismus angewiesen sind. Das Gesetz des organischen Prozesses ist das Gesetz jedes Fortschritts. Es läßt sich auch auf die Gesellschaft übertragen. Durch strukturelle *Differenzierung und Arbeitsteilung* treten verschiedene Elemente auf, die miteinander in Beziehung stehen; das eine Element macht das andere erst möglich, da sie auf die wechselseitige Unterstützung angewiesen sind. Zugleich bedarf es der *Integration*, der Koordinierung, denn die wechselseitige Unterstützung der Teile bedeutet zugleich auch ihre wechselseitige Abhängigkeit. Ganz ähnlich hat Durkheim den Modernisierungsprozeß beschrieben.

Das grundlegende Merkmal der sozialen und der organischen Aggregate ist Wachstum: im Falle der Gesellschaft *Bevölkerungswachstum*. Dadurch kommt es erst zur Differenzierung der Funktionen und Strukturen. Es entwickeln sich immer komplexere Organisationsformen, Produktions-, Verteilungs- und Kontrollsysteme; familiäre, zeremonielle, politische, kirchliche Institutionen. Die Koordinierung der Tätigkeiten kann, wenn die Gesellschaft aus ihrem primitiven Stadium heraustritt, nach Spencers Auffassung zunächst nur durch militärischen Zwang geleistet werden; erst im fortgeschrittenen Stadium werden die Gesellschaften friedlicher.

Denn zu den Existenzerfordernissen, denen sich jede Gesellschaft stellen muß, gehören einerseits die offensiven und defensiven Tätigkeiten - wenn sie dominieren, handelt es sich um eine *militante Gesellschaft*, andererseits zählen dazu die Tätigkeiten, die das wirtschaftliche Überleben ermöglichen - wenn sie vorherrschen, sprechen wir von einer *industriellen Gesellschaft*. Eine militante Gesellschaft weist die folgenden Kennzeichen auf: die militärischen Aktivitäten herrschen vor; es gibt Zwangskooperation, Befehle, eine positive und negative Regulierung der Tätigkeiten; das Wohl des Staates steht im Vordergrund, Freiheit, Eigentum und Mobilität sind eingeschränkt; alle Organisationen sind öffentlich; der Staat ist zentralisiert; es herrschen starre Schichtung und Vererblichkeit; ökonomische Autarkie wird angestrebt; als Werte gelten Patriotismus, Mut, Disziplin, Treue, Gehorsam und Autoritätsglauben. Eine industrielle Gesellschaft hat die folgenden Kennzeichen: sie ist friedlich; es dominiert freiwillige Kooperation, reguliert wird durch Verträge und nach Gerechtigkeitsprinzipien, zudem erfolgt nur eine negative Regulierung (durch Verbote); der Staat ist für das Wohl der Individuen da, es gibt wenig Einschränkungen; private Organisationen werden ermutigt; der Staat ist dezentralisiert; es herrschen Offenheit und Mobilität; die Wirtschaft ist verflochten; als Werte gelten Unabhängigkeit, Toleranz, Initiative, Wahrhaftigkeit, Freundlichkeit.- Auch wenn Spencer den ungetrübten Fortschrittsoptimismus der Aufklärung nicht mehr teilt, zögert er nicht, Fortschritte im Wissen und im moralischen Verhalten der Menschen zu unterstellen. Die industrialisierte Gesellschaft wird seines Erachtens eine friedliche Gesellschaft sein, und er verwirft jene Tendenzen, die er als Gefährdung dieses Prozesses sieht, wie z.B. Parlamentarismus und Staatsinterventionismus. In die natürliche Evolution soll man nicht eingreifen - und dies ist natürlich ganz und gar nicht mehr die Auffassung Comtes (vgl. Spencer 1874, 1884, 1873ff.).

Kampf und Staatenbildung

Ludwig Gumplowicz (1838-1909), der wesentlichen Einfluß auf Lester F. Ward und William G. Sumner ausübte und daher in den USA als einer der Klassiker soziologischen Denkens betrachtet wird, entwickelte eine Konflikttheorie, die sowohl den gesellschaftlichen Wandel als auch die Entstehung von Herrschaftsverhältnissen erklären soll, und Gustav Ratzenhofer (1842-1904) hat ein ganz ähnliches Modell der Gruppenkämpfe als typischer Kräfte des Wandels beschrieben. Für Gumplowicz, der hiebei vermutlich auch die Situation im habsburgischen Vielvölkerstaat vor Augen hatte, gibt es ein "Naturgesetz" der sozialen Entwicklung: Die *Rassen* - er meint damit: soziale Gruppierungen und nicht ethnisch-biologische Gruppen - sind in ihrem Kampf gegeneinander *die treibende Kraft der Geschichte*. Das Individuum geht in der Gruppe auf, die Quelle des individuellen Denkens liegt in der sozialen Umwelt. Die soziale Welt bewegt sich gruppenweise, kämpft, strebt und handelt in der Gruppe; eine individualistische Perspektive ist daher ebenso ein Irrweg der sozialwissenschaftlichen Analyse wie ein breit angelegtes Evolutionsgesetz, das eine allgemeine Entwicklung der Menschheitsgeschichte postuliert.

Im Kampf der Gruppen gegeneinander bildet sich die gesellschaftliche Entwicklung. Es ist keine geradlinige und fortschrittsgebundene Entwicklung, sondern der Aufstieg und Niedergang von Kulturen ist stets mit einer besonderen Vitalität einer bestimmten Gruppe verbunden. Es gibt - anders als bei Spencer - keinen Differenzierungsprozeß als Höherentwicklung im Sinne eines Gesamtprozesses der Menschheit, sondern einzelne Zyklen, kreislaufartige Entwicklungen für verschiedene *Rassen*, d.h. kulturelle Gruppeneinheiten. Kampf und Konflikt zwischen Gruppen treten hier als entwicklungsförderliche Elemente auf; zwar wandeln sich die Formen, aber die Tatsache des Kampfes bleibt bestehen. Gruppen zeigen ein Wir-Gefühl und streben nach Selbsterhaltung. Die Triebfeder ihres Konfliktes ist das Bedürfnis nach der Befriedigung materieller Wünsche, in einer höheren Kulturstufe mögen es auch Ehrgeiz, Ruhmsucht, dynastische Interessen und dergleichen sein. Beides gehört zusammen: die Aggression gegen Fremde und das Unterjochen der Verlierer auf der einen, das Zusammenhalten in der eigenen Gruppe auf der anderen

Seite. Damit ist eine Konflikttheorie entworfen, die sich von den auf Integration gerichteten Modellen Comtes, Spencers oder Durkheims wesentlich unterscheidet.

Der Kampf zwingt auch zu Differenzierung und Arbeitsteilung; die Gruppen schließen sich aus Gründen der Effizienz zu größeren Einheiten zusammen, und das ist nur durchführbar durch staatliche Zucht und Disziplin. Damit bildet sich eine *frühe staatliche Organisation*, damit entstehen Stände und Klassen. *Der Staat gründet sich auf Gewalt, nicht auf Vertrag*. Diese politische Organisation, die von einer Minderheit gesteuert wird, beweist im Kampf mit anderen Gruppen ihre Überlegenheit; mit ihr verbinden sich aber zugleich Unfreiheit und Ungleichheit. In der entwickelten bürgerlichen Gesellschaft wandelt sich die Art des Kampfes, die einzelnen differenzierten Gruppen entwickeln ihre Sonderinteressen, die ursprünglich nur nach außen gerichtete Konflikthaftigkeit wird auch nach innen wirksam, soziale Gegensätze wachsen. Es kommt zur Pluralisierung vielfältiger Kreise. Die trennenden Momente werden aber kompensiert durch das Zusammensein, durch Gewohnheit und Anpassung, durch die Assimilierung der sozialpsychischen Lebensäußerungen wie Sprache, Sitte, Ideen. Diese vergesellschaftenden Momente schaffen *neue Formen des Konflikts:* nicht mehr die nackte Gewalt herrscht, sondern subtilere Formen, etwa durch die Schaffung von Einrichtungen, welche die Macht des jeweils eigenen Kreises auf Kosten anderer Kreise fördern. Der Kampf wird mit politischen Mitteln geführt, es werden Organisationen und Interessengruppen gebildet (vgl. 1883, 1885, 1892, 1910).

Varianten des Evolutionismus

In verschiedenen Versionen der Evolutionstheorie wird angenommen, daß Individuen, Gruppen und Gesellschaften ähnlichen Entwicklungsprozessen unterliegen, und zuweilen werden daraus *gesamtgesellschaftliche Theorien* eines Übergangs von barbarischen zu zivilisierten Stufen der sozialen Entwicklung abgeleitet. Diese Vorstellungen können sich natürlich auf reichliches Anschauungsmaterial aus der Historie stützen: Die menschliche Geschichte erscheint in der Tat als eine der Kriege und der Schlachten, als Prozeß, in dem sich die "Stärksten" durchsetzen. Diese Perspektive ist auch mit der marxistischen Theorie vereinbar, welche die Geschichte als eine der Klassenkämpfe ansieht.

Eine andere Folgerung, die zuweilen aus dem Erfordernis der natürlichen Auswahl abgeleitet wird, ist die, daß Maßnahmen zur Einschränkung dieses Selektionsprozesses zu einer allgemeinen *Degeneration der Rasse* führen müssen; denn durch übergroße Hilfe überleben auch minderwertige Individuen, die im Prozeß der natürlichen Auslese keine Chance haben. Diese Sichtweise hat sich darin niedergeschlagen, daß einige Theoretiker - so etwa Spencer, aber auch der amerikanische Soziologe William Graham Sumner (1840-1910) - mit evolutionistischen Vorstellungen die Sozialreform und den Wohlfahrtsstaat bekämpfen zu müssen glaubten: Kollektive Obsorge mindert die Durchschlagskraft der natürlichen Auswahl, und ein bewußtes Eingreifen der Menschen in diesen Prozeß ist nur sinnvoll, wenn die vorhandenen Tendenzen verstärkt werden.

Weiters sind sozialdarwinistische Ideen des öfteren mit *rassistischen Vorstellungen* in Verbindung gebracht worden: Die Hypothese, daß nur das stärkste Volk überleben könne (obwohl in Wahrheit immer nur vom "angepaßtesten" gesprochen werden kann), ist dann zur Legitimierung des Krieges, zur Begründung von Maßnahmen zur Sicherung der Rassenreinheit oder zur Liquidierung der nicht der eigenen Rasse Angehörenden dienlich gewesen.

Heute sind "vorsichtigere" Varianten des Evolutionismus gängig, ja nach einer gewissen "Erschöpfung" funktionalistischer Theorien befinden sie sich wieder im Aufschwung. Früheren Varianten des Evolutionismus wird vorgeworfen, er habe erstens eine naturalistische Doktrin entwickelt, indem er die fundamentale *Einheit des Universums* und der dieses beherrschenden Gesetze verkündet habe; davon nimmt man heute Abstand. Zweitens sei er auch antihistorisch gewesen, indem er den *Modellprozeß* - die logische Abfolge von Entwicklungsstufen unabhängig von geschichtlichen "Störungen" - beschreiben wollte; heute akzeptiert man die Vielgestaltigkeit der Entwicklungsprozesse. Drittens nimmt man von der Idee Abstand, daß sich mit dieser Entwicklung notwendig ein allgemeiner *Fortschritt* oder gar auch ein moralischer Fortschritt der Menschheit verbinde. Viertens sieht man die Entwicklung nicht mehr als *unilinearen Pfad* in die Zukunft und auch nicht als kontinuierliche Entfaltung bestimmter Trends; es wird also zugegeben, daß es unterschiedliche Entwicklungswege geben könne und daß diese von Brüchen, Sprüngen und Kehrtwendungen begleitet sein können. Fünftens wird schließlich auch die *Irreversibilität* erreichter Zivilisationsniveaus nicht mehr unterstellt; es kann also Rückschläge und Rückfälle geben.

5. Verhaltenstheorie und Handlungstheorie

Funktionalistische, marxistische und evolutionistische Theorien sind eher am Wandel und an der Struktur des gesellschaftlichen Ganzen, des "Systems", interessiert. Sie gehören daher zur kollektivistischen Tradition der Sozialwissenschaften und werden oft als holistische Ansätze bezeichnet. Individualistische Theorien hingegen gehen vom einzelnen Menschen aus, und sie stellen dem "System-Denken" die Behauptung entgegen, daß es ohne die Analyse des Verhaltens und Handelns einzelner kein Verständnis sozialer Vorgänge geben könne. So meint etwa George C. Homans, daß der Soziologismus Durkheims, der psychologische Erklärungen des Sozialverhaltens ausklammern wollte, verfehlt sei; es gelte vielmehr, das Individuum wieder in die Soziologie zurückzuholen, und die Soziologie sei letzten Endes als Zweig der Psychologie aufzufassen. Deswegen, weil gesellschaftliche Phänomene in diesen Ansätzen auf das individuelle Handeln "reduziert" werden, spricht man auch von *Reduktionismus*. Entsprechende Versuche, die Analyse des Individuums vorzunehmen, sind in zwei Varianten angeboten worden: als verhaltenstheoretische Soziologie und als Handlungstheorie. Zu ihrer aller Vorgeschichte gehört die Handlungsanalyse der schottischen Moralphilosophen.

Zur Vorgeschichte

Das Paradigma des individualistischen Ansatzes wurde von Denkern wie David Hume (1711-1776), Adam Ferguson (1723-1816) und Adam Smith (1723-1790) entwickelt. Als Grundlage ihrer Verhaltensannahmen unterstellten sie eine allgemeine Tendenz des Menschen, seine Lage zu verbessern. Dieses Verhalten ist wohl durch Gewohnheit und Erziehung geprägt; entscheidend ist aber der Handlungszusammenhang, der durch die wechselseitige Kontrolle der Menschen, durch die Reaktionen und Erwartungen der anderen, gesteuert wird. Die schottischen Moralphilosophen unterstellten keine fiktiven Ganzheiten (wie das "Wesen des Menschen" oder eine "natürliche Ordnung"), und sie beriefen sich nicht auf rationalistisch-konstruktive Konzepte (wie die Idee eines "Gesellschaftsvertrags"). Sie betrachteten vielmehr den wechselseitigen Anpassungsprozeß der Individuen, die ihre Eigeninteressen verfolgen und mit anderen dabei zu einem Ausgleich gelangen müssen.

Zwei wesentliche Gedanken wurden hiebei näher entwickelt. Der eine betrifft die Idee der *Reziprozität als einer Grundlage sozialer Strukturierung und Integration*. Die Menschen brauchen einander; wenn sie wechselseitige Hilfe aber allein vom Wohlwollen der anderen erwarten, ist dies eine unsichere Grundlage ihrer Existenz. Doch in der Kooperation können die Menschen auch ihre Interessen am besten wahren, und es ist daher günstiger, die Gegenseitigkeit von Leistungen zur Grundlage des gesellschaftlichen Zusammenlebens zu machen. Das bezieht sich nicht nur auf den Gütertausch: Auch wenn man einem Mitmenschen eine Freundlichkeit erweist, kann man erwarten, daß sie vergolten wird, wiederum in Erwartung weiterer Freundlichkeiten. Soziale Interaktion wird zu einem Prozeß des Austausches von Leistungen.- Die zweite Idee ist jene, daß sich aus dem Zusammenwirken unzähliger individueller Handlungen Effekte ergeben, die von keinem der Handelnden gewollt worden sind. Durch ihre vielfältigen Verflechtungen werden Resultate erzeugt, die zwar auf nichts anderes als auf eben diese individuellen Aktivitäten zurückzuführen sind, die aber dennoch von keinem Beteiligten intendiert worden sind. Gerade soziale Institutionen entstehen oft als *nicht beabsichtigtes Ergebnis individueller Handlungszusammenhänge*. Die Schattenseite ist: Es können aus dem vernünftigen Handeln vieler Wirkungen für das Gesamtsystem entstehen, die insgesamt schädlich sind. Individuelle und kollektive Rationalität können auseinanderfallen.

Auf dem Weg zu einer individualistischen Soziologie

Für Max Weber ist Handeln im Sinne einer sinnhaft verständlichen Orientierung des eigenen Verhaltens nur das Verhalten von einer oder mehreren einzelnen Personen (vgl. 1976, 6). Für andere Erkenntniszwecke mag man das Individuum noch weiter "zerlegen", es als Komplex biochemischer Reaktionen oder als Ensemble psychischer Elemente auffassen. Aber die Regeln, die auf solchen Ebenen formuliert werden, "verstehen" wir nicht. Das aber macht gerade die Soziologie als Wissenschaft aus: "eine Wissenschaft, welche soziales Handeln deutend verstehen und dadurch in seinem Ablauf und seinen Wirkungen ursächlich erklären will." (1976, 1). Andererseits kann es auch zweckmäßig sein, über die Ebene des Individuums hinauszusteigen und soziale Gebilde zu betrachten: denn Kollektivbegriffe benötigen wir, um eine verständliche Terminologie zu gewinnen, etwa Begriffe wie Staat, Nation, Aktiengesellschaft oder Familie. Es ist auch Notiz davon zu nehmen, daß diese Kollektivgebilde in den Köpfen der Menschen Vorstellungen von etwas Seiendem oder Geltensollendem wachrufen. Aber die Soziologie geht zurück auf *das Handeln einzelner, die in diesen Gebilden agieren*. Das schließt nicht aus, daß eine funktionalistische Betrachtung - die Frage nach dem Beitrag der "Teile" zu einem "Ganzen" - sinnvoll ist. Sie mag praktischen Veranschaulichungs- und Orientierungszwecken dienen, und sie mag eine neue Perspektive eröffnen. Aber dann erst beginnt nach Webers Auffassung die eigentliche Aufgabe der Soziologie: eben das Verhalten der einzelnen zu "verstehen", die in diesen Gebilden handeln. Die funktionale Frage ist eine Vorfrage: Man muß wissen, was ein "König", ein "Beamter", ein "Unternehmer" oder ein "Zuhälter" im Rahmen des Gesellschaftsganzen leistet, um dann zu fragen, wie dieses Handeln zustande kommt und welche Motive es bestimmen.

Verhaltenstheoretische Soziologie

Im 19. Jahrhundert sind die individualistischen Handlungstheorien wenig weiter entwickelt worden. Erst spätere Theoretiker haben wieder auf individualistische Theorien zurückgegriffen. Die erste Variante heute gängiger individualistischer Theorie wird als Verhaltens- oder Lerntheorie (verhaltenstheoretische Soziologie, *behavioral sociology*) bezeichnet. Sie geht von einer behavioristischen Perspektive aus, d.h. versucht die Erklärung menschlichen Verhaltens aus äußerlichen Beobachtungen abzuleiten. Wir können nicht in die Köpfe der Menschen hineinschauen, so meinen ihre Vertreter, um die Handlungsintentionen und -motivationen der Individuen zu erfahren, und auch den Aussagen der Individuen ist nicht immer zu trauen; wir können nur darüber spekulieren, was in ihnen vorgeht. Das ist eine völlig andere Sichtweise des Handelns als bei den schottischen Moralphilosophen oder bei Max Weber. Beobachtbar, so meinen die Verhaltenstheoretiker, ist nur das äußere Verhalten, und die Gesten, Äußerungen und Bewegungen des einzelnen kann man mit jenen Einflüssen in Beziehung setzen, die dieses Verhalten ausgelöst haben. Die Menschen reagieren auf äußere Einflüsse, d.h. auf Reize, mit ganz bestimmten Reaktionen. Sie können diese "Antworten" auf äußere Impulse auch lernen, wenn sich beispielsweise ein bestimmter Reiz mit einem Verhalten verbindet, das einen für das Individuum befriedigenden Zustand herbeiführt. Verhalten muß also gedeutet werden, indem man auf erlernte Reaktionen auf wiederholte Reize zurückgreift. Verhalten ist eher gelernt als angeboren.

Iwan Petrowitsch Pawlow (1849-1936), ein sowjetischer Physiologe, hat das Prinzip der *klassischen Konditionierung* entdeckt, auf das spätere sozialwissenschaftliche Lerntheorien aufbauen (1927). Er studierte die Verdauungsfunktionen von Hunden und entwickelte Meßverfahren für deren Speichelsekretion; dabei entdeckte er, daß schon beim bloßen Erscheinen des fütternden Wärters, nicht erst beim Anblick der Nahrung, eine verstärkte Speichelsekretion eintritt. Er hat offensichtlich "gelernt", daß das Erscheinen des Wärters Nahrung bedeutet.

John B. Watson (1878- 1958) entwickelte diese Beobachtungen weiter; er wurde zum eigentlichen Begründer des Behaviorismus, den er als Weg zu einer "naturwissenschaftlichen" Analyse menschlichen Handelns betrachtete, weg von der Methode der Introspektion und weg von nicht nachprüfbaren und oft recht spekulativen Intuitionen über das menschliche Bewußtsein. Er vertrat eine extreme Milieutheorie, derzufolge sämtliche individuellen Unterschiede durch Lernprozesse zu erklären seien. Der frühe Behaviorismus verstand sich nicht nur als methodologische Vorschrift, sondern auch als ontologische Theorie: Begriffe wie "Idee", "Geist" oder "Denken" bezeichnen keine realen Vorgänge oder Phänomene; nur das Beobachtbare zählt.

Burrhus F. Skinner (geb. 1904) verwirft ein Modell des Menschen, demzufolge dieser über ein innerliches, nicht völlig erfaßbares "Selbst" und über einen freien Willen verfüge. Menschliches Verhalten sei gesteuert; und man könne daher wissenschaftliche Erkenntnisse nutzen, um menschliches Verhalten zu "planen": den einzelnen konditionieren, um alle antisozialen Tendenzen zu beseitigen und eine bessere Gesellschaft zu schaffen. Ein reaktives oder respondentes Verhalten im Sinne der klassischen Konditionierung tritt als Antwort auf bestimmte Stimuli aus der Umwelt auf. Wichtiger sind jedoch

Lernsituationen, in denen die Folgen (die Verabreichung von Verstärkungen: *reinforcement*) vom Verhalten des Betroffenen abhängig sind: d.h. das Versuchstier kann zum Futter gelangen, indem es "lernt", einen Hebel zu drücken. Das operative oder operante Verhalten ist auch beim Menschen der Kern des *Lernmechanismus*: Von den Reaktionen der Umwelt ist das zukünftige Auftreten eines bestimmten Verhaltens abhängig. Wenn ein auf die Umwelt gerichtetes (operatives) Verhalten belohnt wird, steigt die Wahrscheinlichkeit seines zukünftigen Auftretens; wird es nicht belohnt oder bestraft, so wird das Verhalten in Zukunft seltener gezeigt werden - man spricht hiebei von der *"operanten Konditionierung"*. Belohnende Umweltreaktionen wirken als "Verstärkung", bestrafende führen zur "Löschung" oder "Extinktion" des entsprechenden Verhaltens (positive oder negative Verstärker). Verhalten wird in einem Prozeß geformt, in dem jene Verhaltensweisen, die erwünscht sind, verstärkt werden (vgl. Skinner 1948, 1971).

George C. Homans (1910-) hat in seiner "Theorie der sozialen Gruppe" (1960) und in seinen "Elementarformen sozialen Verhalten" (1968) eine soziologische Handlungsanalyse auf lerntheoretischen Grundlagen aufgebaut; seine lerntheoretischen Hypothesen wurden im Kap. III dargestellt. In seinem Aufsatz über "Soziales Verhalten als Austausch" (1958) hat er jegliche Interaktion zwischen Personen als Austausch gewertet (vgl. in diesem Sinne auch Blau 1964).

Der *Neo-Behaviorismus* stellt nicht nur auf die Entsprechung von Reiz und Reaktion ab, sondern gesteht auch "innere" Verarbeitungsprozesse der Individuen zu. Sie verfügen über Verhaltensdispositionen, also bestimmte Reaktionsbereitschaften, die aus der Biographie des Individuums entstehen. Dies zeigt auch, daß die individualistischen Theoretiker "sozialen" Phänomenen gegenüber, welche die Ebene des Individuums überschreiten, durchaus aufgeschlossen sind. So wird anerkannt, daß die Anreize, die von außen kommen, durchaus nicht der Natur des Menschen entstammen, sondern kulturell unterschiedlich sind: Primäre Verstärker sind unmittelbar belohnend, aber sekundäre Verstärker werden dadurch angeeignet, daß sie seit früher Kindheit in Kombination mit primären Verstärkern aufgetreten sind. Was beim einzelnen als Verstärker wirksam wird, ist also Ergebnis seiner Lerngeschichte, d.h. seiner Vergangenheit, seiner Herkunftsmilieus, seiner sozialen Umwelt. Damit lassen sich auch Aussagen über Gruppenverhalten und Institutionen machen. Die Behavioristen halten aber daran fest, daß theoretisch erklärt werden muß, wie verschiedene Umwelteinflüsse zur individuellen Verhaltensprägung führen.

Handlungstheorie

Die Handlungstheorie wird zuweilen auch der verhaltenstheoretischen Soziologie zugeschlagen. Sie teilt mit ihr die Perspektive des methodologischen Individualismus, untersucht also das Verhalten von einzelnen Personen. Während aber die Verhaltenstheorie im Sinne einer kausalen Theorie einen einfachen Zusammenhang von Reizen und Reaktionen unterstellt, anerkennt die Handlungstheorie die Entscheidung der Person: Diese verhält sich nicht passiv gegenüber ihrer Umwelt, sondern handelt aktiv aufgrund ihrer Motivationslage bzw. aufgrund ihrer Intentionen. Handeln ist immer auf Intentionen, d.h. nicht realisierte Zustände, bezogen. Grundsätzlich besitzt der Handelnde Entscheidungsfreiheit, er wird also nicht (behavioristisch) auf seine bestimmten Reaktionen festgenagelt: Man spricht daher auch zuweilen von einer voluntaristischen Handlungstheorie.

Gerade in der ökonomischen Theorie hat diese Lehre Anklang gefunden und die weitere theoretische Entwicklung geprägt. Die theoretische Ökonomie hat ja als Soziologie des Marktes begonnen: als Beschreibung eines Systems, in dem Individuen im Rahmen eines Marktsystems, das als Anreiz- und Steuerungssystem nach bestimmten Gesetzmäßigkeiten funktioniert, handeln. Aber sie hat sich immer mehr zu einer Entscheidungslogik entwickelt (vgl. Albert 1967), zu einer Logik menschlicher Wahlakte, die keinen empirischen Bezug mehr aufweisen oder beanspruchen. Am deutlichsten wird dies bei Ludwig von Mises (1881-1973), für den die Ökonomie als Lehre von der Katallaktik - der Wissenschaft vom Tausch - Teil einer allgemeinen Logik des menschlichen Handelns ist, die er *Praxeologie* nennt (1980). Menschliches Handeln wird darin zu einem Akt des Wählens, Entscheidens, Kalkulierens, zu einem zielbewußten Verhalten des Subjekts. Sie ist nach Mises' Auffassung apriorisch, also von der Erfahrung unabhängig, und soll doch Aufschluß geben über das Geschehen in der Wirklichkeit - eine mittlerweile wissenschaftstheoretisch widerlegte Vorstellung. Auch die Entscheidungstheorie und Spieltheorie - in ihren unterschiedlichen Varianten - knüpfen an dieses Handlungsmodell an (vgl. Neumann/ Morgenstern 1961).

Bei dem Postulat des Rationalverhaltens geht es im wesentlichen darum: Die Individuen wählen - gemäß ihren eigenen Vorstellungen und Informationen - unter verschiedenen Handlungsoptionen jene, die ihnen den größten Nutzen oder Gewinn zu gewährleisten scheint. Dabei wird davon ausgegangen, daß der *homo oeconomicus* über ein differenziertes und festgelegtes Bewertungssystem verfügt, das konsistent, nur langsam veränderlich und transitiv ist.

Andere Theoretiker (Becker 1976, McKenzie und Tullock 1984, Opp 1976, 1979) haben das Handlungsmodell auf die unterschiedlichsten Verhaltensweisen angewendet. Das ermöglicht oft neue Sichtweisen: Autofahrer werden im Parkverbot stehenbleiben, wenn entweder die erwartete Strafe oder die Wahrscheinlichkeit einer Sanktionierung gering ist. Studenten werden für eine Prüfung so lange lernen, bis der Aufwand einer weiteren Stunde der daraus erzielbaren Nutzenverbesserung gleich ist. Oft führt das Modell aber auch zu kuriosen Ergebnissen. Der Ehegatte wird des Abends im Bett lesen, wenn der

Wert des Lesens den Wert des Verlustes an Schlaf seiner Frau (für ihn) übersteigt. Der Nettonutzen von Kindern wird vor deren Anschaffung kalkuliert: der gegenwärtige Wert der erwarteten Ausgaben plus dem Wert der elterlichen Dienstleistungen, vermindert um den gegenwärtigen Wert des erwarteten Geldertrages, dem Wert der kindlichen Dienstleistungen und dem aus der Existenz von Kindern bezogenen psychischen Nutzen muß negativ sein, damit Kinder gezeugt werden. Daß Frauen öfter in die Kirche gehen, läßt sich dadurch erklären, daß ihre Löhne am Arbeitsmarkt relativ geringer sind als jene der Männer, so daß eine verstärkte Erarbeitung des Jenseitskonsums für sie rentabler ist als für ihre Ehegatten. Auf dem Land ist die durchschnittliche Kinderzahl höher, weil Kinder kostengünstiger zu produzieren sind als unter urbanen Lebensbedingungen (vgl. für Nachweise Prisching 1983).

Gegen diese Darstellung des menschlichen Entscheidens lassen sich Einwände vorbringen. (1) Die *Präferenzen*, die in diesem Modell gar nicht näher ins Auge gefaßt, sondern als "gegeben" angenommen werden, sind keine festen Größen des Bewußtseins, sondern in dauernder Veränderung begriffen. In der einen Situation wird ein Individuum lieber Bier, in der anderen lieber Wein trinken. Es kann sogar zu einer Präferenz-Umkehr kommen: Hat man oft genug die eine Variante gewählt, greift man lieber zu einer anderen. (2) *Impulsives Handeln und Gewohnheitshandeln* lassen sich nur schwer diesem Konzept einer bewußten Wahl zwischen Handlungsalternativen unterstellen. (3) *Informationen* über die Entscheidungsalternativen und ihre Folgen sind oft nicht verfügbar, und es wäre gar nicht sinnvoll, sich (unter hohen Kosten) alle Informationen zu beschaffen; so hat Herbert Simon (1978) argumentiert, realistischerweise begnügten sich die Menschen mit einem "zufriedenstellenden" Informationsniveau (satisficing). Es werden zudem vereinfachte Entscheidungs- und Suchregeln ausgebildet, die als Routinen vom Entscheidungsdruck entlasten. (4) Schließlich gibt unleugbar auch *altruistisches Verhalten*. Zwar kann man rein formal auch uneigennützige Neigungen in das Verhaltensmodell einbauen; auch das Wohlergehen anderer Personen kann in die eigene Nutzenfunktion Eingang finden, so daß die Maximierung der eigenen Ziele zugleich die Besserstellung der anderen einschließt - man spricht dann von der Interdependenz der Nutzenfunktionen. Dadurch wird allerdings das Verhaltensmodell tautologisch; es sagt nichts mehr über die Wirklichkeit aus, weil jedes mögliche Verhalten daraus abgeleitet werden kann, und die Theorie verliert viel von ihrer Nützlichkeit.

Die Vernunft von Regelsystemen

Die individualistischen Ansätze sehen sich oft mit der Vermutung konzentriert, sie könnten zur Analyse kollektiver Geschehnisse wenig beitragen. Aber gerade die Voraussetzungen und Randbedingungen von Kollektiventscheidungen und Regelsystemen sind häufig analysiert worden. Dabei wurde auch gezeigt, daß individuelle und kollektive Rationalität keineswegs in Einklang stehen müssen. Individuell rationales Verhalten im Sinne der klassischen Egoismus-Annahme führt nur auf vollkommenen Märkten gleichzeitig zur Systemrationalität, also zur Maximierung gesellschaftlicher Wohlfahrt. Werden jedoch kollektive aus individuellen Präferenzen abgeleitet, so gibt es auch Situationen, in denen logische Inkonsistenzen auftreten (vgl. Arrow 1951, Black 1958) oder gar kollektive Irrationalität das Ergebnis ist.

Man muß allerdings zwischen verschiedenen regelungsbedürftigen Situationen und daher zwischen Koordinationsnormen, Verteilungsnormen und Kooperationsnormen unterscheiden. Es bestehen einerseits *selbststabilisierende Regelsysteme* in jenen Situationen, in denen die Interessen der Individuen gleichgerichtet sind, in denen ihnen also aus der Regelverletzung, egal wie die anderen sich verhalten, keinerlei Vorteile erwachsen. Wenn man etwa Sprachregeln, die ja auch zu sozialen Normensystemen zählen, verletzt, so zerstört man die eigene Kommunikation, ohne daß dies mit ersichtlichen Vorteilen verbunden wäre. Wenn man sich mit einem anderen an einem bestimmten Treffpunkt verabredet hat, so haben die beiden eine "Norm" geschaffen, um ihr Verhalten zu koordinieren, und beide haben ein Interesse daran, sie einzuhalten. Es ist gleichgültig, ob eine Regel für Rechts- oder Linksverkehr auf der Straße gilt, aber alle Verkehrsteilnehmer ziehen ihren Nutzen aus der Einhaltung dieser *Koordinationsnorm*.

Andererseits ist die Existenz *selbstdestruierender Regelsysteme* zu konstatieren, also solcher Systeme, in denen die Regeldurchbrechung dem einzelnen sehr wohl Vorteile zu verschaffen vermag, wenn sich die anderen an die Normen halten; dazu zählen viele wirtschaftliche Prozesse. Diese letzteren Ordnungen sind der Abstützung und Verstärkung durch kollektive Vorkehrungen bedürftig. Ein Beispiel hiefür sind *Verteilungsprobleme*, insbesondere in Null-Summen-Situationen: Fälle, in denen gegebene, nicht vermehrbare Güter zu verteilen sind, so daß Gewinne des einen immer Verluste des anderen sind. Hier liegt ein strikter Interessenkonflikt vor: Im Schach kann nur einer gewinnen und einer verlieren; jeder Kuchen kann nur einmal verteilt werden; Unternehmer stehen in Konflikt mit ihren Konkurrenten um Kunden. Wenn solche Konflikte beseitigt (oder zumindest zeitweise stillgestellt werden sollen), bedarf es entsprechender Verteilungsnormen.

Ein Beispiel schließlich, in dem *Kooperationsnormen* vonnöten sind, ist das *Gefangenen-Dilemma*: jene fatale Situation, in der es für jeden einzelnen rational ist, sich nicht an die Regeln zu halten, obwohl damit eine Situation eintritt, in der alle Beteiligten schlechter gestellt sind, als dies bei kooperativem Verhalten der Fall sein könnte. Der sonderbare Name - "Gefangenendilemma" - stammt von dem folgenden Beispiel. Zwei Gefangene, A und B, haben gemeinsam einen Einbruch begangen und sitzen in verschiedenen Zellen. Der Staatsanwalt vermutet ihre Täterschaft, hat aber keine hinreichenden Beweise. Er bietet jedem der Häftlinge den folgenden Handel an: Wenn er gesteht und gegen seinen Komplizen aussagt, geht er als Kronzeuge straffrei aus, während der Komplize mit zehn Jahren Gefängnis bestraft wird. Wenn beide gestehen, wird keiner als Kronzeuge benötigt und jeder bekommt fünf Jahre. Gesteht keiner von beiden, so kann der Staatsanwalt ihnen zwar den Einbruch nicht beweisen, aber beide werden wegen unerlaubten Waffenbesitzes, der ihnen nachweisbar ist, zu einem Jahr Gefängnis verurteilt. Man kann die Situation folgendermaßen darstellen:

	B gesteht nicht	B gesteht
A gesteht nicht	-1/ -1	-10/ 0
A gesteht	0/-10	-5/-5

A weiß nun nicht, wie sich B verhalten wird. Er muß sich die Möglichkeiten überlegen: Wenn B nicht gesteht, bekommt er entweder 1 Jahr, wenn er auch nicht gesteht, oder er geht frei aus, wenn er gesteht; er ist im Falle, daß B schweigt, besser dran, wenn er gesteht. Wenn B hingegen gesteht, bekommt A 10 Jahre, wenn er nicht gesteht, aber nur 5 Jahre, wenn er auch gesteht; im Falle, daß B "plaudert", ist er also besser dran, auch zu gestehen. Das aber heißt, daß er auf jeden Fall reden wird. Für B gelten analoge Überlegungen. Wenn die Häftlinge sich die Situation vernünftig, d.h. unter Bezug auf ihr Eigeninteresse, überlegen, werden also beide gestehen. Das aber heißt, daß beide ihre 5 Jahre absitzen werden, obwohl sie, wenn beide geschwiegen hätten, jeweils mit einem Jahr davongekommen wären. Da sie aber nicht zuverlässig damit rechnen, keine entsprechende Vereinbarung treffen oder selbst, wenn sie Stillschweigen vereinbart hätten, nicht zuverlässig mit der Einhaltung der Absprache rechnen können, werden sich beide in eine suboptimale Situation manövrieren.

Nun ist das Schicksal der beiden Häftlinge nicht weiter aufregend; interessanter wird die Geschichte, wenn wir die Entscheidungssituation für andere Fälle verallgemeinern, in denen für einzelne der Anreiz besteht, Regeln zu durchbrechen. So wie die optimale Situation für den Gefangenen A die ist, daß der andere kooperiert, d.h. schweigt, und er selbst nicht kooperiert, d.h. gesteht, so gilt dies für viele soziale Situationen. Die vorteilhafteste Position für C ist es, wenn die anderen Steuern zahlen, C sich aber darum drücken kann; wenn dies aber alle tun und es ihnen gelingt, befinden sich alle in einer unerfreulichen Situation. Am vorteilhaftesten für C ist es, wenn die Kollegen Vorlesungen mitschreiben, C aber Entschuldigungen geltend macht; wenn die konkurrierenden Unternehmer Umweltschutzinvestitionen tätigen, C aber weiter seine Abwässer ungeklärt ableiten kann; wenn alle für ein gemeinsames Projekt zahlen, C sich aber heraushalten kann; wenn alle sich an die Verkehrsregeln halten, C sie aber durchbrechen darf. Um zu verhindern, daß einzelne sich nicht an die Regeln halten und dergestalt andere "ausbeuten", bedarf es der Kooperationsnormen und ihrer Erzwingung. Denn da das individuelle Übertreten einer solchen Norm vorteilhaft ist, muß eine Überwachungsinstanz vorgesehen werden.

Rationaler Altruismus

In ausgefeilten Beiträgen zur Rationaltheorie hat man sich auch mit dem Problem des altruistischen Verhaltens beschäftigt: Mit reinem Egoismus ist nicht erklärbar, warum die Individuen zur Wahl gehen (obwohl der Einfluß ihrer Stimme so gering ist, daß es sich nicht lohnen würde, den Aufwand auf sich zu nehmen), sich in Kriegszeiten freiwillig zum Militär melden oder ihren Müll, statt ihn fallen zu lassen, zum nächsten Müllkorb tragen. Auch zahlreiche Experimente zeigen, daß die Individuen sich anders verhalten. Robert Axelrod (1984) hat etwa in Computerexperimenten Wettbewerbsverhalten in wiederkehrenden Situationen vom Typus des Gefangenendilemmas simuliert. Als wichtigstes Ergebnis fand er, daß eine TIT FOR TAT-Strategie die vorteilhafteste sei. Dabei handelt es sich um kooperativ-solidarisches Verhalten: Der Spieler kooperiert zunächst und folgt sodann jeweils dem Verhalten, das der Gegenspieler im vorhergehenden Zug gezeigt hat. Er kooperiert, wenn dieser kooperiert, und reagiert mit Sanktion, wenn dieser nicht mehr kooperiert. Die Bereitschaft zur Kooperation erlaubt es, daraus resultierende gemeinsame Vorteile einzustreifen, während die Bereitschaft zum Kooperationsabbruch eine dauernde Ausbeutung des Akteurs verhindert. Gemeinsames, kooperatives Handeln entsteht daher als die erfolgreichste Strategie im menschlichen Zusammenleben.

Nun kann man auch dieses Beispiel durchaus als Rationalverhalten - weitsichtigerer und langfristiger Art - verstehen und dem Handlungsmodell unterstellen. Schwieriger wird die Sachlage in Anbetracht von psychologischen Experimenten, die zeigen, daß Individuen Entscheidungen zwischen Handlungsoptionen, die im Sinne des Rationalverhaltens als äquivalent angesehen werden (z.B. ein Dollar mit 90% Wahrscheinlichkeit oder 90 Dollar mit 1% Wahrscheinlichkeit) keineswegs als gleichwertig ansehen (vgl. etwa Tversky/ Kahneman 1986). Auch die einfache Erklärung durch eine risikofreudigere oder eine sicherheitsorientierte Haltung reicht nicht, wenn systematische Verzerrungen auftreten. Diese Experimente zeigen auch, daß die Präferenzen nicht konstant sind, sondern zuweilen typische Veränderungen zeigen; wenn oft genug die eine Variante gewählt worden ist, schwenken die Individuen um. Wenn aber die Grundannahmen, die bei diesen Tests geprüft werden, nicht gültig sind, gerät die Theorie des Rationalverhaltens ins Wanken.

6. Interpretative Soziologie

Dieser Ansatz schließt die Phänomenologische Soziologie, die Ethnomethodologie und den Symbolischen Interaktionismus ein. (Zuweilen ist auch die Webersche Handlungstheorie als interpretative Soziologie bezeichnet worden). Die Theorie geht - wie die individualistischen Perspektiven - nicht von "Systemen", sondern von den Individuen und deren sozialen Handlungen aus, verbindet diese aber stärker mit Handlungspartnern und daher mit sozialen Gruppen. Der Begriff des "Handelns" ist zentral. Grundsätzlich wird es als "soziales Handeln" gesehen, als "Interaktion", als Austausch von Gesten oder Symbolen zwischen zwei oder mehr Akteuren. Es wird also nicht allein auf die Intentionen des einzelnen Akteurs geachtet, sondern von vornherein auf die Beziehung zwischen Handelnden. Die Gesellschaft gilt dabei jedoch nicht als stabiles Bezugssystem. Denn die Interpretative Soziologie wendet sich gegen jene Theorien, die annehmen, daß in der Gesellschaft bestimmte normative Erwartungen vorgegeben sind, denen sich der einzelne in Form von Rollenerwartungen gegenübersieht, daß es einen gemeinsamen "Vorrat" jeweils verfügbarer Bedeutungen und Symbole gebe, und daß dem Individuum bestimmte Dispositionen, Lernfähigkeiten und Strebungen zuzuschreiben seien. Theorien, die dies annehmen, behaupten, daß das individuelle Verhalten voraussagbar ist, wenn man die allgemeinen Regeln und die individuellen Dispositionen kennt, und die Übereinstimmung zwischen den Individuen kommt dadurch zustande, daß sie gewisse kulturelle Bestände miteinander teilen. Die Interpretative Soziologie hingegen unterstellt, daß die Bedeutung von Handlungen nicht vor dem Handlungsvollzug, also im Bewußtsein des Akteurs, existiert, sondern daß die Bedeutung einer Geste im Zuge der Interaktion erst ausgehandelt wird.

Phänomenologische Soziologie

Der phänomenologische Ansatz geht auf Alfred Schütz (1899-1959) zurück, der seinerseits von Edmund Husserls (1859-1938) Phänomenologie beeinflußt war. Husserl zufolge richtet sich das erkennende Bewußtsein auf ein Objekt, das dadurch erst konstituiert wird. Schütz (1981, 1962ff.) legt dies auf die Erkenntnis der Wirklichkeit um. Es gibt eine "Welt der natürlichen Einstellung", unsere Alltagswelt. Die *Alltagswelt* ist die allgemein vertraute, "selbstverständliche" und daher intersubjektive Welt. "Unter alltäglicher Lebenswelt soll jener Wirklichkeitsbereich verstanden werden, den der wache und normale Erwachsene in der Einstellung des gesunden Menschenverstandes als schlicht gegeben vorfindet. Mit schlicht gegeben bezeichnen wir alles, was wir als fraglos erleben, jeden Sachverhalt, der uns bis auf weiteres unproblematisch ist." (Schütz/Luckmann 1975, 23). Im normalen Leben suspendieren wir jeden Zweifel daran, daß die Dinge so sind, wie sie zu sein scheinen, oder daß die vergangenen Erfahrungen keine zuverlässige Hilfe bei der Bewältigung der Gegenwart sind. Daß die Gegenstände einfach so gegeben sind, wird als erwiesen angesehen.

Diese Welt ist immer schon eine gedeutete, mit Sinn und Struktur versehene Welt. Der *verfügbare Wissensvorrat* - Sprache, Regeln zum Umgang mit Dingen, Verhaltensnormen usw. - gewährleistet Verständnis und Orientierung. Eine Reihe von subjektiven Operationen hält den Strom der Erfahrung aufrecht, neue Erfahrungen werden in den Rahmen des schon Bekannten und schon Gewußten eingeordnet. Aus den Erfahrungen werden Typen gebildet, die es erlauben, Vertrautes und Bekanntes unproblematisch zuzuordnen; diese immer vorläufige und veränderbare Typenbildung dient als pragmatische Vorgangsweise, um Entscheidungen zu vereinfachen und Handlungen zu ermöglichen. Dabei ist zu bedenken, daß diese Bedeutungen einerseits individuell-biographisch bestimmt sind, daß die Gemeinsamkeit mit den Mitmenschen andererseits aber so weit reicht, daß die Verständigung gelingen kann. Die Differenzen werden überwunden durch zwei Regeln: erstens die *Vertauschbarkeit der Standorte*, d.h. ich könnte, würde ich den Platz meines Mitmenschen einnehmen, die Dinge mit seinen Augen sehen, und umgekehrt; zweitens die *Kongruenz der Relevanzssysteme*, d.h. Unterschiede in den Perspektiven werden als für die momentane Situation irrelevant ausgeblendet. Die Menschen behandeln ihre Erfahrungen für alle praktischen Zwecke als identisch. Dadurch gelingt es ihnen, eine gemeinsame Welt herzustellen, die für das praktische Handeln tragfähig ist. Das gemeinsame Alltagswissen ist ein Mosaik von präzisen Erfahrungen und vagen Vermutungen, von ungeprüften Vorurteilen und geprüftem Wissen, von Zielen und Mitteln, Gründen und Wirkungen, ohne daß ein klares Verständnis ihrer Zusammenhänge herrscht. Es gibt daher auch niemals eine Garantie für die Verläßlichkeit dieses Wissens, und es wird immer wieder angereichert und verändert.

Symbolischer Interaktionismus

Der symbolische Interaktionismus ist vom amerikanischen Pragmatismus (William James, Charles Peirce und John Dewey), von der phänomenologischen Soziologie (Schütz) und von der Chicagoer Schule der Soziologie (Thomas, Cooley, Znaniecki, Park) beeinflußt. Vom Pragmatismus wird die Auffassung übernommen, daß es keinen Sinn hat, an jeder Erkenntnisfähigkeit zu zweifeln; das Erkennen wird in realen Lebenssituationen verankert: Individuen suchen gemeinsam nach der Wahrheit, um praktische Handlungsprobleme zu bewältigen. Richtiges Erkennen steigert die Handlungsmacht in der Umwelt.-
Als Begründer gilt George Herbert Mead (1863-1931), der Begriff

"symbolischer Interaktionismus" stammt jedoch von Herbert Blumer (1938, 1969, 1980). Er soll deutlich machen, daß *Prozesse der sozialen Interaktion* ins Auge gefaßt werden, die als *symbolvermittelte Handlungen* von Menschen zu verstehen sind (vgl. Baldwin 1986, Joas 1989). Menschen handeln auf der Grundlage von Bedeutungen, welche die Dinge für sie haben, nicht - wie ein Behaviorist annimmt - aufgrund von Reizen; denn im Zuge der Handlung selbst wird erst festgelegt, welche Reize überhaupt relevant sind. Gleichfalls ist es unangebracht, von festgelegten Zwecken auszugehen, wie dies in der Theorie des rationalen Handelns der Fall ist; denn auch Zwecksetzung findet erst im Kontext von Handlungen statt. Bedeutungen von Handlungen oder Situationen sind nicht unveränderlich gegeben, sondern entstehen erst im Zuge der Interaktion. Interaktion heißt nicht: Befolgung oder Umsetzung fester Vorschriften, sondern: Vorschlagen und Aushandeln von Definitionen, Beziehungen, Wertungen. Bedeutungen werden entwickelt, verändert, geschaffen.

Vergegenwärtigen wir uns einen Fall. Ein Beamter mag die Gruppe von Berufskollegen, in die er neu hineinkommt, als feindselig oder bedrohlich empfinden, er mag ihre Handlungen als heimtückische Attacken werten. Ein Sessel verschwindet aus seinem Zimmer. Zu einem Fest der Kollegen, von dem er zufällig erfährt, wird er nicht eingeladen. Wichtige Akten werden ihm vorenthalten. Dann aber stellt sich alles als Mißverständnis heraus: Der Sessel war privates Eigentum des früheren Zimmerinhabers. Das Fest war eine Veranstaltung des Sportvereins, bei dem er noch nicht Mitglied ist. Die schwierigsten Akten wurden "umgeleitet", weil man ihm eine Einarbeitungszeit gewähren wollte. Selbst das, was zunächst als abwehrende Geste gedeutet wurde, wird nun als Freundlichkeit interpretiert. Bedeutungen werden also auch im Umgang miteinander geändert: Die Kollegen können Erfolg darin haben, den "Eindringling" von ihrer Bereitschaft, ihn zu akzeptieren, zu überzeugen.

Der in einer sozialen Situation Handelnde ist selbst ein Stimulus für den Partner. Er muß daher seiner eigenen Handlung Aufmerksamkeit schenken, denn sie löst Reaktionen des anderen aus, die wieder für die Fortsetzung der eigenen Handlung wichtig sind. Er braucht also nicht nur Aufmerksamkeit für seine Umwelt, sondern *Selbstreflexivität*. Die Interpretation des Geschehens - in der Interaktion mit dem anderen - ist ein fortlaufender Prozeß. Die Interagierenden müssen ihre gemeinsame Handlung identifizieren, sie müssen dann wechselseitig die Handlungen der Beteiligten interpretieren und definieren. Sie geben zu erkennen, was sie tun wollen, und sie reagieren auf die Andeutungen und Bekundungen des anderen. Es ist ein versuchsweiser Prozeß, in dem die wechselseitigen Deutungen und Handlungen dauernd korrigiert werden. Um das zu analysieren, was dabei vorgeht, muß man auch die Position der Handelnden einnehmen, man muß die Welt von ihrem Standpunkt aus sehen. Wenn dieser Prozeß - die Präsentation von Gesten und Reaktionen des anderen darauf - für beide dieselbe Bedeutung hat, wenn beide Rollen erfaßt werden, d.h. eine wechselseitige Rollenübernahme gedacht werden kann, so können wir sagen, daß sie einander "verstehen".

Die Bedeutungen, die mit einer Situation verbunden werden, sind nicht nur wegen des wechselseitigen Verstehens wichtig, sondern auch deswegen, weil die Wirklichkeitsdeutung die Handlungen des einzelnen bestimmt. Dies gilt auch für das Handeln im Rahmen einer Rolle. Interaktionisten betonen die Handlungsfreiheit im Rahmen des Rollenhandelns, Rollen sind oft eher vage definiert und können verschiedentlich gestaltet werden. Auch der Gehalt, der Stil, die Grenzen von Rollen werden in der Interaktion der Individuen bestimmt. Soziale Interaktionen sind durch Symbole vermittelt. Daher gilt es auch die Verwendung von Symbolen zu untersuchen, d.h. die eigenen Deutungen des Untersuchungsgegenstands, z.B. Biographien und subjektive Darstellungen der Menschen. Der Aufbau von Bedeutungen ist zum Teil davon abhängig, wie der einzelne glaubt, daß ihn die anderen sehen. Auch das "Selbst" des Individuums, seine Persönlichkeit, baut sich auf diese Weise auf. Es entsteht im Wechselspiel von eigenen Handlungen (Gesten) und den Reaktionen der anderen, der einzelne lernt, seine Gesten mit Bedeutungen zu verbinden.

Die Kommunikation wird zur Voraussetzung der sozialen Ordnung. Diese bedarf daher dieser Perspektive zufolge nicht der Gleichartigkeit der Gesellschaftsmitglieder, die allesamt von denselben sozialen Normen geleitet werden; die Individuen können verschieden und die Normensysteme sogar inkonsistent sein, da sich die Menschen im konkreten Fall in einem kommunikativen Prozeß einigen. Die Ordnung ist auch nicht nur über eine äußere Autorität aufrechtzuerhalten, wie bei Hobbes. Es bedarf auch nicht der Vorstellung, daß sich eine gleichsam "natürliche" Ordnung - wie jene des Marktes - ergebe. Es ist nicht notwendig, zwischen einem rationalen Handeln und einem nicht-rationalen Handeln, d.h. einem doch irgendwie defizitären Handeln, zu unterscheiden und dafür jeweils unterschiedliche Erklärungen zu suchen. Gesellschaftliche Normen können als Orientierungselemente des einzelnen verstanden werden, aber auch ihre Dynamik und ihr Wandel sind unschwer aus Neuverhandlungsprozessen erklärbar. Es ist ein auf der Idee der sinnhaften Kommunikation aufbauender Verhandlungsprozeß, in dem die soziale Ordnung geschaffen wird.

Spätere Werke, die der symbolisch-interaktionistischen Tradition verpflichtet sind, umfassen etwa Studien von Norman Denzin (1977) und Ralph Turner (1970). Howard Becker hat die Entstehung devianten Verhaltens als Prozeß der Etikettierung durch andere beschrieben (1963). Anselm Strauss (1963) hat gezeigt, daß auch das Funktionieren von Organisationen auf der Grundlage von Aushandelungsprozessen gewährleistet wird, und er hat versucht, diese empirischen Ergebnisse zu verallgemeinern (1979).

Ethnomethodologie

In gewissem Sinne handelt es sich bei der Ethnomethodologie um eine empirische Weiterentwicklung der beiden anderen Ansätze: Wie machen die Menschen das, was in diesen Theorien beschrieben wird, in der Praxis? Wie sieht ihr interaktives Verhalten im alltäglichen Leben aus? Welche Regeln wenden die Gesellschaftsmitglieder an, um Ereignisse, Gegenstände und Handlungen zu deuten, d.h. ihnen Sinn zu verleihen? Diese Frage muß aufgeworfen werden, wenn wir - den phänomenologischen und interaktionistischen Beschreibungen des Handelns folgend - annehmen müssen, daß die Menschen, wenn sie nach den Vorgaben wissenschaftlicher Rationalität ihr Leben gestalteten, absolut handlungsunfähig, desorganisiert und anomisch würden. Wenn dies aber der Fall ist, ist auch eine Vorgangsweise, die zur Erklärung dieses Handelns das Muster rationaler Aktivität als Folie verwendet, fehl am Platz. Wie also handeln die Menschen wirklich? Es sind rationale Alltagspraktiken, die sie anwenden.

Harold Garfinkel (geb. 1917) hat, um den Prozeß dieser praktischen Alltagsüberlegungen und -interaktionen zu analysieren, eine Reihe von Experimenten mit verblüffenden Ergebnissen angestellt (1967). Die Alltagskommunikation setzt wesentliche Inhalte einfach als selbstverständlich voraus; bestimmte Mitteilungen werden betont, andere nur angedeutet, andere unterschlagen. Wenn man diese Muster in experimentellen Situationen für ungültig erklärt, kann man diese Selbstverständlichkeiten sichtbar machen. Der Versuch, Gefühle der Verwunderung, Entrüstung und Verwirrung oder Reaktionen wie Scham, Ängstlichkeit oder Schuld auszulösen, soll Aufschlüsse geben darüber, wie "normale" und routinemäßige Tätigkeiten ablaufen. Ein Gast wird in einem Restaurant beispielsweise so behandelt, als sei er der Kellner - seine Versuche, jene Situation wieder herzustellen, die er als "normal" ansieht, werden dann beobachtet und analysiert; insbesondere dann, wenn mehrere Leute, unter Umständen auch Bekannte, beharrlich dabei bleiben, ihn als Kellner zu behandeln, und seine Versuche zur Richtigstellung der Umstände ignorieren, so daß seine "Wirklichkeitsvorstellung" unter beachtlichen psychischen Druck gerät. Oder man steht ganz nahe - allzu nahe - neben einer Person, während man ein gänzlich unverfängliches Gespräch aufrechterhält. Oder man fragt auf einfache und unmißverständliche Mitteilungen hin beharrlich zurück ("Ich hatte gestern einen platten Autoreifen?"- "Was meinst Du damit, Du hattest gestern einen platten Autoreifen?").- Personen, die mit unerwarteten, eben "nicht normalen" Reaktionen ihrer Interaktionspartner konfrontiert werden, reagieren mit Ärger, sie fragen nach einer Erklärung für das ungewöhnliche Verhalten, oder sie versuchen, die unerwarteten Reaktionen als Späße zu interpretieren.

Garfinkel spricht von einer *dokumentarischen Interpretation* - ein Muster wird identifiziert, das einer Reihe von Erscheinungen zugrunde liegt. Jede einzelne Erscheinung ist Ausdruck ("Dokument") dieses Musters. Auch das Muster baut sich umgekehrt aus den individuellen Erscheinungen auf, es wird durch neue Einzelerscheinungen korrigiert und reinterpretiert. Muster und Erscheinung bestimmen sich also wechselseitig. Dieses Modell ist auf Handlungen anwendbar. Handlungen im Verlauf einer Interaktion werden aus dem Kontext verstanden, in dem sie stehen - sie werden aus dem Zusammenhang gedeutet, also daraus, welche Handlungen vorausgegangen sind und welche erwartet werden. Auch die Deutung des Kontextes wird umgekehrt aus einzelnen Handlungen gewonnen, denn nur aus ihnen ist ja zu erschließen, was überhaupt "gespielt" wird; und in diese Kontextdeutung werden weitere Handlungen eingeordnet, sie werden also durch den Kontext interpretiert (vgl. auch Cicourel 1973).

7. Soziobiologie

Der systematische Versuch, die biologische Grundlage jeglicher Formen des Sozialverhaltens bei allen Arten von Organismen einschließlich des Menschen zu erkunden, geht von der Überzeugung aus, daß sich eine Kontinuität der Entwicklung der Organismen von Tiergesellschaften bis hin zu menschlichen Gruppierungen nachweisen lasse. Das Studium des Verhaltens der Tiere, die ja - besonders im Fall der höheren Gattungen - einen Großteil der Entwicklungsgeschichte mit dem Menschen gemeinsam haben, soll sich also grundsätzlich unter dieselben Gesetzlichkeiten subsumieren lassen wie ein großer Teil des menschlichen Sozialverhaltens (vgl. Marten 1983).

Die gemeinsame Entwicklungsgeschichte

Auch Tiere leben im allgemeinen in Sozialverbänden, oft sogar in recht komplexen Staatsgebilden. Auch menschliche Sozialsysteme funktionieren andererseits auf der Grundlage biologischer Systeme, die ihre Entwicklungskontinuität zu höheren Tiergattungen nicht verleugnen können. Bei vielen Affen, die aus anatomischen und biochemischen Gründen unsere nächsten lebenden stammesgeschichtlichen Verwandten sind, treten ähnliche Merkmale wie beim Menschen auf. Die Menschen könnten sich jedoch - bei aller kulturellen Vielfalt - niemals in das soziale System einer Nicht-Primaten-Art eingewöhnen. Menschliches Verhalten wird zum Teil durch Gene organisiert, die wir mit eng verwandten Arten teilen, und zum Teil von spezifischen, der menschlichen Spezies allein zukommenden Genen. Die genetische Evolution des menschlichen Verhaltens hat sich im wesentlichen in den fünf Millionen Jahren vor Beginn der Zivilisation vollzogen, die kulturelle Evolution im wesentlichen in den letzten 10.000 Jahren. Die Auslesefaktoren des Jäger- und Sammlerdaseins, das immerhin einige Millionen Jahre dauerte, haben über 99% der stammesgeschichtlichen Evolution des Menschen beherrscht (vgl. Wilson 1980).

Damit wenden sich soziobiologische Theoretiker gegen jene Sozialwissenschaftler, die dem biologisch überlieferten Verhalten eine geringe Bedeutung zugestehen und vor allem die kulturelle Überlieferung als Bestimmungsgröße des Verhaltens ansehen. Diesem *Soziologismus* wird entgegengehalten, daß auch menschliche Verhaltensmuster sich in einem evolutionären Prozeß verändert und geformt haben. Auf der anderen Seite soll auch ein *Biologismus* vermieden werden, also die Reduktion allen sozialkulturellen Verhaltens auf die biologisch-genetischen Grundlagen des Individuums bzw. der Gattung.

Die Tradition soziobiologischer Auffassungen läßt sich bis zu frühen organizistischen Theorien verfolgen. Für Lilienfeld oder Schäffle ist die Gesellschaft ein Organismus, für den dieselben Gesetzmäßigkeiten gelten wie für alle Organismen. Darwins Evolutionstheorie hat diesen Analogien eine wissenschaftliche Grundlage gegeben: Das Prinzip, daß durch Selektion jene Individuen begünstigt werden, die über das am besten den Umweltbedingungen angepaßte Erbgut verfügen, und daß sich daher diese Variation des Erbguts aufgrund der erhöhten Fortpflanzungswahrscheinlichkeit dieser Individuen durchsetzen wird, läßt sich auch auf soziale Gruppen übertragen, und dies ist in verschiedenen evolutionistischen Theorien versucht worden.

Die Maximierung der Gene

Wesentliche Anstöße zur neuesten Entwicklung sind seit der Mitte der 60er Jahre von der Verhaltensforschung (Ethologie) gekommen, von Konrad Lorenz (1973), Nikolaas Tinbergen, Karl von Frisch und Irenäus Eibl-Eibesfeldt (1984). Sie haben gezeigt, daß auch Tiere nicht nur über einfache Reaktionen auf bestimmte Reize verfügen, sondern daß ihr Verhalten eine Vielzahl möglicher und komplizierter Handlungen einschließt und auch die genetisch festgelegten Reaktionen dem Druck der natürlichen Selektion ausgesetzt sein müssen. Durch Vergleich mit menschlichem Verhalten ist zu zeigen versucht worden, daß auch soziales Verhalten Ergebnis angeborener Verhaltensdispositionen ist, die vererbt und dabei modifiziert werden.

Eine allgemeine Verbreitung hat soziobiologisches Denken erst mit den Büchern von Edward O. Wilson (1975, 1980) gefunden, der den jahrzehntelangen Fortschritt dieser Forschungsrichtungen auf beeindruckende Weise zusammengefügt hat. Er behauptet, daß die Biologie zur Erklärung menschlichen Verhaltens unabdingbar ist, und daß sich auf diesem Wege Verhaltensweisen wie Aggression, Territorialität, Paarungsverhalten und dergleichen besser erklären lassen als mit anderen Theorien. Der klassische Darwinismus war zudem mit einem Problem nicht zu Rande gekommen: mit *kooperativem, altruistischem Verhalten*, das bereits in der Tierwelt zu beobachten ist; denn ein Verhalten, das dem Nächsten zu eigenen Lasten nützt (gemeinsame Verteidigung, Warnung, Pflege von jungen oder kranken Mitgliedern), ist mit dem darwinistischen Selektionsdruck schwer vereinbar. Als Beispiel kann etwa das Verhalten der sterilen Arbeiter und Soldaten im Insektenstaat dienen, die aus ihren Tätigkeiten zur Brutpflege keinen direkten Gewinn ziehen, wohl aber zum Überlegen der Spezies beitragen. Unter dieses individuell schädliche, kollektiv aber nützliche Verhalten fallen auch Warnrufe vor räuberischen Tieren, die es gestatten, daß sich die Gruppe rechtzeitig in Sicherheit bringt, obwohl sich der Warner selbst in Gefahr bringt.

Solches Verhalten läßt sich zuweilen "wegerklären", indem das Verhalten als nur scheinbar uneigennützig nachgewiesen wird. Eine andere Erklärung verweist auf das Prinzip der Gegenseitigkeit, wonach das Verhältnis von Geber und Nehmer später umkehrbar ist; doch ist fraglich, wie weit eine solche Vorstellung auf die Tierwelt anwendbar ist. Eine dritte Erklärung greift auf das Prinzip der Gruppenselektion zurück: Altruistisches Verhalten verschafft der Gruppe einen Überlebensvorteil; sie wird sich gegenüber anderen Gruppen durchsetzen können. Allerdings läßt sich nicht erklären, warum nicht der einzelne den Gruppenvorteil, also den Altruismus der anderen, nützt, ohne selbst Altruismus zu zeigen, denn das verschafft wiederum ihm derartige Überlebensvorteile, daß altruistisches Verhalten im Zuge der Evolution aufgrund der verbesserten Fortpflanzungschancen der egoistischen Individuen bald ausgerottet wäre.

Jene Theorie, die sich nach Meinung vieler schließlich als die plausibelste erwies, war die der *Sippen- oder Verwandtenselektion.* Altruistisches Verhalten sichert das Überleben von Individuen, die gemeinsame Gene haben, und darauf kommt es an. Altruistisches Verhalten tritt ja auch umso wahrscheinlicher auf, je näher der Nehmer dem Geber steht, d.h. je mehr Gene er mit ihm gemeinsam hat; das paßt auch zu empirischen Ergebnissen. Denn es gibt einerseits die direkte genetische Fitness des in Betracht stehenden Individuums, andererseits eine indirekte genetische Fitness, in der der Fortpflanzungserfolg der "verwandten" Individuen zum Ausdruck kommt. Die Gene produzieren jene Individuen, die ihnen ein Überleben ermöglichen, sozusagen: Die Eier produzieren sich Hühner zum Zwecke ihrer Reproduktion. Die Gene produzieren sich altruistische Individuen, weil dadurch ihre Reproduktion am besten gesichert erscheint.

Das Beispiel des Sexualverhaltens

Nur an einem Beispiel soll die Argumentationsweise der Soziobiologie gezeigt werden, und dieses Beispiel macht auch verständlich, daß diese Theorie sehr umstritten ist. Es geht um die Kosten-Nutzen-Analyse der Evolution, um die Theorie des Elternaufwandes. Männchen werben gewöhnlich aktiv um die Weibchen, sie sind aggressiver und auffälliger. Weibchen hingegen sind sexuell wählerischer und beschäftigen sich intensiver mit der Aufzucht der Nachkommen. Womit hängt dies zusammen? Weibchen produzieren eine kleine Zahl von Eizellen, Männchen dagegen eine riesige Zahl von Samenzellen. Die weibliche Strategie besteht daher darin, die Überlebenschancen ihrer vergleichsweise wenigen Nachkommen zu steigern, etwa durch Brutpflege oder Austragen im eigenen Körper, und sie sind weit mehr daran interessiert, eine sorgfältige Auswahl bei der Fortpflanzung mit einem genetisch wertvollen Männchen zu treffen. Männchen können die Chance, ihre Gene zu vermehren, hingegen dadurch nutzen, daß sie möglichst viele Weibchen befruchten. Letztere sind daher für die Männchen eine knappe Ressource. Dadurch steigt der Konkurrenzdruck unter den Männchen und zwingt diese, mehr in Werbeverhalten, Prachtkleidung und dergleichen zu investieren. Wenn diese Verhaltensbegründungen nun auf die menschliche Spezies übertragen werden, lassen sich leicht Schlußfolgerungen ziehen, die bei vielen Entrüstung auslösen.

8. Kritische Theorie

Diese theoretische Strömung ist aus den interdisziplinären Arbeiten des *Frankfurter Instituts für Sozialforschung* hervorgegangen, an dem in den 20er und 30er Jahren Wissenschaftler wie Carl Grünberg, Max Horkheimer, Theodor W. Adorno, Walter Benjamin, Erich Fromm, Herbert Marcuse und Franz Neumann arbeiteten. Ihre Vorstellung war es, die bestehenden Verhältnisse in philosophischer Reflexion zu kritisieren und damit zu ihrer Veränderung beizutragen. Die Leitidee war hiebei die Emanzipation der Menschen, das Instrument sowohl dialektisches Denken als auch - später - die empirische Forschung. Wichtige Rückgriffe wurden auf Hegel, Marx und Freud vorgenommen. Anfangs pflegte man die herkömmliche marxistische Theorie, später "modernisierte" man sie gewissermaßen: Man distanzierte sich von einem geschichtlichen Determinismus, nahm Abstand von der Dialektik als einer universalen Methode und spürte dem Warencharakter nach, der die kapitalistische Gesellschaft in allen Bereichen durchwirkt (vgl. Jay 1976, Wiggershausen 1986, Dubiel 1988). In den 30er Jahren emigrierten die meisten Mitglieder nach Amerika, und nur einige kehrten in den 50er Jahren zurück.

Die *"kritische Theorie"*, die der Schule ihren Namen gab, wurde von Max Horkheimer, der das Institut nach 1931 leitete, folgendermaßen skizziert (1937). Während sich die herkömmliche Sozialwissenschaft als von der gesellschaftlichen Wirklichkeit unabhängig ansieht, ist sich die kritische Theorie darüber im klaren, daß auch wissenschaftliches

Denken gesellschaftlich vermittelt ist; Theorie ist daher auch eine Form gesellschaftlicher Praxis, und sie muß sich dessen bewußt werden, um eine gesellschaftliche Veränderung anzustreben. Daraus folgt, daß die Trennung von Sein und Sollen, wie sie von der konventionellen Wissenschaft propagiert wird, nicht möglich ist; die kritische Theorie kann auf der Grundlage einer historischen Analyse die Vernunft als leitende Kraft erfassen und mit ihrer Hilfe die Irrationalität der bestehenden Gesellschaft aufzeigen. Diese Analyse ist Teil der gesellschaftlichen "Totalität", Teil eines aus Widersprüchen, Brüchen und Synthesen bestehenden Prozesses, in dem sich das Walten der Vernunft immer wieder enthüllt. Weder die Arbeiterklasse noch die Intellektuellen verfügen - angesichts der gesellschaftlichen Irrationalität - über das wahre Bewußtsein, ihre Bemühungen sind aber Teil eines Aufklärungsprozesses.

Die Berufung auf Vernunft, die sich als historische Kraft enthüllen läßt, ist für die kritische Theorie zentral. Es ist allerdings nicht jene *instrumentelle Vernunft*, welche die moderne Welt auszeichnet (vgl. Horkheimer 1947); denn diese stellt nur vom Standpunkt des Individuums Zweck-Mittel-Bezüge her, während die objektive Vernunft eine die ganze Gesellschaft durchwaltende Kraft darstellt. Wird die Vernunft subjektiviert, bedeutet das ihre Instrumentalisierung, und damit eine repressive Anpassung des einzelnen an die Erfordernisse der Zivilisation. Daß die Vernunft zu einem Herrschaftsinstrument degenerieren kann, ist auch das Leitthema in Horkheimers und Adornos "Dialektik der Aufklärung" (1944). Die Herrschaft wird durch Markt und Arbeitsteilung universell, sie tritt dem einzelnen als Wirklichkeit der Vernunft gegenüber.

Arbeiten aus der Frankfurter Schule umfassen eine Fülle von soziologischen und sozialphilosophischen Themen. In den fünfziger Jahren wurden Studien über "Autorität und Familie" veröffentlicht, welche die sozialpsychischen Voraussetzungen der Tendenzen zum *autoritären Staat* zu erhellen trachteten, sowie Studien über Vorurteil und Antisemitismus. Theodor W. Adorno (1903-1969) veröffentlichte mit seinen Mitarbeitern eine Studie über "The Authoritarian Personality" (1950), in der eine F(aschismus)-Skala entwickelt wurde: In sie gingen Haltungen ein, welche die Übernahme einer faschistischen Ideologie fördern sollten, wie Konventionalismus, Aberglaube, Aggressionsbereitschaft, Unterwürfigkeit, Denken in Stereotypen, Destruktivität, Machtdenken u.a.- *Politökonomische Arbeiten* zur Marxschen Theorie, zur Planwirtschaft und zur nationalsozialistischen Wirtschaft wurden vorangetrieben. Friedrich Pollock (1941) analysierte den Nationalsozialismus als totalitäre Form des Staatskapitalismus, der sich aus einem Versagen des Marktes einerseits und dem Ausbleiben einer Revolution als Rettungsversuch des kapitalistischen Systems ergibt; Franz Neumann sprach von einem "totalitären Monopolkapitalismus" (1942).- Die *ästhetischen, kunst- und kulturkritischen Arbeiten* von Adorno, Marcuse und Benjamin haben eine nachhaltige Wirkung entfaltet. Es wird zwar die Chance gesehen, das emanzipatorisch-kritische Potential "echter" Kunst zu nutzen, doch unter den Bedingungen der technischen Reproduzierbarkeit von Kunstobjekten und des Entstehens einer Kulturindustrie wird Kunst zum manipulativen und ideologischen Mittel - nur die schwierigste und elitärste Kunst weist über die bestehende Gesellschaft hinaus.

Die "kritische" Wissenschaftsauffassung

An die Tradition der Frankfurter Schule knüpft heute Jürgen Habermas (1929-) an. Auch für ihn ist die Vorstellung einer wertfreien, nicht interessegeleiteten Wissenschaft eine Fiktion (vgl. 1973a,b). Den empirisch-analytischen Wissenschaften - mit ihren methodischen Vorschriften -liegt ein *technisches Erkenntnisinteresse* zugrunde, das auf die Sicherung und Erweiterung erfolgskontrollierten Handelns zielt. Das ist - speziell im Bereich der Naturwissenschaften - durchaus legitim, problematisch aber bei den Sozialwissenschaften. Denn diese produzieren ein Wissen, das zur Manipulation und Lenkung von menschlichem Verhalten eingesetzt werden kann. Daneben gibt es das *praktische Erkenntnisinteresse*, das den hermeneutischen und philosophisch-kritischen Wissenschaften zugrundeliegt; es richtet sich auf die Herstellung und Aufrechterhaltung intersubjektiver Beziehungen, auf die Kommunikation mit anderen. Hier geht es nicht um Erklären im Sinne der Entdeckung gesetzmäßiger Beziehungen zwischen Ursache und Wirkung, sondern um Verstehen, und der andere wird als Kommunikationspartner anerkannt. Damit werden wichtige Bedingungen des Überlebens, nämlich die Möglichkeit zwangloser Einigung und gewaltloser Anerkennung, geschaffen. Schließlich besteht ein *emanzipatorisches Erkenntnisinteresse*, das sich auf die Herstellung und Aufrechterhaltung unverzerrter Kommunikation richtet. Die philosophisch-kritischen Wissenschaften sollen helfen, diese Kommunikationsstörungen zu überwinden, ähnlich den inneren Dialogen in der Psychoanalyse Freuds. So wie durch Erinnern und Wiederholen frühkindlicher Erfahrungen Verhaltensstörungen behoben werden, so will auch die kritische Gesellschaftstheorie die äußeren Bedingungen bewußt machen, die eine herrschaftsfreie zwischenmenschliche Kommunikation verhindern: die Herrschafts- und Unterdrückungsverhältnisse, die Ausbeutung durch die Herrschenden, der repressive Charakter der gesellschaftlichen Ordnung.

Damit sind wir bei jener Verbindung von Theorie und Praxis angelangt, die schon immer das Anliegen der Frankfurter Theoretiker war. Aber Habermas begründet seine Theorie erkenntnistheoretisch und sprachtheoretisch auf andere Weise. Erkenntnis kommt seines Erachtens nicht aufgrund einer bestimmten geistigen Ausstattung des Menschen zustande, sondern durch einen kooperativen und kommunikativen Prozeß. Karl-Otto Apel (1976) hat dieses Modell, das

Habermas aufnimmt, ausgearbeitet: Nur Verständigung garantiert, daß Erkenntnis gilt; Wahrheit wird im Konsens gefunden; die Kommunikation kann nur stattfinden, wenn eine *reale Kommunikationsgemeinschaft*, zu deren Mitglied der einzelne sozialisiert worden ist, besteht und eine *ideale Kommunikationsgemeinschaft*, die den Sinn seiner Argumente versteht und ernsthaft beurteilt, vorausgesetzt wird. Es muß das Anliegen jedes Menschen sein, in der realen Gemeinschaft die Bedingungen der idealen bestmöglich zu erreichen.- Theorie und Praxis nun zu verbinden, kann nach Habermas' Auffassung nicht mehr bedeuten, eine revolutionäre Gesellschaftsveränderung im Sinne von Marx anzustreben, sondern eben dies: durch Herrschaft verzerrte Kommunikationsstrukturen tendenziell in ideale zu verwandeln. Nicht die Veränderung der Produktionsverhältnisse ist das unmittelbare Ziel, sondern die *Veränderung der Kommunikationsstrukturen.* Es besteht ein Interesse der Menschen an einem *herrschaftsfreien Diskurs*, der in der Lage sein soll, auch praktische Fragen (also Wertfragen) dadurch zu entscheiden, daß ein vernünftiger Konsens gefunden wird. Es müssen in diesem Diskurs alle Teilnehmer, Themen und Beiträge zugelassen werden, es darf kein Zwang außer dem des besseren Arguments ausgeübt werden, und es müssen alle Motive außer dem der kooperativen Wahrheitssuche ausgeschlossen sein. In diesem Verfahren kommt ein Konsens nur über verallgemeinerungsfähige Interessen zustande. Der Beginn eines solchen Diskurses bedeutet zugleich bereits eine Anerkennung der Prinzipien der Vernunft und der Konsensfähigkeit.

Der Sieg der Zweckrationalität

Habermas verwendet Argumente der handlungs- und der systemtheoretischen Tradition, um sein Gesellschaftsmodell aufzubauen (vgl. 1981). Was das Handeln angeht, so unterscheidet er *zweckrationales Handeln* ("Arbeit"), das sich nach technischen Regeln richtet und auf empirischem Wissen beruht, und das der Beherrschung der Natur und der materiellen Reproduktion der Menschheit dient; und *kommunikatives Handeln ("Interaktion")*, das auf Akte der Verständigung mit anderen Personen gerichtet ist. Zweckrationales Handeln ist im System beheimatet: Was die Systemebene angeht, so verwendet Habermas Teile einer funktionalistischen Theorie; damit erfaßt er das Problem der *Bestandserhaltung* der Gesellschaft in einer sich verändernden Umwelt, den *Anpassungsdruck* von seiten der Umwelt, *Differenzierungsprozesse* im System und die interne Systemkommunikation vermittels *Steuerungsmedien* wie Geld oder Macht. Kommunikatives Handeln geschieht in der Lebenswelt; Habermas führt also phänomenologische Kategorien in seine Analyse ein: Diese Lebenswelt ist symbolisch strukturiert, und kommunikatives Handeln sorgt für den Fortbestand und den Wandel dieser Symbolwelt sowie für die soziale Integration der Gesellschaft. Es gibt also zwei Bezugswelten: das

"System" mit seiner instrumentellen Rationalität und die "Lebenswelt" mit ihrer Logik der Verständigung.

Der Fortschritt der modernen Gesellschaft bedeutet: Steigerung der Eigenkomplexität. Dies ist in modernen Gesellschaften offenbar der Fall; zugleich damit aber zeigt sich in ihnen eine *Entkoppelung von System und Lebenswelt* - die Systemebene verselbständigt sich gegenüber der Lebenswelt, sie gewinnt mit Wirtschaft und Staat eine gewisse Eigendynamik. Privatsphäre und Öffentlichkeit entstehen als kommunikative Kategorien der Lebenswelt. Aber der Systembereich bleibt insoweit von der Lebenswelt abhängig, als die Ergebnisse der Systemdynamik von hier aus gerechtfertigt und die Individuen zum Mitmachen motiviert werden müssen; umgekehrt ist die Lebenswelt vom Systembereich abhängig, weil dort die Mittel für die materielle Reproduktion bereitgestellt werden. Für die Moderne konstatiert nun Habermas, daß Systemmechanismen auch in den Bereich der Lebenswelt hineinwirken und damit die symbolischen Leistungen, die dort erbracht werden, blockieren. Früher waren es die Medien der Lebenswelt - Sprache und Interaktion -, die den Lauf der Dinge bestimmten, nun kommt es zu eigendynamischem Wirtschaftswachstum und einer Autonomisierung der politischen Sphäre. Damit entstehen Krisen und Ungleichgewichte; die instrumentelle Rationalität dringt in lebensweltliche Bereiche vor. Traditionen werden aufgezehrt. Diese *Kolonialisierung der Lebenswelt* führt zu pathologischen Erscheinungen, zu kulturellen und individuellen Krisen. Gegen diese Krisenerscheinungen bricht Protest auf. Letztlich wird eine Legitimations- und Kulturkrise spürbar (vgl. 1973c). Am Aufkommen neuer sozialer Bewegungen werden die Proteste gegen diese Entwicklungen deutlich (vgl. die Diskussion der Kritischen Theorie bei Bonß/ Honneth 1982, Honneth/ Joas 1986, Matthiesen 1983 u.a.).

XVI. SCHLUSSBEMERKUNGEN

Was kann die Soziologie leisten? Soziologie soll sich nützlich machen, wo sie dies kann. Sie soll sich aber nicht in einer übertriebenen sozialtechnokratischen Hybris verlieren - wie dies öfter, zuletzt in den sechziger Jahren - der Fall war, mit Vorgaben, die sie doch nicht erfüllen kann. Soziologie galt vielen als Grundlage der Herrschaft über die gesellschaftlichen Prozesse; die "Moderne" wurde ja als "Ära der Soziologie" schlechthin bezeichnet. Wenn man erst die Gesetzlichkeiten des sozialen Geschehens richtig begriffen hätte, so meinten viele, dann wäre die Gesellschaft der Zukunft richtig zu planen und es gäbe keine Hindernisse mehr, die sich dem Glück der Menschen entgegenstellten - Soziologie als Inkarnation *sozialtechnokratischer Gestaltungskompetenz*. Diese Idee hat sich wohl als Irrtum erwiesen.

Aber es gibt auch legitime Anforderungen einer in die Krise geratenen Gesellschaft an ihre wissenschaftlichen Gruppierungen, objektive *Informationen* über die Situation des Gemeinwesens und über die *Handlungsmöglichkeiten* der Politik bereitzustellen. In diesem Sinne ist die Soziologie praktisch, auch und gerade dann, wenn sie nicht für praktische Ziele eintritt. Soziologie ist keine Anweisung zum Handeln, weder für den, der die Regierung beraten will, noch für den, der gegen sie demonstrieren will. Dies trifft auf jede Wissenschaft zu. Es geht darum, gesellschaftliche Prozesse zu verstehen, und dies auf eine Weise, die sich mitteilen und überprüfen läßt. Das Wissen, das die Soziologie bereitstellt, die Fähigkeiten, die sie vermittelt, sind praktisch wichtig, gerade wenn man nicht permanent auf die Verwertbarkeit des Wissens schielt und sich dadurch von vornherein das Blickfeld beschneidet. Das alte Diktum stimmt: Es gibt nichts Praktischeres als eine gute Theorie.

Die Soziologie wurde - und dies bis in die jüngste Zeit - als *aufklärerische Schlüsselwissenschaft* angesehen, welche den Menschen aus der von anderen verschuldeten Unmündigkeit führt; welche die herrschenden Mächte entlarvt, die die Individuen wie Marionetten an ihren Fäden zappeln lassen. Im äußersten Fall führt dies zur Vorstellung von der Soziologie als einer Wissenschaft von verschwiegenen Abhängigkeiten, die dann zum Aufbau eines Weltbildes verleitet, in dem der einzelne nur als Produkt der Gesellschaft gesehen wird, ohne sein eigenes Leben führen zu können. Soziologie wird dann zur engagierten Entlarvungsaktion, und wenn sie dies nicht tut, dann webt sie in ihrer angeblichen Wertfreiheit nur mit an dem Schleier des gesellschaftlichen Verblendungszusammenhangs.

Das ist eine Halbwahrheit, wie so vieles. Die Sozialwissenschaften drängen freilich auch hinaus aus den Lehrsälen und Fachtagungen, in die Lehrpläne der Schulen und die Programme der elektronischen Medien, in Politik und Arbeitsleben, in die Beziehungen von Eltern und Kindern, in kulturelle und religiöse Gruppierungen. Die Geistes-

und Sozialwissenschaften liefern auch *Orientierungswissen*, was - in bestimmten Ausformungen - von Helmut Schelsky mit einigem Recht als neue Priesterherrschaft der Intellektuellen gescholten wurde (1977). Aber das bedeutet nicht, daß man der Orientierungsfunktion entrinnen kann oder soll. Auch die sachlichste Aussage gewinnt ihre orientierende Bedeutung, weil sie eben lebenspraktische Probleme zum Gegenstand hat, und Sozialwissenschaftler sind - wie Friedrich Tenbruck in seinem Buch über die kulturellen Grundlagen der Gesellschaft (1989) betont hat - "Kulturproduzenten".

Abkoppelung von der gesellschaftlichen Wirkung ist unmöglich. Auch im Schweigen hat man sich für eine bestimmte Wirkung entschieden. Eine historisch informierte Soziologie soll nicht allein ein antiquarisches Erkenntnisinteresse pflegen. *Sie soll sich den Aufgaben ihrer Zeit stellen.* Sie kann sich des Anliegens nicht völlig entschlagen, in einer unruhigen und unübersichtlichen Zeit Beiträge zur Orientierung der Menschen in ihren Lebensverhältnissen zu liefern. Sie soll aber nicht Wertirritation durch Wissensanhäufung zu kompensieren suchen; und doch bedarf es eines umfangreichen Wissens, das Grundlage zur Wertbildung sein kann. Großspurige Diskussionsbereitschaft ersetzt nicht das mühsame Geschäft, viele Gedanken "nachzudenken", die auf der großen Plattform der Sozialwissenschaften jemals vorgetragen wurden. Die Soziologie soll nicht zeitgeistigen Strömungen nachlaufen, im Kampf um ein Plätzchen auf dem hart umkämpften Markt des öffentlichen Bewußtseins, und sich dabei in Predigerpose werfen. Sie soll nicht der Romantik des intellektuell Interessanten erliegen. Soziologie soll sich an ihre Theorien und Lehren halten, sie soll lesbar sein und nachdenklich machen.

Das führt auch zum klassischen "Bildungsgedanken" - auf der Universität oder jenseits ihrer Hörsäle: *Bildung als Grundlegung einer persönlichen Welt- und Lebensanschauung, die in vernünftigen Gedanken gegründet ist.* Aber auch hier ist Vorsicht angebracht. Wissenschaftliche Erkenntnis - und dies gilt auch für die Soziologie - reicht nicht zur Grundlage eines glücklichen Lebens. Dies wird der Wissenschaft in den letzten Jahren häufig angesonnen: Sie soll es auch ermöglichen, Bedürfnisse, Gefühle und Stimmungslagen einzubringen; sie soll durchs Leben führen. Aber dies überfordert eine wissenschaftliche Disziplin, die ihr *Wahrheitsstreben* nicht dem *kollektiven Wohlgefühl* opfern kann - eine Überforderung, die zugleich das vernichtet, was die Soziologie doch leisten kann.

Wissenschaft ist auch ein Ort der *Desillusionierung*, der *Wahrheit*. Es gilt Max Webers Feststellung, daß "Wissenschaft heute ein fachlich betriebener 'Beruf' ist ... und nicht eine Heilsgüter und Offenbarungen spendende Gnadengabe von Sehern und Propheten oder ein Bestandteil des Nachdenkens von Weisen und Philosophen über den Sinn der Welt." (Weber 1922/1988, 609) Die Soziologie soll keine Apologeten oder Apokalyptiker hervorbringen, sondern einfach gedankenvolle Interpreten dessen, was in unserer Gesellschaft vor sich geht.

LITERATUR

1. Einige Wörterbücher und Enzyklopädien

Wörterbuch der Soziologie, hrsg. von Wilhelm Bernsdorf, 2. Aufl., Stuttgart 1969.
Wörterbuch der Soziologie, hrsg. von Günter Hartfiel und Karl-Heinz Hillmann, 3. Aufl., Stuttgart 1982.
Wörterbuch der Soziologie, hrsg. von Günter Endruweit und Gisela Trommsdorf, 3 Bde, Stuttgart 1989.
Grundbegriffe der Soziologie, hrsg. von Bernhard Schäfers, Opladen 1986.
Handbuch der empirischen Sozialforschung, hrsg. von Rene König, 12 Bände, versch. Jahre.
Handbook of Sociology, hrsg. von Neil J. Smelser, Newbury Park et.al. 1988.
The Social Science Encyclopedia, hrsg. von Adam Kuper und Jessica Kuper, London-Boston-Henley 1985.
Encyclopaedia of the Social Sciences, hrsg. von Edwin R. A. Seligman und Alvin Johnson, New York 1957 (erstmals 1930).
International Encyclopedia of the Social Sciences, hrsg. von David L. Sills, New York-London 1972 (erstmals 1968), 17 Bde.
Handwörterbuch der Sozialwissenschaften, hrsg. von Erwin von Beckerath u.a., Stuttgart-Tübingen-Göttingen 1956-68, 12 Bde.
Handwörterbuch der Wirtschaftswissenschaft, hrsg. von Willi Albers u.a., Stuttgart-Tübingen-Göttingen 1977-83, 9 Bde.
Geschichtliche Grundbegriffe. Historisches Lexikon zur politisch-sozialen Sprache in Deutschland, hrsg. von O. Brunner, W. Conze und R. Koselleck, Stuttgart, 1972ff.
Handbuch wissenschaftstheoretischer Begriffe, hrsg. von Josef Speck, 3 Bände, Göttingen 1980.

2. Einführungswerke, Lehrbücher, Übersichten

Acham, K., Philosophie der Sozialwissenschaften, Freiburg-München 1983.
Amann, A., Soziologie. Ein Leitfaden zu Theorien, Geschichte und Denkweisen, Wien-Köln 1986.
Arbeitsgruppe Soziologie, Denkweisen und Grundbegriffe der Soziologie. Eine Einführung, 6.Aufl., Frankfurt-New York 1986.
Aron, R., Hauptströmungen des modernen soziologischen Denkens, 2 Bde., Reinbek b.H. 1979 (urspr.franz., engl. 1967).
Barley, D., Grundzüge und Probleme der Soziologie, 8. Aufl., Neuwied-Darmstadt 1977.
Bellebaum, A., Soziologische Grundbegriffe. Eine Einführung für Soziale Berufe, 9. Aufl., Stuttgart u.a. 1983.
Berger, P. L., Einladung zur Soziologie, 2. Aufl., München 1979 (engl.1963).
Berger, P. L./ B. Berger, Wir und die Gesellschaft. Eine Einführung in die Soziologie - entwickelt an der Alltagserfahrung, Reinbek. b. H. 1976 (engl. 1972).
Bernstein, R.J., Restrukturierung der Gesellschaftstheorie, Frankfurt a.M. 1979.
Bock, M., Soziologie als Grundlage des Wirklichkeitsverständnisses. Zur Entstehung des modernen Weltbildes, Stuttgart 1980.
Bottomore, T.B./ R. Nisbet (Eds.), A History of Sociological Analysis, New York 1978.
Boudon, R., Die Logik des gesellschaftlichen Handelns. Eine Einführung in die soziologische Denk- und Arbeitsweise, Neuwied-Darmstadt 1980.
Elias, N., Was ist Soziologie? 3. Aufl., München 1978.
Fürstenberg, F., Soziologie. Hauptfragen und Grundbegriffe, 3. Aufl., Berlin-New York 1978.
Goudsblom, J., Soziologie auf der Waagschale, Frankfurt a.M. 1979.
Haralambos, M., Sociology. Themes and Perspectives, 2. Aufl., London 1985.
Israel, J., Die sozialen Beziehungen. Grundelemente der Sozialwissenschaft. Ein Leitfaden, Reinbek b.H. 1977.
Jonas, F., Geschichte der Soziologie, 2 Bde, Reinbek b.H. 1976.

Käsler, D. (Hrsg.), Klassiker des soziologischen Denkens, 2 Bde, München 1976/78.
Kiss, G., Einführung in die soziologischen Theorien, 2 Bde, 3. Aufl., Opladen 1977.
Klages, H., Geschichte der Soziologie, München 1969.
Lepenies, W. (Hrsg.), Geschichte der Soziologie. Studien zur kognitiven, sozialen und historischen Identität einer Disziplin, 4 Bde, Frankfurt 1981.
Maier, H./ H. Rausch/ H. Denzer (Hrsg.), Klassiker des politischen Denkens, 2 Bde, 4. bzw. 5. Aufl., München 1979.
Mikl-Horke, G., Soziologie. Historischer Kontext und soziologische Theorie-Entwürfe, München-Wien 1989.
Morel, J., u.a., Soziologische Theorie. Abriß der Ansätze ihrer Hauptvertreter, München-Wien 1989.
Reichardt, R.H., Einführung in die Soziologie für Juristen. Theoretische und methodologische Grundlagen, Wien-Köln-Graz 1981.
Ritsert, J., Gesellschaft. Einführung in den Grundbegriff der Soziologie, Frankfurt-New York 1988.
Ryan, A., Die Philosophie der Sozialwissenschaften, München 1973.
Swingewood, A., A Short History of Sociological Thought, London 1984.
Szacki, J., History of Sociological Thought, London 1979.
Wiswede, G., Soziologie. Ein Lehrbuch für den wirtschafts- und sozialwissenschaftlichen Bereich, Landsberg am Lech 1985.

3. Zitierte Literatur

Abholz, H.H. (Hrsg.), Krankheit und soziale Lage. Befunde der Sozialepidemiologie, Frankfurt-New York 1976.
Acham, K., Analytische Geschichtsphilosophie. Eine kritische Einführung, Freiburg-München 1974.
Achinger, H., Sozialpolitik als Gesellschaftspolitik, Frankfurt 1971.
Adler, A., Studien über die Minderwertigkeit von Organen, Wien 1907.
Adler, A., Über den nervösen Charakter, Wiesbaden 1912.
Adler, A., Menschenkenntnis, 1927.
Adler, M., Der soziologische Sinn der Lehre von Karl Marx, Leipzig 1914.
Adler, M., Die Staatsauffassung des Marxismus. Ein Beitrag zur Unterscheidung von soziologischer und juristischer Methode, Darmstadt 1973 (erstmals 1922).
Adorno, Th. W., u.a., The Authoritarian Personality, New York 1950.
Alber, J., Vom Armenhaus zum Wohlfahrtsstaat. Analysen zur Entwicklung der Sozialversicherung in Westeuropa, Frankfurt-New York 1982.
Albert, H., Marktsoziologie und Entscheidungslogik, Neuwied-Berlin 1967.
Albert, H., Traktat über kritische Vernunft, Tübingen 1968.
Albrow, M, Bürokratie, München 1972.
Alchian, A.A./ H. Demsetz, "Production, Information Costs and Economic Organization", American Economic Review 62 (1972), S. 775-795.
Alemann, U.v. (Hrsg.), Neokorporatismus, Frankfurt-New York 1981.
Alemann, U.v./ R.G. Heinze (Hrsg.), Verbände und Staat. Vom Pluralismus zum Korporatismus, Opladen 1979.
Alemann, H.v./ H.P. Thurn (Hrsg.), Soziologie in weltbürgerlicher Absicht. FS für Rene König, Opladen 1981.
Allerbeck, K.R./ W. Hoag, Jugend ohne Zukunft? München 1985.
Almond, G.A., "Comparative Political Systems", Journal of Politics (1956), S. 391-409.
Almond, G.A. / J.S. Coleman (Hrsg.), The Politics of the Developing Areas, Princeton 1960.
Almond, G.A./ S. Verba, The Civic Culture. Political Attitudes and Democracy in Five Nations, Boston 1963.
Almond, G.A./ S. Verba (Hrsg.), The Civic Culture Revisited, Boston-Toronto 1980.
Apel, K.-O., Transformation der Philosophie, 2 Bde, Frankfurt a.M. 1976.
Arbeitsgruppe Bielefelder Soziologen (Hrsg.), Alltagswissen, Interaktion und gesellschaftliche Wirklichkeit, 2 Bde, Reinbek b.H. 1973.
Arendt, H., Über die Revolution, 2. Aufl., München 1974.
Ariés, Ph., Geschichte der Kindheit, München 1978 (franz. 1960).

Armingeon, K., "Ungleichheit", in: Schmidt 1983, S. 439-448.
Arrow, K.J., Social Choice and Individual Values, New York 1951.
Atchley, R.C., "Retirement as a Social Institution", Annual Review of Sociology 8 (1982), S. 263-287.
Averitt, R.T., The Dual Economy, New York 1968.
Axelrod, R., The Evolution of Cooperation, New York 1984.
Bachrach, P., Die Theorie demokratischer Elitenherrschaft. Eine kritische Analyse, Frankfurt a.M. 1967.
Backhaus, J., Mitbestimmung im Unternehmen, Göttingen 1987.
Baier, H., Medizin im Sozialstaat, Stuttgart 1978.
Bakke, E.W., The Unemployed Man, London 1933.
Baldwin, J.D., George Herbert Mead. A Unifying Theory for Sociology, Newsbury Park u.a. 1986.
Bandura, A. (Hrsg.), Lernen am Modell, Stuttgart 1976.
Bandura, A., Sozial-kognitive Lerntheorien, Stuttgart 1979.
Barber, B., Social Stratification: A Comparative Analysis of Structure and Process, New York 1957.
Barnes, S.H./ M. Kaase, et.al., Political Action. Mass Participation in Five Western Democracies, Beverly Hills-London 1979.
Barrett, M., Women's Oppression Today. Problems in Marxist Feminist Analysis, London 1980.
Barry, K., Sexuelle Versklavung von Frauen, Berlin 1983.
Beauvoir, S. de, Das andere Geschlecht. Sitte und Sexus der Frau, Reinbek b.H. 1983.
Beck, U., Risikogesellschaft. Auf dem Weg in eine andere Moderne, Frankfurt a.M. 1986.
Beck, U., Brater, M., Daheim, H., Soziologie der Arbeit und der Berufe. Grundlagen, Problemfelder, Forschungsergebnisse, Reinbek b.H. 1980.
Becker, G.S., The Economic Approach to Human Behavior, Chicago 1976.
Becker, H.S., Outsiders, New York 1963 (dt. Aussenseiter. Zur Soziologie abweichenden Verhaltens, Frankfurt 1981).
Bell, D. (Hrsg.), Toward the Year 2000, Boston 1968.
Bell, D., Die nachindustrielle Gesellschaft, 2. Aufl., Frankfurt-New York 1976 (engl. 1973).
Bell, D., Die Zukunft der westlichen Welt. Kultur und Technologie im Widerstreit, Frankfurt 1979 (engl. 1976).
Bell, D., Die Sozialwissenschaften seit 1945, Frankfurt-New York 1986.
Bendix, R./ S.M. Lipset (eds.), Class, Status and Power, 2nd ed., London 1967.
Benedetti, G./ U. Rauchfleisch (Hrsg.), Welt der Symbole, Göttingen 1988.
Benedict, R., Patterns of Culture, New York 1934.
Benjamin, W., Das Kunstwerk im Zeitalter seiner technischen Reproduzierbarkeit, 1963.
Berger, H., Untersuchungsmethode und soziale Wirklichkeit, Frankfurt 1974.
Berger, P. L., Zur Dialektik von Religion und Gesellschaft, Frankfurt 1988 (engl. 1967).
Berger, P. L./ B. Berger/ H. Kellner, Das Unbehagen in der Modernität, Frankfurt-New York 1975 (engl. 1974).
Berger, P. L./ Th. Luckmann, Die gesellschaftliche Konstruktion der Wirklichkeit. Eine Theorie der Wissenssoziologie, Frankfurt 1969, Neudruck 1980 (engl. 1966).
Berle, A.A./ G.C. Means, The Modern Corporation and Private Property, New York 1940.
Bernstein, B., Class, Codes and Control, vol.3: Towards a Theory of Educational Transmissions, London 1977.
Bertalanffy, L. von, General Systems Theory, New York 1968.
Beyme, K. von, Die politischen Theorien der Gegenwart. Eine Einführung, 4.Aufl., München 1980.
Beyme, K. von, Interessengruppen in der Demokratie, 5.Aufl., München 1980.
Binstock, R.H./ E. Shanes (Hrsg.), Handbook of Aging and the Social Sciences, New York 1976.
Birg, H./ H. Koch, Der Geburtenrückgang in der Bundesrepublik Deutschland, Frankfurt a.M. 1987.
Black, D., The Theory of Committees and Elections, Cambridge 1958.
Blau, P.M., The Dynamics of Bureaucracy, Chicago 1955, 2.Aufl. 1963.
Blau, P.M., Exchange and Power, New York 1964.

Blau, P.M., "A Formal Theory of Differentiation in Organizations", American Sociological Review 35 (1970), S. 201-218.
Blau, P.M., On the Nature of Organizations, New York 1974.
Blau, P.M./ W.R. Scott, Formal Organizations. A Comparative Approach, London 1963.
Blot, D., "The Demographics of Migration", OECD Observer No. 163 (1990), S. 21-25.
Blumer, H., "Social Psychology", in: Schmidt 1938, S. 144-198.
Blumer, H., Symbolic Interactionism. Perspective and Method, Englewood Cliffs 1969.
Blumer, H., "Social Behaviorism and Symbolic Interactionism", American Sociological Review 45 (1980), S. 409ff.
Boas, F., The Mind of Primitive Man, New York 1911.
Böckenförde, E.W., "Die politische Funktion wirtschaftlich-sozialer Verbände und Interessenträger in der sozialstaatlichen Demokratie", in: Hennis/ Kielmansegg/ Matz 1977, S. 223-254.
Bös, D./ R.K. von Weizsäcker, "Economic Consequences of an Aging Population", European Economic Review 33 (1989), S. 345-354.
Bolte, M./ Hradil, St., Soziale Ungleichheit in der Bundesrepublik Deutschland, Opladen 1984.
Bolte, K.M./ D. Kappe/ F. Neidhardt, Soziale Ungleichheit, Opladen 1975.
Bolte, K.M./ D. Kappe/ J. Schmid, Bevölkerung. Statistik, Theorie, Geschichte und Politik des Bevölkerungsprozesses, 4. Aufl., Opladen 1980.
Bonß, W./ R.G. Heinze (Hrsg.), Arbeitslosigkeit in der Arbeitsgesellschaft, Frankfurt a.M. 1984.
Bonß, W./ A. Honneth (Hrsg.), Sozialforschung als Kritik, Frankfurt a.M. 1982.
Borchardt, K., "Die Konzeption der Sozialen Marktwirtschaft in heutiger Sicht", in: Issing 1981, S. 33-53.
Bottomore, T.B., Classes in Modern Society, London 1965.
Bottomore, T.B., Elites and Society, Harmondsworth 1966.
Bottomore, T.B., Marxist Sociology, London-Basingstoke 1975.
Bottomore, T., Politische Soziologie, Stuttgart u.a. 1981 (engl. 1979).
Boudon, R., Education, Opportunity and Social Inequality, New York 1974.
Boulding, K.E., Ecodynamics. An New Theory of Societal Evolution, Beverly Hills-London 1978.
Bourdieu, P., Die feinen Unterschiede. Kritik der gesellschaftlichen Urteilskraft, 3. Aufl., Frankfurt a.M. 1983.
Bourdieu, P./ J. Passeron, Reproduction in Education, Society and Culture, London 1977.
Bowles, S./ R. Duelli Klein (Hrsg.), Theories of Women's Studies, London-New York 1983.
Bowles, S./ H. Gintis, Schooling in Capitalist America, London 1976.
Bracher, K. D., Zeit der Ideologien. Eine Geschichte politischen Denkens im 20. Jahrhundert, Stuttgart 1982.
Brand, K.-W., Neue soziale Bewegungen. Entstehung, Funktion und Perspektive neuer Protestpotentiale, Opladen 1982.
Brand, K.-W. (Hrsg.), Neue soziale Bewegungen in Westeuropa und den USA. Ein internationaler Vergleich, Frankfurt-New York 1985.
Brand, K.-W./ D. Büsser/ D. Rucht, Aufbruch in eine andere Gesellschaft. Neue soziale Bewegungen in der Bundesrepublik, Frankfurt-New York 1983.
Brecht, A., Politische Theorie. Die Grundlagen politischen Denkens im 20. Jahrhundert, Tübingen 1976.
Brennan, G./ J.M. Buchanan, The Reason of Rules. Constitutional Political Economy, Cambridge et.al. 1985.
Brunner, O., Das "Ganze Haus" und die alteuropäische "Ökonomik", in: Neue Wege der Verfassungs- und Sozialgeschichte, 2.Aufl., Göttingen 1968.
Buchanan, J.M., The Limits of Liberty. Between Anarchy and Leviathan, Chicago 1975.
Buchanan, J./ G. Tullock, The Calculus of Consent, Ann Arbor 1962.
Bucharin, N., Historical Materialism. A System of Sociology, New York 1925.
Bühl, W.L. Kulturwandel. Für eine dynamische Kultursoziologie, Darmstadt 1987.
Bürklin, W.P./ J. Wiegand, "Arbeitslosigkeit und Wahlverhalten", in: Bonß/ Heinze 1984, S. 273-297.
Büschges, G., Einführung in die Organisationssoziologie, Stuttgart 1983.

Burawoy, M., Manufacturing Consent. Changes in the Labor Process under Monopoly Capitalism, Chicago 1979.
Burnham, J., The Managerial Revolution, London 1941, 1943.
Burns, T./ G.M. Stalker, The Management of Innovation, London 1961.
Canetti, E., Masse und Macht, Düsseldorf 1978.
Cicourel, A.V., Cognitive Sociology, Harmondsworth 1973.
Cipolla, C.M./ K. Borchardt (Hrsg.), Europäische Wirtschaftsgeschichte, 5 Bde, Stuttgart, 1976ff.
Claessens, D., Familie und Wertsystem, Berlin 1962.
Claessens, D., Rolle und Macht, 2.Aufl., München 1970.
Cloward, R.A./ L.E. Ohlin, Delinquency and Opportunity, Glencoe 1961.
Coase, R.H., "The Nature of the Firm", Economica 4 (1937), S. 386-405.
Cohen, A.K., Delinquent Boys, Glencoe 1955 (dt. Kriminelle Jugend, Reinbek b.H. 1961).
Cohen, A.K., Deviance and Control, Englewood Cliffs 1966.
Coleman, J.S., The Adolescent Society, New York 1961.
Coleman, J.S., Macht und Gesellschaftsstruktur, Tübingen 1979 (engl. 1974).
Collins, R., Max Weber. A Skeleton Key, Beverly Hills u.a. 1986.
Comte, A., Cours de philosophie positive, 6 Bde, Paris, 1830-42 (dt. Soziologie, 3 Bde, Jena 1907-11).
Comte, A., Système de politique positive ou Traité de sociologie instituant le religion de l'humanité, 4 Bde, Paris 1851-54.
Cooley, C.H., Human Nature and the Social Order, New York 1902.
Cooley, C.H., Social Organization, 1909.
Cornetz, W., "Theorie und Empirie des Arbeitskraftangebots. Über die Bestimmungsgründe und den Wandel des geschlechtsspezifischen Erwerbsverhaltens", in: MittAB 19 (1986), S. 422-438.
Coser, L.A., The Functions of Social Conflict, Glencoe,Ill. 1956.
Coser, L.A., "Social Conflict and the Theory of Social Change", British Journal of Sociology 8(1957), S.197-207 (Auszug in Hartmann 1973).
Crozier, M.J./ S.P. Huntington/ J. Watanuki, The Crisis of Democracy. Report on the Governability of Democracies to the Trilateral Commission, New York 1975.
Dahl, R., Who Governs? Democracy and Power in an American City, New Haven 1961.
Dahl, R.A./ Ch.E. Lindblom, Politics, Economics and Welfare. Planning and Politico-Economic Systems Resolved into Basic Social Processes, Chicago-London 1953.
Dahrendorf, R., Class and Class Conflict in Industrial Society, London 1959 (dt. Soziale Klassen und Klassenkonflikt, Stuttgart 1957).
Dahrendorf, R., Homo Sociologicus. Ein Versuch zur Geschichte, Bedeutung und Kritik der Kategorie der sozialen Rolle, Köln-Opladen 1964, 11.Aufl. 1974 (erstmals 1953).
Dahrendorf, R., "Soziale Klassen und Klassenkonflikt. Zur Entwicklung und Wirkung eines Theoriestücks", Zeitschrift für Soziologie 14 (1985), S. 236-240.
Daly, M., Beyond God the Father. Toward a Philosophy of Women's Liberation, Boston 1973.
Darwin, Ch. A., On the Origin of Species, London 1859.
Davies, J.C., "Eine Theorie der Revolution", in: Zapf 1979, S.399-417 (erstmals 1962).
Davis, K./ W.E. Moore, "Some Principles of Stratification", American Sociological Review 10 (1945), S. 242-249 (Auszug in Hartmann 1973).
Degenhardt, A./ H.M. Trautner (Hrsg.), Geschlechtstypisches Verhalten, München 1979.
Denzin, N., Childhood Socialisation. Studies in the Development of Language, Social Behavior, and Identity, San Francisco 1977.
Dettling, W. (Hrsg.), Macht der Verbände - Ohnmacht der Demokratie? München 1976.
Deutsch, K. et.al. (Hrsg.), Problems of World Modeling. Political and Social Implications, Cambridge, Mass. 1977.
Dewey, J., Human Nature and Conduct, New York 1930.
Djilas, M., Die neue Klasse, München 1960 (engl. 1957).
Dobb, M., Organisierter Kapitalismus. Fünf Beiträge zur politischen Ökonomie, Frankfurt a.M. 1966.
Dobb, M., Entwicklung des Kapitalismus. Vom Spätfeudalismus bis zur Gegenwart, Köln-Berlin 1970 (engl. 1946, 1963).

Doeringer, P./ M. Piore, Internal Labor Markets and Manpower Analysis, Lexington 1971.
Douglas, J.D., The Social Meanings of Suicide, Princeton 1967.
Douglas, M., Ritual, Tabu und Körpersymbolik. Sozialanthropologische Studien in Industriegesellschaft und Stammeskultur, Frankfurt a.M. 1986.
Downs, A., Ökonomische Theorie der Demokratie, Tübingen 1968 (engl. 1957).
Dreitzel, H.-P., Die gesellschaftlichen Leiden und das Leiden an der Gesellschaft, Stuttgart 1972.
Dubiel, H., Kritische Theorie der Gesellschaft. Eine einführende Rekonstruktion von den Anfängen im Horkheimer-Kreis bis Habermas, Weinheim-München 1988.
Durkheim, E., Die Regeln der soziologischen Methode, 6. Aufl., Neuwied 1980. (franz. Règles de la méthode sociologique, Paris 1895).
Durkheim, E., Der Selbstmord, Frankfurt a.M. 1983 (franz. Le suicide. Etude de sociologie, Paris 1897).
Durkheim, E., Die elementaren Formen des religiösen Lebens, 3. Aufl., Frankfurt a.M. 1984a (franz. Les formes élémentaires de la vie religieuse. Le système totémique en Australie, Paris 1912 und 1968).
Durkheim, E., Erziehung, Moral und Gesellschaft, Frankfurt a.M. 1984b (franz. Education et sociologie, Paris 1923 und 1966; L'éducation morale, 1934 und 1963).
Durkheim, E., Über soziale Arbeitsteilung. Studie über die Organisation höherer Gesellschaften, Neuausgabe Frankfurt 1988 (franz. De la division du travail social, Paris 1893, 5.Aufl. 1926).
Easton, D., A Systems Analysis of Political Life, New York-London-Sidney 1965.
Eckert, R. (Hrsg.), Geschlechtsrollen und Arbeitsteilung, München 1979.
Eckstein, H., Division and Cohesion in Democracy, Princeton 1966.
Edelman, M., Politik als Ritual. Die symbolische Funktion staatlicher Institutionen und politischen Handelns, Frankfurt-New York 1976.
Edwards, R., Contested Terrain. The Transformation of the Workplace in the Twentieth Century, New York 1979.
Edwards, R./ M. Reich/ D. Gordon (Eds.), Labor Market Segmentation, Lexington 1975.
Eibl-Eibesfeldt, I., Die Biologie des menschlichen Verhaltens, München 1984.
Eisenstadt, S.N., Von Generation zu Generation, München 1966.
Eisenstadt, S.N., Revolution und die Transformation von Gesellschaften, Opladen 1982.
Eisermann, G. (Hrsg.), Die Lehre von der Gesellschaft. Ein Lehrbuch der Soziologie, 2. Aufl., Stuttgart 1969.
Elias, N., Was ist Soziologie? 3. Aufl., München 1978.
Elias, N., Über den Prozeß der Zivilisation. Soziogenetische und psychogenetische Untersuchungen, 2 Bde, 6. Aufl., Frankfurt a.M. 1978/79.
Engels, F., Die Lage der arbeitenden Klassen in England, Berlin 1947 (ursprüngl. 1845).
Engels, F., Der Ursprung der Familie, des Privateigentums und des Staates, Hottingen-Zürich 1884.
Erikson, E.H., Identität und Lebenszyklus, 6. Aufl., Frankfurt 1980 (erstmals New York 1959).
Eschenburg, Th., Herrschaft der Verbände? Stuttgart 1976.
Etzioni, A., A Comparative Analysis of Complex Organizations. On Power, Involvement, and Their Correlates, New York 1961.
Euchner, W., Naturrecht und Politik bei John Locke, Frankfurt a.M. 1979.
Eucken, W., Grundsätze der Wirtschaftspolitik, Tübingen-Zürich 1952.
Falkinger, J., Sättigung. Moralische und psychologische Grenzen des Wachstums, Tübingen 1986.
Ferguson, A., Essay on the History of Civil Society, 1767 (dt. Versuch über die Geschichte der bürgerlichen Gesellschaft, Frankfurt 1986).
Fetscher, I./ H. Münkler (Hrsg.), Politikwissenschaft. Begriffe - Analysen - Theorien. Ein Grundkurs, Frankfurt a.M. 1985.
Fogt, H., Politische Generationen, Opladen 1982.
Fourastié, J., Die große Hoffnung des zwanzigsten Jahrhunderts, 3.Aufl. 1954 (franz. 1949).
Fraenkel, E., "Strukturdefekte der Demokratie und deren Überwindung", in: Matz 1973,

S. 368-396 (erstmals 1964).
Freidson, E. (Hrsg.), The Hospital in Modern Society, New York 1963.
Freud, S., Massenpsychologie und Ich-Analyse, Leipzig-Wien-Zürich 1921.
Freud, S., Die Zukunft einer Illusion, Wien 1927.
Freud, S., Das Unbehagen in der Kultur, Wien 1930.
Freud, S., Abriß der Psychoanalyse, Frankfurt 1953.
Frey, H.P./ K. Haußer, Identitätsforschung. Entwicklungen in Psychologie und Soziologie, Stuttgart 1987.
Friedenthal, R., Karl Marx. Sein Leben und seine Zeit, München 1981.
Fromm, E., Escape from Freedom, New York 1941.
Fromm, E., Haben oder Sein, 11. Aufl., München 1979.
Fügen, N., Max Weber, Reinbek b.H. 1985.
Fürstenberg, F. (Hrsg.), Religionssoziologie, Neuwied-Berlin 1964.
Gagnon, J.H./ W. Simon, Sexual Conduct, Chicago 1973.
Galbraith, J., Designing Complex Organizations, Reading, Mass. 1973.
Galbraith, J.K., Die moderne Industriegesellschaft, München-Zürich 1970 (engl. 1967).
Gans, H., The Urban Villagers, New York 1962.
Garfinkel, H., Studies in Ethnomethodology, Englewood Cliffs 1967.
Geertz, C., The Interpretation of Cultures, New York 1973.
Gehlen, A., Die Seele im technischen Zeitalter. Sozialpsychologische Probleme in der industriellen Gesellschaft, Hamburg 1957.
Gehlen, A., Der Mensch. Seine Natur und seine Stellung in der Welt, 13. Aufl., Wiesbaden 1986a (erstmals 1940).
Gehlen, A., Urmensch und Spätkultur. Philosophische Ergebnisse und Aussagen, 5.Aufl., Wiesbaden 1986b (erstmals 1956).
Gehlen, A., Moral und Hypermoral. Eine pluralistische Ethik, 5.Aufl., Wiesbaden 1986c (2.Aufl. 1970).
Geiger, Th., Die Klassengesellschaft im Schmelztiegel, Köln-Hagen 1949.
Geiger, Th., Die Masse und ihre Aktion, Stuttgart 1967 (erstmals 1926).
Gerhardt, U., Rollenanalyse als kritische Soziologie, Neuwied-Berlin 1971.
Gerhardt, U., Patientenkarrieren, Frankfurt a.M. 1986.
Gerschenkron, A., Economic Backwardness in Historical Perspective, Cambridge 1966.
Gershuny, J.I., Die Ökonomie der nachindustriellen Gesellschaft. Produktion und Verbrauch von Dienstleistungen, Frankfurt-New York 1981 (engl. 1978).
Giddens, A., The Class Structure of Advanced Societies, London 1973 (dt. Die Klassenstruktur fortgeschrittener Gesellschaften, Frankfurt a.M. 1979).
Giddens, A., Die Konstitution der Gesellschaft. Grundzüge einer Theorie der Strukturierung, Frankfurt-New York 1988 (engl. 1984).
Giegler, H., Dimensionen und Determinanten der Freizeit. Eine Bestandsaufnahme der sozialwissenschaftlichen Forschung, Opladen 1982.
Giercke, O.v., Das Deutsche Genossenschaftsrecht, 4 Bde, Graz 1954 (Nachdruck der ersten Ausgabe 1868-1913).
Global 2000. Der Bericht an den Präsidenten, Frankfurt a.M. 1980.
Gobineau, J.A. de, Essai sur l'inegalité des races humaines, Paris 1855.
Göhler, G. (Hrsg.), Grundfragen der Theorie politischer Institutionen. Forschungsstand - Probleme - Perspektiven, Opladen 1987.
Goffman, E., Asyle. Über die soziale Situation psychiatrischer Patienten und anderer Insassen, 1973 (engl.1968).
Goffman, E., Wir alle spielen Theater. Die Selbstdarstellung im Alltag, 4. Aufl., München 1983 (engl. 1959).
Goffman, E., Stigma. Über die Techniken der Bewältigung beschädigter Identität, Frankfurt 1974 (engl. 1963).
Goldscheid, R., "Staatssozialismus oder Staatskapitalismus", in: Hickel 1976, S. 40-252.
Goldthorpe, J.H./ D. Lockwood/ F. Bechhofer/ J. Platt, The Affluent Worker in the Class Structure, Cambridge 1969.
Goode, W.J., "A Theory of Role Strain", American Sociological Review 25(1960), S. 483-496 (Auszug in Hartmann 1973).
Gouldner, A.W., Patterns of Industrial Bureaucracy, Glencoe, Ill. 1954.
Green, A., "Der Mythos: Ein kollektives Übergangsobjekt. Kritischer Ansatz und psychoanalytische Perspektiven", in: Lévi-Strauss u.a.1984, S. 84-116.

Greiffenhagen, M./ S. Greiffenhagen/ R. Prätorius (Hrsg.), Handwörterbuch zur politischen Kultur der Bundesrepublik Deutschland. Ein Lehr- und Nachschlagewerk, Opladen 1981.
Greven, M.T./ B. Guggenberger/ J. Strasser, Krise des Staates? Zur Funktionsbestimmung des Staates im Spätkapitalismus, Darmstadt-Neuwied 1975.
Guggenberger, B./ C. Offe (Hrsg.), An den Grenzen der Mehrheitsdemokratie. Politik und Soziologie der Mehrheitsregel, Opladen 1984.
Gumplowicz, L., Der Rassenkampf, Innsbruck 1883.
Gumplowicz, L., Grundriß der Soziologie, Wien 1885.
Gumplowicz, L., Die soziologische Staatsidee, Graz 1892.
Gumplowicz, L., Sozialphilosophie im Umriß, Innsbruck 1910.
Gurr, T.R., Why Men Rebel, Princeton 1970.
Habermas, J., Kultur und Kritik, Frankfurt a.M. 1973a.
Habermas, J., Erkenntnis und Interesse, Frankfurt a.M. 1973b.
Habermas, J., Legitimationsprobleme im Spätkapitalismus, Frankfurt 1973c.
Habermas, J., Zur Rekonstruktion des Historischen Materialismus, Frankfurt a.M. 1976a.
Habermas, J., "Legitimationsprobleme im modernen Staat", in: Kielmansegg 1976, S. 39-61 (=1976b).
Habermas, J., Theorie kommunikativen Handelns, 2 Bde, Frankfurt 1981.
Haferkamp, H./ M. Schmid (Hrsg.), Sinn, Kommunikation und soziale Differenzierung. Beiträge zu Luhmanns Theorie sozialer Systeme, Frankfurt 1987.
Halbwachs, M., Les causes du suicide, Paris 1930.
Haller, M., Theorie der Klassenbildung und sozialen Schichtung, Frankfurt-New York, 1983.
Haller, M., "Sozialstruktur und Schichtungshierarchie im Wohlfahrtsstaat", Zeitschrift für Soziologie 15 (1986), S. 167-187.
Harrison, R., "Die demoralisierende Erfahrung längerfristiger Arbeitslosigkeit", in: Wacker 1978, S. 38ff.
Hartfiel, G., Soziale Schichtung, München 1978.
Hartmann, H. (Hrsg.), Moderne amerikanische Soziologie. Neuere Beiträge zur soziologischen Theorie, 2. Aufl., Stuttgart 1973.
Haug, F., Kritik der Rollentheorie und ihrer Anwendung in der bürgerlichen Soziologie, Frankfurt a.M. 1972.
Hauriou, M., Die Theorie der Institution und zwei andere Aufsätze, Berlin 1965 (zuerst 1925).
Hauser, J.A., Bevölkerungslehre für Politik, Wirtschaft und Verwaltung, Bern-Stuttgart 1982.
Häußermann, H., Die Politik der Bürokratie. Einführung in die Soziologie der staatlichen Verwaltung, Frankfurt-New York 1977.
Hayek, F.v., Individualismus und wirtschaftliche Ordnung, Zürich 1952 (engl. 1948).
Hayek, F.v., Freiburger Studien. Gesammelte Aufsätze, Tübingen 1969.
Hayek, F.v., Die Verfassung der Freiheit, 2. Aufl., Tübingen 1983 (engl. 1960, 1.Aufl. 1971).
Hayek, F.v., Law, Legislation and Liberty. A New Statement of the Liberal Principles of Justice and Political Economy, 3 Bde, London 1973-1979, one-vol.ed. 1982.
Heinze, R.G., Verbändepolitik und "Neokorporatismus". Zur politischen Soziologie organisierter Interessen, Opladen 1981.
Heller, H., Staatslehre, Leiden 1934.
Hennis, W., "Legitimität. Zu einer Kategorie der bürgerlichen Gesellschaft", in: Kielmansegg 1976, S. 9-38.
Hennis, W./ P. Graf Kielmansegg/ U. Matz (Hrsg.), Regierbarkeit. Studien zu ihrer Problematisierung, 2 Bde, Stuttgart 1977/79.
Hennis, W., Max Webers Fragestellung. Studien zur Biographie des Werks, Tübingen 1987.
Herrera, A./ H. Skolnik et.al., Grenzen des Elends. Das Bariloche-Modell, Frankfurt 1977 (engl. 1976).
Herzog, D., Politische Führungsgruppen, Darmstadt 1982.
Hickel, R. (Hrsg.), Rudolf Goldscheid, Joseph Schumpeter. Die Finanzkrise des Steuerstaats. Beiträge zur politischen Ökonomie der Staatsfinanzen, Frankfurt a.M. 1976.

Hilferding, R., Das Finanzkapital, Frankfurt 1968 (ursprüngl. 1910).
Himmelstrand, U. (Hrsg.), Sociology. From Crisis to Science? 2 Bände, London u.a. 1986.
Hirsch, F., Die sozialen Grenzen des Wachstums. Eine ökonomische Analyse der Wachstumskrise, Frankfurt a.M. 1980 (engl. 1976).
Hirschman, A.O., Abwanderung und Widerspruch. Reaktionen auf Leistungsabfall bei Unternehmungen, Organisationen und Staaten, Tübingen 1974.
Hobbes, Th., Leviathan, Nachdruck der 1. Aufl. aus 1966 und 1976, Frankfurt 1984 (1. engl. Ausgabe 1651).
Hofstätter, P.R., Gruppendynamik. Kritik der Massenpsychologie, Hamburg 1957, Neuauflage 1971.
Homans, G.C., "Social Behavior as Exchange", American Journal of Sociology 63 (1958), S. 597-606.
Homans, G.C., Theorie der sozialen Gruppe, Köln-Opladen 1960 (engl. 1950).
Homans, G.C., Elementarformen sozialen Verhaltens, Köln-Opladen 1968 (engl. 1961).
Honneth, A./ H. Joas (Hrsg.), Kommunikatives Handeln, Frankfurt a. M. 1986.
Horkheimer, M., "Traditionelle und kritische Theorie", 1937, abgedruckt in: Kritische Theorie, Bd. II; Frankfurt 1968, S. 137ff.
Horkheimer, M./ Th.W. Adorno, Dialektik der Aufklärung, Frankfurt 1987 (ursprüngl. 1944, 1947).
Horkheimer, M., Zur Kritik der instrumentellen Vernunft, Frankfurt 1974 (ursprüngl. 1947).
Horx, M., Die wilden Achtziger. Eine Zeitgeist-Reise durch die Bundesrepublik, München-Wien 1987.
Hradil, St., Sozialstrukturanalyse in einer fortgeschrittenen Gesellschaft. Von Klassen und Schichten zu Lagen und Milieus, Opladen 1987.
Huntington, S., "Postindustrial Politics: How Benign Will It Be?", Comparative Politics 6 (1974), S. 163-191.
Hurrelmann, K. (Hrsg.), Soziologie der Erziehung, Weinheim 1974.
Hurrelmann, K., Erziehungssystem und Gesellschaft, Reinbek 1975.
Hurrelmann, K., Einführung in die Sozialisationstheorie, Weinheim 1986.
Hyman, H.H./ E. Singer (eds.), Readings in Reference Group Theory and Research, New York 1957.
Illich, I., Selbstbegrenzung. Eine politische Kritik der Technik, Hamburg 1975.
Imhof, A.E., Reife des Lebens. Gedanken eines Historikers zum längeren Dasein, München 1988a.
Imhof, A.E., Die Lebenszeit. Vom aufgeschobenen Tod und von der Kunst des Lebens, München 1988b.
Inglehart, R., The Silent Revolution: Changing Values and Political Styles among Western Publics, Princeton 1977.
Inglehart, R., "Wertwandel in den westlichen Gesellschaften: Politische Konsequenzen von materialistischen und postmaterialistischen Prioritäten", in: Klages/ Kmieciak 1979, S. 279-316.
Issing, O. (Hrsg.), Zukunftsprobleme der Sozialen Marktwirtschaft, Berlin 1981.
Jacoby, H., Die Bürokratisierung der Welt. Ein Beitrag zur Problemgeschichte, Neuwied-Berlin 1969.
Jänicke, M. (Hrsg.), Herrschaft und Krise. Beiträge zur politikwissenschaftlichen Krisenforschung, Opladen 1973.
Jahoda, M./ P.M. Lazarsfeld/ H. Zeisel, Die Arbeitslosen von Marienthal. Ein soziographischer Versuch über die Wirkungen langandauernder Arbeitslosigkeit, Frankfurt a.M. 1980 (erstmals 1933).
James, W., Principles of Psychology, vol. I, New York 1890.
Jay, M., Dialektische Phantasie. Zur Geschichte der Frankfurter Schule und des Instituts für Sozialforschung 1923-1950, Frankfurt 1976.
Jencks, C., Inequality: A Reassessment of the Effect of Family and Schooling in America, New York-London 1972, Harmondsworth 1975 (dt. Chancengleichheit, Reinbek 1973).
Jensen, St., Talcott Parsons. Eine Einführung, Stuttgart 1980.
Joas, H., Praktische Intersubjektivität. Die Entwicklung des Werkes von G.H. Mead, Frankfurt 1989.
Johnson, C., Revolutionary Change, Boston-Toronto 1966.

Jones, R.A., Emile Durkheim. An Introduction to Four Major Works, Beverly Hills u.a. 1986.
Jung, C.G., Gesammelte Werke, 16 Bde, 1958ff.
Käsler, D., Max Weber. Sein Werk - seine Wirkung, München 1972.
Kahn, H./ A. Wiener (Hrsg.), The Year 2000, New York 1967.
Kaufmann, F.-X./ H.-G. Krüsselberg (Hrsg.), Markt, Staat und Solidarität bei Adam Smith, Frankfurt-New York 1984.
Keller, S., Beyond the Ruling Class. Strategic Elites in Modern Society, New York 1963.
Kelsen, H., Vom Wesen und Wert der Demokratie, 2.Aufl., Tübingen 1929, Nachdruck 1963.
Kelsen, H., Sozialismus und Staat. Eine Untersuchung der politischen Theorie des Marxismus, 3.Aufl., Wien 1965 (erstmals 1920).
Kelsen, H., Demokratie und Sozialismus. Ausgewählte Aufsätze, Wien 1967.
Kentler, H. (Hrsg.), Sexualwesen Mensch, Hamburg 1984.
Kerlinger, F. N., Grundlagen der Sozialwissenschaften, 2 Bde, 2.Aufl., Weinheim-Basel 1978.
Kern, H./ M. Schumann, Das Ende der Arbeitsteilung? Rationalisierung in der industriellen Produktion, 3.Aufl., München 1986.
Keynes, J.M., The General Theory of Employment, Interest and Money, Cambridge 1973 (erstmals 1936).
Kielmansegg, P. Graf (Hrsg.), Legitimationsprobleme politischer Systeme, Opladen 1976.
Kiss, G., Grundzüge und Entwicklung der Luhmannschen Systemtheorie, Stuttgart 1986.
Klages, H., Überlasteter Staat - verdrossene Bürger? Zu den Dissonanzen der Wohlfahrtsgesellschaft, Frankfurt-New York 1981.
Klages, H./ W. Herbert, Wertorientierung und Staatsbezug. Untersuchungen zur politischen Kultur in der Bundesrepublik Deutschland, Frankfurt-New York 1983.
Klages, H./ P. Kmieciak (Hrsg.), Wertwandel und gesellschaftlicher Wandel, Frankfurt-New York 1979.
Kleinknecht, A., "Long Waves, Depression and Innovation", De Economist 134 (1986), S. 84-108.
Kluge, Th., Gesellschaft, Natur, Technik. Zur lebensphilosophischen und ökologischen Kritik von Technik und Gesellschaft, Opladen 1985.
König, R., Die Familie der Gegenwart, München 1966.
König, R., Soziologische Orientierungen. Vorträge und Aufsätze, Köln 1973.
Kohlberg, L., Zur kognitiven Entwicklung des Kindes, Frankfurt 1974.
Kolakowski, L., Die Hauptströmungen des Marxismus, 3 Bde, München 1978.
Koller, P., Neue Theorien des Sozialkontrakts, Berlin 1987.
Konrad, G./ I. Szelenyi, Die Intelligenz auf dem Weg zur Klassenmacht, Frankfurt a.M. 1978.
Korsch, K., Karl Marx, Frankfurt 1967 (engl. 1938).
Kress, G./ D. Senghaas (Hrsg.), Politikwissenschaft. Eine Einführung in ihre Probleme, Frankfurt 1972.
Kriele, M., Einführung in die Staatslehre, 2. Aufl., Opladen 1981.
Krockow, C. Graf v., Sport, Gesellschaft, Politik, München 1980.
Krockow, C. Graf v., "Politische Symbole", in: Fetscher/ Münkler 1985, S. 155-162.
Kroeber, A.L./ C. Kluckhohn, Culture. A Critical Review of Concepts and Definitions, New York o.J. (urspr. 1952).
Kromphardt, J., Konzeptionen und Analysen des Kapitalismus, Göttingen 1980.
Krüger, J./ H. Strasser (Hrsg.), Soziale Ungleichheit und Sozialpolitik. Legitimation, Wirkung, Programmatik, Regensburg 1986.
Kuhn, Th. S., Die Struktur wissenschaftlicher Revolutionen, Frankfurt 1967.
Kutsch, Th./ G. Wiswede (Hrsg.), Arbeitslosigkeit, 2 Bde, Königstein 1978.
Kutsch, Th./ G. Wiswede (Hrsg.), Sport und Gesellschaft, Königstein 1981.
Kutsch, Th./ G. Wiswede, Wirtschaftssoziologie, Stuttgart 1986.
Kuzmics, H., Der Preis der Zivilisation. Die Zwänge der Moderne im theoretischen Vergleich, Frankfurt-New York 1989.
Laing, R.D., The Politics of the Family, Harmondsworth 1976.
Lakatos, I./ A. Musgrave (Hrsg.), Kritik und Erkenntnisfortschritt, Braunschweig 1974.
Landes, D.S., Der entfesselte Prometheus, Köln 1973.

LaPalombara, J.G. (Hrsg.), Bureaucracy and Political Development, Princeton 1963.
LaPalombara, J.G./ M. Weiner (Hrsg.), Political Parties and Political Development, Princeton 1966.
Lasswell, H.D./ D. Lerner (Hrsg.), World Revolutionary Elites, Cambridge, Mass. 1965.
Lasswell, H.D./ D. Lerner/ C.E. Rothwell, The Comparative Study of Elites, Stanford 1952.
Leach, E.R., A Runaway World? London 1967.
Le Bon, G., Psychologie der Massen, Stuttgart 1953 (franz. 1895).
Lehmbruch, G., Proporzdemokratie, Tübingen 1967.
Lehmbruch, G./ Ph.C. Schmitter (Hrsg.), Patterns of Corporatist Policy Making, Beverly Hills-London 1982.
Lehner, F., Grenzen des Regierens. Eine Studie zur Regierungsproblematik hochindustrialisierter Demokratien, Königstein/Ts. 1979.
Leipold, H., Wirtschafts- und Gesellschaftssysteme im Vergleich, 2. Aufl., Stuttgart 1980.
Lenk, H., Leistungssport: Ideologie oder Mythos? Stuttgart 1972.
Lenk, H. (Hrsg.), Handlungstheorien interdisziplinär, 4 Bde, München 1977-84.
Lenk, K., Theorien der Revolution, 2.Aufl., München 1981.
Lenk, K., Politische Soziologie, Stuttgart u.a. 1982.
Lenk, K./ B. Franke, Theorie der Politik. Eine Einführung, Frankfurt-New York 1987.
Lenski, G., Macht und Privileg. Eine Theorie der sozialen Schichtung, Frankfurt 1977 (engl. 1966).
Leontief, W. et.al., The Future of the World Economy, New York 1977.
Lepsius, M.R., "Soziale Ungleichheit und Klassenstrukturen in der Bundesrepublik Deutschland", in: Wehler 1979, S. 166-209.
Lerner, D., The Passing of Traditional Society. Modernizing the Middle East, Glencoe, Ill. 1958.
Levinson, The Seasons of a Man's Life, 1978.
Lévi-Strauss, C., Strukturale Anthropologie, Frankfurt a.M. 1967, Neudruck 1971.
Lévi-Strauss, C., Das wilde Denken, Frankfurt a.M. 1968.
Lévi-Strauss, C., Die elementaren Strukturen der Verwandtschaft, Frankfurt a.M. 1981.
Lévi-Strauss, C./ J.-P. Vernant u.a., Mythos ohne Illusion, Frankfurt a.M. 1984.
Lewin, K., Resolving Social Conflicts: Selected Papers on Group Dynamics, New York 1948.
Lijphart, A., "Typologies of Democratic Systems", Comparative Political Studies, April 1968, S. 3-44.
Linton, R., The Study of Man, New York 1936.
Linton, R., "Nativistic Movements", in: American Anthropologist 45 (1943), S. 230-240.
Linton, R., The Cultural Background of Personality, New York, 1945 (Auszug in Hartmann 1973).
Lipp, W. (Hrsg.), Kulturtypen, Kulturcharaktere, Berlin 1987.
Lipp, W./ F. H. Tenbruck (Hrsg.), Kultursoziologie, Schwerpunktheft 3 der KZfSS, Opladen 1979.
Lipset, S.M., Soziologie der Demokratie, Neuwied-Berlin 1962 (engl. 1960).
Lipset, S.M./ M.A. Trow/ J.S. Coleman, Union Democracy, Glencoe, Ill. 1956.
Locke, J., Über die Regierung, Stuttgart 1980 (engl. 1690).
Löhnberg, E., Das Kapital zum Selbststudium. Eine Einführung in das Hauptwerk von Karl Marx, 2 Bde, Frankfurt a.M. 1975.
Lombroso, C., Der Verbrecher, 2 Bde, 1887-90 (italien. 1876).
Lorenz, K., Die Rückseite des Spiegels, München 1973.
Luckmann, Th., Das Problem der Religion in der modernen Gesellschaft, Freiburg 1963.
Lübbe, H., Die Aufdringlichkeit der Geschichte. Herausforderungen der Moderne vom Historismus bis zum Nationalsozialismus, Graz-Wien-Köln 1989.
Lüdtke, H., Freizeit in der Industriegesellschaft, 2. Aufl., Opladen 1975.
Luhmann, N., "Zweck-Herrschaft-System. Grundbegriffe und Prämissen Max Webers", in: Mayntz 1968, S. 36-55.
Luhmann, N., Legitimation durch Verfahren, Neuwied-Berlin 1969, Neuausgabe 1983.
Luhmann, N., Gesellschaftsstruktur und Semantik, Bd.1, Frankfurt 1980.
Luhmann, N., Politische Theorie im Wohlfahrtsstaat, München-Wien 1981.
Luhmann, N., Soziale Systeme. Grundriß einer allgemeinen Theorie, Frankfurt 1984.

Luhmann, N., Ökologische Kommunikation. Kann die moderne Gesellschaft sich auf ökologische Gefährdungen einstellen? Opladen 1986.
Luhmann, N., Die Wirtschaft der Gesellschaft, Frankfurt a.M. 1988.
Machiavelli, N., Discorsi. Gedanken über Politik und Staatsführung, Stuttgart 1966 (ital. 1513-21).
Machiavelli, N., Der Fürst. "Il Principe", 4. Aufl., Stuttgart 1972 (ital. 1532).
Mackenroth, G., Bevölkerungslehre, Berlin 1953.
Macpherson, C.B., Demokratietheorie, München 1977.
März, E., Einführung in die Marxsche Theorie der wirtschaftlichen Entwicklung. Frühkapitalismus und Kapitalismus der freien Konkurrenz, Wien 1976.
Maine, H.S., Ancient Law. Its Connection with the Early History of Society, and Its Relations to Modern Ideas, 1960.
Malinowski, B., The Argonauts of the Western Pacific, London 1922.
Malinowski, B., Eine wissenschaftliche Theorie der Kultur (und andere Aufsätze), Zürich 1949, Neudruck 1975.
Malthus, Th.R., Das Bevölkerungsgesetz, München 1977 (engl. An Essay on the Principle of Population as It Affects the Future Improvement of Society, London 1798).
Mannheim, K., "Das Problem der Generationen", Kölner Vierteljahreshefte für Soziologie 7 (1928), S. 157-185, 309-330.
Mannheim, K., Ideology and Utopia, London 1960.
Mannheim, K., Strukturen des Denkens, Frankfurt a.M. 1980.
March, J.G./ J.P. Olsen, Ambiguity and Choice in Organizations, Bergen 1976.
March, J.G./ H.A. Simon, Organizations, New York 1958.
Marcuse, H., One Dimensional Man, London 1972 (dt. Der eindimensionale Mensch. Studien zur Ideologie der fortgeschrittenen Industriegesellschaft, 2. Aufl., 1967).
Marglin, St.A., "What Do Bosses Do? Origins and Functions of Hierarchy in Capitalist Production", Review of Political Economics 6 (1974), S. 60-112.
Marquard, O., Abschied vom Prinzipiellen, Stuttgart 1987.
Marten, H.-G., Sozialbiologismus. Biologische Grundpositionen der politischen Ideengeschichte, Frankfurt-New York 1983.
Martindale, D., The Nature and Types of Sociological Theory, London 1960, 2. Aufl., Boston 1981.
Marx, K./ F. Engels, Manifest der Kommunistischen Partei, London 1848; 2. Aufl. u.d. Titel: Das kommunistische Manifest, Leipzig 1872.
Marx, K., Zur Kritik der politischen Ökonomie, Berlin 1859.
Marx, K., Das Kapital. Kritik der politischen Ökonomie, 3 Bde, MEW 23-25 (erstmals 1867, 1885, 1894).
Marx-Engels-Werke (MEW), 39 Bde, Berlin, versch. Jahre.
Maschewsky, W., "Sozialwissenschaftliche Ansätze der Krankheitserklärung", Jahrbuch für kritische Medizin, Nr. 10, Berlin 1984, S. 21-42.
Maslow, A. A., Motivation und Persönlichkeit, Reinbek b.H. 1981 (engl. 1954).
Massing, O., Politische Soziologie. Paradigmata einer kritischen Politikwissenschaft, Frankfurt a.M. 1974.
Matthes, J. (Hrsg.), Krise der Arbeitsgesellschaft? Verhandlungen des 21. Deutschen Soziologentages in Bamberg 1982, Frankfurt-New York 1983.
Matthiesen, U., Das Dickicht der Lebenswelt und die Theorie des kommunikativen Handelns, München 1983.
Matz, U. (Hrsg.), Grundprobleme der Demokratie, Darmstadt 1973.
Matza, D., Delinquency and Drift, New York 1964.
Mayer-Tasch, P.C., Die Bürgerinitiativbewegung. Der aktive Bürger als rechts- und politikwissenschaftliches Problem, Reinbek b.H. 1985.
Mayntz, R., Soziologie der Organisation, Reinbek b.H. 1967.
Mayntz, R. (Hrsg.), Bürokratische Organisation, Köln-Berlin 1968.
Mayntz, R./ R. Ziegler, "Soziologie der Organisation", in: Königs Handbuch der empirischen Sozialforschung 1977, Bd.9, S. 1-141.
Mayo, E., Probleme industrieller Arbeitsbedingungen, Frankfurt a.M. 1949 (engl. 1933).
McKenzie, R.B./ G. Tullock, Homo oeconomicus. Ökonomische Dimensionen des Alltags, Frankfurt-New York 1984.

McQuail, D., Mass Communication Theory, London et.al. 1983.
Mead, G. H., Mind, Self and Society, ed. by C. Morris, Chicago 1934 (dt. Geist, Identität und Gesellschaft aus der Sicht des Sozialbehaviorismus, Frankfurt 1973).
Mead, M., Sex and Temperament in Three Primitive Societies, New York 1935.
Meadows, D./ D. Meadows, D./ E. Zahn/ P. Milling, Die Grenzen des Wachstums. Bericht des Club of Rome zur Lage der Menschheit, Reinbek b.H. 1973 (engl. 1972).
Mechanic, D., Medical Sociology, 2.Aufl., New York 1978.
Meja, V./ N. Stehr (Hrsg.), Der Streit um die Wissenssoziologie, 2 Bde, Frankfurt a.M. 1982.
Menger, C., Untersuchungen über die Methode der Sozialwissenschaften und der Politischen Ökonomie insbesondere, 1883, abgedruckt in den Gesammelten Werken, Bd. II, 2. Aufl., Tübingen 1969.
Menne, A., Einführung in die Methodologie, Darmstadt 1984.
Merton, R.K., "Bureaucratic Structure and Personality", Social Forces 17 (1940), S. 560-568 (Auszug dt. in Mayntz 1968).
Merton, R.K., "The Role-Set: Problems in Sociological Theory", The British Journal of Sociology, 8 (1957), S. 106-120 (Auszug dt. in Hartmann 1973).
Merton, R.K., Social Theory and Social Structure, Glencoe 1957, enl.ed., New York 1968.
Mesarovic, M./ Pestel, E., Menschheit am Wendepunkt, Stuttgart 1974.
Meyer, T., Fundamentalismus. Aufstand gegen die Moderne, Reinbek b.H. 1989.
Michels, R., Zur Soziologie des Parteiwesens in der modernen Demokratie, Stuttgart 1957, Neuausgabe 1970 (erstmals 1911).
Miliband, R., The State in Capitalist Society, London 1969.
Mill, J.St., Principles of Political Economy, 1848 (dt. Grundsätze der politischen Ökonomie, 2 Bde, Jena 1913/21).
Mill, J.St., On Liberty, London 1859.
Millett, K., Sexus und Herrschaft. Die Tyrannei des Mannes in unserer Gesellschaft, Reinbek b.H. 1985.
Mills, C.W., The Power Elite, New York 1956.
Mises, L. von, Nationalökonomie. Theorie des Handelns und Wirtschaftens, München 1980 (erstmals 1940).
Mitchell, J./ A. Oakley (Hrsg.), What is Feminism? Oxford 1986.
Mitterauer, M., Sozialgeschichte der Jugend, Frankfurt a.M. 1986.
Mitterauer, M./ Sieder, R., Vom Patriarchat zur Partnerschaft. Zum Strukturwandel der Familie, München 1977.
Mommsen, W., Max Weber und die deutsche Politik 1890-1920, Tübingen 1959.
Mommsen, W., Max Weber: Gesellschaft, Politik und Geschichte, Frankfurt a.M. 1974.
Moore, B., Ungerechtigkeit. Die sozialen Ursachen von Unterordnung und Widerstand, Frankfurt a.M. 1982.
Morgan, L. H., Ancient Society, New York 1877.
Mosca, G., Die herrschende Klasse. Grundlagen der politischen Wissenschaft, München 1950 (italien. 1895).
Moscovici, S., Das Zeitalter der Massen, Frankfurt 1987.
Mozetic, G. (Hrsg.), Austromarxistische Positionen, Wien-Köln-Graz 1983.
Mozetic, G., Die Gesellschaftstheorie des Austromarxismus. Geistesgeschichtliche Voraussetzungen, Methodologie und soziologisches Programm, Darmstadt 1987.
Mühlmann, W.E., Chiliasmus und Nativismus, 2. Aufl., Berlin 1964.
Münch, R., Theorie sozialer Systeme, Opladen 1976.
Münch, R., Theorie des Handelns. Zur Rekonstruktion der Beiträge von Talcott Parsons, Emile Durkheim und Max Weber, Frankfurt a.M. 1982.
Münkler, H., Machiavelli. Die Begründung des politischen Denkens der Neuzeit aus der Krise der Republik Florenz, Frankfurt a.M. 1984.
Mumford, L., "Autoritäre und demokratische Technik", in: Technologie und Politik 16, hrsg. v. F. Duve, Reinbek b.H. 1980, S.12-22.
Mumford, L., Mythos der Maschine. Kultur, Technik und Macht, Frankfurt 1966, Neudruck 1977 (engl. 1964-66).
Myrdal, A./ V. Klein, Die Doppelrolle der Frau in Familie und Beruf, Köln-Berlin 1969.
Nave-Herz, R. (Hrsg.), Wandel und Kontinuität der Familie in der Bundesrepublik

Deutschland, Stuttgart 1988.
Neidhardt, F., Die Familie in Deutschland, 4.Aufl., Opladen 1975.
Neidhardt, F. (Hrsg.), Gruppensoziologie, Sh. 25 der KZfSS, Opladen 1983.
Nelson, R.R./ S.G. Winter, An Evolutionary Theory of Economic Change, Cambridge, Mass.-London 1982.
Neuhold, L., Wertwandel und Christentum, Linz 1988.
Neumann, F.L., Behemoth. Struktur und Praxis des Nationalsozialismus 1933-1944, Frankfurt-Köln 1977 (ursprüngl. 1942).
Neumann, J. von/ O. Morgenstern, Spieltheorie und wirtschaftliches Verhalten, Würzburg 1961.
Neumann, S. (ed.), Modern Political Parties. Approaches to Comparative Politics, 2. Aufl., Chicago 1957.
Neumann, U./ Schroth, U., Neuere Theorien von Kriminalität und Strafe, Darmstadt 1980.
Nisbet, R.A., The Sociological Tradition, New York 1966.
Niskanen, W.A., Bureaucracy and Representative Government, Chicago 1971.
Oakley, A., The Sociology of Housework, Oxford 1974a.
Oakley, A., Housewife, London 1974b.
O'Connor, J., Die Finanzkrise des Staates, Frankfurt 1974 (engl. 1973).
OECD (Hrsg.), Interfutures. Facing the Future. Mastering the Probable and Managing the Unpredictable, Paris 1979.
Offe, C., Strukturprobleme des kapitalistischen Staates. Aufsätze zur Politischen Soziologie, Frankfurt a.M. 1972.
Offe, C., "'Krisen des Krisenmanagements': Elemente einer politischen Krisentheorie", in: Jänicke 1973, S. 197-223.
Offe, C., "Politische Legitimation durch Mehrheitsentscheidung", Journal für Sozialforschung 22 (1982), S. 311-335.
Offe, C., "Arbeitsgesellschaft". Strukturprobleme und Zukunftsperspektiven, Frankfurt-New York 1984.
Offe, C./ K. Hinrichs, "Sozialökonomie des Arbeitsmarktes: primäres und sekundäres Machtgefälle", in: Offe 1984, S. 44-86.
Olson, M., The Logic of Collective Action, Cambridge, Mass. 1965.
Opaschowski, H.W., Arbeit, Freizeit, Lebenssinn? Orientierungen für eine Zukunft, die längst begonnen hat, Opladen 1983.
Opp, K.-D., Verhaltenstheoretische Soziologie, Reinbek b.H. 1976.
Opp, K.-D., Individualistische Sozialwissenschaft, Stuttgart 1979.
Ortega y Gasset, J., Der Aufstand der Massen, Hamburg 1956 (erstmals 1930).
Ossowski, St., Die Klassenstruktur im sozialen Bewußtsein, Neuwied-Berlin 1962 (poln. 1957).
Pareto, V., Treatise of General Sociology, 1916 (später: The Mind and Society: A Treatise on General Sociology, New York 1935).
Park, R.E./ E.W. Burgess, Introduction to the Science of Sociology, 1921.
Parkin, F., "Social Stratification", in: Bottomore/ Nisbet 1978, S. 599-632.
Parsons, T., The Structure of Social Action, New York 1937.
Parsons, T., Soziologische Theorie, hrsg. v. D. Rüschemeyer, 3. Aufl., Darmstadt-Neuwied 1973.
Parsons, T., The Social System, New York 1951.
Parsons, T., Structure and Process in Modern Societies, Chicago 1960.
Parson, T., Gesellschaften. Evolutionäre und komparative Perspektiven, Frankfurt 1975 (engl. 1966).
Parsons, T., Zur Theorie sozialer Systeme, hrsg. von Stefan Jensen, Opladen 1976.
Parsons, T., "Evolutionäre Universalien der Gesellschaft", in: Zapf 1979, S.55-74.
Parsons, T./ R.F. Bales, Family, Socialization and Interaction Process, Glencoe, 1955.
Parsons, T./ R.F. Bales/ E.A. Shils, Working Papers in the Theory of Action, Glencoe 1953.
Parsons, T./ N.J. Smelser, Economy and Society, Glencoe 1956.
Parsons, T./ E.A. Shils (Hrsg.), Toward a General Theory of Action, New York-Evanston 1962.
Parsons, T./ E. Shils/ K.D. Naegele/ J.R. Pitts (eds.), Theories of Society. Foundations of Modern Sociological Theory, New York 1965.

Pawlow, J.P., Conditioned Reflexes. An Investigation of the Physiological Activity of the Cerebral Cortex, New York 1927.
Pelinka, A., Dynamische Demokratie. Zur konkreten Utopie gesellschaftlicher Gleichheit, Stuttgart u.a. 1974.
Pelinka, A., Gewerkschaften im Parteienstaat. Ein Vergleich zwischen dem Deutschen und dem österreichischen Gewerkschaftsbund, Berlin 1980.
Pelinka, A./ F. Plasser (Hrsg.), Das österreichische Parteiensystem, Wien-Köln-Graz 1988.
Perrow, C., "Economic Theories of Organization", Theory and Society 15 (1986), S. 11-45.
Perrow, C., Normale Katastrophen. Die unvermeidbaren Risiken der Großtechnik, Frankfurt-New York 1989.
Piaget, J., La construction du réel chez l'enfant, Neuchatel 1937.
Piaget, J., Die Entwicklung des räumlichen Denkens beim Kinde, 1948.
Pierenkemper, T., Wirtschaftssoziologie. Eine problemorientierte Einführung mit einem Kompendium wirtschaftssoziologischer Fachbegriffe, Köln 1980.
Piore, M.J./ Ch.F. Sabel, Das Ende der Massenproduktion. Studie über die Requalifizierung der Arbeit und die Rückkehr der Ökonomie in die Gesellschaft, Berlin 1985.
Plasser, F., Parteien unter Streß. Zur Dynamik der Parteiensysteme in Österreich, der Bundesrepublik Deutschland und den Vereinigten Staaten, Wien-Köln-Graz 1987.
Plasser, F./ P.A. Ulram/ M. Welan (Hrsg.), Demokratierituale. Zur politischen Kultur der Informationsgesellschaft, Wien-Köln-Graz 1985.
Polanyi, K., et.al., Trade and Market in the Early Empires, New York 1957.
Polanyi, K., Ökonomie und Gesellschaft, Frankfurt a.M. 1979.
Pollock, F., "Staatskapitalismus", in: Stadien des Kapitalismus, hrsg. von H. Dubiel, München 1975, S. 72-100 (ursprüngl. 1941).
Popper, K. R., Die offene Gesellschaft und ihre Feinde, Bern 1957, 2.Aufl. 1970.
Popper, K. R., Logik der Forschung, 2. Aufl., Tübingen 1966.
Postman, N., Das Verschwinden der Kindheit, Frankfurt 1983.
Postman, N., Wir amüsieren uns zu Tode. Urteilsbildung im Zeitalter der Unterhaltungsindustrie, Frankfurt 1985.
Poulantzas, N., Political Power and Social Classes, London 1973.
Power, M., "From Home Production to Wage Labor: Women as Reserve Army of Labor", Review of Political Economics (1983), S. 71-92.
Prahl, H.-W., Freizeitsoziologie. Entwicklungen - Konzepte - Perspektiven, München 1977.
Prisching, M., "Über die Karriere einer Handlungstheorie. Der ökonomische Mensch auf dem Weg durch die Sozialwissenschaften", Zeitschrift für philosophische Forschung 37(1983), S. 256-274.
Prisching, M., "Soziologische Anti-Soziologie. Eine kritische Übersicht über die Arbeiten Helmut Schelskys", in: Weinberger/ Krawietz 1985, S. 57-98.
Prisching, M., Krisen. Eine soziologische Untersuchung, Wien-Köln-Graz 1986.
Prisching, M., Arbeitslosenprotest und Resignation in der Wirtschaftskrise, Frankfurt-New York 1988a.
Prisching, M., "Hans Kelsen und Carl Schmitt. Zur Konfrontation zweier staatstheoretischer Modelle", in: Weinberger/ Krawietz 1988, S. 77-116 (=1988b).
Pross, H., Soziologie der Masse, Heidelberg 1984.
Pross, H./ E. Buß (Hrsg.), Soziologie der Masse, Heidelberg 1984.
Pye, L.W., "Political Culture", International Encyclopedia of the Social Sciences, Bd. 12, New York 1968.
Pye, L.W./ S. Verba (Hrsg.), Political Culture and Political Development, Princeton 1965.
Radcliffe-Brown, A.R., Structure and Function in Primitive Society, Glencoe 1952.
Rassem, M., Stiftung und Leistung, Mittenwald 1979.
Rassem, M., "Kultur", Staatslexikon, 7. Aufl., Bd.3, 1987, S. 746-757.
Ratzenhofer, G., Die soziologische Erkenntnis, Leipzig 1898.
Ratzenhofer, G., Soziologie, Leipzig 1907.
Redfield, R., Peasant Society, 1956.

Redfield, R., The Little Community. Viewpoints for the Study of a Human Whole, Chicago 1955.
Reich, W., Massenpsychologie des Faschismus. Zur Sexualökonomie der politischen Reaktion und zur proletarischen Sexualpolitik, Wien 1933.
Reichardt, R., "Wertstrukturen im Gesellschaftssystem - Möglichkeit makrosoziologischer Analysen und Vergleiche", in: Klages/ Kmieciak 1979, S. 23-40.
Reichel, P., Politische Kultur der Bundesrepublik, Opladen 1981.
Reichel, P. (Hrsg.), Politische Kultur in Westeuropa. Bürger und Staaten in der Europäischen Gemeinschaft, Frankfurt-New York 1984.
Riesman, D./ R. Denney/ N. Glazer, Die einsame Masse. Eine Untersuchung der Wandlungen des amerikanischen Charakters, Hamburg 1958 (engl. 1950).
Rigauer, B., Sportsoziologie, Reinbek 1982.
Röhrich, W. (Hrsg.), 'Demokratische' Elitenherrschaft. Traditionsbestände eines sozialwissenschaftlichen Problems, Darmstadt 1975.
Roethlisberger, F.J./ W.J. Dickson, Management and the Worker. An Account of a Research Program Conducted by the Western Electric Company, Hawthorne Works, Chicago, Cambridge, Mass. 1939.
Rokeach, M., The Nature of Human Values, New York-London 1973.
Rose, A.M., The Power Structure. Political Process in American Society, New York 1967.
Rose, R. (Hrsg.), Challenge to Governance. Studies in Overloaded Politics, Beverly Hills-London 1980.
Rosenbaum, H. (Hrsg.), Seminar: Familie und Gesellschaftsstruktur. Materialien zu den sozioökonomischen Bedingungen von Familienformen, Frankfurt a.M. 1978.
Rosenmayr, L. (Hrsg.), Die menschlichen Lebensalter, München-Zürich 1978.
Rostow, W. W., The Stages of Economic Growth. A Non-Communist Manifesto, Cambridge 1960.
Rostow, W. W., The Economics of Take-off into Sustained Growth, London-New York 1964.
Rostow, W. W., How It All Began, London 1975.
Rostow, W. W., The World Economy, London 1978.
Rothman, S./ S.R. Lichter, "Power, Politics and Personality in 'Post-Industrial Society'", The Journal of Politics 40 (1978), S. 675-706.
Sack, F. (Hrsg.), Kriminalsoziologie, Frankfurt.
Schäfer, W. (Hrsg.), Neue Soziale Bewegungen: Konservativer Aufbruch in buntem Gewand? Frankfurt a.M. 1983.
Schäfers, B. (Hrsg.), Einführung in die Gruppensoziologie, Heidelberg 1980.
Schäfers, B., Soziologie des Jugendalters, Opladen 1984.
Schäffle, A., Bau und Leben des sozialen Körpers, Tübingen 1875-78.
Scheler, M., Die Wissensformen und die Gesellschaft. Probleme einer Soziologie des Wissens, Leipzig 1926.
Schelsky, H., Soziologie der Sexualität, Reinbek b.H. 1955.
Schelsky, H., Der Mensch in der wissenschaftlichen Zivilisation, Opladen 1961.
Schelsky, H., Die skeptische Generation, Köln-Düsseldorf 1963.
Schelsky, H., "Die Bedeutung des Klassenbegriffs für die Analyse unserer Gesellschaft", in: Schelsky 1965.
Schelsky, H., Auf der Suche nach Wirklichkeit. Gesammelte Aufsätze, Düsseldorf-Köln 1965.
Schelsky, H., Die Arbeit tun die anderen. Klassenkampf und Priesterherrschaft der Intellektuellen, München 1977.
Schelsky, H., Die Soziologen und das Recht. Abhandlungen und Vorträge zur Soziologie von Recht, Institution und Planung, Opladen 1980.
Schelsky, H., Funktionäre. Gefährden sie das Gemeinwohl? 4.Aufl., Stuttgart-Degerloch 1982.
Schenk, M., Medienwirkungsforschung, Tübingen 1987.
Schluchter, W., Aspekte bürokratischer Herrschaft. Studien zur Interpretation der fortschreitenden Industriegesellschaft, München 1972.
Schluchter, W., Rationalismus der Weltbeherrschung. Studien zu Max Weber, Frankfurt a.M. 1980.
Schmid, J., Einführung in die Bevölkerungssoziologie, Reinbek 1976.
Schmidt, E.P. (Hrsg.), Man and Society, New York 1938.

Schmidt, M. G. (Hrsg.), Westliche Industriegesellschaften. Wirtschaft-Gesellschaft-Politik, Band 2 von Pipers Wörterbuch zur Politik, hrsg. von D. Nohlen, München-Zürich 1983.
Schmidt, M. G., Wohlfahrtsstaatliche Politik unter bürgerlichen und sozialdemokratischen Regierungen. Ein internationaler Vergleich, Frankfurt-New York 1982.
Schmitt, C., Die geistesgeschichtliche Lage des heutigen Parlamentarismus, 6. Aufl., Berlin 1985 (erstmals 1923).
Schmitter, Ph.C., "Interessenvermittlung und Regierbarkeit", in: Alemann/ Heinze 1979, S. 92-114.
Schmitter, Ph.C./ G. Lehmbruch (Hrsg.), Trends Towards Corporatist Intermediation, Beverly Hills-London 1979.
Schmoller, G., Was verstehen wir unter dem Mittelstand? Göttingen 1897.
Schmoller, G., Grundriß der Allgemeinen Volkswirtschaftslehre, 2 Bde, 2. Aufl., München-Leipzig 1923.
Schülein, J. A., Theorien der Institution. Eine dogmengeschichtliche und konzeptionelle Analyse, Opladen 1987.
Schulz, W., Die Konstruktion von Realität in den Nachrichtenmedien, Freiburg-München 1976.
Schütz, A., Der sinnhafte Aufbau der sozialen Welt. Eine Einleitung in die verstehende Soziologie, Wien 1932, Neudruck Frankfurt 1981.
Schütz, A./ T. Luckmann, Strukturen der Lebenswelt, Neuwied-Darmstadt 1975.
Schutz, A., Collected Papers, 3 Bde, The Hague 1962-66.
Schumacher, F., Rückkehr zum menschlichen Maß. Small is beautiful, Hamburg 1977.
Schumpeter, J.A., Konjunkturzyklen. Eine theoretische, historische und statistische Analyse des kapitalistischen Prozesses, 2 Bde, Göttingen 1961 (engl. 1939).
Schumpeter, J. A., "Die sozialen Klassen im ethnisch homogenen Milieu", Archiv für Sozialwissenschaft und Sozialpolitik, 57 (1927), S. 1-67 (wiederabgedruckt in Aufsätze zur Soziologie, Tübingen 1953, S. 147-213).
Schumpeter, J. A., Theorie der wirtschaftlichen Entwicklung. Eine Untersuchung über Unternehmergewinn, Kapital, Kredit, Zins und den Konjunkturzyklus, 5. Aufl., Berlin 1952 (erstmals 1912).
Schumpeter, J. A., Kapitalismus, Sozialismus und Demokratie, 4. Aufl., München, 1975 (engl. 1942).
Schumpeter, J. A., Geschichte der ökonomischen Analyse, 2 Bde, Göttingen 1965.
Schumpeter, J.A., "Die Krise des Steuerstaats", in: Hickel 1976, S. 329-379 (erstmals 1918).
Schwägler, G., Soziologie der Familie. Ursprung und Entwicklung, Tübingen 1970.
Schwartz Cowan, R., More Work for Mother. The Ironies of Household Technology from the Open Hearth to the Microwave, New York 1983.
Schwartzenberg, R.-G., Politik als Showgeschäft. Moderne Strategien im Kampf um die Macht, Düsseldorf-Wien 1980.
Schwarzer, A., Der "kleine Unterschied" und seine großen Folgen. Frauen über sich. Beginn einer Befreiung, 2. Aufl., Frankfurt 1981.
Scott, W.R., Organizations: Rational, Natural and Open Systems, Englewood Cliffs, N.J. 1981.
Scott, W.R., "The Sociology of Organizations", in: Himmelstrand 1986, S. 38-58.
Seeley, J.R./ E.W. Loosley, Crestwood Heights, New York 1956.
Shaw, M.E., Group Dynamics, New York, 3rd ed. 1981.
Shaw, C.R./ H.D. McKay, Juvenile Delinquency and Urban Areas, Chicago 1942.
Sieferle, R.P., Fortschrittsfeinde? Opposition gegen Technik und Industrie von der Romantik bis zur Gegenwart, München 1984.
Simmel, G., Grundfragen der Soziologie, Berlin 1917, 3.Aufl. 1970.
Simmel, G., Soziologie. Untersuchungen über die Formen der Vergesellschaftung, 6. Aufl., Berlin 1983 (erstmals Leipzig 1908).
Simmel, G., Über soziale Differenzierung. Soziologische und psychologische Untersuchungen, Leipzig 1890.
Simmel, G., Philosophie des Geldes, Leipzig 1900.
Simon, H., "Rationality as Process and as Product of Thought", American Economic Review 68(1978), S. 1-16.
Skinner, B. F., Walden Two, New York 1948.

Skinner, B. F., Beyond Freedom and Dignity, 1971.
Skolka, J., "Dienstleistungen oder Selbstbedienung", in: Wirtschaft und Gesellschaft 3 (1977), S. 397-406.
Small, A. W., Meaning of Social Science, Chicago 1910.
Smith, A., Die Theorie der ethischen Gefühle, Hamburg 1977 (engl. 1759).
Smith, A., Der Wohlstand der Nationen. Eine Untersuchung seiner Natur und seiner Ursachen, hg. v. H.C. Recktenwald, München 1978 (erstmals 1776).
Sombart, W., Der moderne Kapitalismus, 3 Bde, Leipzig 1902, 2.Aufl. München-Leipzig 1916, Nachdruck 1987.
Sombart, W., "Arbeiter", in: Vierkandt 1931, S. 1-14.
Sorokin, P.A., Social and Cultural Dynamics, 4 Bde, New York 1937-41.
Sorokin, P.A., Kulturkrise und Gesellschaftsphilosophie, Stuttgart-Wien 1953.
Spanier, G.B., "Sexual Behavior", in: The Social Science Encyclopedia, 1985, S. 749-750.
Spencer, H., The Study of Sociology, London 1872, New York 1874, 18.Aufl. 1897 (dt. Einleitung in das Studium der Soziologie, Leipzig 1875, 2.Aufl. 1896).
Spencer, H., The Principles of Sociology, 3 Bde, London 1876-1896, 3.Aufl. 1885, Neudr. 1925 und 1929 (dt. Die Prinzipien der Soziologie, Stuttgart 1877-97).
Spencer, H., The Man Versus The State, London-New York 1884, Neudruck 1940.
Spencer, H., Descriptive Sociology, 8 Bde, London 1873-1919.
Spengler, O., Der Untergang des Abendlandes. Umrisse einer Morphologie der Weltgeschichte, 5. Aufl., München 1979 (erstmals 1918ff., Neubearb. vor der 33.Aufl. 1923; 1. Aufl. 1972).
Spengler, O., Der Mensch und die Technik, München 1931.
Stammer, O. (Hrsg.), Max Weber und die Soziologie heute, Tübingen 1965.
Stammer, O./ P. Weingart, Politische Soziologie, München 1972.
Stark, W., Die Wissenssoziologie, Stuttgart 1960.
Stehr, N./ V. Meja (Hrsg.), Wissenssoziologie, Opladen 1980.
Steindl, J., Maturity and Stagnation in American Capitalism, Oxford 1952.
Stouffer, S., The American Soldier, 2 Bde, Princeton 1949.
Strasser, H./ J.H. Goldthorpe (Hrsg.), Die Analyse sozialer Ungleichheit. Kontinuität, Erneuerung, Innovation, Opladen 1985.
Strauss, A., "The Hospital and Its Negotiated Order", in: Freidson 1963, S. 147-169.
Strauss, A., Negotiations, San Francisco 1979.
Sudnow, D. E., Organisiertes Sterben. Eine soziologische Untersuchung, Frankfurt a.M. 1973 (engl. 1967).
Sullivan, J.L./ J. Piereson/ G.E. Marcus, "An Alternative Conceptualization of Political Tolerance: Illusory Increases 1950s-1970s", American Political Science Review 73 (1979), S. 781-794.
Sumner, W.G., Folkways, New York 1907.
Sutherland, E.H., White Collar Crime, New York 1960.
Sutherland, E.H., "Die Theorie der differentiellen Kontakte", in: Sack 1968, S. 395-399.
Sweezy, P.M., Theorie der kapitalistischen Entwicklung. Eine analytische Studie über die Prinzipien der Marxschen Sozialökonomie, 4.Aufl., Frankfurt a.M. 1974.
Sykes, G.M./ D. Matza, "Techniques of Neutralization: A Theory of Delinquency", American Sociological Review 22 (1957), S. 664-670.
Tasselt, S., Art. "Bürgerinitiativen", in: Endruweit/ Trommsdorf 1979.
Taylor, F.W., Die Grundsätze wissenschaftlicher Betriebsführung, München-Berlin 1913 (engl. Scientific Management 1911).
Tenbruck, F.H., "Das Werk Max Webers", Kölner Zeitschrift für Soziologie und Sozialpsychologie 27 (1975), S. 625ff.
Tenbruck, F.H., "Emile Durkheim oder die Geburt der Gesellschaft aus dem Geist der Soziologie", Zeitschrift für Soziologie 10 (1981), S. 333ff.
Tenbruck, F.H., Die kulturellen Grundlagen der Gesellschaft. Der Fall der Moderne, Opladen 1989.
Tenkin, O., "Health and Disease", Dictionary of the History of Ideas, Bd. II, 1973, S. 395-407.
Tews, H.P., Soziologie des Alters, 3.Aufl., Wiesbaden 1979.
Thomas, W.I./ F. Znaniecki, The Polish Peasant in Europe and America, Boston 1918.
Thompson, J.D., Organizations in Action, New York 1967.

Thurn, H.P., Soziologie der Kultur, Stuttgart u.a. 1976.
Thurn, H. P., "Perspektiven der Kultursoziologie. Zur Rekonstruktion ihres Problemfeldes", in: Alemann/ Thurn 1981, S. 11-44.
Tillmann, K.-J., Sozialisationstheorien. Eine Einführung in den Zusammenhang von Gesellschaft, Institution und Subjektwerdung, Reinbek b.H. 1989.
Timasheff, N.S., Sociological Theory: Its Nature and Growth, überarb. Ausg., New York 1957.
Tinbergen, J., Wir haben nur eine Zukunft. Reform der internationalen Ordnung. Der RIO-Bericht an den Club of Rome, Opladen 1977.
Tocqueville, A. de , Über die Demokratie in Amerika, 2. Aufl., München 1984 (ursprüngl. 1835/40).
Tönnies, F., Gemeinschaft und Gesellschaft. Grundbegriffe der reinen Soziologie, 1887, 2.Aufl., Berlin 1912.
Tokarski, W./ R. Schmidt-Scherzer, Freizeit, Stuttgart 1985.
Topitsch, E. (Hrsg.), Logik der Sozialwissenschaften, 10. Aufl., Königstein/Ts. 1980.
Touraine, A., Die postindustrielle Gesellschaft, Frankfurt 1972 (franz. 1969).
Türk, K., Soziologie der Organisation, Stuttgart 1978.
Tumin, M.M., Social Stratification: The Forms and Functions of Social Inequality, Englewood Cliffs 1967.
Turner, R., Family Interaction, New York 1970.
Tversky, A./ D. Kahneman, "Rational Choice and the Framing of Decisions", Journal of Business 59 (1986), S. 251-278.
Tylor, E. B., Primitive Culture, New York 1871.
Ultee, W.C., Fortschritt und Stagnation in der Soziologie. Eine kritische Untersuchung soziologischer Traditionen, Darmstadt-Neuwied 1980 (niederl. 1977).
Van Gennep, A., Übergangsriten (Les rites de passage), Frankfurt-New York 1986 (erstmals 1909).
Vanberg, V., Die zwei Soziologien. Individualismus und Kollektivismus in der Sozialtheorie, Tübingen 1975.
Vierkandt, A. (Hrsg.), Handwörterbuch der Soziologie, Stuttgart 1931.
Vivelo, F. R., Handbuch der Kulturanthropologie. Eine grundlegende Einführung, Stuttgart 1981.
Vogel, C., Vom Töten zum Mord. Das wirklich Böse in der Evolutionsgeschichte, München-Wien 1989.
Voslensky, M.S., Nomenklatura. Die herrschende Klasse in der Sowjetunion, Wien 1980.
Wacker, A. (Hrsg.), Vom Schock zum Fatalismus, Frankfurt a.M. 1978.
Waitz, Th., Anthropologie der Naturvölker, Leipzig 1859.
Ward, L. F., Dynamic Sociology, 2 Bde, New York 1883.
Weber, A., Ideen zur Staats- und Kultursoziologie, Karlsruhe 1927.
Weber, A., Kulturgeschichte als Kultursoziologie, Leiden 1935.
Weber, M., Wirtschaft und Gesellschaft. Grundriß der verstehenden Soziologie, 5.,rev.Aufl., Tübingen 1976.
Weber, M., Soziologie. Universalgeschichtliche Analysen. Politik, hg.v. J. Winckelmann, 5., überarb. Aufl., Stuttgart 1973.
Weber, M., Die protestantische Ethik, hrsg. v. J. Winckelmann, 2 Bde, Gütersloh, I: 7. Aufl. 1984, II: 4.Aufl. 1982.
Weber, M., Gesammelte Aufsätze zur Religionssoziologie, 3 Bde, Tübingen 1920-21, 9., 7. bzw. 8 Aufl. 1988.
Weber, M., Gesammelte politische Schriften, München 1921, 5.Aufl. 1988.
Weber, M., Gesammelte Aufsätze zur Wissenschaftslehre, Tübingen 1922, 7.Aufl. 1988.
Weber, M., Gesammelte Aufsätze zur Soziologie und zur Sozialpolitik, Tübingen 1924, 2.Aufl. 1988.
Weber, M., Gesammelte Aufsätze zur Sozial- und Wirtschaftsgeschichte, Tübingen 1924, 2. Aufl. 1988.
Wehler, H.-U. (Hrsg.), Klassen in der europäischen Sozialgeschichte, Göttingen 1979.
Weinberger, O./ W. Krawietz (Hrsg.), Helmut Schelsky als Soziologe und politischer Denker, Stuttgart 1985.
Weinberger, O./ W. Krawietz (Hrsg.), Reine Rechtslehre im Spiegel ihrer Fortsetzer und Kritiker, Wien-New York 1988.
Welsch, W., Unsere postmoderne Moderne, Weinheim 1987.

Welsch, W. (Hrsg.), Wege aus der Moderne. Schlüsseltexte der Postmoderne-Diskussion, Weinheim 1988.
Wiese, L. von, Zur Grundlegung der Gesellschaftslehre, Jena 1906.
Wieser, F. von, Theorie der gesellschaftlichen Wirtschaft, 2. Aufl., Tübingen 1924.
Wiggershausen, R., Die Frankfurter Schule. Geschichte, theoretische Entwicklung, politische Bedeutung, München-Wien 1986.
Williamson, O.E., Markets and Hierarchies: Analysis and Antitrust Implications, New York 1975.
Williamson, P.J., Corporatism in Perspective. An Introductory Guide to Corporatist Theory, London et.al. 1989.
Wilson, E. O., Sociobiology. The New Synthesis, Cambridge, Mass. 1975.
Wilson, E. O., Biologie als Schicksal. Die soziobiologischen Grundlagen menschlichen Verhaltens, Frankfurt-Berlin-Wien 1980.
Winkler, H.A. (Hrsg.), Organisierter Kapitalismus, Göttingen 1974.
Wiswede, G., "Ökonomische Psychologie - Psychologische Ökonomie. Probleme und Befunde wirtschaftspsychologischer Forschung", Zeitschrift für Wirtschafts- und Sozialwissenschaften 108 (1988), S. 503-592.
Wright, E.O., "Class Boundaries in Advanced Capitalist Societies", New Left Review, No. 98 (1976), S. 3-41.
Wright, E.O., Class, Crisis and the State, London 1978.
Wright, E.O., "Was bedeutet neo und was heißt marxistisch in der neomarxistischen Klassenanalyse?", in: Strasser/ Goldthorpe 1985, S. 238-266.
Wurzbacher, G., "Zur bundesdeutschen Familien- und Sozialisationsforschung in den Nachkriegsjahren", Zeitschrift für Soziologie 16 (1987), S. 223-231.
Yinger, J.M., "Contraculture and Subculture", in: American Sociological Review 25 (1960), S. 625-635.
Young, M., The Rise of Meritocracy, Harmondsworth 1961.
Zapf, W. (Hrsg.), Theorien des sozialen Wandels, 4. Aufl., Königstein/Ts. 1979.
Zimmermann, E., Krisen, Staatsstreiche und Revolutionen, Opladen 1981.
Zingerle, A., Max Webers historische Soziologie, Darmstadt 1981

REGISTER

In das folgende Register wurden nicht alle Fundstellen von Namen und Begriffen aufgenommen, sondern meist nur jene, an denen das in Betracht stehende Wort oder der Autor näher erörtert wird. Namen, die reine Literaturangaben darstellen (im Text in Klammer mit der Jahreszahl des zitierten Werkes), wurden generell nicht in das Register aufgenommen. Das Literaturverzeichnis blieb gleichfalls unberücksichtigt.